今井 駿 著　　　　　汲古叢書 71

四川省と近代中国
― 軍閥割拠から抗日戦の大後方へ ―

汲古書院

目　　次

総　序	3
第1篇　四川軍閥史略（1912年〜1937年）	17
第1篇への序論　日本における「軍閥」概念の展開とその批判	19
第1章　中華民国と四川防区体制の形成（1911年〜1925年）	35
はじめに	35
第1節　四川軍閥の起源（清末の軍学校）	36
第2節　四川省政府の統一	40
第3節　第2革命と四川省	43
第4節　護国戦争と四川省	48
第5節　軍閥戦争の始まり	56
第6節　四川「靖国の役」と防区制の形成	62
第7節　熊克武と滇・黔軍	66
第8節　川軍の「湖北支援（援鄂）」	71
第9節　第1、第2軍の争い	73
第10節　四川における自治運動	75
第11節　川軍の内訌と楊森の四川帰還	78
第12節　楊森の四川「統一」戦	83
第13節　劉湘、楊森の袁祖銘駆逐作戦	87
第2章　国民革命と四川軍閥（1926年〜1932年）	95
第1節　四川軍閥の北伐参加とその背景	95
第2節　軍閥の動向と順瀘放棄	100
第3節　3・31惨案	103
第4節　上下川東の役	105
第5節　中原大戦と四川各軍閥の動向	112

       第6節　北道を巡る混戦　114
    第3章　二劉決戦（1932年～1933年）　117
       第1節　二劉対立の具体的経過　119
       第2節　二劉戦争の主な経過　122
       第3節　成都市街戦と栄威大戦　127
    第4章　川陝ソビエトの成立と四川の統一（1932年～1935年）
                                        133
       第1節　川軍の6路囲攻の失敗まで　133
       第2節　紅2軍団、紅6軍団と長征軍への囲攻　138
    第5章　四川省統一と「中央化」の進展（1935年～1937年）　142
       第1節　参謀団の入川　142
       第2節　防区体制の解体と四川の統一　148
       第3節　軍政、財政の統一　151
    おわりに　161

第2篇　軍閥統治下の四川社会　165
  第2篇への序論　四川軍閥の虐政と収奪についての
  覚え書き　167
  第1部　四川軍閥像の再検討　183
    第1章　四川軍閥統治下における田賦の「重さ」について
           ―1934年前後の犍為県を実例に―　185
       問題の所在　185
       第1節　1930年代における犍為県の田賦徴収額　189
       第2節　1畝当たり田賦負担額の「重さ」について　195
       小　結　201
    第2章　四川軍閥統治下における田賦の「重さ」について
          （その2）―21軍防区63県における負担額の歴史的変遷
          をめぐる一考察―　208
       はじめに　208
       （1）問題の所在　208

　　　　　　　　　　　　　　　　　　　　　　　　目　次　3

　　第1節　清代における各県の田賦の「重さ」について　212
　　第2節　土地税の歴史的変化の跡に見られる若干の特色について　215
　　第3節　正税・附加税の別の意味について　218
　　おわりに　222
　第3章　四川軍閥統治下における田賦の「重さ」について
　　　　　（その3）　233
　　はじめに　233
　　第1節　民国以降の増税について　234
　　第2節　見せかけの「増税」と実質的「増税」について　239
　　おわりに　250
　第4章　近代四川省におけるアヘン生産の史的展開をめぐる一考察―その数量的盛衰の検討を中心に―　253
　　はじめに　253
　　第1節　19世紀末～1916年　254
　　第2節　1917年～1924年　258
　　第3節　1930年～1940年　261
　　第4節　アヘン税の構成をめぐる問題について　271
　　おわりに　285
第2部　四川軍閥と各種の関連社会組織についての諸考察　291
　第5章　中華民国期の四川省における哥老会の組織・活動の実態について　293
　　はじめに　293
　　第1節　内部組織と加盟資格および規律など　294
　　第2節　堂口の階層性と入会の効用　299
　　第3節　哥老会の財政活動　302
　　第4節　哥老会組織と軍閥権力　304
　　おわりに　304
　第6章　いわゆる悪覇についての一考察―四川省崇慶県元通

場の黄氏一族について— 307
　第1節　元通場黄氏の起源 307
　第2節　黄氏一族の興起 310
　第3節　黄氏一族と哥老会 317
　第4節　黄氏一族の収奪と蓄財 320
　第5節　「除暴安民」—黄氏一族への武力反攻の試み 324
　おわりに 329
第7章　四川軍閥統治下における民団組織について 332
　第1節　民団の組織に関する若干の史料 332
　第2節　民団の財政（1）各県団務費収支表 352
　第3節　民団の財政（2）巴県の団予算の内訳 354
　第4節　1935年の保甲制度改革のねらい 362
第3部　軍閥の協力者と民衆の反軍閥闘争についての諸考察 367
　第8章　ある地方官僚の生涯—その1、劉航琛について— 369
　　第1節　生い立ちと学歴 369
　　第2節　重慶に帰り銅元局長となる 371
　　第3節　四川善後督辦財政処長となる 375
　　第4節　21軍総金庫を設置、川庫殖業銀行を創設する 379
　　第5節　蒋介石と面談する。重慶電力公司を創設する 381
　　第6節　第一次上海事変後に蒋介石、楊永泰と面談する 386
　　第7節　塩業銀行理事・呉鼎昌の知遇を得る 390
　　第8節　再建四川省政府財政庁長への就任を請われる 393
　　第9節　「剿匪公債」1億2千万元を発行する 395
　　第10節　各種税金の整理、四川省銀行への改組等を実行する 397
　　第11節　地方近代工業を建設し、抗戦に備える 404
　　第12節　四川省財政庁長に就任する 409
　　第13節　劉湘死後の抗日戦期の活動 412
　　第14節　川康銀行理事長としての活動 415

第15節　川塩銀行の経営と商工業への投資　　　420
　　　おわりに　　　422
　第9章　ある地方官僚の生涯―その2、鄧漢祥略伝（仮訳とコメント）―　　　425
　　　第1節　弱冠22歳にして黎元洪の一等参謀に取り立てられる　　　425
　　　第2節　劉湘の幕下に入る　　　429
　　　第3節　鄧漢祥と中央政府を結ぶ3人の「鍵」となる人物　　　431
　　　第4節　省政府秘書長となり、西南、西安両事件に対処する　　　434
　　　第5節　病気がちの劉湘に代わり省行政の処理に当たる　　　439
　　　第6節　地方行政幹部の育成　　　441
　　　おわりに　　　443
　第10章　四川軍閥統治下における抗捐闘争についての事例研究　　　446
　　　第1節　八徳会政権覚え書き　　　446
　　　第2節　郭汝棟治下における綦江県・涪陵県の抗捐闘争について　　　454

第3篇　日中戦争期の四川省における地方行政と地方自治　　　477

　第3篇への序論　　　479
　第1章　日中戦争期の四川省における地方行政の実態について―民政庁檔案史料を中心に―　　　483
　　　はじめに　　　483
　　　第1節　県長の任期と学歴・年齢等について　　　483
　　　第2節　裁判係争中の県長たち　　　485
　　　第3節　「公正士紳」と「士豪劣紳」について　　　489
　　　第4節　郷鎮長の年齢・学歴・職業構成について　　　497
　　　第3編第1章附録　　　502
　第2章　県長の「犯罪」についての一考察―1943〜1945年の犍為県を実例に―　　　503

はじめに　　　　　　　　　　　　　　　　　　　503
　　おわりに　　　　　　　　　　　　　　　　　　　531
　第3章　日中戦争期の四川省における下級公務員について
　　　　　─財政部田賦管理処関係の史料から─　　　　534
　　はじめに　　　　　　　　　　　　　　　　　　　534
　　第1節　田賦管理処職員の略歴と収入について　　536
　　第2節　犍為県田賦管理処職員の給料について　　550
　　第3節　「犍為県田賦管理処徴収処員工警丁配置情刑表」556
　　第4節　その他の「清冊」に見える職員の地理的分配　573
　　おわりに　　　　　　　　　　　　　　　　　　　589
　第3章補論　犍為県田賦糧食管理処に見る人事交代の模様
　　　　　について（1947～48年）　　　　　　　　591
　　はじめに　　　　　　　　　　　　　　　　　　　591
　　おわりに　　　　　　　　　　　　　　　　　　　599
　第4章　いわゆる「新県制」下における南渓県について　600
　　はじめに　　　　　　　　　　　　　　　　　　　600
　　第1節　県政の概況　　　　　　　　　　　　　　600
　　第2節　新県制の下での自治機関の実態について　613
　　第3節　新県制の下での自治機関の実態について　620
　　むすびにかえて　　　　　　　　　　　　　　　　639

結　語　　　　　　　　　　　　　　　　　　　　　　648
あとがき　　　　　　　　　　　　　　　　　　　　　652
使用並びに参考文献　　　　　　　　　　　　　　　　656
英文目次　　　　　　　　　　　　　　　　　　　　　673
索　引　　　　　　　　　　　　　　　　　　　　　　677

四川省と近代中国

―軍閥割拠から抗日戦の大後方へ―

総　　序

1

　本書は1980年代半ばから始めた私の中華民国期の四川省についての拙い研究をまとめたものである。

　私が四川省研究に取り組むようになった契機は三つほどある。第1は野澤豊編『中国幣制改革についての研究』の研究会に参加させて戴いた折に、幣制改革に先立って四川では中央銀行紙幣への通貨統一が試行されて、一定の成果を挙げていたことを知り、軍閥割拠体制下での諸種の通貨の濫発が克服できたのはなぜかという疑問を抱いたことである。第2は、日中戦争の過程における四川省の戦略的意義の重大性を拙著・『中国革命と対日抗戦』所収の諸論文を書く中でしだいに意識し始めたからである。もしも、周囲を険しい山岳に囲まれた四川盆地という肥沃な土地に立て籠もることができなかったならば、蔣介石の「第二次世界大戦までは空間をもって時間に換えて、抗戦を堅持する」という方針が貫徹できたかどうかは分からない。日本軍も武漢攻略までで兵力の限界に達したと一般にはいわれているが、その後も四川への入り口の宜昌を攻略したり、湖南省の省都・長沙にも進攻していたのであるから、武漢陥落で一息ついた後に、四川省に兵を向けることも、考えられ無くはないと思われる。しかし、地理的に見ると、四川への通路は昔から夔門(きもん)と呼ばれた、湖北省の秭帰(しき)県あたりから巫渓(ふけい)、瞿塘渓(くとうけい)を経て万県あたりに到るまで、長江は両岸に屹立した断崖に挟まれるようになり、この夔門（清代の夔州府。長江三渓への関門という意味で用いられた。今日の奉節県）の天嶮を越えて進軍することは、日本軍には不可能であった。又、四川へのもう一つの通路としては漢水を遡航して陝西省南部に出て、そこから大巴山山脈を踏破して入川するという、嘗て徐向前率い

る紅軍第4軍の歩んだ道があるが、これもまた補給線の問題があって不可能であった。以上のように考えてみると、日中戦争の大後方として、四川省の戦略的意義の重要性は明らかである。蒋介石が南京陥落以前の11月に早々と重慶に遷都したのは、武漢を「中国にマドリードに」というスローガンを提唱した陳紹禹よりも、炯眼を有していたと評価できる。第3は、では四川省が以上の意味で歴史的に重要な地位を占めたとするならば、それまでの防区制といわれる軍閥割拠体制は如何にして生まれ、如何にして防区は解体・統一されたかということが当然の問題として浮かび上がって来る。特に防区体制下での軍閥や地主による搾取の結果、四川社会は疲弊の極にあったといわれるのに、抗戦が始まるとそれまで以上に負担を強いられたにもかかわらず、抗戦の大後方として人力・食糧・塩等の主要な提供者になって8年間耐え抜いた事実は、私には不思議に思われてならなかった（この点については第2篇への序論で述べる）。

また、「四川は天下に先駆けて乱れ、天下に遅れて治まる」という言葉通り、四川省は1911年の保路運動により辛亥革命の導火線の役割を果たした（四川の保路同志軍討伐のために出動を予定されていた武漢の新軍で、武昌蜂起は起きたのである）。そして、第二次大戦終了後の国共内戦では中華人民共和国樹立後の49年12月に至ってようやく旧四川軍閥が蜂起して四川省は北京政権の下に統一されたのであった。

以上のように見てくると、四川省は中華民国樹立の先駆者の役割を果たすが、民国前半期では軍閥の割拠と混戦に明け暮れし、南京中央政府の紅軍追討ということを契機に劉湘の下で省の統一が達成され、日中戦争では人力・物力の上でも大きな役割を果たし[1]、戦後の国共内戦では新政権の樹立に遅れて参加したと整理して、中華民国史の中に位置づけることができそうである。

（1） 周開慶『四川与対日抗戦』（1971年、台湾商務印書館）によれば、7年の抗戦を通じ、四川省は壮丁270万人、糧食約7750万市石を負担した。そのほかに献金その他の形で財政を支えたとされる。同書、第5章「四川対抗戦人力物力財力上之貢献」を参照。

2

　ところで、以上のような契機から四川に関心をもった私であるが、当初の課題であった四川省の通貨統一の問題については、貨幣論（為替等も含む）の応用問題を解けるほどの能力を持たないが故に断念せざるを得なかった。それ故、私は先ず呂平登『四川農村経済』（1936年、商務印書館）等で悪名高い四川軍閥から研究を始めることにした。この過程では Robert A Kapp "Szechwan and the Chinese Republic-Provincial Militarism and Central Power, 1911-1938" の研究に大いに助けられた。しかし、防区の実態等についてはごく僅かしか知ることができなかった（結局防区の実態について Kapp 以上のことは、私もほとんど知ることができなかったのであるが）。Kapp の研究に対する私の評価は第1篇への序論で述べることにする。

　その後、偶然の機会から重慶の中国銀行が発行していた『四川月報』のマイクロ・フィッシュを入手することができた。上京して各種の雑誌・新聞を簡単には利用できない私にとって、これは僥倖であった。また、1989年に北京師範大学に私費留学できた（といっても、あの第二次天安門事件で帰国を余儀なくされたのであるが）こと、1992年に文部省の海外渡航研究費を得て10ヶ月ほど北京や成都、重慶等に行くことができたことは、史料収集の面でも、四川各県の様子を休日を利用した小旅行を積み重ねることによって直に見ることができたという面でも、有意義であった。殊に雅安県から3000メートルを超える二郎山を越えて史跡・瀘定橋に行った体験は未だ昨日のことのように想い浮かべることができる[2]。その後も数回四川に行き、専門外の若干の人々と親交をもつことができたことも、ある意味では史料収集以上の貴重な収穫であったといえるかも知れない。

（2）　私は、この時実際に瀘定橋を訪れてみてE・スノーの瀘定橋突破に関する感動的な叙述が事実に反することを確認し、友人に配布した旅行記に書いた。最近になって、ス・チワンが『マオ』（講談社）の中で、やはりスノーの描いた「神話」を否定しているが、根拠は私とは全く異なる。

1992年に四川省檔案館に行くまでは、研究作業としては『四川月報』を読むことが中心であった。この過程で、私は犍為県(けんい)に関する統計や資料が他県に較べて特段に多くまた多様であることに気がついた。犍為県に関する記述が本書に幾つかあるのはその故である。しかし、1992年に私が実地に犍為県を訪れることができたのは、羅城鎮だけであった。午前中だけで終わる定期市というものを体験し、どこからこれだけの人々が湧いてくるように集まるのか、途中の車窓からは人影が殆ど見えなかったことと余りにも対照的な光景に驚いた。新世紀となり、2001年には重慶からバスに乗り栄県から県東北に入って遂に県城に泊まり、帰りは県城から楽山県にまでバスで行くことができた。本書に出てくる五通橋は県に昇格していた。犍為県は西北部を井研県に割譲し、五通橋も独立して重要な塩場を失い、そのためか、県城はあまり活発に見えなかった。五通橋は「小蘇州」と評されるほど美しい川岸の街だといわれる。しかし、1992年の秋、2001年の夏と二回ほどバスで通過しただけであるが、さしたる景勝地には見えなかった。また、2001年は犍為県訪問に先立って豊都、石柱両県にも足を踏み入れたが、期待していた人物が不在で資料の収集はできなかった。2005年には南充県に楊森の檔案があると聞いて訪れたが、ここにも期待した内容の資料はなく、失望して引き上げた。

　さて、以上には四川省研究に関する私の個人的な略歴を述べたが第1篇では軍閥割拠体制＝防区制の成立から発展・消滅の過程を概観し、第2篇では四川軍閥についてこれまであまり言及されなかった現象や誇大に評価されてきたと思われる軍閥の搾取その他、この頃の四川社会に関する個別研究を、第3篇では日中戦争期を中心に、軍閥無き後の四川における地方行政の実態と新県制下の地方自治問題を見ることにしたい。といっても、新県制の研究をはじめとした研究の蓄積はあり、私の研究は地方自治・地方行政の制度と機能の実態について、ごく基礎的な事実の発掘に止まるものであり、今後の研究課題の方がはるかに大きい。それはともかく、各篇には、長短の違いはあれ、序論をつけたので、ここでは収録した各論攷については言及しない。

3

　最後に、中華民国期の四川各地についての地理的様相について、附録としてつけた四川省の平面図に即して、若干触れておきたい。

　四川の地域面積は広大で56万平方キロもあり、日本の2倍以上、54万平方キロのフランスよりも大きい。地理的には多様である。その詳細については、鄭励倹『四川新地誌』(1946年、正中書局) があるが、西康省独立後の文献であり、この部分を対象外にしていること、人文地理と自然地理とを分けているにも拘わらず、両者の関係についての明確な説明が無く、経済の内容も呂平登の時期と変わらぬデータを使っている等の点で、期待はずれの感あるを否めない。そこで、さしあたり王笛『跨出封閉的世界──長江上游区域社会研究 (1644-1911)』(1993年、中華書局) 第1章を参照戴きたいが、四川盆地は周囲を1000メートルから3000メートルの山地あるいは高原に囲まれている。北部は東から大巴山山脈、米倉山脈によって陝西省と隔てられ、更に西の山岳地帯では岷山によって甘粛省と隔てられるが、盆地を取り巻く山脈としては岷山山脈の東端と米倉山脈の西端から西南に延びる龍門山脈とその西南部から南北に連なる邛峡山脈がチベット東部の山岳地帯のいわば前墻としてあり、四川盆地の西壁を形造る。南部は南北に延びる大涼山脈、また雲南省や貴州省から北東に延びる五連山脈、烏蒙山脈の北辺部と南西から北東に連なる大類山脈の北麓が貴州省との境界となり、更にその西北に1000～1500メートルの万斗山脈が走る。東は大巴山山脈の東端から湖北省にかけて連なる1000～1500メートル級の巫山山脈がある。長江はこの巫山山脈の峡谷を東流している。邛峡山脈、大涼山脈の西部は大雪山脈更にその西部に沙魯里山脈などの4000～5000メートルの山地があり、この地域は嘗ては西康省が設けられたり取り消されたりした地域で、1939年から49年までは西康省が設けられていたが、現在は四川省に所属している。四川盆地は標高200～500メートルであるが東部には達県から西南に向けて華鎣山台地、その南に並行して明月山台地、鉄風山台地が大巴山山脈に連なっている。

　次ぎに主要な河川について述べれば、長江はチベット高原に発し四川西南部

の雲南・貴州との境界を走る金沙江を本流として宜賓県で岷江（邛崍山脈北部を源流として都江堰で有名な灌県を通り四川盆地の西辺を南下して楽山で大雪山方面から流れてきた大渡河と合流する大河）と、更に下っては、沱江（これも都江堰から成都、資陽、内江を通り南下してきた大河）と瀘州で合流し、重慶では大巴山山脈に発した嘉陵江（大巴山山脈に源流を有し、龍門山脈に源を発した涪江、大巴山より流れ来たった渠江を合川県で合わせて南下する大河）と重慶で合流し、後は瞿塘峡等の三峡の難所を通り、湖北省に抜けて東流する。周知のようにスキナーが四川省を蒸気船の利用できる河川の中下流地域とそのヒンターランド、ジャンクしか利用できない上流とそのヒンターランドに二分したのは炯眼であるが、ここでは先ず地理的状況と主な産物を挙げている王笛の区分を紹介したい。

　王笛によって、これらの山脈及び河川を中心に、四川省の各県は以下のように地域区分され、主な産業が挙げられている。周開慶『四川経済志』（1972年、台湾・商務印書館）によって、これを補えば以下のとおり。

1．川西平原：綿竹、什邡（じゅうほう）、彭県、灌県、崇寧、広漢、新都、成都、華陽、郫県、温江、双流、新津、彭山、眉山、青神、崇慶、大邑、邛崍、蒲江、名山、丹稜、洪雅、夾江、および楽山、峨眉、金堂、徳陽の一部

　　主産物＝米、麻、煙草、菜種、黄白蝋、生糸、茶

2．川北浅丘区：中江、楽至、安岳、大足、江油、綿陽、三台、遂寧、剣閣、閬中、南充、巴中、渠県、広安、合川

　　主産物＝小麦、綿、蔗糖、食塩、生糸

3．川南微褶区：筠辺、馬辺、雷波、犍為、屏山、栄県、合江、簡県、資中、内江、自貢　主産物＝米、甘蔗、苧麻、岩塩、石炭、鉄

4．川東山地区：江北、巴県、璧山、銅梁、永川、江津（以上を通称、上川東という）。鄰水、大竹、墊江（てんこう）、梁山、達県（一部）、東郷（一部）、新寧、開県（一部）、長寿、涪陵（りょう）、酆都（ほう）、忠県、万県（一部）（以上を通称、下川東と呼ぶ）。

　　主産物＝米、蜜柑、茶、煙草、麻、桐油、豚毛

5．北部辺縁：①夔巫地区；巫山、大寧、奉節、雲陽、万県（一部）
　　　　　　②城万地区；城口、太平、東郷（一部）、開県（北部）
　　　　　　③通南地区；通江、南江
　　　　　　④昭広地区；昭化、広元
　　　　　　⑤平石地区；平武、石泉

主産物＝王笛は「乾作物」としか書いていないが、ロシング・バックは「水稲雑糧区」に区分している（中国農民銀行、四川農村経済調査委員会編『中国農民銀行四川省経済調査報告』（1941年出版、1976年複印版10頁）、具体的には小麦または玉蜀黍等を指すのであろう。

6. 西南辺縁：峨辺、馬辺、雷波地方
　　主産物＝表示がないが、ロシング・バックの前著によれば、玉蜀黍と桐油が取れるようである。
7. 南部辺縁：①叙南地区；高県、筠連（いんれん）、珙県（きょうけん）、興文、古宋、叙永、古藺（こりん）、慶符、長寧
　　　　　　②綦南地区；綦（き）江、南川
　　主産物＝石炭、鉄鉱、生糸、米
8. 東南辺区：酉陽、秀山、黔（けんこう）江、彭山、石柱、酆都、涪陵
　　主産物＝桐油、漆、茶、麻、煙草、蜜柑、水銀、朱砂、鉄等
9. 西北辺区：松潘、理番、茂汶、懋（ぼうこう）功
　　主要生産物＝牧畜生産物

以上の外に、民国期を通じ、ケシ栽培が四川盆地周辺の丘陵ないし山岳地帯で盛んであったことも、周知のとおり。

なお、神田正雄『四川省綜覧』（1936年、海外社）は成都市、成都県、華陽県、重慶、万県を除く「重要各県の情勢」を述べるに当たり、川西区、川東区、上川南区、下川南区、川北区に分けて以下の各県を列挙している。このような地域分けは当時の四川でよく用いられたところであり、参考までに紹介しておく。

川西区：灌県、簡陽、広漢、新都、新繁、郫県、新津、平武、江油、綿陽、徳
　　　　陽、梓潼、松潘、北川、彰明、茂県、汶川、理番、籌辺、懋功
川東区：奉節、江津、長寿、栄昌、綦江、南川、銅梁、涪陵、合川、武勝、巫
　　　　山、達県、渠県、宣漢、万源、忠県、梁山、酉陽、秀山、黔江
上川南区：雅安、漢源、西昌、天全、会理、楽山、眉山、青神、邛崍、大邑
下川南区：濾県、宜賓、富順、長寧、興文、隆昌、合江、江安、資中、叙永
川北区：閬中、南充、鄰水、儀隴、南部、広元、昭化、通江、南江、巴中、剣
　　　　閣、逢安、広安、三台、射洪、中江、蓬渓

以上は神田の跋渉した諸県であり、たとえば、犍為、自貢、西充その他の重要な諸県が落ちている。

なお、神田は四川省の東西南に広がっている辺境を以下の四区に分けている。
1，川西区：茂県、理番、松潘、汶川、懋功の5県及び撫辺、綏靖、崇化の3屯
2，川西南区：越巂 冕寧、西昌、塩源、塩辺、会理の6県及び昭覚、披沙の2設置局
3，川南区：雷波、馬辺、屏山、峩辺の4県
4，川東南区：酉陽、秀山、黔江、彭水の4県

以上色々な区分・呼称があるが、長江・岷江・沱江・涪江・嘉陵江・渠江、烏江といった主要河川によって重慶に運ばれる各種産物と主要産地を列挙するのも、一方かと思われる。

次ぎに、中華民国初期における行政区画を白眉初編『中華民国省区全誌』第4巻（陝西・甘粛・青海・四川巻、1926年、北京師範大学史地系発行）によって記せば以下のとおり。括弧内は清代の呼称。

西川道：成都県（西川道尹公署所在地）、華陽、簡陽（簡州）、広漢（漢州）、崇慶（崇州）、什邡、双流、新都、温江、新繁、金堂、郫県、灌県、彭県、崇寧、新津、平武、江油、北川（石泉）、彰明、茂県、汶川、綿陽、徳陽、安県、綿竹、梓橦、羅江、懋功、松潘、理番

東川道：巴県（東川道尹公署所在地）、江津、長寿、永川、栄昌、綦江、南川、銅梁、大足、璧山、涪陵、合川（合州）、江水（旧江北庁）、武勝（定遠）、奉節（夔州）、巫山、雲陽、万県、開県、巫渓（大寧）、達県（綏定）、開江（新寧）、渠県、大竹、宣漢（東郷）、万源（太平）、城口（城口庁）、忠県、酆都、墊江、梁山、酉陽、石柱、秀山、黔江、彭水

建昌道：雅安（建昌道尹公署所在地）、名山、滎経、蘆山、漢源（清渓）、西昌、冕寧、塩源、越巂、楽山、峨眉、洪雅、峩辺、夾江、犍為、栄県、威遠、眉山、丹稜、彭山、青神、邛崍、大邑、蒲江

永寧道：瀘県（永寧道尹公署所在地）、宜賓、慶符、富順、南渓、長寧、高県、筠連、珙県、興文、隆昌、屏山、馬辺、合江、納渓、江安、資中、仁寿、資陽、井研、内江、叙永（永寧）、雷波、古宋、古藺

嘉陵道：閬中（嘉陵道尹公署所在地、保寧府）、南充、西充、営山、儀隴、鄰水、

岳池、蒼渓、南部、広元、昭化、通江、南江、巴中（巴州）、剣閣、逢安、広安、三台、射洪、塩亭、中江、潼南、遂寧、蓬渓、楽至、安岳

　以上は民国初期の行政区画であるが、28年１月より、国民政府は道制を廃止して省・県の二級制とした。その後、36年10月、国民政府は「行政督察専員公署組織暫行条例」を公布し、専員区が設けられたが、その所轄範囲は旧「道」よりも小さかった。39年に康西省が分離独立する（同省は28年旧川辺特別区に代わり設置を決定されたが、実際に発足したのは39年のことであった）。このため、以下の表１には雅安、榮経、蘆山、漢源、西昌、冕寧、塩源、越巂、天全、会理、濾定等の諸県は含まれていない。行政専員区の所属各県を列記するだけでは、物足りないので、1944年度における専員区（行政区）と、所属各県の人口、人口密度を表にして示すことにしよう。依拠した資料は、四川省檔案館編『抗日戦争時期四川各類情況統計』（2005年、西南交通大学）である。なお、県下の区数・聯保数・保数・甲数は1938年についての統計であり、こちらは冉綿恵・李慧宇共著『民国時期保甲制度研究』（2005年、四川大学出版社）に拠った。共に四川省民政庁の調査結果の統計である。なお、計算違いと思われる所は訂正してある。

表１：四川各市・各行政区所属の県の人口・人口密度と聯保および保・甲の数
（人口・人口密度は1944年四川省民政庁調べ、区数以下は1938年同庁調べ）

区県別	人口	人口密度	区数	聯保数	保数	甲数
統計	47,500,587人	156人				
成都市	620,302	14,449	5	31	216	3561
自貢市	221,086	1,826		10		190
重慶市	−	−	6	39	329	3310
第１行政区	合計2,676,950	合計	41	216	4472	44,280
温江	166,915	666	3	14	326	3036
成都	151,430	669	3	14	226	2602
華陽	465,194	498	4	25	795	7854
灌県	296,297	252	4	25	523	5208
新津	162,190	515	3	10	294	2822
崇慶	384,993	343	5	37	630	6339

12 総　　序

新都	159,187	654	5	14	138	1287
郫県	178,366	652	3	13	313	3052
双流	153,933	535	3	14	291	2912
彭県	365,162	215	4	31	552	5485
新繁	101,936	643	2	9	195	1835
崇寧	91,347	512	2	10	189	1854
第2行政区	合計4,815,405		合計36	390	6857	68768
資中	704,903	370	5	45	870	8714
資陽	540,576	311	4	45	760	7560
内江	568,192	356	5	56	1014	10111
栄県	523,145	272	5	57	885	8929
仁寿	966,764	384	6	68	1161	11724
簡陽	985,667	393	6	75	1359	13682
威遠	356,349	456	3	26	498	4976
井研	169,809	270	2	18	310	3072
第3行政区	合計5,269,354		合計38	524	8268	86528
永川	375,872	292	3	49	561	5739
巴県	828,352	284	6	81	1380	17288
江津	839,654	258	5	75	822	8622
江北	563,285	260	4	54	1303	13068
合川	710,702	250	4	74	1244	12598
栄昌	348,956	389	3	32	547	5472
綦江	404,068	220	4	47	593	6044
大足	360,036	272	3	28	627	6307
璧山	340,682	479	3	40	488	4894
銅梁	404,346	273	3	44	703	6496
北碚管理局	93,400	186				
第4行政区	合計1,921,844		合計33	182	3406	36293
眉山	372,231	360	5	36	555	5555
蒲江	112,274	224	3	15	172	1695
邛崍	360,890	239	4	27	745	7450
大邑	248,525	230	3	24	442	5980
彭山	146,946	345	3	11	283	2830
洪雅	195,333	128	3	23	348	3392
夾江	160,376	382	3	17	268	2780
青神	115,856	283	3	10	206	2046
丹稜	88,465	122	3	6	165	1705
名山	120,948	194	3	13	222	2860
第5行政区	合計1,401,675		合計23	185	2536	25205
楽山	338,270	181	4	51	901	8837

屏山	128,842	89	4	34	372	3571
馬辺	35,995	14	2	10	80	744
峩辺	47,391	17	2	8	80	946
雷波	36,916	8	3	5	43	421
犍為	538,272	275	5	63	795	7839
峨眉	169,329	133	3	14	265	2847
沐川	106,660	74				
第6行政区	合計2,208,109		合計28	251	3645	36320
宜賓	797,462	188	5	90	1419	14294
南渓	290,425	307	3	28	449	4526
慶符	171,263	159	2	22	293	2909
江安	239,813	324	3	19	356	3567
興文	82,091	156	3	19	121	1040
珙県	140,917	151	3	15	242	2256
高県	176,022	126	3	29	292	2884
筠連	77,762	227	3	7	112	1157
長寧	232,354	180	3	22	361	3687
第7行政区	合計3,333,197		合計31	275	5847	65508
瀘県	988,216	339	6	61	1537	19210
隆昌	327,989	430	4	30	549	5510
富順	772,944	363	6	71	1900	19597
叙永	316,115	109	4	25	509	4999
合江	416,536	178	4	25	578	5813
納渓	82,751	173	2	12	141	1420
古宋	107,889	180	2	9	175	1769
古藺	320,757	57	3	42	458	7190
第8行政区	合計3,212,775		合計27	361	5191	51889
酉陽	499,606	51	4	50	514	5991
涪陵	827,537	188	5	93	1656	16573
酆都	446,036	116	4	49	946	9349
南川	319,591	105	3	49	488	4809
彭水	287,157	49	3	48	425	4253
黔江	136,019	46	2	18	160	1593
秀山	345,680	97	3	30	668	5976
石柱	226,493	100	3	24	334	3345
武隆設置局	124,656	111				
第9行政区	合計3,279,358		合計31	304	5423	55278
万県	850,329	232	6	61	1329	14452
奉節	408,069	92	4	30	684	6983
開県	605,768	164	4	62	900	9013

14　総　　序

忠県	466,724	231	4	51	1133	11177
巫山	216,012	82	3	32	290	3093
巫渓	166,969	54	4	16	246	2349
雲陽	474,534	141	3	35	715	7227
城口	90,953	21	3	17	126	984
第10行政区	合計3,139,436		合計29	310	5093	50229
大竹	476,658	260	5	50	977	9727
渠県	736,480	445	6	48	991	9900
広安	658,133	386	4	38	1038	10414
梁山	389,753	228	4	51	635	6401
鄰水	328,751	173	3	43	482	4301
墊江	230,581	260	3	39	438	4210
長寿	319,080	280	4	41	532	5276
第11行政区	合計3,790,392		合計28	323	5466	58291
南充	771,079	293	5	69	1342	16354
岳池	560,184	302	4	47	772	9127
蓬安	372,043	227	3	30	509	5026
営山	390,827	221	3	32	715	6953
南部	698,704	238	4	54	671	6160
武勝	343,040	318	3	22	567	5673
西充	335,148	335	3	37	398	3980
儀隴	319,367	202				
第12行政区	合計5,006,185		合計31	350	7753	74519
遂寧	569,914	330	5	35	859	8778
安岳	662,691	239	4	53	1183	11884
中江	826,742	337	3	51	1074	10620
三台	878,268	321	4	59	1222	12078
潼南	280,199	160	3	28	580	5645
蓬渓	624,570	316	3	41	710	6692
楽至	423,054	366	3	25	596	5888
射洪	468,059	335	3	36	912	6764
塩亭	272,688	220	3	22	617	6170
第13行政区	合計2,368,650		合計30	205	4061	42553
綿陽	379,874	110	4	35	663	8303
綿竹	286,302	369	4	29	565	5652
広漢	274,486	550	3	27	360	3731
安県	212,642	134	3	18	379	3864
徳陽	198,831	325	3	13	453	4543
什邡	201,959	271	3	16	356	3605
金堂	488,314	345	4	41	733	7340

総　　序　15

梓橦	169,142	174	3	12	269	2672
羅江	157,100	296	3	14	283	2843
第14行政区	合計1,740,674		合計29	203	2454	25959
剣閣	251,147	79	4	26	363	4168
蒼渓	250,195	104	3	30	203	2122
広元	196,920	62	4	18	397	3526
江油	207,057	97	3	27	262	3634
閬中	387,265	261	3	27	604	6075
昭化	96,907	63	3	18	167	1774
彰明	104,241	302	3	14	186	1881
北川	38,281	21	3	10	67	626
平武	56,758	13	3	33	205	2153
青川	54,918	15				
昭蒼設置局	96,985	32				
第15行政区	合計2,343,427		合計27	316	3430	35926
達県	668,796	186	5	84	859	8495
巴中	512,591	108	4	52	819	8008
開江	212,877	204	3	17	210	2543
宣漢	474,759	109	4	61	619	7969
万源	151,950	37	4	38	294	2760
通江	171,773	34	4	34	320	3052
南江	150,681	33	3	30	309	3099
第16行政区	合計148,770		合計17	63	298	2911
茂県	37,217	7	3	15	88	828
理番	22,932	2	3	16	49	431
懋功	21,652	9	3	12	49	490
松潘	26,915	3	3	11	61	526
汶川	22,560	5	3	7	42	420
靖化	17,494	3	2	2	9	216

第1篇

四川軍閥史略（1912年～1937年）

第1篇への序論
日本における「軍閥」概念の展開とその批判

　第1章「はじめに」でも触れたが、私が四川研究の最初の研究テーマに選んだのが四川軍閥であった。
　「軍閥」とは何かという、軍閥の概念規定については、学生時代から疑問に抱いて来た問題がある。それは、『アジア歴史事典』（平凡社）の中の「ぐんばつ」の項（小島晋治氏執筆）についてのごく幼稚な疑問である。すなわち、小島氏によれば、軍閥とは「軍人が本来の職権の範囲をこえて、部下と私的に結合し、その掌握した軍事勢力を背景に政権に関与し、または特定地域を占拠して、該地域の政権を独占した場合の政治・軍事機構。欧米人は Warlord などとよぶ。このような意味における軍閥は歴史のさまざまな時代に、また多くの国々に発生した。とくに中国では、19世紀後半、清朝の中央集権体制の崩壊過程に発生し、帝国主義諸国の侵略とともに、中国近代化の最大の障害として、人民共和国の成立にいたるまで存続した」と規定されている。そして、別表の「国民政府時代の主要軍閥浮沈表」のトップには蔣介石の名が挙げられており、続く、何応欽、陳誠、朱紹良、顧祝同、胡宗南、湯恩伯までの7人が「中央軍閥」と名付けられている。地方軍閥としては閻錫山、劉文輝、龍雲等が挙げられている。中国共産党は「中国近代化の最大の障害」たる「中央軍閥」と抗日民族統一戦線を組み、抗日戦争を闘ったことになるのであろうか、という疑問がすぐさま頭に湧いてくる。その軍閥の社会的基盤は土豪劣紳と帝国主義に求められるが、この「土豪・劣紳を基盤とする軍閥支配を崩壊させたものは、中国共産党の指導した土地革命と解放区の成長であり、人民共和国の成立によって、軍閥の基礎は完全に一掃された」という文章で締めくくられている。
　先に示したように、私の小島氏に対する疑問は、蔣介石は「中央軍閥」であり「中国近代化の最大の障害物」であったのかという疑問が第1の疑問である。このような蔣介石評価は最近20年間の研究史の中で改められつつあると思う

（例えば、家近亮子『蔣介石と南京政権』2002年、慶應義塾大学出版会）。第2の疑問は、軍閥支配を崩壊させたものは「土地革命と解放区の発展」と一言でいわれるが、いつの時点の中共の政策を指すのか分からない。解放区といわれても、ソビエト革命の時期の中共支配地域を指すのか、抗日戦争中の辺区を指すのか、第二次国共内戦の時期の解放区を指すのか曖昧であり、辺区政権が大発展を遂げた時期には土地革命は撤回されていたし、また辺区は第二次国共合作の実現により蔣介石が実権を握る国民政府の許可を得ることから始まったのである。つまり、小島氏の規定は、抗日戦争および抗日民族統一戦線の時期の事実と矛盾するのである。また、中共式の均分的土地革命の経済的効果に対する疑問も、最近の研究動向の中で呈されている。第3に、小島氏は「起源」と題した小項目の冒頭で「清朝本来の政治・軍事機構にあっては、八旗、緑営という軍隊がそれぞれ中央政府または省長官に強く隷属し、軍隊の私的・地方的地盤が発生する余地はなかった」と述べているが、「軍閥割拠の経済的・政治的地盤」という小項目では、軍閥割拠を可能にした条件が「集中的・統一的な国内市場の未熟、したがって半独立的名地方経済への分裂であった」と述べられている。私の理解する日本語では、「への分裂」という言葉は「統一状態」の存在を前提として初めて意味を持つのであって、「未熟」状態を表すことばと「したがって」という言葉で連結されうるような言葉ではないのである。小島氏がこのような用語上の誤りを（無意識的にせよ）敢えて犯さざるを得なかった理由を考えてみると、清朝時期には軍閥の「発生する余地はなかった」という事実の経済的基盤として「集中的・統一的国内市場」の存在を明示できないことから来る矛盾の、言葉による「解決」と考えられるのである。経済的に未統一でも清朝は長らく「軍閥」の割拠を許さなかった。このことは、軍閥という存在と国内統一市場の未成熟ということとは直接的には関連がないということを意味する。政治現象を直接に経済的発展段階と結びつけて論じるのは、いくら現象的にはそのように見えても、性急であり、経済的決定論ではあるまいか。最後に、本書で研究対象とする四川軍閥の場合、混戦の背後に特定の帝国主義はいなかった。以上、小島氏の軍閥論について要点を論じてきたが、それはこの『アジア歴史事典』が再版されて、こんにちもなお利用されているからである。

波多野善大氏の『中国近代軍閥の研究』（1973年、河出書房）は、今日に至るまで中国近代軍閥研究の代表的専著といえようが、波多野氏は「序論」の冒頭で「軍閥は、要するに、武力を背景にした私的目的追求の集団、またはそれを代表する個人である。国家はその権力を対内対外の両面において維持するために、暴力的強制手段としての武力を所有するが、この武力のなかに私的な要因が入り込むことによって軍閥が形成されるのである」と概念規定をしている（9～10頁）。これに続いては中国や西洋の軍事体制についての紹介がなされているが、「蔣介石を中心とした新軍閥は、ブルジョア・ナショナリズムを精神的支柱としていたことによって〔北洋軍閥等の〕旧軍閥と異なっていた。しかし、被保護者的関係の部将をもって軍隊を私兵化し、これを背景に国民政府を支配した」と述べている（31頁）。軍閥＝帝国主義の支配のための道具論ではなく、軍閥にその「精神的支柱」の面から新旧の別を設けていることが、小島氏とは異なる点である。波多野氏はまた、「南京政府は蔣介石の武力と浙江財閥が結合して成立した軍閥的ブルジョア政権である」と明快に規定して「蔣介石も軍閥ではあるが、北京政府時代の軍閥とは異なっている」と述べている。そこでは三民主義の理念や、委員会制を基本として「個人の恣意が支配する余地が比較的少ない構成になっていた」ことも指摘されている（55頁）。「ブルジョア・ナショナリズムを精神的支柱」としていた点で、新旧軍閥を弁別しているところに、波多野氏の特色がある。

　ここで、戦前の軍閥論の代表として『支那問題事典』（1937年、中央公論社）の「軍閥」の項を見ると（執筆者は知識真治）、小島氏や波多野氏とは些か異なる軍閥論が展開されている。11頁にわたる長大なものであるから、小島氏の受けたほどの字数上の制約は受けていない。

　小島氏の軍閥論と異なる特徴の第1点は、蔣介石を軍閥の中に含めてはいないことであろう。すなわち「国民革命軍の成功によって蔣介石政権の統一過程は少なくとも形の上では地方軍閥の整理を遂げた。またこれとともに『南京軍閥』の性質をもつ蔣介石政権自体も進化しつつあった。しかしながら蔣介石政権の内に形式的に内包された地方軍閥勢力は清算し得なかった。支那事変の経過はある意味で蔣介石に軍閥勢力清算の機会を与へた。併し問題は未だ解決し

たものではない」(189頁)。日中戦争を通じて軍閥勢力が弱められ、戦後においては軍閥混戦といった事態は見られなくなった。知識の見通しに誤りはなかったと思う。知識は文章の後段においては国民政府の統治時期の方が戦争の回数も多く、軍事予算も増大している事実を指摘しているが、「1935年の国民政府幣制統一以来地方軍閥の割拠地盤は著しく弱められたことは事実である。これによって国民政府の統一の形勢は急速に進展した」という評価を下している(191頁)。要するに蒋介石政権を変化の過程において捉えようとしているのである。これは、小島氏の「中央軍閥」という概念よりも歴史的捉え方であり、その後の史実に照らしても正確であると思われる。

では知識はどのように軍閥を規定しているか？

「Ⅰ軍閥の発生」という小項目の中で知識は先ず次のように述べている。

「……植民地の政治変革時において武力の保持者たる軍事長官が軍閥に変成することは必然の現象である。植民地の政治変革は帝国主義圧迫の結果に基づくのであって、内部における経済的発展が変革を不可避とするのではない。帝国主義の圧迫の加重は必然的に旧統治階級の動揺を招来し、政治的変革を不可避ならしめるが、併し内部的経済発展は未だ成熟していないから、所謂民主勢力は自己の政権を樹立する力を持たない。かかる場合に於いては実力者たる軍事長官のみが各方面から推重される。旧来の統治階級が新興民主勢力を圧伏しようとすれば軍事勢力の力を借らざるを得ない。清朝が袁世凱を起用して民主勢力と折衝せしめたのはこれである。又民主勢力が旧統治階級を倒壊しようとすればこれまた実力者に依存せざるを得ない。民国革命において各省の独立を宣言し、民軍に饗応したものの多くは清朝統治者が培植した軍事長官であった。同時に帝国主義は旧統治階級に代替すべきその植民地支配の代行者はこれを軍事勢力に求めざるを得ない。……支那の軍事勢力は旧統治勢力、民主勢力並びに帝国主義三方の引っ張り凧となった。……かくして軍事勢力は軍閥となり、一切の政治が彼らに隷属し、所謂軍閥政治は形成されたのである」(184頁)。

このように、軍閥は旧統治勢力、帝国主義、民主勢力の三方から引っ張り凧になっている存在であるという規定は中国革命が軍事的形態をとったことの必然性を的確に捉えたものとして見直すに値する、と私は思う。北伐時期の国民

党は少なくとも蒋介石の反共クーデター以前においては民主勢力のための軍事勢力であったし、その後に建設された中国紅軍も当時は農民その他革命勢力の武力であった。知識はおそらく紅軍や八路軍を軍閥とは見なしてはいなかったであろうが、中共が一種の軍事勢力であったことに疑いはない（周知のとおり、毛沢東は「鉄砲から政権が生まれる」と断言し中国工農紅軍を組織した）。そして、前述のように蒋介石の軍事独裁的色彩の強かった国民政府も、前述のようにこれを変化の様相において捉えようとしているのである。

　この後は「軍閥制度形勢の社会的背景」という小見出しの下に次のように述べている。「……帝国主義は一面支那の後進的生産方法、旧来の手工業、家庭工業及び半自然的農業経済の崩壊を促進すると同時に、一面では種々の圧迫、控制の方法をもって支那の生産力の発展を阻礙し、近代工業の発展を阻礙した。かくしてこの広大なる破算失業群の行き場は何処にあったか……詰まるところ無産無業の流氓生活に入らざるを得ない。茲に広大なる遊民無産階級が形成された。この広大なる無産階級こそ軍閥の軍隊の基礎となったものである。

　不規則なる騒擾の爆発はかかる事情の下では免れないところである。各処に散在した数十人あるひは数百人、乃至数千人の集団となったこの遊民の騒擾は一般社会の秩序に非常な脅威である。啻に封建地主の利害を妨害するのみならず、帝国主義の利益を妨害するものである。この種の騒動の勃発は地主階級をしてその統治の維持を不可能ならしめる危機をもたらし、又帝国主義に対してはその商品の売行きに非常な圧迫をもたらすものであった。帝国主義と郷紳地主階級はかかる危機を救う最善の方法としてこの無組織の、原始的集団群衆を利用し、同時にこれを自己拡大の道具とした。これが軍閥の軍隊を形成した。……」(185頁)。

　以上は長文の引用となったが、知識の軍閥規定の特色は、旧経済の破壊から生み出され、近代化のための労働力となり得ない、広大な遊民無産階級の存在に軍閥の人的資源を認めること、第二に、遊民の騒擾は、地主郷紳や帝国主義にとっては一種の自己矛盾を体現するものであることを的確に捉えて、この矛盾からの救済措置として軍閥による無組織で原始的な集団群衆の組織化を促して、これを利用したと見なしていること、にある。これは、軍閥が相対的自立

性を持つとする、先の「引っ張り凧」説との整合性の問われる所であるが、自立性の根拠を地主郷紳や帝国主義の引きおこす社会的矛盾に求めることは、必ずしも論理的矛盾にはならないであろう。知識はこの文章の後で軍閥に「本質」を四つも認めるとか、「純粋封建時代の封建諸侯」というものが中国にあったというような議論を展開している。知識の「封建」概念は当時の研究レベルでさえ耐え得なかったと思われるが、軍閥の生成根拠を近代化にともなう社会的矛盾激化の打開策の一つとして捉えようとしている点は、注目されるところである。

　いま一人、軍閥論の歴史の上で忘れてはならない日本人の研究者としては、橘樸を挙げなければならない。しかし、橘については山田辰雄氏の「橘樸の中国軍閥論」(『法学研究』68巻5号所掲)というすぐれた研究成果が発表されており、ここに多言する必要もないように思われる。重要と思われる特色のみについて若干触れるならば、山田氏は「軍閥とは、軍人が本来の職権の範囲を超え、その握有する軍事勢力を背景として政権に関与し、又この軍人を中心とする政治軍事的機構に対する名称である」という言葉をもって橘の軍閥についての「定義」だとしている（上掲誌、8頁）。小島氏がこの規定を踏襲していることは明らかである。また、同じ軍閥でも橘が新旧二つに類別し、蔣介石を「新軍閥」と規定したのは有名である。その「新」たるゆえんは山田氏の整理によればその「社会経済的基盤が『資産階級』と商工業にあり、地理的には『商工業及び金融業の相当発達した地方』に存在していた」ことにある（同、11頁）。又、山田氏によれば「旧軍閥とは、彼の言う官僚階級に属する。蔣介石指導下の国民党は新軍閥に属する。その社会的基盤は新興ブルジョアジーと地主階級にあった。それは、一面では軍事独裁政権として軍閥的性格を有するとともに、他面では新興ブルジョアジーの立場から旧軍閥を打倒して、全国統一を達成する可能性をも有していた。橘が軍閥混戦からぬけだすために期待したのは、蔣介石の国民党が地主的基盤を棄て、左派国民党（改組派）と中共と提携することであった。彼は特に小ブルジョアジーを基盤にもと左派国民党の主導権に期待したが、それはあまりにも弱体であった。また、1920年代後半において橘が期待した統一戦線も生まれなかった。それは、彼が賭けた国民革命の挫折であった。

かかる挫折がやがて満州国への期待に転化していった」(同、22頁)。以上のような山田氏の整理は的確であるが、「私の方向転換」執筆後に「新軍閥論」はどうなったのか、山田氏の論文からはわからない。要するに橘樸の「新軍閥論」は国民革命の挫折と共に終わるのである。以上のような橘の「新軍閥」という概念は波多野氏にも受けつがれていると思われるし、その社会的基盤を「新興ブルジョアジーと地主階級」の上に見いだしたという点では、地主と帝国主義の利害を守る暴力装置＝道具として軍閥を捉えて、軍閥の新旧を分かたぬ小島氏の軍閥論よりもすぐれていた。新しき者必ずしも旧き者を超えず、の一例である。

　ところで、その後の歴史を見ると、蔣介石は地方軍閥軍を抗日戦争の前線に立たせて消耗・弱体化を図ることに成功し、戦後は中共と閻錫山を除けば、国内に有力な対抗軍事勢力を有しないという情況をもたらした。軍閥混戦が再び繰り返されることはなかった。これには、日本帝国主義の崩壊、イギリス、フランス、ドイツ等の列強が、アメリカを例外として衰退し、中国への復帰が困難であったこと（又、43年の英米の対中不平等条約の破棄も戦前同様の復帰のあり得ぬことを規定していた）等、国外情勢の変化も大きな要因として挙げられるべきだが、小島氏のいうように、蔣介石を「中央軍閥」として捉えると、抗日戦争期を通じた中国の政治的変化の意義が見落とされることになる。すなわち、中共の抗日根拠地の発展は、蔣介石・国民政府との、一定の距離を保ちながらの統一戦線政策の展開ということ無しには考えられぬところであり、また「新軍閥」は抗日戦を戦うことを通じて不平等条約を解消し、また「軍閥混戦」から抜けだして、集権的な全国政府としての威信を確立する一歩手前まで近づいた。しかし、地主的基盤から足を抜くことは十分とはいえず、中共とのヘゲモニー争いには自ら戦後内戦を引きおこすなかで、むしろ反共勢力結集のために地主勢力との提携を強める結果となり、これに自由主義貿易政策という失政が加わり、内戦での敗北を決定的なものにしてしまった。国民党が地主的基盤との縁を断つのは、周知のように、台湾に逃れて後の土地改革を通じてのことであった。このように、長期的観点から見ると、蔣介石も次第に地主的基盤からブルジョア的基盤に軸足を移して行ったのであり、橘樸の「新軍閥」論は中国革命

の政治的な激動の最中における国民党左派＝中共ブロックの崩壊という現実を前に、あまりにも短期的視野からいとも簡単に放棄されてしまった点が惜しまれる。

　以上、軍閥という概念についての日本における代表的な、もしくは古典的ともいうべき諸説について紹介・検討を試みた。過去の遺産としては、

　第1に、知識信治の、軍閥を「諸勢力間で引っ張りだこの」独自な存在と認める部分は、継承されて然るべきであると思われる。というのも、知識自身も別のところでは同じ誤りを繰り返しているのであるが、軍閥をストレートに帝国主義や地主階級の支配のための道具として位置づける、階級闘争史観の硬直した理論＝道具論・反映論（帝国主義と地主の利害を反映）を超える観点、軍閥を相対的に独自の存在として捉える視点が、ここには見出しうると考えられるからである。そして四川軍閥に関する限り、「帝国主義の道具」論は成り立たぬことは確かなことのように思われる。

　第2に、知識は軍閥を「無組織の」「原始的な（遊民）集団を組織化」したと指摘しているが、この点も一考に値する発言と思われる。土匪との本質的同一面が従来の研究では強調されてきたが、土匪が、反社会的な、それも多くの場合一過的な不安定な集団であるのに対し、軍閥は土匪などから社会を守ることを看板に掲げているから、これに対する支持基盤も社会の内部にある。この点では、土匪とは区別されるべき存在である。土匪も、「兔は自分の巣穴の廻りの草は食べない」ようにして、根拠地周辺の農民の支持を得ようとはするが、土匪に資金や食糧を農民が供したという例はおそらくあまりないであろう。これに対して、軍閥は軍資金や労働力の調達を公権力の名において行うのであり、地主層の一部には特定の軍閥との間に利害の一致を見たものがあった。土豪劣紳と呼ばれる人々がそれであるが、彼らの政治・経済支配が社会的現実であるかぎり、農民たちの「仁義匪」（ボブズボウムのいう Social Banded）への興望とは較べものにならない「社会性」を軍閥は持っていた、と考えられる。

　第3に、橘樸の規定は旧軍閥に対しては一見有効であると思われるが、先ず「新軍閥」という規定に関しては、蒋介石が軍人だったことは確かであるが、彼にとって「本来の職権」の中には国民党中央常任委員会委員であることも含

まれていたし、28年の全国統一達成後は「国民政府主席」の時もあった。軍事（軍人）と政治（政治家）の分業を明確に規定した社会を前提とするならば、「軍人が本来の職権の範囲を超え、その握有する軍事勢力を背景として政権に関与し、又この軍人を中心とする政治軍事的機構に対する名称である」という橘の軍閥概念はわかりやすいが、国民党や共産党のようなレーニン主義的原則に立った全能的前衛政党の特定の人物とその部下の評価においては、このような区別をすることが果たして妥当か否かが問われねばならない。橘の規定は北洋軍閥には当てはまっても、国民党には当てはまらないと思われる。すなわち、国民党内において蔣介石は軍人でもあり政治家でもあった。このように考えを進めてくると、橘の概念規定の有効性も決して十分とはいえないと思う。

　むしろ、辛亥革命の挫折によって、軍事的首長が行政的首長を兼務する体制が一般化し、このため、政争が戦争の形態をとるような構造ができあがった。このような構造は改組後の国民党や中国共産党のような革命政党の登場以後においても、基本的には変わることがなく、1949年の国共内戦における中共の勝利まで、基本的には持続されたと思われる（このような政治構造は日中戦争のなかにおいてさえ、国共間の軍事摩擦という形で現れたが、日本の侵略という現実や「一致抗日」の世論の前に全面的衝突は避けられたのであった）。このような観点から見れば、軍閥とは政敵に対する蔑称であるにすぎなくなるが、私なりに軍閥の定義を試みるなら、「軍人がその地方的軍事力を背景として実質上司法・行政・立法の三権を独占する政治体制において、その中核的指導者並びにその有力な部下に対する名称である」ということになる。このような概念規定では、橘がせっかく区別した「新軍閥」＝蔣介石の「新」たるゆえんを白紙に戻すようであるが、ソ連式の民主集中型権力の恐るべき腐敗と恣意性が露わにされ、三権分立という近代国家の基本原則の有効性が再評価されるべき今日の時点で、三権分立の暴力的否定者として軍閥を捉える観点が、なによりも重要であると思われる。孫文は、「三序」を唱え、「以党治国」の段階を論理的に認めていたが、あくまでもそれは「憲政」実現までの過渡的段階としてであり、これは、蔣介石も正面からは否定できなかった。この限りで、上述のような私の軍閥の概念は、国民党の政治行動形態や政権形態を含むものではない。中共も、毛沢東が「新

民主主義論」で政権形態を「民主集中」と述べた点は、今日から考えると、重要な問題ではあるが、当時は未だこの問題点は顕在化しておらず、したがって私の規定には国共両党の指導者は原則的に軍閥には含めない。ただし、国民党に参加はしても、日中戦争前までの各地の地方軍閥（四川軍閥も含め）は私の軍閥概念に含まれる。しかし、このような腑分けは案外に複雑であり、時の流れの中で軍閥自体が変化もしている。そこで、表面的には政治的アクターたちが自己を正当化した思想や政策がいかなるものであったかという問題と、その政争の根底にある実質は何であったかという問題と、この二つの視点を踏まえて民国の政治史を考察することが重要になってくる。

　戦前の中国研究者の最後に尾崎秀実についてふれておきたい。尾崎の軍閥論は半封建半植民地論に立ったもので、この面で彼独自の見解があるとも思えないが、四川軍閥については『現代支那論』の中で「正に半封建的支那社会の縮図でもあるという意味において、四川に拠る四川軍閥を採上げることは可なり興味のあることである」と述べて、かなりの頁を割いて紹介している。尾崎は「四川軍閥割拠の地盤関係はそれぞれ経済的な発展段階を異にしたところにあった。四川内部はあたかも支那全体を採って見た時と同じくハッキリした形で経済発展の異なった区域に分かれ得るのである」と述べ、「劉湘が四川軍閥の混戦に結局最後の勝利を占め得たのは、重慶を中心としたこの省内で最も経済の発展した地域をその地盤として保有していたからである」と述べている（『尾崎秀実著作集』第2巻、230頁）。これに続けて上川南から成都を制した劉文輝の支配地域が第二の経済的発展地域で、鄧錫侯や田頌堯は経済的後進地域に依拠していた故、劉湘の勢力下に下ったと記している（230〜231頁）。このような結論に疑義はないが、次のような指摘については疑問無しとしない。

　第1としては、すなわち「……最近、これら軍閥の民衆に対する苛斂誅求圧迫に新しい要素を加えたのは、これ等の軍閥自身が新たな姿をもって民衆に臨んだということである。即ち、以上の如き封建的色彩の濃厚な租税の徴収に加えて、土豪劣紳として新しい経済的利益追求に乗り出したのである。例えば前に挙げた鄧錫侯の部下の羅澤州の如きは大電灯会社の株主となり、又劉湘や潘文華、唐式遵、王纘緒等は何れも大石油会社の株主となり（かかる事実を今井は

未確認)、新しい型の誅求を加えたのである」と尾崎はいうが、近代工業の株主になることが、なぜ民衆に対する「新しい型の誅求を加えた」ことになるのであろうか？「半封建的搾取」も「資本主義的搾取」も搾取という点では本質に変わりはない、とでも言おうとしているのであろうか？尾崎にしては、不注意な表現のように思われる。そもそも、租税収奪と株式投資という経済的にも歴史的にも全く異質なものが、土豪劣紳の「苛斂誅求」という倫理的次元において同一視されているだけでなく、その形態の新旧までもが論じられていることに、私は強い違和感を抱く。

　又、第2に、尾崎は四川省中央化の過程について以下のように、簡潔に述べている。すなわち、「一方においては内部のこうした苛斂誅求によって人民は疲弊し、他方においては全く対蹠的な共産軍の力が外部から加わり、更に大なる資本と支配力をもつ蔣介石の国民政府が浸透して来たために、一応独立した地盤を維持してきた四川軍閥も遂に蔣政権の統一工作の前に屈服する結果になったのである」と記している（232頁）。以上のような尾崎の指摘には、あえて異をとなえるものではないが、「更に大なる資本と支配力」という表現は気にかかるところである。というのも、四川軍閥と蔣政権の違いは「大小」の違いにすぎないとすれば、本質的に劉湘たちも蔣介石も変わりはないということになるからである。とすると、両者に共通の本質はなにかという問題が浮かび上がってくるが、この点に関する尾崎の評価は曖昧である。もちろん、大小という量の違いが質的違いを意味する場合もありうるが、その歴史的条件を吟味しておく必要があると思うのである。

　以上、尾崎秀実の四川軍閥論に関する疑問点を二つ提起してみたが、これに対する私なりの答えは第1篇および第2篇を通して考えて行くことにしたい。

　次ぎには邦訳もあり、日本における軍閥研究にも影響を与えたと思われるジェローム・チェンの『軍紳政権－軍閥支配下の中国－』（北村稔・岩井茂樹・江田憲治訳、1984年、岩波書店）について、触れれば、「蔣介石の政権は基本的には軍－紳政権であり、そのうえに若干のブルジョア階級の指導者たちの支持をとりつけていた」とか、日中戦争期に「指揮系統は統一の方向にむかった。これをのぞくと軍費を各々が勝手にあつめるというやりかたは完全には停止されず、

軍-紳政権には基本的に何の変化もおきなかった」（8頁）というような評価には、疑問がある。著者は1928年頃までの中華民国を念頭においてこの本を著しているが、28年から関税自主権を回復した国民政府の財政基盤は北洋政府とは比較にならないほど強固なものとなった。そして、ここを足場にして国家資本主義的政策がとられたことも、北洋軍閥政権とは違った国民政府の歴史的特色である（この点については、久保享『戦間期中国〈自立への模索〉－関税通貨政策と経済発展』1999年　東京大学出版会、奥村哲『中国の資本主義と社会主義－』2004年　桜井書店等を参照）。旧態依然たる「軍－紳政権」が南京政権の本質であったとはいえないと思う。農村に目をやれば、中共の土地革命路線に対決して、蒋介石が「囲剿」を繰り返したのは、一面で確かに「軍－紳政権」としての側面を色濃く残しているようにも見えるが、中共に対する激しい攻撃は、日本の侵略を前に国民国家の実現＝ナショナリズムによる全国統一を緊急の課題として強く意識したが故であり、地主・郷紳の利益を保護せんがためであったとばかりはいえない。むしろ、地税の負担の不平等を是正することによって、地主・郷紳の存立基盤を奪い、土地所有の近代化を図ろうとする試みが日中戦争勃発まで進められつつあった（この点に関しては、笹川裕史『中華民国期農村土地行政史の研究―国家―農民関係の構造と変容―』2002年、汲古書院）。「安内攘外論」もこのような観点から見直すべきだというのが、かねてからの私の考えである（詳しくは拙著『中国革命と対日抗戦』1997年、汲古書院、を参照されたい）。

　また、日中戦争中に「軍費を各々（の軍）が勝手にあつめるというやりかた」が旧態依然であったのかどうか、不勉強にして知らないが、本書第1篇に記したように、軍費を各軍が勝手に集めるという仕方は、四川省では1935年春以来禁じられており、また抗日に出動した川軍が軍費の現地調達を行ったということも、聞かない。それに、八路軍にさえ40年まで軍費が支給されていたように、中央が軍費予算の配分を統一的に実施していたのが常態のように思われる。日本軍占領区に取り残された軍の場合は「完全には停止されな」かったことも考えられるが、これは抗日戦争の現実から生じる事態であって、これを「軍―紳政権」の割拠的性格の現れと同一に論じることはできないと思う。

　この点はさておき、ジェローム・チェンによれば、1912年から1937年まで

「中国には統一された軍隊はなく、統一された指揮系統も管理系統も存在しなかった。こうなると、軍人指導者たちはめいめいがいろんな形で軍費を自前で調達しなければならず、そこで民政に干渉せざるをえなくなった。これが私兵軍が形成される基礎である。私兵軍と私企業はいくつかの類似点をもっている。私兵軍の士官の主要な関心事は資金ををあつめて兵士を養うことであり、兵士と下士官の主要な関心事は軍隊にはいって生活の道を見いだすことであった。有能な士官はあたかも有能な企業家のように、多額の金をあつめて軍隊の食糧と給与を充分にし、さらには優秀な装備をととのえることができた。これらの金の大半は農業からもたらされた。したがって、土地と農民は私兵軍が支配し、争奪する対象となった。私兵軍は一定の区域の民政系統を支配下におくことにより、はじめてその区域から兵士を養うための資金や必要物資を手にいれることができたのである」(2〜3頁)と述べている。

　統一された指揮系統・管理系統がなかったので、軍人指導者たちは軍費を自前で調達する必要に迫られた。これが私兵の形成される基礎である—説明は明快である。では、統一された指揮系統・管理系統はなぜなかった（あるいは失われた）のであろうか？この点についての説明がない。このように考えてみると、実はチェン氏が因果関係として説明していることが、実際には冒頭第一行から始まる近代国民国家の軍の理念(3)と中華民国における軍の現実の姿との関係に過ぎないことがわかる。すなわち、私兵の跋扈という現実が統一という理想状態の欠如から説明されているだけであって、歴史的に存在した統一状態の崩壊過程から私兵が生じてきたというような、歴史的説明になっていないのである。湘軍、淮軍の時代には、文人の行政長官の下で「指揮・管理系統はかな

（3）　すなわち、チェン氏の著書は「近代の軍隊は国家主権を完璧に保全することがその主要な任務である。すなわち外敵による国家の領土および主権への侵略に対抗し、国内では政府支配下の国土と政府の支配そのものを分裂させようとする内側からの敵に対抗するのである。この「敵」は国家の政治的最高責任者か最高責任機関が決定し、軍隊が自ら決定するのではない。すなわち軍隊は最高の政治的指導者の命令に従い、これにより統一された指揮系統と管理系統が生みだされる。かくしてはじめて、国家の軍隊、統一された軍隊となるのである」という一文に始まるのである。

り統一されていた」（6頁）と著者はいうが、このような状態から、その後の不統一状態への歴史的プロセスが説明されていないため、理念の欠如した歴史的現実が、理念の欠如という要因から説明されるという、堂堂巡りに陥ってしまうのである。このように日中戦争以前の中国社会を欠如態として捉えようとする視点は、戦前の「停滞論」との親近性を思わせるが、もちろん著者は停滞論者ではない[4]。氏はいう「紅軍はどうであろう。紅軍の革命根拠地やソビエト区も"割拠"ではないのか。紅軍も最高の政治指導にそむいた行動をとったのではないか。しかし紅軍の中での共産主義の権威は国民党の軍隊の中での三民主義より、はるかに大きかった。……紅軍の敵は最高の政治指導部が決定した。一敵は帝国主義と軍―紳政権である。たとえ紅軍の各軍団や方面軍が軍費を勝手に集めたにしても、それは地主や富農から徴収されたのであり、農民の利益を考慮した徴税であった」（8〜9頁）。

　軍内におけるイデオロギー（主義）の権威の大きさや租税の徴収対象の違いといった問題が紅軍は軍閥ではない論拠とされている。これは、前頁の注（3）に引用しておいた冒頭第1頁の概念規定には含まれない要素であり、論拠としては筋違いといわざるをえない。紅軍が国民党を含む「軍―紳政権」をくつがえして中国を軍事的に統一したという史実からふり返って、予定調和的に紅軍＝例外論が展開されているように思われてしかたないが、これでは、抗日戦争期や戦後の国共交渉で「軍隊の国家化」が一つの重要な争点となったような事実は、看過されてしまうことにならないであろうか。このように、近代国家における軍の理念から出発するチェン氏の方法には些か無理があると、私は思う。

　以上、チェン氏の好著に対する不満を述べたが、私は四川の軍閥権力が「軍―紳政権」であったことを認めないわけではないし、四川軍閥の略奪的田賦や苛捐雑税の実態、その結果が四川農村を如何に荒廃させたか等々の諸現象については、チェン氏が実例として各所で論及されているとおりであり、本書では繰り返す必要もあるまいと思う。ただ、「軍―紳政権」にも歴史というものがあるのであって、形成・発展・消滅の見地から四川における軍閥という存在を素

（4）　アジア社会停滞論とは、一言でいえば、対象を西洋的理念との対照において欠如態と見なすような、思考法である。

描してみたい——これが本篇執筆の動機である。

　最後に、時間的にはジェローム・チェンの著書に先立つが、中国の地方史研究であるためか翻訳がないが、ロバート・A・カップの労作『四川と中華民国——地方的軍事主義と中央権力、1911—1938』(1973年) と翌年に執筆された論文・「軍閥権力の中心としての重慶—1926—1937」[5]について触れて、本序論の結びとしたい。

　カップの著書は四川軍閥について総合的にまとめた最も初期の研究であり、中国での研究に先んじた研究であるにも拘わらず、渉猟した資料の広範なことにおいても、内容的にも、いまだにハイレベルの研究水準を維持しており、中国でもその翻訳が行われた。しかし、軍閥についての概念規定のようなものはない。分析の中心は1927年以降の防区制、特に劉湘の21軍の生態に置かれていて興味深い。軍閥の社会的基盤については通説のごとく地主・高利貸し層に求められるが、21軍の発展は重慶という経済的要所を押さえたこととそこから上がる税金の豊かさのほか、劉湘がその主立った副官達に致富の機会を与えたことが彼らの忠誠心を繋いだこと、また重慶市の商人・金融業者との関係を深め、盧作孚のような実業家を支援したことも、重要な要素として指摘している。そのほか、防区の経営方式として防区内に防区を設けるような間接支配の妙なども指摘されている。しかし、本書の序論にもあるように、筆者の基本的問題意識は中国における省を単位とする地方主義と中央権力との葛藤を、四川省を対象に分析することにある。それ故、1927年以後の防区体制が、32年の中共紅4軍の侵入を契機に南京中央政府への依存を余儀なくされる反面、いわゆる中央化に対する地方主義的な立場からの抵抗も抑えがたいという、相矛盾し錯綜した政治過程の分析と叙述が本書の中心部分を占めるといってよい。カップは、38年1月の劉湘の病死と国民政府の重慶移転によっても、蔣介石は四川の地方主義を完全に克服できず、1930年代を生きのこった地方的軍人は、1950年に国民党員が四川省から一掃されるまで影響力を行使した、と最後の章で述べている。これは、具体的には、49年12月に中共側について蜂起した劉文輝や鄧錫侯、潘文華等を念頭においていると推測されるが、私は抗日戦争期の彼らの在り方

(5)　ROBERT A. KAPP "Chunking as a Center of Warlord Power, 1926-1937".

から見て、もはや割拠体制期の彼らと同日の論ではないと思う。最後に、この地方意識の実体とは何だったのか、この点についての疑問にカップが充分に答えてくれてはいないのが、残念であったこと、第2に、抗日ナショナリズムの問題が地方と中央という問題視角の故か、ほとんど見失われているとの印象が強いことに、不満を覚える。

　以上、軍閥の概念を中心に四川軍閥に関する先行研究も含めて、私の素朴な疑問を述べてきた。カップの研究書から数えても、33年も経っている。私のような疑問や問題意識がそもそも時代遅れなのだ、という批判は甘んじて受けるが、動物界に「糞転がし」が必要なように、時代に取り残された問題の処理も、或いは必要ではないかと私は考えている。

　以上をもって第1篇への序言とする。

第1章　中華民国と四川防区体制の形成
（1911年～1925年）

はじめに

　四川省は辛亥革命の発端を作った保路運動発祥の地であり、辛亥革命をリードした、政治的な意味において先進的省の一つであった。しかし、辛亥革命後は省内外の大小の軍閥が各自の防区に割拠し、戦乱止まぬ、政治的に乱れ、経済的にも立ち後れた内陸の大省に転落した。そのような四川ではあったが、中共の紅4軍の入川と劉湘・劉文輝の二劉決戦における劉湘の勝利を契機として1935年3月、四川省は統一された。同年5月、蒋介石は四川省を民族復興の根拠地と定め、8年にわたる日中戦争においては重慶に遷都して抗戦を戦い抜いた。この過程における四川省人民の貢献は巨大であった。しかし、戦後、国民政府が南京に帰還すると、続く国共内戦のなかにおいては、経済的不振と土匪の横行に悩まされる、後進省の地位に再び甘んじなくてはならなかった。しかし、49年12月、往年の四川軍閥の劉文輝、潘文華、鄧錫侯等は、反蒋に決起し四川の平和解放に協力した。チベット、新疆を除けば本土で最後の革命参加であった。本篇では、この1937年の日中戦争勃発までの四川省の歴史を、中華民国における四川省の政治という地方的観点から概観してみたい。といっても、四川軍閥史の通史としては匡珊吉・楊光彦編『四川軍閥史』(四川人民出版社、1991年) という浩瀚な大著がすでにあり、更に本稿執筆の時点では知らなかったが、呉康零主編『四川省史』(全7冊) の内、第6冊・第7冊 (いずれも四川大学出版社、1994年) のうち、特に第7冊は前著と対象時期を同じくしている。この外に、時期的には古いが劉斌編著『四川現代史』(西南師範大学出版社、1988年) という書物もある。これらの著作については私と評価を異にする箇所もいくつかあるが、これらの著作に代わって一書を著すなどは、私の能力をもって

しては不可能である。ただ、総論にも述べたように、四川軍閥は私の四川研究の出発点であり、未だに未完の研究テーマである。遺憾ながら、私の努力の不足もあって、四川軍閥の内部構造にまではとうとう立ち入った研究ができなかったのは、いかにも無念である。本篇においては上記3書をも参考にしつつ、資料集・『四川軍閥史料』（全5冊）『民国川事紀要』などを手がかりに、「四川軍閥史略」と名付けて四川統一までの四川軍閥の形成・発展・消滅の過程を歴史的に叙述するなかで、四川軍閥という歴史的存在について考えて見ることにしたい。とはいえ、これも中国人研究者の先行業績に負うところが殆どで、創見といえるようなところがどこまであるかとなると、はなはだ心許ないが、日本の中華民国史研究に多少なりとも寄与するところがありうれば、幸甚である。

なお、軍閥の概念についてはすでに本篇序論に触れたが、ここでは、とりあえず、「軍人がその地方的な軍事力を背景として立法・行政・司法の三権を独占する政治体制において、その中核的指導者並びにその有力な部下に対する名称である」と規定しておく。

第1節　四川軍閥の起源（清末の軍学校）

四川では1901年、清朝が緑営を排除し、新軍36個鎮〔師団相当〕の創設を企図した時に第16、17、18の3個鎮の設置が決定された[1]。小さな省では1混成協〔旅団相当〕しか設けられなかった所もあり、これは破格の扱いといってよい。大省であるということもあるが、チベット監視のためでもあった。当時、四川省は自省のために140万両を支出しなければならないだけでなく、チベットに100万両、雲南50万両、貴州40万両、甘粛、青海に各30万両の軍費を支給してやらねばならなかったので、新軍3個鎮の建設は中止となり、清末の1910年になってようやく第17鎮が完成した。二協、四標、炮兵三営、馬兵、工兵、輜重各四隊、合計8194名であり、鎮長には朱慶瀾が当たった。

新軍士官の育成のためには、1901年周道剛、徐孝剛、胡景伊、張毅、劉鴻逵、

---

(1)　以下は劉石渠「清末民初川軍沿革」『四川軍閥史料』第1輯、3～5頁に拠る。
　なお、本書は88年出版の第5輯までである。以下では『軍閥史料』第〇輯と表記する。

徐海清等 6 人が日本士官学校に派遣された。なお、この年から武科挙が廃止され、代わって武備学堂の設置が決定された。次いで1902年初[(2)]、四川総督岑春煊は新軍の人員を訓練するため、成都に四川武備学堂速成班を設けた。初めは教師もおらず、文人・徐子休が中国古代の名将の事跡を編纂して教材とし、術科ではドイツの歩兵操典より選び取って教材とした。1903年四川陸軍武備学堂の校舎が落成し、第 1 班の学生を吸収して、元の速成班に合併し、これを第 1 期生とし、1905年まで、武備学堂は 3 期生までを送り出した。後に袁世凱より 4 人の日本軍事人員が推薦されて武備学堂に来たり、速成班の教官を勤めた（西園は戦術教官、宮崎は騎馬と炮兵学科の教官、蔡田は歩兵学科教官、伊東は日本語教官であった[(3)]）。以後は、教育、訓練から管理に至るまで、みな日本式であった。普通科学と中文、日本語を学ぶほか、軍事科目は完全に日本の士官学校と同じであった。軍事科目は、戦術、兵器、築城、地形の「四大教程」と、歩兵・騎兵、炮兵、工兵、輜重兵の五種の兵科に分かれて、各兵科の典、範、令（操典、射撃教範、野外勤務令等の総称）を学んだ。この間、日本士官学校に送られた周道剛、徐孝剛、胡景伊、弘毅等 6 人は1903年末に日本の士官学校を卒業して帰国し、病故した徐海清を除く 5 人が陸軍武備学堂で教えた。1904年、成都武備学堂の学生から、尹昌衡(いん)、劉存厚、周駿その他合計10名を日本士官学校に留学させた。武備学堂の卒業生には、速成科では王陵基、陳澤霈(はい)、宋学皋(こう)等が、

（2）張仲雷「四川軍事学堂与川軍派系的形成和演変」（四川省政協文史資料委員会編『四川文史資料集粋』第 1 巻）によると、武備学堂の設立は1902年秋、総督・奎俊の上奏により設置されたが、間もなく閉校となり、翌年岑春煊が総督を引き継いで 3 年連続で学生270余人を輩出したという（536〜537頁）。だから、武備学堂の設置は1903年初というのが正しい。武備学堂は年齢により、速成科、本課科、次課科の 3 科に分かれ、速成科は 1 年、本課科は 3 年、次課科は 1 年後に本課科に進学し、 2 年で卒業した。

（3）張仲雷によれば、日本人は松浦寛成大佐、西原産之助大佐が前後して総教習を担当、戦術を教えたほか、階川秀孝中尉、宮崎喜代松中尉、太田資事准尉が、練兵場での教練及び剣附き銃の刺殺術、器械体操等を教えた。劉石渠の挙げるところと、名が違うばかりでなく、日本語教師はおらず、日本士官学校卒業生の顧藏という広東人が通訳兼総教習を担当したという。

本課科では唐廷牧、彭光烈、劉成勲、張邦本、黄澤溥等がいる。また、武備学堂卒業後、宣統元年（1909年）北京の陸軍予備大学（陸軍大学の前身）に進学した者に、鐘体道、陳洪範、等7人がいる(4)。

1903年4月、岑春煊が両広総督に転出すると、錫良が四川総督を引き継いだ。彼が着任した9月にはすでに歩隊6営〔大隊相当〕、工程隊1営、合計将校・兵士2583名が揃っていた。錫良の就任と同時に袁世凱はその子飼いの陳宦を四川に送り込み、たまたま統領（営の長）・陳文善が父の喪により原籍地に帰っていたこともあり、統領兼四川陸軍武備学堂総辦となった。陳宦は錫良の信任を得て新軍33混成協の首任協統になった。

四川の常備各軍は直接には総督の指揮下に置かれ、全で7個営あり、全て成都に駐屯していた。このうち半分は召募によるもので、半分は巡警営を合併したものであった(5)。その他一部の巡防軍が各地に分駐していた。四川の常備軍が新軍になってから、青年幹部の多くは前後して開かれた四川陸軍弁目隊、四川陸軍伝習所、四川陸軍速成学堂等で学んだ。陳宦は第33混成協協統になると共に四川陸軍速成学堂総辦になり、又四川陸軍小学の建設の中心となることを任された。陳宦も雲南に去った後は満州人の鐘穎にこの役が引き継がれ、鐘穎が第33協統兼陸軍小学主辦となった。

四川陸軍小学は、日本の陸軍幼年学校・振武学校・士官学校の学制をまねて作られたもので、1908年に設けられ、1909年夏に第1期生が卒業したが、西安の陸軍中学がまだ開校していなかったので、進学希望者は南京の第四陸軍中学に回された。この四川陸軍小学の卒業生には、1期生に呂超、鄧錫侯、田頌堯、向伝義、劉斌、袁如駿、2期生に張為炯（けい）、黄隠、孫震、3期生に何光烈、劉文輝、4期生に李家鈺、5期生に王銘章、冷寅東等がいる。4期生と5期生は在学中に保路運動が発生、罷課をおこなった。これを弾圧しようとして失敗した当局は、尹昌衡に陸軍小学総辦を託して学生をなだめさせた。辛亥革命後、尹昌衡は四川軍政府都督に推され、四川陸軍軍官学堂を創り、陸軍小学の未卒業生の第4期、第5期の学生を軍官学堂の第1期生に迎えた。なお、鄧錫侯、田

（4）　以上は張仲雷、前掲、537〜538頁
（5）　匡珊吉・楊光彦『四川軍閥史』14頁。以下では本書を『軍閥史』と略記する。

頌堯、向伝義、劉文輝等は保定軍官学校に進学し、保定系といわれる派閥を形成したが、確固たる組織があるわけではなく、保定の同窓生ということを相互に利用しあったにすぎない。

　陳宦は四川を離れる前に新軍の大量募兵を行い、新軍の上、中、下士等の基本的バックボーンを育成し、四川陸軍弁目隊の成立を決定した。また、四川陸軍武備学堂の卒業生を四川各地に行かせて受験資格を中学卒業生或いはこれと同等の学歴を有する者とし、試験の時は卒業後は士官生待遇だと言い、これに欣喜雀躍して応募者は多く、全部で780余名を採用したが、その中には秀才〔科挙の最低ランクの合格者〕が10余名も含まれていた。4つあった弁目隊では武備学堂の卒業生が見習士官の教習をした。弁目隊の成立は1906年であったが、翌年2月、弁目隊の学生は待遇に不満でつぎつぎと退学し、当局は弁目隊学生に四川陸軍講習所の受験を認めたが、120人しか集まらなかった。そこで次の年、四川陸軍速成学堂を開設し、弁目隊学生の進学の要求を満たした[6]。

　四川陸軍速成学堂は1908年春に開校され正規の学生と聴講生で320人いた。日本人教官6人を招いた。なかでも酒井春蔵は陸軍大佐で、日露戦争の時には近衛第一師団第一連隊長を務めたほどの高官であった。

　四川陸軍速成学堂には革命思想が広く伝播し、秘密革命団体まであった。歩兵科の謝炯は太平天国の英王・陳玉成の末裔で、太平天国失敗後に謝炯の父が岳池に逃れて小作人になり、外姓〔母方の姓〕の謝を称していた。この謝や炮兵科の学生・余龍らが中心となって反清秘密結社を作っていた。その中に潘文華も入っていた[7]。が、このような反清結社に入らなかった者のなかに、むしろ後に有力軍閥となった人物が多い。劉湘、楊森、王纘緒、唐式遵、潘文華、喬毅夫（劉湘の政治代表）等である。また、賀国光、鮮英、等は1913年の冬に北京の陸軍大学の第4期生として入学した。劉湘や楊森等は速成系という派閥を

---

(6)　これも、張仲雷と劉石渠で記述が異なる。前者によれば1907年に軍事講習所を設け弁目隊から60名を入学させたが、1908年に陸軍速成学堂を作った際には、この60人を旧班とし、新たに弁目隊から選んだ者と常備軍から送られてきた少数の学生とで合計200名の新班を設け、旧班は宣統元年夏、新班は翌年冬に卒業した（541頁）。

(7)　以上は劉石渠による。以下は張仲雷による。

形成する（但し、これも確固たる組織があったわけではないが）。

以上のほかに、1904年錫良が総督の時に、緑営の武官を訓練するため、四川官辦学堂が設けられたが、入学資格は現役の守備・千総・把総で毎班60名で、第1班は2年、第2、3班は3年で卒業。1911年春に第3班が卒業した。また、官辦小学堂が官辦学堂に付設されていたが、辛亥革命の中で消滅した。四川陸軍講武堂は1910年開かれたが1期のみで終わった。速成学堂を卒業して新軍の見習い士官であった劉湘や許紹宗、官辦学堂出の陳国棟等がここで学んだ。

最後に、辛亥革命後に開校したのが、四川陸軍軍官学堂である。前述のとおり、四川陸軍小学の第4、5期生を第1期生として第3期生（1915年1月卒業）までを教育した。卒業生には、王銘章、李家鈺、羅澤州、陳光藻等がいる。

重慶の蜀軍政府の下には蜀軍将辦学堂が開かれ、400人を募集した。速成隊は半年で卒業したが、その中に劉伯承がいた。また、成都には四川軍官速成学堂が開校し、540名で発足した。堂長は胡景伊（護理四川都督）が兼任し、1913年秋に卒業生を出して閉校した。卒業生には、郭汝棟、魏澤民等がいる。

以上が四川軍閥の出世の門口になった主な軍学校である。この外、熊克武や但懋辛(だんぼうしん)に代表されるように、日本の振武学校や陸軍士官学校に留学して軍事を学び、中国同盟会に参加した軍人もいた。もちろん、保定軍官学校など他省の学校の卒業生や、学校を出ずに歩兵からたたき上げた者、あるいは土匪から旅長になった陳蘭亭や楊芳春、袍哥(ほうか)（哥老会）から旅長にまで出世した範紹増のような軍閥もいたが、四川の動向を左右できるような存在ではなかった。また、民国に入って軍閥割拠時代になると、軍閥が独自に自軍の将校を養成する学校も作られたが、19年に熊克武が成都に四川陸軍講武堂を、25年に楊森が成都に同じく四川陸軍講武堂を作ったほかは、その存続場所や期間は不明である。

第2節　四川省政府の統一

1911年の川漢鉄道国有令に端を発する轟々烈々の保路運動から保路同志軍の発展、栄県の独立……等々に至る過程はここに詳論する紙幅もないし、周知の

ことで必要もあるまい⁽⁸⁾。11月27日、成都には蒲殿俊と朱慶瀾を正副都督とする軍政府が趙爾豊との取り引きによって成立していたが、12月8日の兵変を契機に蒲殿俊に代わり尹昌衡が都督の地位に就いた。彼は都督に就任すると同盟会員・董修武を総政処総理兼財政部長に任命し、周駿を軍務部長に任じる等の人事を発表すると共に、元の第17鎮新軍を第1鎮に再編し、宋学皋を統制〔師団長に相当〕に任じ、同志軍を基礎に第2鎮を作り彭光烈を統制にした。又、元の巡防軍及び散軍を編じて第3鎮とし、孫兆鸞を統制に任じた。

一方、11月22日、夏之時〔日本の東斌学校に留学、同盟会結成に参加〕の指導で江北県に独立を宣言した蜀軍政府〔張培爵都督〕は同盟会の色彩の強い政権であったが、雲南軍の援川〔以下四川を「川」の一語で表現する場合が多い〕を口実とした川南製塩地帯への侵入を契機に、成都の大漢四川軍政府との間に統一政府樹立の話が進み、成都は政治の中心となる。重慶は長江を通じた華中南への貿易と軍事の重鎮である。成都、重慶の都督は合流後統一政府の全体職員で選定する等の約束を結んだ後、3月9日、張培爵が成都に赴き、12日、尹昌衡を都督、張培爵を副都督とする統一四川政府が成立した。夏之時は重慶鎮撫府総長、羅綸は軍事参議院院長に就任した。その他、参謀長には王梡昌、軍務部長に周駿等が決まった。しかし、重要なのは、尹昌衡が胡景伊を四川陸軍軍団長に据えたことである。胡景伊は日本士官学校留学生帰りで、四川武備学堂で尹昌衡を教え、又胡景伊が広西協統の時、尹昌衡は彼の下属であった。夏之時が重慶鎮撫府総長を辞して外国留学を申し出ると、尹昌衡は後任を置かず胡景伊に重慶鎮撫府総長を兼任させた。こうして胡景伊の権力は著しく強化された。重慶の革命派はむざむざと革命の成果を胡景伊に奪われてしまった。

しかし、遅ればせながら、革命派も2月中旬、熊克武〔同盟会員で日本留学組〕を四川に帰らせ、宜昌、夔州府〔今日の奉節県〕、万、忠の各県で兵員を募集・訓練し、正式に隊伍を作ることを決め、宜昌には向伝義を営長〔大隊に相当〕として第1営を、万県には邱延薫を営長として第2営を、重慶到着後は蕭人龍を営長に第3営を結成することになった。この3個営をもって第1団

(8) この点に関しては、西川正夫「辛亥革命と民衆運動－四川保路運動と哥老会－」（田中正俊・野沢豊編『講座・中国近現代史』第2巻所収）を参照。

〔連隊に相当〕を結成し、孔慶睿を団長に任命した。つづいて馮中興が湖北省政府の命令で漢陽兵工廠製造の歩兵銃500挺を重慶に運んできて旧い銃と合わせて第2団を成立させた〔第4営は忠州で召募したものである〕。第2団の団長には方化南が馮より引き継いだ。方化南はかつて蜀軍政府より上海に派遣され、ドイツの歩兵銃5000挺を持ち帰り熊克武に渡した。その他25万金を借りて買い込んだロシア式の銃砲があり、それ故熊克武の武器は川軍各師の中で最も優れていた。4月中旬、蜀軍総司令・熊克武は万県から乗船し重慶に着いたが、胡景伊は重慶城の上に大砲を構え、蜀軍の入城を許さず、江北県城に入るよう指定した。重慶の大砲は江北県の呂祖閣（ここに蜀軍の司令部が置かれた）に向けられていた。

　5月、尹昌衡は川軍を改編し、周駿を第1師師長、彭光烈を第2師師長、孫兆鸞を第3師師長、劉存厚を第4師師長、熊克武を第5師師長兼重慶鎮守使に任命した。しかし、尹昌衡も胡景伊も熊克武を警戒し、制約を加えた[9]。

　1912年4月6日イギリス軍の後押しを受けたチベット軍がラサの新軍第17鎮を攻撃し、チベットに反中国の独立の運動が広がった。袁世凱は4月、四川都督・尹昌衡を征蔵司令に任命し、尹は7月中旬2500人を率いて出発した。四川都督の役割は副都督の張培爵が当たるのが当然であったが、尹は代理都督を胡景伊に任せ、張培爵は民生庁長に降格された。同盟会に対する尹昌衡の対抗策であったが、これは袁世凱の徳とするところでもあった。袁世凱は張培爵を首都に呼びつけて閑職を授けた（後、退官した張培爵を15年3月に暗殺してしまった）。これにより民生長の職も胡景伊の兼務するところとなった。胡景伊は武備学堂の学生で陳宦の学生でもある人物を利用して、陳宦を介して袁世凱に通じ、10月10日の革命記念日に四川都督の地位を袁より授けられた。11月12日、胡景伊は省議会を通じ川漢鉄路の資産約2000万両を交通部に年利2％で貸与する事を決めさせ、15年6月13日、川漢鉄路の資産は袁世凱政府の所有に帰した[10]。

(9)　以上は四川省文史研究館「辛亥革命後四川的軍政演変」、前掲『軍閥史料』第1輯、22〜32頁による。

(10)　呉康零主編『四川省通史』6冊（温賢美編）、94年2月、四川大学出版社、280頁。なお、以下には本書を『通史』と略記する。

第3節　第2革命と四川省

　1913年3月20日、宋教仁が上海で暗殺され、その依頼主が袁世凱であることはまもなく世間の周知する所となった。ついで4月、宋教仁の死を待っていた袁世凱は、念願の五国借款団より2500万ポンドを入手した。李烈鈞等三都督の非難の通電に対し、胡景伊は5月10日、通電を発し「都督、民生長、職は行政にあり、法は統一を尚び、中央政府に服従の義務あり、賛否するの特権なし」と袁世凱を擁護し、国会議員は「党をもって国に殉ずべし、国をもって党に殉ずべからず」と国民党を攻撃した。なお、同日、四川都督府参謀・張毅、第1、2、3、4の各師長、すなわち周駿、彭光烈、孫兆鸞、劉存厚、全体軍官名で電報を打ち、宋教仁問題は裁判に任せ、外債については「国会・政府の自ずから正当に解決するところ」と述べている[11]。四師長ともに武備学堂卒業生であった。

　国民党の四川支部が成都の周善培の家に設けられたのは12年9月のことであった。張培爵、董修武が支部長になり、党務、交渉、文書、財務、庶務、評議の6部を置き、唐宗堯が5000元の軍用票を借りて『四川民報』を発行した。12年11月、胡景伊は同盟会員の元『蜀報』主筆の朱山の文章を見て怒り、口実を設けて彼を斬首した。13年7月には尹昌衡歓迎の都督復帰の動きに同調した『四川民報』総編輯・譚創之ほかの国民党員を殺害し、国民党党部を閉鎖した[12]。国民党の台頭を恐れる血の弾圧であった。

　この間13年1月に実施された第1回省議会選挙では、国民党は51人を占めて、第2党となった（ちなみに第1党は共和党で78人[13]）。また、衆議院選挙でも、35

---

(11)　『軍閥史料』第1輯、157頁
(12)　『軍閥史』65頁
(13)　呂実強「民初四川的省議会、1912〜1926」『中央研究院近代史研究所集刊』第16期256頁、なお、『通史』第6冊277頁によれば、国民党は定員140名中74名とある。が、そうすると第一党でないと勘定が合わない。なお、共和党は袁世凱の御用政党であった。

名の定員に対し、国民党は17名を占めた。2月26日の省議会議長選挙では共和党と国民党の候補が各54票、民主党候補はわずか10票であった。しかし、3月1日の決戦のための再選挙に当たり、胡景伊は重兵をもって会場を包囲し、脅しと買収で、民主党の胡駿に64票を集めて当選させた。このような胡景伊の所業は軍事力にものをいわせて議会を骨抜きにするものであり、胡景伊を四川における軍閥のさきがけと評することがふさわしい。しかし、胡景伊は北京政府の承認を得て都督兼民政庁長を兼任したのであり、この意味で胡景伊は権力の私物化を図ったとはいえない。つまり、都督制度という、立憲制とは矛盾する地方行政機関の長として、袁世凱の独裁体制構築に協力したのである。だが、そうなると袁世凱の権力の私物化が根本問題だということになるが、個人独裁体制の構築をもって「権力の私物化」と評価するのが適切かどうかは検討を要する問題点であろう。権威主義的独裁体制か立憲民主体制かという問題は、詰まるところは政体の違いであって、権力の私物化云々は副次的・道徳的要素にすぎない。従来の軍閥論議はこのような副次的現象に注意を引かれることによって、権力の政体における歴史的変化の意義に目を覆われて来たとの感を否めない。

閑話休題、7月12日に李烈鈞らが第二革命に決起すると、重慶の第5師でも出兵討袁の議が問題となり、会議を開いた。第5師の特色は同盟会の革命党人が指導し、中上級将校の多くが革命党人で、また、保定、成都、西安、南京等の軍学校出身で革命意識が高かったこと、装備が精良で歩兵銃、機関銃、山砲、野砲等の多くは日本製・ドイツ製の物であった。会議では、楊庶堪（ようしょかん）、朱之洪、盧師諦等は討袁より先に胡景伊を討つのが先だと言い、熊克武もこれに従い、先に胡景伊を討ち、後に東下して南方数省の革命同志に合流することにした。ところが、7月19日になって、尹昌衡に勲章を授ける[14]ために来川した王右瑜が、〈胡景伊が袁世凱と第5師〔師団相当〕の編遣についてやりとりしている。在京の周道剛や徐孝剛は胡景伊に反対の日本陸軍士官学校の同級生からの確実な情報を手に入れた後協議したが、みな第5師は兵は精鋭で武器は良質、幹部

---

(14) 尹昌衡はチベット軍を鎮圧して後、帰って四川都督に復帰するつもりでいたが、袁世凱は彼を川辺経略使に任じてしまった。その尹昌衡をなだめるための勲章である。

の大半が保定軍官学校の卒業生であり、軍隊の風紀は好く、川軍のどの師と較べても優れている。目下第5師に立脚点のないのはまことに残念である。成算もなしに立ち上がっても胡景伊の思うつぼだし、かといって彼の好きなように再編させるのも口惜しい。そこで、この際熊克武の方から陸軍に辞表を出して、然るのち陸軍部と話をつけて、周道剛を師長として中央陸軍部の直属にすれば、胡も反対はできまい。こうして、周に将来の反胡の時が来るまで第5師を委ねて待ってはどうか、ということになった〉と王が話をした〔〈 〉内は要旨、「 」内は原文、以下同じ〕。一応もっともな見解でもあるが、重大な決定なので、熊克武は楊庶堪に相談したところ、楊もこのような実力保存策に賛成であった。そこで、7月21日に辞職文等についての大計を楊と最終的に決めることにした。ところが、この情報が漏れてしまい、第5師の旅〔旅団に相当〕・団長以下の将校は怒りやまず、将軍祠に集まって熊克武辞任阻止を決定し、討袁よりも討胡が先であると決定した。熊はこれを知ると7月23日、全師軍官会議で重慶独立と討袁を決定した(15)。会場では胡景伊に対する作戦計画を巡って議論があった。楊庶堪は書面で分兵出撃を提案していたが、熊克武は、敵は4個師もおり、4対1の比であるのに兵力を分散できない。兵を分けず一気に成都を直撃すると述べた。楊庶堪らは、それでは孤軍深入で、冒険に過ぎるとして反対し、結局4支隊に分けることにした。参謀長の但懋辛の立てた作戦は、速戦速決、全軍の兵力を結集して先ず、瀘州にいる戦闘力の比較的強い周駿の第1師を討ち、それから成都に進撃するというもので、4支隊に分けたのも、この瀘州作戦のためであった(16)。

　8月4日、熊克武は重慶で独立を宣言し、四川討袁総司令に就任した。同日付けで彼は6つの宣言文書を発表している。

　先ず、「熊克武就任四川討袁軍総司令誓師文」では、「専制国家の兵士を養う

---

(15)　以上は周富道・馬宣偉共著『熊克武伝』92～93頁

(16)　頼建侯「胡景伊投靠袁世凱鎮圧"二次革命"」『軍閥史料』第1輯、44頁、なお、但懋辛は1866年栄県生まれで、私塾から日本留学、同盟会加入まで、熊克武と行動を共にした、熊の最も信頼する盟友であった。また、国民革命期における熊克武の失脚にも、行動を共にして、野に下った。

のは一姓のためであるが、共和国が兵を徴するのは人権の保証のためである。方今の袁賊世凱の罪は天をしのぐ。胡賊景伊は驕横憚りなし。我が憲法を蔑ろにし、わが民国に背き、わが正義の士を殺し、我が公民を虐待している。妖怪の心、豺狼の性をもって、阿る者を放任し、権勢を頼んで賄賂を取り、膏血を吸って貪婪を満たす。議会は監督の権を失い、法律には裁判の効果なし。人情は共憤し、天道は容れぬ」と述べて、袁・胡を非難しているが、非難は些か抽象的であり[17]、特に胡景伊の罪が「驕横憚りなし」の一言であるのは、全国向けのアピールだからだろうか。しかし、「四川軍界同胞に告ぐる文」でも「桀を助けて虐をなす」としかない。「熊克武致川軍各師長興師討袁電」は討袁を各軍に呼びかけたものであるが、「民賊都督胡景伊は、甘んじて袁賊の爪牙となり、川民を毒害し、罪悪多端、全川人民、切歯せざるはなく、頗る障碍となる」と述べるだけで、具体性がない。これに対し、「声討胡景伊檄文」には、その罪として、1）予算超過の罪（200万元）2）己れと意見を異にする者を排斥する罪、ここでは尹昌衡から都督の地位を奪ったことが特に強調されている。3）治安の悪さの責任、4）議員の買収、報道機関の買収、これはかなり具体的に追求されている。5）人権蹂躙、無法な殺人。周道剛の暗殺、朱山の暗殺など。「法律が人権を保障できないでいる」と非難しているのが特徴である[18]。

　しかし、熊克武の決起は実にタイミングの悪いものであった。江蘇の討袁軍も、南方の討袁軍も7月下旬までには壊滅し、熊克武は最初から孤軍奮戦を余儀なくされたのである。胡景伊は8月4日「査禁乱党令」を発し、8月12日袁世凱は湖北、陝西、雲南、貴州の各都督に熊克武討伐に協力を命じた。熊克武の討袁軍は初めこそ勝ち、又、綿陽の張伯祥〔8月〕栄県の王天傑〔9月〕、打箭炉の張煦〔尹昌衡護衛団団長、9月〕等の蜂起もあったが合流できずに失敗し、熊克武は9月11日重慶を脱出し、上海経由で日本に亡命し孫文の下に走っ

---

(17) なお袁世凱の罪については「熊克武討袁通電」に「元勲の暗殺」「国会の蹂躙」などと具体的に告発されている。『軍閥史料』第1輯、160頁

(18) 『軍閥史料』第1輯、163〜167頁

た[19]。9月17日雲南都督で貴州都督も兼任していた唐継堯は貴州の黄毓成を重慶に送り込んだが、貴州軍〔以下「黔軍」と表記する場合が多い〕は、綦江県を貴州に繰り込む、重慶の開城を禁止して水陸の交通を遮断する、平民多数を銃殺する、持ち来たった鴉片を街頭で売る、その他の暴行を働き、住民の反発を受けた。黔軍と胡景伊の矛盾も四川の支配権を巡って高まっていった[20]。

このいわゆる癸丑討袁の失敗後、胡景伊は1000余名[21]の国民党を「乱党」と決めつけて、懸賞金を掛けて関係者の捕縛を呼びかけるほか、各地で弾圧を加えた。その主要な対象者について頼建侯は以下の8人の場合について述べている。

1、楊庶堪、討袁軍総司令部民生庁長。財産没収、反逆の首謀者、酉陽、秀山を経て湖南へ、武漢より上海へ、継いで日本に亡命。

2、向楚、討袁軍総司令部民生庁総務処長。財産没収、甘んじて逆徒につく。重慶より変装して逃亡。兄、弟2人、いずれも連座で家産没収。

3、朱之洪、討袁軍東路宣撫使。財産没収、甘んじて逆徒につく。弟も連座し上海に逃れる。

4、童顕漢、討袁軍総司令部軍法官。財産没収。甘んじて逆徒につく。兄も連座、上海に逃れる。

5、呉駿英、討袁軍装司令部民生庁参事。財産没収。甘んじて逆徒につく。上海に逃れる。

6、燕翼、重慶で新聞発行、討袁を宣伝。財産没収。甘んじて逆徒につく。上海に逃亡

7、唐宗堯、四川省議会副議長。財産没収。熊、楊の逆党につき、指名手配。原籍の開県の家産は没収、その甥は逮捕を迫られて入水自殺。

8、張品山、綿陽起義に参加。財産没収、民国への背反。原籍の広漢の房屋田産はいずれも封鎖。

---

(19) 『軍閥史』68頁、及び『熊克武伝』101頁
(20) 頼建侯、前掲、46～47頁
(21) 『通史』第6冊、279頁

財産没収の外指名手配される者100余人[22]

以上のような癸丑の討袁軍蜂起は、最初から無謀な要素が強かった。時期的に蜂起が遅すぎたのである。また、袁世凱の討逆指令の下、陝西＝張鈁、貴州＝黄毓成らの四川侵入があり、その後の四川政局を複雑にする素になった。なお、元雲南都督蔡鍔は唐継堯の貴州都督併任を解き、袁世凱に劉顕世を推薦し、11月劉顕世は貴州護軍使・戴戡は民政庁庁長に任命された。貴州省は人口約1000万、山川に阻まれた経済的後進地であった。劉顕世自身は地主団練の出身で4000余畝の大地主であったが、豊かな四川南部を狙っていた。13年10月に雲南に帰った唐継堯も財政赤字230数万両を抱え外債を募るほか、貴州省を紙幣濫発等で収奪していた[23]。唐継堯も豊かな四川に狙いをつけていた。

第4節　護国戦争と四川省

胡景伊は北洋の嫡系ではなかった。雲南、貴州への睨みを利かせるために、四川は戦略的な要地であった。袁世凱はこの要地を何時までも胡景伊に任せるつもりはなく、1915年5月1日、袁世凱は陳宦を四川巡安使に任命し、8月25日には成武将軍、会辦四川軍務に任命し、四川の軍務を取り仕切らせ、胡景伊には虚位を与えて北京に引きあげさせた。陳宦は湖北省安陸県の出身で、前清の抜貢〔清朝時の国子監の学生〕であり湖北武備生で、かつて袁世凱の威虎営管帯となって、袁の信任が厚かった。1904年、袁世凱は陳宦を四川総督・錫良に推薦し、錫良は陳宦を四川常備軍教訓官に任じたが、更に四川新軍第33混成旅の首任協統に抜擢、この間四川武備学堂総辦を兼ねたことは第1節に述べたとおりである。錫良の雲南総督転任に陳宦も従い、雲南新軍第19鎮統制となる。更にまた、錫良の東三省総督就任に当たっては、又しても錫良に従い随順第20鎮統制となった。袁世凱が総統に選挙されると参謀次長を拝命した。このように、陳宦は錫良に従って四川・雲南に勤務したため、四川・雲南の高級軍官との間に門生・故吏が多かった。

---

(22)　謝本書・馮祖貽主編『西南軍閥史』第1巻、77頁
(23)　『西南軍閥史』第1巻、93～95頁

陳宦は第4混成旅、第13混成旅、第16混成旅〔馮玉祥〕の3個旅1万2000人を率いて入川した。入川すると7月、軍の改編を行った。

陳宦の下で四川軍は2個師2混成旅に再編された。

```
                              ┌ 第1歩兵旅旅長・張邦本 ┬ 第1団団長・黄廷榮
                              │                      └ 第2団団長・劉盛恩
                              │                      ┌ 第3団団長・劉湘
四川陸軍第1師師長・周駿      ┤ 第2歩兵旅旅長・熊祥生 ┤
                              │                      └ 第4団団長・陳洪範
                              │ 騎兵第1団団長・鄢孝鴻
                              └ 炮兵第1団団長・唐廷牧

                              ┌ 第3歩兵旅旅長・鐘志鴻 ┬ 第5団団長・劉弼良
                              │                      └ 第6団団長・劉柏心
                              │                      ┌ 第7団団長・汪可権
四川陸軍第2師師長・劉存厚    ┤ 第4歩兵旅旅長・雷飆   ┤
                              │                      └ 第8団団長・陳礼門
                              │ 騎兵第2団団長・寧紹武
                              └ 炮兵第2団団長・杜永泳
```

四川陸軍第1混成旅旅長・黄鵠挙
四川陸軍第2混成旅旅長・鐘体道

　この編成表だけでは分からないが、旧5師体制の時代に比べ四川出身者の比重が減っている[24]。川軍の再編に続き、陳宦は「大清郷」を実施し、川軍を先に立てて反袁勢力の討伐に当たらしめた。1915年に馮玉祥が営山県で実施した清郷では数百名が殺されたもようである[25]。

　以上がいわゆる護国戦争以前における四川の状況であった。

　周知のように、15年12月の袁世凱の帝位「承受」に対し、12月25日、唐継堯、蔡鍔、戴戡、李烈鈞等は雲南独立と護国軍の結成をはかって、袁世凱を声討し、各省に呼びかけた。1月1日、唐継堯が雲南都督、蔡鍔が護国軍総司令に就任した。蔡鍔を第1軍総司令として四川を攻め、李烈鈞を第2軍として両広を攻め、唐継堯の第3軍は昆明を守備することに決した〔なお雲南省を滇といい、

---

(24)　『軍閥史』、72頁
(25)　同上書、73頁

以下では雲南軍を滇軍と表記することが多い〕。

　帝制問題が起こると陳宧の側近は二派に分かれた。帝制反対派は将軍署顧問・劉一清（号杏村）、副官長・鄧漢祥（号鳴階）、巡按使署総参議・楊穆生、旅長・雷飆等であった。帝制擁護派は、将軍署参謀長・張聯芬、旅長・熊祥生等であった[26]。

　1月7日、蔡鍔は陳宧・劉存厚に密電（緊急の電報）を打ち、一致して帝制に反対することを呼びかけた。これに先立ち、5日袁世凱は長江上游司令・曹錕に北洋軍第3師約8500人、張敬堯の第7師6000人、李長泰の第8師約7800人を率いて入川し、護国軍を迎え撃つ体制をとり、10日にはまた、伍祥禎を川南鎮守使に任命した。

　このような中で、陳宧は12日、「皇帝陛下聖鑑」で始まる電報を袁世凱に打ち、その中では「君憲が国を救うと思う」と述べたり「唐継堯等は……民意に違反し、兵を擁して乱を唱え、ただに各省の公敵と見なされるのみならず、滇省の人民はとりわけ恨み憤激多し」と述べ、四川省については「一昨年より、臣軍を率いて此処に来たりてより、地方はすこぶる畏れかしこみ、その後も清郷を執り行い、大盗賊や長年の匪賊は皆撃退し、おのおの団警に属し、前に比べまた整頓をし」た。このような状態であるから「心力の及ぶところ、勉めて維持するに足り」る、等と述べている[27]。全くの帝制派の態度である。

　1月27日、貴州が独立を宣言し、31日、川軍第2師師長の劉存厚が納渓県で独立を宣言、以下のような討袁通電を発した。「……なんぞ図らん。掌国以来、その内政をいえば重税を徴することかくのごとく、その外交をいえば、敗辱かくのごとし〔21箇条条約を指す〕。官吏の任免に当たってはすなわち、そのなじむ所を引き、総統を選ぶにはついにこれに臨むに兵をもってす。甚だしくは立法の権を集めて己が有となし、暗殺事件においては実にその企ての首謀者たり。功績ある者を妨害し、有能者を損ない、民に災いし、国を破る、その暴戾

---

(26)　鄧漢祥、「袁世凱派陳宧図川経過」『軍閥史料』第1輯、52頁

(27)　周開慶著『民国川事紀要（中華民国紀元前一年至二十五年）』、なお本書は以下『紀要』と略記し、特別の場合を除き頁数を表記せず、「該当期日」と表記する。

を総括すれば、筆舌に尽くし難い[28]」と。

　このいつの時点においてか、正確な日取りは分からないが、劉一清・鄧漢祥等は陳宧に夔門（奉節県）及び川北を防衛し曹錕軍の侵入を防ぎ、護国軍側につくように勧めたところ、陳は馮玉祥、伍祥禎、李炳之の兵はみな北洋軍なので彼らに反袁は無理だし、自分も四川の軍民に好感を持たれていないので、賭けに出ることは危険なのだと答えたという[29]。たまたまその頃、袁世凱から電報があり、馮玉祥、伍祥禎の軍は叙府（今の宜賓）より昭通方面に進攻し、劉存厚部には貴州省の蕎益（てんえき）を攻めるようにとの命令があったというから、1月31日以前の話だということになろう。劉存厚の通電の後、陳宧は劉存厚宛に、「叙府方面は杏村（劉一清）が布置しているので、劉存厚には電信で蔡鍔の来川を促し、将来を共に謀るよう伝えよ」との主旨の電報を鄧漢祥の名で出した。陳宧は帝制問題に二面的態度をとり、反帝制派に対しては、劉存厚、鄧漢祥を介して蔡鍔に通じ、叙府方面に構えて動かなかった。そこで、蔡鍔等は納渓、瀘州方面に移り曹錕指揮下の張敬堯、李長泰等の軍と戦った。2月14日から3月6日まで、激戦の末北洋軍は全線崩壊し士兵の傷亡1700余、営長（大隊長）10人のうち9人が死傷し旅団長も傷を負った[30]。このように、蔡は月を越して戦っているのに、唐継堯は口先ばかりで軍糧を送らず、蔡は劉存厚・鄧漢祥を介して陳宧に暗中の救済を頼んだ。これには劉が応じた。帝制擁護の面では、陳宧は曹錕、張敬堯と連絡をつけていた。

　16年1月27日、貴州の劉顕世が独立を宣言し、3月15日、広西の陸栄廷が独立を宣言した。この外の各地の反対もあり、3月23日、袁世凱は帝制を取り消し、護国軍との和睦を希望した。袁の電文に言う。「中国数千年来史冊の載せるところ、帝王子孫の禍、歴々数うべし。予独り何の心かありて、高位に貪恋たらんや。乃ち国民代表、すでにその辞譲の誠を諒とせず、而して一部分の人心は又権利の思想をなさんことを疑う。情況に隔たりあり、階を踏むごとに危うし。誠に、もって人を感化するに足らず、明らかに物を照らすに足らず。予、

---

(28)　『紀要』、該当期日
(29)　鄧漢祥、前掲、52頁
(30)　『西南軍閥史』第1巻、132頁

実に不徳なること、人にいかなる咎ありや。わが人民を苦しめ、我が将兵を労し、もって群情慌惑、商業凋落を致す（にあり）」と。また「けだし帝制を主張するは、国の元を固めんとすることにあり。但し国を愛する方法はその道に非ざれば、転じて国を害するに足る。それ帝制に反対する者は、亦政見を発表するも、過ぎたる正義感を断然矯正せずんば、危うきこと国家に及ぶ」とも述べて[31]、帝制批判にも一定の批判の態度を崩さなかった。これは明らかに「乱党」に屈するものではないことを意思表示したものであり、彼の護国軍との妥協はこのような「乱党」を除く範囲内での妥協ということにあった。袁世凱はこの辞職電のあと陳宧に電報をよこし、帝位についたのが本意ではなかったこと、これを蔡鍔に伝えて和解・協力を勧めてほしい旨を伝えてきた。陳宧は蔡鍔にその意を伝えたところ、蔡鍔は、人心の支持を失った袁が「再度国家元首になったとて何をもって民に臨まんや。且つ項城〔袁世凱〕総統に就く時、かつて民国に忠効を宣誓せり。乃ち紙墨未だ乾かざるに、たちまち帝を称す。以後雲を翻し雨を覆すこと、誰か能くこれがために担保せんや[32]」と答えた。蔡鍔は、袁世凱の下野を促すため、再び陳宧、劉一清、鄧漢祥等の諸人に電報を打ち、成都が独立を宣言することを希望した。ようやく5月22日になって陳宧は独立を宣言した。

　陳宧の独立文には「帝制発生以来、川民水火の中に陥り、訴えるところ無し。痛心の極みなり。本都督は前に一再ならず袁総統に退位を請い、並びに必ず目的を達するの決意を宣示し、和平解決を得、生民の再度兵戈の苦しみを嘗めるを免れしめんことを冀う。これ本都督の苦衷は、中外共に諒とする所なり。……袁氏未だ退位する以前、政府の名義をもって川事を処分すること、川省みな視て無効となす。並びに民国元年の官制に照らし将軍の名号を廃し、都督と改称し、すなわち陳宧暫し都督の職に任ず。……新任の大総統の正式に選出せらるれば、本都督は即ち川省を挙ってもって命を聴く云々」とある[33]。当初袁世凱に「臣」を称していたのとはまるでちがい、再三「退位」を迫ってきたことに

---

(31)　鄧漢祥、前掲、54頁
(32)　鄧漢祥、前掲、55頁
(33)　『紀要』140～141頁

なっているのは、両面派の仮面の一方を棄てた以上当然といえば当然であるが、民国元年の官制復帰は民国の理念の復帰までを意味するかどうかはハッキリはしない。ただ、生民に対する兵戈の苦しみを避けたいとの言葉は、軍閥・官僚間の常套的な偽善の言とも言い難く、四川民衆への訴えを示すものでもあった。民国になってから、哥老会等に結集していた流民が土匪化して、社会秩序が紊乱していたのも事実であり、この時期の檔案を見ると、清朝時代の役人から横滑りした知県や徴収局長等の地方行政職員の名簿には、必ずその地区の治安状態を記入する欄が設けられていたことは、その一端を示すものである。

　成都独立後、曹錕は周駿、王陵基に兵を率いて西向させ、成都を攻めさせた。陳宧の連れてきた北軍は、李炳之旅が川東にいたほか、伍、馮両旅があるだけであったが、馮玉祥は急に兵を率いて陝西に戻ろうとした。馮の見るところ、〈四川人の排外には抗いがたい。もしも、周駿、王陵基と作戦すれば、あまねくみな敵であり、防ぎ切れない〉、というのであった。これに対し、劉存厚も鄧漢祥も「四川人は袁世凱反対では完全に一致している。周駿、王陵基が曹錕の命を奉じて、西して成都を犯せば、全川の公敵であり、川人は決して彼らを助けない」と馮を説得した。馮は更に根拠を求めたので、劉・鄧は即刻機関法団、人民団体及び五老七賢[34]等約300人を呼び集めて皇城の致公堂で会を開いた。尹仲錫が最初に発言し、「周駿、王陵基は逆賊について西を犯そうとしている。これは川人の稀なる恥、大いなる屈辱である。馮旅長は即刻派兵して東路を防げば、必勝疑いなし」と述べた。このような発言に馮玉祥は感激して、戦いを決意した。軍餉については陳宧ではなく、集まった四川人が責任を負い、その夜、豚牛羊の肉やメリケン粉、米などが馮玉祥軍に送られ、現金も20余万元からのカンパが寄せられたという[35]。しかし、陳宧は成都独立に最も熱心だった馮玉祥が土壇場に来て逃げ出そうとしたことに怒り出し、結局馮玉祥は陝西に戻り、伍祥禎もこれに同調したので、陳宧は無兵となり、成都の城防を川西

---

(34) 尹昌衡、宋育仁等の五老、方旭以下の7賢。清朝の翰林・進士、挙人、抜貢等の人々からなる（鄭光路『川人大抗戦』114頁）。

(35) 鄧漢祥、前掲、57頁。但し、尹仲錫（尹昌齢）の名は注2の五老七賢には含まれていない。尹昌齢も進士・翰林院庶吉士・延安知府等を歴任した。

の民軍司令・楊維に委ね（楊維は民国初年に四川省省都警察の総監で声望があったという）、6月25日成都を退出し、川北を通り四川を出た[36]。27日、周駿、王陵基は成都に入り、周駿が都督に就任した。しかし、袁世凱は6月6日に死んでおり、周駿の都督就任は政府・反政府いずれの政治的権威をバックとするものではなかった。雲南、貴州から入った、また四川各地で蜂起した国民党系の軍が成都に向かうと、周駿は7月20日成都を出て、金堂、遂寧を経て順慶〔現在の南充県〕に退き、この間に部隊の大部分は護国軍側についた鐘体道の軍に収編された。周駿と王陵基は100余人ばかりを率いて城口県から四川を出た。7月20日、周駿軍に代わって劉存厚軍が成都に入城した。ついで7月29日蔡鍔軍が成都に入った。

　この間6月6日、黎元洪副総統が「袁大総統の遺令」によって大総統の職位を代行した。これに対しては8日護国軍の岑春煊が護国軍軍務院副撫軍長の名で全国に打電して、黎元洪は袁世凱の私的な「遺令」によって大総統代行を務めるべきではなく、民国元年の臨時約法に基づいて大総統位を継ぐべきであるとした。9日、孫文も臨時約法の復活を黎元洪に要求する電報を打った。両広の岑春煊・陸栄廷は、13日、臨時約法の擁護と国会の恢復、大総統による国務院総理の任命、新内閣の組閣とこれに対する国会の承認を要求した。14日には、蔡鍔も内閣の改組と軍事会議の開会を求めて電報を打った。15日には北洋軍閥のナンバー・ツーであった馮国璋すらが民国元年の約法の復活と国会の再開を求めて打電している。だが、22日、段祺瑞は民国元年の約法復活に反対の意向を表明し、約法問題が発生するところとなる。これに対しては、25日、上海呉淞港外の海軍第一艦隊と練習艦隊が護国軍への加盟を表明し、旧約法の支持と

---

(36)　『軍閥史』77頁
　　なお、これより先、陳宧は蔡鍔に電報を打ち、雷、劉両部に成都進撃を請うたが、滇軍の参謀長・羅佩金は蔡鍔と陳宧の親密な仲が自分に不利と見て、先ず周駿・王陵基に成都を占領させ、彼らによって陳を追放した後、周、王を追放し、その後に蔡鍔に迫って四川都督になるつもりだったという。なお、これも鄧漢祥による話だが、馮玉祥は陳宧に「四川に盤踞しようというのは全くの夢想である」と書き送ったという（鄧漢祥、前掲、58頁）。

速やかな国会開催を呼びかけ、段祺瑞も譲歩を迫られた[37]。29日、黎元洪は臨時約法の遵守を声明し、8月1日に国会を召集すると宣言した。しかしながら、8月下旬、衆参両院は段祺瑞を国務総理に任命するという矛盾した措置を取った。なお、7月6日、段祺瑞は各省の軍務長官〔督軍〕と民生の長官〔省長〕とを分けたが、実効は薄く兼務する地域が多かった[38]。

　以上のような中央の動向の中で、成都に到着した蔡鍔は8月5日北京政府に要請して周道剛を川軍第1師師長（合川に駐屯）、劉存厚を第2師師長（成都に駐屯）、鐘体道を第3師師長（川西北に駐屯）、陳澤霈を第4師師長（川西に駐屯）、熊克武を重慶鎮守使兼第5師師長（重慶に駐屯）に任命して川軍を整頓した。その他、四川で蜂起した各軍として、石青陽が川北の南充一帯に、黄復生部が栄昌、隆昌一帯に、顔徳基が綏定（今の達県）、渠県一帯にいた。四川に駐屯している雲南軍〔滇軍〕は趙又新、顧品珍の両梯団を第1師、第2師として上下川南および川東に配置した[39]。貴州軍〔黔軍〕は重慶、万県に駐屯していた。再建された川軍第5師は国民党人の四川における武装の要であった。蔡鍔は四川督軍に任命されながらも、病気のためこれを辞し、8月2日、羅佩金が暫定的に四川督軍兼省長に任命された。8月9日、蔡鍔は病気治療のため成都を去って日本に赴き、帰らぬ人となる。

　護国戦争は四川省から北洋官僚・軍閥を追い出し、陳宦の背反は袁世凱の西南に対する戦略を崩壊させる原因となった。臨時約法の恢復による民国2年の旧国会が召集され、四川の議員も上京した。先述のような欠陥を残しながらも、民国の正統性を守る戦いに、四川の人々も参加したのであった。しかし、黎元洪による民国の恢復が形ばかり整うと、大義名分を失った軍閥同士の勢力争いが、四川に駐屯する上述の他省の軍閥を混えて始まるのである。

---

(37)　莫世祥『護法運動史』45頁
(38)　以上は、張憲文『中華民国史』第1巻184～189頁、および劉紹唐主編『民国大事日誌』第1冊、該当期日による。以下には後書を『日誌』と略記する。
(39)　上川南とは、雅安、漢源、西昌、天全、会理、楽山、犍為、眉山、青神、邛崍、大邑その他の諸県を言い、下川南とは瀘県、宜賓、富順、長寿、興文、隆昌、合江、江安、資中、叙永その他の県を言う。

第5節　軍閥戦争の始まり

　9月13日、北京政府は羅佩金を暫署四川督軍、戴戡（貴州省長）を暫署四川省長兼会辦軍務に任命した。督軍も省長も他省人が任命されたのである。羅佩金は17年3月、成都に四川各軍の代表を集めて会議を開いた。議題は川軍の縮小であった。北京政府は滇軍を1個師1個旅に、黔軍を1個旅1個団として、国軍の番号を与え、軍餉と武器は中央が負担し、国軍としての待遇を与える。四川軍は地方軍として3個師1個旅とし、部隊番号は四川陸軍暫編某師某旅とし、国軍と同等の待遇は与えない。これは北京政府の命令であり、羅佩金は中央の要求通り、川軍の第2師第4師を解消し、3個師1個旅に縮小させようとした(40)。各師はみな各自の縮小の困難さを訴えただけで会議は終わった。羅佩金は顧品珍を第6師師長、趙又新を第7師師長に任命した。外に警衛団、兵工廠衛廠営、造幣廠衛兵隊などがあった。雲南で募兵した兵士7000人が入川し、四川兵工廠の武器で装備した。9月、四川省議会は「滇軍を滇省に回帰させることについての議案」を決議し、滇軍は雲南省に帰るべきだとしている(41)。羅佩金は又、塩款600万元を中央政府に入れず、雲南軍、貴州軍は省の財政庁を通さずに地税を徴収して軍餉に当て、四川軍も各地で「自謀」するようになり、ここに防区制の種が播かれた。また、雲南軍と貴州軍は大量のアヘンを持ち込んで財源とし、これが四川におけるアヘン再隆盛の端緒となった。羅佩金は又、雲南の資本家の李臨陽を総経理とする富滇銀行紙幣を大量に発行した。そもそも、雲南軍の成都入城に当たっては「歓迎蔡鍔、反対羅佩金」の語が人々の中にあったと言われるように、蔡鍔の人格への信頼が高かったのに対し、羅佩金の人望は乏しかった。羅佩金と唐継堯は戴戡の成都での就任を阻止しようと画策したが、戴戡は劉存厚の支持を得て、17年1月14日、黔軍第1混成旅の2営

---

(40)　東楽倫「護国之役後四川的動乱局面」『軍閥史料』第1輯、95頁。この第2・第4師消滅計画を劉存厚は段祺瑞との繋がりの深い靳雲鵬を通じて知っていた。

(41)　「四川省議会請滇軍調回滇省議案」『軍閥史料』第1輯、264頁

第1章　中華民国と四川防区体制の形成　57

を率いて成都に入った(42)。当時中央では、大総統・黎元洪と国務院総理・段祺瑞の争いが対独宣戦問題等を契機に激化しており（府院の争い）、国会の多数は国民党議員も含め前者を支持し、四川の羅佩金等雲南軍閥と国民党系の熊克武等も前者を支持し、戴戡等貴州軍閥は、進歩党の議員およびそのバックにいた梁啓超、湯化龍らに追随して段祺瑞を支持していた。このような対立を利用して、滇黔両勢力の四川からの一掃を謀ったのが、劉存厚であった。彼は先ず、羅佩金と対決し次いで戴戡を擁う戦略に出た。

　すなわち、劉は羅佩金が17年3月30日から50日間の予定で上京したのを機会に、4月10日北京政府に対し電報を打ち、川軍に較べた滇軍・黔軍の優遇ぶり等6点にわたり羅佩金の政治を大要次のように批判した。即ち、
〈滇軍の歳費は180万元、黔軍の歳費は90万元である。ところが財政庁に毎日〔ママ、月の誤植と思われる〕送られてくる税款は70万元である。これで現在川軍の支出に当てている。川軍は5師1混成旅、滇軍は2師、黔軍は1旅5営である。これに軍事機関及び川辺経費は漢軍〔ママ〕経費とあわせて月約108万7000余元である。実に巨額で収支が合わない。主客を較べると分配の厚薄は明らかである（第2点も金に関することであるが省略する）。第3に、講武学堂の学生募集の定員は500名なのに、川軍から取るのは300余名で、全校の5分の4〔ママ〕でしかない。第4に滇軍は2個師の人員がいないにも拘わらず2個師を称して（その分の軍費を使っている）。第5に、兵工廠の新出の銃弾はことごとく滇軍の使用に供している。第6は、塩税〔塩款〕から760余万元の収入に対し臨時費用の出費は890余万元で、差し引き120余万元が不足し、やむを得ず護国軍銀行の護国軍軍需処、造幣廠、兵工廠等から前借りして支払った。しかし、集計して均してみると、各軍隊各軍事機関の支払い不足は100余万元に達した。予算の経費の不正転用が行われた模様である(43)。〉

　ここには、川軍と客軍という意識が根底にあることに注目したい。その背後にあるのは、川軍を地方軍にしようという中央政府の差別待遇に対する怒りと焦りがあった。劉存厚は、中央政界では共和党の参議院議員・呉蓮炬（ごれんこ）および靳

---

(42)　以上は『軍閥史』78〜79頁

(43)　『紀要』169〜170頁

雲鵬と連絡を取り、段祺瑞を後ろ盾としており、四川では嘉陵道道尹・張瀾、川軍第3師師長・鐘体道（共に進歩党員）と結んでいた。劉存厚の第2師は兵力1万3000余人、鐘体道の第3師は兵力1万人、歩兵銃7000余挺、両軍合わせて2万人以上の兵力と銃があった。川軍の地方軍化を打ち出しているのが段祺瑞であったのに、この辺の劉存厚の情勢判断が如何なるものであったのかは定かでない。劉存厚は翌4月11日、周道剛、鐘体道、陳澤霈、熊克武と連名で電報を発し、羅佩金等が滇軍を集めて川軍を討とうとしていると全国に訴えた。14日、羅佩金は第4師を成都駐屯の一旅として、旅長に盧師諦を任命し、羅佩金が講話をするからと部隊を東較場に集め、あらかじめ待機していた滇軍の部隊によって、師長・陳澤霈、参謀長・周紹芝等の身柄を拘束し、部隊を武装解除した。綿陽、安県、灌県一帯の滇軍も当地の第4師の旅、団、営を攻撃した。成都にいた劉存厚は第4師の武装解除された将校・兵士を収編した。18日の晩から7昼夜にわたり、劉存厚の川軍と羅佩金の滇軍の間に激しい市街戦が戦われ、人民の死傷者数千人、財産の損失数百万元に達した。19日には紳商界と英仏日の領事が仲裁に入り、20日に停戦が成った。しかし、20、21日の両夜は皇城〔旧四川総督の居城〕附近が滇軍により放火され、27日夕、滇軍が城外に出るまで、銃声が絶えなかった[44]。28日、羅佩金の軍は自流井に撤退した[45]。この間、4月19日付けで、川軍（第1師）旅長の劉湘等が羅佩金の九大罪状を告発している。その罪状とは、①羅佩金は戴戡との権力分権に反対し②武力抗争まで引き起こそうとした③成都の治安等に無関心で、大量の雲南アヘンが充満している④川西の治安も乱れている⑤税款700万元を一銭も中央に送付していない。本省の軍餉も数ヶ月未払いである⑥1師1旅を掲げているが、滇軍の実態は2師である⑦強滇弱川の政策をとり、第4・第5両師を改編して各1旅とし、その他の3個師では毎連〔中隊に相当〕を90人に縮小するなどしている⑧数ヶ月、兵工廠の銃の生産額は5000挺、弾300余万発であるが、全てを滇軍に支給し、川軍の要求を許さない。「却って客が主となっているが、公平さはどこにあろうか？」⑨劉存厚は護国の役で功績があったのに、兵力削減につき公

---

(44) 『紀要』173～174頁

(45) 『紀要』該当期日

平さを主張したので、これを罷免し攻撃を仕掛けた、の9箇条である(46)。翌日、羅佩金は、兵力削減は中央政府の命令である等の弁解の布告を出しているが、川軍第1軍司令部も布告を出して羅佩金の「罪」をあげつらっている。4月20日北京政府は羅佩金の四川督軍の職と劉存厚の師長職を同時に免じて、前者に超威将軍後者に崇威将軍の虚名を与え、戴戡を暫行兼代理四川督軍、劉雲峰を四川陸軍第2師師長に任命した(47)。5月1日、戴戡は代理四川督軍に就任、5月12日、兵を率いて成都に入城した。その日、成都郊外では滇軍・川軍の衝突が又してもあり、翌日、四川省議会は羅佩金弾劾の文章を採択・発表した。

　これによると、羅は督軍兼省長の時に、官吏に雲南人を多く登用し、各県県長はもとより鎮守使および各局各廠の総辦に至るまでを滇人で固め、川南一帯では、駐兵、派員が密布する状態であった。また、一切の軍費はその意旨の所在に従って無理に提供させた物ばかりである。況わんや「紙幣の一項は、中交及び濬川の各銀行の価格は落ちるに任せて、雲南護国銀行の経営に一意専心し、もってわが全川の財政を掌握せんと謀っている」。また軍官学校の定員400余名の所、滇人200名川人は僅か100名である。これでは将来四川の兵権は滇人の手に落ちること必定である。以上の三点は川省が全面的に非川省化して「ついには雲南の勢力範囲に入ってしまう」端緒である。こう述べるほか、警察政治、新聞記者の拘禁等々の5大罪状を挙げて糾弾し、最後に「大総統が川人をもって川軍を督するよう」懇請することを記しており、最後の点に関しては北京政府宛の2本の電報で滇軍の横暴と川軍による四川防備の合理性を訴えている(48)。

　以上のように、当時の四川人には軍人と政客とを問わず、他省人と四川人という明確な意識がすでに生まれていたことがわかる。彼らは蔡鍔の護国軍を迎え入れる際には熱心であったのだから、このような意識が生まれたのは一重に羅佩金の失政にあると言わなければならない。羅佩金の言い分がどうであれ、四川人の間に反滇意識が生まれたことが重要である。その核心をなすのは、軍人の場合は待遇の不公平であり、議会の場合は行政・軍事の人事、雲南護国銀

---

(46)　劉航琛審訂・周開慶編著『劉湘先生年譜』10頁、以下には『劉湘年譜』と略記
(47)　以上はいずれも『紀要』該当期日
(48)　以上は『紀要』180〜182頁

行による全川財政の掌握というところにあった。以上のような意識は、「四川人の四川」という後の連省自治運動の淵源をなすものとしても注目されるのである。

　一方、同じく他省軍である貴州軍（黔軍）についてはどうであったか？戴戡が成都に連れてきたのは熊其勲の1個旅だけであった。これに川人の組織した警備隊2個団を加えても、7000人の兵力に過ぎなかった。これに対して劉存厚の部隊は13000余人で、大部分が成都近郊に配置されていた。そこで戴戡は滇軍の顧品珍、趙又新の両師と組んで劉存厚部〔部とは、劉存厚指揮下の部隊の意味。以下同様〕を討伐する計画を立てていた。そのような中で、北京では7月1日、張勲が復辟を宣言し、3日、劉存厚を四川巡撫、三等男爵に叙位した。これには翌4日、劉存厚が電文を発し、共和制擁護を声明した。しかし、戴戡は張勲電に劉存厚を討つ口実を見つけ、劉存厚討伐を断行することにした。戴戡の計画では、黔軍が城内北較場の劉存厚の第2師師部を攻撃し、滇軍は西門北門の第2師の部隊を攻撃し、城内の第2師の兵力を一気に消滅するはずであった(49)。しかし、蓋を開けてみると滇軍は動かず、黔軍は皇城内に立て籠もり第2師の集中砲火を浴びて降伏し、督軍・省長・会辦の三つの印を省議会に預けて、成都より撤退し、戴戡は撤退途中に袍哥（哥老会）の隊伍に襲われて自殺した。劉存厚と戴戡の市街戦は10日も続き、民家3000余軒が焼け、略奪された家1194戸、人民の死亡者は6000余人にも達した(50)。

　この間、7月13日溥儀は二回目の退位宣言を行って、復辟騒動に決着がついた。7月24日、北京政府は周道剛を代理四川督軍に任命し、続いて岳州鎮守使の呉光新を長江上游警備総司令に任命した。これは四川の情勢を見て呉光新を四川督軍にして西南諸省に対する睨みを利かそうとの、段祺瑞の遠謀深慮によるものと考えられる(51)。ここに、四川内部における主客の矛盾に加えて、中央北洋政府内部の矛盾、また孫文が広州に樹立した護法軍政府の影響等が複雑に絡まり合って、四川の内乱が深まって行くのである。

(49)　『紀要』186頁

(50)　『軍閥史』84頁

(51)　冷寅東「滇黔軍入川與"劉羅"、"劉戴"之戰」『軍閥史料』第1輯、107頁

北京の中央では段祺瑞が黎元洪を排して馮国璋を大総統に引き継がせ、旧国会の復活を阻止すべく梁啓超の意見を容れて臨時参議院を開く方針を決めたが、西南各省の軍閥や孫文等はこれに反対した。7月17日、唐継堯は段祺瑞の国務総理就任を否認する通電を発したが、これは「北伐」を大義名分として滇軍を四川に入れるためであった。唐継堯は四川第一の製塩地帯である自貢に2個旅と趙又新の軍を、黄毓成、葉荃の両軍を趙又新軍の一部と共に瀘州に駐屯させ、顧品珍の軍を簡陽、資陽、資中、内江、隆昌一帯に配した。黔軍も又劉顕世が戴戡の仇を討とうと、黔軍第1師師長王文華に、旅長・李雁賓、団長・袁祖銘、谷正倫等を省境に配置して機を窺わせた（後、綦江、江津より侵入）。滇黔両軍の兵力は約4万余人であった。緊迫する情勢に対し、北京政府は7月24日、周道剛を暫代四川督軍に任命し、8月6日、馮国璋は呉光新を長江上游総司令兼四川査辦使に任命した。8月8日、国務院は劉存厚と羅佩金に即刻上京を命ずると共に、あらゆる軍隊を四川督軍・周道剛のもとに統括させるよう命令した[52]。周道剛は資中で会議を招集しようとしたが、劉軍と羅軍との対立は止まず、内江より重慶に引き返した。段祺瑞は8月6日、呉光新を入川させ劉存厚を査辦（訊問）させると同時に、9月30日、第5師師長の熊克武を川辺鎮守使（対チベット防務）に任命して、国民党の実力者を川東から引き離し、10月16日、川軍第3師師長で進歩党の党人・鐘体道を重慶鎮守使に任命した[53]。李東倫によれば、8月下旬、劉存厚、鐘体道は栄県、内江で滇軍と激戦した。周道剛は、熊克武、但懋辛、傅眞吾と密談した。周の考えでは、〈北京の密電によって呉光新が来川したのは四川督軍を奪うことにあり、四川を占拠する目的は達せられた。滇軍は四川において主客感情は大変悪化しており、自分としては客軍を追い払うことを名分として滇軍との戦いを発動し、呉光新をして査辦をなさしめない。熊克武の第5師には彼が戦闘に参加することを要求する〉というものであった。熊の周に対する回答は、第5師は滇軍との関係が深く、滇軍に対する作戦は適当ではないが、周が客軍を追い払うことには反対せず、第5師は周

---

(52) 以上は、劉紹唐主編『民国大事日誌』第1冊伝記文学社、1973年の該当期日による。なお、今後本書を『日誌』と略称する。

(53) 『紀要』該当期日

の後方を守る。これは保証できる、というものであった(54)。熊克武は日本亡命後、一旦は孫文に付いたが、後黄興の活動を助け南洋華僑の間で21箇条反対運動を展開していた。護国軍が起つとハノイより雲南に入り、雲南より軍を率いて四川に帰ったいきさつがある。彼にしてみれば、護国軍＝客軍＝敵という簡単な図式は当て嵌らないのであった。周は、熊克武の返答に対して敵意を抱いたと、東楽倫は述べている。

　一方、この間、8月25日、孫文は広州に非常国会を召集し、「中華民国軍政府組織法」を通過させ、9月1日中華民国軍政府陸海軍大元帥に就任した。10日、孫文は就職宣言において内乱の平定、約法の回復、段祺瑞の反逆に対し北伐を実行すること、すなわち護法戦争を呼びかけた。熊克武はもとより、四川駐屯の滇軍、黔軍の軍人達も孫文の護法戦争の呼びかけに応えた。護法戦争は四川では「靖国之役」と呼ばれている。しかし、唐継堯が「靖国軍」を組織したのは孫文の護法政府成立以前のことであり、7月16日のことであった。唐の目的は四川にあって北伐にはなく、従って彼は終始広東軍政府の元帥の職に就かなかった。このようにして、劉存厚と滇・黔の客軍との対立、熊克武と北京政府との対立、周道剛と熊克武の対立等がからまって、いわゆる「靖国戦争」が四川では展開された。

第6節　四川「靖国の役」と防区制の形成

　1917年10月20日、広東の孫文は川滇黔の軍事当局に電報を打ち、三省の護法軍事に統一を求めた。曰く「督軍は法を壊し、国会を解散して、民国亡びんとす。義声を建て、約法を擁護するは、実に西南の責務なり。川黔の闘いは元より誤解による。北兵蜀に入り、禍は等しく差し迫る。唐督軍は義を扶けて北征す、心にもとより我欲なし。而して熊鎮守使・周師長は亦西南の義挙に賛成し、力めて呉軍を拒む。川、滇、黔の和解はすでに端緒あり。今後はまさに一致して北軍に抵禦することをもって主旨とせよ。三省の形成あい依り、軍事行動は宜しく統一を求むべし。愚見するところ、よろしく川、滇、黔三省靖国軍総司

(54)　東楽倫「護国之役後四川的動乱局面」『軍閥史料』第1輯、99～100頁

令を設け、唐公が担任すべし……」。これに対し、唐継堯も22日四川各方面宛に電報を打ち、「詩に曰く、兄弟垣に鬩げども、外に侮りを禦ぐ、と。今は国難まさに深く、段氏は約法を毀ち、国会を壊し、総統を逐い、覇気横溢し、暴力をもって天下を隷属させんことを冀う。今北兵駸駸として蜀に入り、我が父老これを知る。我れ鷸蚌たれば、即ち彼は漁人たり。事実の瞭然たること、女子供もこれを知る。故に、数ヶ月以来速やかに劉師と兵を止め、従来の嫌疑を晴らし、同仇を打ち連れて討ち、北兵を駆除し、手を携えて東下し、中原に力を合わせんものと、密かに願い来たり云々」と述べ、過去を帳消しにして北伐を呼びかけた。11月4日、唐継堯は雲南より四川に入った[55]。

一方、段祺瑞は10月24日、長江上游総司令兼四川査辦使・呉光新を重慶に至らしめた。呉の参謀長・汪と副参謀長・馬は向伝義の保定軍官学校における教官であり、第5師の団長・呂超、王維綱なども、みな保定軍官学校における汪・馬の学生であった（第5師は保定系の人脈が強かった）。このようなこともあって、呉は何の抵抗もなく重慶に入った。周道剛は呉光新に熊克武の暗殺をそそのかしたが[56]、呉はむしろ、熊克武の重慶離脱による政局の不安を恐れ、段祺瑞に熊克武の川辺鎮守使任命を取り消すよう打電した[57]。熊克武は一方、但懋辛に第5師（の一部？）を率いて川南に赴かせ、滇軍と連絡を取らせた。一方、綦江に退去していた黔軍の第1師王文華と四川靖国軍の石青陽、黄復生等は11月下旬より重慶に向けて進発し、12月3日重慶の南岸で発砲した。これに驚いた呉光新は舟に乗って遁走・東下した。重慶総商会は4日、緊急会議を開いて熊克武に重慶の治安維持を要請した。同日黔軍支隊長・袁祖銘と川軍総指揮・石青陽が隊を率いて重慶に入った。呉光新の遁走により、川南に集中していた劉存厚と周道剛の軍はその地方から撤退を余儀なくされ、滇軍の趙又新、黄毓成らが、瀘州を占領した。12月13日、熊克武は正式に護法を宣言した。

「靖国」の軍が起こると四川各地で民軍が決起した。12月2日顔徳基が開江で起つと兵を率いて人が集まり、達県でも陳炳堃らが決起して、顔徳基を靖国

---

(55)　以上は電文も含め『紀要』該当期日による
(56)　李東倫、前掲、100頁
(57)　『熊克武伝』140頁

軍総司令、陳炳焜を副指令として、3000数百挺の人員を集め、開県にいた北軍の王占元部を潰走させた。この外にも、合江の夏之時、瀘州・納渓地方の黄復生、盧師諦、川西の陳澤霈等々が各地で決起した。12月15日、川、滇、黔三省の各軍将領が重慶に集まり、唐継堯を川滇黔靖国聯軍総司令、劉顕世を副総司令、熊克武を四川靖国軍各軍総司令に選出した。一方、北洋軍閥政府は12月18日、劉存厚を四川都督に任命し、徐孝剛を四川軍第1師師長に任命した。靖国軍は東路、中路、北路に分かれて成都をめざし、劉存厚は第1、2、3師を3路に分かち迎撃態勢を取った。戦いは靖国軍に有利に進み、18年2月半ばには成都近郊の簡陽、金堂一帯に迫った。この時、2月18日、川軍第1師師長・徐孝剛、旅長・劉湘、および劉存厚の第2師の旅長・劉成勲、陳洪範その他が「一致護法」の通電を発し、熊克武を四川靖国軍総司令に推戴した。19日、劉存厚と省長・張瀾は成都より綿陽に退き、川軍靖国軍縦隊司令・呂超、黔軍の袁祖銘および靖国軍の蕭徳明、顔徳基、石青陽等が成都に入城した（なお、徐行剛は病気を理由に師長をやめ劉湘が代理師長になった）。2月25日唐継堯は滇川黔聯軍総司令の名義をもって、熊克武を「兼任四川督軍省長両職」に任命した。熊克武は6月10日広元を攻め落とし、劉存厚と張瀾は陝南〔陝西省南部〕に退去し、漢中に四川督軍署を設けたが、ここに靖国の役は北軍の敗北をもって終わった[58]。

　ところで、広州軍政府の孫文は、3月1日付けで唐継堯に電報を打ち、「省長の一職は督軍の兼任をよろしとせず、四川省の民選によるべし」と述べ、2日には石青陽宛ての電報で、四川省議会に委嘱して楊庶堪を省長に選出してもらうよう述べているが、軍民分治・省長民選が孫文の意向であったことがわかる。3月8日、広州大元帥府は、熊克武を四川督軍、楊庶堪を四川省長にすると発表した（楊庶堪着任までは黄復生が代理省長を務める）。しかし、熊克武は四川督軍にならず、四川靖国各軍総司令名義で軍民両政を兼務し、但懋辛を代理省長にした。つまり、孫文の意向を無視し唐継堯に接近したのである。楊庶堪は10月に重慶で省長に就任したが、但懋辛等の掣肘を受けてなすすべもなく、

---

(58)　以上は『軍閥史』90～92頁、『通史』第6冊、284～285頁

12月6日に辞職の通電を発している⁽⁵⁹⁾。熊克武は旧川軍が各地で地方団警の銃を強制的に取り集めて大量の部隊を形成していることによって、四川軍が悪性の膨張を遂げていることを財政上から憂慮し、18年2月には総司令名義で、各軍の責任者に地方武装および土匪の招撫を禁止させている。また10月には、成都で整軍会議を開催し、川軍を8個師、1全川江防軍、1混成旅に縮小した。しかし、熊克武は17年2月に四川省長・戴戡の名で出された「就地割餉」（給料は、省政府から統一的に支給できないので、駐屯地に最寄りの政府機関から支給する）の悪例を覆すことができず、むしろ各地の軍に「駐防区域」において行政官僚を任命し、各種の税款を徴収する体制（「就地籌餉」）を容認し、1918年7月には「四川靖国各軍衛戍区域表」を、ついで1919年4月には「四川靖国各軍駐防区域表」を熊克武の名前で発表した。ここに、悪名高い「防区制」が誕生し、防区に拠る大小軍閥の割拠体制が1935年まで続くことになった⁽⁶⁰⁾。

このように、熊克武が防区制を開いた失政は消しがたいが、熊克武が四川督軍に当たっていた18年6月から20年12月末までの約2年半の間、四川省が相対的安定を得ることができたことも否定できない。この間、先ず18年には、劉存厚が当50文の銅元を改鋳して作った当200文の悪貨の流通を停止したり、辛亥革命後に濬川源銀行が発行した軍用票や、中国銀行や交通銀行の発行した大量の紙幣を回収するのに成功したことがあり、翌19年の五四運動に際しては、その展開を奨励し、11月の福州事件には楊庶堪と共に北京政府に打電して日本政府に厳重抗議するよう要求した。また19年10月には20年の田賦を預徴（土地税の先取り）する動きを抑えたこと、四川省議会を召集したこと、その他兵工厰を整理すると共に、従来は輸入していた硫酸の自給に成功し、銃弾製造の原料

---

(59) 四川省文史研究館・四川省人民政府参事室編撰『四川国民党史志』127～128頁、以後本書を『史志』と略記

(60) なお、「防区」という言葉は17年10月4日付けで劉存厚が出した「各軍餉款即就各該防区較近徴局撥税款文」が初発であり、この文には各軍最寄りの徴収局が指定されて表にまとめられている（『軍閥史料』第2輯210～212頁）。就地割餉とは「駐屯地の政府機関から給料の支給を受ける」の意だが、就地籌餉とは「駐屯地から給料を調達する」の意で、軍の徴税権を認めた点で画期的違いがある。

確保を実現したことや、実現はしなかったが鋼鉄製造工場の建設に着手したり、成都＝重慶間の自動車道路（成渝公路）の建設を計画するなど、建設的な施策もあったことを認める必要があろう[61]。

第7節　熊克武と滇・黔軍

話は些か前に戻るが、唐継堯は広州軍政府の元帥に推されながらも、一向に就任しなかった。ところが、1918年5月4日、広州の非常国会が大元帥を廃止して総裁制を決定し、これに憤激した孫文が5月21日辞職をして広州を後にすると、唐継堯は7月22日広州軍政府の総裁の列に加わった。9月10日、唐継堯は綦江に至り軍営の門前に「軍政府総裁」の幟を高々と掲げたという[62]。17日重慶に入った唐継堯は熊克武と軍営で会談し、唐継堯、劉顕世が署名済みの「滇、川、黔三省同盟計画書」への署名を求めた。これによると、四川の資中、資陽、叙府、瀘州、重慶、万県及び自流井、栄県、威遠と会理、寧遠、酉陽、秀山等、凡そ川東南の財富の区はことごとく滇、黔両軍の防地とされ、その面積は全省の三分の二にも達した。また、四川兵工廠、造幣廠は聯軍の統轄下に置く。四川の滇、黔両軍に供する月ごとの軍餉は、年に600余万元であった。熊克武はこのような計画書への署名を拒んだ。

この間、北京では5月に日中軍事協定が結ばれ、8月には段祺瑞が召集した新国会（安福国会）が開かれ、その国会では徐世昌が大総統に選ばれた。また、日本との各種借款や経済協定が次々に結ばれていったのも、この年である。11月24日、唐継堯は上海で南北和平会議を開くことを北京政府に呼びかけた。26日、北京側は、南京で善後会議を開くことを提案したが、陝西、福建、湖北、湖南での南北両軍の対立の停止を巡って折り合いがつかず、会議の開催は翌年に持ち越されたが、18年11月のドイツの降伏により、国民の関心は講和会議代表団の出し方や山東問題に移っていった。こうした中で、2月20日から3月2日まで、上海で南北の和平会議が挙行されたが、内戦停止はできずに終わり、

---

(61)　以上は『熊克武伝』147〜156頁

(62)　『軍閥史』101頁

双方の非難合戦のうちに成果なく幕を閉じた。この南北和平に関する四川の動向としては、18年12月10日、四川省議会が広州軍政府、上海国民促進和平会、北京和平期成会その他に電報を発し、〈全国の和平の声に賛成だが、北方政府が不法に国会を改組し、総統を選挙したからには、南方の護法の目的とはいよいよ遠くなり、和を説くのみで実現はいよいよ難しくなっている。約法を措いて和議実現はなく、旧国会を召集して、総統を選挙し、内閣を改造し、一切の重要案件はみな国会の決議に拠るべし〉と述べている[63]。国民党の影響力の強さを反映している内容である。

　ところが、辛亥革命後、四川の国民党には二大派閥が形成されていた。一つは熊克武、但懋辛を初めとする「九人団」であり、一つは謝持、楊庶堪を首とする「実業団」であった[64]。楊庶堪は省長になるも、熊克武に阻まれて辞職した。石青陽、盧師諦、顔徳基、黄復生等は「実業団」の中核であったが、熊克武には不満で唐継堯によって熊克武を倒そうとした。1918年3、4月の間、唐継堯は黄復生、盧師諦を援鄂軍第1路総副司令に、石青陽、顔徳基を援陝第2、3路軍総司令に任命した。こうして、「実業団」系と滇黔軍の反熊同盟が出来上がった[65]。18年12月、楊庶堪は父の喪のために重慶に帰った折り、石青陽、顔徳基、盧師諦、黄復生等と密談し熊克武打倒計画を建て（これは孫文の同意を得ていた）、唐継堯等もこれに同意していた。当時、川軍の劉湘は身に重兵を擁し、且つ劉成勲、陳洪範は共に大邑県の同郷で、平素より劉湘と仲がよく、楊としては彼らを味方につければ勝算は高くなる。そこで楊は合川にいた劉湘の

(63)　『紀要』該当期日

(64)　四川文史研究館資料室「国民党内早期的派系與四川"九人団和""実業団"」『軍閥史料』第2輯、90～95頁参照。実業団グループは孫文の中華革命党員であったが、両者の矛盾はかなり深刻だったことは、熊克武「大革命前四川国民党的内訌及其與南北政府的関係」『文史資料選輯』第30輯所収を参照。なお、「実業団」という呼称は、謝持等が四川での蜂起計画失敗後に陝西省で牧畜経営を営んで、実業により革命資金を蓄えようとしたことに由来する。「九人団」とは熊克武・但懋辛等、東京留学のグループを言い、広西軍閥との関係が深かった。実業団派は孫文の身近にいたが、孫文死後には西山会議派に走った者が多い。

(65)　『軍閥史』104頁

下に赴き、倒熊計画への参加を持ち掛けた。劉湘は態度を明らかにしなかった。その後呂超からも誘いがあったが、同様に態度を明確にしなかった。劉湘は「熊の今日有るは全て外、滇黔軍の援助、内、民軍の支持あるによる。現在滇黔軍と民軍すでにみな熊と敵となり、熊実にすでに孤立に陥り、敗れざること何をか待たん」との情勢判断を下していたが、20年4月21日、唐継尭が討熊の電報を発し、呂超を川軍総司令に任じ、劉湘を副総司令に任じるに及んで、劉湘は大いに怒り、擁熊討唐を決断した。呂超が倒熊同盟に加わっていたことにショックを受けて、4月17日、一旦は督軍の職を辞した熊克武ではあったが、5月初め旧川軍を糾合して川北の順慶（南充）蓬渓一帯に拠ってたちあがった[66]。また、5月21日、討唐の通電を打ち、第1師師長但懋辛を中路司令に任じて、第3師の鄧錫侯旅を配して、簡陽、資中方面で滇軍と作戦させ、第4師師長劉成勲を南路総司令に任命し、第8師の劉文輝支隊とともに自流井から眉山方面にかけて滇軍に進攻し、第2師師長劉湘は北路総司令として、余際唐の江防軍と呼応して重慶方面の黔軍に進攻した[67]。また、この滇黔軍駆逐作戦には、陝西を逐われて舞い戻った劉存厚も参加した。戦局は当初は劉湘の北路軍が攻勢をとり、中盤においては、7月18日呂超が成都に入城し、唐を総司令とする三省聯軍総部を樹立したが、9月に入ると中路軍が成都を奪回して滇軍を潰走させ、楊森、田頌堯、鄧錫侯の各軍は、滇軍を叙府〔現在の宜賓県〕、瀘州〔瀘県〕に追いつめて、遂に省外に駆逐した。又、熊克武の第1軍と劉湘の第2軍はそれぞれ川南、川東を攻め10月11日、重慶の黔軍は長江南岸に移り、11月貴州に帰った。こうして四川の境内から他省軍＝客軍は一掃された。

ところがこの間、9月10日成都に入った劉存厚は四川督軍を称した。熊克武は劉成勲を第3軍軍長兼成都衛戍司令に任命して成都を掌中に置いてきた。熊は10月30日重慶に四川督軍公署を開いた。こうして、南北両系統の督軍が対峙することになったが[68]、1920年10月23日、岑春煊らの広州政府は広西軍閥に破

---

(66) 『通史』第7冊、41～42頁

(67) 以上は、喬誠・楊続雲『劉湘』華夏出版社、1987年、16～18頁（以下『劉湘』と略記）

(68) 以上は『軍閥史』111～112頁

れて政府廃止を宣言した。このため、熊克武はその地位を正当化する後ろ盾を失ってしまった。追い打ちを掛けるように、10月某日、四川省議員・劉光珠等は熊克武の「十大罪状」を挙げて告発している。それによると、第1の罪は、南方政府の支持を受けながら、他方では劉光烈を使って秘かに北方の売国政府と交渉させていること、第2は川民の偏狭な地方思想を利用して滇・黔軍を敵視していること、第3は岑春煊、陸栄廷等と気脈を通じたこと、第4は防区制を敷いて民衆を収奪したこと、第5は行政に干渉し、武力を持って省長を圧迫したこと、第6は、3000万元にも上る税金の使途を立法府たる議会に一切報告していないこと、第7に、巨額の金を着服し、民間人を苦しめていること、第8に、陰謀により護法の軍隊を痛めつけたこと、第9は、議員を買収して民意を製造していること、第10は、悪の為さざる無きこと、と些か抽象的だが、先の劉光烈の派遣や狭隘な地方主義により人民を欺いていることが、再度言及されている[69]。劉存厚は北洋政府に要請して熊克武を四川省長、劉湘を重慶護軍使に、その他楊森、陳洪範、劉成勲、但懋辛、鄧錫侯、田頌堯その他の人々を色々な役職につけた。12月30日、熊克武は四川督軍の職務を解除し、重慶を離れて北碚温泉に病気療養と称して閉じこもった[70]。広州政府という護法の孫文を追い払って、変質してしまった政府でも、北洋政府に対立する限りは、軍閥化した熊克武には重要な政治的存在根拠であり得た。その政治的根拠を失った熊克武は無力となった。ここに、民国以来の権力の正当性を掲げた争乱は終わりを告げたということができる。北洋政権に対抗する新しい正当性が求められることになったのである。

　20年12月10日、劉湘、但懋辛、劉成勲等は重慶で会議を挙行し、「先ず吾が四川の政治的自主処理の方針を討議せり。民国より事変の多きことを憤慨し、南北紛糾して、政治潮流の広まるところ、四川その弊を受く。滇黔は借口して、恣に権力を笠に着て民衆を痛めつけり。我が川人は水火の中を転々として刀俎

---

(69)　「四川省議員劉光珠等為熊克武禍川敬告父老書」『軍閥史料』第2輯、381〜390頁。内容から見るところ、劉光珠等は唐継尭・劉顕世らを支持する実業団系の議員達ではなかったかと思われる。なお劉光烈は、1919年春の南北和議に臨んでいた。

(70)　『紀要』該当期日

の上に呼号せり。北方は鞭長くして及ぶ無く、南方も亦口をつぐみ一言もなし。成都は囲まれて、（いつ切れるともわからぬ）細き糸の如し。卒いに川人の自力をもって必死となりて主権を回復せり。これ豈に南北の毫髪も我に助力するところあらんや？夫れ川人の自救せるのみ。……夫れ国家と政府は厘然と二つたり。中華民国の統一国家たるは、つとに四億人の心理の公認するところなり。ひとり政府の実際に統一する能うと否とは、純粋に事実の問題に属す。政府と地方の権限の大小は、まさに政情を見て定まるべし。……国是未だ定まらず、青黄不接の秋、南北の意見にわかに一致し難し。……故に、南北戦争の渦を脱離して、自らまさに超然の地位に立ち、双方の紛糾を調停し、国家の統一を促さん。これもって外に対して、吾が四川の宜しく自治を実行することを言うの第一の理由なり。……今日吾が国必ず先ず良好の民治有り、而して後良好の政府有り。必ず先に強固な地方有り、而して後強固な中央有り。これ国家について言えば、吾が四川の宜しく自治を実行すべき理由の二たり。……（第三の理由は省略）」との電文を成都の劉存厚総司令と重慶の熊克武督軍に宛て打った[71]。ここに新たな権力正当化の根拠として「四川人の四川」とも言うべき四川自治論が登場したのである。21年1月8日、四川陸軍第2軍軍長兼前敵各路総司令・劉湘と第1軍軍長・但懋辛は「中華民国の合法統一政府の成立以前にありては、川省は完全に自治し、省公民の意をもって省自治の根本法を制定し、一切の職権を行使す」との通電を各処に宛てて打った[72]。これによって勢いを取り戻したかのように、12日、熊克武は北京政府から任命された四川省長の位を承認しないと打電した。21日には劉湘を初め、3軍長、7師長、14旅長が北京政府の叙任を拒否する電報を打った。北京政府を拠り所とする劉存厚はこのような動きに危機感を抱いて、勢力拡大のため土匪を多数招撫した。このため兵匪は一体となって劉の軍隊の紀律は著しく弛緩した[73]。当時、四川の軍閥は3つの集団に分かれていた。一つは熊克武の第1軍である。2個師1混成旅と江防軍からなる。第3軍の劉成勲と陳洪範は元は劉存厚の系統に属していたが、熊克武

---

(71) 『紀要』該当期日
(72) 『紀要』該当期日
(73) 『軍閥史』113頁

についた。次は劉湘の第2軍である。2個師2混成旅から成り、戦闘力は比較的強力であった。以上が反劉存厚勢力である。これに対し、劉存厚側は11人も師長がいたが、虚勢を張っただけで実態は弱く、鄧錫侯に3000挺の連発銃があっただけで、他は毎師1500挺の銃も無かった。訓練もしてない烏合の衆が多かった。

　1921年2月18日熊克武、劉湘、劉成勲は連名で電報を打ち、劉存厚は督軍を自認しているが四川自治の障碍になっていると非難し、3路に分かれて成都の劉存厚軍に立ち向かった。東路を進んだ劉湘軍は劉存厚軍の鄧錫侯、田頌堯の両師をじわじわと追いつめ、北路を進んだ但懋辛軍には劉存厚の第3師・頼心輝が劉存厚に反旗を翻して合流、新都に迫り、劉存厚は3月21日成都を放棄、22日下野の通電を発して陝西に逃れた。引き続き劉存厚系の各軍との戦いが暫く続いたが、停戦を望む声も多く、3月中旬に戦火は止んだ。6月6日、各軍の混成旅以上の将領24人が重慶に集まって劉湘を四川軍総司令兼省長に推挙した（獲得票は22）。7月2日、劉湘は同職に就任した。就任の電文では四川自治を標榜し南北政府との関係を離脱するとしていた[74]。5月5日に孫文は広州非常国会から再度大総統に選出されていたが、四川軍閥によって無視されたわけである。各軍の軍餉は熊克武の時と同様、各自の防区で自給することとされた。劉湘の下で四川の各軍は、3人の軍長、12人の師長、8人の混成旅長、2人の総司令と1鎮守使に率いられることになったが、第1軍の但懋辛系が2万余人、第2軍の劉湘系が2万余人、第3軍の劉成勲系が1万余人、その他の各部が2万余人、合計7～8万人であった[75]。

第8節　川軍の「湖北支援（援鄂）」

　熊克武・但懋辛の第1軍は1912年に尹昌衡が作った第5師の系統を引き、「新軍」と呼ばれ、これに対し第2軍は周駿の第1師の系統を引く軍で、「旧軍」とよばれた。両軍は協力して劉存厚を破ったが、両軍の内部対立は激しく、熊

---

(74)　喬誠・楊続雲共著『劉湘』32頁

(75)　『軍閥史』117頁

克武が四川督軍の地位を退いて劉湘を四川総司令兼省長に推薦したのも、各軍の経済上の困難に対応することで劉湘の身を縛ることに目的があったという見方もある(76)。又、熊克武は後述する四川自治運動を四川単独にではなく「聯省自治」の方向で考えていた。そこで、湖南の趙恒惕からの使者が重慶に来て会談を行ったのを機会に、熊克武は21年6月初旬東下して、先ず武漢で王占元の歓待を受けた。王占元は顎〔湖北省〕、川、滇、黔、湘〔湖南省〕、桂〔広西省〕、贛〔江西省〕等の7省聯防条約の締結を唱えていたが、熊は王が呉佩孚を中心とする直隷派の北京政府との繋がりを堅持しているのを見て、この話は立ち消えとなった。24日長沙についた熊は趙恒惕と会談した。2人とも辛亥革命に参加し、南北の形勢が定まらぬ中で自治の方針を採っていたことで親近感を持ったらしい。そこにたまたま湖北の自治勢力の「代表」の孔庚と蒋作賓が長沙に援兵を乞いに来た。王占元が6月1日軍警を大動員して武漢学連の惲代英〔後中共の幹部となる〕らの反帝愛国運動を弾圧したのに対し、孔庚等は湖北自治軍の後援等を求めたのである(77)。熊克武は、湖北、湖南との連係という観点から見ても、川軍内部の1軍、2軍の対立を湖北支援という外に矛盾を逸らすことによって当面の解消をはかるという観点から見ても、湖北支援は願ってもない機会だと考え、重慶に帰って劉湘に援鄂の話を持ち出した。劉湘は王陵基を洛陽に遣って呉佩孚の支持を求めていたので即答はしなかったが(78)、これが不首尾に終わると、援鄂に積極的となり、援鄂軍総司令に就任、第2軍の唐式遵を第1路司令、第1軍の但懋辛を第2路司令に任命し、宜昌に向けて進軍させた。唐式遵の部隊は鄂西総司令・潘正道の部隊と協力し宜昌を攻めたが、兵力不足で落ちず、そうこうしているうちに、日英米の領事が調停に出て9月5日から停戦となったが、これは呉佩孚のための時間稼ぎの停戦であった。これより先、湘軍は湖北自治軍とともに7月末に出動し、羊樓司一帯での激戦の末に鄂軍の孫伝芳軍を潰走させ、王占元は8月11日武漢を放棄して逃走した。呉佩孚は肖耀南を湖北省督軍に任命し、大軍を率いて湖南に向かわせ、蕭耀南の軍

(76) 傅淵希「川湘援鄂之戦」『軍閥史料』第3輯、26頁

(77) 同上、27頁

(78) 『熊克武伝』200頁

は汀泗橋の一戦で湘軍を撃破、岳州に至った。長沙に逃げ帰った趙恒惕に、呉佩孚はイギリスを介して議和を条件に長沙進攻を止めることを提案し、趙恒惕にこれを認めさせた。これは、奉直戦争の兆しがあり、広東の陳炯明軍も援湘に出動の態勢にあり、最後に川軍が宜昌方面に進攻していたから、敵を絞る必要に迫られた結果、早めに趙と妥協したのであった[79]。

　湖南から兵を引くと、呉佩孚は全力で川軍に立ち向かい、宜昌攻防戦に勝利した。しかし、東北では錦州に張作霖が兵を集めて大挙入関の勢いにあったので、今回も川軍との早期妥協を図り、停戦して北上した。川軍は孫伝芳を相手に交渉し、1922年3月7日、川鄂両軍の間に停戦協定ができた。主要な内容は、1、川鄂両軍は、各々元来の駐防地点に帰る（鄂軍は巴東、秭県、川軍は巫山県）。2、両軍は川鄂辺区の匪患剿滅に協力する。3、川塩を楚岸（湖北省）へ運搬・販売し、塩税からの収入は川鄂両省で平分する。劉湘にとっては楚岸という塩の販売市場の確保とそこでの売り上げの半分を確実に入手できることになり、この戦争には損はなかった[80]。亦、孫伝芳と劉湘は兄弟の盟を結び、双方が代表を武漢と重慶において攻守同盟を結んだ[81]。

　以上のように援鄂戦争は大義名分がいつの間にか消え、軍閥同士の取り引きに終わったが、第1軍、第2軍の矛盾は解決できず、それは外敵の消滅と共に激化した。

第9節　第1、第2軍の争い

　劉湘は第9師の王兆奎旅の3個団を成都に留め、兵工廠と造幣廠を保護させた。両廠は昼夜を分かたず生産に励み、特に兵工廠は毎月銃弾100万発、歩兵銃1000余挺、機関銃、連発拳銃、反動炮若干を生産し、各軍は鵜の目鷹の目でこれを見つめていたが、劉湘の支配下にあり手出しはできなかった。21年4月末、劉湘は情勢の緊迫化にそなえて成都の兵工廠から100万発の銃弾を重慶に

---

(79)　傅淵希、前掲、30頁
(80)　同上、32頁
(81)　『劉湘』37～38頁

運ぼうとしたが、これには劉成勲、頼心輝等が武力をもって阻止に出て、「軍実審査会」の公判を待って解決することを言明した。5月1日王兆奎旅は成都を撤退し、鄧錫侯の2個団が成都に入城した。このように劉湘に対する反発は第1軍ばかりでなく、第3軍や辺防軍の一部にも見られ、これを統一するには容易でなかった。その上に、全体としての軍の縮小という課題があり、これを巡っても利害が錯綜した。事態打開に窮した劉湘は22年5月14日、総司令兼省長の職を辞した（総司令は参謀長・王陵基が、省長は向楚が代行し、第2軍軍長には楊森を任命した）。辞職後の劉湘は重慶の日本租界に住み、日本軍人の保護を受け、背後から四川の政局を操った。楊森は第1軍軍長・但懋辛に手分けして四川軍民の両政を行おうと持ち掛けたが、楊森が呉佩孚と連絡を取っていることを知っていた但は、楊森との協力を拒否した[82]。7月9日、楊森は正式に1軍に宣戦した。第1軍が汚い金1000余万元を使って各軍に多数派工作を行い、江防軍の拡張を行い商人や郵便局から税を搾取し、川北の塩税を私し、ケシ栽培を奨励し、1軍の楊芳春旅を不当に解散した、等の「罪状」を列挙して糾弾した[83]。7月11日成都各軍連合辦事処は会議を開き、第3軍軍長劉成勲を川軍総司令兼代理省長に推薦し、第3師師長・鄧錫侯、四川辺防軍司令・頼心輝を正副総指揮に任命し、第1軍を支援するため重慶に向けて進攻を開始した。戦局は川東における第1軍側の優勢から、8月20日楊森が宜昌に逃げ出したことで決着がつき、第1軍の勝利に終わった。この戦いには四川国民党実業団系の石青陽が川東の酉陽、秀山、黔江、彭水の各地の旧部を糾合して参加し、但懋辛は石青陽と会談して、1、熊克武は孫中山大総統の委任を受ける。2、川軍中における革命同志間の団結を図り、孫中山の北伐を支持する。3、石青陽は熊克武の指揮に服従する、の3点で合意ができた。孫文は8月28日、29日と連日熊克武に祝電を送り、民国の建設の計と四川建設の計の深い関係から、期待を表明している[84]。なお、上述の成都各軍連合辦事処会議は善後会議ともいわれ、

---

(82) 馬宣偉・肖波共著『四川軍閥楊森』四川人民出版社、1983年、21頁、なお以下には本書を『楊森』と略記。

(83) 「楊森等発動進攻一軍通電」『軍閥史料』第3輯、281～284頁

(84) 『熊克武伝』208～209頁

軍費の支給は銃所持数に応じて分配する、国税地方税の区別をし、政学・制憲及び預徴・預墊の各款を除去することを決定したが、反古になってしまったという[85]。

第10節　四川における自治運動

　四川における自治運動の由来は、第7節に触れたように、1920年12月10日、川軍の将領劉湘、但懋辛、劉成勲等21人が「吾が川政治自処の方針」を討論し、11日に「四川自治」を宣言し、この方針に関し劉存厚、熊克武二人に5日以内に回答を求めた公開通電を発表したのが最初である。16日、熊克武は川省自治に賛成したが、北洋軍閥と関係の深い劉存厚は「自治政体は民意をもって前提となす。宜しく先ず全省機関・法団・父老兄弟について同意を徴し、然る後吾が輩軍界一致して進行すべし」と応え、「民意」にかこつけて事実上は拒否した[86]。12月30日、熊克武は「この度の戦争は自決の精神いよいよ益々顕著なり。従政の士、又多くは民治主義の流れを擁護し、必ず能く同心同徳、光大なる自治の新局〔を開くものと〕知る。熊、職を解き、退きて平民となるも、亦、闔省の人士とともに欣忭せる（よろこぶ）ものなり」と打電して四川督軍の職務を自ら解いた[87]。

　21年1月8日、劉湘と但懋辛は連名で四川自治を宣言し、「中華民国の合法的統一政府成立以前においては、川省は完全に自治する。省の公民の意をもって省自治の根本法を制定し、一切の職権を行使する。共に政治革新を謀り、平民教育を普及し、実業振興に力を注ぐ。南北〔政権〕のいずれの方面にも決して加担しない。大局に対しては正義を主持し、法律を擁護する。各省に対しては引き続き親睦の誼を継続するが、外省軍隊の本省境内に侵入することを許さない。勉めて民心に順応し、民治を完成し、地方団体の強固さを増し、国家の基礎の確立しうることを期す。真の統一を期すべく、国法の効力の復すべきを

---

(85)　甘績鏞「四川防区時代的財政収支」『重慶文史資料選輯』第8輯、3頁
(86)　『軍閥史料』第3輯、187頁
(87)　『熊克武伝』194頁

希う。この言葉に変わりあれば、衆とともに棄てよ[88]」と述べた。しかし、その後、援鄂戦争失敗後北洋軍閥と結ぶようになった劉湘は、公然と自治に反対するようになった。しかし、第1軍と第2軍の戦いで1軍が勝利すると、国民党の四川省における影響力は高まった。これより先、20年11月、国民党人が牛耳を執っていた四川省議会は川省自治を打電した。21年2月10日、四川省議会は川省自治の内容四点を宣告した。4点とは①四川省は中華民国合法政府が成立する以前、完全に独立自治をし、南北の政争に加入せず、如何なる官吏も、南北政府の任命を受けず②督軍及び督軍類似の制度を廃除する③裁兵〔兵力削減〕を実施する④省長を民選しもって民治実現の初歩となす、であった[89]。また、4月3日呉玉章が中心となって組織した、全川自治連合会の結成大会が開かれ、国民党員の呉玉章を主席に選出した。同大会は呉玉章が立案した「全川自治連合会成立通電」を採択した。同電は民主主義実現のため、以下のような12項の実行原則を謳っていた。

①聯省制度を創立し、職業的全民政治を実行する②男女同権を主張し、直接普通選挙を実行する③現有の軍制を廃除し、画一的に民軍を編成訓練する④司法の弊害を一掃し、切実に人権の保障を実行する⑤教育の普及を謀り、無償の義務教育を実行する⑥累進税制を制定し、公平な負担の分配を実行する⑦実業の発展に努め、協社〔協同組合〕式の平民銀行を実行する⑧各種の協同組合を組織し、経済の相互扶助を実行する⑨無業の遊民を減少させ、相応の強制労働を実行する⑩労働者保護の法律を制定し、公共の保険救済〔制度〕を実行する⑪労働機関を成立させ、労働者・農民の〔生活の〕改良・補助を実行する⑫職業団体を組織し、堅牢な職業組合〔活動〕を実行する[90]。

先の省議会の通電の内容に較べ、男女同権、累進課税、協同組合、労農保護政策等、革新的な内容が盛り込まれており、「下からの民主化」の方針が窺われる。

21年3月1日から省議会は四川自治法草案を検討することになっていたが、

---

(88) 『軍閥史料』第3輯、191～192頁
(89) 「四川省議会宣告川省自治内容電」『軍閥史料』第3輯、193頁
(90) 『軍閥史料』第3輯、198頁

法定人数に満たず15日に延期となり、四川省自治法誕生の方法が問題となった。一法は省議会が草案を作り、各県議会あるいは全体人民が投票して通過、効力を発生するという方法、もう一法は省議会が制憲会議の組織法を制定し、人民はこの組織法に基づいて直接に制憲会議の代表を選挙し同会議が制定するという方法であった。しかし、今回も法定人数不足で放置された[91]。

21年12月、川軍総司令兼省長・劉湘は12月に制憲の準備に着手した。しかし、13日、省議会は省憲組織法の制定に当たっているのに、議会を無視しての制憲準備は許されない、と劉湘を非難し、15日、劉成勲、鄧錫侯、但懋辛、向楚、石青陽外、計7名を四川省憲籌備処籌備員に選出した[92]。

22年8月9日、国民党が支配的な四川省議会は、「四川省憲法会議組織法」と「四川憲政投票法」を制定し、7名の省憲法会議籌備処を設立し前年来の7人を籌備員に任命した。9月9日、四川省議会議籌備署が正式に発足、互選により劉成勲を省憲籌備主任に選出した。省議会は戴伝賢（季陶）、楊伯謙、呉玉章、楊庶堪、その他合計13名を省憲起草委員に推薦し、戴伝賢を主任、楊伯謙を副主任に選出した（この時陳独秀も起草委員に推したが、陳は聯省自治に反対のため断られた）。同時に省議会は各県より四川制憲審査員1人を選出し、四川省憲草案の審査工作に責任を負わせた。戴季陶は当初上海にいたが、11月に成都に来て23年1月10日、省憲起草委員会が発足し、3月10日13章159条の「四川省憲法草案」が出来上がった[93]。

この憲法草案は人民の人身、財産、営業、居住、移動等の自由を認めていたが、いずれも「法律に依るに非ざれば制限を受けず」という言葉が付せられており、法によって制限を設けることができた。また、第21条で、人民に自衛権を認め、官庁の認可・登記を得て銃器を所持することができるとしているのは、土匪に対する自衛策であろうが、現実には土豪劣紳の武力支配を容認することに連なるもの、と評価できる。また、第4章第25条には「公民権」の行使を受けない人物として、「3、義務教育を受けざる者。但し、義務教育未だ普及以

---

(91)　胡春恵『民初的地方主義与聯省自治』234頁
(92)　『紀要』該当期日
(93)　『軍閥史』134頁

前につき、本法の条文を知る能わざる者をもって限りとする」とあった。当時四川の民衆の90パーセント以上は文盲であり、このような規定は公民の権力を奪うに等しかった。これに、第1章第6条に「国政府がその職権を行使する能わざるか、行使せざる時は、本省がこれの執行を議決するを得」という条項があったから、この省憲は軍閥支配に都合の好いものとなり得た[94]。しかも、このような憲法でさえ、軍閥戦争の中で埃を被ることに終わったのであった。自治運動を軍閥自らが裏切るのである。

第11節　川軍の内訌と楊森の四川帰還

22年7月11日成都各軍連合辨事処により川軍総司令兼省長に推された劉成勲は、10月26日、成都で軍事善後会議を開いた。防区制の廃止、民政財政の統一、省憲法の制定、軍長制の廃除等が議題に掲げられていた。この中では、楊森駆逐に功のあった鄧錫侯が第2軍軍長の職を継ぐのを当然と考えており、劉成勲の第3軍の部下、陳国棟も劉成勲が総司令に就任したからには自分が第3軍長になって当然と考えていたので、軍長制の廃止が議論の中心になり、省憲の件などはどこかに行ってしまった。第1軍の但懋辛も、第3軍の劉成勲も、辺防軍の頼心輝も、鄧、陳の野心には反対で、軍長廃止の議案を通過させて11月8日に閉会した。軍長の職名が消え、但懋辛は東防督辨として重慶に駐屯し、呉佩孚の侵入に備えた。頼心輝は辺防総司令として瀘州に駐屯した。野心を砕かれた鄧錫侯、陳国棟と劉成勲との矛盾が深まって行った。23年1月、陳国棟は兵員の実数が足りず、楊森の旧部の何金鰲の兵をもって補充しようとしてこれを襲い、敗れた何金鰲は劉成勲に救いを求めた。このため劉成勲は「兵員を偽り、みだりに戦闘をしかけた罪」で、陳国棟から第7師師長の職を奪った。重

---

(94)　憲法草案の全文は白眉初編『中華民国省区全誌』第4冊、175〜187頁を参照。なお、この草案は、督軍公署、省長公署の二権分立の構想に立っている。省自治のスローガンには北京の北洋軍閥政権からの干渉に対抗する意味合いも含まれており、中共が「対時局主張」の中で一般論として評価したように、「連省自治」が軍閥割拠に憲法上の保障を与えるものとは、一概に言えない。

慶の第3師師長の鄧錫侯と陳国棟は保定軍官学校の同窓生であり、劉成勲に反旗を翻すと、更に資中の第22師師長の唐廷牧も同窓の誼でこれに加わった。更に3月、これも保定系の田頌堯が鄧らに加担した。劉成勲、頼心輝の軍は鄧錫侯らを西北に追いつめたが、呉佩孚の命を奉じる劉存厚が四川に回帰し、鄧等に武器弾薬を補給してやった。劉存厚、鄂西の楊森、川北の田頌堯、劉斌その他は熊克武、但懋辛をも非難した。呉佩孚は四川攻略の好機と見て、王汝勤を鄂西援川総司令に任じて湖北省から、また楊森を前敵総指揮としてやはり湖北省から、夔州（奉節）、万県に侵入させた。また陝西方面では劉鎮華を陝辺援川総司令に任命し、王鴻恩を前敵指揮として寧羌、広元から四川に侵入させた。甘粛方面では、甘南鎮守使・孔繁錦を甘辺援川総司令に任じ甘南の摩天嶺から入川させた。貴州方面では袁祖銘を黔辺援川総司令に任命し、叙府に侵入させた。彼ら外省軍と川軍を併せると12個師11旅の多きにのぼり、劉成勲は反熊軍の勢力の大きさと呉佩孚の援助を前に態度を軟化させた。このため、熊克武と但懋辛が四川内外の軍の集中攻撃を受けることになった。呉佩孚は蕭耀南を介して楊森に軍資金を援助し、楊森は100万元で武器を買い、軍餉を整えた。楊森の第2軍には唐式遵、潘文華その他の川軍が加わった。また、忠州にいた土匪出身の楊春芳が楊森側に寝返り、但懋辛は重慶を守れず4月6日瀘州に向けて退いていった。同日楊森は重慶に入城した。また、同日、鄧錫侯等軍縮反対の8将領、鄧錫侯、陳国棟、田頌堯、唐廷牧、劉文輝、劉斌その他は、成都北郊で軍事会議を開き、鄧錫侯を総司令として熊克武、但懋辛討伐を決定した。劉成勲が下野を表明しているのに、外からの援助を受けて東・北両路に盤踞し平和を脅かしているというのが、口実であった[95]。すなわち、劉成勲は成都の兵工廠、造幣廠、四門統税局の税収、成都関監督の税収を全て第一混成旅旅長の劉文輝に条件付で引き渡し、3月30日辞職の通電を発し、停戦を宣言し、フランス領事館に身を避け、後に劉文輝の保護下に故郷の大邑に帰った。劉文輝は4月2日、成都に入城していたが、熊克武は安全に成都を離れた。その後、熊克武、但懋辛率いる第1軍は遂寧、潼川一帯に集結していたが、23年4月19

(95) 四川省文史研究館・四川省人民政府参事室『第一次国内革命戦争時期四川大事記』（以下には『一次大事記』と略記）、該当期日

日、潼南より3路に分かれて反攻に出て、成都を先取して後重慶を目指すことに決定した。但懋辛と劉伯承の軍が連合軍を敗り、13日、劉文輝は態度を変えて熊克武等の成都入城を歓迎した。劉文輝は成都滞在中に兵工廠を昼夜フル回転させて武器弾薬を製造し、これを続々と自分の防区の叙府〔宜賓県〕に送り、新たに設けた歩兵第5団の装備に当て、又造幣廠では大量の銀元、銅元を鋳造した。熊克武等が成都を先取した目的は兵工廠を奪取して武器弾薬を補充し、北洋軍と楊森軍に備えることにあったが、当然このような劉文輝の存在が邪魔になった。そこで、劉成勲より電話させ、3日以内に劉文輝を叙府に帰らせた[96]。

これより先、22年6月の陳炯明の反乱で広州を追われていた孫文は、23年2月広州に軍政府を再建し、大元帥に就任して曹錕、呉佩孚を相手に討賊の軍を興し、6月4日熊克武を四川討賊軍総司令、劉成勲を四川省長兼川軍総司令、頼心輝を四川討賊軍総指揮に任命したが、呉佩孚等による黎元洪の追放（6月8～13日）や曹錕の賄選（10月5日）はこれより後のことであり、討賊の名分は後になってついてきたという一面もあるが、孫文の先見性が実証されたともいえる。討賊軍は有利に立ったが、楊森は態勢を建てなおすため、劉湘の出馬を画策した。7月28日、北京政府は劉湘を四川清郷督辦に任命した。7月30日、楊森、鄧錫侯、田頌堯、陳国棟、陳洪範、劉文輝、唐式遵、潘文華その他は連名で、劉湘の復帰を乞い、四川善後督辦に推挙した。劉湘は調停者の姿勢で双方に停戦を勧告し、「礼を持って北軍の出境を送る」ことを停戦条件としたが、これは又滇軍と結んだ熊克武に対する批判でもあり、「四川人のための四川」という心理をつかもうとしたものである。

劉湘の再起には下川東の雲陽、開県、梁山（今日の梁平県）、宣漢一帯のアヘン収入が有力な財源となった。楊森がこの地方を支配している間に、劉湘の旧部が大量に買い込んで、これを武漢で売り、収益を四分六で楊森と分け合ったのである[97]。劉湘は調停に名を借りて、頼心輝、劉成勲を熊克武、但懋辛から

---

(96) 以上は『軍閥史』142頁に拠ったが、劉文輝が連合軍から離脱し、また素直に宜賓に帰っていった動機が、よくわからない。

(97) 『劉湘』52頁

分離させる方針を採った。一方、唐継堯は滇軍の胡若愚に貴州より第12団を率いて入川させ、討賊軍はこれに力を得て、10月16日重慶を占領した。この重慶攻防戦は25日間も続き、討賊軍側は兵力3万余人、楊森、袁祖銘側は2万余人であった。これに対し、呉佩孚は10月23日、劉湘を嘉威将軍、楊森を森威将軍に任じ、12月10日には鄧錫侯を驃威将軍、陳国棟を鶱威将軍、田頌堯を章威将軍、唐廷牧を煊威将軍に叙し、袁祖銘を聯軍総司令に任命し、湖北より大量の武器弾薬や兵糧・資金を送り、劉湘等に反攻を促した。この間、中央では曹錕の賄選があり、北京政府の威厳は地を払っていたが、いずれの人物も任命拒否を明言してはいない。聯軍側と討賊軍側との勝敗を決定的にしたのが墊江県の張関鉄山における攻防戦であった。この戦役で敗れた討賊軍は重慶を失い、成都方面に向かったが、頼心輝は劉湘側に寝返り、形勢不利となった熊克武等は24年3月に貴州省遵義県に退却し、ここに四川における国民党系の武力は省外に駆逐されてしまった。貴州省内において、熊克武は、滇、黔軍と共に三省聯軍を結成することを協議し、建国軍と称することにした。これには熊克武、劉顕世、石青陽、但懋辛と唐継堯が署名をしている。その目的は、禍乱を平定し国家を建設することに置かれているが、特徴的な条項を紹介すると、当面3省聯軍であるが、その他の友軍と同一の地位に立ち、同一の主張を持つものであり、許可を得て聯軍への加入を認める形式を取っていることである（第2条）。いわば「開かれた」連合軍である。軍費・武器については、四川の政局の定まる以前は、暫く滇、黔両省が負担するが、川局定まった後には武器弾薬の補充は川省が負担し、聯軍の必要資金は四川省が3分の2を負担し、滇、黔両省が3分の1を負担する（第5条）。聯軍の任務は軍事を持って限りとし、各省の民政は概ね各省地方官民の自発的処理に任せ、聯軍は干渉しない（第6条）、等である[98]。第6条は外省軍が侵入してきて行政まで差配したことにたいする四川民衆の反発を教訓としているのかも知れないが、「武力と民衆の結合」という、後の孫文北上宣言にいう国民革命の観点から見れば、問題がある。

24年9月22日唐継堯は雲南で正式に建国聯軍の成立を宣言した。唐は総司令、胡若愚は滇軍総司令、劉顕世は黔軍総司令、熊克武は川軍総司令で、1軍から

(98)『熊克武伝』229頁

8軍まであった。同日、孫文は北伐軍を建国聯軍と改称し、熊克武を建国聯軍各軍前敵総司令に任命した。このような孫文の名称変更と熊克武の任命は唐継堯に対する対抗措置と言うより、利用できるものは何でも利用するという、孫文一流のプラグマティズムによるのかも知れない。24年10月24日、奉直戦争の最中に馮玉祥が北京クーデターを実行して国民軍を名乗ると共に、孫文に北上して政治の大計を図ることを乞うと共に、軍事は段祺瑞に一任することを打電した。11月10日、孫文は「北上宣言」を発して、北上の途についた。24年11月2日に貴州省銅仁県で建国聯軍前敵総司令に就任宣言をした熊克武は、湘西に入り、18日常徳に総司令部を設けた。北京の善後会議の動きに張重民を代理として送り、但懋辛も建国聯軍川軍総司令の代表として上京していたが、孫文の指示で段祺瑞主導の善後会議に国民党が出席を拒否すると、熊克武は代表を引き上げた。趙恒惕は、熊克武に不満であったが諸般の情勢から容認せざるを得なかった。25年3月12日、孫文が北京で逝去した。趙恒惕は北京政府を頼り、建国軍の湘西撤退を要求した。3月27日、湖南省省議会は「武力をもって聯軍を省外に駆逐する案」を可決した。こうして4月15日湖南軍との間に武装衝突が発生した[99]。当時熊克武の軍内には3つの意見があった。一つは長沙を攻めて趙恒惕を駆逐する、一つは四川の酉陽、秀山、黔江、彭水等の地に帰り時機を待って四川に発展する、最後の一つは、貴州、広西を経て広東に行き、国民革命に合流するというものであった。熊克武は第3の道を選択し、全軍3万余人を率いて貴州、広西の両省を跋渉し、酷暑の中を130余日の大行軍を行って、25年9月初旬に広東省北部に出た。行軍中の将兵の損失は6000人前後、死亡者は4000人で、残った将兵は2万人であった。9月19日、熊克武等は広東省北部に到着した。広州国民政府は司令部を連山に置くよう指示すると共に、譚道源に2万元と軍服1万着を贈り、財政部長の廖仲愷とボロディンが医療費1万元をもって慰労に訪れた[100]。熊克武の出現は蒋介石、譚延闓、朱培徳にとっては、内心面白からぬことであった。そこで、8月に廖仲愷が暗殺されると、機を見計らって、10月3日、中秋節に蒋介石や譚延闓、朱培徳らは熊克武等を表

---

(99) 同上、238頁

(100) 馬宣偉「熊克武与建国聯軍」『西南軍閥史研究叢刊』第5輯、106頁

敬訪問したが、直後に兵を派して熊克武、余際唐を捕らえ、虎門砲台に監禁した。同時にいく人かの幹部も監禁された。罪名は「派閥を広め、敵と交渉し、民国政府を危うくせんと謀った」というものであった。これは、熊克武がフランス領事と陳炯明が自分宛に寄越した書簡を、蔣介石や汪兆銘その他の要人に見せたが、これが口実に使われたらしい[101]。26年1月の国民党2全大会で、蔣介石は陳炯明との結託ということで熊克武を告発した。しかし、北伐が始まると「無罪放免」された。この間、広東省北部に止められていた建国軍は一部が蔣介石直系の教導団に吸収された外は、省外に追い出されてしまった。蔣介石等の熊克武監禁事件は、自分の周囲に2万もの兵力を有する、古参の国民党軍事指導者を置いておきたくなかったからだと、考えられる。また、汪兆銘は当初熊克武の処刑を求めたといわれる。しかし、蔣介石が罪状なし、との理由で諫め、幽閉となった[102]。

第12節　楊森の四川「統一」戦

24年5月27日、北京政府は四川督軍の職を撤廃し、楊森を督理四川善後事宜、鄧錫侯を四川省長、田頌堯を幫辦四川善後事宜、劉存厚を川陝辺防督辦、劉湘を川滇辺防督辦に任命した。楊森は成都に入って軍民両政の権を握り兵工廠、造幣廠を手中に収め、劉湘や袁祖銘、鄧錫侯や田頌堯に軍事、政治、行政への容喙を許さなかった。楊森は身近に政客、文人、留学生からなるブレーンを組織して、「新政」を実施した。馬路〔大通り〕の建設、公共体育場の開設、通俗教育館の設置、朝会の提唱、等がその主な中味であった。又、楊森は衛生を提唱し、短い服を着用し、体育活動を行う、纏足を止める等の風俗の革新を奨励した。また、麾下に10万人の兵力を擁し、軍の幹部を養成するため四川陸軍

---

(101)　熊克武の「罪状」は『紀要』25年10月4日に載る。なお、熊克武の軍人・政治家としての生命はこれで終わり、抗日戦争中には但懋辛と共に『四川国民党史』を編纂、劉文輝や鄧錫侯等と行動を共にして人民共和国では人民代表大会常任委員を3期務めた。但懋辛も全人代代表を3期務め、民革副主席も務めた。

(102)　馬宣偉「熊克武与建国聯軍」『西南軍閥史研究叢刊』第5輯、108頁

講武堂を開設した。また、王兆奎に四川通省督辦を兼任させ、支配地域の各県の地主武装を訓練させた(103)。

24年10月前後、四川には25万人を下らぬ軍隊がいた。全国一の数である。このうち、国軍として北京から認められたのは

  楊森 第16師師長 駐・成都 2旅2団を擁す
  田頌堯 第21師師長 駐・潼川
  唐廷牧 第22師師長 駐・重慶
  鄧錫侯 第30師師長 駐・重慶
  陳国棟 第31師師長 駐・遂寧
  唐式遵 第32師師長 駐・万県
  潘文華 第33師師長 駐・万県
  袁祖銘 第34師師長 駐・重慶（黔軍）
  孫震 第27混成旅旅長

であり、あとは省軍か辺防軍である。

 劉湘はこの時軍を持たなかったが、旧第2軍の部下や袁祖銘等と結託して、楊森の打倒を画策していた。楊森は防区が狭く、部隊も小さかったが、呉佩孚の支援を受けて全省の武力統一を妄想していた。彼は「国を強めるには必ず先ず省を強め、省を強めるには先ず軍政を統一すること」を持論としていたが、統一の手始めに、距離が近く、防区が寛く、戦闘力の比較的弱い、綿陽に駐屯していた省軍第10師の劉斌の防区を奪うことから着手した。先ず、25年の旧暦の春節の前後に、梓潼駐防の王鴻恩旅を昭化、剣閣に移駐させた。王旅の去った後の梓橦に劉斌が武力で押し入った。楊森はこれに怒り、「犯上作乱」の罪で劉斌の師長の職務を解いた。楊森は第4混成旅の李逢春と第9混成旅長で無頼上がりの範紹増および補充司令の楊淑身に3路に分かれて綿陽等の地に進攻させた。これによって楊森の「四川統一」の戦いが幕を上げた。劉斌は匿ってくれる友軍もなく、下野を声明せざるを得なかった。第10師師長は夏仲実が継ぎ、部隊を率いて重慶に行き、劉文輝の下に投じた。25年3月1日楊森は北洋政府の「塩税統一徴収令」を口実として、郭汝棟の第1混成旅を自流井に遣り、

(103)『楊森』108頁

塩税を抑えようとした。自流井の塩税は最高額の1916年で1398万元、最低の23年でも910万元の収入があり、田賦その他の税よりも多く、四川軍閥の垂涎の的になっていた。が、この間に楊森の置かれた地位には大変動があった。

　すなわち、24年10月23日の馮玉祥による北京政変で呉佩孚・曹錕ら直隷派は総崩れとなり、馮玉祥は孫文に北上を乞うと共に11月24日段祺瑞を臨時執政に就任させたのである。背後の支え・呉佩孚の失脚は、これに依存すること大きかった楊森には大打撃であった。善後督辦となった段祺瑞は25年2月3日、楊森を督辦四川軍務前後事宜、頼心輝を四川省長に任じたほか、劉湘を川康辺務督辦に任じ、該省区の軍隊はいずれも督辦の統制に服するものとした。そして、3月7日、楊森に自流井の塩税を引き渡すよう命令したのであった[104]。その前日、すでに郭汝棟の軍は劉文輝の配下と衝突し、頼心輝と鄧錫侯が劉文輝に味方し、劉湘は双方を制止する立場を取った（劉文輝は年下ではあるが劉湘の叔父に当たり、当時は仲が好かった）。4月9日、楊森は配下の将領に部隊番号を授けたが、6個師3個混成旅2個独立旅、4個警衛大隊、憲兵大隊等、兵力は13万人で、小銃約12万挺、重機関銃100余挺、モーゼル銃4000余挺、山砲数十門があった[105]。10日楊森は成都で出征大会を開き、「四川統一後は将校兵士の待遇を向上させ、作戦参加者は一律に階級を上げる」といって激励した。第1路軍は王纘緒が金堂、中江方面から遂寧に向かい陳国棟を攻めて下野に追い込み、第3路軍は王兆奎が率いて資陽、資中、内江方面に頼心輝の軍を追いつめ、頼心輝側からは寝返りを打つ者も現れ、頼心輝はほうほうの体で重慶に逃げ込んだ。何金鰲率いる第5路軍は劉成勲の軍を新津方面から潰走させ、更に陳洪範を沐川県に向けて敗走させた。郭汝棟の軍は貢井で劉文輝の軍隊に大打撃を与えた。劉湘の第2師長の李樹勲は瀘州から成都に行き、楊森に投降した。こうして、25年4月から6月上旬までの2ヶ月足らずの間に、楊森の軍は72の県城を占領し、部隊は19個師12個混成旅に発展した[106]。全国的には5・30運動が沿海部の上海や広東で盛り上がりを見せて、「反帝反封建」の新国民党のス

(104)　『軍閥史』164頁

(105)　『楊森』38頁

(106)　『楊森』39〜40頁

ローガンが広まりつつある頃であった。しかし、楊森も劉湘も大衆運動を抑圧した。

楊森の大勝で一段落ついた後、しばらく休戦状態となった。この間に劉湘は楊森打倒のための準備を進めた。その一つは楊森が劉樹勲を軍長に任命したことを不快に思っていた王纘緒の抱き込み工作であった。これは成功した。次は中立を保とうとしている鄧錫侯の獲得である。これには、段祺瑞に要請して、四川清郷督辦の職を取ってやったことで、鄧錫侯を自分の方に引きつけることに成功した。最後は黔軍の袁祖銘である。劉湘は袁祖銘を川黔聯軍総司令に任命すること、毎月40万元の軍費を支給すること、また楊森打倒の暁には成都兵工廠で3ヶ月間袁祖銘に武器弾薬を作らせること、等の条件[107]で味方につけた。この外に駐漢口代表・喬毅夫に100万発の銃弾を買わせ、20万元で湖北の米を購入させた。こうして、7月14日袁祖銘が重慶で川黔聯軍総司令に就任し、鄧錫侯が前敵総指揮となり、各々が第1路、第2路総指揮となり、劉文輝が第3路総指揮となって西進して楊森軍を破った。7月15日大足附近で決戦に出た楊森軍は鄧錫侯軍に敗れて瀘州に潰走した。成都方面でも、戦局は不利で、そんな時、資中にいた王纘緒が31日反旗を翻し、聯軍は8月11日成都に入城した。黔軍の王天培は約束通り兵工廠の修復に着手し銃弾の補給をしようとした。ところが、劉湘は目的が遂げられると惜しくなり、正面から制止できないので、成都の「五老七賢」に焚きつけて、「兵工廠は四川禍乱の源、回復には反対する」との世論を作り、工廠の修復を止めさせた[108]。この約束違反は当然袁祖銘を怒らせた。後に袁祖銘が現在の敵・楊森と組んで劉湘に反旗を翻す種は、ここに播かれた。

9月になると、楊森側からの寝返りが相継いだ。郭汝棟、白駒、呉行光、何金鰲、楊春芳、蘭文彬その他は合同で、今後は劉湘の命令に従うと誓った[109]。楊森は劉湘、袁祖銘に電報を打ち、兵権を解くから四川を去るに当たって保護

---

(107) なお、袁祖銘はこの武器を貴州に持ち帰り、滇軍駆逐に使うつもりだったという。『楊森』42頁

(108) 『劉湘』65頁

(109) 同上、66頁

してほしいと乞い、劉、袁はこれを承認し、10月10日楊森の出川を保護するよう麾下の軍に命令を出した。11月1日、楊森は万県から乗船して夔府（奉節）に去った(110)。楊森の「四川統一戦争」は、呉佩孚を正当性の後ろ盾としていたが、対する劉湘らも段祺瑞を後ろ盾としており、「四川自治」は完全に吹っ飛び、地に落ちた北京政権の権威を再び拾い上げて政治的正統性の根拠とする地盤争いに過ぎなかった。

ところで、四川統一の野望を抱いた楊森、これを砕いた劉湘を代表とする世代が四川政治の舞台中央を占めるようになり、劉存厚を例外として、周道剛や熊克武といった一世代上の軍閥達は舞台から消えつつあったことをカップは重視し、新しい世代が四川内の個人的利害に注意を注ぎ、省外の事に関心を示さなくなった事を指摘しているが(111)、これは北京政権が衰退したからであろう。代わって台頭してきた改組後の国民党や大衆運動の動向には彼らなりの注意を払っていたように、私には思われる。

第13節　劉湘、楊森の袁祖銘駆逐作戦

25年8月24日、劉湘の主宰下に防区その他を山分けする会議が開かれた。会議が財政収支の標準にしたのは、連発銃1挺につき毎月軍餉10元を支給するというものであった。各軍の有する銃の多少によって計算した。又、各軍の防区をあらためて次のように確定した。

  鄧錫侯；銃3万挺、月餉30万元。防区：金堂、広漢、彭県、什邡県、
    灌県、新都、新繁、遂寧、安岳、楽至、合川、武勝
  劉成勲；銃1万4千挺、月餉14万元。防区：邛崍、大邑、蒲江、双流、新
    津、温江、崇慶、彭山、丹陵、雅州六属および寧属（晃寧所属の
    少数民族区）
  頼心輝；銃1万5千挺、月餉15万元。防区：富順、瀘州、成都、華陽、簡
    陽、江安

---

(110)　『楊森』47頁
(111)　Robert A. Kapp: Szechwan and the Chinise Repuburic, 1911-1938. 19頁

劉文輝；銃2万挺、月餉20万元。防区：眉山、青神、仁寿、宜賓、南渓、屏山、嘉定

田頌堯；銃1万5千、月餉15万元。防区：安県、綿陽、綿竹、羅江、徳陽、梓潼、閬中、蒼渓、巴中、南江、通江、儀隴、三台、中江、龍四属

何光烈；銃8千挺、月餉8万元。防区：南充、西充、蓬渓、蓬安、南部、営山

劉存厚；銃8千挺、月餉8万元。防区：達県、宣漢、万源、城口、渠県、開江

劉湘；銃7万挺、月餉70万元。防区：巫山、奉節、雲陽、開県、万県、巫渓、梁山、忠県、石柱、酆都、墊江、大竹、鄰水、岳池、銅梁、大足、永川、栄昌、隆昌、内江、資陽、資中

袁祖銘、客軍、月餉40万元（黔軍は、綦江、南川、黔江、彭水、酉陽、秀山に割拠）

会議はまた、塩税は必ず督辦四川軍務善後事宜が管理することを決めた。

又、旧楊森軍を次のように瓜分した。

劉湘軍に編入：王纘緒、王正鈞、何金鰲、李雅材、藍文彬、朱宗懋、郭汝棟、白駒の8個師、向成杰、王文俊、包暁嵐、喬得寿、黄瑾懐、謝国鈞の7個旅

何疇、郭昌明2個路司令の残り。

同様にして、鄧錫侯、劉文輝、田頌堯、頼心輝、劉成勲が分配に与った。袁祖銘は戦争に巻き込まれなかった呂超の残部数千人を獲得したに留まった[(112)]。

1925年11月下旬、劉湘、袁祖銘、頼心輝、鄧錫侯、劉文輝、劉成勲等軍人99名、県代表148名[(113)]、教育・農業会の代表が成都に集まり、12月26日から翌年2月11日まで、四川省善後会議を開いた。この会議は兵工廠、造幣廠および塩税の処理を主要な目的にしていた。張瀾、邵従恩、周道剛等の地方士紳は兵工廠は禍乱の根源であるからとの理由で、操業停止を要求していた。省議会も19

---

(112) 『軍閥史』172頁

(113) Kapp. 前掲書、21～22頁

日通電を発し兵工廠を実業廠に変えるよう要求した。善後会議で大勢がこの提案に賛成した。先述のように、劉湘は袁祖銘に3ヶ月の兵工廠稼働によって黔軍に5000挺の銃を得させ、軍餉年480万元を与えることを約束していた。袁祖銘はこれをもって貴州に帰り、雲南に進攻する計画であったから、兵工廠の停止には不満であった。この間、袁は漢口から武器を買いつけたが、夔州に着いたところで劉湘の手下の潘文華の郭汝棟旅に抑えられてしまった(114)。袁はこれで一層腹を立てた。12月27日、劉湘の部下の王陵基が収編した、旧楊森部の王兆奎が墊江で反旗を翻し、長寿から南渡して黔軍の防地の涪陵、南川を経て綦江に入った。袁祖銘は王兆奎を黔軍辺防第3路司令に任命した。また、袁は漢口の呉佩孚に密電を打ち、川滇黔三省の軍民両政を統一し、川省が軍餉・武器を負担するがその内、袁が兵力の二分の一を負担するので、川滇黔巡閲使の名義をくれないかと、申し入れた。これが漢口の新聞に漏れると、これに不満な劉湘は26年1月6日故郷の大邑に帰り、袁は24日軍を率いて重慶に帰った。当時重慶の劉湘系の軍には、潘文華、鮮特生、王陵基、藍文彬の各師がいた。袁祖銘側は2個師1警衛旅だけだった。劉湘側は4個団を入城させようとする袁側と対立した。この時、元楊森軍で鮮特生麾下の何金鰲が袁祖銘に投じた。30日、袁祖銘は鮮師の守備隊を武装解除し、劉湘の川康督辦署を占拠し、重慶の川軍の各機関を占領し、川軍を武装解除した。藍文彬、鮮特生、王陵基等の軍は重慶を撤退した。2月4日、何金鰲は川黔辺防軍第6路司令に就任した。

劉湘は袁祖銘と鄧錫侯、田頌堯の圧力に抗するため楊森との再度の合作を企図し、2月12日唐式遵等は連名で楊森に電報を打ち、四川に帰り袁祖銘を討つことを呼びかけた(115)。そもそもが、鄧錫侯、田頌堯が楊森と組んで劉湘に対抗しようとしていたのであるが、劉湘は駐漢口の喬毅夫が速成系の同学の誼で楊森を説得しようとした。楊森は鄧錫侯、田頌堯、袁祖銘と組むことも考えに入れていた。こうして2月17日、楊森は呉佩孚に盛大な惜別の宴を開いてもらっ

---

(114) 四川省志近百年大事紀述編輯組「劉湘、楊森聯合駆袁祖銘経過」『四川文史資料』第7輯、1980年、52頁。以下には、「編輯組」と略称。なお、『軍閥史』によると、奉節で潘文華と唐式遵に抑えられたという(173頁)。

(115) 「編緝組」55頁

て万県に帰った(116)。

　当時呉佩孚は奉浙戦争勃発後は漢口にいて、十四省討賊軍総司令を自称し、川黔の軍閥に「討賊軍」の肩書きを配り、袁祖銘は川黔巡閲使、劉湘は川康辺務督辦、鄧錫侯は軍務督辦、劉文輝は省長、劉存厚は川陝辺防督辦、楊森は長江上游防務督辦、その他、劉成勲や田頌堯にも肩書きを与えた(117)。「討賊軍」同士の戦争が起ころうとしていた。となれば、もはや呉佩孚の肩書き付与の権威は地に落ちることになる。その通りになった。

　楊森は3月1日、万県に討賊聯軍第1路総司令部を設け、袁祖銘に、袁、鄧、楊の「三角同盟」の可能性をちらつかせながら、川東の旧部下の郭汝棟、白駒、呉行光、范紹増その他を、袁祖銘が支配する重慶地区を通って万県に結集させることに成功した。3月末までに、楊森の旧部は忠県、万県一帯に集結した。袁祖銘は、劉湘の下から楊森の旧部が離れることは劉・楊間の矛盾を増すものと見て、「道を貸」したわけだが、一旦は自分の懐に入った何金鰲、王兆奎までもが楊森の下に去って、「三角同盟」の幻想なることを知らされることになった。楊森の部隊は迅速に10余個師約60余個団、兵力7万人に達した。楊森は軍餉の問題を解決するため、田賦と捐税の外に、航務局を設けて上り下りの舟から通過税を徴収し、また禁煙査緝処を設けて事実上はケシ栽培を強制した(118)。兵に比して防区の少ないことを理由に、楊森は鄧錫侯に鄰水、広安の防地提供を求め、鄧は塾江を譲った。袁祖銘には豐都（ほうと）、長寿、涪陵、江北、巴県等の防地を要求し、また唐式遵、潘文華および郭汝棟等の劉湘系の部隊の軍餉は劉湘の重慶での収入から支給されるべきものであるが、今重慶の実権を握っているのは袁祖銘であるから、袁より軍餉を支給すべきである、と要求した。袁祖銘はこの要求を二つながら拒否した。楊森や劉湘との衝突を不可避と見た袁祖銘は、機先を制して瀘州の占領を図り、頼心輝の四川辺防軍や劉湘の部下と衝突した。その隙を突いて、宜賓を防地とする劉文輝が叙南（叙府＝宜賓の

(116)　以上は『楊森』50～51頁
(117)　「編輯組」54頁
(118)　『楊森』52頁、ケシの強制栽培は楊森に限ったことではないが、川東の豐都、涪陵は四川屈指のケシ栽培区となった。

南)の6県を自己の防区に繰り込んだ。劉湘と楊森は袁祖銘との決戦を覚悟すると、張瀾、羅綸、葉茂林、邵従恩等の「名士」と連名で袁祖銘に四川からの撤退を求める通電を発し、「軍人には必ず人格あり、川省の軍人にはとりわけ省格というものが無くてはならない。川軍はたとえ黔軍に如かずといえども、貴州における黔軍を見るに、滇、桂軍の入省を一歩も許さないではないか……たとえ一歩下がって、川省の軍人は人格を愛さず、省格を愛さずとしても、飯の問題は、結局顧慮せざるを得ない。黔軍はその食を奪い、川軍は餓えを蒙る。炊飯はただ薄粥のみ、軍衣は垢の積もらざるはなし。群情憤激し、怒り堪えざるべし」と謳っている[119]。亦、4月30日には唐式遵、潘文華、王纘緒、郭汝棟、王兆奎、何金鰲、藍文彬その他の師長・旅長が名を連ねて袁祖銘討伐の通電を発した。袁祖銘は四川退去は止む無しと見たが、貧しい貴州に戻るのも嫌であった。ちょうどその頃、湖南省では4月19日、葉開鑫が呉佩孚の支援を受けて唐生智と戦争を始めていた。呉佩孚は袁祖銘に葉開鑫支援に赴くことを勧め、唐生智側の譚延闓も代表を重慶に送り援湘を勧めて移動費50万元の提供を申し入れた。これで袁の決心はつき、4月30日、鄧錫侯、田頌堯に調停を求め、移動費として3ヶ月分の経費を要求した[120]。この時、劉湘は鄧錫侯、劉文輝、田頌堯を抱き込んで、5月2日、成都で頼心輝を軟禁させ、辺防軍総司令の印鑑を取り上げて、これを鄧錫侯の部下の李家鈺に与え、簡陽、華陽の防地を奪った(その後、成都は防区制の解体するまで、鄧、田、劉文輝の3軍の駐防下に置かれることになる[121])。それはともかく、頼心輝が辺防軍総司令の兼職を解かれることによって、頼心輝麾下の各師、旅は川康督辦劉湘の直接指揮下に置かれることになり、劉湘側の実力は強化された。5月4日、川軍と黔軍の戦いの火ぶたが切られた。戦役の経過は省略するが、5月21日、袁祖銘は重慶を撤退し、綦江から貴州に撤退した。周開慶は「祖銘来川の時、衆数千に過ぎず。三四年の間、軍隊を拡充すること4個師以上、歳ごとに費やす軍餉は千万元の多きに至

---

(119) 「編輯組」63頁

(120) 「編緝組」64頁

(121) 『軍閥史』176頁

る。川民の膏脂、剥奪により殆ど尽く」と評している[122]。それでも、なお漢口から北上した呉佩孚は5月26日、鄧錫侯を四川軍務督辦、田頌堯を幇辦兼川西北屯墾使、楊森を四川省長、袁祖銘を川黔辺防督辦に任じている。6月6日、劉湘は成都より重慶に赴き、川省辺防督辦、四川善後督辦の両署を重慶に移し、成都の治安は劉文輝に委ねた。出発に当たって、劉湘は「川省すでに黔軍の縦跡無し、並びに川軍境を越えて（黔軍を）窮追するを得ざることを厳令す」と述べた通電を発した[123]。黔軍の退いて後、唐式遵、王陵基、王纘緒、潘文華は劉湘の麾下に入り、楊森は万県にいて、劉湘と防区を接していた。楊森は相変わらず呉佩孚のくれた「討賊聯軍第1路司令」の看板を掲げていた。袁祖銘は貴州省に撤退後、北伐軍左翼指揮の名義で湖南に赴いたが、常徳で唐生智麾下の師長に暗殺された[124]。

袁祖銘が呉佩孚から北伐軍に鞍替えしたように、改組後の国民党と国民政府が新たな政治的権威として台頭しつつあった。外省軍を一掃した四川省は、かつて省自治を唱えたが不毛な結果に終わった。北伐軍の掲げる国民革命という大義名分の浸透しつつある中で、これにいかに対処するかが、四川の軍閥達に問われようとしていた。

以上をもって第1章を閉じることにする。閉じるに当たってこの時期の特徴について、若干のまとめをしてみると、四川軍閥の形成は護国戦争に伴う滇軍・黔軍の進入と居座りを契機として四川軍としての地方意識が芽生えた。四川軍閥や在川の客軍を含め、軍閥は南北政権の何れかに自己の権威の正当性を求めて行動していた。しかし、20年から23年にかけては外に権威を求めず自治をめざす連省自治が一時看板に掲げられた。しかし、それは大衆的基礎を持たずまた持とうともしない省自治運動にとどまり、軍閥間の勢力争いによって省みられなくなり、特に熊克武の軍が四川を逐われてからは、再び北京政府を拠り所とする軍閥同士の争いが繰り返された。そこにおいては剥き出しの地盤争いが

(122) 『紀要』334頁
(123) 『紀要』該当期日
(124) 『劉湘』79〜80頁

あるだけであって、北京政府のお墨付きなどは、実はどうでもよかったようにも見える。

　しかし、よく考えてみると、第一に、軍は国家の軍であるか省の軍であるか、軍閥にはそのどちらかの烙印が自己正当化のために必要性があった。さもなければ、彼らは私兵の頭目、土匪軍の長と変わらぬ存在になってしまう。だから、彼らには肩書きをくれる中央政府（南北いずれでも好い）の存在が必要であった。防区という権力の私物化を正当化してくれる物として、中央権力の分裂＝南北対立は軍閥にとって不可欠な条件であった。しかし、南北対立に借口した客軍の侵入には川軍として一体感を持つのが主要な傾向となった。客軍排除という意識は省自治という意識と一体のものであった。そこには、南北対立はもうご免という民衆（と言っても紳商や学生層が中心であろうが）の厭戦意識も反映されていた。しかし、一省の自治では自治を完結し得ず（省独立宣言などはない）、それが連省自治であったことは、やはり注意されなければならない。そこには中華民国は一つたるべしという暗黙の前提がある。これは、南北中央政府の何れかに拠って自己の存在を正当化しようとする現実の行動とは矛盾しているといわねばならない。なるほど南北政府も全国を統一したいという点では、民国は一つということを前提としている。しかし、現実にこれが不可能であることを認めるならば、自治省の連合体としての中華民国という理念は、別の選択肢の一つではありえたと思われる。この面からすれば、連省自治論には一概に軍閥割拠の論理とはいえぬ一面があったのではあるまいか。現実には国民党一全大会宣言の指摘するように、軍閥割拠の具とされてしまったが、第二革命以来の南北対立の不毛さに対する批判としては歴史的な意義があったと思う。つまり、約法体制継承の正統性を掲げるだけでは、現実の国家的統一を達成することはできない以上、南北政権のどちらをも超えた、新しい国家統一の在り方の問題が出てきたことを意味した点で意義があった。しかし、この可能性としての聯省自治が失敗したまさにその時、以上の問題に応えるように、1924年1月に国民党の改組が行われた。それは従来の軍閥を利用した南北対立の構図をある面では根本から覆そうとするものであった。すなわち、孫文が北上宣言で述べたように、「武力と国民との結合」という、大衆運動に支えられた革命軍

よる北伐＝統一という発想は、一面でなお「反直三角同盟」構想のような、軍閥の利用も辞さないという観点を残しながらも、画期的なものであった。これによって、省自治という枠内で軍閥割拠に対する不満の解消を図ることは夢想に過ぎなくなり、5・30運動に代表される大衆的運動を踏まえた国民革命がより現実的なものとなったのである。このような、国内情勢の大きな変動の中で、四川省の軍閥たちはどのように自己を位置づけて行ったか、これを第2章に述べることにしよう。

　なお、カップは、この頃から1890年生まれの世代が台頭したとして、劉湘、楊森、劉文輝、鄧錫侯、田頌堯の名を挙げ（最初の2人は速成系、後3者は保定系）、5人の中では劉湘が最も学歴が低く成績も不良であり、省外に出たことも34年までは皆無であったことを指摘し、「彼の人となりの顕著な特色は……いかなる行政上の理想或いはビジョンの大きさによっても希釈されることのない、打算的な利口さという性質であった」と述べている[125]。

---

(125)　Kapp 前掲書、31頁

第2章　国民革命と四川軍閥（1926年～1932年）

第1節　四川軍閥の北伐参加とその背景

　1926年7月9日、蔣介石は国民革命軍総司令に就任した。11日、蔣介石は袁祖銘の要請に応え、袁を川黔国民革命軍総司令に任命した。8月13日、劉湘、頼心輝、劉文輝等は、呉佩孚に反対し北伐軍への参加を願う通電を発した。10月23日、蔣介石は楊森に国民革命軍第20軍軍長の肩書きを与え、11月27日には、劉湘を同第21軍軍長、頼心輝を第22軍軍長、劉文輝を第24軍軍長に任命し、12月12日、鄧錫侯を第28軍の、田頌堯を第29軍の軍長に任命した。12月17日、劉湘は国民革命の決意を表明する電報を打ち、中に次のように述べた。
　〈私は軍隊に身を投じ国家のために命を捧げようとして以来20余年になる。しかし、「国政は日ごとに衰え、外患はいよいよ烈しく、民衆の生活は益々悪化し、時局の難関を思うたびに、深く考え込んできたが、軍を治めるには必ず先ず主義を以て訓練し、然る後救国を図らぬ者は国を害するということを初めて知った。武力は必ず民衆と結合し、然る後民衆を護らぬ者は民衆を亡ぼすということを初めて知った。」……
　四川省は北洋軍、滇軍、黔軍の蹂躙を受けた。故総理（孫文）がその救国の大計を岑春煊、陸宗與等に阻まれて、憤然と広東を去って後、私は「全民政治の実現を求めて、四川省自治を宣言」し、地方の建設に勉めたが、防区制の弊は覆すには余りにも重く、戦端がまた開かれ、辞職せざるを得なくなった。
　「この時呉佩孚は中原に大きく居座っており、武力統一の野心に基づき、西南各省の擾乱を助長し、このため、わが四川は遂に又ひどい苦しみの中に陥り、人民はすでに戦火の災いを飽きるほど嘗め、将校兵士もまた戦争

の苦しみに備えなければならなかった」……

「いわゆる中国の致乱の源、四川致乱の源は何か？帝国主義の侵略、国内軍閥のほしいままな虐待、これである……総じて四川の歴年の戦争を見ると、国内軍閥の唆しを受けぬものは一つとしてなく、そして国内軍閥の乱をなすこと亦、一つとして帝国主義の使嗾を受けぬものはない」

私は積年の経験と世界の大勢に対する認識から、「中国は帝国主義と軍閥の二重の圧迫下にあり、救国の道はただ革命軍の勢力を集中し、国民革命を実行する一途にあると深く知った。ここに先覚者の指導、民衆の要求に基づき、謹んで部下を率いて革命のために努力する。誓って、先の総理の遺嘱を遵守し、全国第1第2両次代表大会の宣言及び歴次の決議に服従し、党・国家に徹底的に忠節を尽くし」たい。

帝国主義と軍閥を打倒した後には「民生主義を励行し、勉めて経済上の平等を謀る。この三民主義の原則を、私は誠意を尽くして受け容れるものである」……〉(1)

さて、長文の紹介になったが、呉佩孚や段祺瑞から肩書きをもらったこともある劉湘が、国民党の主義と政策に以上のように忠誠を誓い、北伐軍に合流したのはなぜであろうか？劉湘ばかりではない。楊森、田頌堯、頼心輝、鄧錫侯、劉文輝等、ひとかどの四川軍閥が、一様に反帝・反軍閥、三民主義を唱えて北伐軍に加わったのはなぜであろうか？その背景には、国民革命運動の全国的な盛り上がりがあったが、四川ではどうであったか？四川における大衆運動の動向を瞥見しておきたい。

四川省における大衆運動の組織者となったのは、国民党や中国共産党（中共）であった。1922年春、成都高等師範学校の童庸生等の青年達は、社会主義青年団を結成した。その後惲代英、肖楚女等が瀘州、重慶に社会主義青年団を組織した。この年、国民党員の呉玉章は成都の高等師範の学生を成都の兵工廠に派遣して、そこの労働者に組合を組織させ、兵工廠の労働者はストライキに起ちあがった。すると成都の労働者が続々とストライキをするようになった。同様に、童庸生、楊闇公、肖楚女等は重慶で工人夜学校等を開いて労働者の啓蒙に

(1)『紀要』該当期日

当たり、22年12月には重慶の郵便局の労働者が不平等な待遇や迫害に反対し、賃上げを求めてストライキに起ち上がった。23年2月、成都労働自治会は大規模な労働界の民権運動に起ち上がり、四川省議会に労働者保護の5項目の原則を提案し、これが全省規模の「労働民権運動」として発展した。5月1日には重慶の80余種の幇会〔同業組合〕の2600余人がメーデーのデモ行進を行い、工場法、労働組合法の制定や労働時間短縮、少年工保護法等の制定を求めた。また、全国的な旅順・大連回収運動の一環として、5月7日から重慶の74労働団体はデモを行い、「日本の食品を食わず、日本人の家に住まず、日本の汽船に乗らず、日本人の雇用を受けない」という誓いをした。同年秋、重慶で、又新製糸工場が、日本の雲陽丸等5艘の軍艦と商船を歓迎するよう命令したが、労働者はこれを拒否するという事件があった。11月、成都の製糸労働者は物価高に賃上げを求めてストライキに入った。このように、労働運動は次第に盛んになり、重慶や成都ばかりでなく、24年には梁山（今日の梁平県）や綿竹、達県、奉節等の炭坑にもストライキが起きた[(2)]。25年5・30事件が起きると、6月7日には重慶で労働者・学生・婦人運動の84団体が「英日惨殺華人案重慶国民外交後援会」を組織した。重慶の11万人の船幇の労働者は営業を犠牲にして、断固として英日両国に対する絶交を行い、英商の隆茂洋行の300余人の豚毛採取労働者は総辞職し、「断頭の鬼となろうとも、亡国の人となるまい」と叫んだ。6月30日には5・30の犠牲者を追悼して全市が統一して、罷工、罷課、罷市を行った。成都でも、南充、綦江（きこう）等でも後援会が組織され、全川各地でデモが行われ、イギリス商品ボイコット、日本商品ボイコット運動が広まった。

　農民運動の組織化は25年8月に着手され、26年5月までに四川省農民協会の組織は川東地区を中心に拡がり、26年10月現在で県農民協会15、区農民協会は30余、郷農民協会は160余、会員は2万5000人に達し、27年春には3万3000余人を数えるに到った。涪陵（ふりょう）には、農民運動講習所が設けられ、宜賓には農民自衛隊が出現した。そのような中で、26年4月、綦江県東渓郷で、団閥が黔軍と結託して米を貴州省に移出しようとして、米価の高騰に苦しむ農民と衝突する事件が勃発した。移出を阻止しようとする農民を黔軍は「赤化分子」として3

(2)　以上は『史志』153～155頁を参照

名を殺害、20余人を逮捕した。これに対して、中共重慶支部は大々的な運動を展開し、米の移動を停止させ、団総（民団の長）を失脚させ黔軍を撤退させた[3]。

　四川独自の反帝運動としては、24年の日本商船・徳陽丸が重慶で商品の検査を拒否して中国人の調査員（兵士）を殴打するという事件があり、これに抗議する大衆運動が起こり、一方、軍閥政府は日本領事館に謝罪した。民衆は「外、侵略に抗し、内、官方を粛す」をスローガンに7000人の集会を開き、省長公署に押し掛けたが、省長が会おうとしないため、怒った群衆は公署を壊した。運動は1ヶ月も続き、結局、軍閥政府は重慶海関監督を、日本も領事を、それぞれ更迭することで決着がつけられた。26年9月6日の万県事件については周知のことと思われるので、ここでは簡単に触れることにする。

　26年6月以来、イギリスの商船と軍艦は長江を恣に運行して、その高波を喰らった中国の木船が沈没する事故が相継いで起こった。8月29日英船「万流」号が楊森軍の将兵と税金を載せた木船を煽り返し、連長1人、排長1人、兵士56人、武器弾薬と集めた税金85000元を水底に沈めるという事件が起こった。当時たまたま共産党員の朱徳が楊森軍の政治委員として着任していた。楊森もたび重なる事件に業を煮やしており、兵を派遣して「万県」、「万通」の2艘の船を拘留した。イギリス側は拘留イギリス人の釈放を要求したが、賠償問題には応じず、9月5日、3艘の軍艦は突如万県の南北両岸の街道に砲弾をぶち込んだ。これにより万県市民604名が殺され、398人が負傷、家屋商店の損壊は2000余軒、財産の損失2000元以上に上った。事件発生後、万県人民は「万県人民反英雪恥会」「万県惨案復仇大同盟」その他の大衆団体を結成し、イギリスの謝罪、責任者の処罰、賠償等を要求した。9月8日、重慶国民党蓮花池党部も、重慶各界の390余団体を組織し「万県惨案国民雪恥会」を結成し、万県の諸団体の要求の外に、内河航行権の回収、イギリスの在華陸海軍の引き上げ、不平等条約の回収を附加した。この万県事件に反対する運動は、成都、長寿、涪陵、銅梁、内江、宜賓、栄県、安岳、彭県、綿竹、綿陽等の諸県に広まり、

(3)　以上は『軍閥史』186～191頁

劉湘、鄧錫侯、頼心輝、李家鈺、田頌堯、劉文輝等も抗議の通電を発し、四川を一大反帝運動の中に巻き込んだのである$^{(4)}$。しかし、9月23日、楊森は呉佩孚の命令に従い、2隻の商船をアメリカを仲介者としてイギリス側に引き渡し、英国の軍艦は今後川江を疾走しない、これは英国海軍副提督及び英領事が責任を負い敵対行動は取らぬ事を保障する、一切の賠償の要求・条件は双方が保留を声明し、将来の別の事件の交渉に備える、ということでイギリスと妥協してしまった。民衆の力よりも現実のイギリスの砲艦政策を恐れたわけだが、長江沿に延びた街並みは艦砲射撃の恰好の的であった$^{(5)}$。

このような運動の啓蒙と組織に当たったのが国共合作の国民党左派・中共党員であった。25年4月に中共に入党し、同年8月、国民党員の身分で国民党中央の命令で四川に帰った呉玉章は、国民党の組織の整頓に着手し、国民党四川省臨時執行委員会を改組して、自ら組織部長となった。国民党は中共や共産主義青年団の指導を受けて、宜賓、内江、江津、栄県、綦江、南川、長寿、江北等の地に国民党県党部を作り、8～10月の間には重慶、成都、酆都、潼南、岳池、瀘県、巴県、閬中、隆昌等に区分部441を作り、党員数は8000余人に達した。10月、重慶国民党地方執行委員会が設置され、全川の党・団工作に当たることになった。第2回国民党全国大会への代表7名を選挙したが、7名の代表の内5名が中共党員であった。更に、劉湘が21軍軍長に任命された26年11月当時には、全省108個の区党部、882個の区分部に発展し、四川省の国民党員数は2万余人に達していた$^{(6)}$。

ここで注意を喚起しておきたいのは、万県事件の翌日には国民革命軍第8軍が漢陽を落とし10月10日には武昌を落とし、北伐の勢いは留まるところを知らぬように見えたことである。このような全国的な形勢を視て、8月13日、劉湘、頼心輝、劉文輝、劉成勲等は、呉佩孚に反対し北伐に参加したい旨の通電を発

---

(4) 『軍閥史』192～194頁
(5) 人民政協四川省万県市委員会編『万県九五惨案史料匯編』万県日報社1981年、9頁。1992年、私は万県の街を実際に訪れ、妥協もやむを得なかったと実感した。
(6) 『史志』152頁

していた⁽⁷⁾。これに対し、翌日、楊森は呉佩孚の任命により四川省長の職に就いたのに、武漢政府は蔣介石の名において10月23日付けで、楊森を国民革命軍第20軍軍長に任命した。11月になって、劉湘、頼心輝、劉成勲、劉文輝を、21、22、23、24の各軍軍長に任命したが、彼らは動勢を視てすぐには職に就任しなかった。

第2節　軍閥の動向と順瀘蜂起

　四川省長に就任した楊森は「出師北伐」を一方で掲げながら、呉佩孚支援のための「援鄂」の軍を起こし、宜昌に構えて、孫伝芳と漢陽の回復、長沙、岳陽の挟撃を密約し、一方では長江南岸の枝江、松滋、公安、石首等の地を掌中に収め、別の一部は南県、華容を占領し、常徳、岳州に向かった。これに対し北伐軍の第10軍と新12軍（賀龍指揮）は常徳より沙市を衝いて楊森軍に大打撃を与え、楊森は万県に逃げ帰った。万県に帰った楊森は11月20日、国民革命軍第20軍軍長に就任することを発表し、重慶の蓮花池にあった国民党党部に「誠意」を示し、楊闇公や鄧劼剛に万県で党務を取るよう乞うたり、下川東17県の知事に青天白日旗を掲げさせたりし、12月10日武昌に移ってきた国民政府に既往を咎めず、朱徳を政治委員に迎えることを要請したりした。その一方では、呉佩孚から「討賊聯軍副総司令」の肩書きをもらったりもしていた⁽⁸⁾。

　国民政府の武漢移転を巡って蔣介石と国民党左派との対立が激しくなり、蔣介石治下では民衆運動と共産党の活動が激しさを増していった。蔣介石の動向を静観していた四川の各軍閥には、蔣介石に付くことが既得権益を守るために有利なことが次第に明らかになっていった。一方、中共側は26年4月以降、呉玉章、劉伯承等を通じ旧1軍系の軍人を中心に革命思想の影響を広め、国民党左派の師長・向時俊、郭勲祺等と頻繁に接触し、また若い党員達を瀘州の袁品文や瀘州駐屯の袁祖銘の部隊に送り込んだ。6月以後順慶〔南充〕の何紹先、瀘州の袁品文、合川の黄慕顔と黔軍の王天培等に国民革命への参加を働きかけ

（7）『紀要』該当期日
（8）『楊森』17〜18頁

た。このような働きかけの結果、何光烈部の2人の旅長が革命参加を決意し、その一人・秦漢三は中共に加入した。また瀘州の頼心輝軍の旅長袁品文の部下の多くは劉伯承の旧属の兵士が多く、童庸生が中心となって働きかけ、成果を挙げていた。合川の江防軍第2区司令官の黄慕顔は秦漢三の妻と妻同士が同窓生で深く影響を受け、蓮花池の省国民党党部の指導の下に江防区党部を設立し、兵士を教育した。ここには省党部から5名の教官が送られた。江防軍では周恩来が黄埔軍官学校に青年軍人連合会を組織した方法をまねて、四川青年軍人会を組織した[9]。

26年8月24日、広州国民政府は李篠亭、呉玉章、劉伯承の3人を四川特務委員に任命し専門に対軍閥工作を行うように指令した。9月の下旬か10月初旬、劉伯承と廖画平は「特務委員」の身分で広州において四川各軍閥の代表と交渉し、以下のような「六条の協定」を締結した。すなわち、

①川軍の将領は救国のため、一致して国民党に加入し共同で国民革命に努力し、党の規約に服従する。

②国民政府は川軍の将領に応分の名義を与え、その他の国民軍と一律に待遇する。

③国民革命を完成させるため、川軍の将領は出兵を実行し共同で反革命勢力を一掃すべきであり、同時に国民政府は充分な援助と補給を与える。

④川軍は一律に政治訓練を実施すべきである。

⑤四川当局は人民に、集会、結社、世論、出版の自由を与えるべきである。

⑥本契約は双方の代表が署名の上、(国民党中央)政治会議に送り、批准を得ると同時に発効するものとする[10]。

9月28日、楊闇公は国民党四川臨時省党部の名義で重慶で軍事会議を開催した。12人の旅長以上の人物が出席し、黄慕顔、秦漢三、杜白乾(何光烈部旅長)、袁品文、陳蘭亭(頼心輝部旅長)、郭勲祺、向時俊(楊森部師長)、羅観光(同前)、この外に、四川辺防軍司令・李家鈺、川軍第3師師長陳書農、討賊聯軍第1路司令楊森からの代表も参加した。参会者は一致して広州国民政府を支持し、蓮

(9) 『軍閥史』207〜208頁
(10) 匡珊吉・郭全・劉邦成共著『順瀘起義』73頁

花池党部の指導を受け、積極的に行動して北伐に呼応することを誓約した。この会議では、劉伯承を国民革命軍各路総指揮とし、黄慕顔を副指揮兼第一路司令、秦漢三を第二路司令、杜白乾を第三路司令、陳蘭亭を第四路司令、袁品文を第五路司令、皮光澤を第六路司令とする蜂起計画が練られた。第一路から第三路までが順慶方面で蜂起し、第四路から第六路（司令皮光澤はその後に決まったらしい）までは瀘州で蜂起し、各軍が川北で合流するという計画を建てた。11月中旬、黄慕顔は合川で蜂起することになった。12月2日、瀘州の袁品文と陳蘭亭が頼心輝部の第2混成旅長・李章甫に対する蜂起の通電を発し、国民革命軍第4、5路司令を称した。瀘州全域に「反対帝国主義」「打倒軍閥」「打倒貪官汚吏」「打倒土豪劣紳」のビラが張り出された。一方順慶では、4日、暴虐で悪名高い何光烈に対し、秦漢三、杜白乾が蜂起し、4日には順慶を完全制圧した。5日黄慕顔が合川で蜂起し順慶に向かった。順慶では秦漢三を県長に、国民党左派（中共）、軍、労働者の代表と農民自衛軍の代表が新政府の委員会を結成した。この順慶・瀘州蜂起は中共が27年の八・一南昌蜂起に先立ち自己主導下の軍を作ろうとした点で画期的である。劉伯承は、順慶を撤退し東進して綏定の劉存厚部を解決してから川陝地区に発展し、馮玉祥の国民軍と連絡して、武漢政府の支持を仰ぐ方針を持っていた。これに対しては、羅澤州と李家鈺が順慶攻撃に熱心だった。軍事体制も不十分で、民衆蜂起も組織できぬ内に、劉存厚部と羅・李両軍に圧迫された蜂起軍は、順慶を去って楊森の防区の開江に向かった。劉伯承等の軍は出発時8000名であったが、12月22日開江に着いたときには2000人でしかなかった。開江にいた羅観光師長等の出迎えを受けて、休息することができたが、後述の3・31事件等、武漢政府と南昌の蔣介石との対立や武漢政府内部での国共対立が深まる中で、楊森は秦漢三等に軍の改編を迫ったが、これを拒否した秦漢三等（劉伯承は開江到着後、28年1月に万県からに瀘州に戻った[11]）は湖北省竹渓に脱出し、7月23日、武漢政府に救援を求めたが、すでにこの時武漢政府は反共を決定しており、結局順慶蜂起軍は魯滌平の軍によって武装解除され、消滅した[12]。国民党左派（中共）の蜂起は楊森・劉

---

(11) 陳石平・成英「中共重慶地委与瀘州、順慶起義」『重慶文史資料』第25緝、103頁
(12) 以上は『軍閥史』222〜228頁

湘・劉文輝・鄧錫侯・田頌堯といった大軍閥が形勢観望している時期を狙って発動されたが、周囲には羅澤州や李家鈺等が虎視眈々と何光烈の防区に狙いを定めている中での蜂起であり、軍事組織も不十分であって、情勢判断に誤りがあったと言わざるを得ない（瀘州蜂起については後述）。

第3節　3・31惨案

　武漢政府と南昌政府の間で対立が深まり行く中で、蔣介石の反共化は明らかになっていった。27年3月24日、英米両国は少数外国人が殺害略奪にあったことを北伐軍の責任にして、南京市街を砲撃し、軍民の死傷者は2000余人にも達した。これに抗議する集会が31日重慶の射撃場（打槍壩）で開かれた。参加人員は『軍閥史』によると2万余人であるが、当時の重慶には1万人前後の集会を開けるような場所はなかったと任白戈は述べている[13]。それだから射撃場が選ばれたのかも知れないが、この点はよくわからない。10時の開会と同じに、紛れ込んでいた国民党右派や国家主義者その他のごろつき分子がピストルや棍棒などで、手当たり次第参会者に暴力を揮い、その場で殺された者約200人、重軽負傷者は600〜700人にも達した[14]。会場の外部は左派に近い郭勲祺の部隊が警護していたが、王陵基、藍文彬らの軍も出動していた。会の主催者の楊闇公はうまく城外に脱出することができたが、4月3日、変装して武漢行きの船に乗船したところを見破られ、逮捕された。藍文彬等の転向の勧めにも従わず、処刑された。3・31事件は劉湘等の公然たる武漢政府からの離反であり、国共対立の暴力的解決であり、4・12クーデターの前触れであった。当時、瀘州蜂起は続いており、「3月31日には共産党が武装蜂起する」という流言がながされていたこと[15]から考えると、劉湘達にとっては情勢は緊迫化しているものと

---

(13)　蕭華清「"三・三一"惨案的前前後後」、人民政協重慶市文史資料研究委員会編『重慶"三・三一"惨案紀事』西南師範大学出版社、97頁、以下本書を『三・三一』と略記。

(14)　「重慶"三・三一"惨案赴鄂請願団泣告全国同胞書」、同上書、8頁

(15)　蕭華清、前掲、95頁

受け取られた結果かも知れない。この日、大殺戮と同時に、蓮花池の国民党左派本部を初めとする、左派系の学校・機関が襲われた。

　こうして重慶の左派機関を弾圧した後、劉湘は頼心輝を初めとする軍閥に瀘州を攻めさせた。そもそも、当初の計画では瀘州蜂起によって劉湘軍を瀘州に引きつけ、空となった重慶を楊森が占領し双方から劉湘軍を挟み撃ちにするというのが、劉伯承等の戦略であったが、楊森部は郭汝棟によって万県を追われ、劉湘等と共に国民革命軍第5路軍前敵総司令として宜昌を出でて武漢政府に進攻したから、瀘州蜂起の軍事的意義が無くなった。その上、10倍の大敵を前に籠城を続けたが、城内の食糧は尽き、餓死者も出る始末であった。陳蘭亭、皮光澤、袁品文らも動揺を来たし、戦意を喪失していた。そこで劉伯承は5月16日変装して富順、栄昌、大足を抜け綏定に赴き、秦嶺を越えて西安に入り、西安から漢口に戻り、さらに南昌に移って八・一南昌蜂起に参加した[16]。

　劉湘、楊森は武漢討伐を名として、劉湘は重慶総商会から60万元、楊森は万県、涪陵梁山県等から8万元を取り立てた。宜昌に着いた楊森軍は反武漢派の第14師師長・夏斗寅とともに武昌に進攻した。当時唐生智を主とする武漢軍は河南戦役に出ていて、留守部隊は葉挺の24師の2団と労働者ピケット隊1800人、と学生だけであったが、好く防御して夏斗寅軍を退け、楊森軍は唐生智の部隊の反撃を受けて沙市に逃げ込んだが、仙桃鎮の一戦で直轄の第9師は殆ど壊滅の目にあった。その他、鄂北の各軍に攻められて、ほうほうの体で6月20日宜昌に帰った。

　楊森が仙桃鎮で惨敗していた頃、劉湘は出兵助戦を口実に唐式遵を万県に派遣した。26日楊森は万県に帰還した。しかし、近隣の江北県は劉湘部の潘文華の支配するところとなっていた[17]。

　これより先、6月6日、劉文輝は洋洋2000余言の文章を発表して劉成勲の虐政を告発すると共に、8日には双流より新津、一路は崇慶・大邑より邛崍、一路は眉山・丹陵より名山・雅安をめざして出兵した。劉成勲は雅安県から8万、陝幇（陝西商人の組合）、茶商より銀元数十万を取り立て、商会には軍糧200石

(16)　陳石平・成英、前掲書、129～133頁。

(17)　『楊森』88頁。

を集めさせてその地を去り、榮経で劉湘の援助を待った。しかし、部下の離反が続き、6月29日、下野の通電を発し、劉文輝や劉湘と同郷の大邑に引きこもり、軍閥としての政治生命を終えた。劉文輝はこの勝利により、叙府（宜賓）、嘉定（楽山）の下川南地区や新津、双流などの交通の要地を手に入れて、一大軍閥に成長した。これは抽象的に劉成勲の悪政をあげつらっただけの完全な軍閥戦争＝防区争奪戦であった。

第4節　上下川東の役

　1927年初め、蔣介石は親日派の黄郛に命じて日本の軍艦を介して上海の崇実、重慶の劉湘と密電を交わすようにしていたが、重慶との直接通信を望んだ蔣介石は、当時自己の公舘を含めて3台しかなかった短波無線電信機を上海（白崇禧の司令部）と重慶の劉湘の下に配した。この無線台は大きく、他人の無線を傍受して暗号を解読できたので、劉湘の情報収集能力は抜群であり、その後も彼の四川統一事業の上で大きく貢献した。又、蔣介石は劉湘が外国から武器弾薬を買い付ける事を援助し、十数万の現金を贈った事もある。范崇実はドイツ商人の雅利洋行を介してクルップ社の携帯式機関銃1200挺、弾丸600万発を購入させてやった[18]。このように、当時の蔣介石は劉湘を通じて四川の統一を図ろうとし、劉湘は劉成勲、頼心輝と連絡を取りながら、保定系の鄧錫侯、劉文輝、田頌堯を敵視していた。劉成勲は劉湘を頼ったが、劉湘には劉文輝の電撃作戦に介入するひまがなかった。それよりも劉湘の関心の的となっていたのは楊森軍の動向であった。
　楊森は万県に戻ると20軍執法隊を設けて、動揺分子を厳しく取り締まろうとした。また、唐荘師団の小校（少佐）参謀向廷瑞は楊森に対し①講武堂の設立（楊森の軍事学校）②学校教育を運用して軍政の命令を統一する（すなわち、各師は講武堂分校を停止し、軍部が軍事政治学校を行って、輪番で各師・連、排長を教えて意志と行動の統一を図る）③酉陽、秀山、黔江、彭水を経営し下川東（鄰水、大竹、墊江、梁山、達県、東郷、新寧、開県、長寿、涪陵、豊都、忠県、万県等の諸地域をい

[18]　『劉湘』96〜97頁

う）の地盤を固める④綏定（達県）を取り万県の背後と側翼を固める、の4政策を呈して承認された。楊森は執法大隊を2路に分けて、身内の楊漢忠、楊培元を第1、第2、指令に任用した。また機炮司令には楊森と同窓の速成系の人物・劉股を登用した。楊森はこのように、血縁、同窓、同郷を軍の中心に据える政策を「幹を強めて枝を弱くする政策」と呼び、また、同じ命令を師長と旅長、旅長と団長に流し、師長が命令を聞かなければ旅長を昇格させるという方法を用いた。又、下からの上申書にも、連長の営長への報告には排長の副書を必要とした。軍令の厳しさを示すための見せしめとして、土匪出身の第11師師長・楊春芳を陰謀をたくらんだとして処刑した。このような楊森の方針は却って、部下の反感を招き、郭汝棟、範紹増、呉行光等は密かに劉湘の側に付いた[19]。

　そのような折しも、27年7月18日呉佩孚が四川省に逃げ込んできた。といっても、眷属・随員含めて2000余人という大集団であった。楊森は一行を夔府の白帝城に迎え入れた。12月2日、南京の国民政府は呉佩孚の逮捕令状を発したが、楊森は却って28年1月1日、呉佩孚一行を万県の楊森花園、その後天生城塞に招じ入れた。28年1月6日、南京政府は楊森の本職と兼職を解き裁判に掛けることを発表した。頼心輝、郭汝棟、範紹増、呉行光の「四部倒楊」同盟が結成され、蒋介石は劉湘と劉文輝に50万元の軍資金と100万発の銃弾を贈った。楊森は、呉佩孚が政治上過去の人物になっていることを自覚しており、来川の動機は物見遊山であると弁明したが[20]、楊森の防区を奪うには絶好の口実であったし、呉佩孚も、実は野心を棄ててはいなかった。28年3月15日、郭汝棟は楊森に代わり涪陵で国民革命軍第20軍軍長の職に就いた。楊森は万県を放棄して兵力を開県、開江に集中した。5月23日から始まった開江戦役では呉行光、范紹増の部隊は敗戦して梁山県との境界地区に撤退した。この時頼心輝の軍が援軍に駆けつけたが、激戦の最中に反楊森派と見られていた何金鰲軍は、頼心輝軍と呉行光軍に突如攻撃を加え、鄧錫侯部の羅澤州は塾江、大竹、長寿に進攻した。退路を断たれた反楊森軍は涪陵に向けて敗走し、その後頼心輝部は綦江

---

(19)　『楊森』89～92頁

(20)　『混戦』66頁

県に逃れ、呉行光軍は全滅し、郭汝棟は南川県に落ち延び、范紹増は劉湘庇護下の防地に落ち着いた。6月27日、楊森は涪陵で自ら20軍軍長の職位回復を宣言し、万県に引き上げた。楊森は軍事的に勝利はしたものの、羅澤州に大竹、墊江、長寿を取られ、酉陽と秀山は郭汝棟の部下穆瀛洲(ぼえいしゅう)に占拠され、郭、呉、范の3人の部下を失った。さしずめ真の勝利者は羅澤州と、範紹増の部隊をそっくり手中に収めた劉湘が、この第1次下川東戦の勝者というに相応しい[21]。

前述のドイツからの武器購入は7月20日には四川旅滬公民代表団の知るところとなり、同代表団は25日「一致して淞滬警備司令部が完全さしとめ」とすることを要求し、7月28日、同司令部も貨物の拘留を実施し、政府の処断を仰ぐことにした。しかし、蒋介石は重慶への輸送を認めたのである。劉湘は、「裁軍」(軍縮)を口実として、この機を借りて軍の整理を以下のように実施した。

　第1師師長・唐式遵、副師長・藍文彬
　　第1旅旅長・唐式遵兼務
　　第2旅旅長・藍文彬兼務
　　第3旅旅長・楊国禎
　第2師師長・王纘緒、副師長潘文華(はんぶんか)
　　第4旅旅長・王纘緒兼務
　　第5旅旅長・潘文華兼務
　　第6旅旅長・朱宗慤(しゅそうかく)
　第3師師長・劉湘、副師長王陵基
　　第7旅旅長・許紹宗
　　第8旅旅長・羅緯(死後、李樹蕃)
　　第9旅旅長・張邦本

旅以下は毎旅3団、毎団3営、毎営4連、毎連3排を以て構成されていた。毎連の小銃は150挺以上で、毎師の将校・兵士は19000人であった[22]。3個師で

---

(21)　以上は『軍閥史』262〜265頁
(22)　『軍閥史』267頁。しかし、当時の1個師の人数としては過大とも思われる。因に日中全面戦争時の1個師は日本軍(21,945人)よりかなり少なく、10,923人であった(『抗日戦争時期重要統計集』23頁)。

あるから全兵力は6万人に近くなる。これより先の28年6月8日北京に入城していた蔣介石は、この劉湘と劉文輝の二劉をもって四川を支配しようとした。その意を受けて9月23日、劉湘は劉文輝、鄧錫侯、田頌堯とともに資中県で会議を開き、劉湘を裁軍委員会委員長、劉文輝を四川省主席、鄧錫侯(あるいはその部下黄隠)を政府委員兼財政庁長、田頌堯を政府委員兼民政庁長にすることで9月29日、話がまとまった。しかし、10月31日の国民党中央政治会議は劉文輝を省長に任じたほかは、鄧錫侯は財政庁長を外され、田頌堯も民政庁長を外された。劉湘は川康裁編軍隊委員会委員長となった。二劉による四川支配とういう蔣介石の意図は濃厚であった。資中会議には鄧錫侯の部下が反対し、李家鈺、陳鼎勲、黄隠、羅澤州らは反対の通電を発していたが、中央政治会議の決定に不満な鄧錫侯の下に、遂寧会議が開かれ、李家鈺、羅澤州、陳鼎勲、黄隠は、楊森、頼心輝、郭汝棟、劉存厚と連合して劉湘打倒の方針を打ち出し、10月10日、遂寧に「国民革命軍四川同盟各軍軍事委員会」(以下「同盟軍」と略称)を立ち上げた。同盟軍は委員会主席に楊森を、副主席には李家鈺と陳鼎勲を選出した。同盟軍の総兵力は13万前後、地理的にも広範であった。劉湘は各個撃破に出た。合川にいた陳鼎勲に対しては10万元を贈り、月収数万元の渝北護商費を引き渡す事を提案した。陳はこれを呑んだ。又喬毅夫に現金20万元を持たせて遂寧の李家鈺を尋ねさせ、省外からの武器や兵工器材の搬入に便宜を図ることを約束して、李家鈺を説得した。次いで喬は成都に赴き劉文輝に二劉合作による四川の統治を説いて、資中、内江、隆昌、栄昌等の富庶の地を劉文輝に譲り、頼心輝の防地であった江津、合江の切り取り自由も認めた。こうして劉湘は楊森と羅澤州に敵を絞って戦うことになった[23]。

28年12月10日、四川同盟軍各軍臨時軍事委員会(同盟軍)は南京中央党部に

---

(23) 以上は『軍閥史』267〜269頁、なお、四川最大の「富栄」塩場(富順・栄県の塩場の意であろうが、自貢も含むと思われる)は劉文輝が押さえていたが、劉湘の拠る重慶を経ずしては外省に塩を送れないため、28年以来32年の二劉大戦まで、24軍と21軍は共同で財務統籌処を設け、毎月の塩税を前者約40万元、後者約30万元取ることで折れ合っていた。二劉戦に勝利した劉湘がここの塩税を独占したのはいうまでもない(肖宇柱「劉湘財政捜刮」『重慶文史資料選輯』第22輯、35頁)。

向けて劉湘討伐の通電を発した[24]。劉湘は羅澤州を先に撃破することにした。17日払暁江北県近辺で反撃に出た劉湘軍は羅澤州部に厳重な打撃を与え、范紹増の軍は29年1月2日何光烈の軍を大竹で殲滅した。頼心輝の軍は劉文輝に打ちのめされて貴州省赤水に逃亡した。これによって劉湘軍の後方は安定し、28年12月22日楊森部は劉湘部と激戦して敗北し、長寿県に退いた。羅澤州軍の敗北を聞いた郭汝棟は劉湘の軍門に下り、涪陵から忠県、酆都県に攻め入り、梁山に退却した楊森軍は塾江、大竹を劉湘軍に占領されていたので、達県で激戦ののち宣漢を通って渠県に逃れたが、そこはすでに羅澤州の防区ではなく、劉湘軍が占領していた。この一戦で劉湘は永川以西を劉文輝に譲り、下川東の23県と楊森軍の残部3万を掌中に収めた。なお、楊森に勝って後、劉湘は大砲数十門、飛行機12機、軍艦3艘を購入している[25]。

その直後の12月29日、東北では張学良が易幟し、蒋介石による国民党の全国統一が達成された。しかし、29年1月に開かれた編遣会議で軍閥の寄り合い所帯としての南京政府の実態が暴露されることになり、1929年3月下旬、蒋介石と西南軍閥(李宗仁・白崇禧)との間にいわゆる蒋桂戦争が勃発した。蒋介石は劉湘を討逆軍第7路軍総指揮に任命、援蒋のため武漢に出兵させた。この時楊森は渠県を劉湘に奪われ、同じく順慶に逃げ帰った羅澤州と共に、劉湘・劉文輝の二劉とは両立しないことを堅く決意していた。そこで代表を武漢に送り広西系(桂系)軍閥の入川支援を求めた。李宗仁の参謀長は湖北省沙市に10万の兵力を繰り出した。劉湘は鄂西(湖北省西部)に唐式遵の1個旅を送り、宜昌の桂軍と対抗させたが、鄂西の桂軍は脆くも敗れ、外援の無くなった楊森や羅澤州、その他の部隊は3路に兵を分けて資中に向けて進発した。3月22日、劉

(24) 『軍閥史料』第4緝、425〜431頁、ここでは劉湘が上司を裏切りつつ出世してきたとか、速成系を操っている、直隷・安徽・奉天の諸軍閥の手先となって孫文の護法の大業を妨げた、3・31の血の弾圧を実行した、その他系10項目の「罪」が挙げつらわれている。

(25) 大砲はフランスから、飛行機は仏、英、米から購入。軍艦の1隻は商船を改造したものであった。四川省文史研究館・四川人民政府参事室『第二次国内革命戦争時期四川大事記』四川人民出版社、1993年、73頁(以下、本書を『第二次大事記』と略記する)。

文輝等は四川省政府委員会が成都に成立したと、国民政府に打電した。一方、楊森は3月25日、羅澤州、李家鈺・何金鰲・陳鴻文および謝徳戡等の代表を招いて順慶会議を催し、劉湘・劉文輝・田頌堯・鄧錫侯・向伝義の5名の作った省政府は非法であり、出兵して反対すると決定した。この会議には、呉佩孚、劉存厚の代表も出席していた。4月17日、同盟軍戦地委員会は遂寧で鄧錫侯・田頌堯支持、偽革命の新軍閥（劉文輝を指す）の除去と防区制の打破、川局の改造を謳い、また本軍凱旋の日には、戦地委員会を解散し、あらゆる軍、民、財の三政は完全に鄧・田に奉還し、合法的な四川省政府を組織する、と宣言した。4月19日、同盟軍は3路に分かれて、劉文輝の防区だった資中、内江に向けて出発した[26]。ここにいわゆる上川東（江北、巴県、壁山、銅梁、永川、江津の各地）の戦いが始まった。主敵は省主席・劉文輝であった。しかし、目標の資陽、資中での戦いに連合軍は敗れ、李家鈺も実力保存のためにもそれ以上の戦闘を欲せず、鄧錫侯も停戦を命じた。楊森は渠県に寄食し、何金鰲、羅澤州らは李家鈺の防区に寄食した。23日李家鈺は、鄧錫侯と田頌堯宛の電報で、今回の上川東戦役の原因が、楊森、何金鰲、羅澤州、陳鴻文、謝無圻等に寄寓する防地がなく、このため飢軍を率いて資陽、内江を攻めた事を明らかにし、また、両県が元来は劉湘の防区であり、劉文輝の防区ではないことを指摘した。と同時に「彼らの行動はもとより荒っぽいものだが、その情況を推し量ると実に憐憫に堪えない。該軍の部属はわが川人であり、しかも公の下属であるのに、流離浮遊して、飢えと貧困に苦しみながら身の置き場がない。腹に一粒の粟もなく、はなはだしきは号泣しても問う者なく、呼び叫ぶも聞く者はない。切羽詰まって食を選ばず、迫られてこのような挙に出た」と述べている。川軍としての一体感と現実における軍閥間の差別を端なくも表しているが、一方29年4月14日の『国民公報』紙は、四川各地の軍閥戦争のほかに干害がひどく、一般民衆は木の皮を食うにも足りず、頼る先もなく難渋している様などを伝えている[27]。ヒラの兵士も飢えてはいたが、軍閥同士の「助け合い」に与ることもできる分だけ、寄る辺なき一般民衆に較べればはるかに恵まれていたというべき

---

(26) 『第二次大事記』該当期日

(27) 『混戦』125〜126頁

であろう。5月3日、鄧錫侯は簡陽県で劉文輝の代表、同盟軍参謀長、李家鈺等を集めて、羅澤州部の再編、同盟軍・24軍の対峙状態の解消、その他をとりまとめてこの戦いはひとまず収束した。また、5月15日、劉湘と劉文輝は瀘県で会談し下川東、上川東の情況について話し合い、両者協力して全川の安定を図ることを取りきめ、21軍24軍共同の財務統籌処を設け、24軍の財務処長・張栄芳、21軍の財政処長・劉航琛を正副処長に任じ、両軍の財務を統轄することさえも決めた。それほど、まだこの頃の両者の関係は濃密であったといえよう。

29年11月15日、劉文輝、劉湘、鄧錫侯、田頌堯は15日まで瀘州で会議を開き蒋介石と馮玉祥との戦争に対する態度を検討し、馮玉祥・閻錫山を非難することにしたほか、各軍協力して四川の安定、川黔辺地の治安問題等を協議した。この会議はもと同盟軍各部代表が挙行した順慶会議にすこぶる注意を注ぎ、鄧錫侯、田頌堯が軍長として同盟軍を厳重に統制するよう取りきめ、また同盟軍が乱を起こすようなことがあれば、各軍力を合わせて火の種を消すということを決定した[28]。一方、12月1日李家鈺は同盟軍各部代表を集めて遂寧会議を開き、馮玉祥と閻錫山および国民党改組派と連絡を取ること、同盟軍の利害は一体なることを確認して、閉会した。なお、同盟軍から敵視されていた劉文輝も、12月2日、唐生智を先頭に汪兆銘擁護、蒋介石の馮玉祥派並びに広西派に対する用兵に反対の通電に名を連ねた。しかし、12月12日になると、劉文輝は南京駐在の冷融(杰生)に、唐の誹謗の電報に名を連ねたのは与り知らぬところで真相を究めたい。私の中央支持には一向変わりがない、と釈明させている[29]。

翌30年2月17日、連合軍と鄧錫侯、田頌堯、劉文輝が集まって成都会議が開かれ、閻錫山支持・蒋介石討伐を議論したものの、実際には劉文輝に多すぎる防地数県を拠出せよと迫るための会議であった[30]。鄧錫侯が劉文輝支持に回ったのを遺憾として、羅澤州、李家鈺は鄧錫侯からの独立の態度を示し始めた。

ところで、3月12日、呉佩孚は57歳の誕生日を四川で迎えたが、そこには旧直隷系の軍閥からはもちろん、蒋介石、閻錫山、李宗仁等からも代表が訪れた。

(28)　以上は『第一次大事記』各該当期日
(29)　『第一次大事記』132、133頁
(30)　同上、該当期日

その背後には、呉佩孚と列強との関係をなお断ち切れぬものとの判断があったと思われる。天津の日本租界にいた段祺瑞らは呉佩孚の再起を図り、呉佩孚は30年3月25日、楊森を「興国軍陸軍第5団総司令」に任命した。楊森は4月末、渠県に川陝辺防軍総司令部を立ち上げて、反蒋の旗を揚げた[31]。

この背景には、3月、閻錫山、馮玉祥が広西軍閥の李宗仁・白崇禧と共に反蒋派の結束を謳って立ち上がったことがある。すなわち、閻錫山等は3月大同で国民党改組派の陳公博、王法勤、西山会議派の鄒魯、謝持等を集めて協議し、1月11日付けで南京の国民党中央監察委員会より、永久除名をされていた汪兆銘を国民党主席、謝持を国民政府主席にすること等の方針を決めた。4月1日、閻錫山は中華民国陸海空軍総司令に就任し、馮玉祥、李宗仁、張学良を副総司令とした（張学良は不参加）。劉文輝はこの間、反蒋運動に参加することで中央政界に進出する、いわゆる「中原に鹿を追う」好機とみなし、南京在住の彼の代表・冷杰生を北平に行かせて活動させていた。香港に『新社会日報』社長兼編集者の羅承烈を派遣し、北上する汪兆銘に1万元を贈っていた[32]。3月、蒋桂戦争が始まると、閻は劉存厚、楊森、鄧錫侯、田頌堯に呉佩孚の指揮下に軍を率いて武漢に進駐することを求めた。

第5節　中原大戦と四川各軍閥の動向

1930年5月2日、楊森の軍を寄食させている李家鈺、羅澤州と楊森は広安県天池で次のような取り決めを行った。すなわち①李・羅は連合して楊森が綏定の劉存厚を攻めるのを支援する②南京政府に軍費と武器の支給を要求し、一致して某方（反蒋派）の用兵に当て、川局の割拠の形勢を打破して、西顧の憂いをなくす③川東、川北両路より出兵し馮玉祥部を襲撃し、中国の統一を図る、

---

(31)　『混戦』142頁。その後、呉佩孚は綏定、梁山に至ったが、王陵基により、呉一人以外の通過を禁じられた（137頁）。呉佩孚の政治生命はとっくに終わっていたのである。

(32)　『混戦』141頁

であった⁽³³⁾。反蒋に決起したはずの楊森が、一月たらずの内に援蒋派に鞍替えしたわけであり、楊森の無原則ぶり躍如たるものがある。だが、天池会議の決定は、実際の問題としては、楊森軍に防地を余所に獲得して出ていってもらうことにあった。この決定に対して、鄧錫侯は部下の李家鈺、羅澤州が独立した軍閥になることを恐れ、田頌尭は綏定の劉存厚と歴史的因縁からも現在の利益からも、これを攻めることには反対で、保定系の3人が楊森に毎月11万元、劉存厚は2万、李家鈺、羅澤州は1万から2万元を贈ることにした⁽³⁴⁾。このように、軍閥同士で防区の貸借や資金の援助等が行われていることは注目されるべき点である。そこには、「同業」の誼や学閥といった要素の外に、兵士の反乱、解散による兵士の土匪化の防止、という治安への配慮もあったものと思われる。

　30年9月6日、閻錫山、馮玉祥、汪兆銘等は北平で拡大会議を開き、「国民政府組織大綱」を発表した。劉文輝は代表を北平に送り、鄧錫侯、田頌尭と共に北平政府への支持を表明し、9月6日付けで蒋介石に下野を求める通電を発表した⁽³⁵⁾。9月9日、閻錫山は北平で国民政府主席に就任し、閻錫山、唐紹儀、馮玉祥、李宗仁、汪兆銘、謝持、張学良（本人の同意なし）、の7名を政府委員とし、後に石友三と劉文輝の2名を追加した。ところが、10月18日形勢観望していた張学良が、蒋介石支持を表明して山海関以南に出兵した。戦局は一気に蒋介石の側に有利に転じた。劉文輝は中原進出への野望を砕かれることになった。31年1月、劉文輝は向育仁を南京に送り、蒋介石との取りなしに当たらせた。向育仁は南京で胡漢民、邵力子に助力を乞う一方、戴季淘に50万元を手渡した。戴季淘は早速湯山に蒋介石を訪ね、北方では張学良に備えねばならず、華北の閻錫山、馮玉祥の実力も完全に解決したわけではないから、四川統一の力はない。しばらくは、劉、鄧、田と劉湘等に相互に牽制しあい、相互に傷め合わせておくことが上策で、今すぐ劉文輝を解決しようとするなら、彼は一か八かの戦いに出て、西顧の憂いを増すだけであろう、という見方を述べて蒋介

---

(33)　『混戦』143頁
(34)　同上、144頁
(35)　「劉、鄧、田等促蒋下野通電」『軍閥史料』第4輯、489頁

石を説得し、蔣も諒解したという(36)。

　一方この間、8月、劉湘は蔣介石の中央軍を支援するため4個団を宜昌に送っていた。これより先、蔣介石は、呉佩孚の再起を妨害すべく、劉湘に武器弾薬と40余万元を贈っていたという(37)。その劉湘の下に劉文輝は兄の劉升廷を送って蔣介石への取りなしを頼んだ。劉湘は、蔣介石が劉文輝、鄧錫侯、田頌堯解決のため兵を四川に入れれば、我が身も危ういと考えて、現状維持をよしとする立場から、劉文輝等の反蔣の言行に許しを請うてやった(38)。

第6節　北道を巡る混戦(39)

　鄧錫侯部の第11師師長・羅澤州は順慶、広安、逢安、営山、渠県、岳池の6県を防区としていたが、蒲江県人と身内で周囲を固め、傲慢で暴力的だった。羅澤州に不満な将校の中に独立旅団の李俊がいた。李俊は兵卒から叩き上げて出世した人物であったが、彼は劉湘に投じ活路を見いだそうとしていた。劉湘はこれに応じ李俊団の営長・連長をも買収した。李俊は羅澤州打倒のため、旅長の王元虎を誘った。30年11月16日、李俊は営長に命じて羅澤州の師団司令部を包囲させ、羅澤州とその弟を拘束し、靖江樓に監禁した。羅澤州に対するクーデターの後、陳能芬（副師長）を主席として軍事整理委員会が開かれ、李俊は独立旅旅長になった。報に接した鄧錫侯は陳鴻文を羅澤州に代えて第11師師長に、王元虎を第22旅旅長、李俊を独立旅旅長に任命するほか、反乱に参加したグループを昇進させた。11月29日成都に護送された羅澤州・羅澤章兄弟は謝無圻の家に軟禁された。李家鈺は羅澤州の四川軍官学校の同窓生であり、従兄弟同士の関係にあった。その李家鈺が、順慶に迫り、陳鴻文に屈服を迫った。羅

---

(36)　『混戦』162頁
(37)　同上、137頁
(38)　同上、162頁
(39)　北道とは、鄧錫侯部の第11師師長羅澤州の盤踞する順慶（南充）、広安、蓬安、営山、渠県、岳池の6県と鄧部第1師師長李家鈺の盤踞する華陽、遂寧、安岳、潼南、楽至、簡陽、蓬溪の7県、合計13県のことを指す地域名称である。

澤州は李家鈺が兵を動かしたと知ると、鄧錫侯に故郷の蒲江に帰って余生を送りたいと申しでた。31年1月、蒲江で年を過ごした羅澤州は渠県にいる忠実な部下・熊玉璋の下に脱出し、遂寧で李家鈺と会見した。

しかし、羅澤州の拠点である順慶以下の6県は肥沃な土地で各軍閥の垂涎の的であり、劉文輝は重金を以て11師の部属を買収し、田頌堯も機に乗じて11師を併合しようとしていた。また楊森は羅澤州の防区をそっくり手に入れようとしていたし、李家鈺は羅澤州の上官であったことがあるから、羅澤州の部隊も防区も当然彼に属するものと考えていた。鄧錫侯は李家鈺が防区を併合するのを阻止しようとした。31年2月6日、復職した羅澤州は李家鈺と遂寧で会見し、羅澤州は李俊らの高官でも心を入れ替えれば受け容れうると、通電した。2月16日、蒋介石は李家鈺に打電し、羅澤州の復職（新編23師）を認めた。2月、岳池にいた旧部下・王元虎と熊玉璋は順慶（南充）に移動を開始し、楊森もこれに兵を出した。鄧錫侯は第11師師長は陳鴻文であり、羅澤州が復職するなら武器等を一切自弁すべしと命令をした。李俊の動きに不安を見た陳鴻文はこれを捕殺した。その日、李家鈺部も順慶に進攻した。順慶その他5県の防区復活を夢見ていた羅澤州が取り返したのは営山1県で、順慶は李家鈺、広安、岳池、渠県、営山（の一部）蓬渓の5県も李家鈺部のものとなってしまった。羅澤州の復職に脅威を覚えた陳鴻文は劉文輝に援助を求めた。劉文輝は陳師を収編し毎月部隊に5万元、陳自身に5万元を供することで話がついた。また、劉文輝は鄧錫侯の師長・黄隠との間に、戦費20万元、勝利したら北道は鄧錫侯の防区とし、李家鈺・羅澤州の部隊は劉文輝が収編するということで話をつけた。こうして31年3月17日、羅澤州等と劉文輝の間に戦争がはじまった（北道戦）。劉湘は李家鈺を支持し劉文輝は陳鴻文師を吸収するなど北道に勢力を拡大した。5月初旬、劉文輝、鄧錫侯、田頌堯は、李家鈺、羅澤州、楊森ら大小の頭目を集めて会議を開き、結論として、李家鈺部は28軍に復帰して第1師となる。李は副軍長兼1師師長になり、順慶を退き、儀隴、蓬安、営山を防区とする。全師の軍費は月20万元、劉湘が6万元、楊森が4万元、劉文輝と田頌堯が射洪、蓬渓の税収の3分の1を補助する。羅澤州は蒋介石より23師師長に任命され、部隊は5000、防区は順慶とし、毎月軍費4万元を劉湘から支給する、というこ

とで北道戦は終わった(40)。

　一方、蒋介石に賭けた劉湘は8月に蒋介石の命令に応じて鄂西に袁斌、唐式遵、郭勲祺を送り共産党の湘鄂辺および洪湖の革命根拠地を「討伐」し、32年に四川に帰った。出兵の費用としては蒋介石から毎月30万元、湖北省政府から10万元を支給され、その浮いた軍費で軍の拡張を図り、劉文輝との戦いに備えたといわれる(41)。郭汝棟軍も同じ任務に就いた。貴州に逃げていた頼心輝部は郭汝棟の「援鄂」のあとを襲い下川東の防区に入ったが、30年6月、蒋介石から湖北への移動を命じられ、新編第11師に再編された。しかし、まもなく瓦解した。

　鄧錫侯は李家鈺・羅澤州が統制下を離れて、防区は川西の6県のみになってしまった。馮玉祥系で甘粛省在住の雷傳忠師が撃破されたのを機会に地方勢力掃討に力を貸し、30年12月、鄧錫侯は黄隠を川甘辺防司令に任命し、甘粛省への発展を期した。

　国共分裂以後の国民党は八花七裂の有様で、正統性をたどることもできない。四川軍閥の争いも、従って、国家の大義を論じるようなものは少なく、防区の取り合いが完全に戦争の実態となった。上述の北道戦はその実例である。北道戦において、劉文輝が順慶を占領し、李家鈺、羅澤州等は蓬安、営山に退いたが、彼らは揃って劉湘に援助を求めた。ここに、劉文輝、劉湘の二大軍閥による雌雄の決着が必至となっていった。

(40)　以上、北道戦の経過については、『混戦』164～183頁を参照。
(41)　中央研究院近代史研究所口述歴史叢書22『劉航琛先生訪問録』1990年、41～42頁

第3章　二劉決戦（1932年〜1933年）

　31年2月、蒋介石により省主席に任命された劉文輝は、四川軍務善後督辦である劉湘より6歳も下であったが劉湘の叔父に当たった。この叔父と年長の甥は互いに助け合いながら勢力を拡張してきた。下川東、上川東の戦争では、劉文輝が北道の要地、資中と内江を占領したが、劉湘はこれを政治的に支持した。とはいうものの、これは政治的ジェスチャーに過ぎず、劉文輝の勢力拡大には保定系の鄧錫侯、田頌堯も不安を感じており、したがって、政治的に見れば、劉文輝はその防区拡大とともに政治的孤立を招くことになった。二劉戦争直前の各軍の情況を示せば以下の通りだった[1]。

　　21軍軍長兼四川軍務善後督辦劉湘、駐重慶
　　防区：江北、、巴県、合川、銅梁、璧山、大足、綦江、南川、涪陵、酆都、
　　　　　長寿、墊江、梁山、鄰水、大竹、雲陽、開県、万県、奉節、巫山、
　　　　　大寧、中州、石柱、酉陽、秀山、黔江、彭水

　　　　　　　　　　　　　　　　　　　以上20余市県（ほかに鄂西18県[2]）

　　兵力：全軍6師21旅6司令、10万人前後（101500人）
　　24軍軍長兼川康辺防総指揮、四川省政府主席劉文輝[3]、駐成都

（1）　唐済之「七部聯軍与劉文輝 "順慶、永瀘、栄威之戦"」『軍閥史料』第5輯、27〜34頁より抄録
（2）　以下、括弧内は『軍閥史』280〜281頁による。なお、劉航琛の回憶に拠れば、劉湘は唐式遵を湖北に派遣するに際し、劉湘・劉文輝の軍は何人かと聞かれたのに対し、「共に12万くらい」と答え、湖北に出兵すれば3万名を招致できると劉航琛から勧められている（『戎幕生活』1983年　川康渝文物館、65頁）。3万名の兵力を募ることができたとすれば14万5000人規模の実力があったはずであるが、後のいわゆる二劉決戦直前の報道でも、これほどの兵力は見込まれていない。
（3）　国民政府は1931年2月27日付けで、劉湘を四川善後督辦、劉文輝を四川省政府主席に任命した。『紀要』該当期日

防区：簡陽、資陽、資中、内江、隆昌、栄昌、永川、潼南、江津、合江、
　　　濾州、富順、自貢、江安、納渓、叙永、古藺、古宋、宜賓、高県、
　　　珙県、慶符、長寧、興文、筠連、雷波、馬辺、屏山、峩辺、峩眉、
　　　犍為、楽山、青神、眉山、彭山、順天、遂寧、蓬渓、安岳、楽至、
　　　仁寿、井研、栄県、威遠、双流、新津、邛崃、名山、雅安、崇慶、
　　　大邑、夾江、丹稜、洪雅、蒲江、天全、蘆山、宝興、榮経、漢源、
　　　濾定、越西、冕寧、西昌、会理、塩源、塩辺、昭覚、寧南、康定、
　　　道孚、鑪霍、甘孜、鄧柯、白玉、徳格、石渠、理化、郷城、稲城、
　　　徳栄、巴安、義墩、贍化、雅江、九龍、丹巴、華陽　以上80余市県
兵力：全軍5師27旅11司令、13万人前後（113000余人）

28軍軍長鄧錫侯、駐成都
防区：広漢、金堂、新都、新繁、彭県、崇寧、灌県、郫県、温江、松潘、
　　　理県、茂県、汶川、懋功　　　　　　　　　　　　　以上10余市県
兵力：全軍5師13旅、4万人前後（42000人）

29軍軍長田頌堯、駐三台
防区：三台、中江、塩亭、射洪、儀隴、通江、南江、巴中、閬中、蒼渓、
　　　南部、昭化、広元、剣閣、梓潼、綿陽、綿竹、安県、羅江、徳陽、
　　　平武、江油、北川、彰明、什邡、営山　　　　　　　以上20余市県
兵力：全軍5師21旅4司令、5万余人（53000余人）

20軍軍長楊森、駐広安
防区：広安、渠県、蓬安等4県
兵力：全軍3師8旅、2万人前後（17000人）

23軍軍長劉存厚、駐達県
防区：達県、宣漢、城口、万源等4県
兵力：全軍2師4旅、1万人前後（17000余人）

新編第6師師長李家鈺、駐蓬安周口鎮（楊森より借地）
兵力：全軍5旅、1万5000人前後

新編23師師長羅澤州、駐武勝（劉湘より借地）
兵力：全軍2旅、5000人前後（7000余人）

第1節　二劉対立の具体的経過

　1931年、劉文輝は200万元の大金を投じてイギリス、日本等の国から武器、飛行機を買い、分解して上海から成都に輸送させたが、5月21日万県で王陵基に取り押さえられ、引き渡しを巡る交渉は難航した[4]。31年5月7日、劉湘の母親が大邑で亡くなり、劉湘は重慶を離れると異変が起きるのを恐れ、重慶で葬式をした。劉文輝は5月20日、重慶に乗りこんだ。27日劉湘は劉文輝と会談したが、決着はつかなかった。劉湘との矛盾が深まるのを感じた劉文輝は21軍内の分裂を画策した。対象となったのは範紹増と藍文彬の2人であった。範紹増は哥老会に顔が利く元楊森軍の現旅長であり、藍文彬も色々の将軍の間を動き回ってきた現旅長であった。劉文輝は範紹増に30万元、藍文彬には15万元を贈り21軍内部の動勢を探ろうとした。しかし、範紹増は劉文輝の工作を正直に劉湘に報告したが、藍文彬は報告しなかった。劉湘は範紹増の正直さを褒め、30万元を持たせて上海に遊びに行かせ、範はそこで上海の青幇のボス・杜月笙の知遇を得た。一方、藍文彬に対しては、10月17日、モルヒネの製造、部下の虐待、軍事費の使途不明朗等の理由で旅長を罷免した[5]。

　また、保定系3軍閥として成都を共有してきた鄧錫侯、田頌堯、劉文輝の関係も悪化しつつあった。一つは、田頌堯の部下の教導師長・王思忠が元は兵工廠の総辧を兼ねていたが、該廠を自由に拡張し実力を充実させているのを田は

---

(4) 『軍閥史』280頁。
(5) 『混戦』201〜203頁。藍文彬は5年の拘留後釈放されて、実業に手を出し、教育事業に当たったりしたが、人民共和国政府に再び捕らわれ獄死した。

快く思っていなかった。1930年夏、田は王を捕らえたが、王の部隊は当時一部が劉文輝の下に走り1旅に編成された。劉はまた兵を派遣して兵工廠の機械を大量に運び出して、自分の工場に運び込んだ(6)。第二は1931年春、田部の憲兵司令・寇薄淵が劉文輝の誘いに乗って24軍にそのまま籍を移したことである。この時は、武器は田部に引き渡すことで決着した。このような事実は田頌堯を劉湘に接近させ、田頌堯は鄧錫侯に謀って劉湘と共に劉文輝打倒を劉湘に持ちかけ、三者の合意ができた。蒋介石は自己に刃向かった劉文輝をそのまま省長の椅子に座らせておいたが、劉湘を利用して四川の統一を図る構想を持ち、30年11月から曾拡情を四川特派員として劉湘の下に送っていた。曾拡情は威遠県の出身で、さまざまな経歴の後黄埔軍官学校に入学、蒋介石の信任を得た人物である(7)。32年春夏の頃、劉湘は劉文輝打倒を決意するに先立って、曾拡情を通じ中央の支持を求めた。共産党の蔓延に対処するためには四川の軍民財政の統一が必要であり、その障害になっている劉文輝を叩かねばならないという劉湘の主張は、蒋介石の支持を受けた(8)。

　この間9・18事件が起こっているが、9月21日頼心輝が、24日には楊森と田頌堯が「一致抗日」の呼びかけの通電を打電した。同日、王家沱の日本租界が条約期限満了になるのを期して、重慶市民の抗日集会・デモと行進が行われた。また翌日には成都に四川各界民衆抗日救国大会が結成された。9月27日には重慶市民は対日絶交を実行し、日本人への炭、食糧、蔬菜等の販売を拒否、日本領事・清野長太郎は在留日本人の生命に係わるとして、劉湘に抗議を申し入れた。翌28日には重慶で重慶各界反日救国会が「即時対日宣戦」「内争停止、一致対外」などをスローガンに、雨の中2万人のデモを敢行し、29日成都の反日救国会は罷市・罷課・罷工を行って、300余団体、5万余人がデモ行進をした。運動は瀘州、万県、南充、涪陵、自貢、西昌等の地にも広がったが、中共四川省委員会は反日会の運動に加わろうとせず、賃上げ等の階級闘争や「ソビエト・

（6）『劉湘』137頁、『軍閥史』282頁

（7）　四川地方史資料叢書『四川近現代人物伝』第4輯、1987年、四川大学出版社、166
　　～171頁

（8）　以上は『劉湘』125頁、『軍閥史』283～284頁

紅軍を守れ」、といったスローガンを掲げ、抗日の世論からは浮いてしまった。このため、4年後の12・9運動まで、四川の中共地下組織は大衆的抗日運動を取り込むことに失敗した[9]。

10月5日、楊森は各軍首長に打電し適当な地点で全川軍の軍政長官会議を開き抗日救国の戦略を練ることを提案したが、これには11月10日、鄧錫侯、田頌堯、劉文輝が全川将領会議を開き川局の整理と一致対外の方策を練ろうと応じた。翌32年2月4日、国民政府軍事委員会は四川善後督辦・劉湘に対し、川軍の出川抗日の準備を指令し、劉湘、劉文輝に各2個師、鄧錫侯、田頌堯に各1個師を出して武漢に集中するよう命じているが、出兵抗日問題は3月7日の軍事委員会の通電により出兵剿共問題にすり替えられてしまった。3月10日には重慶で3万余人の民衆大会が開かれたりしたが、3月20日、劉湘は抗日出兵のために道を貸すことを阻止する挙に出て、中央の安内攘外の方針に従い、むしろ劉文輝打倒の方針をとることにし、出兵は范紹増の1旅を宜昌に送って剿共に協力させただけであった。劉湘、劉存厚、楊森、田頌堯、鄧錫侯は反劉文輝の大連合を作りつつあった。劉文輝は「一致抗日」に打開の道を求めるということも敢えてせず、チベット軍の東進に対処するのみで、自分に対する包囲網の形成を放置するだけであったようだ。いずれにしても、抗日問題は四川軍閥の政治的利用の対象にはならなかったことは確かである[10]。東北から遠く、劉湘は蒋介石を支持しており、しかも省外への関門を押さえていたから、出川抗日には現実性が乏しかったのである。

一方、前年5月、王陵基に劉文輝の購入した武器を差し押さえさせた劉湘は、32年4月3日には上海から軍艦2艘を買い、前年に購入した軍艦2艘と合わせて4艘の観閲式を重慶の江北碼頭で行ったり、14日にはフランスから購入した戦闘機4機を広陽壩飛行場で展覧するなど、実力を誇示して見せた（劉湘は40万元でフランスから戦闘機3機、偵察機2機、水上機2機を購入したが、すでに持って

（9） 以上は『第二次大事記』該当期日、王斌『四川現代史』1988年、西南師範大学出版社、169頁
（10） 以上はいずれも『紀要』該当期日による

いた13機と合わせると、所持する飛行機の数は合計20機に達した[11]。劉湘が四川の門戸ともいうべき重慶を拠点としていたことの戦略的優位は疑いない。

第2節　二劉戦争の主な経過

　以上のように、劉文輝は政治的に孤立していた。劉湘、羅澤州、鄧錫侯、李家鈺、田頌堯、楊森、劉存厚と、四川の主立った軍閥の各軍が揃って劉文輝に矛先を向けた。劉文輝は四川・西康の80～90県を自己の防区に収め、その防地の数は上記7軍部の総数を上回った。劉文輝の21軍に対して最初に戦端を開いたのは武勝を劉湘から借りている羅澤州であった。32年10月1日の羅澤州による順慶の24軍攻撃に始まったこの大戦は翌年9月まで続けられた。劉文輝は最初から防御態勢の陣を張ろうとしたが、北は順慶から東は永川、江津まで、防衛線は延々数百里におよび、兵力の分散は避けがたかった。21軍の一員としてこの戦いに参加していた唐済之によれば、劉文輝の戦略は、敵陣の主力である劉湘に対処するため、先ず李家鈺と羅澤州を撃破して側翼に当たる北道を固め、必要なときに北道の兵力を抜いて潼南、武勝一帯から合川を攻め、もって重慶を背後から脅かすというものであった[12]。

　劉文輝の政治的孤立ぶりは32年10月12日付けで発表された川軍94将領の「治川綱要16条」によく窺うことができる。24軍以外の各軍旅長以上の全体が名を連ねたこの文章は成都、重慶の国民党部、総商会、農会、工会、各学校、各機関、各法団、各報舘、並びに各県党部、政府、機関、法団、学校、報舘、民衆団体、また、四川各軍首長（劉文輝を除く）に宛てたもので、その抄訳をすれば以下の通りである。

　〈辛亥以降四川には戦乱が絶えず寧日が無い。軍隊は日毎に増え軍費は嵩み捐税は重く、借款は煩多を極めている。人民の生産には限りがあり、止めどなく要求に応じた結果は、農村は破産し、百工は失業し、教育は荒廃し、商務は凋落し、人民は疲弊して、その極みにある。事に当たる者は百計を尽くしても

---

(11) 『第二次大事記』各該当期日

(12) 唐済之、前掲、36頁

財政は困難を極め、部下の給養はなお不足している。軍と言い、民と言い、皆活路がない。凡そ社会の一切の不良な現象はここに原因を持たざる物はなく、このままで行けば、後の煩いは益々増えるばかりである。其れ、禍変の起きるには必ずその原因がある。誰が災禍の発端を作ったか。独り統治者にその咎を帰することができようか。だが、重い付託を受け、軍を連ねて〔四川社会を〕改造・救済する責任を他人に任せられようか。〔唐〕式遵等は〔四川の惨状を〕目撃すれば心は憂い、古きを振り払って共に統治の筋道を謀りたい。年来暴虐の日本は戦を恣にし、チベットの野蛮人は辺境を犯し、共産党匪という梟は勢力を広げ、災害並び至り、天意人事、亦恐れるに足る。式遵等は意見を疎通し、会い寄って治川綱要凡そ16条を起草した。

1、我が各軍は至誠をもって切実に合作し、防区制度を打破し、全川を統一し建設を図り、全力を挙げて国家のために紛糾を解決し、外侮を禦し、辺防を固め、再び往日の相互嫉妬の轍を踏まず、四川をもって大局に随い、〔四川の〕古轍に変化をつくらんとす。

2、四川久しく政府無く、各軍はいずれも相い下らず、互いに信立たずであった。ここに不満ながらも我慢して、禍乱を無くするの計を作り、中央の法令を適用するのを除くほか、相互保障の統治制度を定めて、もって過渡期の暫定的準則と為し、各々特殊の情勢の中で均しく諒解せしめ、相互理解を容易ならしめる。

3、派閥の四川を損なうことは大にして、省中の人才は抑圧・棄却を蒙ってきた。今後は一切の仕切りを取り外し、人才を網羅し、県・局をもって報酬とするの陋習を廃棄する。試験制度を実施して、種目を分けて採用し、各種の人材をして悉く立身の道をあらしめ、従前の組織するところの狭小の社会及び愚民採用政策を一律に打破する。

4、川中の各部は相互警戒により、兵数定員と実人員は均しく増ありて減なし。人民の力既に及ばず、当局者又あらゆる手だてを講じて窮乏を救わんと計る。かかる情況を長期化して改めねば、何れも利するところなし。我が各部は応に諒解を徹底し、敵対の姿勢を取り消し、国家のために勲功を建て、省内に在りては互いに反発をしない。

5、川中歴年の擾乱により、綱紀地を払い、みだりに分にあらざるを願い、部隊を買収するが如きあり。乱を奨励し強力を逞しくする者には、共同して非難し、もって風尚を正さん。

6、川中の兵額は過多なり。各軍は比例をもって削減・編成すべく、軍餉は一律にすべく、冗員・浮費は須く点検・縮小し、もって支出を節約すべし。

7、軍の編成決定後は、予算を確立し、凡そ一切の非合法の税捐・借り入れ（借塾）はいずれも可能な範囲内に期を分かって〔順次〕排除し、一年一徴の達成に務め、苛捐雑税の全面停止をして後止むべし。

8、軍隊を用いぬ時期には常備軍は極小の限度にまで縮小し、壮丁を郷里に帰さしめ、民間のために生産量を増加せしめる。同時に、民兵制度を改良し、閑暇の時を見計らって厳格に訓練し、有事の際にはたちどころに多数の兵を召集するものとする。

9、裁兵をもって節約せる金額の一部は、国防に備え、もって中央〔財政〕の及ばざるに備える。

10、軍政・財政は徹底的に公開し、私腹・独占の悪習を払い、各部の首領人員及び党や会の民衆は、地位或いは〔役職に就く〕機会に均等に参加し、もって共に治理を図る。

11、教育行政を建設し、進捗を平均し、各機関は均しくその職権を実行することができるようにする。その経費には確実な保障を与え、軍隊はもはや再び（教育費の）見積もりを制約してはならない。

12、各種の専門人才を集め、各種の委員会を設け、各種の建設方案を立て、並びにその進行を指導して、軍側に偏らぬようにし、その長を違えて用いることの無いようにする。

13、川辺各地、例えば川康・寧遠・雷馬・屏松・理懋等の所は均しく開墾を待つも、各軍は内地に蝟集しているがために、既に不給に苦しむ。応に兵若干を遣りて屯塾（墾）に赴かせ、その利を尽くして辺境を固めるべし。

14、各部は中央及び外省に行き来し、主張は異なるを得ず。前に派するところの代表は一律に撤回し、悉く統治機関が責任を負いて辦理し、一をもって観聴することにより、歩調を整えるべし。

15、もしも私心有りて独善し、四川を一つ袋に収め括らんと欲し、独自の軍隊を造成し、本要綱の要旨に違反する者あらば、衆と共に之を棄てる。

16、以上の各条は中に中央の現行法令と齟齬する所有るも、川情は複雑にして、謀るに臨機応変に非ざれば、実行を期し難し。……

　近日国難未だ解除せず、凡そ我が軍人は、正に応に鍛え団結して共に外侮を禦すべし。図らずも省内に風雲たちどころに瀰漫し、川東西北、危険な現象は相継いで現れ、戦神の臨むこと朝夕に在り、もしも虞ざれば民何ぞもって堪えんや。ここに名を連ねて諸侯に打電して請う、難局を配慮戴き、共に宏済されんことを。奮闘果断の精神をもって迅速厳粛な手腕を運び、立ちどころに安寧を遂げることに臨み、戦事を制止せん。更に上列の綱領は各項の治川の方案を整理改訂せる方案にして、中央に申請して、日を決めて施行し、もって四川禍乱の根基を断ち、川民を水火より拯救し、国運の危機に垂んとするのを挽救すべし。……以下略……〉 (13)

　軍閥自身が防区制の廃止を謳い、軍縮の徹底や、財政の公開、一年一徴制への復帰と苛捐雑税の廃止その他の改革を謳っているのは、人気取りとはいえ、画期的な意味があった。しかし、この一般要綱には劉文輝打倒の理由が掲げられてはいない。それは10月16日の唐式遵等の通電に述べられているが、それは、大約すれば以下の通り。

　〈劉文輝が順慶・遂寧一帯に軍を増強しつつあり、李家鈺・羅澤州の軍を攻撃し、営山、武勝の道は閉ざされ、民情は恐慌を来している。劉文輝はそもそも国家重任の材ではなく、省主席の座に在りながら、四川の大経大治には触れることなく、他軍の分化を謀り、部隊を買収し、部下を締め付けること奴隷のごとくである。自己の多能を誇り、無頼を分遣して陰謀暗殺を行い、匪賊を使嗾して他人の防区を擾し、密かに思うに彼の不義を行うことは多く、つとに衆矢の的である。前非を痛改し、禍患を秘かに止むことを思わず、更に行きづまった武力を挾んで、国防に借口して収奪を加倍している。兄弟叔父甥はあまねく要職に就け、家の子郎党は市中を横行し、川西南の田畝は数県に及び、成都市では〔劉文輝一族の〕富貴の家が軒を連ね、成都・重慶には広く銀行を設

(13) 『紀要』該当期日

け、商店は防区に満ち溢れている。……この外、上に逆らい、友を売り、隣人を害し、種々の悪行は枚挙に暇ない。……従来、貪欲で毒々しく、民を病し国を誤ること、未だこのように甚だしき者はなかった。ああ、異なるかな！図らずも20世紀の民治発達の時において、青天白日旗の下になお時務を知らざる頑愚、禍国禍川の悪党のあらんとは！式遵等は前に治川要綱を起稿する時、〔劉文輝と〕往来し相談したが、既に文輝の必ずやこの大政策の破壊者とならんことを予想していた〉[14]といった内容のもので、専ら劉文輝に対する個人攻撃の色彩が強いものであった。

一方劉文輝は10月13日劉湘に譴責の電報を打ったが、これは専ら同族である地下の先霊に申し訳が立たぬではないかといった、同族意識に訴えて「一時の迷夢からさめる」ことを求めたものであった[15]。また、胞兄の族長・劉升廷や師長・冷薫南を重慶に送り兵を止めることを説得したが無駄であった[16]。又、16日の南京宛の通電の中では、羅澤州と李家鈺の軍が順慶に攻めてきて、中には21軍の部隊も混入している旨を述べて、制止がたを要請している[17]。

24軍は作戦を変更して、全線で退却、資中、内江、富順というように、沱江沿いに防線を張った。

24日、田頌堯、楊森、李家鈺、羅澤州は遂寧を奪取し、25日、潘文華、王纘緒は江津、潼南を先取した。27日、劉湘の策動で24軍の旅長・鄧国璋が寝返って永川を占取した。31日、劉湘軍は栄昌、合江を占領、11月1日劉湘は永川に移駐して指揮を執り、18日には劉湘軍は沱江を越えて王纘緒部が内江を下した。唐式遵、潘文華は、富順、自流井を奪取した。この間、11月1日には楊森が安岳を、11日には鄧錫侯部の黄隠が崇慶を奪取している。11月4日、劉文輝は各方面からの囲攻の局面を打開するために、温江、崇慶、華陽、簡陽、楽至、潼南、安岳の7県を鄧錫侯の防区とし、金堂、彭県、成都等の4県を田頌堯の防区とし、順慶、遂寧、蓬溪等の県を楊森、李家鈺、羅澤州の防区とすると提案

---

(14) 「唐式遵等聯名声討劉文輝電」『軍閥史料』第5輯、226〜227頁
(15) 「劉文輝譴責劉湘陰謀進行成都電」『紀要』32年10月13日
(16) 唐済之、前掲書38頁
(17) 『紀要』該当期日

したが、これは川南の富庶の区域を保持せんがためであった[18]。しかし、鄧錫侯も、田頌堯もこの提案には乗ってこなかった。劉湘は次いで、飛行機、軍艦、陸軍、神兵（神仙・劉従雲の教導師）を繰り出して、瀘州を攻めた。瀘州は沱江と長江の合流点にあり、守るに易く攻めるに難い四川軍事の重鎮であったが、劉湘は軍事的圧力を加えると同時に、金銭をもって籠絡する挙に出で、潘文華の旧知の関係を利用して24軍の楊尚周部の団長・2名を寝返りさせることに成功し、田冠五も楊尚周も奮戦したが救援の兵が至らず、遂に彼らも劉湘軍に投じて改編された[19]。この難局に臨みながら、劉文輝は戦略的に重大な過ちを犯した。それは、他人の言に惑わされて、主を棄てて従についたことである。すなわち、大量の兵を引き抜いて田頌堯への鬱憤を晴らすべく、急遽成都を攻め11月14日、いわゆる成都巷戦＝市街戦（省門之戦ともいう）をはじめたのである[20]。

第3節　成都市街戦と栄威大戦

　これより先、田軍は鄧錫侯軍と共同で成都城南の紅牌楼一帯の24軍を攻め、24軍の南路の交通線を遮断しようとした。しかし、計画が漏れ、24軍の前に田軍、鄧軍は共に潰走し、双方の死亡した将校・兵士は3000人を数えた。続く煤山の戦闘や兵工廠の戦闘等でも田軍は大敗し、鄧錫侯が仲立ちをして、田は成都を離れた。ここに成都市街戦は24軍の勝利に帰した[21]。この戦いで成都市民の千数百人が死に、成都は空前絶後の被害に見舞われた[22]。しかし、この間劉湘は三路から出撃し空陸並進して栄県、井研以東の大きな土地を占領し、劉文輝は沱江下流の富庶の防区を悉く失ってしまった[23]。

---

(18)　『紀要』該当期日
(19)　以上は『軍閥史』284〜285頁
(20)　唐済之、前掲書、39頁
(21)　『軍閥史』286頁
(22)　『紀要』11月25日、成都各界民衆治安維持会「成都巷戦之惨状」
(23)　唐済之、前掲書、40頁

劉文輝は北道を退出し、沱江下流の富庶の地を失ってからは、岷江沿岸の西部に退き、自分が三正面作戦を展開している誤りに気づいた。22日鄧錫侯は在京の川籍中央委員・戴伝賢（季淘）、石青陽、張群等に電報を打ち、中央が各軍に停戦命令を厳令し、28年の「治川綱要」に沿って、政治の方法で川政を改善し、川局の安定を図るよう命令を下すよう要請した[24]。しかし、これに対し11月22日の国民政府の命令は、「治川綱要」を守れとの返答をよこしたに過ぎなかった[25]。

栄威の大戦

この間劉湘と24軍は栄県・威遠県を巡って烈しい攻防戦を展開していた。12月10日、劉文輝は7万の兵力を投入、劉湘軍また5万の兵を出動させ、両県県境の各地で激戦を交わし、24軍が優勢になった。劉湘は鄧錫侯、田頌堯に迅速な出兵を乞うたが、24軍は栄威両県、楽山から劉湘軍に迫り、自貢、富順、瀘県を奪回した。劉湘からの援軍の要請を受けた鄧錫侯と田頌堯は二劉共に傷ついたいまこそ漁夫の利を得る機会とばかりに、仁寿、双流、温江、崇慶に兵を出して24軍を攻めたてた。又、劉湘は24軍の旅長2名に寝返りを打たせることに成功し、24軍側の機密が明らかになってしまった。このため、劉文輝はやむ

---

(24) 『紀要』該当期日

(25) 28年の「治川綱要」とは、同年11月8日付けで発表された「国民政府頒布整理川政令」を言う。これには、軍額・軍制の整理、兵工廠の停止、造幣の禁止、苛捐雑税の廃止、徴税機構の統一、三民主義教育の実行、民団を県の直接指揮下に置き、軍が団衆を収編することの禁止、中央任命の法官への干渉の禁止等を謳ったものである（『紀要』該当期日）。

を得ず停戦に応じ、32年12月21日停戦協定に調印した(26)。戴季淘は、栄威の激戦で双方の死者は5万人以上に上ると述べた(27)。なお、『紀要』によれば、12月23日、24軍は破れて、楽山、眉山、夾江一帯に退却し、26日をもって最終的にこの栄威大戦は終結した。33年1月12日、劉湘は自流井から重慶に帰り、23日、劉文輝は新津から成都に帰り、鄧錫侯、田頌堯との成都共同管理の約束が成った(28)。この栄威の大戦によって、劉文輝は川北、川東、川南の富庶の防区を大量に失った。

　劉文輝は成都に戻ったものの、鄧錫侯部の師長・黄隠が田頌堯部と一緒になって24軍を劉湘軍と共に挟み撃ちし、この結果腹背に敵を受けて和議に同意せざるを得なくなったことに、腹の虫が治まらなかった。又、巨大な防区を喪失したが、部隊は依然膨大で、軍餉の問題の解決が迫られていた。鄧錫侯の温江、郫県、崇慶、新繁、灌県、崇寧、彭県、新都、広漢、金堂といった川西の肥沃な土地が劉文輝の欲望をそそった。劉文輝は鄧錫侯を片づけ、田頌堯を片づけ、再度劉湘に挑むつもりであった。当時、劉文輝の軍はなお110個団12万余人、鄧錫侯軍は僅か4万余人にすぎなかった。1933年の春節に開いた会議では、鄧錫侯の防区に攻め入るという劉元塘〔劉文輝の甥〕等の強硬論に対して、保定系の将領が反対した。ところが、劉文輝は保定系将領の意見を聞かず、4月から鄧錫侯を相手の陣形を敷いた。鄧錫侯は5月6日新都の宝光寺で軍事会議を招集し、当面の情勢を説明し、戦争を避けるため下野すると発言した。これには黄隠、陳書農等が下野に反対し一致団結して劉文輝に当たろうということに

(26)　『軍閥史』287頁。なお、『紀要』には停戦の調印等のことはなく、その後も戦闘は続いており、戦闘は26日に鄧錫侯・田頌堯の仲介により、省軍が撤退を開始したことをもって終息したと見るのが妥当であろう。又、『軍閥史』では、窮地に立たされた劉文輝が、親戚の杜少棠に手紙を持たせて和を乞うたとあるが（286頁）、『紀要』によれば、26日、窮地に陥った劉文輝が親戚の杜少棠に手紙を持たせて講和を乞い、自らは省長を辞任し西康に退くことを伝えたという。『劉湘』によれば、杜少棠は劉湘の「秘書」であり、和議に奔走したとある（130頁）。彭迪先主編『劉文輝史話』1990年、四川大学出版社、には12月の停戦に触れるところがない。
(27)　唐済之、前掲書、46頁
(28)　唐済之、前掲書、46頁

なった。こうして鄧錫侯の28軍は毘河の北岸に沿って陣地を固めた。5月8日午後4時、劉文輝部の先鋒が毘河に向けて進攻した。又、9日には温江にも攻撃をかけた。毘河は元来は水深の浅い灌漑渠であったが、鄧錫侯側は都江堰上の内江への分水の堰を切って外江の水を流し入れたため、毘河は水位が上がり、容易に渡河できなくなった。劉文輝側は、飛沙堰を爆破し、毘河の水位を下げようとした。このため内江・外江の水流は失調を来たし、農民を苦しめた。

　鄧錫侯は劉湘に援軍を頼もうとしたが、また劉湘の心算を考えると説得は難しいと考えていた。後に、鄧軍の教導師の旅長・黄石子がわざわざ重慶の「神仙軍師」劉従雲[29]の門を叩くと、劉湘は初めて出兵に同意し、劉従雲を資陽県陽化場に派遣し、鄧錫侯と具体的に相談させた。鄧錫侯は劉従雲の弟子となり、5月26日会議を開いた。参加者は劉従雲、楊森、李家鈺、羅澤州等であった。協議の結果、劉湘を擁して四川統一を謀る、各軍は劉湘の指揮に従う、劉湘に28軍への現金、弾薬の補給を要請する、の3点で合意ができた。劉湘は10万元の小切手と10万発の銃弾を支給した[30]。

　このニュースを聞くと、劉文輝は6月17日と25日に劉湘に打電し、衷心より劉湘による四川統一を望んでいると述べたが、劉湘は32年12月25日に紅四軍が川北の通江県に入り勢力を急速に拡大しつつあることを重視し省内の内争にピリオドを打つことを決意し、7月1日、潘文華、唐式遵、王纘緒、李家鈺、羅澤州を1〜5路の総指揮に任じて、劉文輝に軍事対決をする決定を下した。こうした中で、7月3日、冷寅東は劉文輝に代わり24軍は成都を退出し、劉湘による四川統一を支持することを打電した。こうして劉文輝の軍は7月12日、岷

---

(29)　劉従雲については、拙稿「"神仙" 劉従雲と軍閥・劉湘―"荒唐無稽" なその関係についての一考察―」を参照されたい。

(30)　以上の経過は何翔迵・肖麗生「劉、鄧 "毘河之戦"」『軍閥史料』第5輯、52〜59頁

江西部に退いた(31)。ここに昆河の一戦は29軍の敗戦をもって終わった。

　この間、中共の徐向前・張国燾率いる紅四軍1万4000人が32年12月25日、陝西省南部から川北に入り通江県を占領し、33年1月には城口、万源、閬中、巴中県、2月には南江を占領、2月7日に、通江に川陝ソビエト政府（主席・熊国炳）を樹立した。このような、情勢の中で劉湘は「先ず安川、後、剿匪」の方針を確定し自らを「安川軍」と称して、7月4日から安川戦役に自ら乗りだし、劉文輝の和平を乞う通電もものかわ、岷江右岸に拠って抵抗を続ける24軍に対し、岷江を渡河して8月13日、楽山、眉山、新津、崇慶等を占拠し劉文輝を雅安附近に追いつめた。劉文輝は、兄の劉升廷を劉湘の下に送り、「家族の情誼」をもって意志の疎通を図り、又呉晋航を劉從雲の下に送った。蒋介石も、劉文輝の残部をもって劉湘を牽制することを謀り(32)、ここに、9月6日劉湘と劉文輝は停戦の電報を連名で打電した。劉湘は「叔父甥の情」により、雅安、榮経、天全、蘆山、宝興、名山、洪雅の7県を劉文輝の防区として残した。32年10月から33年9月まで、前後一年にわたる四川最大の規模の軍閥混戦は、3ヶ月に及んだ栄威の戦いのみでも21軍24軍双方の将校兵士の死傷者6万前後、僅かに栄県県境内部だけでも3万人の死傷者を出した(33)。しかし、この戦争を通じて「四川綱要16条」は劉湘の手の下で実行されることになり、防区制の解体に一歩近づいたと評価することができよう。一ヶ月後の記者会見で劉湘は「今後の努力目標」として、「剿匪」「善後」「開発」の三点を挙げた。この内、開発の綱目としては、金沙江流域の金鉱、威遠県の鉄鉱、川南川北の石油、松理、茂、雷波、屏山及び寧遠、西康の鉱山、万県の桐油、資陽・内江の糖業、川南川北の生糸業、その他一切の重工業、鉄道の建設、大規模な電力と動力の

---

(31)　同上、60頁。なお、劉文輝側の内部における保定系と劉文輝の親近者との対立は激しく、保定系の張清平と林雲根は28軍の陳書農および黄隠と会談し、①鄧・田の部隊は成都に帰る②24軍は郫県、温江、崇慶の3県を28軍に引き渡す③24軍と21軍との戦闘に際しては28軍29軍は中立を守る④もし以上のような「停戦調停が受け容れられなければ劉文輝の下を離れ、夏首勳を軍長に独立する」、との協定ができた。張と林はこの案を冷寅東の下に持ち帰ったが、結局戦争は継続された。同上書、60頁

(32)　『軍閥史』289頁

(33)　同上、289頁

設置等々を挙げていた(34)。

(34) 『劉湘』137頁、なお、日本の重慶領事・田尻某の報告によると、21軍の総兵力は211,500人、24軍は165,400人であったが、参戦兵力は21軍が60％で132,000人、24軍が37％で65,000人であり、両軍の参戦兵力は2：1の割合であったと報告されている（田尻撰・楊凡訳「四川動乱概観」『民国以来四川動乱史料彙輯』134頁）。全体として兵力の規模が、当時の中国での報道に較べ田尻報告は過大と思われるが、24軍の劣勢を理解する一助とはなろう。

第4章　川陝ソビエトの成立と四川の統一
(1932年〜1935年)

第1節　川軍の6路囲攻の失敗まで

　中共の発展に対し、一番敏感だったのは川西北を地盤とする田頌堯であった。蒋介石は33年1月27日、田頌堯を川陝辺区剿匪督辦に任命し、銃弾100万発と現金30万元を送り、飛行機4機を派遣した。田頌堯は約4万人の兵力を3路に分かち、閬中より巴中に向けて進攻した。

　一方、中央では1月21日、国民政府行政院並びに軍事委員会が会議を開き、四川の善後に関する決議辦法を採択したが、中央から大員を派遣して、軍事、財政、教育等の各主管の専員を率いて入川し、28年の国民政府の命令を根拠に具体的辦法を講じ、中央の承認を受けて実行し、必要時には各種の委員会を設けること等を決めた(1)。

　更に3月2日、国民党第四期中央執行委員会第60回常任委員会は「四川党務臨時整理辦法」を通過、元からの特派員辦事処を廃止し、曾擴情を四川党務特派員として派遣し、四川の党務の指導に責任を負わせることにした(2)。

　田頌堯は38個団(連隊)4万人を左右中の三つに分け副軍長の孫震を前敵総指揮に任命し、閬中に本拠地を設けた。2月16日、29軍は巴中、南江方面に進撃を開始したが、紅軍は「敵を深く誘い込み、兵力を集中して敵を叩く」という戦術を採り、田頌堯の29軍は23日巴中を占領したが、28日には巴中門外で羅伯常師が紅軍の挟撃に遭い、兵力の3分の2を喪失した。2月18日から3月18日までの作戦で、田頌堯軍は巴中、南江の2城を占領したが、8000人の傷亡者を出すという大きな犠牲を払っただけで紅軍を捕捉殲滅することは出来なかっ

---

(1)　『紀要』該当期日
(2)　『紀要』該当期日

た。4月26日、田軍は全線で猛攻に打って出たが、紅軍は簡単に通江を放棄し、5月15日より反撃に転じ、16日には東面の劉存厚軍を壊滅させ、また右翼では空山壩以南で敵7個団を殲滅し、死傷・捕虜は5000人近く、短銃3000余挺、機関銃20余挺、迫撃砲50余門を鹵獲した。勢いに乗じた紅軍は南江、通江を奪回した。こうして、田頌堯の三路囲攻は兵力1万4000人を出しながら、捕虜1万人を出して失敗に終わった。中共の川陝根拠地については、概略を既に別稿に述べたし(3)、四川軍閥の動向を主眼に置く本稿としては、いわゆる囲剿戦に筆を割くことも程々にしたいが、33年10月の時点で紅4軍の支配地域は通江、南江、巴中、儀隴、営山、宣漢、達県、万源等の8県、支配人口は公称500万、紅軍は8万余人にも拡大した。田頌堯としては全力を挙げて紅軍を打ち破った後に、成都で劉文輝と交戦中の鄧錫侯軍を支援するつもりであったが、すっかり当てが外れてしまった。田頌堯は「赤匪」討伐の背後では劉文輝が鄧錫侯に紛争を仕掛けているとの不満を漏らしているが、このような劉文輝に対する批判は劉湘の「先ず安川、後剿匪」という方策に世論の支持を与えることとなり、劉湘を押しも押されもせぬ四川統一の第一任者に仕立てていった。7月4日、劉湘は劉文輝と最後の決戦を開始し、8月には鄧錫侯の軍と共に岷江右岸への渡河に成功し、新津を占領、劉文輝軍は全軍が瓦解し、100余団あった24軍の兵力は余すところ12個団2個師にまで減ってしまった(4)。

　7月7日国民政府は劉湘を四川剿匪総司令に任命し、「川中の各軍をして悉く（劉湘の）統制に帰さしむ」と電令した。8日、劉文輝は中央に四川省政府主席の職を辞すると打電して「成都を去り、川南に移り中央の処置を待つ」と述べた(5)。7月13日、田頌堯は通電を発し、「一致して劉湘が成都に赴き、剿赤安川の大計を主宰することを請う。剿赤には必ず全面的な計画が必要で、安川は必ず統一を先にし、〔劉湘は〕全力を挙げて統一の首唱者となり、およそ軍民の財政は、悉く〔劉湘に〕引き渡し、防区の悪習を破り、武力を持って国

(3)　拙著『中国革命と対日抗戦』第2章
(4)　『混戦』293頁、また『紀要』9月2日には、24軍の残部は「数千人」と載っている。
(5)　『紀要』該当期日

有とすべし。各方面にはすでにその覚悟があり、応に甫公（劉湘の号）は迅速に事機に赴かんことを請う」と述べた。剿匪体制の構築には防区制の解体が不可欠との認識を示している点が注目される[6]。

8月23日、南京の中央政治会議は、四川剿赤のための緊急経費180万元、根本経費として1500万元を行政院財政部より支給することを決定した。

劉湘は9月12日成都で川中各将領会議を開催し「剿匪」の計画について協議した。『紀要』によれば、劉湘は会議の席上で、剿赤部隊は21軍を主幹とし、その他の各軍に専ら頼むことはしない。剿赤の経費は督辦公署が500万元を計画的に支出する。徴収の方法は、寄付金を募るか公債を発行するが、なお未定である、と述べた。楊森は剿赤の大計は劉湘が主宰すべきであり、もしも決定があれば文句なしに従う、と述べた。田頌堯は29軍が任された剿赤の経過を報告し、転戦すること10ヶ月、兵力は疲弊し、戍区の財力は既に困窮しており、速やかに劉湘が全局を取り仕切り、速やかに大軍を発することを望む、と述べた。鄧錫侯は剿赤は軍事と政治を同時に顧慮するべきであり、各部（各軍）軍餉の供給、糧秣の運送、傷亡者の撫卹、匪区の善後等は細密に大局的見地から処理すべきであると述べた。劉湘はこれらの意見を採り入れて、各軍に専員を派遣し剿赤の大綱を実際情況に照らして協議させることにした。こうして、33年10月4日、劉湘は四川剿匪総司令の職に就いた。劉湘は囲剿に参加した各部を以下のように6路に分けた。

第1路　28軍、総指揮は鄧錫侯16個団、2万4000人　広元、昭化、剣閣に集結、通江、南江、巴中を攻めて紅軍の西進を阻止する

第2路　29軍、総指揮は田頌堯、24個団、2万人（田軍は紅軍に叩かれて毎団1000人に満たず）蒼渓、閬中から通江、南江、巴中を攻め、紅軍の南下を阻止する。

第3路　李家鈺の四川辺防軍、羅澤州の新編23師、総指揮は李家鈺、18個団3万1400人、逢安、南充方面を守備

第4路　20軍　総指揮は楊森、21個団、3万2000人、広安、岳池方面に責任を負う。

---

(6)　『紀要』該当期日

　　　　　　　3路4路は通〔江〕、南〔部〕、巴〔中〕を攻め紅軍の南進を阻止。
第5路　21軍の主力、総指揮は王陵基、30個団を出し、各方面を支援する。
第6路　23軍、総指揮は劉存厚（劉罷免後は劉邦俊）、12個団、第5路軍と共に万源に進攻する。
　　　　　第5路第6路の兵力は9万
歩兵の外に11個の機関銃連（中隊）、10個の砲兵連、2つの飛行隊（偵察機、爆撃機18機）あり。
　総計すると6路の兵力は111個団、19万7400人、その内劉湘の21軍は7万人、総兵力の3分の1以上を占めた[7]。
　10月17日四川剿匪司令部に安撫委員会を設け50余人を委員に任命した。その中には委員長・張瀾、賑済組長・盧作孚の名前もあった[8]。張瀾は保路運動で活躍した1872年西充生まれの名士であり、盧作孚は船舶会社民生公司集団を率いる四川の代表的な資本家である。安撫委員会の目的は政治と軍事を結びつける事にあり、中に総務、団務、宣伝、慰労、賑済、調査等の小組を設けた。10月19、20日の両日紅軍は宣漢、綏（達県）を占領した[9]。11月6日、国民政府は軍事委員会に23軍の劉存厚の責任を問い、免職とした。11月16日王陵基の第5路軍は綏、宣地区に向けて反攻を開始、紅軍は両県を引きあげた。川東軍事の緊迫化に対し、川中の官紳・富戸は紛々として上海、武漢に為替を送り、金融に影響を来したので、11月19日、四川善後督辦公署は成都、重慶に特派員を派遣し、これらの為替を没収し救済費に充てる事に備えた。
　12月18日の安撫委員会の通電は、
〈この二ヶ月中の6路囲攻では「匪」の主力は下川東方面に集中し、宣・達つづいて営山・逢安に進攻、接戦の末ようやく撃退したが、各軍が同時に推進していれば、昭・広・剣・蒼・閬・儀・南等の県もとっくに粛清できており、通・南・巴に敵を追い込んで共同で攻撃できたにちがいない。ところが、調査によると、民団を先鋒にして軍隊は後防をすればよいと思っていたり、士兵には河

（7）　以上は『軍閥史』298頁
（8）　『紀要』該当期日、以下特に断らぬ限りは本書による。
（9）　『劉湘』143頁

川を苦守させ、将領ははるか離れた都市にいるとか、平時の軍費集めには若干の団に呼びかけながら、一朝剿匪の事となると、少数の部隊の移動居留を決めるだけでもぐずぐずと押しつけあっているだけである。このような情況は人をして嘆息せしめるものである！そのためらいの原因を察するに、いわゆる剿匪が完了した暁には、川局は応に統一を謀り、部隊は必ず縮編され、各軍には鳥尽きて弓蔵さるとの思んばかりがある。この懐疑心のため、形勢観望の態度に出るのである。これについては劉督辦は各軍に対して、つとに共存共栄をもって自己の信念としており、他意はない。〉と述べて、全軍の協力一致を求めている(10)。軍閥間の疑心暗鬼が「剿共」事業の障害になっていることがわかるが、これに対し、劉湘は34年4月3日、第3次総攻撃の令を下すに当たり、南充に四川剿匪総部前線軍事委員会を設置し、劉湘の神仙軍師・劉従雲を委員長に抜擢した。劉従雲については別稿に述べたことがあるので、詳しく触れることは避けるが、劉湘が神懸かりの神仙を剿共軍事の統帥に任じたことは、劉従雲が四川軍閥の各軍首脳を「弟子」としていたことが、師弟関係を通じた軍令の統一に便利であると考えたからではなかろうか？5月15日、劉湘は成都に第4回の剿匪会議を開き、第4期の総攻の方針を決めたが、それは、通江、万源を攻め、通江より北部は川陝の境界に沿って万源の方向に向けて横掃し最後の勝利を奪取するというものであった。劉湘は第5路総指揮唐式遵(11)を代表者に、軍事終結後、各路の軍にはいずれも「安全を保証」し、300万元の軍資金と300万発の銃弾を補給した。

7月中旬、囲剿軍は万源県に向けて総攻撃をかけた。平射砲、山砲、追撃砲を用いた外、空軍を動員して、歩兵は密集隊形をとって波状攻撃をかけた。しかし、高所からの正面及び側翼に対する猛烈な攻撃と近距離からの攻撃によって、斜面には囲剿軍の死屍累々として(12)、その数1万人以上にも達した。剿匪

---

(10) 『紀要』該当期日

(11) なお、第5路総指揮が王陵基から唐式遵に変更された理由は、王陵基が劉従雲の滅茶苦茶な命令を拒んだためである。『劉湘』147頁、王陵基はこの廉で劉湘により軟禁された。劉航琛述章君穀筆記『戎幕半生』1983年、台湾、川康渝文物館、91〜98頁

(12) 以上は『軍閥史』303頁

事業未曾有の惨敗であった。各軍閥間の矛盾は囲剿の中で深まるばかりであった。「各自がうまく立ち回り、私利を図ることに汲々として号令は行われず、指揮には動かず、進めばすなわち地盤を争い、退けば互いに相手を非難する」という有様であった。例えば、紅軍が自主的に儀隴を撤退した際、羅澤州、李家鈺は入城の先陣争いをし、武力衝突に及んだ。また、兵力の補充のために川東北の農民の壮丁は殆どが拉致された[13]。

　34年8月10日、紅軍の4、9、30軍の三大支柱は剿匪軍の第5路、第6路両軍の陣地に向けて総攻撃に打って出た。両路軍は全線で崩壊し、宣漢を守れず、5路軍の損失は兵1万4000人（逃亡した者を加えると2万）、旅長を1人生け捕りにされ、団長の陣没する者7人を数えた。5路軍の残した弾薬・武器、糧秣、輜重行李は数え切れぬ程であった。直後、紅軍は西線に転じ8月中旬、第3路軍、第4路軍に夜襲をかけて3路軍を逃亡させると共に、通江県城に陣取っていた楊森の軍を攻めて3000人を殲滅した。これによって楊森軍は都合6000人以上を喪失した。また、紅30軍は巴中を直撃し、李家鈺、羅澤州の兵を打ち破り、将兵の逃亡する者6500人に及んだ。又、紅31軍は通江から北に第1路、第2路軍を攻撃し、孫震の部隊に7000〜8000人の打撃を与えた。また鄧錫侯部も2500人の死者と逃散する者4000人以上に達した。こうして6路囲攻は完全に紅軍によって粉砕され8月23日、劉湘はこの度の囲攻で消耗した資金は900万元、官（将校）の損失5000人、兵の損失8万、以後の回復は不可能という理由で、四川剿匪総司令並びに21軍軍長の職務を辞任する旨を蔣介石に打電した。戦うこと10ヶ月余り、用兵110余団、20余万人、其の結果は、殲滅された者6万、捕虜2万、小銃の奪われること3万余挺、炮の喪失500余門、飛行機の撃墜1機という惨憺たる有様であった[14]。

第2節　紅2軍団、紅6軍団と長征軍への囲攻

　1927年12月、賀龍、周逸群らは鄂西の華容、石首、監利一帯で蜂起し紅4軍

---

(13)　以上は『軍閥史』304頁

(14)　以上は『軍閥史』306頁、但し、劉湘の辞任の意向表明の日時は『紀要』による。

第4章　川陝ソビエトの成立と四川の統一　139

(後紅2軍を称す)を結成、湘鄂辺区革命根拠地を樹立した。その後30年春、段徳昌等が鄂西に紅6軍を結成し、洪湖革命根拠地を樹立した。同年紅4軍と6軍は公安県で合流し紅2軍団を結成した(賀龍総指揮、周逸群政治委員)。1930年11月蔣介石は中央ソ区への囲攻と同時に、湘鄂西ソ区に対する第1次囲剿を命令し、川軍からは郭汝棟が参加した。31年3月紅2軍は紅3軍と改称した。4月蔣介石は湘鄂根拠地に対する第2次囲剿を命令し、川軍からは第3師長・王陵基が参加し、紅3軍留守部隊に重大な打撃を与えた。同年7月、劉湘は長江上游「剿匪」総指揮に任命され、実質は王陵基が代行した。32年7月、蔣介石は湘鄂根拠地に第4次囲剿を命じた。この頃湘鄂西ソ区の紅軍は兵力10万以上に達していた。実力を保存するため、賀龍らは紅軍主力を率いて湘鄂西根拠地を放棄、豫(河南省)南、陝南、川東、鄂西、湘西を転戦し、33年12月四川の酉陽、秀山、黔江、彭水一帯に遊撃戦争を展開した。劉湘は涪陵、酆都、黔江、石柱、忠県等に兵を配置し、保安団も動員して鎮圧に当たった。34年1月1日、賀龍軍は黔江を自主的に撤退し、3日には湖北省利川県城を奪取し、国民党新編第3旅の2個団を全滅させ、1個団を撃滅した後、施南方面に撤退した。又、4日には四川の奉節県に進軍し、川北の紅4軍との合流を目指すような行動を取ったが、これに対しては万県、雲陽、奉節一帯の21軍第3師が防御し、鄂西にいた国民党中央軍の徐源泉部も利川を奪回したので、挟撃を避けるため1月中旬賀龍の紅2軍団は南方に移った。そして4月、川黔境界に黔東遊撃根拠地を構えた。5月8日紅軍は彭水県城を奇襲して奪取すると共に、10日には彭水の南で烏江を渡河し、酉陽県南部に進出した。7月21日、湘鄂川黔辺革命軍事委員会は貴州の沿河県で「黔東特区第一次工農兵ソビエト代表大会」を開いた。10月26日、中央紅軍長征先遣隊の紅第6軍団と紅第3軍団は酉陽県腰界で合流し、紅第3軍は紅第2軍団の名称を回復した。賀龍が司令員、任弼時が政治委員、関向応が副政治委員、李達が参謀長になった。この時両軍の勢力は約8000人であった。11月26日、中共湘鄂川黔臨時省委員会は中共中央書記処の指示に基づいて、湘西の大庸県に湘鄂川黔辺臨時省委員会を設けた。劉湘は紅第2、第6軍団の入川を阻止するため川軍第5師に南腰界から紅軍を攻めさせ、貴州軍閥の王家烈もトーチカを作って両路からソ区を攻めた。湘鄂川黔

ソ区の樹立は劉湘にとって、川陝ソビエトと同様の脅威を与えた。やむを得ず、劉湘は蒋介石に援軍を請うた。蒋介石は我が意を得たりと、中央軍の入川を図り、上官雲相の軍を奉節、万県の一線に配し、徐源泉を酉陽、秀山、黔江、彭山一帯に配置した。

　一方、この間34年10月中央ソ区を放棄した紅1方面軍及び中央直属機関8万7000人は35年1月、川黔辺境に到達した。劉湘は北守南攻の方針をとり、潘文華を四川南岸剿匪軍総指揮に任命し、兵力約10個旅以上を投入した。35年1月下旬、郭勲祺は前衛となって中央紅軍を追尾したが、貴州省土城県下で紅軍の反撃を受け、傷亡1000人余りを出した。しかし紅軍の傷亡もまた重かった。1月29日、中央紅軍は土城を離れて赤水河を渡河して前進した。続いて、郭勲祺は国民党中央軍の薛岳、滇軍の孫渡等10万の兵力をもって赤水河両岸、叙永、古藺地区で中央紅軍の殲滅を図ったが、3月21日紅軍は赤水を渡河して貴州省に入り、29日には烏江を渡河して雲南に入り、5月、劉文輝軍及び楊森軍[15]の裏をかいて金沙江及び大渡河の渡河に成功した。一方、郭勲祺は紅軍を追尾して遵義、黔西、雲南を転戦して奔命に疲労して帰川した。こうして、紅第2、第6軍団や中央紅軍を四川の外部に追いやることに成功したが、代わって国民党中央軍の入川を拒むことが出来なくなってしまった。これは、四川省の中央化の第一歩であった。

　6路囲攻を撃破したものの、川陝ソビエトは四川軍の経済封鎖や折りからの天災等々が原因で、その地に踏みとどまることは困難になっていた[16]。そこで、蒼渓、閬中の間で嘉陵江を突破、四川省西部で中央紅軍と合流する計画を建てた。35年3月28日から29日未明にかけて紅第30軍第88師第263団は嘉陵江渡河に成功し、紅第31軍第91師も蒼渓の上流で渡河に成功した。31日には、紅第30軍及び第9軍が剣閣を占領することに成功した。この8日間にわたる嘉陵江戦役で、田頌堯は8個団と1個営を喪失し、閬中、南部、剣閣、昭化の4県を失った。田頌堯は「撤職査辦」（解任・訊問）に処せられた。副軍長の孫震も処分さ

---

(15)　楊森は劉湘と蒋介石との矛盾を利用して、中央軍の軍務に就いていた。『軍閥史』316頁

(16)　この点については拙著『中国革命と対日抗戦』第2章を参照されたい。

れたが「戴罪図功」(手柄を立てて罪を償う) という軽い処分で田頌堯指揮下の軍隊の引き継ぎを命じられた。蔣介石の恩義を蒙った孫震は、以後楊森と共に四川における蔣介石擁護派となった。35年4月、鄧錫侯と孫震の両軍は土門から青蓮渡の一線に強固な陣地を構築し、又国民党中央軍の胡宗南部は青川、古城、平武の一線に構えて紅軍の甘粛省南部、陝西省への進路を断った。5月、紅第9軍と第30軍は土門の敵を敗り中央紅軍との合流の道を開いた。大渡河を越えて北上して来た中央紅軍と紅第4方面軍は6月12日、楊森軍を破って、夾金山で合流した。

懋功会議で中央紅軍と別行動を取ることにした張国燾は、10月24日紅第4方面軍と紅1方面軍の第5、第9軍団を率いて川康境界を南下し、夾金山を越えて宝興、天全、蘆山に向けて攻撃を開始し11月9日には天全を12日には蘆山を占領した。この勢いに成都を直撃される恐れを抱いた蔣介石は、薛岳に川、陝、甘の辺境防備を継続させると共に、主力を成都に集中させた。11月16日、紅軍は名山の東北の要鎮・百丈関を攻めた。国民政府軍は飛行機をかり出すなど頑強に抵抗し、7昼夜にわたる戦闘を経た後、紅軍は敵軍1万5000余人を殲滅し、自らも傷亡1万近くを出して、撤退した。強固な後方も、兵員、糧秣もない紅軍は36年2月15日、天全を放棄、23日宝興を撤退、3月中旬には懋功も棄てて党嶺山を越えて西康の西北地区に退いていった。3月下旬紅第4方面軍が道孚、爐霍、甘孜一帯に到着したときには、南下時の8万の軍が4万余に半減していた。同年6月、紅第2、第6軍団が長途を跋渉して甘孜で紅第4方面軍と合流し、第2、第6軍団は紅2方面軍となり（総指揮・賀龍、任弼時政治委員）、両軍は北上して10月甘粛の会寧で第1方面軍と合流、ここに長征が基本的に終わりを告げた[17]。

---

(17) 以上の経過については『軍閥史』306〜328頁による。

第5章　四川省統一と「中央化」の進展
(1935年〜1937年)

第1節　参謀団の入川

　以上、紅軍の動向に必要最小限の言及をした。劉湘の「先ず四川統一、然る後に剿共」という安川優先の方針は基本的に成功を遂げたかに見えるが、6路囲攻の失敗の責任を取って、1934年8月23日四川剿匪司令の職を辞して重慶に帰った。9月2日、蒋介石は劉湘を慰留したが、劉湘は上海駐在の代表・鄧漢祥を重慶に呼び戻してから、蘆山の蒋介石の下に行かせた。劉湘は蒋介石に、三つの問題の解決を求めた。第1は、各軍が命令を聞かず、また一部の黄埔軍官学校出身者が四川で各軍の挑発・離間を策していること、第2は、作戦経費が巨大で、川東の一隅の財源をもってしては如何とも為しがたく、中央に巨額の軍費支給を乞うこと、第3は、銃砲弾薬の補充を乞うこと、であった。この3つの問題をもって蘆山に蒋介石を訪問した鄧漢祥は、蒋介石から、川中の各軍は劉湘の指揮に必ず従うべき事、先に馘首して後報告しても好いことを確認し、現金50万元と迫撃砲若干、銃弾若干の支給を受けた。10月12日蒋介石は又銃弾200万発を支給し、劉湘に急ぎ復職を命じ、剿匪計画の見直しを求めた。このような経過を経て、10月22日劉湘は復職した。劉湘は11月13日重慶から乗船して武漢を経由して南京に向かった。劉湘は鄧漢祥に対し、「紅軍西来の目的は、結局四川を奪うためなのか、それとも通り抜けるに過ぎないのか、現在はなお判断し難い。もしも彼らが四川を奪うのが目的ならば、我々は耐えられない。紅軍が道を借りたいというだけなら問題はない。しかし、蒋介石がもしもこの機会を借りてその軍を入川させるならば、我々が紅軍との作戦の結果、幸いに勝ったとしても、蒋介石に取って代わられる機会になるだけで、もし敗北すれば一層その可能性は強くなる。だから、何としても蒋介石の派兵入川を

第 5 章　四川省統一と「中央化」の進展　143

阻止せねばならない」と語ったという[1]。

　南京では鄧漢祥が楊永泰、張群、呉鼎昌等と意見を交換し、その後劉湘と協議を重ねた。楊永泰等は①四川省政府の改組、劉湘を主席にする②四川善後督辦公署を川康綏靖公署に改組し劉湘が主任を兼ねる③劉湘を四川剿匪総司令とするが、中央軍10個師を入川させて共同作戦を行い、劉湘の指図に任せ、軍費・銃弾は中央が責任を負う、の3つの提案を蒋介石の指示として提示した。第③点については、北洋軍、滇軍、黔軍と客軍に悩まされてきた四川省民にすれば、中央軍といえども嫌悪感は避けがたいであろうということ、全川の軍50万、もし10個師もの中央軍が入川してくれば50万の川軍に主客の利害不同の心理を発生せしめ、作戦に努力させることは難しいと、劉湘は答えた。結局劉湘の態度の堅固な様子を見た蒋介石は、派兵入川を止め、参謀団を組織して入川・援助することを提案した（但し、蒋介石は劉湘が帰途についた12月17日、胡宗南軍を甘粛から広元・昭化に入れ、また、陝西省には上官雲相の3個師を待機させ、第47、54両師を万源県に向けて進発させている[2]）。参謀団長には劉湘と同じ速成学堂出身の賀国光を任命した。蒋介石は又、康澤を保安処長に推薦し、他は劉湘の推挙に任すとしたが、劉湘は康澤については断固拒絶した。結局、①軍事方面では劉湘が指揮を執り、中央は出来るだけ軍資金、武器弾薬を支給すること、②四川省政府の改組の人選については、劉湘が四川に帰り各方面の意見を徴して後に決定する、③財政整理の問題については、先ず中央から人員を派遣して視察させた後具体的に計画を建てて実施に着手すること、の3点を取り決めた[3]。

　参謀団は正式の名称を「国民政府軍事委員会委員長行営参謀団」といい、1935年1月12日に重慶に到着した。参謀団は11月「重慶行営」に改組されるが、参謀団の規模は膨大なもので、「入川参謀団組織大綱」に拠れば、参謀団主任、副主任、秘書、第1処、第2処、政治訓練人員、高級参謀、督察専員、各級督察員から成っていた。が、実際には主任辦公庁、第1、第2、第3処、政訓処、

（1）　以上は『劉湘』153〜154頁
（2）　『紀要』該当期日。また、35年1月15日、何健の軍が酉陽・秀山地区に入り、賀龍軍に対する防御陣地を構築している（『第二次大事記』該当期日）。
（3）　『劉湘』155頁

軍法処、交通処、運輸処、辺政委員会、鉄肩総隊、別動総隊、川黔二省公路管理処等から成っていた。賀国光は1885年生まれの湖北省出身者であるが、1905年四川陸軍速成学堂の学生となり、1911年初四川第33混成協の排長となった。武昌革命の後黎元洪の下に投じたが、1913年北京の陸軍大学に入学、16年卒業後鄂軍の王占元の下に帰り、王占元没落後は呉佩孚や靳雲鵬に仕え靳雲鵬の第5軍軍長となった。しかし北伐に合流して国民党軍事委員会陸軍処副処長となり、30年12月、南昌行営の設立と共に参謀長に就任、蒋介石の信任を得た[4]。参謀団副主任の楊吉輝は、四川資陽の人でやはり陸軍大学卒業のエリート。劉湘の信任厚く、21軍軍官教育団長、軍参謀長、兵工厰総辦等の要職に在った。政訓処処長・康澤は安岳県出身で、別動隊の総隊長であった。同副処長は葉維で華陽県の出身、清華大学在学中に黄埔軍官学校に入学、政治科を卒業後日本士官学校に留学、帰国後は復興社の幹部となった。その他、参謀団の成員は学歴が高く、蒋介石のブレーン官僚としての能力を発揮した人物が多かった。参謀団の目的は第一に、紅軍の囲剿、第二が四川の統一と防区制の解体であったが、劉湘の四川独占体制にブレーキをかけることも重要な任務であった。

　1935年3月2日、蒋介石は漢口から重慶に飛び、自ら中央紅軍と紅4軍の追撃を指導し、四川の治乱は全国の安危に拘わるという観点から、四川掌握のステップとして「四川政治の改革、四川軍の整頓、四川の交通の開発、四川の幣制の統一、四川の風気の革新」等の主張を行い、「政治の中央化、川軍の国家化」の目的を明らかにした。蒋介石が対日抗戦の根拠地として四川を位置づけるようになったのは、この時以来のことと思われる[5]。蒋介石は36年4月27日、「我々がもし四川を統一できなければ、抗戦には基礎がない」と明確に対日抗戦上に四川統一問題を位置づけている[6]。

　賀国光は四川軍閥の各軍に督察専員を派遣して軍の掌握を図り囲剿工作を進めた。この過程で田頌堯を解任したり、貴州軍閥・侯之担を逮捕したりして、

（4）　以上は四川省地方志編纂委員会省志人物志編輯組編『四川省志・人物志』による（以下、『人物志』と略記）。

（5）　『劉湘』155頁

（6）　周開慶『四川與對日抗戰』13頁

四川各軍に対する統制力を強めた。

　参謀団はまた財政金融の支配も強めた。防区体制下で混乱していた貨幣、金融については、財源の枯渇した劉湘を援助するという形で四川の金融に着手し、現金240万元と弾薬を補給するほか、劉湘が公債と金融庫券（債券）を発行し、年次償却して行くことに同意した。1935年6月30日に南京政府が公布した「民国24年四川善後公債条例」によると、四川善後公債は7000万元の発行を許可された。又、7月12日、国民政府立法院会議は「民国24年整理四川金融庫券」第11条で、四川金融庫券3000万元の発行を認めている。南京政府は劉湘の地方公債発行を認めると同時に、財政部から財政専員を派遣し、四川省の財政を支配した。すなわち、35年7月14日、蒋介石は鄂豫皖ソビエトに対して用いた「"剿匪"区内整理県地方財政章程」を公布した。これは各項の公金取り扱い機関を統一し、予算決算制度を励行し支払いと経営の職責を持たせたものであった。7月15日、蒋介石はまた四川財政整理と予算執行を名目として「軍事委員会委員長行営駐四川財政監理処」の成立を命令し、財政部四川財政特派員関吉玉に処長の兼任を命じ、四川省財政庁庁長・劉航琛に副処長を兼任させ、全面的に四川財政を統制させた。

　四川の財政金融の核心を押さえる一環として、蒋介石は重慶、成都に中央銀行分行を設けた。又、万県には辦事処を設けた。中央軍嫡系部隊や各方面の人員が中央銀行券を四川省内に持ち込んだ結果、中央銀行の紙幣は大量に四川省内に流通するようになり、上海との国内為替相場も安定していた。参謀団は蒋介石に建議して重慶の中央銀行分行から「重慶」の二文字を印刷した1元券と5元券を発行した。軍閥達の濫発した純度の低い銀元や大小の銅元に較べ中央銀行の1元券や5元券の紙幣は歓迎された。しかし、9月10日、行営名義で出された「収銷四川地鈔及収兌四川雑幣辦法」は、①9月15日より四川境内のあらゆる公私の交易は何れも国幣を代表する中央の本鈔をもって本位とし、地鈔（四川地方銀行発行の兌換券）は即時行使を停止する(7)。②凡そ地鈔を所有する軍

──────────
（7）　四川地方銀行は34年1月12日に重慶で開業した。額面資本は200万元、四川善後督辦公署が120万元を出した。唐華が総経理となった。35年4月19日の四川財政庁長・劉航琛の報告によると、地鈔の総発行額3307万余元に対し、現金準備は10％にも及ば

人・民間人等は、地鈔10元を持って中央本鈔8元に換え、金額の大小に拘わらず、この基準に照らして計算する。9月20日からは随時中央銀行重慶分行、成都分行、万県辦事処、並びに中央銀行の委託した銀号において兌換し、11月20日を限度として兌換を完了するものとする。……⑥四川市場のあらゆる銀幣は、その純度が銀本位幣条例と合うものは1元をもって中央券1元に換えることが出来る。その外の雑幣は概ね財政部の頒収するところの雑色銀料簡則に照らし、各々その含む純銀の実数により中央紙幣と交換する。以上の辦法公布後、川省の貨幣の別は、漸次自ずから統一を遂げよう、といった内容のものであった[8]。これ等の措置は幣制改革の試行と見なされるものであるが、地方幣と中央幣との換算率を巡っては、各地で抗議の声が上がり、金融の混乱を招き、一時は法幣の信用を落とし、流通は不十分で物価の騰貴を招いたりもしたが、清末以来の貨幣の混乱に終止符を打ったという点では、基本的に成功であったと評価出来る[9]。

　参謀団の取り組んだ課題の第3は、交通網の建設と整備であった。「囲剿」の必要からも、川黔、川湘、川陝、川滇公路の建設が進められ、川黔公路は36年末に、川湘公路は36年10月に、川陝公路は37年5月に、川滇公路は39年に完成した。これらの交通網は中央軍の支配力を強化したが、対日抗戦に備えた長期的プランの下に設計されたものでもあった。

　康澤が率いてきた別動隊は黄埔軍官学校の卒業生を中心に組織された特務部隊である。1933年10月に軍事委員会南昌行営別動隊として、廬山に設けられた。別動隊は第五次囲剿に当たり「三分軍事、七分政治」をモットーに国民党独裁

なかった（『第二次大時記』該当期日）。なお、これに先立ち、21軍が35年1月1日付けをもって、あらゆる納税は21軍発行の糧契税券および四川地方銀行発行の各種兌換券をもってすることを命じていたことも（「統一四川幣制之政策」『四川経済月刊』第2巻第3期）、地鈔から法幣への切り替えをスムーズにした要因と見なすことができる。

（8）これに対しては、各地の金融・商業団体の陳情が行われたり、内江県では民衆暴動が起こるなど、民間の不満は大きかったが、蒋介石は断固方針を改めなかった。なお、各地の反応については、『四川月報』7巻3期「行営公布折銷地鈔」等に詳しい。

（9）以上は、周開慶『四川與対日抗戦』23頁

体制の宣伝工作に当たり、保甲制度を施行して民衆を組織的に訓練し、反共組織を樹立し逃亡先から帰還した地主を収容・訓練し、民間の武装を樹立した。総数は全国で15万人前後の隊員がいた。康澤は安岳県出身で黄埔軍官学校の第３期生であり、モスクワの中山大学に学び、帰国後は蒋介石の侍従室秘書兼『中国日報』社社長を務め、特務組織復興社の幹部でもあった。参謀団政訓処と別動隊とは密接な連携があり、政訓処辦公室主任の賀明暄は別動隊の副総隊長でもあった。別動隊は35年の初めに入川し、総隊部の下に参謀、指導、経理、総務、作戦の各組と、調査、情報、人事、会計、軍械、事務、軍法、医務の各股を擁していた。又、隊は３支隊に分かれ、合計で2000人ほどであった。部隊は、重慶、成都、自貢、楽山、宜賓、雅安、万県、達県、南充、涪陵等の地区に配備され、四川の各軍・師に政訓処を設け監視に当たった。

別動隊は又入川後四川保安司令部に政訓室を設け、各行政専区保安司令部に政訓室を設けた。35年夏、四川省に保安司令部が設立され省長の劉湘が保安司令を兼任した。省政府は保安処を設置し、全省の地方保安部隊の訓練と指揮に当たった。保安司令部の下に政訓総室が設けられ、康澤が主任を兼任した。政訓総室の任務は全専区の壮丁幹部訓練班に責任を負うことであった。別動隊は又、民間武装を支配するため、各県の団防と自衛隊をそれぞれ総隊、大隊ないしは独立中隊に組織した。並びに、地方の国民党「土豪」、「劣紳」、「ごろつき（地痞、悪棍）」などと結託して県、区、聯保を統治しようとしたといわれる。別働隊で専門的に特務の訓練を受けて来た者は、その触覚が深く民間に入り込み、中共の各級組織および工、農、学生運動は甚大な破壊を蒙ったという。

別動隊は率先して保甲（壮丁）訓練班を組織し、正副区長、壮丁隊区正副隊長、聯保主任、聯保正副主任、壮丁聯隊長、保長、保隊付、壮丁隊、保隊長等を集めて訓練を実施し、行政専員区を単位として、行政専区政訓室主事、行署専員兼班主任、政訓室主任兼副主任等がほぼ１ヶ月を単位に訓練を受けた。訓練では蒋介石、国民党中央に忠義を求める「ファッショ的」な思想が注入され、特に忠実な分子は復興社の外郭団体「忠義救国会」会員とされた。政訓室はまた各県、市商会、工会の理事と監事を訓練に動員し、これを特殊公民訓練班と称した。康澤は黄埔系の軍人を動員して各地の中学以上の学校の軍事訓練教官

として赴任させた。

　別動隊は又、蔣介石が始めた新生活運動の普及にも尽力した。整頓、清潔、簡単、素朴等を提唱し、そのスローガンは「身をもって手本となし、人に押し及ぼす」であった。後になると、礼・義・廉・恥の「四維」と忠・孝・仁・愛・信・義・和・平の「八徳」を宣伝し、「四維張らざれば、国すなわち滅亡す」と説いた。このような新生活運動や精神改革運動は、中共中心の歴史学では蔣介石のファッショ的独裁のための施策として上げられており、本書の依拠した『軍閥史』も同様な見地を踏襲しているが、軍閥割拠体制の中で地方主義や利己主義に委ねられてきた伝統的徳目を国民国家形成の徳目として換骨奪胎しようとした点は、一定の再評価が必要であると思われる[10]。

　以上の外にも康澤と別動隊の活動については復興社の拡大等注目すべき点があるが省略する。なお、劉湘は重慶公営並びに康澤の蔣介石との交信を傍受していて、蔣介石の意のあるところを察知していた[11]。

第2節　防区体制の解体と四川の統一

　1934年12月21日、国民政府は四川省政府の改組を命令し、劉湘、甘績鏞（かんせきよう）、劉航琛（こうちん）、楊全宇、郭昌明、鄧漢祥、謝培筠（しゃばいいん）を政府委員に任命、同時に以下のように任命した。

　劉湘兼任四川省政府主席

　鄧漢祥兼任秘書長

　甘績鏞兼民政庁長

　劉航琛兼財政庁長

　楊全宇兼教育庁長

　郭昌明兼建設庁長

　費東明を保安処長とする（費は35年3月27日に任命）

---

(10)　以上第22章は主に『軍閥史』434〜450頁に依拠した。なお、劉湘との摩擦が大きくなると、蔣介石は36年5月、康澤をやむなく罷免した。Kapp 前掲書127頁

(11)　『劉湘』187頁

第5章　四川省統一と「中央化」の進展　149

　旧主席・劉文輝は33年7月に下野して雅安に引退していたから、劉湘は四川善後督辦、四川剿匪総司令、四川省政府主席（兼保安司令）の3大官職を一身に集めた。また、35年11月22日、国民党5全大会で劉湘は国民党中央執行委員に選出された[12]。以上の人々の内、鄧漢祥は政治上の、劉航琛は財政上の有力な補佐役を果たした（第2篇第9、10章を参照）。

　35年2月10日、新政府は重慶で成立を宣言した。同時に劉湘は就職宣言を発表した。宣言は「救川すなわち救国」と述べると共に、「九・一八以後、敵は『中国に組織なし』の悪意の宣伝をしているが、いわゆる無組織とは各省自為の風気を指し、未だ封建割拠の余毒を脱せぬ状態をいう。故に中国が今日統一を必要としていることは、全国上下一致した世論である」と述べ、省政府の意志を統一し、行政効率を増し、集中制をもって政治権力を増強し、合議制をもって権力の濫用を予防すると述べ、具体的な政策を幾つか打ち出した。第1は、賢良を選び吏治を刷新し、公務員資格審査委員会を設けて人員を登用する。第2は民政・財政・教育・建設の枠を超えた協力を実現することを謳ったが、特に苛捐雑税は一律に取り消し、別に統一的省税を定め人民に平均に負担させる、などを打ち出した[13]。

　2月10日、劉湘は戍区（防区）各県県長に訓令して、これまで代理してきた一切の政務を、完全に四川省政府に返還することを命じた。そして軍政・民政を截然と区別して各々系統を明らかにすることを命令した。2月13日、李家鈺は戍区の民財政を省に返還することを表明し、続いて鄧錫侯、羅澤州、田頌堯、楊森等が戍区の民財政の各権を省に返還することを表明した。劉文輝も23日省政の統一、防区の打破に賛成の通電を打った[14]。省政府は各軍防区の県長、徴収局長を留任させる方針をとったが、4、5月の間に移動を命令した。当面は23県に留まったが、後に四川省政府県政人員訓練所で訓練を受け、各地に配置

(12)　『劉湘』165頁
(13)　『紀要』該当期日
(14)　『劉湘』167頁

された(15)。これによって防区制は終末を迎えることになる。

　蒋介石の命令を受けて「剿匪」省に組み込まれた四川省では「三分軍事、七分政治」の方針により、地方行政制度が整備された。具体的内容としては、第一に省政府の合署辦公で、一切の命令は省主席の名で発出され、各庁署の文稿は省長の秘書処に集中された。第二は、全省を18の行政督察専員区に分かち、各区に専員公署と保安司令部を設け、専員が区の保安司令を兼ね、並びに専員公署所在県の県長を兼任し、別に専任の副司令1人を置く。専員兼司令の主要な責任は所轄各県の省政府の政令執行を監督・指導することと、治安の責任を負うことであった。第三は、県以下を最小3区最大6区に分かち、区署を設けることである。第四は、各郷鎮は一律に聯保に改め、鎮長・郷長に代わり聯保主任を設けた。郷以下は保甲を設け、10戸を1甲とし、10甲を1保とした。甲を単位として聯保聯坐を実行し甲内に相互監視、相互保証の制を敷いた(16)。第四に、原有の民団は一律に政府の保安部隊に改編し、団の銃は保安部隊に収めた。第五に35年10月「四川省懲治哥老会締盟結社暫行条例」を定めて哥老会を取り締まりの対象とした。第六には、前後して以下の七種の訓練所（班）を実施した。

　　1、四川省政府県政人員訓練所
　　2、同　　　　財務人員訓練所
　　3、同　　　　保甲幹部人員訓練所
　　4、同　　　　社会軍事幹部人員訓練所
　　5、同　　　　統計人員訓練班
　　6、同　　　　農村合作指導人員訓練所
　　7、同　　　　区員訓練班

　以上の内、劉湘が最も重視したのが県政人員訓練所で、中央政府の勢力の地方浸透を阻止するために3ヶ月3期の受訓者1017人を送り出した。当時約150県の内県政人員訓練所出身の県長は70〜80人に達した。外に秘書や科長、区長

(15)　県政人員訓練所については、拙稿「四川省県政人員訓練所についての一考察」を参照されたい。

(16)　以上は『軍閥史』453頁

などの補佐人員も加えれば、基層政権の骨格は劉湘の手に握られたと見なすことができる[17]。

最後に、18の専員区の専員の所在地と人名および略歴は以下の通りであった。

第1区　温江　甓祖佑　北洋時代の劉湘の北京駐在代表
第2区　資中　王次甫　楊永泰の推薦（政学系？）
第3区　重慶（後永川）、沈鵬、楊永泰の推薦（政学系？）
第4区　眉山　梁正鱗　嘗て鄧錫侯の秘書長
第5区　楽山　陳炳光　西山会議派
第6区　宜賓　冷薫南　劉文輝部師長
第7区　瀘県　裴剛　共和党四川責任者、胡景伊と接近
第8区　涪陵（後酉陽）趙鶴、劉湘の速成系の同窓
第9区　万県　羅経猷　楊永泰の推薦（政学系？）
第10区　大竹　侯建国　劉湘の速成系の同窓
第11区　南充　劉光烈　嘗て熊克武の代表
第12区　遂寧　羅璽　劉湘の速成系の同窓
第13区　綿陽　鮮英　嘗て劉湘の参謀長
第14区　剣閣　田湘藩　楊永泰の推薦（政学系？）
第15区　達県　王銘新　前清挙人、老学究
第16区　茂県　謝竹筠　省政府委員と兼任
第17区　雅安　劉駿明　楊森の参謀長
第18区　西昌　王旭東　嘗て熊克武の参謀長

四川と無関係な人事は楊永泰推薦の4名と西山会議派の1名に留まり、四川人の四川という省民意識を中央政府がなかなか突破できない様子がうかがわれる。

第3節　軍政、財政の統一

四川省政府成立後各軍は防区を差し出し、各軍の軍費・糧餉は四川善後督辦

---

(17) 以上は『劉湘』175〜176頁。また、前頁注（15）論文を参照。

公署から支給されることになった。35年2月27日、劉湘は各軍に対して3月分から月ごとに軍費を支給する旨を発表した。翌日、四川省府で第6次会議が開かれ、各県の田賦は毎年徴収を一回とするが、軍事の整理が未だ緒に就く以前に於いては1年の田賦の外に4倍の臨時軍費及び保安費を徴収することが決定され、即日各県で実施するよう通達された。つまり、実質は年5徴体制が確定されたのである。あらゆる各軍の毎月の軍費は以下のように決定された。

		支出報告額	配分額の比率
21軍（劉湘直属）及び23軍	317万元	―	―
20軍（楊森部）	18万元	59万 900元	33%
28軍（鄧錫侯部）	50万元	73万 700元	69%
29軍（田頌堯部）	40万元	144万8500元	28%
川康辺防軍（劉文輝部）	12万元	42万4900元	35%
陸軍新編第6師（李家鈺部）	20万元	56万2400元	36%
陸軍新編第23師（羅澤州部）	10万元	34万1700元	29%

21軍と23軍の支出額は合計317万元で、その他の各軍軍費総額の倍以上であった。上表のパーセンテージは各軍の要求額に対して実際に支給された額の占める割合である。各軍共に軍費は大幅に引き下げられたが、劉湘軍については不明である[18]。

又、3月6日には21軍戍区各県の国税を財政特派員公署に接収させた。

更に翌7日各県に通例を発して田賦の積弊を改革することを命令した。

すなわち、〈田賦の一項は本来は直接徴収であり、人民が自封投櫃（自分の税金を自分の手で徴税の箱に投入すること）するのが原則だった。しかし、徴収局は地籍の紊乱を放置し、徴税の帳簿も散逸してしまい、税糧は耕地に基づかず、戸は税糧に準じず、耕地の所有者を問うことは既に不可能であり、戸を確かめることも容易ではなく、積弊は調査を不可能にしている。故に、田賦の徴収は糧票を各級の団保に渡して「代徴」させたり、糧差に「包徴」（請け負い）させている。……そこで人民の自由な納税完了の風俗は、一変して糧差、団保が把持操縦するところとなった。糧差や団保が中間搾取をしたり、豪紳・巨富から

(18) 以上は『四川輿対日抗戦』21頁による。

第5章　四川省統一と「中央化」の進展　153

は税を取らずといった現象が出てきて、この結果「田賦は官に在りては収入なく、その不足額は民にもなく、団保、糧差の中飽に帰し」ている。〉そこで、「凡そ各県徴収の田賦は、未だ地政機関を設立し、きちんと土地を登記するか、土地の陳報〔所有面積の自己申告〕により課税の標準が確定され、徴収方法が改善される以前に於いては、あらゆる現有の団保の代徴、糧差の請け負いの方法は一律に取り消し、局が櫃を設けて直接徴収することとする。各郷の団保はただ政府に代わり納税を督促する責任を負うだけで、税金を受け取ってはならない。」
と述べて、代徴、包徴を禁じている[19]。このようにして防区制を支えた団閥等の徴税支配は禁止され、防区体制はその基礎から解体された[20]。

　また、中央が確定した1936年度「四川国・省連合予算」は以下の通りであった。

　1）収入の部
　　甲）国税2,630万元（内、塩税1,670万元、印花、煙、酒税300万元）
　　乙）省税5,605万元（内、田賦2,600万元、禁煙900万元、契雑税500万元、屠宰税270万元、地方税540万元、営業税360万元、房捐20万元、土地登記費365万元）
　　　合計、8,235万元
　2）支出の部
　　甲）軍務費4,100万元
　　乙）行政費1,400万元
　　丙）債務費2,669.5万元
　　丁）予備費65.5万元
　　　合計、8,235万元

　上掲のような「軍縮」を行ってもまだまだ軍事費は歳出の49.8％を占めている。
　また、劉湘が上京の折りに蒋介石に要請していた善後公債が、35年6月30日、

---

(19)　『紀要』該当期日
(20)　但し、Kappは防区の廃止・団の再編・禁煙運動は一向に進捗しなかった、と評価している。また、税制改革も軍人や県長の抵抗に遭ったという。前掲書122～123頁

国民政府より「民国24年四川善後公債」7000万元として発行され、その内3000万元は行営に手交されて善後の用に当てられ、4000万元が省政府に配分されて、債権の回収と建設の用に当てられた。同年7月15日、中央は重慶行営に駐川財政監理処を設け、財政部駐川特派員関吉玉及び省財政庁長劉航琛を正副処長に任命した。又、中央銀行重慶分行に聯合金庫を設け、7月16日からあらゆる国税、省税の収入は悉く同金庫に納付し支出に備えることにした。関吉玉の派遣は明らかに劉湘に対する「お目付」のためであった[21]。

軍に関しては、35年秋に蒋介石は峨眉山軍官訓練団を組織し自ら団長を兼ね、劉湘を副団長、陳誠を教育長、鄧錫侯、劉文輝を団附とし、川軍の営長以上の将校の訓練に当たった[22]。35年11月1日に軍事委員会重慶行営が正式に発足した（行営主任・顧祝同、秘書長・楊永泰、参謀長・賀国光）。これに先立ち、10月20日、重慶行営参謀団は、川軍の第1期整理編成として、各軍師は一律に現在の3分の1に縮編することを決定した。11月9日、国民政府は李家鈺を国民政府第47軍軍長に任命した。これは既成事実の承認の域を出ないが、国民政府中央に部隊の任免権があるということを明瞭にするものであった[23]。また、36年1月31日、国民政府は第20軍楊森部を重慶行営の直接指揮下に置いた。

中央化の名の下に既得権が危うくされて行くのを黙視出来なかった劉湘は、各地の反蒋派の軍閥、両広（李宗仁、白崇禧）、雲南（龍雲）、山東（韓復榘）、河北（宋哲元）、山西（閻錫山）、陝西（楊虎城）等との連絡を密にした。36年6月1日の両広事件の勃発に際しては、「諸公の抗日救国の主張、義憤の胸に充ちる有様は欽佩に耐えない」との文言の入った電報を送った。両広事変にはこれに与すべきかどうかを検討している内にあっけなく破綻してしまった。又、35年の中共のいわゆる「八一宣言」に共感を覚えた劉湘は中共党員ともコンタクトを取り、35年10月からは成都で抗日と民主を訴えた新聞・『建設晩報』の発行を許し、財政的にも月額400元ではあるが援助した。劉湘は更に37年には葉雨蒼という人物を延安に派遣し毛沢東と会見させたほか、組織工作やゲリラ戦

(21) 以上は『劉湘』172〜180頁に拠る。

(22) 『劉湘』188頁

(23) 『軍閥史』462頁

の戦術を学ばせている⁽²⁴⁾。

　なお、この間の四川における大衆的抗日運動について、一瞥しておけば、35年12月9日の北平におけるいわゆる12・9運動のニュースが伝わると、11日、重慶の大学生は学生救国会を組織した。29日には80の宣伝隊を組織したりして抗日運動を拡げようとしたが、各地の学生連合会は解散させられ、翌年5月の全救連結成を一つの頂点とする抗日救国運動の中では盛り上がりに欠けた。しかし、日本はそのような沈滞していた四川の抗日救国運動に自ら火を着けるような挙に出たのだった。すなわち、36年7月、居留民保護を理由に成都に領事館を設けようと、岩井英一を成都代理領事とする一行18名を8月3日、南京より出発させたのである。すでに、31年9月24日で重慶の王家沱の日本租界の満期に際しても、強烈な大衆的回収運動が起こった結果、10月22日には引き上げざるを得なかった経験があるにもかかわらず、「条約的根拠なし」という中国外交部の言明を無視して、四川に向かった岩井一行は、万県、重慶で、猛烈な抗議運動で迎えられた。岩井は重慶より先に進むことを断念したが、随行員の渡辺、深川、田中、瀬戸等4人を個人旅行という口実で成都に派遣した。一行は、8月23日成都の驛馬市街の大川飯店に逗留したが、同日小城公園に集まって抗議集会を開いた民衆は、24日午後、2000人のデモ隊で大川飯店に押し掛けて、暴徒化した群衆によって日本人4人は袋だたきの目にあって、渡辺恍三郎と深川経二は殴り殺された。また、群衆は日本人と関係の深い交通公司、日本商品の販売店である宝源蓉、益晋恒商店を打ち壊した。警官が出動し、参加大衆にもけが人が多く出た⁽²⁵⁾。一説によれば、劉湘は蒋介石を窮地に陥れるために暴徒を放置したというが、9月13日から始まった、張群－川越会談でも、中国政府は領事館設置を拒絶した⁽²⁶⁾。劉湘はまた、西安事変に際しても、張学良、楊虎城に同情的な電報を打ち平和解決による一致抗日を訴えている。このよう

(24)　『劉湘』222～224頁
(25)　『四川現代史』220～222頁
(26)　なお、成都事件と張群＝川越会談については、熊倬雲「一九三六年 "成都大川飯店事件内幕"」『成都文史資料選輯』第7緝および、中華民国外交問題研究会編『廬溝橋事変前後的中日問題』(1966年) 第2章第3節「成都事件」を参照されたい。

な行為は当然蔣介石の反感を招くことになった。

　蔣介石は四川軍の縮編と軍民分治を考えていたが、軍の縮小から着手した。37年7月3日、軍政部長の何応欽は南京で談話を行い、川康[27]整軍方案の原則として、①川康軍隊は軍（或いは独立師旅）を単位として中央に直属させ、軍事委員会の指揮の下に置く。但し、綏靖の必要上川康綏靖主任は軍事委員会委員長の批准を得て、軍隊をその指揮下に置くことが出来る。②川康軍隊の整軍原則の要領は以下の通り。甲）軍隊の数量は原有の経費の範囲内に於いて画一に整編すると共に、漸次質量の充実を図る。乙）各師の編制は37年に頒布した編制を基準とする。③軍隊の経理は中央の統一経理をもって原則とし、その方法は以下の如し。甲）給養：（略）乙）経理機関（略）丙）各軍の経費は、行営より直接に支給する。丁）各軍の服装経費……中央より統一して製作し支給する④人事に関する事項は陸軍人事法規に照らして処理し、直接には軍事委員会がこれに当たる⑤軍事教育は訓練総監部がこれを統括し、原設の軍官・軍士の教育機関は、中央が接収辨理するものとする。⑥各軍の政訓は行営政訓処が統一して処理する。⑦航空防空（略）⑧軍需工業及び兵器製造事業は中央が統一に処理し、あらゆる製造・修理の工場は、中央が接収し処理する。⑨〜⑪（略）[28]

　7月5日、何応欽は重慶に飛び、翌日から重慶行営の大講堂で川康整軍会議が開かれた。翌日から始まった会議では、何応欽が、四川の軍隊が8個軍、26師、9独立旅、総計で171個団で、これだけでも日本軍の2倍半に匹敵するほど多いことを指摘、整理の必要を説いた。折りから盧溝橋事件が勃発し、9日に①川軍各部は2割縮減する。②団以上の軍官は国民政府の関連部局が直接任命する。③川軍の軍餉は毎月軍部より人を派遣して名簿に照らして支給する、の三点を決定してあわただしく閉会、何応欽は南京に帰った。なお、軍の新たな編制期限は1ヶ月以内と定められた。8月10日四川軍の新編成は以下のよう

---

(27)　西康省が正式に発足するのは1939年であり、それ以前においてはチベット軍が征圧する西部地区を除き、西康地区東部は四川省に属していたため、川康の呼称があった。

(28)　『紀要』該当期日

に発表された[29]。
　川康綏靖公署直轄部隊60個団、3個軍、2個独立師、7個独立旅
　第21軍　軍長・唐式遵　副軍長範紹増
　　　　　145師・師長・饒国華
　　　　　164師・師長・範紹増
　　　　　162師・師長・彭誠孚
　第23軍　軍長・潘文華
　　　　　147師・師長・楊国楨
　　　　　148師・師長・陳万仞
　　　　　146師・師長・張邦本
　第44軍　軍長・王纘緒
　　　　　149師・師長・郭昌明
　　　　　150師・師長・廖震
　　　　　163師・師長・陳蘭亭
　独立師2　161師・師長・許紹宗
　　　　　144師・師長・郭勲祺
　独立旅7　11旅・旅長・鄧国璋
　　　　　12旅・旅長・范南軒
　　　　　13旅・旅長・田鐘毅
　　　　　14旅・旅長・周紹軒
　　　　　15旅・旅長・楊亮基
　　　　　16旅・旅長・劉樹成
　　　　　17旅・旅長・劉若弼
　第24軍　軍長・劉文輝　副軍長・陳光藻
　　　　　137師・師長・劉元瑭　副師長・劉元琮
　　　　　1旅・旅長・楊生武
　　　　　2旅・旅長・劉元瑭
　　　　　138師・師長・唐英　副師長・楊学端

(29)　『紀要』該当期日

158　第1篇　四川軍閥史略

　　　　　1旅・旅長・張巽中
　　　　　2旅・旅長・曾言樞
　　　　　独立団長・劉元琮
　第41軍　軍長・孫震　副軍長・董宋珩
　　　　　122師・師長・王銘章　副師長・楊俊清
　　　　　　1旅・旅長・王志遠
　　　　　　2旅・旅長・童澄
　　　　　123師・師長・曾憲棟　副師長・李煒
　　　　　　1旅・旅長・馬澤
　　　　　　2旅・旅長・陳宗進
　　　　　124師・師長・孫震（兼任）副師長・税梯青
　　　　　　1旅・旅長・呂康
　　　　　　2旅・旅長・曾甦元
　　　　　独立団・団長・余大経
　第45軍　軍長・鄧錫侯　副軍長・馬毓智
　　　　　125師・師長・陳鼎勳　副師長・孫賢頌
　　　　　　1旅・旅長・盧済清
　　　　　　2旅・旅長・林翼如
　　　　　126師・師長・勺世傑
　　　　　　1旅・旅長・龔渭清
　　　　　　2旅・旅長・李樹華
　　　　　127師・師長・陳離
　　　　　　1旅・旅長・陶凱
　　　　　　2旅・旅長・楊宗礼
　　　　　独立1旅・旅長・謝無圻
　　　　　独立2旅・旅長・楊晒軒
　第47軍　軍長・李家鈺
　　　　　104師・師長・李家鈺（兼任）
　　　　　178師・師長・李青廷

第 5 章　四川省統一と「中央化」の進展　159

　以上のように、劉湘軍はこの軍縮の被害を殆ど被らず、11甲種師と 7 独立旅、60団、十数万人を擁していた。楊森は参謀団直属となり、田頌堯は軍長の職を免じられ、孫震が代わって統率した。なお、以上の正規軍の外に 1 独立団を重慶警備部指揮下に置くほか、縮編された部隊は各行政専員区の保安団、全18団に編成された。ここに於いて「軍人がその地方的軍事力を背景として、立法・行政・司法の三権を独占する政治体制において、その中核的指導者並びにその有力な部下に対する名称である」との私の定義でいう軍閥体制は一応克服され、軍閥は国家権力の下に統合されることになったといえよう。この過程では、二劉戦争における劉湘の勝利後も「民族復興」＝抗日という大義の前に割拠体制を維持し難くなるような情勢が生まれていたことに注意すべきである。四川省外での軍閥混戦や共産党への囲剿が身近に迫らぬ内は、国民革命軍への易幟後も中央の威令を争うというよりも、剥き出しの防区争奪戦に明け暮れてきた四川軍閥ではあったが、紅軍の侵入と財政破綻の危機を乗り越えるためには蔣介石への依存を余儀なくされた。蔣介石は反共戦争と抗日体制の構築という課題を四川省の「中央化」において二つながら達成することに成功したのである。これは、緊迫化する日中関係のなかにおいては戦略的意味を持つ成功であった。

　但し、蔣介石の中央政府と旧軍閥達の間には、その待遇や利権を巡って対立が伏在した。この水面下での対立が劉湘（38年 1 月死去）を含め四川の「実力者」たる鄧錫侯、劉文輝、田頌堯、潘文華等の劉湘死後の四川省長をめぐる中央との確執となり、最終的には1949年における反蔣蜂起を呼び起こす要因となった。しかし、小論は、1937年 7 月の川康整軍会議をもって、四川軍閥史略の結びとしたい。というのも、中国の最近の研究でも、抗日民族統一戦線成立前後から従来の軍閥たちを「軍閥」とは呼ばず、「地方実力者」といった言葉を用いて呼んでいるし、日中戦争後にはもはや軍閥という呼称は余り用いられなくなるのである。それは、中華民国初期から西安事変まで支配的であった軍閥という存在が抗日戦争期を通じて国民党中央の指揮下に置かれることになり、消滅したことを意味するのである。『劉湘』は当然劉湘の死んだ38年 1 月までの確執を描き、『軍閥史』等は49年の彭県蜂起にまで筆を揮っているが、蔣介石

と劉文輝等との政治的攻防、権謀術数および中共の秘密工作等が主要な中味であり、それはそれで興味あるテーマであるが、私には第3篇に示したような研究テーマの方に関心があるし、『四川現代史』『軍閥史』『通史』以外にこれといった研究書もないので、筆を擱くには37年7月が切りがよいと思い、そうすることにした。

なお、8年の抗日戦争に四川軍は6個の集団軍と2個軍、1独立旅、合計40余万人の兵を前線に送りだし、その数は正面戦場軍の2割を占めたといわれる。劉湘自ら第7戦区司令長官として、川軍から成る22集団軍、第23集団軍を率いて上海防衛戦に当たり、楊森の旧20軍も貴州から上海戦線に出てきて活躍した。また饒国華(30)や李家鈺(31)、王銘章(32)等は壮烈な戦いの末に陣没して、今日の中国で抗日烈士として祭られている。また、例えば李家鈺の軍隊は西昌から草鞋履きで西安まで歩き、そこから列車を乗り継ぎ、再び徒歩で山西省の戦場に到ったといわれるように、十分な装備も与えられなかったにも拘わらず、四川の軍は善戦した。国家の存亡に一命を捧げるといった「愛国心」の発揮は、防区を巡り混戦を続けていた往事の四川軍閥の姿からは想像しにくいが、「中国には

---

(30) 1895年資陽県の貧農の家に生まれ辛亥革命の年、成都で入隊。最下層から鍛えあげて連長（中隊長）になり、劉湘の第2師の軍官伝習所をトップで卒業。副旅長、旅長と昇進。抗日戦が始まると上海前線で日本軍機械化部隊（牛島師団）4000余人を相手に広徳県を死守するも、陥落。投降を拒否して12月1日ピストルで自殺。38年3月12日の延安各界孫中山逝世13周年記念会では、毛沢東が趙登禹等と共に「中国人民に崇高で偉大な典型を示した」と称讃した。1983年四川省人民政府より「革命烈士」に叙せらる。

(31) 1892年蒲江県に生まれる。1912年四川陸軍小学堂を卒業し南京陸軍予備学校に学ぶ。15年、劉存厚の見習い士官となり、20〜23年川軍第3師長・鄧錫侯の下で団長、旅長に昇進。24年四川暫編陸軍第1師長となる。遂寧、安岳、楽至、蓬渓、潼南、資陽、簡県等を地盤として、しだいに鄧錫侯より独立。37年抗戦が勃発すると西昌より徒歩で西安まで行き、そこから列車で山西省の戦場に向かう。蒋介石の命令により第22集団軍に配属され、山西省南部に出撃、八路軍と共同作戦した。1944年、日本軍の大陸打通作戦と戦う中で戦死。6月8日、成都で大規模な追悼会が開かれ、国民政府より陸軍上将の位を贈られる。1984年中国政府より抗日陣亡革命烈士に叙せらる。

社会はあれど、国家無し」といった、軍閥混戦のイメージで中国の抗日戦争を捉えようとし続けた結果が、日本をして太平洋戦争の破局にまで至らせる結果となったことは、忘れてはなるまい。

おわりに

　軍閥に代わって日中戦争期に台頭した中共軍について考えてみるに、抗戦当初国民政府から正規軍としての部隊番号をもらったこともあるが、国民政府の統制を離れて抗日根拠地を次々に広げていったわけであり、このような事態を中共は「軍事力を背景として政権に関与した」(橘樸)というように見ることも可能である。そうだとすると中共は一種の「軍閥」であるということにもなるが、このことは橘樸の「軍閥」規定の限界を示すものであろう。というよりも、橘はこのような歴史の展開を予想できなかったのかも知れない。いずれにせよ、抗日戦争勝利後の国共交渉では「軍隊の国家化」が最大の問題となった。共産党の場合、軍隊は党の指揮下におかれる建前を取っていたが、蔣介石にしろ毛沢東にしろ、軍の最高決定権を有していた点では共通している。また、両党共に全能型のレーニン主義的党であり、そこにおける民主集中制の組織原則が党外の、国民の権利行使の形態でもあるとされ(人民代表大会と人民代表大会常務委員会の関係の如き、「民主集中制」による民主主義の形骸化)、三権分立等近代民主主義の諸原理は「ブルジョア的」との理由で否定されたのであった(もっとも、国民党には国民大会・五権憲法という構想はあったものの、民主化の度合いは低くまた腐敗していたために、充分このような構想に立った建国が開花せず、全能型の党

---

(32)　1893年県に生まる。四川陸軍小学、四川陸軍軍官学堂(14年卒業)を経て劉存厚の見習い士官、排長(小隊長)、以後連長、営長、団長、旅長と順を追って昇進、24年田頌堯の第29軍第13師長となり、対川陝ソビエト囲剿戦で功績を積み、中将に叙さる。抗日戦に際しては、徐州作戦の一環として滕県の防衛に当たり、陥落後の市街戦で戦死。4日間にわたる滕県の抵抗はその後の魯南会戦(台児荘戦役)における中国軍の勝利に有利な条件を作ったといわれる。毛沢東は王銘章の死を悼む對聯を残している。84年、四川省人民政府より革命烈士に叙せらる。

の指導のまま大陸に逃亡せざるを得なくなった。そして、レーニン主義的形態の統治形態からの脱出には、蒋介石没後を待たねばならなかったのである)。党・軍・民主の関係は中国革命史の特質に規定されていて、一般論としては論じにくい一面があることは確かである。

　そのような中華民国期の中国政治の中において、四川軍閥の興亡をふり返ってみると、その端緒は辛亥革命の不徹底故の督軍制度にあり、北洋軍閥に対抗する護国軍の決起以来、軍政が万事に優先したことによって、大小の軍閥が各地に割拠するようになった。これには都市における民主化運動の弱さ、農民を含めた文盲率の高さ、近代的官僚システムの未発達、土匪の横行等の要因が考えられる。抗日戦争頃まで四川の政治を取り仕切ったのは軍人であったが、彼らは、同盟会関係者の多かった留日学生を除けば、辛亥革命直後においては国公立の軍事学校を卒業しており、この意味では知的権威を有する知識人でもあったわけで、完備されていない地方の官僚制を代替する能力を期待されていた存在でもあった。大小の軍閥は同郷・血縁・同学等の縁によって私的に属官や官僚をリクルートし、その不足分は自己の将校をもって充てたのである。しかし、軍閥のボスは戦争を通じて部下の階級と待遇を引き上げてやらねばならぬという宿命を負っている。軍閥のボスは自己の軍事集団としての存在意義を政治的に高めることによって、この宿命を果たそうとするし、そうしないと戦争の戦果は充分に得られない。だから、四川における軍閥混戦も、後からふり返れば、最終的には二劉決戦という頂点をめざすトーナメントの上に配置されての競争であった。ただ、この混戦を勝ち抜くに当たっては、劉湘が幸運に恵まれていたということはいえるであろう。それは、早期から重慶を拠点にすることができたということである。これは序論に尾崎秀実を紹介したとおりである。重慶は武漢・上海に連なる交通の要衝であり、従ってまた、長江流域の物資の集散地でもあり、金融の中心地でもあった。巴県と璧山の2県を地盤として出発しながら、最後には劉文輝を圧倒できたのは、重慶という戦略的に見て第一の要地に根を生やすことができたからである[33]。これに対し、劉文輝や鄧錫侯、田

---

(33)　このような、劉湘と重慶の深い関連については、Kapp "Chunking as a Center of World Power, 1926-1937" を参照されたい。

第 5 章　四川省統一と「中央化」の進展　163

頌堯等は成都という、伝統的な省都を拠点にしており、経済的にも軍事的にも、長江下流の経済的先進地帯との接触は重慶を介さねばならず、このような成都の地位は地政学的に見て、全国に占める重要性は重慶に比肩できるものではなかった。それはともかく、上述のように、混戦は勝ち抜きゲームを通じて強者の下への弱者の吸収、消滅を不可避としてゆく、この過程こそは四川軍閥の発展史である。紙幅の制約もあって割愛した部分もあるが、このような戦争＝軍閥発展の運動はしかし、膨張する兵士の給料や軍需費に財収が追いつかないという矛盾・不安定要因を絶えず抱えていた。これを弥縫するための田賦の預徴や苛捐雑税の重圧、悪貨の鋳造や公債の発行は、割拠地域の経済基盤を弱め、民衆の反抗を招いた。本文中には民衆の反抗闘争は取り分けて描写しなかったが、中共の指導の有無に関係なく、あちこちで抗捐・抗税の暴動が起きていた。32年末に川北から中共の紅4軍が入川すると、瞬く間にその勢力を拡大したのは、このような軍閥支配の矛盾を背景としていたことはいうまでもない。しかし、ここで注意しなければならないのは、劉湘が蔣介石の「安内攘外」をまねて「先ず安川、後剿共」の方針を徹底して、劉文輝への攻撃を徹底し、勝利して後、おもむろに紅4軍に立ち向かったことである。すなわち、劉文輝との戦いを「治川綱要16条」を楯に推し進めることによって、劉文輝に反感を抱いただけの軍閥を、防区解体＝劉湘の一元支配の確立に向けて動員したことである。つまり、劉湘としては四川全体を自己の防区にしてしまうことが理想であった。しかし、紅4軍や貴州境界を脅かす賀龍軍との戦いはかなりの兵力と戦費を要し、結局は南京政府による「四川省の中央化」を認めざるを得なくなる。劉湘は政治に軍事に財政に、中央が派遣した「参謀団」の掣肘を受けざるを得なくなり、四川全省を自己の防区として自由に統治することはできなくなった。劉湘がこれらの「中央化」を苦々しく思っていたという解釈は、台湾の研究を除く大陸の諸研究に共通して見られるところである。しかし、劉湘が日中全面戦争の勃発に際しては、積極的に蘆山会議に出席し、第9戦区の司令官として抗戦の陣頭に立って四川軍を督励したのも確かである。そこには、愛国の第一線に立つ者としての四川人という矜持が感じられる。蔣介石は劉湘の死後、四川の各軍をいくつかの集団軍に分散して抗戦に投入した。これは、四川人として

の郷土意識に基づく人的結合を妨害しようとしたためとも取れるし、狭い郷土意識を超えた国民意識の涵養を促すことが狙いだったとも受け取れる。いずれにしても、劉湘という民国期の四川が生んだ最大の軍閥の全省統一と死をもって、四川軍閥史の幕は降りたのであった。

　以上をもって第1篇を終わる。次の第2篇においては、四川軍閥統治下における四川社会の諸側面を考察することにしたい。

第 2 篇

軍閥統治下の四川社会

第2篇への序論
四川軍閥の虐政と収奪についての覚え書き

はじめに

　四川軍閥の苛斂誅求やその結果として四川社会、特に四川農村社会が如何に疲弊したかについて述べた書物としては、呂平登の古典的著作『四川農村経済』（1936年6月初版、商務印書館）がある。ジェローム・チェン『軍紳政権』は、呂平登等に依拠しつつ、四川省に例をとって、軍閥の搾取とそれによる社会の疲弊と「階級構造の両極分解」（邦訳、182頁）を論じているが、匡珊吉・楊彦光『四川軍閥史』の第5章「軍閥統治下凋弊的四川経済」も大同小異である。本章においては匡珊吉等によって述べられているところを紹介し、あわせて疑問点を提示してみたいと思う。

（1）

先ず『四川軍閥史』第5章の構成を紹介すると以下のとおりである。
第1節　軍閥統治下衰敗的財政金融和民族工商業
　　1　軍閥統治下的財政和税収
　　2　銀行、銭荘的建立及其活動
　　3　軍閥統治下的四川幣制
　　4　民族工商業的衰敗
第2節　農村経済的残破
　　1　駭人聴聞的田賦附加和預徴
　　2　劇烈的土地兼併和沈重地租剥搾
　　3　兵災匪禍対農村的破壊

168　第2篇第1部　四川軍閥像の再検討

４　農村経済的崩壊和農民的悲惨遭遇

先ず第1節第1項について紹介すると、呂平登及び甘績鏞「四川防区時代財政税収」(『重慶文史資料選輯』第8緝) 等によって、四川の民国元年以来の軍費を以下のような表にまとめている (351～52頁)。

表1：四川の毎年消耗した軍費

民国元年 (1912年)	610万元
民国6年 (1917年)	783万余元
民国7年 (1918年)	1050万余元
民国8年 (1919年)	1434万余元
民国14年 (1925年)	2651万4918元
民国15年 (1926年)	3880万3853元
民国23年 (1934年)	9000余万元

「20余年間に15倍にもなった！」と書いている。また、財政規模も以下のように増大の一途を辿ったという (353頁)。

表2：四川の財政収入

民国5年 (1916年)	11,551,052元
民国14年 (1925年)	12,547,834元
民国15年 (1926年)	43,603,853元
民国23年 (1934年)	150,000,000元

民国5年～23年の19年間に財政規模は10倍以上に膨らんだ (私の計算では約13倍)。しかも、『四川経済月刊』第1巻第5期の興隆「六年来二十一軍財政之回顧與今後之展望」の載せるところによれば、21軍の歴年の軍費は総支出の内以下のような比率を占めた (同誌6～7頁)。

表3：21軍の総予算に占める軍費
　　　　の比率 (1928～33年)

1928年	12,694,758元	79.0 %
29年	16,901,681	73.77
30年	22,261,436	73.46
31年	26,580,174	75.20
32年	34,231,718	67.81
33年	45,927,038	72.33

匡珊吉等 (以下「著者」と書く) はこれらをもって軍閥とその手先が軍費と「財を集めて自分を肥やす貪欲さ」を充たした証拠としている。では、以上のような金の出所はどこにあったか？著者は塩税、特税 (アヘン税)、各種の雑捐

表4：21軍の税収（1928～35年）

単位：元

年度	田賦	税捐	塩税	特税	合計
28年	2,002,634	3,382,505	5,714,494	902,478	12,002,112
	16.69%	28.18%	47.61%	7.52%	100.00%
29年	3,354,976	8,063,449	4,509,932	3,192,410	19,120,769
	17.54%	42.22%	23.59%	16.65%	100.00%
30年	2,050,157	11,132,288	4,778,661	11,179,279	30,140,387
	10.12%	36.93%	15.85%	37.10%	100.00%
31年	4,987,519	9,644,901	3,609,604	8,352,144	26,594,170
	18.72%	36.27%	14.57%	30.44%	100.00%
32年	9,504,482	10,434,644	3,481,055	8,570,892	31,991,021
	29.00%	32.95%	10.99%	27.06%	100.00%
33年	15,990,645	13,650,987	7,478,500	9,277,876	46,398,009
	34.08%	29.28%	16.09%	20.55%	100.00%
34年		15,600,000		10,000,000	
		21.56%		14.00%	
35年		14,000,000		9,493,468	
		26.22%		19.00%	

備考：『四川軍閥史』356～357、359～360、367頁の表による。著者が28～33年までは、前掲『四川経済月刊』の数を用いているのは明らかだが、一部誤植と思われるものがあり、原表に従った（なお原表は元以下角・分の単位まで記しているが省略した。このためパーセンテージに誤差が生じた可能性もある）。特税と税捐の数値は『四川財政匯編』や呂平登の前掲書等を「総合整理した」数だとあるが、34年の税捐も特税も予算の数値のように思われるが、パーセンテージを明記しながら総計額がわからない。パーセンテージの根拠が不明である。なお呂平登によれば、34年度の予算では、田賦収入が剿赤費も含めて16,600,000元、税捐は13,000,000元、塩税は9,510,000元、特税（煙税）は9,000,000元、35年度予算では田賦（糧税）が14,000,000元、税捐は本表に同じ、塩税は10,000,000元、特税が10,000,000元とされている。

を挙げる。各種雑捐について紹介すれば、ある地方では農民が県城に入ろうとすると草鞋捐を取られ、素足だと素足捐（赤脚捐）をとられたという漫画のような話しもあり、その他関所を構えて通行料を「護商費」などとして取られるなど、名目は雑多で35年に苛捐雑税を整理した時、徴税機関は51ヶ処、撤廃された雑捐は204種に及んだという（362頁）。21軍に関して著者が挙げる税収をまとめてみると上表4のとおり。

ところで、著者は挙げていないが、21軍の収支表というのが前掲の『四川月報』誌10頁に載っている。それによると下表のように毎年赤字を出している。

表5：21軍の収支表（1928〜33年）による赤字額

1928年3月以前	5,158,277元
1928年3月〜12月	4,049,586
1929年	3,924,921
1930年	164,598
1931年	8,752,493
1932年	18,489,114
1933年	18,419,554
合計	58,958,546

このような赤字をどう処理したのか？同誌11〜12頁には以下のような負債統計表が載っている。

表6：21軍負債統計表（1933年12月末まで）

	短期借款	塩税の先取り	未払い金	公債庫券	合計
1月	6,896,381	630,000	5,335,861	985,048	13,847,290元
2月	1,394,750	630,000		976,440	3,001,190
3月	2,585,975	630,000		1,411,832	4,627,807
4月	100,385	630,000		2,586,724	3,417,109
5月	14,850	630,000		950,616	1,595,466
6月		630,000		942,008	1,572,008
7月		630,000		933,400	1,563,400
8月	82,500	630,000		674,792	1,387,292
9月		630,000		1,098,984	1,728,984
10月		630,000		2,253,576	2,883,576
11月	82,000	530,000		357,968	969,968
12月	75,000	530,000		355,960	960,960
公債庫券余額				21,403,844	21,403,844
合計	11,331,841	7,360,000	5,335,861	34,930,844	58,958,546元

33年末までの累積赤字額の総計はこの表の1〜12月までの各項の合計と一致する。興隆によれば、短期借款は各銀行・銭荘・商店及び財団からの借金だという。塩税は34年度分を預徴したものである。未払い金は各部隊・機関への未払い金である。公債庫券とは以下のようなものであった（同、12頁）。

第一期整理川東金融公債　総額500万元、100期で償還、利率4厘　33年末で已

第2篇への序論　四川軍閥の虐政と収奪についての覚え書き　171

に元本・利息の支払い18回

第二期整理川東金融公債　総額120万元　100期で償還、利率4厘　已に元本・利息の支払い14回

整理重慶金融庫券　総額250万元　10ヶ月で償還　利率1分2厘　已に元本・利息の支払い3回

二期塩税庫券　総額500万元　50ヶ月で償還、利率8厘、已に元本・利息の支払い6回

短期塩税庫券　総額300万元　10ヶ月で償還　利率1分2厘　1月より償還開始

軍需債券　総額100万元　50ヶ月で償還　利率8厘　已に元本・利息の支払い13回

印花菸酒庫券　総額500万元　50ヶ月で償還　利率8厘　已に元本・利息の支払い7回

田賦公債　総額は1500万元だったが33年末までの発行は300万元　年2回に分け10期で償還　利率8厘

短期軍需庫券　総額300万元　利率1分　4月30日、10月31日の二期で償還

　このように、重慶という経済的に有利な地点を占めていた21軍ですら、財政収支は赤字で借款や公債に依存しなければならなかった。また、部隊への未払い金が533万元にも上ったことも注目される。給料の未払いや遅配で兵士が暴動を起こす（兵変）のは、全国的に見られた現象であるから。

　このような慢性的赤字を抱えて軍を経営する一方で、軍閥達は銀号や銀行に資金を投じて儲けていた。

　著者は『四川軍閥史料』第5輯116〜118頁所掲の「四川軍閥統治時期各軍在成都的金融機構簡表」をそのまま引用している。私もこれにならって必要箇所を引用しておくと次頁表7のとおり。但し、一部を成都市政協文史資料研究会・成都市民建、工商聯史料委員会・四川人民銀行金融研究所「民国時期成都金融実況概述」『成都文史資料選輯』第8緝によって補訂した。

表7：各軍の成都における金融機構

★28軍（鄧錫侯）系

名称	成立年	資本金(元)	出資者	身分	備考
康泰祥銀号	1926年	5,000	鄧錫侯	28軍軍長	
益敬恒銀号	同上	100,000	黄逸民	師長・成都市長	
天府儲蓄銀行	1927年	400,000	鄧国璋	旅長？	
元吉銀号	同上	50,000	陳書農	師長	
華慶銀号	同上	50,000	許達全	不詳	
利豊銀号	同上	50,000	馬徳斎	不詳	
恒裕銀号	同上	100,000	羅澤州	師長	
永達銀号	同上	30,000	楊向栄	旅長	
鑫記銀号	同上	150,000	李家鈺	師長	
豊泰銀号	同上	200,000	饒撤韜	師長	
志誠商業銀行	同上	60,000	謝徳戡	旅長	
蜀信商業銀行	1928年	400,000	鄧錫侯	28軍軍長	
西南儲蓄銀行	同上	400,000	鄧国璋・陳書農		
徳益永銀号	1931年	35,000	彭誠孚	不詳	
新川銀行	1931年	400,000	鄧錫侯	28軍軍長	
恵生銀号			黄逸民	師長	
恒豊銀号		100,000	黄逸民	師長	
益敬恒銀号			黄逸民	師長	

★29軍系

名称	成立年	資本金(元)	出資者	身分	備考
和豊銀号	1926年	200,000	田頌堯	29軍軍長	
崇徳銀号	同上		曾南夫	不詳	
恵川銀号	1927年	150,000	林澤伯	旅長	孫徳安？
徳順長銀号	同上		孫徳安(孫震)	師長	童長安も参加
崇実銭荘	同上		任昌鵬	旅長？	
徳安銀号	同上		童長安	師長？	
鼎豊貞銀号	1928年				
四川西北銀行	1930年	200,000	田頌堯	29軍軍長	

★24軍系

名称	成立年	資本金(元)	出資者	身分	備考
裕通銀行	1927年	200,000	劉文輝	24軍軍長	
盛益銀号	1926年	100,000	劉文成	劉文輝の兄	
人和銀号	1927年	100,000	劉文彩	劉文輝の兄、四川煙酒公司	
肇記銀号	同上		石肇武	師長	
新恰豊銀号	1928年	100,000	劉文輝	24軍軍長	
利華銀号	1929年	400,000	劉文彩	四川煙酒公司宜賓分局長	

★その他

名称	成立年	資本金(元)	出資者	身分	備考
福川銀号	1927年	100,000	陳国棟	元第7師師長	
東升銀号	同上	70,000	劉学優	23軍・劉成勲の財務処長	
衡康銀号	同上	50,000	孫雨巷	不詳	

第2篇への序論　四川軍閥の虐政と収奪についての覚え書き　173

表8：重慶の主な銀行

行名	設立年次	資本金	主な出資者	経営責任者	責任者等の身分
聚興誠銀行	1915	200万元	楊粲三	楊粲三	
四川美豊銀行	1922	100万元		汪雲松・曾禹欽	重慶総商会会長
川康殖行銀行	1930	100万元	劉航琛＝劉湘	何北衡・盧作孚	劉は21軍財政処長
重慶市民銀行（重慶商業銀行）	1931	50万元	潘文華	潘昌猷	潘文華の弟潘文華は師長・重慶市長
重慶川塩銀行	1932	200万元	21軍関係者	呉受彤、劉航琛	
四川商業銀行	1932	100万元	範紹増	范紹増	21軍師長
四川農村銀行	1933			劉湘	21軍長
四川建設銀行	1934	100万元	唐式遵	唐式遵	21軍師長
重慶地方銀行	1934			郭文欽	21軍参謀長
四川地方銀行	1934		四川善後督辦公署	劉航琛	前出

注）以上の表は『聚興誠銀行』（重慶工商史料第6輯）、『重慶5家著名銀行』（同前第7輯）および『四川軍閥史』371～372頁に拠り作成した。

　表7からわかるように、1926年～31年の間に設立されたものばかりであり、特に26、27年に設立されたものが多い。軍閥の金融界への進出は北伐の最中であったと言えそうである。もっとも、重慶の方も見ておく必要があろう。周勇主編『重慶通史』（2002年、重慶出版社）下巻によると、劉湘が重慶を占拠して以来10年間に「重慶で新たに開設された幾つかの銀行の殆どが21軍の支配下におかれ」たという（818頁）。当時重慶の銀行、銭荘両業の資本総額は1000万元に過ぎなかったが、「軍・政の人物の資本関係者が十分の八以上であった」という（819頁）。

　また、著者によれば、重慶には1912年から27年までの間に聚興誠銀行、美豊銀行、富川銀行、大中銀行等があったが、大中、富川は相継いで倒産した。27年以後、重慶平民、川康殖業、川塩、重慶市民、四川建設、四川商業、新業等の銀行が相継いで設立されたが、これらの一つとして21軍の支配を受けぬものはなかったという（369頁）。これも、わかるものは表にしておくと上表8のとおり。

以上のうち聚興誠銀行と美豊銀行は民間銀行として発足したが、21軍の関与・統制を免れなかった。楊粲三はこれを避けるため一時本店を漢口に移したこともあったが、結局重慶に戻り、21軍当局および21軍幹部の株式参入を認めざるを得なかった。

　この表からは、21軍の拠点・重慶では30年代に入って軍閥が銀行を作り始めたことがわかる。成都よりも３～４年金融界進出が後れたようにも見えるが、銀号への投資状況がわからないので何ともいえない。ただ、一般論として銀号よりも銀行の方が近代的金融組織だとすれば、重慶の方が成都よりも進んでいたといえるかもしれない。しかし、銀行の経営内容から見ると、「細く長く」「薄利主義」をモットーに、「高利貸しはせず、決算期の預金を受けない」「官僚と交際せず、政治に巻き込まれない」経営方針を取り、比較的堅実な経営をしていたと見られる聚興誠銀行でも、為替業務が第一で、預金・融資が第二、投資は総資本の僅かにすぎず、1943年でも資本総数の2.6％足らずしか占めていなかった（前掲書、123頁）。美豊も利子収益が95％以上を占めていた（張肖梅『四川経済参考資料』Ｄ15頁）。その他の21軍関係の銀行が、先に見たような軍費の不足を公債発行で充たしてやる媒体になったのも、当然である。劉航琛の「錬金術」については本篇第８章を参照願うとして、一つの事例を『四川軍閥史』から抄訳しておこう。

　〈1926年、劉湘は川北の富商・奚致和を財政処長に任命した。奚致和は商業手形の方式を採用し、重慶の商家から高利で手形を割って現銀を巻き上げるよう、劉湘に進言した。しかし、軍には商業手形を振り出す権限はない。そこで、劉湘の同意を得て、奚致和が商人の孫樹培と示しあわせて、孫が已に休業している「鈞益公」（という銀号）から３ヶ月を期限とする約束手形を振り出してもらい、（この約手は）軍の塩税を担保としているから（安心だ）と宣伝し、大儲けになると偽って人々を誘って手形を割らせて使わせようとした。利息（つまり割引率）は３～４分に上がり、最高では１割６分にもなった。彼等はまた武力をもってこの「鈞益公約束手形」を押し売りした。劉湘の第４師の潘文華部の軍需担当の潘昌猷は兵隊を連れて手形をもって和済・源長の両銭荘に行きこ

れを担保に強引に2万元を借りようとしたが、二軒とも銭荘の資力が薄弱なため、再三にわたり実情を話した結果、それぞれから5000元を借りることでケリがついた。約束手形の発行は不断に増加したが、巨額の利払い（つまり割り引き）が極めて困難になり、時期が来ても元金（つまり約手の額面の額）を支払えず、そこで又不断に約手を増発することになり、とうとう収拾がつかなくなり、負債総額は400万元の多きに到った。奚致和はそこで失脚した。〉373頁

〈1930年から34年までの間に、劉湘は銀行・銭荘業界その他から4480余万元を借り、公債6620余万元を発行した。借金の利息は高く、公債の割引率は大きかったので、各銀行も喜んで公債を引きうけた。だから、この一時期、各銀行の貯金の多くがこの政府の借金に投じられた。当時中国銀行の発行した……本によると1934年現在重慶12軒の銀行の資本総額は810万元、預金約3000万元、小切手発行額約400万元（四川地方銀行の発行数を含まず）、貸し付けは約4600万元であった。その内、軍や政府への貸し付けが約3200万元を占め、商業貸し付けは約1400万元であった。銭荘は18軒で、資本総額は190万元、預金は約1000万元、貸し付けは約1200万元だった。そのうち軍・政府への貸し付けは約750万元、商業への貸し付けは約450万元であった。また聚興誠銀行、川塩銀行、美豊銀行、重慶銀行、建設銀行等の5軒の銀行の資産の負債統計を見ると、1935年末で、各行の有価証券所有額は全部で10,777,276元で、大部分が公債であった。これによっても、銀行と四川軍閥の関係が如何に密接であったか、銀行も又これらの軍・政府借款から厚い利益を得て発展してきたことがわかる〉374〜375頁

著者は続けて銀行券の発行、アヘンの経営等についても言及しているが紙幅の都合上省略する。最後にこの第二項の締めくくりに当たり、軍閥銀行、銭荘の特徴について著者は次の2点を挙げている。

第一点は、無資本で起業した略奪的な官僚資本であることである。29軍の田頌堯の川西銀行の資本は広元、剣閣、昭化等10余県から徴収した1年分の税糧からきたものであった。彼は銀行の看板を利用して、紙幣を濫発し、防区の人民を搾取した。鄧錫侯の開いた康泰祥銀号は彼が造幣廠長を兼任しており、通貨の鋳造権を掌握し、銀元・銅幣発行の特権を持っているのを利用して、5000

表9：四川大洋一元の銅幣換算表

年次	銅元文数	年次	銅元文数
光緒・宣統年間	1000文	1928年	9000文
1912年	1200〜1300文	29年	12000文
16年	1600〜1700文	30年	16000文
19年	2000文	31年	17600文
20年	2200〜2300文	32年	21100文
24年	3600文	33年	21000文
25年	4600文	34年	26000文
26年	6000文	35年	28400文
27年	7400〜7500文		

銀元をもって開いたものである。

第二点は、軍閥勢力の消長につれて消長し、恒常性に欠けたことである。銀行の存廃によって公債・紙幣は紙屑となる。たとえば、劉成勲の四川官銀号は23年9月末に創設されたが、24年2月には、劉湘、楊森、袁祖銘等が成都に攻め入って、撤廃された。代わって劉湘、楊森、袁祖銘等は同年6月末、(重慶に)四川銀行を設立したが、10月には討賊司令・劉成勲が重慶に入城して撤廃された、等々である。

以上、財政規模の膨張と財政の赤字、これを補填するための公債の発行、その公債の引きうけ手としての銀号・銀行の経営ないしは利用、その銀号・銀行資本への税金の投入、といったメカニズムが明らかにされたと思うが、第三項では軍閥統治下の幣制の問題が述べられている。しかし、幣制の紊乱については煩雑なので、要するに各地の軍閥が勝手に悪銭・紙幣を濫発した結果（私設の造幣廠は30ケ所の多きに上った。383頁）、悪貨が良貨を駆逐して物価が上昇したこと、取りつけ騒ぎによって銀号や商店が被害を被ったこと等について書かれている。本篇第3章にも貨幣価値、特に庶民の通貨である銅元の下落については述べたが、ここでは呂平登の著作の39〜41頁の表から上期・下期の別のうち減価の多い方を採用した表を作っているので上表9、そちらを引用しておく(387頁)。年号は西暦に変えた。

以上のように銅元は大洋1元に対して、民国元年より23.6分の1に減価した。

次の第四項では民族工業の衰退が論じられているが、貿易総額、生糸輸出、夏布（麻織物）、羊毛、豚毛、桐油、雑貨、五倍子（ピロガロールの原料）、牛皮、綜子（飾り糸）、芋片（乾燥芋）、鴨の羽毛等々がいずれも1929年以降不振に陥った要因を、軍閥の租税収奪による国際・国内競争力の低下、という側面から説明している。

次ぎに第二節では、農村経済の破綻を①田賦附加と預徴の驚くべき実態が暴露される。附加税等については本篇第1～3章に具体例を挙げたが、ここでは呂平登の本の476頁に拠って、各軍の毎年の預徴回数を紹介しよう。

表10：各軍の毎年の預徴回数（1934年現在）

20軍	6回
21軍	4回
24軍	6回
28軍	6回
29軍	5回

著者によれば、1925年の四川省の田賦の正税は預徴を含めず710万元であった。それが34年の21軍防区だけに限っても、田賦の予算は2860万元に達し、「総計すると全川各防区の田賦は約7000万元以上」という賈徳懷「四川財政之演変」（『香港財政論海』第2巻第6期）の言葉を引用し、10年間で四川の「田賦正税は10倍に拡大した」と述べている（406頁）。

第二項ではまず、自作農の減少と小作農の増加が呂平登から引用されている。1912年に51%だった佃農（小作農）の比率は33年には59%に増え、自作農は30%から22%に減少した。また、戸数で7.6%しか占めない地主が田地の77.6%を占めたと述べた後に続けて、その地主の中でも軍閥や官僚による土地兼併・集積が進み、これも呂平登に依拠して、たとえば崇慶県では地主戸数の2.6%しか占めない軍閥地主が地主の所有田地（田と畑）の57%を占め、最高は15000畝、平均各戸5000畝を占めるなど、「新興地主」としての軍閥・官僚の姿を紹介し、「特に軍閥は貪欲きわまりなく、30.9%の土地を占めた」と述べている（412～413頁）。但し、この数値は地主の所有地に占める割合であり、調査対象も川西区では崇慶、大邑、灌県、川東区では重慶、万県、川南区では宜賓、酉陽、雅安、川北区では蒼渓、江油、の10県を対象にしたものに過ぎない（呂平登、前掲書186～189頁）。しかも、これらが崇慶県に限っても、ごく特殊な一部の地域を対象としたものであることは、張肖梅が『四川経済参考資料』に引用している金陵大学の『土地利用』調査における田場調査のaによると、農民の構成比率は自耕農65.5%、半自耕農34.5%であり、佃農は0であったし、調査bによっても、自耕農は65.5%、半自耕農は6.4%、佃農は28.2%であった（M6頁）ことからも、うかがうことができる。

次には四川の佃農の小作料の高さや押金（敷金）の高さ等が説明されるが、

注目されるのは「軍閥政府は田賦の徴収に当たり"耕作している土地から税糧を取る"やり方が四川では普遍的に行われていた」という記述である（416頁）。これは「地主が納めるべき糧（田賦およびその附加）を地主が直接納めないで、佃戸が"代上"の糧［地主に代わって納める糧］を小作料の中から控除する」というものである。論拠は示されていないが、それほど当たり前だったのであろう。しかし、一年に数回の徴収となれば佃戸は「代上」も困難に陥り、牢屋に入るか高利貸しに頼るか、いずれかしか道はなかったと書かれている。なお、これに関連して巴県鳳凰場に関する拙稿を参照されたいが、負担が佃戸にまで拡大されたことも、預徴や各種の苛捐雑税収奪を可能ならしめた、最大の要因であったのではないかと思われる。

第三項では、辛亥革命以来20余年の間に軍隊は1万人から50万人に発展し、民団常備隊10余万人を加えると、合計で60万人以上になり、土匪に至っては多きこと牛毛の如しであった、と冒頭に記述されている。

先ず取りあげられているのが1926年以後、軍の膨張にともない兵士の待遇が落ちたため、募兵がままならなくなり、拉致して兵とするようになった、という指摘のあることである。平時将校は兵員数を偽って月給の分配に与り、私腹を肥やすのが通例となっていたが、戦時に人手が足りなくなるから、農民等を拉致して労役や兵隊として駆りたてる。逃亡を防ぐため数十数百人を縄で縛りつなげることもあった。特に紅軍の入川以来の囲剿戦の中では拉致され犠牲となった民夫は「毎県1万余人、総計20～30万を下らないだろう」という呂平登の文章を引いている（417～418頁）。二劉決戦の中の「栄威大戦」では栄県側で拉致された農民で未帰還者は2000～3000人に達したといわれる（419頁）。また、軍閥軍兵士は土匪と同じく、金品・器財・家畜の略奪や婦女暴行、放火等をおこなった。又、土匪も数十人、数百人、数千人の単位で郷鎮を襲い、中には「義勇革命軍」を名乗る者もいた。武器も機関銃、ピストル、連発銃のほか大砲を備えている集団さえあった（428頁）。敗軍の兵士たちが土匪になることも多かったので、こういうことも珍しくなかったのである。

第四項では、自然災害が紹介されている。ここでも呂平登からの引用が多いが、以下の表を引用しておこう。

表11：人災・天災の被害県数（1928～1934年）

年	災害の種類	被害にあった県の数
1928年	干害・水害・兵・匪	54
29年	干害・水害・兵・匪	51
30年	干害・水害・風害・雹害・兵・匪	67
31年	干害・水害・風害・雹害・兵・水害と火事	72
32年	水害・干害・兵・匪	50
33年	水害・干害・兵・匪・風害・雹害・雨	75
34年	水害・干害・雹・雨・兵・匪	80

呂平登：前掲書531頁による。
備考：原文には害の字はない。兵匪とあるのは兵害・匪害の意ととった。また、風害としたが「風雹」で一語かもしれない。水害と雨との違いも不詳である。虫害、特には蝗害という項目がないのは不自然な気がする。干害に含まれるのであろうか？

　これらの天災・人災のために餓死したり、妻子を売ったり、人肉を喰んだりした事例が紹介されているが省略する。最後に、著者は呂平登に依拠して、「兵災、匪禍、餓死、逃亡などにより、四川の人口は急激に減り、1928年の72,635,380人が31年には47,992,282人となってしまった」といい、4年間で「人口は24,643,098人も減少した。その数は原有人口の三分の一に当たる」と述べている（433頁）。

（2）

　以上、『四川軍閥史』の述べるところの軍閥や軍閥統治下における社会の状況を紹介した。次には私の疑問点を出しておきたい。
　第1は最後の、「4年間で人口の3分の1」すなわち2460余万人が減少したという説の根拠が31年については「政府統計によれば」とあるだけで、28年については「統計に拠れば」となっていて統計の主体すら明らかでない。日中戦争前の中国の人口は4億6710万人と見積もられているが（劉建業編『中国抗日戦争辞典』1997年、新華書店、1657頁）、約2500万人といえば、その5.4％以上にも当たる。当然統計学的に無視できる数ではない。しかし、趙文林・謝淑君著『中国人口史』（1988年、人民出版社）によれば、民国時代の四川省の人口は以下の

表12：中華民国期の四川省の人口の推移（西康省部分を含む）

年次	人口
1912年	48,597,100
1919年	50,273,000
1925年	52,574,200
1928年	54,531,500
1931年	55,896,500
1936年	58,386,000

出所：趙文林・謝淑君著『中国人口史』510～511頁「各省民国時代人口統計修正表」（表82）による。

とおりであったと報告されている。

　1939年1月に西康省になる部分をも含む統計であるが、1928年に7263万余人もの人口はなかったのであり、36年でもようやく5838万余人であり、1931年は呂平登のいう4799万よりも790万も多いのである。

　また、39年12月刊の四川省政府発行の『四川省概況』によれば、1936年度の四川省の人口は49,406,588人と報告されている（「教育概況」篇所掲の表106参照。これは、39年1月に分離・独立した西康省の人数を含まぬものであり、36年より人口が少ないのは当然である）。28年の統計数値が過大だったのではあるまいか？28年といえば未だ軍閥混戦の最中であり、とても一桁までの人口を計算できなかったと思われる。それに8年にわたる日中戦争における死亡者ですら、2000万人と言われている。呂平登の「四川社会崩壊の危機」論を鵜呑みにすることは危険であるし、鵜呑みにできない。なぜなら、31年以後でも天災は続き、「兵災、匪禍、餓死、逃亡」といった現象も後を絶たなかったのに、人口は増え続けているからである。

　第2は、民族産業衰退の証拠が1929年以降の資料に拠るところが多いことである。世界恐慌の影響は中国では1931年以後に顕著になるが、このような世界史的要因を軍閥割拠と等値するのは問題を矮小化することになりはしないであろうか？もちろん、軍閥の苛捐雑税が民族産業の育成・保護に充てられていたら、農業恐慌を中心とした社会的・経済的打撃は少なくて済んだであろうが、当時の現実をどのようにしたら打開できたか、評価は難しい。中共のめざしたような土地革命戦争が唯一の打開策とはなり得なかったことについては、前著

で述べたとおりである。

　第3は、これは本篇第3章でも触れることだが、インフレーションを無視して一面的に増税のみを強調するのは納得が行かない。また、これと関連することであるが、軍閥の金融界への投資が1926年以後に始まっていることと、一般的にみて、複数年にわたる預徴の開始期とがほぼ一致することに注意を喚起したい。軍の膨張が財政赤字を来たし、それ故に預徴や苛捐雑税の増加を引きおこすが、それでも不足するので質の劣る悪貨の発行、借款や公債発行といった手段に訴えざるを得なくなり、そのための銀号・銀行の開設となったと、因果関係を捉えるのは間違いであろうか？

　以上のように考えてくると、劉湘による四川の統一と中央参謀団の入川と幣制改革の画期的意義が明らかになる。すなわち、統一四川政府の下では、旧来の軍閥は徴税権を奪われ、貨幣鋳造・発行権を奪われたし、軍事的には団クラス以上の人事は中央軍事委員会の管理下におかれるようになったのである。但し、3分の1の軍縮は日中戦争の勃発によりうやむやになり、前述の通り10万余人といわれた民団常備部隊は保安隊という名称で残されていたから、兵隊の数は35年以後も、以前と実質的には変わりはなかったと推測される。

　以下の各章は、以上のような見地から、四川軍閥についての既成の観念に疑問を呈した論稿（第1～3章、但し第3章は書き下ろし）、また旧稿を補訂した第4章をもって第1部四川軍閥像の再検討とした。ここでは、財源としての田賦および同附加税の「重さ」ばかりが強調されてきたことにたいする批判とアヘンの生産額の規模の誇大さに対する批判を行う。次ぎの第5章以下は軍閥に関連の深い諸組織＝哥老会・団閥・民団に関する旧稿に一部書き加えた、第5～7章をもって第2部とし、ここでは、従来の研究史では十分明らかにされてこなかった地方社会の実情に光を当てた。最後に、軍閥・劉湘を支えた官僚について書き下ろした第8、9章と、民衆の抗捐闘争に関する事例研究二つを合わせて第10章とし、第3部とした（第10章の第2節は書き下ろし）。民衆の抗捐闘争は、中共の直接的な指導の欠如したものを敢えて選択した。いわば革命のプロの不在の場で民衆がどのように自らを組織化し、運動を展開したのか、中国共産党の「革命史」というプリズムをなるべく介しないところで、民衆運動を観

察してみたかったのである。

第1部

四川軍閥像の再検討

第1章　四川軍閥統治下における田賦の「重さ」について
―― 1934年前後の犍為県を実例に ――

問題の所在

およそ中国近現代史の特質を論じて軍閥の存在に触れぬ論者はあるまい。同様にして、軍閥の弊害を論じて四川に言及しないためしもまれかと思う。まことに、中華民国初期より日中全面戦争直前の「全省統一」(1935年3月) まで、各々の「防区」に拠って典型的な「軍閥割拠」の局面を作り出しつつ、約4半世紀にわたって抗争・興亡をくり展げた「四川軍閥」の悪名には、かの北洋軍閥のそれにも劣らぬものがある。それ故、たとえば、1930年代にしてすでに21世紀の分にまで届こうかというほどの田賦 (土地税) の預徴 (税の先取り) であるとか、ケシ栽培の強制であるとか、その他、四川軍閥による「苛斂誅求」の激しさを示す事象については、多くの読者が一度は読まれた記憶をお持ちのことと思う。

ところで、呂平登によれば、清末における四川省の田賦徴収総額は、正税たる地丁銀が約66万両、これに津貼 (54万両)・火耗 (11万両) 捐輸 (190万両)・新捐輸 (100万両) の4大附加税を加えて、合計約421万両であったという[1]。この額を、匡珊吉の最近の論文に従って1両＝1.4元という民国当初の換算値[2]で計算してみると、約505万元となる。以上のような清代の田賦総額は、中華民国に入ると一括して「正税」に組み入れられ、建前上は国税として国庫に

---

(1) 呂平登編『四川農村経済』(1936年6月初版、商務印書館) 6～7頁
(2) 匡珊吉「四川軍閥統治下的田賦附加和預征 (西南軍閥史研究会編『西南軍閥史研究叢刊』第1集　1982年　四川人民出版社) 394頁
＊なお、ここでは、簡略字体、正漢字体ともに、当用漢字体のあるものは、当用漢字に統一して表記する。

(但し、1929年1月の編遣会議で田賦は省税と決定され、1941年の田賦徴実までこの状態が続いた）、現実には各防区の軍閥の金庫に納められることとなり、県以下の地方経費の財源としては、新たに各種の附加税が徴収されることになった。このような民国期の正税のみについて見ても、張肖梅によれば、1926年の省予算では、約686万元と見込まれている上に、更に1年分の予徴額として、700万元が計上されていた[3]。合計で約1400万元となるから、徴収額は清末の約3倍弱である。更に、1935年度予算においては、田賦の正税は756万元と3年分の予徴とで合計4徴、3016万元が計上されている。実に清末の6倍である。ところで、清末の四川省については、対外債務の支払や「新政」実施のため王朝によって他省に勝る重税を課せられ、このために四川民衆の生活は「塗炭の苦しみ」の中に置かれていたというのが、従来の諸研究が共通して指摘するところである。その清末の数倍にも達する田賦を、いったい軍閥たちはどうして取り立てることができたのであろうか。これが、小論における私のそもそもの問題意識である。

　この場合、軍閥の暴力という要因を挙げてみても答えにはならないと思う。歴史上の権力の暴力的な強度を比較・測定する一般的な尺度がないかぎり、このような説明は、要するに、軍閥は清朝に数倍する田賦を徴収したという事実の形を代えた再確認にすぎないからである。俗に、「たたいても鼻血も出ない」という表現があるように、暴力とて万能ではない。所詮は収奪のための手段にすぎないのである。収奪の対象たる「富」の存在していることが大前提であろう。とすれば、問題は、「鼻血」どころか大量の租税収奪を可能ならしめる余地が四川農村のどこにどういう形であったのか、ということになる。管見ながら、このような私の疑問に直接答えてくれているような文献は従来の研究史上には見出しがたい。それもある意味では当然なのであって、研究史の多数を占める1930年代の諸文献は――といっても、わが国には四川軍閥について「研究史」といえるほどの蓄積はないので、専ら中国語で書かれた文献ということになるが――軍閥治下の虐政の実態を暴露し、以って「打倒軍閥」・「防区解消」

（3）　張肖梅編『四川経済参考資料』（1939年1月　中国国民経済研究所）C17～18頁
（4）　同上書　C―18頁

の必要性を訴えようとの、実践的・政治的啓蒙の見地に立って執筆されているからである。このような見地の下では、私のような疑問は不要不急の愚問であるかもしれないと思う。しかし、軍閥が打倒・消滅されてから久しい今日、税金はいやます一方なのに、これに対して民衆生活の方は清末についても「塗炭の苦しみ」、防区時代や国民党の支配下についても「塗炭の苦しみ」というように、「塗炭の苦しみ」ばかりを指摘して、「打倒軍閥」や「打倒新軍閥（＝国民政府のこと）」の必要なりしことを啓蒙するだけでは、歴史研究として不充分なように思われる。この点で私は、「窮乏革命史観」とも名づけるべき観点に立った、従来の「人民解放闘争史」の類における軍閥像に不満を抱いている。具体的にその一例を示そう。

たとえば、匡珊吉は軍閥治下における収奪の実態を紹介した先の論文の中で、軍閥の余りにも激しい収奪の結果四川省の人口は1928年の約7264万人から1931年の約4799万人に減ってしまったと述べている[5]。わずかに4年間で2465万人、つまり全人口の3分の1がいなくなってしまった、というのである。私には到底信じがたい。むしろ、氏の依拠する人口統計の方に問題があるとしか思えないのである。というのも、1931年当時全省的にはまだ年5〜6徴の体制は確立していなかったと思われるし、世界農業恐慌が本格的に中国を巻き込む中で5〜6徴が一般化したと考えられるのであるが、その四川省は実質年5徴の体制を維持したまま抗日戦争に突入しているからである。すなわち、四川省は一説によると、抗戦期全体を通じ全国の動員壮丁の5分の1を提供し、農業税の3分の1を負担して8年の抗戦を支えたという[6]。先の匡氏の人口減少率を以って推し量れば、これだけの負担を負わされて四川社会が崩壊しなかったことが、私には「奇跡的」としか思えないのである。それとも、私が依拠した文献の方に問題があるのだろうか。

以上のような問題は、軍閥による収奪の激しさを強調する余り安易にこれを「社会崩壊の危機」と結び付けて論じることが、いかに歴史像全体の上に「歪

---

(5) 注（2）に同じ。406頁
(6) 周開慶『四川与対日抗戦』（1971年1月、台湾、商務印書館）第5章「四川対抗戦人力物力財力上之貢献」、238〜289頁

み」を生じることになるかということの一例である。歴史研究の目的が政治的啓蒙・宣伝からは独立した独自の領域を持つとするなら、万年「塗炭の苦しみ」ばかりを論じていないで、「苦しみ」の中味や程度を歴史的観点に立って相対的且つ個別具体的に検討してみる必要があるのではなかろうか。

　さて、そこで思うに、軍閥による田賦徴収の甚だしさを言う場合、四川省に限らず、民国期の田賦が清代嘉慶年間の丈量結果にもとづいて徴収されていたという事実を考慮しておく必要があるのではなかろうか。ことに四川省の場合はこの必要性が高いと思う。というのも、周知のように、清初の四川省は明末の張献忠の乱による荒廃著しいとの理由で、人丁ならびに土地に対する税額は他省に比べて著しく少額に留められ、「天下の田賦は江南より重きはなく、蜀より軽きはなし」といわれたほどだったからである[7]。王朝は耕牛・種子の貸与や数年間の免税等の「恩典」を施して周辺諸省より移民を募り生産力の恢復を図ったが、その結果康熙年間には早くも明代の耕地面積＝約1300万畝の水準を恢復し、丈量が最後に行われた嘉慶年間には4600万畝と、明代の約3倍半にも増えている[8]。このように四川省の場合、江南や中原諸省に比べれば、なお開発可能な土地が多く残されていたと思われる。この過程でも、丈量・登記を免れた土地（「欺隠田」）はかなりあったと思われるが、丈量が実際に行われなくなった嘉慶朝以後においても、新田の開発された可能性はあると思う。それ故、これらの土地の大きさ如何によっては、清末以来の大増税も四川省全体としてみれば、いわれるほどに大打撃ではなかったかもしれない、とは考えられることである。

　たとえば、田賦が嘉慶年間の2倍・3倍に増えたとしても、耕地面積がこれ以上の倍率で増えているなら、実質的な負担の重さに変わりはないわけである。

（7）　顧復初『綏定府志・田賦志への序』；魯子健編『清代四川財政史料』上巻（1984年6月　四川省社会科学出版社）509頁所引。なお、同書所引の光緒元年の薛福成の上疏には、清初の四川について「その地江蘇の五倍にして、而して銭糧は五分の一に逮ばず」とある（507頁）。

（8）　同上書、755頁所掲　附表5—1（「四川省歴年耕地賦額統計」）による。明代については、同書240頁所引の『雍正・四川通志』による。

第1章　四川軍閥統治下における田賦の「重さ」について　189

　もっとも、これは未丈量地にも何らかの形で田賦負担が転嫁され、土地全体に田賦が均らされ得たと仮定した場合のことではあるが…。

　本章は以上のような研究史に対する批判を踏まえて、1930年代の四川省犍為県における田賦徴収の実態に即し、その相対的な「重み」に検討を加えてみたものである。

　対象とする犍為県は四川省の上川南区の岷江と大渡河との合流点＝楽山県（旧嘉定府）の南下流に隣接する。前漢・武帝代に設けられた犍為郡に由来する古県である。民国期には長らく、劉文輝の率いる24軍の防区に所属していたが、1932〜33年のいわゆる「二劉戦争」の結果、33年以降は劉湘の21軍の防区に組み入れられた。県域は岷江の左右両岸にまたがり、周囲は北を楽山・井研の両県、東を栄・宜賓（旧叙州府）の両県と接している。当時の四川省陸地測量局の調査によると、県域の総面積は約1954平方キロで、日本の香川県（1863平方キロ）より大きく、東京都（2135平方キロ）より小さい。県北右岸を流れる四望渓沿岸は、自流井に次ぐ四川第2の製塩地帯として有名である（なお、その後、同県から五通橋県が独立したが、詳しいデータは追えない）。

　以上、犍為県についてごく簡単な紹介をしてみたが、田賦徴収の実態に関する事例研究の対象として、なぜこの県を選んだのか、その学問的・内的な必然性を示せなどといわれても、私には答えようがない。たまたま私の接した範囲内では、同県についての情報量が最も豊富であると思われたからにすぎないのである。このように、小論は全くもって偶然の個人的事情から生まれたものに過ぎないし、広く諸史料を歩猟した結果でもない。このため、あるいは思わぬ間違いを犯しているかもしれないが、以上のような問題の意識とこれに基づく小論の試みが、なにがしかの意味を持ちうるとすれば幸いである。

第1節　1930年代における犍為県の田賦徴収額

(ⅰ)

　前述のように田賦は正税・附加税ともに、清代の課税台帳に基づいて徴収されている。但し、清代の貨幣単位＝両を元に換算して課税するのである。

税　　額	史　料　名
a) 5,814.413両	「犍為各郷鎮糧額統計」[9]
b) 5,816.413両	「犍為県政一瞥」[10]
c) 6,054.227両	「四川民政之経済」[11]
d) 5,740.000両	『犍為県志』[12]
e) 5,797.061両	趙啓祥論文その他[13]
f) 6,102.372両	『清代四川財政史料』[14]
g) 6,054.000両	同上[15]
h) 6,054.227両	『政務月刊』第2巻第1期

ところで、その犍為県の田賦正税の額については、次のように、史料によってあげる数がまちまちである。

史料的にいうとfとgとが清代嘉慶年間の記録を採録したもので最も古い。但し、fは地目別の耕地面積と毎畝の税率を上中下3段階に分けて記載したものの総計であるが、gは総耕地面積と課税総額を記しただけの簡単なものである。耕地の総数は両者同額である。

aとbはほとんど数字が一致するところから考えると、どちらか一方が誤記または誤植と思われる。

また、cは「両」の単位までがgと全く一致するところから見て、これはgが端数として省略したところを克明に記したものであり、両者は基本的に同一の史料であると思われる。

eは、1938〜39年にこの地に入って実地調査を行った中国地政研究所の学生たちが、皆一致してその卒業論文に用いている数であり、1937〜39年ころの実態を正しく反映しているものと思われる。

以上の他にも、なおいくつかあるが省略する。御覧のように史料によってまちまちな数字が報告されているが、考証してみるといずれもそれなりに根拠があり、決してデタラメな数ではないことがわかる。

先ず、a、b2つの史料は各鎮郷別の額を表記してあるaの数字が正しいと

---

(9)　『四川月報』5巻3期　G11〜12頁

(10)　同上、6巻2期　F—9頁

(11)　『復興月刊』2巻6・7期合刊　21頁

(12)　『犍為県志』(1937年版、四川文献研究社主編、新方志叢刊・四川方志之二十八、1968年3月復刊) 1469頁

(13)　張啓祥「犍為経済建設与土地問題之関係」(中国地政治研究所叢刊蕭錚主編『民国二十年代中国大陸土地問題資料』所収) 21869頁

(14)　前節　注—7)書　付表7—2 (762頁)

(15)　同上、付表10—4 (779頁)

第1章　四川軍閥統治下における田賦の「重さ」について　191

思われるが、この表中には、蔡金郷・石林郷（石鈴・石麟とも書く）の2郷がはいっていない。別表—1は『四川月報』5巻3期から7巻3期（1934年9月〜1935年9月）にわたり連載された、当時の犍為県下55鎮郷についての紹介記事をもとに私が作成したものであるが、それによると、蔡金郷は196.023両、石林郷は51.563両であり、この2郷を加えると、aは6061.999両となるはずである。しかし、aからこの2郷が落ちたのは、当時県境に変化があったためかもしれないとも思う。こういうことはママあることで、別表1の牛華鎮にしても、楽山県に所属していた時がある。

　次に、cがgと同一であり、gよりも詳しい数字であることはdの史料によって確かめることができる。それでは、『県志』の方はなぜこの数字をあげないのかというと、cの数字が本来の額であるのに対して、dの数字は民国当初における現実に税収可能な額だったのだという[16]。つまり、税を課すべき持ち主の不明な土地が314両分ほどあったということである。それならばdを採用すればよさそうであるが、別表1では、私は敢えてcの数字を採ることにした（なお、別表1の原史料たる『四川月報』の記事には、残念ながら、唯ひとつ、清源郷の両額の記載だけがない。そこで、cを総計としてそこから清源郷の税額を逆算してある）[17]。というのは、cは21軍の防区全体についての統計史料であり、したがって、21軍本部の方ではこの数字に基づいて送金を命じていた可能性が強いからであり、また、鎮・郷クラスについてまでの税額を示す史料はdを除けば別表1しかないと思われるからである。eについてはまた後に利用する場合があろうし、別表2はdに基づくものであるが、これはそのまま引用した。h）は本論文執筆後に見ることができた、21軍発行の機関誌『政務月刊』2巻1期（34年1月刊）所掲の「本戌区各県田賦正税及附加税調査表（民国23年1月製）」の挙

(16)　但し、資料aには、清源郷は14.300両とある。aの数字は別表—1の数字とほとんど一致するが、誤植と思われるものが4つ、両者完全に一致しないものが2つあり、清源郷はこの後者の内の1つである。ここでは、別表—1を採る以上、逆算の方に従うのが妥当かと思う。

(17)　『県志』1468—1469頁　なお、同じく『県志』・雑誌によれば、6054.227両という税糧額は乾隆60年9月に確定されたという（第4冊、1693頁）。

げる数字であり、これが最も信頼のおける数字であるが、これは c を採用した私の推定の正しかったことを証明している。以下においては別表1を税額計算の基礎とすることにしたいと思う（なお、f は民国期の田賦問題についての諸史料では、全く言及されることがないので、この総額については無視してもかまわないと思う）。

(ii)

次に1両の対元換算値であるが、その歴史的変遷に最も詳しい『県志』によると、正税は民国当初1.6元に換算されていたらしい[18]。これは匡珊吉のいう1.4元という数より大きいが、賈士毅も1.6元という数を四川省における換算値としている[19]。但し、『県志』も賈士毅も、正税の対元換算開始の時期を明確にしているわけではないので、匡珊吉の1.4という数値は1915年以前についての推定値かもしれない。いずれにしても、犍為県の場合、1916年以来従来の副税が正税の1両＝1.6元という換算値に照らして徴収されるようになったことは『県志』によってはっきりしている。ただ、この副税（津貼・捐輸の類い）の総額、すなわち庫平銀にして41,060両、の対元換算に関する『県志』の記載については、一言コメントをしておく必要があろうかと思われる。すなわち『県志』の原文には次のように書かれている。

「丙辰〔1916年〕比照正税一両折一元六角例改徴銀十元零八角五仙一星共銀幣六万五千六百九十六元零中間略有加除[20]」

正税と同様に1両＝1.6元の換算値で計算すると、1.6×41,060＝65,696元になることは容易に理解できる。しかし、どうしてそれが「改めて銀10.851元を徴する」ことと同じことを意味することになるのであろうか。これは、前述の「正税総額＝6,054.227両」という数字を前提としているからである。すなわち、副税総額65,696元という数は、総額が6,054.22両である正税の1両当たりに均らすと10.851元に相当するということなのであり、それ故、清代の正税1両当

(18) 同上、1472頁
(19) 賈士毅『民国財政史』正編上冊（1917年、商務印書館）第2編、58頁
(20) 『県志』1471〜1472頁

たりの税は、この時点で10.851＋1.6＝12.451元に換算されるようになった、ということなのである。この点で別表2の作成に当たり、基礎とした「犍為二十三年来糧戸正供並臨時籌款調表」(『月報』5巻3期) は誤っており、別表2は私が独自に計算しなおしたものである。

さて、この正副両税は1925年から一本化されて、14.104元に増やされ、更に1931年からは14.884元に引き上げられた。この間、別表2からもわかるように、1925年からは年4徴となっている。ところが、1932年からは年4徴の外に、更に、「国防捐」として「毎条糧1銭」につき2元7角、つまり1両につき27元を、2年分徴収するようになったという。翌1933年、犍為県は24軍の防区から21軍の防区に編入されたが、2徴の外に田賦公債基金および剿赤費として、それぞれ1徴分が課せられ、1934年には、またまた、上半年に2徴と剿赤費1徴分の都合3徴、下半年に2徴分で総計年5徴となったが、上半年の2徴分については毎両14.884元、下半年については15.4元という数を以って計算することになったという[21]。

さて以上のような『県志』の記録は、別表2の原史料の「備考」欄とかなり違っている。特に、1932年以降の記述が重大である。すなわち、そこでは「国防捐」を単純に2徴と見なしていること、また33年以降については実質年6徴と見なしているのに対して、『県志』の方では33年は4徴、34年は5徴プラス・アルファとされていることである。このいずれを真とすべきか、判断の素材がないので、小論では、33年については別表2の原史料を（正税3徴分プラス剿赤費等の「臨時徴収」2徴分の合計5徴）課税額と見なし、また、34年についても、原史料に従って、年6徴であったと考えることにし、但し34年の徴収方法としては、『県志』の記載に従うことにしたいと思う。従来の「窮乏革命」史観に疑問を提起する小論の立場としては、税額の過小評価をできるかぎり避けなくてはならないと考えるからである。

さて、以上のような前提の下に防区制末期の1934年の犍為県の田賦「正税」の総額を試算してみよう。但し、ここに「正税」という概念は私に独特のものである。というのも、「剿赤費」であるとか、「田賦公債発行基金」とかいった

---

[21] 同上書、1473頁

名目の下に徴収される税は、上記の諸史料では「附加税」として分類されているからである。しかし、税法上「附加税」とは県以下の「地方自治体」に帰属すべき諸税をいうのであって、たとえば肉税の正税の方は省に帰属し、「附加税」の方は県の収入になるわけである。このことからいえば、省＝防区に帰属する「剿赤費」等の「臨時徴収」を「附加税」と呼ぶのは誤解を招く恐れがあると思われる（この点で、前節に挙げておいた史料cの利用に際しては注意が必要と思われる[22]。私は、税の性格から考えて、「剿赤費」等はむしろこれを「臨時税」とか「特別税」などと名づけた方がよいと思う）。それ故、小論ではこの種の「附加税」を敢えて「田賦正税」の項に分類し、県以下に帰属する税のみを「田賦附加税」と呼ぶことにしたい。

では、私のいうような意味での田賦の正税総額はどれくらいの規模に達したであろうか。1934年についてその式を求めれば次のようになるはずである。（少数以下は四捨五入）

$$
\begin{aligned}
\text{上半年} \quad & 14.884 \times 6054.227 \times 3 = 270{,}333\text{元} \\
\text{下半年} \quad & 15.400 \times 6054.227 \times 3 = 279{,}705\text{元} \\
\hline
\text{合計} \quad & 550{,}038\text{元}
\end{aligned}
$$

次に、県以下に留保される附加税であるが、周知のように、清代においては実に煩雑であった。しかし、『県志』によると、1918年からは、これらを「随糧附加」として一括し、「団務費」の名目で徴収するようになった。当初その額は田賦1両につき1000文であったが、別表2の附加税欄に見られるように、その後幾度も改訂され、1930年からは1両につき1.8元であったと見られる。また同表の示すところによると、1933年からは1.464元の県政府附加と1元の夫貼費用が加えられている。もっとも、『県志』によると1934年以後は、団委員会附加として8.2元の2年分と、県政府の司法・管獄費として1.464元の2年

---

(22) 匡珊吉等は、このような点を無視して「正税」に対する「附加税」の多さを問題にしているが、それだけでは実質的にあまり意味はないように、私には思える。

第1章　四川軍閥統治下における田賦の「重さ」について　195

分、合計で19.328元が附加税として徴収されたという[23]。そこで、1934年について、『県志』に従って附加税の総額を計算してみると、

　　19.328×6054.227＝117,016元

となる。

以上のように、1934年について、田賦の正・附加両税の総計をまとめてみると以下のようになろう。

　　田賦正税　…………550,038元
　　田賦附加税…………117,016元
　　合計……………667,054元

以上のような数字は別表2とは正税の部分しか一致しない。臨時徴収や1両当たりの税が15.400元として計算されているからである。また附加税欄は、別の史料に詳しいのでそのまま採用した。

そこで、あらためて、正税および防区に持ってゆかれる臨時徴収費と、県下に保留される附加税は次のような式で表現されることになる。

　　正税及び臨時費　　　　　742,324.892元
　　県保有分としての附加税　 86,237.360元
　　合計（少数1位で4捨5入）　828,562元

第2節　1畝当たり田賦負担額の「重さ」について
　　　　　　　　　　　　　——他省との比較を中心に——

さて、前節には、具体的に1934年という歴史的時点をとって、犍為県において徴収さるべき田賦の総額を828,562元であったと推計した。では、これは相対的にどれくらいの「重み」を持つものであったか——本節ではこの点を検討してみよう。

この作業の手始めとして、最初に確定しておかなければならないのは、上記

(23)　注（4）書、1473頁

196　第2篇第1部　軍閥統治下の四川社会

表―1　嘉慶年間の耕地面積と税率[24]

地目		耕地面積	毎畝税率	税糧額
水田	上田	20,230畝	6.36分	1,286.628両
	中田	40,483	4.24	1,716.479
	下田	103,038	2.54	2,617.165
	小計	163,751		5,620.027
旱地	上地	3,432畝	2.37分	81.338両
	中地	9,283	1.66	154.098
	下地	39,153	0.63	246.664
	小計	51,868		482.100
総計		215,619畝	(0.028)	6,102.372両

の税額の対象となる土地がどれくらいあったか、ということである。前述のｆ・ｇの両つの史料は、共に嘉慶年間の耕地面積を215,619畝であったとしている。その内訳は史料ｆによれば上表のとおりである。

では、1930年代には実際にどれくらいの耕地があったのだろうか。

別表―1の各鎮郷の水田・旱地の面積は、袁初群の未発表稿「犍為土地利用之研究」に拠ったものであるが[25]、5つの行政区の各小計は、前節注（5）に示した趙啓祥の未発表稿の第65表と全く一致する。趙啓祥によれば、これは県政府第2科の記録および某農林技師が1938年に行った調査報告に基づいて作成したものであるという[26]。水田949,570畝、旱地736,905畝、両者合わせて総計1,686,475畝で、これは実に嘉慶年間の総耕地面積の7.8倍にも達するのである。そこで、今単純に1畝当たりの税額を計算すると、嘉慶年間は0.28両であるが、1930年代は0.0036両である。後者の平均1畝当たりの負担額は前者の約78分の1にすぎない。また、1934年田賦総額828,562元を嘉慶年間の丈量耕地面積215,619畝で割れば、平均1畝当たり3.84元となるが、1930年代の実有耕地面積で割れば、わずか0.49元にすぎない。天と地ほどの違いがある。

だが、ここに次のような表がある。

この表は趙啓祥の前引書が「犍為糧額（犍為徴収局統計）」として引くもので

(24)　前掲注（7）書、付表7―2により作成
(25)　前掲注（13）と同一の叢刊所収
(26)　前掲注（13）論文22105頁

第1章　四川軍閥統治下における田賦の「重さ」について　197

表―2　犍為県の税両＝田賦基本額[27]

行政区分	税額（両）	畝数	平均毎畝税両額
1区	1,208.164	136,773.00	0.00883
2区	1,177.425	130,611.00	0.00902
3区	1,508.909	234,790.00	0.00619ママ
4区	1,043.087	90,470.00	0.01152ママ
5区	829.381	154,05.00ママ	0.05382ママ
各区公産	30.095	8,934.00	0.00336ママ
合　計	5,797.061	626,039.00	0.00926ママ

ある。この表は不正確であり、第5区の畝数が24,461.00畝でないと総計は表のごとくならないし、かといって、これを訂正してしまうと毎畝平均の方が違ってくる。但し、畝の総計の方は、金海同の未発表原稿・「眉山犍為田賦研究・上巻[28]」の第7表にこれと同じ数字が、この表中の数字とは全く無関係な形で、「畝数統計」として掲げられているから、両者に共通の資料として、この「徴収局統計」があったことは疑いのないところであろう。

さて、そこで、この表―2の統計を信じるならば、田賦は清代の耕地に対してのみ課せられていたというわけでもなければ、その後に拓かれた部分の土地全てを含む現実の全耕地に課税されていたわけでもない、ということになる。もしも、袁初群の掲げる実有耕地面積を信じるならば、課税の対象になっている土地は全耕地のたったの37％にすぎない（！）が、それでもその数は嘉慶年間の約3倍である。袁初群の掲げている膨大な耕地面積は、はたして当時の犍為県の人口・労働力を以って現実に耕作可能であったかどうか、この点を具体的に検討してみないと、にわかに信じるわけにはゆかないが、この問題にまで立ち入ることは、紙幅が許さない。そこで、ここではこの嘉慶年間の約3倍の耕地面積という枠内においてのみ、田賦の「重さ」を測定してみることにしよう。

さて、嘉慶朝以後約3倍に増えた被課税地について、平均1畝当たりの正税負担額を計算してみると、その値は嘉慶年代の約28分の1である。犍為県の物価の変遷についての記録はないが、仮に正税1両＝1.4元という匡珊吉の低め

(27)　同上注（13）論文21868～21869頁
(28)　前掲注（13）と同一の叢書所収、上冊4114頁

表—3 田賦負担の「重さ」の比較[29]

地　域	比較年次	毎畝（華畝）税額
アメリカ	1922	0.24元
日　本	1930	0.56元
江　西　省	1929	0.766元
山　西　省	1929	1.289元
江　蘇　省	1929	1.637元
四川省27県	1931	5元

に見積もった民国初頭の換算値をもって測れば、正税しかなかった嘉慶年間の耕地1畝当たりの負担総額は、$0.028 \times 1.4 = 0.039$元にすぎない。これに対して1934年の1畝当たり負担額は、表—2によるなら、$0.00926 \times 828,562 \div 6,054.227 = 1.267$元となる。したがって、嘉慶年間以後の1世紀余りの間に実質的な税の負担額が約32倍になったことを確認しうる。しかし実際には、予徴が開始される1925年以前の負担額は、微小な附課税を無視すれば、1畝当たり0.12元にすぎない（その式は$12.451 \times 6054.227 \div 626,039$）。これは嘉慶年代の3倍程度にすぎないのである。では、予徴開始以前の犍為県における畝当たり負担額は相対的に他省と比べてどの程度の「重さ」であったろうか。

　ここに、興味深い上のような表がある。

　この表はすでに匡珊吉も、四川軍閥治下における田賦収奪の他省に比べた激しさを示す史料として引用しているものであるが、犍為県の実例からすると、そのような証拠になるかどうかは甚だ疑問である。というのも、比較の年次から見ると、1922年はまだ1年1徴の時代であるから、上述のように1畝当たりの負担は平均0.12元であり、これはアメリカの半分にすぎないことになる。また、1929年については、すでに3徴となってはいるが、前節の式によって計算すれば、$14.104 \times 6054.227 \times 3 \div 626,039 = 0.409$元にすぎず、江西・山西・江蘇の3省よりも低いのである。とすると、この表と比べて、同時期の犍為県の畝当たり税額が高くなるのは1930年の日本と比べた場合のみである。

　では、表中の四川省27県に対し犍為県は例外的に税が低かったのであろうか。この問題を考えるに当たっては、次のような事柄を考慮に入れておく必要があると思う。すなわち、それは1934年の犍為県の田賦総額でも、嘉慶年間の耕地面積で割るならば、平均3.44元にはなるということである。表中の山西省の倍以上にはなる。このことから推すと、この表が現実の課税耕地について負担額

(29)　「四川農村負担賦税之概況」；『四川月報』6巻6期B—10頁

を割り出しているのかどうか、むしろ、全国的に統一的な記録のある、嘉慶年代の土地数に基づいて平均負担額を論じているのではなかろうか、との疑いがわいてくるのである。

そこで、清代に比べ、課税地だけでも3倍増といったことが、犍為県以外にも一般に起こりえたのかということが問題になる。残念ながら1930年代までを記してある四川省の『県志』の数はごく少ないし、私の怠慢もあって、他の県についての検討も進んでいない。そこで、やや厳密さに欠けるかもしれないが、張肖梅編『四川経済参考資料』の掲げている1930年代当時の各県の耕地面積と[30]、『清代四川財政史料』上巻が表化している嘉慶年間の耕地面積とを比較してみよう。その結果が別表―3である（但し、この表は対象を21軍防区の各県に限定して作成してある）。

御覧のように、同表によると犍為県の実有耕地は33万6千畝でしかない。袁の掲げている広大な耕地面積の僅か5分の1にすぎず、現実の被課税地の約半分である。それはともかく、この表からも、かなりの県で嘉慶以後に耕地の拡大があったことを確認しうる。もちろん、中には巴県のように減少したと見られる県もあるが、省全体としては、平均約2倍に増えているのである。

さて、21軍防区の各県の合計について見ると、耕地は43,937千畝で、清代の24,500千畝の約1.8倍である。また1935年の防区全体の田賦総額（予算）は、財政庁の調べでは30,160,000元であり、これに、県以下のレヴェルに配分される附加税の総額が7,605,412元であるから、両者を合計すると、30,765,412元となる[31]。この総額を1930年代の耕地面積で割ると（但し、千単位の概数で計算）、1畝当たりの平均は0.700元となる。また、同じく上の総額を嘉慶年間の耕地面積で割れば、1畝当たりの平均負担は1.25元となる。このようなことから見ても、犍為の田賦負担が、21軍防区の中でも決して例外的に軽かった訳ではないことがわかる。

─────────
(30) 前掲注（3）書、A12―17頁所掲「四川省耕地総面積及其占陸地総面積百分比県別表」による。
(31) 同上。また、附加税については、同書C―21～26頁所掲「四川省各県地方二十四年度歳入予算数目表」による。

表—4　犍為県各区の水田の平均的地価[32]

単位＝元

年次	1区	2区	3区	4区	5区	全区平均
1921	46.0	45.0	43.0	40.0	40.0	42.8
1935	68.0	64.0	60.0	54.0	65.0	62.2

表—5　犍為県各区の旱地の平均的地価[33]

単位＝元＊

	1区	2区	3区	4区	5区	全区平均
地価	65.0	63.6	50.5	62.8	54.6	59.3

（＊原表の一部を小数2位で4捨5入）

　以上のような事から考えてみると、1畝当たり5元という表—3の四川27県についての平均負担額は、嘉慶年間の耕地面積を基礎としたものではないか、という私の疑いはほぼ当たっているように思われるのである。もしもそうだとすれば、四川省の田賦負担が他省に比べて特別に重かったとは考えられないし、むしろ、江蘇省等に比べれば、なお軽かった可能性すらあると考えられるのである。

　最後に、犍為県における1畝当たり平均1.26元という税額は、同県の平均1畝当たりの地価の何パーセントくらいに相当したのであろうか、この点についても試算してみよう。

　趙啓祥によれば、犍為県各区の水田1畝当たりの地価は、たとえば上表4のようであったという。

　また旱地については残念ながら1939年当時の地価しか分からないが、上表5のように報告されている。

　さて、旱地の方は止むをえず39年の地価をそのまま1934～35年頃のもの見なし、また水田については、34年も35年と変わりなかったと仮定して、被課税耕地1畝当たりの平均地価を計算してみよう。

　まず、水田の地価の総額については、被課税地の総面積の60.1％であるから、その数に62.2元の全区平均の地価を掛けると、18,288,360元となる。

　同様にして、旱地の地価総額は22,300,303元であり、水田・旱地の価格の総

---

(32)　注（13）書22045～22046頁

(33)　同上、22025頁所掲「民国二十八年犍為各区旱地毎市畝価格」による。

計は40,588,663元となる。これを626,039畝で割ると、1畝当たりは64.8元という値が得られる。平均1畝当たりの田賦負担総額1.26元という数は、この64.8元の約1.9％くらいにしか当たらないのである。日本の地租改正時の税率が3％（地方税を加えれば4％）であったから、単純に比較をすれば、日本の方がずっと重税であったということになる。但し、上表の地価の算定方法が具体的に示されていないので、単純な比較は危険である。とはいえ、以上のような試算の結果からいえることは、平均1畝当たりの税負担額が、再生産が不可能なほどに重かったとは思えないということである。

小　結

　以上、犍為県における田賦の徴収額とその耕地平均1畝当たりの負担額を、他省・他県の例と比較してみた。そこからいえることは、犍為並びに21軍防区の田賦の負担額が他の省にくらべ特に著しく「重税」であったとはいえないということである。しかも、犍為県の場合、被課税地に倍する広大な非課税地があった可能性もある。これらのことから推し量ると、四川省にはなおかなりの潜在的な担税能力があったものと思われるのである。これは、「軍閥の苛斂誅求による社会崩壊の危機の進行」という、匡珊吉の描くような従来の四川農村社会のイメージとはかなりに違うものである。しかし私には、この方が、国民党の直接支配下に入った四川省が特に目覚ましい農村の社会改革も経ずに、「抗戦の大後方」たりえた要因をよく理解できるような気がするのである。
　ところで、21軍の防区についていえば、田賦に限らず、租税収奪がピークに達した1933～1935年は、まさに21軍の財政が破綻に追いこまれた時期であった。二劉戦争に続く対川陝ソヴィエト「囲剿」作戦のための支出が直接の要因である。これに関して、犍為県における徴税の実績についての次のような史料は、甚だ興味深い事実を示しているように思われる。
　このA・B二つの史料は両者年次の重なる1935年の例からも分かるように、課税の基本額を異にし、また、そのいずれの額も、小論の別表―1と異なる。しかし、ここでは、この違いはさしたる問題ではない。重要なことは、1934年

表—4　犍為県の田賦未収額

	年次	a 予定額	b 未徴収額	b／a
A [34]	1933	497,528.234	14,850.314	3.0 %
	34	497,528.234	78,821.344	15.8
	35	503,342.647	111,215.97	22.1
B [35]	35	414,605.20	58,223.29	14.0
	36	468,502.10	276,588.0	59.0
	37	281,031.54	89,117.44	31.7
	38	492,921.00	404,947.69	82.12

以後税の実収額が急激に悪化しつつあるということである。それは、1933年の「国防捐」約2徴分の追徴に始まる、年6徴体制の進行とともに深まっている。もっとも、1932年以前についての税の実収額は不明であるが、6徴の始まった1933年の実績が97％の達成率であったことから考えると、4徴体制の下では、なおかなり実収率は高かったのではないかと思われるのである。またこの表からは、33年の分についてはどうにか6徴を達成したが、その無理がたたって翌年は実収率がグッと落ち、落ちるからまた本年度分の税収を待てずに次年度分の予徴を図らざるをえず、結局無理を承知で年6徴体制を維持する、という様子が見てとれると思う。このように見るなら、年6徴体制とは、軍閥支配の限界と弱さを示すものであり、「崩壊の危機」に瀕していたのは、四川の農村社会そのものよりも、むしろ、農村を充分に掌握しきれぬ軍閥の方であった、ということができるのではあるまいか。

---

(34)　「犍為征糧近訊」『四川月報』6巻2期、A13〜14頁
(35)　注（13）書、21869〜21870頁所掲、「犍為田賦歴年徴収数（犍為征収局統計）」による。

第1章 四川軍閥統治下における田賦の「重さ」について 203

別表—1 犍為県各鎮郷の耕地と田賦正税基本額

区別	鎮郷名	耕地面積（市畝）			田賦正税基本額(両)
		水田	畑地	合計	
第一区	中城鎮	18,225	10,935	29,160	48.846
	清渓鎮	12,180	4,200	16,380	307.106
	石渓鎮	16,065	17,955	34,020	59.071
	五竜郷	12,075	11,385	23,460	180.663
	（沉犀郷）	8,190	7,215	15,405	
	清源郷	8,415	4,950	13,365	[99.963]
	張溝郷	10,140	9,750	19,890	20.195
	同興郷	14,820	9,750	24,570	180.285
	双渓郷	14,355	9,135	23,490	72.850
	安全郷	12,150	10,935	23,085	73.579
	（石馬郷）	600	7,680	8,280	
	馬廟郷	11,250	11,250	22,500	27.702
	（永清郷）	2,250	4,275	6,525	
	東興郷	14,400	14,400	28,800	99.908
	旗高郷	1,050	9,240	10,290	85.827
	（黄旗郷）	0	5,760	5,760	
	平安郷	10,350	4,500	14,850	39.789
	伏竜郷	8,160	6,375	14,535	49.824
	九井郷	17,205	18,315	35,520	71.535
	小計	191,880	178,005	369,885	1,417.143
第二区	懐安鎮	25,740	24,750	50,490	189.551
	竜孔鎮※1)	21,600	16,200	37,800	430.806
	（新竜郷）	21,000	15,750	36,750	
	孝姑郷	13,800	27,600	41,400	100.865
	榨鼓郷	14,985	8,505	23,490	171.288
	鉄炉郷	10,350	9,000	19,350	107.767
	箭板郷	21,420	12,600	34,020	45.558
	大興郷	28,305	24,480	52,785	39.342
	公和郷	17,850	13,260	31,110	37.218
	祇園郷	11,880	10,440	22,320	65.468
	小計	186,930	162,585	349,515	1,187.863
第	羅城鎮—I保	34,425	11,475	45,900	310.234
	羅城鎮—II保	23,625	9,450	33,075	
	定文郷	22,800	12,540	35,340	152.997
	寿保郷	29,700	16,500	46,200	147.409
	敖家郷	19,305	14,355	33,660	145.677
	黄鉢郷	17,640	11,970	29,610	96.556

三区	勝泉郷	15,660	12,615	28,275	154.938
	（踏紫郷）	19,380	7,125	26,505	
	金井郷	21,090	11,100	32,190	69.397
	紀家郷	18,375	18,375	36,750	67.297
	観音郷	31,590	18,630	50,220	275.643
	（新盛郷）	22,140	18,360	40,500	
	舞雩郷	15,910	11,625	27,535	148.659
	小計	291,640	174,120	465,760	1,568.807
第四区	五通鎮	8,550	8,100	16,650	81.574
	竹根鎮	0	5,700	5,700	12.924
	牛華鎮	6,300	6,300	12,600	88.264
	金栗鎮	29,205	24,780	53,985	86.581
	三江鎮	16,800	13,020	29,820	165.053
	馬頭鎮	26,250	23,250	49,500	214.179
	金山鎮	10,005	10,440	20,445	83.911
	王村郷	10,875	11,745	22,620	135.832
	梅旺郷	10,560	8,580	19,140	95.327
	磨池郷	10,455	6,885	17,340	53.508
	輝山郷	6,600	7,590	14,190	63.771
	紅豆郷	3,240	2,565	5,805	5.374
	小計	138,840	128,955	267,795	1,086.298
第五区	西溶鎮	16,380	16,965	33,345	103.592
	冠英鎮	24,840	14,040	38,880	130.572
	石林郷※2)	17,550	9,000	65,430	51.563
	踏水郷	14,415	9,765	24,180	84.475
	蔡金郷	21,525	10,500	32,025	196.023
	楊家郷	8,820	8,190	17,010	67.089
	新場郷	11,880	3,600	15,480	60.998
	泉水郷	12,000	12,600	24,600	34.823
	牛石郷	12,870	8,580	21,450	64.981
	小計	140,280	93,240	233,520	794.116
全区総計		949,570	736,905	1,686,475	6,054.22

※1、竜詫鎮とも書く
※2、石麟郷、石鈴郷とも書く

第1章 四川軍閥統治下における田賦の「重さ」について　205

別表—2　民国以来犍為県における歴年田賦正・附加税の徴収状況

年次	正　　税			附　加　税	
	（a）正税	（b）臨時徴収	（a）+（b）	附加税額	附加税備考
1912	75,381.180[1)		75,381.180		a) 1両につき銅銭1000文、1000文=0.7元
1913	75,381.180		75,381.180		
1914	75,381.180		75,381.180		
1915	75,381.180		75,381.180		b) 1000文=0.6元
1916	75,381.180		75,381.180		c) 13,202.000元=10,332元（軍票回収附加）プラス2,870元、1000文=0.5元
1917	75,381.180		75,381.180		
1918	75,381.180		75,381.180	4,018.000[a]	
1919	75,381.180		75,381.180	3,444.000[b]	
1920	75,381.180		75,381.180	13,202.000[c]	
1921	75,381.180		75,381.180	2,296.000[d]	
1922	75,381.180		75,381.180	1,722.000[e]	d) 1000文=0.4元
1923	75,381.180		75,381.180	1,148.000[f]	e) 1000文=0.3元
1924	75,381.180		75,381.180	547.000[g]	f) 1000文=0.2元
1925	85,388.818[2)	1,000,000.000[3)	1,085,388.818	1,148.000[h]	g) 1000文=0.1元
1926	85,388.818		85,388.818	1,148.000	h) 1両につき0.2元に改正
1927	85,388.818		85,388.818	1,148.000	
1928	85,388.818		85,388.818	1,148.000	i) 「1両につき0.18元に改正」（0.2元の誤り？）
1929	85,388.818		85,388.818	1,148.000[i]	
1930	85,388.818		85,388.818	10,333.000[j]	
1931	270,333.344[4)		270,333.344	10,333.000[j]	j)「　」内は上に同じ（1両につき1.8元の誤り？）
1932	540,666.69[5)	180,222.229[6)	720,888.919	10,333.000[j]	
1933	279,705.288[7)	93,235.096×3[8)	559,410.576	16,877.36[k]	
1934	550,038.287[9)	93,235.096×2[10)+5,816.413[11)	742,324.892	86,237.36[l]	k) 16,877.36=10,333元および1両につき1.464元の県政府附加（8,40336元）と、1両につき1元の夫貼費・5740元

正税備考

1) 正税=6,054.227両、年1徴（1両=12.451元）
2) 年3徴分（1両=14.104元）
3) 臨時籌款及び米棄
4) 年3徴分（1両=14.884元）
5) 年4徴分（1両=14.884）と2徴分（1両=27元）
6) 国防捐=正税2徴分（1両=14.884）
7) 3徴分（1両=15.400）
8) 臨時軍費、田賦公債、印花税借款、各1徴分
9) 4徴分
10) 剰赤費2徴分（1両=15.400）
11) 濫糧弥補費

l) 86,237.36=県政府附加8,403.360と、30,766.000元（1両につき5.3599分を徴収？）、そして、「7月から、1両につき0.82元」（8.2元の誤りか？）と改めた附加税47,068.000元

史料出所；「正税」欄は「犍為二十三年来糧戸正供並臨時籌款調査表」（『四川月報』5巻3期　G—10〜11頁）を元に、『県志』をも参照して作成
「附加税」欄は「犍為十七年来糧税附加調査表」（同上、G—11頁）により作成

別表—3　21軍防区各県における耕地面積の歴史的増減

県名	（A）1930年代の耕地面積	（B）嘉慶年間（1796-1820）の耕地面積	AとBとの増減	増加率（A÷B）×100
瀘県	1,053千畝	967千畝	86	109%
梁山	1,256	560	696	224
富順	1,003	905	98	111
宜賓	362	427	-62	
巴県	761	1,641	-880	
内江	1,177	704	473	167
合川	713	970	-254	
鄰水	1,455	329	1126	442
銅梁	597	1,424	-827	
万県	882	187	695	472
涪陵	1,852	1,068	784	173
眉山	311	575	-264	
仁寿	1,139	909	230	125
大足	600	754	-154	
武勝	499	589	-90	
忠県	686	360	326	191
開県	962	244	718	394
塾江	540	465	75	116
江津	886	1,232	-346	
楽山	285	285	0	0
合江	1,296	266	1030	487
栄昌	629	495	434	127
江北	818	819	1	0
雲陽	640	97	543	660
隆昌	1,062	412	650	258
南渓	256	253	3	0
永川	464	687	-223	
犍為	336	216	120	156
長寿	1,767	500	1267	353
大竹	733	475	258	154
興文	318	45	273	707
峨辺	147	37	110	397
南川	622	262	360	237
江安	371	222	149	167
開江	430	272	158	158
威遠	1,444	177	1267	816
鄲都	1,103	198	905	557

璧山	509	909	-400	
秀山	1,650	49	1601	3367
栄県	1,011	321	690	315
峨眉	597	162	435	369
彭山	193	183	10	105
巫渓	118	76	42	281
洪雅	200	201	-1	0
綦江	247	233	14	106
奉節	510	143	367	357
長寧	500	160	340	313
彭水	1,166	333	833	350
屏山	1,379	137	1242	1007
夾江	208	112	96	186
珙県	170	75	95	227
巫山	265	95	170	279
井研	824	191	633	431
石柱	1,029	2	1027	51450
高県	195	119	76	164
丹稜	147	145	2	0
納渓	559	57	502	981
慶符	843	84	759	1004
古藺	620	─		
古宋	272	─		
黔江	311	46	265	676
酉陽	1,754	65	1689	2698
筠蓮	199	40	159	498
以上21軍防区 63県の合計	43,937	23,963	19,974	220%
全省の合計	96,268	46,979	49,289	205%

〔出所〕A欄は張肖梅編『四川経済参考資料』A12-17頁所掲の「四川省耕地総面積及其占陸地総面積百分比県別表」より作成

B欄は魯子健編『清代四川財政史料』上巻775-782頁所掲の「嘉慶中四川省各庁州県耕地田賦額情況」より作成

208　第2篇第1部　四川軍閥像の再検討

第2章　四川軍閥統治下における田賦の「重さ」について（その2）
―― 21軍防区63県における負担額の歴史的変遷をめぐる一考察 ――

はじめに

　本章はメイン・タイトルを前章と同じくするが、（その2）と附してあるように前章の姉妹篇に当たるものとして書かれたものである。但し、前稿で問題にしたのは民国期の犍為県における単位耕地面積当たり税負担の軽重であったが、サブ・タイトルに示したように小論では21軍の防区63県（その内の約半数は32～33年における劉湘・劉文輝の決戦後に劉湘＝21軍の版図に加えられたものである）における田賦（土地を対象とする正税および附加税）の重さの歴史的な変化について検討を加えてみたものである。なお前章では増税を可能にした条件の一つとして耕地の拡大という要素を指摘した。小論はこれとは別種の可能性を指摘することになるが、これは前稿と矛盾するものではないと思う。

（1）問題の所在

(i)

　先ずは私が以下のような作業と取り組むようになった発端について述べることから始めようと思うが、そのためには更に別表―1から説き起こさなくてはならない。
　すなわち、別表―1のF・H・I欄を除く各欄は『復興月刊』第3巻の6・7合刊（1935年3月1日発行）所収の中行研究室（中国銀行研究室）著「四川民生之経済」所掲の表（21～26頁）のものであり、この表は邦訳のある国民政府全国経済委員会編『四川攷察報告』（1935年9月刊／邦訳は中支建設資料整備委員会・編訳彙報第2編、1940年2月刊）にも引用されている（246～251頁）。こちらは比

第2章　四川軍閥統治下における田賦の「重さ」について（その2）

較的ポピュラーな文献であるから、目にされたことのある読者も多いかと思う。別表―1は、『復興月刊』によって『攷察報告』の数字の誤植を訂正し、またG欄の倍率を％表示にあらためたほか、F・H・Iの欄を設けて算出してみたものである。

さて、この原表は四川軍閥の支配下で田賦の附加税がいかに夥しいものであったかを示す素材の一つとして、しばしば引用されてきたものである[1]。たしかにそのような指摘それ自体については、私も異論はない。平均すると附加税は正税の約倍に近い額にのぼる。しかし、取られるほうにしてみれば、どっちが増えたっておなじことではないか――恥ずかしながら私は、このような疑問を捨てきれないでいる。管見であるから、アカデミックな向きからは「厳しい批判」を被ること必至かも知れないが、敢えていうと、この初歩的疑問について説明してくれている日本語で書かれた論文を私は知らない。税制史の専門家にとっては、説明を要しないほど自明な区別のためでもあろうか。但し念のために申し述べるが、税徴収する側にとっての正税・附加税の別であるなら、正税は国税もしくは省税（1928～40年）であり、附加税は地方の目的税である等々、私でも多少のことは知っている。しかし、このような知識は先のような初歩的疑問に対する答えにはならない。では、別表―1に記録されているような正税・附加税の別にどんな意味があるというのだろうか？私は中行研究室の筆者がどこから引用してきたものか、原資料を確かめることができないでいる。このためこの原表がどんなことをいわんがために、正税・附加税の別や後者の前者に対する倍率まで計算したのかよく分からないのは、残念である。但し附加税が正税より多いことの意味、この点が説き明かされなくてはこの表の史料的意味もあまりなくなってしまうのは確かであろう。しかし、この表に示された正税・附加税の別に敢えてこだわるうちに、私はあることに気がついた。但し、この点について述べるためには若干の作業も必要なので、節を改めて述べることにしたいと思う。

だがそれに先立ち、最後に別表―2について、一言補足しておこう。これは

---

(1)　近年では、匡珊吉「四川軍閥統治下的田賦附加和預征」（西南軍閥史研究会編『西南軍閥史研究叢刊・第1集』［1982年　四川人民出版社］所収）がある。

本来なら別表—1の中の一つの欄としたほうがよいのであるが、紙幅に制約があるので別表としたものである。これは魯子健編『清代四川財政史料（上）』（四川省社会科学院出版社、1984年）の付表10—1「嘉慶中四川省各府庁州県耕地賦額情況」（775～782頁所掲）によって嘉慶年間の耕地面積を確かめ、これに基づいて1畝当たりの正税額を算出し小数5位で4捨5入したものを、見やすいように1万倍して整数表示したものである。

また、以上2つの表の各欄には63県について順位をふってあるが、別表—2については数字が分からない県が2つあるので、こちらは61位までである。また数字が同じ場合は同順位としてあるので、たとえば22位が2つあれば次は24位となるようにしてある。

(ⅱ)

さて、私が気づいたこととは、附加税が異常に高い巴・江津・秀山・興文等の各県は、1両当たりの正税額はみな低いということである。はたしてこのような関係は偶然的なことだろうか、それともある程度傾向的なことだろうか、また傾向的なことだとした場合、それはどの程度の確率で現れているのであろうか、このような疑問が当然湧いてくる。そこで私は、手始めに別表—1のB・D・H・Iの各欄相互の関連性について検討してみることにした。

その方法としては、以上の各欄における上位20県と最下位からの20県（63～44位）を取り出して相互に重なる部分がどのくらいあるかを調べてみることにする。

B）清代の税両総額の順位
　a 上位20県（1～20位）
　　大竹・瀘・富順・仁寿・楽山・宜賓・眉山・栄・内江・巴・隆昌・梁山・南渓・鄰水・洪雅・犍為・江津・合江・銅梁・涪陵
　b 下位20県（63～44位）
　　石柱・興文・峨辺・巫渓・筠連・黔江・秀山・古宋・巫山・酉陽・納渓・雲陽・慶符・珙・古藺・奉節・開・栄昌・南川・酆都

第2章　四川軍閥統治下における田賦の「重さ」について（その2）　211

D）1両当たり正税額の順位

　c 上位20県（1～20位）

　　開・栄昌・萬・雲陽・南川・石柱・大足・珙・塾江・威遠・涪陵・内江・酆都・瀘・武勝・江安・江北・忠・宜賓・梁山

　d 下位20県（53～44位）

　　興文・筠連・高・峨辺・江津・栄・屏山・巴・彭水・古藺・酉陽・秀山・富順・合川・丹稜・長寧・綦江・黔江・洪雅・古宋

H）1両当たり課税総額の順位

　e 上位20県（1～20位）

　　巫渓・秀山・雲陽・石柱・開・栄昌・萬・忠・大足・巫山・梁山・南川・塾江・武勝・合川・江北・酆都・長寿・涪陵・璧山

　f 下位20県（63～44位）

　　筠連・大竹・栄・峨辺・古藺・丹稜・夾江・酉陽・慶符・楽山・峩眉・屏山・高・井研・彭山・興文・長寧・仁寿・古宋

I）1両当たり課税総額中の附加税比率の順位

　g 上位20県（1～20位）

　　秀山・江津・巴・興文・合川・高・巫渓・峨辺・彭水・屏山・雲陽・石柱・巫山・璧山・栄・忠・長寿・梁山・筠連・武勝

　h 下位20県（63～44位）

　　大竹・仁寿・夾江・洪雅・井研・珙・犍為・南渓・楽山・彭山・峩眉・威遠・眉山・丹稜・富順・宜賓・瀘・合江・綦江・江安

　さて、以上a～hまでの各項の関係を図表化すると表—1のようになる。共通する県の数はc・e間で12県、a・hおよびd・f間で11県ある。これとe・g間の10県という数がその他の組み合わせに比べて相対的に大きく、相関性が強いとみなすことができると思う。ただし、cとe、dとf、eとgはみな上位同士または下位同士の、いわば並行的関係である。つまり、D・H・Iの各

表—1　別表—1の各欄の相関性

		B		D		H		I	
		a	b	c	d	e	f	g	h
B	a	*		5	5	2	5	4	11
	b		*	7	8	9	6	8	1
D	c			*		12	0	4	4
	d				*	2	11	7	4
H	e					*		10	0
	f						*	6	8
I	g							*	
	h								*

項の間では一方で高順位にあれば他方でも高順位にあるという確率が約60〜50％である、ということである。他方、aとhとは、一方で上位であれば他方では下位にあるという、相反の関係にありこの逆転の可能性が50％もあるという事である。

また、D・H・Iはいずれも防区時代の税の実態に関することであるのに対し、a—hのみは、清代と防区時代という歴史的な時間を隔てた関係を表している。

以上のような事から考えると、別表—1および2を用いることによって、1933年前後の21軍防区61〜63県の土地税の「重さ」を相対的に表すこと、またこれを各県について清代の税との比較によって、歴史的・相対的な「重さ」として表すことも可能ではないか、と思われる。小論を、「はじめに」にも述べたように、犍為県を実例に田賦の「重さ」を論じた前章の続編として発表するのも、その故である。

第1節　清代における各県の田賦の「重さ」について

周詢の『蜀海叢談』の第1巻等を見るところでは、清朝の中期までの土地税は未だ正税が中心で、捐輸等の附加税が急増したのは、19世紀も後半の咸豊朝以降のことである[2]。そこで別表—2の嘉慶朝に関するデータをもって清中期までの田賦＝土地税の「重さ」を示すものと見なし、61県の土地税の絶対的な重さを検討してみることにしよう。

別表—2のK欄は、私が別表1のB欄と別表2のJ欄をもとに算出した、1畝当たりの正税額とその順位である。但し、これは嘉慶朝の税両正税総額を単

---

(2)　周詢『蜀海叢談』（沈雲龍主編『近代中国史料叢刊第1輯』1966年、文海出版所収）19〜20頁

第2章　四川軍閥統治下における田賦の「重さ」について（その2）　213

純に同時期の耕地面積で除した数であり、単純平均にすぎない。実際には土地は、一般に水田と畑地の2種目に分けられ、それぞれがまた上・中・下の3等級に分けられて課税額が決定されていた。それ故、ここでは、K欄のような単位当たり平均課税額が、どの程度信頼性があるかを検討しておきたいと思う。

その方法として私は、前掲『清代四川財政史料』上巻の附表7—1「四川省部分州県地丁征収則率」から中田及び中地の1畝当たりの税額を拾い（L・N欄）、その順位とK欄の単純平均での順位との相関関係を調べる事にしたいと思う。

最初に注意しておくが、別表—2のL欄N欄ともに、具体的数字の分かるのは32県にすぎない。K欄の約半数である。L欄の順位を直接K欄のそれと対照しても意味はないので、L欄と対照可能なK欄の諸県の内部での順位を決定しなくてはならない。表—2のK欄の順位とはこのようにして決定された順序であり、K欄本来の順位とは別であるから注意されたい。

さて、この表—2をグラフで表すと次ページ図表—1のようになる。すなわち、x軸にq欄の値、y軸にp欄の値をとって対応関係を調べると、点はほぼ $y = x$ の直線に沿って分布する。つまり、二つの順位は殆ど同一であり、相関性が極めて高いということができる。念のためこれを相関係数の数式で表すと、$p - q = D$、$n = 32$として、p・qの相関係数は

表—2　別表—2のK欄L欄の相関性検討の素材

県名	p Kの順位	q Lの順位
大竹	3	7
仁寿	16	16
栄	4	4
内江	21	18
梁山	17	23
洪雅	1	6
犍為	2	2
江津	29	32
銅梁	31	29
武勝	27	28
威遠	9	3
江安	12	15
萬	10	12
忠	22	22
長寧	8	14
塾江	26	23
永川	29	30
江北	31	31
開江	18	26
長寿	27	32
高	6	8
綦江	19	23
彭水	25	20
酆都	15	17
南川	23	27
奉節	14	10
珙	5	5
慶符	7	9
酉陽	13	20
巫山	20	11
黔江	11	13
巫溪	24	19

214　第2篇第1部　四川軍閥像の再検討

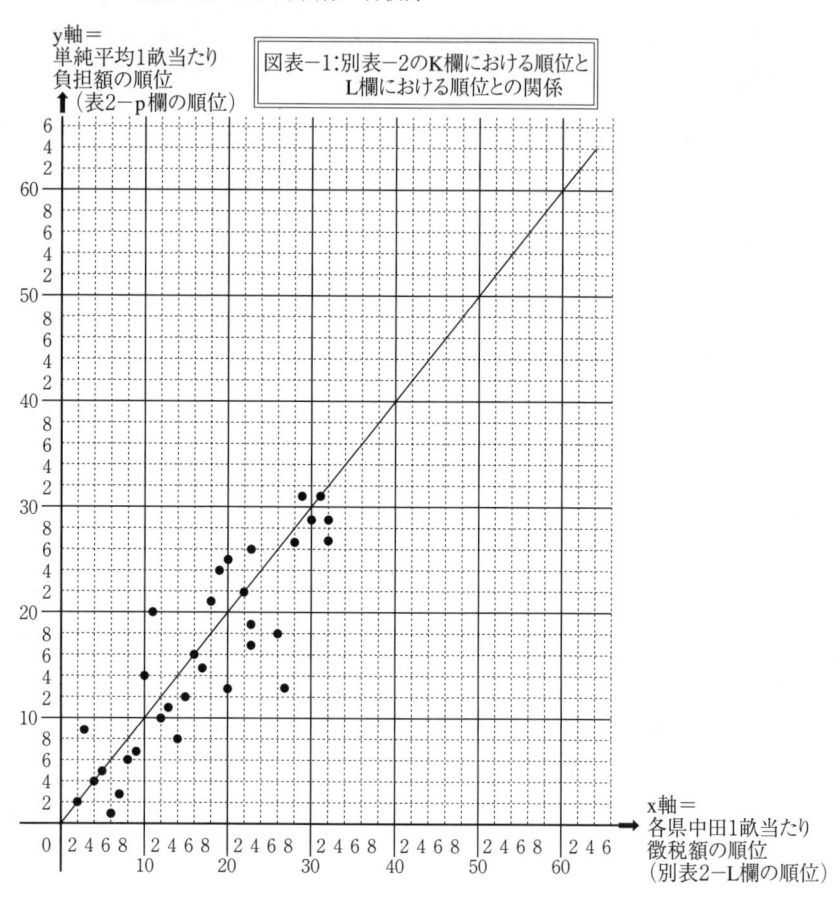

図表－1:別表－2のK欄における順位とL欄における順位との関係

y軸＝単純平均1畝当たり負担額の順位（表2-p欄の順位）

x軸＝各県中田1畝当たり徴税額の順位（別表2-L欄の順位）

$$1 - \frac{6 \Sigma D^2}{n(n^2-1)}$$

であるから、$1-(2,688\div32,736)=1-0.082=0.918$となり、かなり1に近い数がでる（1に近いほど相関性は高い）。

では、LとNについてはどうか。相関係数は0.884であり、係数の上からはK〜L間よりもやや相関性が低いが、同順位になる確率はこちらのほうが高いのである。

以上のようにKとLとNとは、共に極めて高い相関性がある。このことから考えて、単純平均とはいえ、別表2のK欄が、清代嘉慶朝の各県の土地税の絶対的重さと相対的重さをある程度正確に反映していると考えてもよいのではな

第2節　土地税の歴史的変化の跡に見られる若干の特色について

　前節に述べたように、別表—2のK欄は清代嘉慶朝における土地税の絶対的・相対的重さの実態を反映していたと考えるとして[3]、次にこれを防区体制下の税の実態と対比してみよう。

　とはいえ、はなはだ残念なことには、民国期の各県の被課税耕地の実態について、別表—2ほどの情報を私は未だ入手できないでいる[4]。このため、別表—2K欄の数字と直接軽重を較べることはできない。そこで、やむをえず、次のような手順を踏んで、清代と民国期とを較べてみることにする。

　すなわち、先ず1両＝1.6元という民国当初の貨幣換算値で民国の課税総額、正税総額をそれぞれ税両額として表す。これが別表—3のPおよびQ欄である。次にQを別表1のB欄で割り、正税が民国までにどのくらい増えたかを「倍率」として表してみる（R欄）。また、PでQを割った倍率を別表—1のK欄に掛けてやると、民国期の1畝当たり負担額が出てくる。これが別表—3のS欄である。

　さて、このようにして算出された嘉慶朝と民国期との正税の1畝当たり負担額の順位を比較・対照してみよう。先の図表—1と同じような様式でグラフ化してみると次頁の図表—2のようになる。

　さて、この図はx軸y軸をそれぞれ20位と40位のところで上・中・下の3階級に分けてある。合計9つの面に区切られているわけであるが、（3）（5）

（3）　なお、この場合、単純な場合をまず想定するという学問の方法に則り、附加税は微少のためゼロであったと仮定する。

（4）　なお、前章では信頼度は落ちるが、別表—3として、張肖梅編『四川経済参考資料』所掲の当時の「耕地面積」と嘉慶朝期の耕地面積とを対照しておいた。しかし、小論では、耕地面積の増加の問題は一応捨消して、各県単位における税の絶対的な増額が、嘉慶朝の耕地面積1単位当たりの税の重さの順位にどのような変化を与えたか、を検討してみることにする。

216　第2篇第1部　四川軍閥像の再検討

図表−2　21軍防区61県における1畝当たり税負担額の相対的重さの変化

y軸＝嘉慶朝の単純平均1畝当たり負担額の順位
↑（別表2−K欄の順位）　↓相対的に税が重くなった諸県

→相対的に税が軽くなった諸県

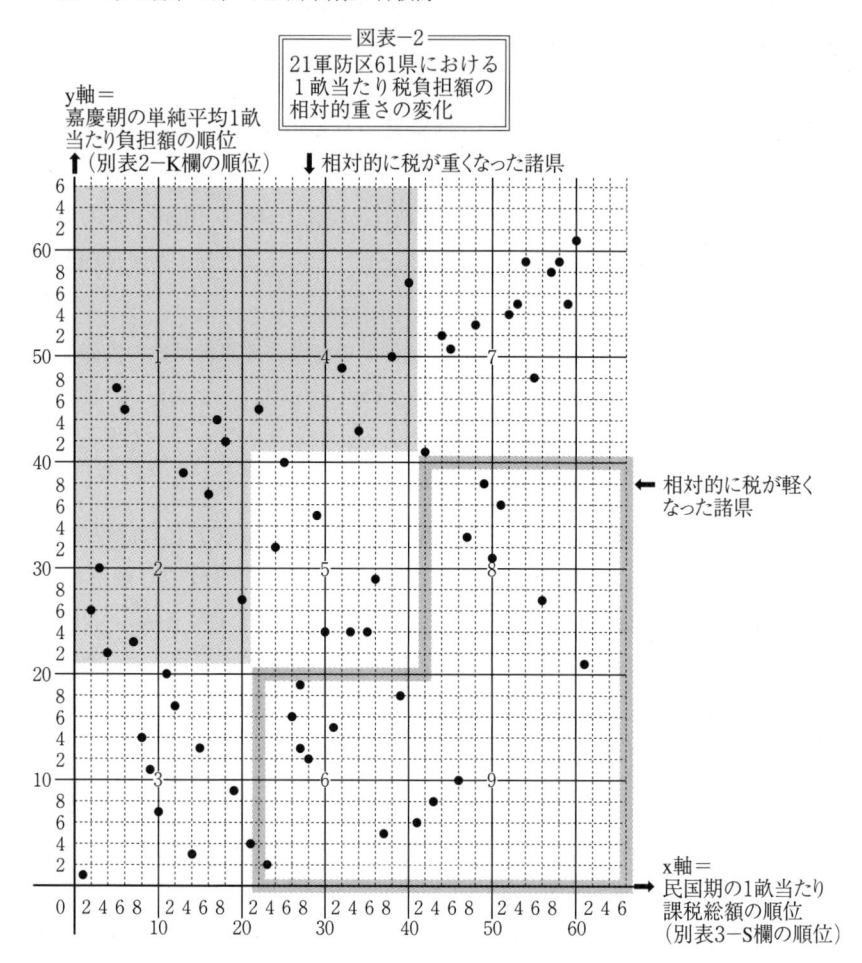

x軸＝民国期の1畝当たり課税総額の順位
（別表3−S欄の順位）

（7）の各面はx軸についてもy軸についても、それぞれ階級が同じである。つまり、清代から民国にかけて税額は絶対的に増えはしたが、相対的な税の重さには余り変化のなかった諸県という事になる。したがってまた、残るその他の面は嘉慶朝から民国にかけて税の相対的重さに変化のあった県であるという事になる。すなわち、（1）（2）（4）面内にある諸県は嘉慶朝から民国にかけて順位が上がった、つまり税が相対的に重くなった諸県であり、（6）（8）（9）面内の諸県は税が相対的に軽くなった諸県である。このように分類した諸県を整理すると、以下のようになる。

第2章 四川軍閥統治下における田賦の「重さ」について（その2）

A）嘉慶朝も民国も相対的な重さに変わりのない県（28県）

　a．常に税の重い県（x or y≧20）

　　石柱・宣賓・珙・犍為・威遠・合江・楽山・南渓・納渓‥‥‥‥‥9県

　b．常に中位の県（20＞x or y≧40）

　　奉節・開江・瀘・眉山・富順・黔江・隆昌‥‥‥‥‥‥‥‥‥‥‥7県

　c．常に税の軽い県（40＞x or y）

　　綦江・大足・長寿・合川・涪陵・永川・江北・彭水・巴・銅梁・江津・璧山‥‥‥‥‥‥‥‥‥‥‥‥‥‥‥‥‥‥‥‥‥‥‥‥‥‥‥‥‥‥12県

B）民国迄に税が相対的に重くなった県（17県）

　　秀山・雲陽・萬・巫渓・開・鄰水・梁山・酆都・江安（中→上）

　　開・忠・巫山（下→上）

　　南川・塾江・内江・武勝・栄昌（下→中）

C）民国までに税が相対的に軽くなった県（17県）

　　峨眉・夾江・彭水・長寧・屏山・高・洪雅・慶符（上→中）

　　丹稜・大竹・栄（上→下）

　　井研・仁寿・酉陽・興文・峨辺・筠連（中→下）

　さて、これらの諸県を別地図に照らしてみると、概して防区の西部＝二劉戦争以前の旧24軍防区（以下、「新防区」と呼ぶ）の諸県は嘉慶朝代にはかなり税が重く、これに対し東部の、元からの21軍防区（以下、「旧防区」と呼ぶ）の諸県は相対的に税が軽かった事が分かる。民国期になっても、相対的に税の重い諸県は新防区に集中し、旧防区の諸県に税の軽い県が比較的に多い（なお、別表の中では石柱県の数字のみが特異である。特別優れた収入源があったとも思われぬのに、税額が異常に重すぎるのである。何かの間違いの恐れもある）。特に重慶周辺の諸県が常に税が軽いのは注目される。但し民国期においては、従来税の相対的に軽かった東部の諸県が相対的に税の重さを増し、したがってまた、これと同数の西部の諸県が相対的に税が軽くなった。

ところで、別表—1のI欄によると、附加税の比率は平均でも65.37％に達し、70％を越える県は30県、すなわち全体の約半数を数えるが、それらの諸県のうち、新防区に所属するのは峨辺・屏山・栄・高・筠連・長寧・興文・栄昌・江津の、僅かに9県のみである。しかも、栄・栄昌の2県を除けば、他は何れも長江・岷江より南の、四川盆地を囲む丘陵ないし山地に所属する諸県であり、この点ではむしろ武勝・合川・銅梁・大足等の各県を除く大部分の旧防区諸県との共通性が強いのである。したがってまた、附加税率が80％を超える県が、すべてこれらの諸県に所属するのも当然といえば当然であろう。

なおまた、正税の引き上げ高の上位30県でも、旧防区は19県を占め、このうち附加税率の上位30県にも含まれる県が12県もある。江北県を除けば何れも萬県等東部の諸県である。

さて、以上のような税の引き上げが具体的にいつごろ行われたかといった事については個々の『県志』に当たるしかないが、清朝にしろ軍閥政府にしろ、やみくもに税を引き上げることによって増収を図ってきたわけではなく、以上に見たように、従来相対的に税の軽かった地域の税を、主として附加税を増すという方法で引き上げてきたのであり、そこにはそれなりの「合理性」が認められると思う。前章にも述べたように、「叩いても鼻血も出ない」ような状況の民衆から税を絞り取ることは軍閥とても不可能なことであり、この程度の「合理性」の無いほうがおかしい。だが、従来の研究では清朝や軍閥の「苛斂誅求」の面ばかりが強調されてきたと思う。その点では、以上のような私の指摘も必ずしも無駄ではあるまい（但し、周詢が指摘するように、本来地味も豊かで土地も広い合川や永川などの諸県の税が、山間の痩せ地の小県たる雅安・名山にも遥かに及ばぬといった不合理が[5]、以上のような増税方法によってどの程度是正されたかという問題は、また別個に検討すべき問題である）。

第3節　正税・附加税の別の意味について

さて、以上には税額の歴史的変遷に見られる特徴的な現象をいくつか拾って

---

(5)　周詢、前掲書20頁

みたが、増税をするのにどうして附加税を増やす方法が取られなければならないのか——結局はこの最初の疑問に突き当たることになる。正税の額を引き上げることは納税者の心理的抵抗感が強いので、附加税という形でなし崩しに増税する方法をとった——このような説明をしている論文を読んだ覚えがある。なるほど納税者とはそのようなものかと、「愚民」を扱い慣れた官僚たちの腕の冴えにはほとほと感心させられたりもするが、一度や二度ならいざ知らず、1世紀余もの長きにわたって、納税者たる農民たちがこのような姑息な詐術に騙され続けてきたと考えるほどには、私は農民を「愚か」だとは思っていない。では、どのようなことがほかに考えられるであろうか？この点に関し、1930年代のある人が次のような指摘をしていることが、私には示唆的に思われる。すなわち、李良明は次のように述べている——

「四川省内の税金には、関所を設けて税を取るほかに、なおいわゆる糧課附加税があり、皆これを直接に農民から取る。その外にも、例えば軍用米・軍服・団連費等の税金が、年間にまた数回あるいは十数回もかかってくる。その徴収の基準は、概ね耕作している土地の多少を見て決めるやりかたであり、土地の持ち主とは無関係に、税を直接に耕作している農家から取るのである」(「四川農民経済窮困的原因」[6])。

　文中の＿＿＿部は原文のままであるが、糧課とは土地税のことであろうと思う。但し、ここの部分を「糧課と附加税」と読むか、「糧課の附加税」と読むかは、一つの問題点になろうかと思う。だが、正税と附加税にしろ附加税のみにしろ、非土地所有者、従って多くの場合は佃戸が税の負担をしていたという事が、以上の文章から伺うことができると思う。だが更に、もっと直截な記事がある。すなわち次頁の表—3である。

　この表は21軍の防区ではないが、成都近辺の簡陽県において地主と佃戸がどのように税金の負担について折れあっているかを示すものである[7]。

　さて、この表によれば、地主は土地の正税を負担するほかは、いわゆる附加税の部分を全て佃戸と折半しているのである。

(6)　『四川月報』第2巻第6期（2—6）E13頁
(7)　「簡陽鎮市場調査」；『四川月報』6—3、C—6頁

表—3　簡陽県における1934年度の地主・佃戸の納税分担の模様（毎1両）

税　目	納入額	納　税　者
剿赤費・義勇隊	20元	地主・佃戸の折半
義勇隊	6	同上
教育経費	10	同上
区の団経費	10	同上
民国51年分税糧	17	地主
煙苗捐	44	ケシ栽培者
民国48年分税糧	16	地主
同49、50年分	34	地主
各保の練団経費及び号科費[8]	16	地主・佃戸の折半
県の保衛団経費	3	地主・佃戸の折半
民国52年分税糧	17	地主

また、同じく935年の『四川月報』7月号に載る「簡陽農民紛々退佃」という記事には、例年45％程度であった佃戸の辞退者が、35年になって50％以上にも達するようになった原因の1つとして、「税金の重すぎる事」を挙げているが、そこでは各種の附加税は主客の間で6：4の場合や、客戸10割といった場合さえあることが報告されている。但しこちらの記事によれば、平均的には土地税全体の負担率は地主が3分の2、佃戸が3分の1だという[9]。このように、附加税が地主・佃戸の折半であるという事実がどの程度一般的な現象であったといえるか、目下の私には確かめる術はない。しかし、このようなことが四川省の各地で普遍的に行われていた事だとしたなら、増税の主たる部分が何故附加税に置かれなければならなかったかという事は容易に理解できるし、正税附加税の別は極めて重要な意味をもっていたと言わなければならない。21軍防区以外の、それも簡陽県1県についての具体例しか示すことができないのに、このような事を「仮説」と呼ぶのはおこがましいとの批判を頂戴することになるやも知れないが、問題提起の意義だけでも認めて頂けたならば、私としては幸いである。

だが、仮に佃戸による附加税の負担が一般的現象であったとした場合、では何故その比率が東部の旧防区の諸県において一般的に高く、西南の新防区諸県ではその比率が相対的に小さいのか、という問題がある。これについて検討すべき課題は2つある。

第1の問題は、新旧防区の間における地主佃戸制の発達の度合や如何の問題

（8）　恥ずかしながら、「号科費」の意味がわからない。御教示頂ければ幸いである。
（9）　『四川月報』7—1、G2〜3頁

第2章　四川軍閥統治下における田賦の「重さ」について（その2）

である。

この点については、必ずしも信頼できる調査史料とはいいにくいが、四川省綿麦改進所の調査結果で検討するかぎり(10)、旧防区の方が地主・佃戸制が発達していたとは云い切れないと思う。

第2は副業ないしは商品作物栽培の諸条件に関する問題である。

すなわち、佃戸に附加税を負担させるとしても、これが現実に可能となるためには、佃戸に納税すべき現金の持ち合わせがなくてはならない。このことからすると、附加税率の急増と農民の副業収入や換金作物生産との関連性が当然重視されるわけである。では何故そこで東部諸県なのか、西部諸県はなぜ附加税比率が低いのか？

思うに、中国の農民が古来さまざまの副業に従事してきたことは周知の通りである。また、歴代の王朝がその副業の成果を奪い取ることに貪欲であったことも周知の通り。西部諸県においても、官僚達は精一杯、副業からの収奪を行ってきたに違いない。とすると、民国期における東部と西部の附加税への依存度の違いは、東部のほうがむしろ従来に較べて異常に高いのであって、これは副業生産における歴史的条件の違いを反映するものではないだろうか？つまり、東部の諸県には従来乏しかった、副業による現金収入の道が清末から民国にかけて急速に開けたという事、これが従来は税の相対的に軽かった東部諸県から、膨大な附加税を徴収することを可能ならしめたのではなかろうか、と考えられてくるのである。

では、その場合の副業・現金収入の道とは具体的に何であったか？目下のところ、私はその代表的商品としてアヘンと桐油を挙げることができるのではないか、と考えている。

もっとも、アヘンは副業ではなくて主要生産品になった場合も多いが（涪陵のアヘン生産は有名で、四川軍閥の悪業の実例として言及される例が多い）、いずれにしても、清中期までは生産されておらず、清末にいたってにわかに生産されるようになり、農民の重要な現金収入の手段となった点では、桐油生産の場合と同じである。ロシング・バックは四川の農業区を、（1）桐油水稲区、（2）水

(10)　張肖梅編、前掲書M17～20頁所引

稲雑糧区、（3）甘薯稲綿区（4）水稲区、（5）稲麦玉蜀黍区、（6）玉蜀黍区（7）農牧区、の7つに分けているが[11]この分類によると、旧防区では墊江・大竹が水稲雑糧区に分類されているほかは、桐油水稲区に分類されており、また新防区でも、南辺の諸県は桐油生産が盛んな地域なのである。桐油生産は古来から行われており、新種の副業とはいえない。だが、従来は燃料・灯油・薬剤・油紙・パテ等として、日常的な家庭消費材とされてきた桐油が、自動車や軍艦・飛行機等の防錆材として注目されるようになったのは今世紀に入ってからであり、世界最大の桐油生産国としての中国からの輸出が盛んになるのは殊に第1次大戦以来のことのようである[12]。もちろん、現金収入源がすべてアヘンか桐油であったなどと主張するものではないが、世界貿易に巻き込まれる過程で農業経済が変化し、思わぬ収入源が開かれてきたことと、21軍の発展・強化という事との間には、深いつながりがあると思われる。だが、この点についての実証は、重慶周辺地区における土地税の軽さと地主制の発達との関係等の問題と共に今後の課題として残し、一先ずはこの辺で筆を置くことにしたい。

おわりに

上に述べた事柄の多くは、これまでも指摘されてきたことである。すなわち、税の不均衡の問題についていえば、前引の周詢・李良明等の指摘があり、また佃戸による課税負担の事実については、田中正俊[13]小山正明[14]小島淑男[15]等の

(11) 中国農民銀行四川省農村経済調査委員会『四川省農村経済調査報告』第1号・総論9〜10頁（秦孝儀主編『中華民国史料叢編』A32：『中国農民銀行四川省経済報告』1676年、台北）

(12) 章有義編『中国近代農業史資料』第2輯（1957年、北京・三聯書店）208頁、東亜研究所（中村金治著）『国際商品としての桐油の生産および流通』（1942年）3—4頁。なお、涪陵・鄷都・渠県を擁する旧防区は四川随一のアヘン産区でもあった。

(13) 田中正俊著『中国近代経済史研究序説』（1973年、東京大学出版会）第2編第1章・「十六・十七世紀の江南における農村手工業」

(14) 小山正明「賦・役制度の変革」（『岩波講座・世界歴史12・中世6』所収）

(15) 小島淑男「佃農の税糧負担に関する一考察」（『史潮』112号）

諸氏がとうの昔に指摘されている所である。小論で私がやったことは、附加税急増の意味と要因について、私なりの見方を述べてみたことを除けば、李良明の論文と簡陽県に関する『四川月報』の記事を紹介したこと、21軍防区に関する史料の集計と拙い地図・図表を作ったことくらいである。それも、これまで指摘されてきた事に対する「実証」的補強になり得たかどうかはなお問題があろうかと思う（単純1畝当たりの負担率の真偽性、耕地面積の増加問題を捨消しての、単純な嘉慶朝代との比較、その他）。このようなものではあるが、今後の研究に何か資するところあれば幸いである。

224　第2篇第1部　四川軍閥像の再検討

別表－1　21軍防区各県下における田賦正税及び附加税の徴収額（1933年）

県名	A 課税総額 単位＝元	順位	B 清代の正税 単位＝両	順位	C 正税総額 単位＝元	D 1両当たり正税額 単位＝元	順位	E 附加税総額 単位＝元	F 1両当たり附加税総額 単位＝元	順位	G 附加税の正税に対する割合 単位＝％	H 1両当たり課税総額 単位＝元	順位	I 1両当たり課税額中の附加税比率 単位＝％	順位
瀘	434,336	1	12,670	2	194,486	15.35	14	239,850	18.93	31	123.33	34.28	28	55.22	47
梁山	391,695	2	6,734	12	95,875	14.24	20	295,820	43.97	11	308.55	58.17	11	75.52	18
富順	366,657	3	12,366	3	168,480	13.62	25	198,177	16.03	37	117.63	29.65	35	54.04	49
宣賓	331,747	4	10,443	6	150,943	14.45	19	180,804	17.32	34	119.78	31.77	31	54.52	48
巴	300,619	5	6,781	10	24,399	3.60	56	276,220	40.73	13	1,132.14	44.33	24	91.88	3
内江	283,329	6	7,137	9	115,767	16.22	12	167,562	23.48	27	144.74	39.70	26	59.14	41
合川	281,245	7	4,998	22	27,461	5.49	50	253,784	50.78	7	924.20	56.27	15	90.24	5
鄰水	268,243	8	6,173	14	79,014	12.80	29	189,229	30.65	23	293.49	43.45	23	70.54	27
銅梁	255,470	9	5,748	19	71,650	12.47	30	183,820	31.98	21	256.55	44.45	22	71.95	23
萬	253,363	10	3,571	30	74,925	21.00	3	178,438	49.95	8	238.16	70.95	7	70.40	28
涪陵	243,141	11	5,374	20	89,403	16.64	11	153,738	28.60	25	171.96	45.24	19	63.22	40
眉山	241,118	12	10,311	7	116,575	11.31	34	124,543	12.08	46	106.84	23.39	41	51.65	51
仁寿	238,578	13	11,225	4	161,578	14.39	21	77,000	6.86	57	47.66	21.25	45	32.28	62
大足	238,144	14	4,091	26	73,727	18.02	7	164,417	40.19	46	223.00	58.21	9	69.04	33
武勝	231,139	15	4,076	27	62,002	15.21	15	169,137	41.50	12	272.79	56.71	14	73.18	20
忠	218,629	16	3,482	31	51,265	14.72	18	167,364	48.07	9	326.47	62.79	8	76.56	16
開	209,754	17	2,290	47	58,292	25.46	1	151,462	66.14	5	259.83	91.60	5	72.21	22
墊江	197,451	18	3,438	34	58,699	17.07	9	138,752	40.36	14	236.38	57.43	13	70.28	30
江津	192,105	19	5,996	17	12,225	2.04	59	179,880	30.00	24	1,471.41	32.04	30	93.63	2
楽山	183,759	20	10,633	5	96,059	9.03	39	87,700	8.25	55	91.30	17.28	53	47.74	55
合江	183,493	21	5,830	18	79,533	13.64	24	103,960	17.83	33	130.71	31.47	33	56.66	46

第2章　四川軍閥統治下における田賦の「重さ」について（その２）

	県名														
22	栄昌	180,464	46	2,360	53,430	2	22.64	127,034	6	53.83	237.76	6	76.47	29	70.39
23	江北	173,514	36	3,280	49,314	17	15.03	124,200	17	37.87	251.86	16	52.90	24	71.59
24	雲陽	168,622	52	1,542	30,000	4	19.46	138,622	3	89.89	462.07	3	109.35	11	82.20
25	隆昌	159,978	11	6,747	65,958	38	9.78	94,020	43	13.93	142.55	40	23.71	43	58.75
26	南渓	157,258	13	6,315	84,965	27	13.45	72,293	49	11.45	85.09	39	24.90	56	45.98
27	永川	154,048	35	3,435	46,370	26	13.50	107,678	22	31.35	232.21	21	44.85	31	69.90
28	犍為	152,161	16	6,054	82,921	22	13.70	69,240	50	11.43	83.50	38	25.13	57	45.48
29	長寿	143,914	38	3,029	34,205	35	11.29	109,709	18	36.22	320.74	18	47.51	17	76.24
30	大竹	142,259	1	13,224	118,093	40	8.93	24,166	63	1.83	20.46	62	10.76	63	17.01
31	南川	141,549	45	2,462	47,301	5	19.21	94,248	16	38.28	199.25	12	57.49	36	66.59
32	江安	131,430	29	3,681	55,630	16	15.11	75,800	30	20.59	136.26	27	35.70	44	57.68
33	開江	126,471	37	3,173	43,471	22	13.70	83,000	26	26.16	190.93	25	39.86	38	65.63
34	威遠	122,888	28	3,711	62,383	10	16.81	60,505	36	16.30	96.99	29	33.11	52	49.23
35	鄲都	122,355	44	2,493	38,355	13	15.39	84,000	20	33.69	219.01	17	49.08	34	68.64
36	璧山	117,693	42	2,616	25,894	37	9.90	91,799	19	35.09	354.52	20	44.99	14	78.00
37	秀山	96,023	57	864	4,489	52	5.20	91,534	2	105.94	2,039.07	2	111.14	1	95.32
38	栄	93,782	8	8,386	20,762	58	2.48	73,020	53	8.70	351.7	61	11.18	15	77.82
39	峨眉	93,159	21	5,373	47,432	41	8.83	45,727	54	8.51	96.41	52	17.34	53	49.08
40	彭山	84,368	24	4,345	43,368	36	9.98	41,000	52	9.44	94.54	48	19.42	54	48.61
41	巫渓	79,504	60	613	8,000	28	13.05	71,504	61	116.65	893.80	1	129.70	7	89.94
42	洪雅	77,452	15	6,066	46,881	45	7.73	31,571	56	5.04	65.21	56	12.77	60	39.47
43	兼江	76,837	41	2,633	32,677	31	12.41	44,160	35	16.77	135.14	36	29.18	45	57.47
44	奉節	71,110	48	2,243	19,331	42	8.62	51,779	28	23.08	267.85	32	31.70	21	72.81
45	長寧	69,459	32	3,452	20,032	48	5.80	49,427	42	14.32	246.74	46	20.12	25	71.17
46	彭水	69,048	43	2,537	11,048	55	4.35	58,000	29	22.87	524.98	37	27.22	9	84.02
47	屏山	60,554	32	3,452	10,154	57	2.94	50,400	40	14.60	496.36	51	17.54	10	83.24
48	夾江	58,607	23	4,674	36,957	43	7.91	21,650	62	4.63	58.58	57	12.54	61	36.92
49	洪	58,286	50	1,895	33,213	8	17.53	25,073	45	13.23	75.49	34	30.76	58	43.01
50	巫山	56,405	55	969	11,596	32	11.97	44,809	10	46.24	387.12	9	58.21	13	79.44

226　第2篇第1部　四川軍閥像の再検討

No.	県	(1)		(2)		(3)		(4)		(5)		(6)		(7)	
51	井研	55,155	39	2,895	33,079	33	11.43	22,076	56	7.62	66.74	49	19.05	59	40.00
52	石柱	52,555	63	554	10,203	6	18.42	42,352	4	76.44	415.09	4	94.86	12	80.58
53	高	50,710	40	2,880	5,055	60	1.76	45,655	38	15.85	903.17	50	17.61	6	90.01
54	丹稜	50,412	25	4,147	23,273	49	5.61	27,139	59	6.55	116.62	58	12.16	50	53.87
55	納溪	33,398	53	1,503	10,767	47	7.16	22,631	39	15.06	210.19	42	22.22	35	67.78
56	慶符	31,560	51	1,837	9,710	51	5.29	21,850	47	11.89	225.05	54	17.18	32	69.21
57	古藺	23,585	49	2,034	9,663	54	4.75	13,922	58	6.85	144.08	59	11.60	42	59.05
58	古宋	18,850	56	870	6,775	44	7.80	12,075	44	13.80	178.23	44	21.60	39	63.89
59	黔江	18,266	58	832	6,196	46	7.45	12,070	41	14.50	194.80	43	21.95	37	66.06
60	酉陽	16,937	54	1,030	4,937	53	4.80	12,000	48	11.66	243.11	55	16.46	26	70.84
61	興文	11,246	62	569	950	63	1.67	10,296	32	18.09	1,083.79	47	19.76	4	91.55
62	峨辺	7,074	61	610	1,074	60	1.76	6,000	51	9.84	559.18	59	11.60	8	84.83
63	鶯連	5,586	59	792	1,386	62	1.75	4,200	60	5.30	303.03	63	7.05	19	75.18
総計／平均		9,158,547		75,544	3,169,656		11.50	5,988,891		21.73	188.94		33.24		65.37

第2章　四川軍閥統治下における田賦の「重さ」について（その2）　227

別表—2　嘉慶年間の耕地面積と税両額

県名	J 嘉慶年間の単純耕地面積 単位＝畝	K 単純平均1畝当たりの正税 1/100²両		L 各県中田の1畝当たり徴税額		M 総耕地面積中の中田の割合 単位%	N 各県中地の1畝当たり徴税額		O 総耕地面積中の中地の割合 単位%	総耕地面積の最多構成	備　考 その他
		順位		順位	単位%		順位	単位%			
大竹	475,413	8	278	7	3.15	44.44	16	0.54*	13.50*	中田	*中下地なきため、上地の額
瀘	967,236	35	131								
富順	904,920	34	137								
仁寿	909,180	38	123	16	1.85	13.33	5	0.92	10.69	下地＝0.58	
楽山	285,060	3	373								
宜賓	423,756	14	246								
眉山	575,055	24	179								
栄	320,757	10	261	4	4.16	16.41	4	1.04	7.94	下田＝2.49	
内江	703,889	43	101	18	1.60	26.04	9	0.80	22.89	下田＝1.26	
巴	1,640,964	58	41								
隆昌	411,821	29	164								
梁山	559,578	39	120	23	1.27	31.45	22	0.42	6.50	中田	
南渓	253,332	13	249								
鄰水	329,211	23	188								
洪雅	200,599	5	302	6	3.36	23.20	6	0.84	6.45	下田＝2.01	
犍為	215,619	7	281	2	4.24	18.78	2	1.66	4.31	下田＝2.54	
江津	1,231,549	55	49	32	0.60	25.50	30	0.20	2.90	中田	
合江	266,383	17	219								
銅梁	1,423,941	59	40	29	0.94	11.94	29	0.25*	62.88*	下田＝0.81	*上中地なきため、下地の額
涪陵	1,068,335	54	50								

県名	人口										備考
峨眉	162,260	4	331								
合川	970,116	53	52						2.90		
夾江	112,284	2	416								
彭山	182,600	16	238								
丹稜	145,467	6	285								
大足	753,910	52	54	1	6.14						
武勝	589,303	50	69	28	1.00	17.95	28	0.26*	35.26*	下地=0.16	定遠県　*下地の額
威遠	176,668	20	210	3	4.21	12.77	3	1.05	9.66	下田=0.63	
江安	222,233	27	166	15	2.21	25.46	13	0.57	3.33	下田=1.39	
萬	187,308	22	191	12	2.55	18.23	10	0.78	9.44	下田=2.18	
忠	360,492	44	97	22	1.41	11.67	21	0.43	6.01	下田=1.21	
屏山	136,947	12	252								
長寧	160,360	19	215	14	2.28	25.10	13	0.57	3.38	下田=1.37	
墊江	464,939	49	74	23	1.27	37.86	22	0.42	7.83	上田=0.89	
永川	687,199	55	49	30	0.63	33.67	31	0.19	15.53	中田	
江北	819,372	59	40	31	0.61	13.31	33	0.16	21.03	下田=0.16	
開江	272,457	40	116	26	1.32	29.77	25	0.41	7.27	中田=0.68	
長寿	499,769	51	61	32	0.60	13.56	32	0.18	5.78	上田=0.68	新寧県
井研	190,642	33	152								
高	118,641	15	243	8	2.99	18.65	11	0.74	15.90	上田=4.49	
綦江	233,284	41	113	23	1.27	23.74	26	0.39	6.90	中田	
璧山	908,646	61	29								
彭水	332,664	48	76	20	1.45	23.55	19	0.44	13.91	中田	
鄷都	197,631	37	126	17	1.61		17	0.49			
南川	262,033	45	94	27	1.05	29.38	27	0.32	10.59	上地=0.37	
栄昌	494,637	57	48								

第2章　四川軍閥統治下における田賦の「重さ」について（その2）

県	(1)	(2)	(3)	(4)	(5)	(6)	(7)	(8)	(9)	備考
開	243,971	45	94	10	2.74	15.18	6	0.84	18.12	下地＝0.72
奉節	142,786	32	157							下田＝2.21　中田　＊上中地なきため、下地の額
古藺	—	—	—							＊上中地なきため、下地の額
珙	74,055	11	256	5	3.68	18.16	15	0.55*	24.30*	
慶符	84,318	18	218	9	2.85	57.73	22	0.42*	14.87*	
雲陽	96,603	30	160							下田＝1.24
納渓	57,466	9	262							
酉陽	64,888	31	159	20	1.45	4.66	19	0.44	20.95	
巫山	95,193	42	102	11	2.65		8	0.81		
古宋	—	—	—							
秀山	48,910	26	177							中田　大寧県
黔江	46,401	24	179	13	2.42	28.23	11	0.74	11.66	
筠連	40,438	21	196							
巫渓	75,125	47	82	19	1.57	10.82	18	0.48	18.79	中地
峨辺	36,705	27	166							
興文	44,809	36	127							
石柱	1,880	1	2947							

別表—3　1両＝1.6元として換算して較べてみた、嘉慶朝以後民国までの1畝当たりの土地税の増加

県名	P 1両＝1.6として換算した、民国期の土地税 課税総額 単位＝両	Q 正税額 単位＝両	R 正税の増加倍数（Q÷別表1B） 順位		S 民国期の1畝当たり課税総額（P÷別表1B×別表2K）単位＝1／100²両 順位	
瀘	271,460	121,554	14	9.59	29	2,751
梁山	244,809	59,922	21	8.90	13	4,320
富順	229,161	105,300	25	8.52	33	2,603
宣賓	207,342	94,339	19	9.03	8	4,920
巴	187,887	15,249	56	2.25	57	1,148
内江	177,081	72,354	12	0.14	34	2,525
合川	175,778	17,163	50	3.43	48	1,820
鄰水	167,652	49,384	29	8.00	7	5,076
銅梁	159,669	44,781	30	7.79	58	1,120
萬	158,352	46,828	3	13.12	4	8,404
涪陵	151,963	55,877	11	10.40	52	1,400
眉山	150,699	72,859	34	7.07	30	2,685
仁寿	149,111	100,986	20	9.00	49	1,599
大足	148,840	46,079	7	11.26	44	1,944
武勝	144,462	38,751	15	9.51	38	2,415
忠	136,643	32,041	18	9.20	17	3,783
開	131,096	36,433	1	15.91	6	5,358
墊江	123,407	36,687	9	10.67	32	2,664
江津	120,066	7,641	59	1.27	59	980
楽山	114,849	60,037	39	5.65	14	4,103
合江	114,683	49,708	24	8.53	12	4,380
栄昌	112,790	33,394	2	14.15	40	2,304
江北	108,446	30,821	17	9.40	54	1,320
雲陽	105,389	18,750	4	12.16	3	10,880
隆昌	99,986	41,224	38	6.11	36	2,460
南渓	98,286	53,103	27	8.41	15	3,980
永川	96,280	28,981	26	8.44	53	1,372
犍為	95,101	51,826	22	8.56	10	4,496
長寿	89,946	21,378	35	7.06	45	1,830
大竹	88,912	73,808	40	5.58	43	1,946
南川	88,468	29,567	5	12.01	22	3,384
江安	82,144	34,769	16	9.45	20	3,652

開江	79,044	27,169	22		8.56	25	2,900
威遠	76,805	38,989	10		10.51	11	4,410
鄧都	76,472	23,972	13		9.62	16	3,906
壁山	73,558	16,184	37		6.19	60	812
秀山	60,014	2,806	52		3.25	2	12,213
栄	58,614	12,976	58		1.55	46	1,827
峨眉	58,224	29,645	41		5.52	21	3,641
彭山	52,730	27,105	36		6.24	26	2,856
巫渓	49,690	5,000	28		8.16	5	6,642
洪雅	48,408	29,301	45		4.83	37	2,416
綦江	48,023	20,423	31		7.76	42	2,034
奉節	44,444	12,082	42		5.39	24	3,140
長寧	43,412	12,520	48		3.63	27	2,795
彭水	43,155	6,905	55		2.72	55	1,292
屏山	37,846	6,346	57		1.84	28	2,772
夾江	36,629	23,098	43		4.94	23	3,328
珙	36,429	20,758	8		10.95	9	4,864
巫山	35,253	7,248	32		7.40	18	3,672
井研	34,472	20,674	33		7.14	47	1,824
石柱	32,847	6,377	6		11.51	1	173,873
高	31,694	3,159	60		1.10	31	2,673
丹稜	31,508	14,546	49		3.51	41	2,280
納渓	20,874	6,729	47		4.48	19	3,668
慶符	19,725	6,069	51		3.30	39	2,398
古藺	14,741	6,039	54		2.97		—
古宋	11,781	4,234	44		4.87		—
黔江	11,416	3,823	46		4.65	35	2,506
酉陽	10,586	3,086	53		3.00	50	1,590
興文	7,029	594	63		1.04	51	1,524
峨辺	4,421	671	60		1.10	56	1,162
筠連	3,491	866	62		1.09	61	784
総計平均	5,724,029	1,980,988			7.19		

232　第2篇第1部　四川軍閥像の再検討

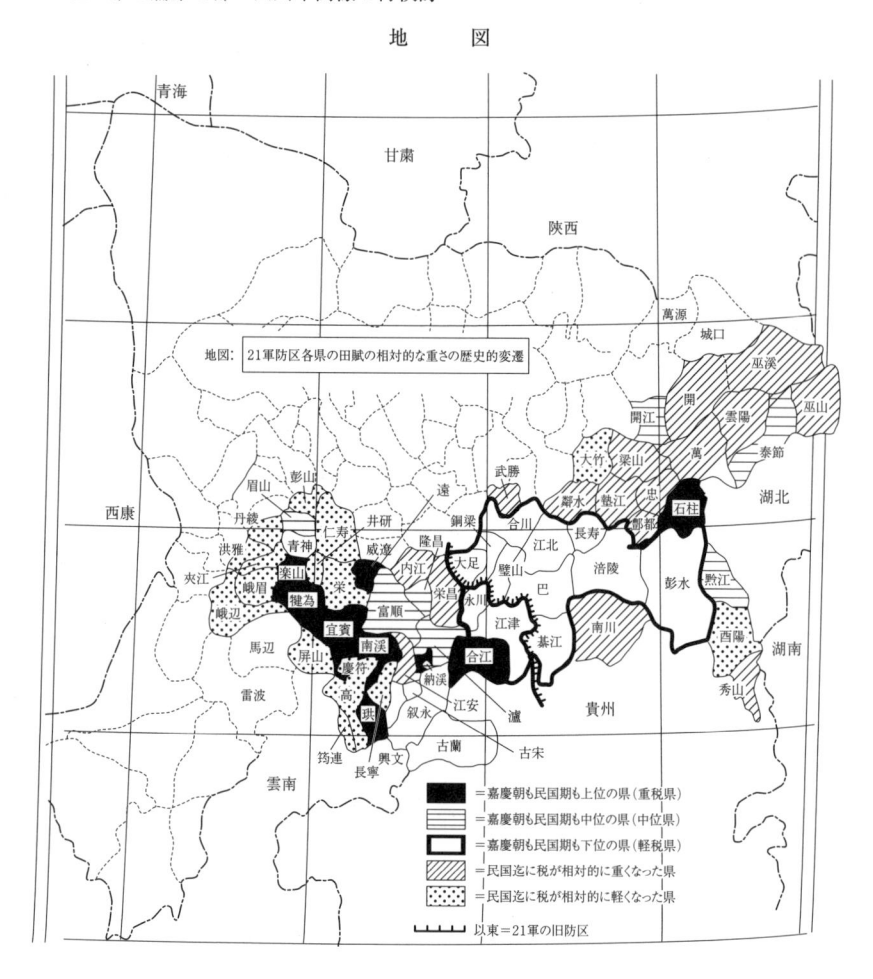

地　　図

地図：21軍防区各県の田賦の相対的な重さの歴史的変遷

■ ＝嘉慶朝も民国期も上位の県（重税県）
☰ ＝嘉慶朝も民国期も中位の県（中位県）
□ ＝嘉慶朝も民国期も下位の県（軽税県）
▨ ＝民国迄に税が相対的に重くなった県
⋯ ＝民国迄に税が相対的に軽くなった県

以東＝21軍の旧防区

第3章 四川軍閥統治下における田賦の重さについて（その3）

はじめに

　すでに第1章では犍為県を実例として、四川省の田賦の「重さ」が必ずしも全国屈指であったとはいえぬこと（少なくとも年1徴体制の下にあった1921年頃はむしろ他省に比べ負担は軽かったこと）、また、年4徴体制までは納税率も高かったことを指摘して、軍閥政府もこの程度までは負担を農村に課することができたと思われること、しかし、34年からの6徴体制の下では納税率が急激に悪化しつつあったことを指摘して、軍閥の支配体制の限界が露呈しつつあったことを指摘した。このような農民の担税能力の余地はどこにあったのかを問う中で、私は四川省が清初以来税率が低く未課税地も他省に比べ多かったことを一つの要因としてあげた。又、第2章においては、21軍防区における田賦の「重さ」を歴史的観点から検討し、上川南部は昔から課税額が川東各県よりも相対的に重かったが、民国期には川東部において重税が課せられる傾向にあったこと、また、田賦附加税が小作農にも一部負担させる形で徴収されていたこと、等を明らかにし、更に農民の担税能力を新たに開いた要素として、ケシ栽培、桐油採取、等の換金作物の展開が考えられるとした。

　以上のような作業は、農民からの軍閥の収奪の苛酷さを否定するためではない。特に、土地台帳が嘉慶朝以来作られていないため、土地はあっても無税の戸があるかと思えば、他方に土地がないのに田賦を課されるといった不合理があり、有力者が胥吏と結託して自分の土地の税を他人に押しつけるといった情況の下で、土地所有者への課税すなわち本来の田賦が、廻り回って佃戸や雇農を搾り取る結果となったことは否定できない事実である。しかし、私が問題にしたいのは収奪一般ではなく、その歴史具体的な在り方なのである。これは、

すでに第1章冒頭でも触れたので、これ以上は繰り返さない。

本章では、渠県と崇慶県を具体的対象として、田賦の「重さ」をまた別な側面から考えてみることにしたい。

第1節　民国以降の増税について

文世安「民国時期渠県苛捐雑税」（『渠県文史資料選輯』第4輯）は、冒頭で要旨次のように述べている。すなわち、辛亥革命で数千年の封建支配を倒したのは歴史的一大進歩だったが、民国の政権は帝国主義、封建主義、官僚資本主義の「三つの結合」した政権であり、人民を搾取・圧迫するという本質に変化はなかった、と。どこが「歴史的一大進歩」なのかさっぱり明らかではないが、このような書き出しに続いて、渠県における増税の歴史が49年までにわたって、克明に記されている。

中国方志叢書所収民国21年の『渠県志（一）』食貨志156頁（原版のではなく通し番号で表記）によると清末の田賦は庫平銀6,458.347両、これを銀元に換算すると10,303.936元であった。また、その糧額は一部の濫糧を除くと3350石6升7合2勺5抄5撮4圭であり、1斗当たりの銀徴収額は0.3076元であった。清末の津貼、捐輸、新捐輸を合わせて副税といったが、これの合計が40460両、これを元に換算すると64,736元となり、1斗当たりの徴収額は1.9477元であった（157頁）。民国3年正副両税を合計し銀元75,039.936元、これに1割の徴解費7,103.994元を加え、祭祀用の田や公田の副税徴収を免じた残り、82,543.93元を徴収した、とある（157頁）。民国15年すなわち1926年以後渠県は羅澤州の防区となり、毎年3徴となり、後28年以後は6徴、31年は6徴の外に客軍の軍餉として（1斗当たり？）1.5元が課された。このほか団練費、学費、煙苗捐、馬路捐その他が課され毎糧1斗につき70余元となり、このため「糧少なく業（田地）多い者は（重税を）こらえているが、田を売り糧が残っている者や業少なく糧多い者はいずれも業を棄ててよそに行く勢いである」と県志は書いている（157〜158頁）。

文世安によると正副税以外の税として、徴練費、学銭、田捐、司法費、兵差

第3章　四川軍閥統治下における田賦の重さについて（その3）

表1：渠県における附加税の歴年課税率

年	項目	1斗につき		合計
1912年	練費	100文	0.08元	
14年	同上		0.15元	0.15元
15年	同上		0.15元	0.15元
16年	警費		0.05元	0.05元
17年	学費		0.105元	0.11元
	練費	1,000文	0.4元	0.9元
18年	学費		0.105元	0.5元
	練費	1,000文	0.4元	
19年	練費	2,000文		2,200文＝1元
	学費	200文		
20年	練費	2,000文		2,200文＝1元
	学費	200文		
21年	練費	2,000文		2,200文＝0.8元
	学費	200文		
22年	練費	2,000文		4,100文＝0.7元
	学費	300文		
	司法・兵差・巡緝・工廠	1,300文		
	息銭	500文		
23年	練費	1,000文		2,900文＝0.8元
	学費	300文		
	県志	200文		
	借款	150文		
	司法	200文		
	警費	150文		
	予備	400文		
	息銭	500文		
24年	練費	1,000文		2,900文＝0.7元
	学費	300文		
	警費	200文		
	司法	300文		
	県志	200文		
	息銭	500文		
	予備	400文		
25年	軍団	0.5元		1.20元
	兵差	0.35元		
	司法	0.2元		
	中学校	0.15元		
26年	軍団	0.51元		
	兵差	0.35元		

		司法	0.2元	} 1.41元
		中学校	0.15元	
		籌還挪用兵差費	0.2元	
		票銭	60文	
27年	同上附加		1.4元（1.41元？）	1.4元
		票銭	60文	
28年	軍団		0.5元	
	司法		0.2元	} 1.05元
	中学校		0.15元	
	籌還挪用兵差費		0.2元	} 1.13元
	県志		300文	
	市政		200文	} 0.08元

備考　以上は県志159〜160頁により作成
　　　制銭（銅銭＝文）の銀元換算値は後出の表8に依拠した。26年、27年の60文は微少につき計算に入らない。
　　　なお文世安は「田捐」という附加税を挙げているが、県志には見えない。

費、巡緝費、息銭、県志費、借款、予備費、軍団費、中校費、籌還兵差費、票銭等の13種の附加税が前後15年間に108,882.6元、平均毎年7,258.84元徴収された。

　県志によれば地方附加税は宣統末に1斗につき100文を課するようになり、徴収局が代徴するに際して1000銭（文）につき経費50文を取った。以上の表1に附加税を一覧できるようにした。

　以上のように1斗当たりの附加税は民国元年（1912年）の0.08元が1928年までに1.13元に増えた。14.125倍に増えたわけであるが、1926年の1.56元のように19.5倍になった年もある。概して1924年までの附加税の増加率は低く、最高でも1920年、21年の12.5倍であり、24年は8.7倍に止まっている。全般的に25年以後の増税率の高さが顕著である。

　ところで、文世安は正副両税に「前後15年14種の附加税を加え……毎年平均89,802.77元を徴した」というが、15年間の起点が民国元年なのか3年なのか（県志には3年の附加税はないが）はわからない。

　また、文によれば、以上の税額は清末の1.24倍となるというが、どこからこのような数字が出てくるのか、理解に苦しむ。清末には正副両税64,737元しか

第3章　四川軍閥統治下における田賦の重さについて（その3）　237

表2：渠県における田賦預徴一覧表
単位：銀元

年度	預徴次数	年徴基数	年預徴額の総計
1926	3	83439	250,317
27	7	83439	584,073
28	3	83439	250,317
29	7	83439	584,073
30	9	83439	750,951
31	6	84904	509,424
32	6	84904	509,424
33	6	84904	509,424
34	6	84904	509,424
35	6	84904	509,424
合計	59年		4,966,851

（『渠県文史資料選輯』第4輯11頁）

なかったのであるから、89,802.77元をこれで割ると1.39倍ではなかろうか？それはさておき、文によれば、以上の外にも1919年の靖国軍の借款20万元、1919～21年の顔徳基部による清郷費が約16万元、1921年の江防軍の軍餉14.6万元……1925年、羅澤州部の課した田畝捐40万元等々、1919年から25年まで前後7年で150万元、平均すると毎年21.51万元が課せられた。したがって、1925年の時点での田賦課税総額は毎年30.49万元、清末の田賦の4.19倍だ、と文はいう（10頁）。私の計算では約4.71倍である。

が、更に1926年から、羅澤州が預徴を開始する。毎年83,439元として3年分250,317元を先取りした。翌年は7年分、584,073元を預徴し、1930年には預徴は9回におよび、750,951元に達した。1932年以降は毎年84,904元を基数として6年の預徴を行った。文は上のような表を作っている。年平均496,685.1元である。民国初年（3年）の田賦の6倍である。

この外に、軍団費、司法費、中校費、兵差費、県志費、市政費、客軍夥餉費、剿赤補助費、臨時費、保安費、慰労費、粮柱票銭、団甲手続費等13種の附加税が、10年間で合計1,255,875.8元、平均すると毎年125,587.58元、田賦との合計は平均、毎年622,272.68元にのぼった。

だが、その他にも臨時の徴収があった。1926年に羅澤州は清郷費15万元、煙苗捐5万元を課し、1931年、楊森は煙苗捐を5万元、32年には8.4万元を課した。10年間の総額は33.4万元、平均毎年3.34万元。これを、上述の田賦・田賦附加と合わせると約655,673元となるはずであるが、文はなぜか95.63万元と書いて、民国初年の田賦税の11.59倍、各種税捐総和の3.1倍、清末賦税の13.6倍である、と断定している。私には文の計算方法が分からない。いわゆる苛捐雑税が民国初期では7,258.84元だったのが1935年では、125,587.58元＋3.34万元＝

158,987.58元だから、21.90倍になるのではなかろうか？又、田賦・田賦附加税の合計は、1935年現在で655,673.68元として、民国3年（1914年）の税額82,543.93元と比べると7.94倍である。清末の正副両税が64,737元に換算されるとしても、10.1倍であり、13.6倍という文の計算の根拠が明白でない。

以上から、渠県では1935年までの間に、田賦（往年の正副両税）は約11.6倍、苛捐雑税は21.9倍までに増えたといえる。苛捐雑税の増え方の方が激しいことに注目したい。というのは、苛捐雑税は土地所有の面積に応じて課せられる物ではなく今日の消費税の如く、戸ごとに等し並みに課せられる税であり、貧乏人ほど受ける打撃が大きいからである（但し、巻末のデータベース所掲の拙稿、「四川省巴県鳳凰場の団款冊をめぐる一考察」で示したように、佃戸の負担は土地持ち農家より低めに決められていた事例もある。恐らくはこのような「配慮」は他の防区でもなされていた可能性が高い）。それが24年間くらいの間に約22倍に増えた。しかも年々漸増したのではなく、階段を昇るような形で増えてきた。これは大変な数字である（但し、清末の正副税が64,737元、苛捐雑税が7,258.84元とすると、合計71,995.84元、35年の正副税が655,673.68元、苛捐雑税が158,987.58元として、田賦正副税と苛捐雑税の合計を清末と1935年とで較べると、11.32倍である）。その故に逆に、かくも苛烈な収奪がどうして可能であったのか、という疑問も深まるのである。第1章に見たように、果たして年6徴を確実に実施し得たのかという問題があるが、この点は問題点の指摘に留めて、この謎に別の角度から迫ってみたい。

が、その前に、1935年楊森は貴州省に配置換えになり、四川は劉湘の下に統一されたが、楊森の預徴した6年分の田賦の外に、劉湘は田賦82,543元とその3倍の臨時軍事費247,629元を課しただけでなく、善後公債32,543元の購入を強制した。この年は、楊森の6徴に劉湘の「5徴」が加わり、11徴だったと、文世安は書いている。11回徴収があったのは事実であろうが、善後公債は田賦1年分の約4割弱にしか当たらない。この体制の下で抗日戦争に突入して行ったのである。抗日戦の長期化と共に戦時インフレーションが昂進すると、周知のように、国民政府は田賦を実物徴収（徴実）することにした。

渠県におけるその推移を見れば次頁表3のような表が示されている。

実に米の供給量は41年から45年までの5年間に1.89倍にも達している。この

表3：渠県における抗日戦争期の田賦徴実一覧表

単位：稲、市石

年度	1941年	42年	43年	44年	45年
徴実高	76,693	102,648	102,798	103,288	103,288
借り付け高	76,693	82,662	82,662	124,129	124,129
備蓄高	5,044	20,000	30,834	46,000	46,000
省県公粮		15,538	3,485	26,000	27,524
優待米		70,300			
公粮不足額				27,524	
合計	158,430	291,148	219,774	326,941	300,941

備考：引用に当たり、印刷不鮮明な数字は総計等から逆算し、総計の明確な計算違いを訂正した。

出所：同前書、13頁

ことから見ても、軍閥時代に農民は限界まで搾り尽くされたと軽々に断定することはできないと思う。

　戦後内戦時期についても表があるが、正税・附加税総計のみを年次別に列記すると以下のとおりである（単位は稲、市石）。

　　1946年　　142,840市石

　　47年　　　212,839

　　48年　　　229,788

　　49年　　　162,337

これから分かるように、46年は45年の半減以下に徴収額は下がっている。この年は41年よりも少ない。抗戦時の1944年当時がピークであったことがわかる。

第2節　見せかけの「増税」と実質的「増税」について

　では、渠県で見られたような田賦および附加税、苛捐雑税額は何故に伸び続けることができたのであろうか？

　先ず考えなければならないのは、人口の増加と耕地面積の増加であろう。文世安は同じ文史資料選輯に「清朝渠県田賦税」という一文を寄せているが、県志によると雍正7年の丁数は785人であったが、文世安によるとその後「毎年10％以上の速度」で人口が増えたという。県志によれば、宣統初年の戸数（花

戸）は10万5620戸で、丁口は55万4868人であった。しかし、民国になると兵や匪の害により流離したり死んだりして、県志編纂の時点では戸口は8万8762戸、丁口は44万3818丁であったという（184頁）。それにしても、雍正7年の565倍である。当然、田地も雍正時代より増えていたはずである。

　県志によると、乾隆3年の花戸は6848戸、田地の合計は4,547頃16.96畝であった。1頃は100畝であるから、454,716.96畝、1戸当たりの平均土地保有数は66.40畝にもなる。しかし、第1章でも依拠した張肖梅の『四川経済参考資料』所掲の「四川省耕地総面積及其占陸地総面積百分比県別表」によると、渠県の耕地面積は1,053,000畝である。乾隆3年と比べると、約2.3倍に増えている。1戸当たりの平均面積は11.86畝である。約5分の1に平均保有面積は縮小してしまったが、人口の伸び率は、乾隆3年の人口が県志によっては明らかでないので、戸数のみを宣統末と比べると約13倍の増加であり、これほどの人口増を支えたのは、農業の集約化とトウモロコシ、ジャガイモやサツマイモ等の外来作物の生産等であったと推察される。

　また、土地生産性の増大ということも考えられる。すなわち、宣統2年の四川省勧業道署編『四川第四次勧業統計表・農務』などを利用した王笛の研究と許通夫「中国近代農業生産及貿易統計資料」を利用した研究によれば、1910年と1924～1929年の四川の主要な食糧の単位当たり収量は以下の表のようであった。

表4　四川省における主要食糧の単位当たり収穫量の変化

単位：1市斤／市畝

年代	品種	粳米	餅米	小麦	大麦	玉蜀黍	高粱	蚕豆	豌豆
1910年		241	196	98	138	254	202	186	155
1924～1929年		413	386	186	185	225	191	230	195

出所：彭朝貴・王炎主編『清代四川農村社会経済史』（2001年、天地出版社）144頁による

　玉蜀黍と高粱は単位当たり収量が減っているが、粳米、小麦、餅米等の収穫量の増大が目立つ。このような生産収量の増加も担税能力を高めた要因であったと考えられる。

　また、前引のように県志が「業を棄てて余所に行く勢い」と述べているが、他県他省に逃げ出した者もいたであろうが、彼等の一部を吸収する城鎮の商工

第3章　四川軍閥統治下における田賦の重さについて（その3）

業の発展もあったろうと考えられる。特に、渠県は万県－大竹－渠県－南充－蓬渓を経て成都に至る街道上の要所の一つであり、県下に有する場鎮数の多さでは四川の中でも有数の県であったのは、以下のような表5の示すところである。

表5　四川の一部農村集鎮統計表

県名	場鎮数	備考	県名	場鎮数	備考
遂寧	41	乾隆52年、光緒5年	双流	17	1921年双流県志
西昌	55	1942年　白蝋、虫子	大竹	24	郷土志
楽山	54	1934年	新繁	6	郷土志
江津	120	1923年	雷波	18	光緒雷波庁志
南充	57	1929年	岳池	32	光緒11年岳池県志
北川	13	民国版県志	成都	12	成都県志
灌県	34	民国版県志	郫県	15	同治9年郫県志
瀘県	8	8300戸　1947年	大邑	34	同治6年
犍為	21	『四川月報』第3巻	楽至	17	1840年斐顕忠
蘆山	6	県志巻1	徳陽	7	1837年県志
万源	49	万源県志	巴県	130	乾隆16年県志
宜賓	52	宜賓県志	崇慶	28	2千余戸、光緒3年続修州志
武勝	25	1926年版武勝県志			
蒼渓	48	1928年版県志	達県	56	1933年版県志
峨眉	13	1935年続修峨眉県志	合江	46	1929年版県志
大邑	38	1927年大邑県志	渠県	47	県志
邛崍	47	住戸2千、43年四川経済季刊	華陽	58	1933年版県志
			渠県	48	1932年版県志

游時敏著『四川近代貿易史料』（1990年、四川大学出版社）87頁による。但し、原文に民国何年とあるのは西暦に統一した

　この表には大邑県と渠県が2回挙げられているが、同書の84～85頁所掲の「四川省五県農村集市興建年代統計表」によれば、清代までの渠県の場鎮数は47であり、民国になってから1場か1鎮が増えたことになる。このことから考えてみると、少なくとも1920年代までに関する限り、経済的発展があったとは言えぬまでも、経済的崩壊が進行したとは思えない。

　ところで、248～249頁所掲の別表は、崇慶県における清代、民国両代を通じてみた田賦の変遷である。原表では、田賦および附加税の合計を稲穀（籾つきの稲）に換算した値が最後に記されているが、その値を民国元年を100として

前後の年について指数を計算したものを最後の欄に付け足した。これによると、康煕6年の田賦徴収額は0.6％にすぎなかった。雍正8年は19.61％、乾隆56年は22.88％であった。ところが宣統3年には106％と撥ね上がる。おそらく、嘉慶・道光・同治・光緒の各代にも漸増傾向にあったのであろうが記録が中断し、いわゆる新政の開始で撥ね上がった続きであろうと思われる。ところが、民国になると、1922年から34年までは410％と撥ね上がり、35年の四川統一後は年5徴で377.92％、37年は227.78％と低下、41年前期には8.95徴にもかかわらず実質負担は18.83％と雍正年間よりも低くなっている。これは戦時インフレーションのためと思われる。41年の後期からは田賦徴実により242.69％、翌年は303.51％と撥ね上がり、渠県と同じく44年に、448.07％という空前のピークに達し、46年にいったんは160.35％へと減るが、47、48年と100％の単位で年々負担率は増加してゆく。

　抗日戦争までに田賦の正税と附加税の合計が4倍にも3倍にもなったということになる。渠県よりはましなようだが、1斗当たりの税額が算出できないので、直接の比較はできない。

　ところで、逆に銀両または銀元、元に相当する米の値を248〜249頁所掲の別表によって算出すると、以下のようになる。

表6：毎両（元）に相当する稲穀の量

康煕6年	6.23万斤÷308両＝0.0202万斤	1両＝202斤
雍正8年	202.63万斤÷10020両＝0.0202	
乾隆56年	同様にして　　　1両＝0.0202	
宣統3年	1両＝0.0135	1両＝135斤
民国元年	1両＝0.0068	68斤
4年	1元＝0.0043	1元＝43斤
11〜23年平均	0.0067	67斤
24年1月	0.0067	67斤
24年3月以降	0.0058	58斤
26年	0.0003	3斤
29年	0.0010	10斤

『崇慶文史資料選輯』115頁「両代田賦実派負担変化概況」より作成

　以上の表6から明らかなように、貨幣価値がどんどん下落していることがわかる。清朝の乾隆朝までは銀価の変化はない。アヘン戦争後の情況が分からな

第3章　四川軍閥統治下における田賦の重さについて（その3）　243

表7　南渓県の物価変動及び指数表

事項	1910年 平均数	上昇率	1915年 平均数	上昇率	1925年 平均数	上昇率	1930年 平均数	上昇率
主食（升）	65	100	210	323	500	769	2100	3230
副食（斤）	280	100	380	131	700	250	1200	429
燃料（百斤）	20	100	30	150	120	600	480	2400
衣料（着）	2000	100	2200	110			2667	1334
建築	990	100	1404	142	5672	573	14008	1414
労働力（人）	99	100	295	148	843	852	2330	2354

游時敏著『四川近代貿易史料』95頁

表8　合江県の諸物価の推移（1875年～1925年）

単位：銭（文）

商品	単位	1875	1885	1895	1905	1915	1925
高粱	升	28	36	40	46	660	1100
玉蜀黍	升	32	38	42	46	660	1200
小麦	升	46	48	70	80	240	1800
牛肉	斤	24	28	32	40	80	560
豚肉	斤	48	60	72	80	160	880
鶏肉	斤	38	40	44	58	80	400
魚	斤	48	52	64	72	160	900
鶏卵	1個	2.08	3.4	3.6	3.8	12	55
緑豆	升	32	38	42	46	680	960
豌豆	升	32	38	42	48	680	960
麻油	斤	96	120	240	320	640	3200
薪	100斤	40	60	80	100	300	1300
石炭	100斤	180	210	240	1200	1200	5000
アヘン	両	160	120	100	180	1000	2800

游時敏著『四川近代貿易史料』95～96頁所掲の附表1,2より作成

いが、宣統3年を100として民国元年の貨幣価値は50.37％、4年（1915年）は31.85％、11～23年（1922～33年）では49.63％、24年（1935年）1月では42.96％、24年3月以降は43％、26年（1937年）は2.22％、29年（1940年）は7.4％に過ぎない。貨幣価値がこれだけ減少しているのだから、搾り取る方にしてみればザルで水を掬うに等しい。そこで、増税とインフレの悪循環が続けられることになる。貨幣価値の下落は物価騰貴と表裏の関係にある。この点に関しては、残念ながら崇慶についても渠県についてもデータがない。しかし、南渓県と合江県については游時敏が前掲の『四川近代貿易史料』の中に南渓県志と合江県志に

拠って上のような表を遺している（いずれも、『民国南渓県志』『合江県志』で確認済み）。

「平均数」とは説明はないが具体的な物値を平均したものである。単位は制銭（銅銭）何文である。この表に明らかなように主食は宣統末に比べ1930年には32倍になっている。燃料も24倍である。人工（労働力）の平均も23倍であり、副食が4倍に止まっている理由はわからないが、副食以外はみな10倍以上に増えている。

また、合江県については50年来の食品、燃料、衣服用品についての詳細な表が三つ附表としてつけられているが、ここでは主食として高粱、玉蜀黍、小麦、副食品として牛肉豚肉、鶏肉、魚、鶏卵、緑豆、豌豆、麻油、燃料として薪、石炭、「嗜好品」としてのアヘンの価格の推移を紹介してみた（衣類については両表示なので紹介を省略する）。

以上の表からも1905～1930年間に驚くべきインフレーションが起こっていたことがわかる。このような銅銭（制銭）の価値の下落は、田賦と附加税を銀納ないしは銀元で迫られる納税者には不利であるばかりか、小農民や佃戸などの日常生活をも苦しめたことは想像に難くはない。もっと直截に銀元1元と銅元の換算比率を示した資料を『東方雑誌』から引用してみよう。すなわち、同誌31巻第14号所載の梅心如「四川之貨幣」には次頁のような表が掲載されている。

この表9によると、銅貨の価値は民国以来1929年まで9分の1くらいに減価していることがわかる。では、銀そのものの価値はどうであったか？

アヘン戦争後銀の流出に伴い、銀貴銭賤となったことは周知のとおりであるが、金を1とした場合の銀の価値（金銀比価）について王玉茹『近代中国価格結構研究』（1997年、陝西人民出版社）から、一部を重引させていただくと244頁の表10のとおりである。

対金の銀価は、1867年以来1915年まで約半分以下に下がり続け、第一次世界大戦を契機に1920年は1867年の水準に復したが、21年にはまた下がりはじめて26年には1867年の半分以下に下がり、世界恐慌の始まった29年には3分の1、31年は4分の1以下、33年は5分の1に減価した。一方、卸売り物価指数は、1913年から31年に掛けて90％上昇した。しかし、これは天津や上海など貿易・

表9　銀元と銅元の換算比率

年別	時間	銀幣の種類	毎元の銅元換算率	備考
光緒・宣統		大洋	1000文	10文銅元百枚
民国元年		同上	1200〜1300文	10文銅元百二三十枚
4〜5年		同上	1600〜1700文	
7〜8年		同上	2000文	
9〜10年		同上	2200〜2300文	
11年	上季	同上	2400文	
	下季	同上	3200文	
12年	上季	同上	2600文	
	下季	同上	3200文	
13年	上季	同上	3400文	
	下季	同上	3600文	
14年	上季	同上	3700文	
	下季	同上	4600文	
15年	上季	同上	5600文	
	下季	同上	6000文	
16年		同上	7400〜7500文	冬に廠板証書が大量に市場に流出
17年	上季	同上	5700〜5800文	冬の間に造幣廠は5角廠板製造を停止し、専ら大洋廠板百元を鋳造したが、約大洋60元と交換
	下季	廠板	5000文	
		大洋	9000文	
18年	上季	廠板	6100文	廠板と大洋を溶化して市場に流通したのは比較的少なく価値はやや高くなる
		大洋	9800文	
下季		廠板	8600〜8700文	
		大洋	1万2000文	

『東方雑誌』第31巻第14号195頁による

産業都市を中心にした農産物・工業品の平均であり、あくまでも、一般的趨勢を見るためのものであり、四川のような後進地域の趨勢を見るのに適切かどうか、些か判断に迷うところである。

　では、貨幣価値が低下し、物価が上昇した要因は何か？これには外国貿易から国内外の為替相場、地域経済の諸条件その他を総合的に検討してはじめて分かることであって、私にはそれを分析する能力はない。ただ、四川省の場合、先ずは成都や重慶の造幣廠を握った軍閥が悪貨を鋳造した外にも、大小の軍閥が各地で悪貨を発行したり、紙幣を濫発したりしたことによって、四川の通貨

表10　金を1とした銀の比価と卸売り物価指数の変化（1867〜1937年）

年次	銀の比価	卸売り物価	年次	銀の比価	卸売り物価
1867	15.57	82	1921	25.60	132
1877	17.20	62	1922	27.41	130
1885	19.41	62	1923	29.52	137
1908	38.64	104	1924	27.76	133
1910	38.22	102	1925	29.38	146
1911	38.33	106	1926	32.88	149
1912	33.62	106	1927	36.20	157
1913	34.19	100	1928	35.25	156
1914	37.37	106	1929	38.54	162
1915	37.84	118	1930	53.38	178
1916	30.11	118	1931	71.30	190
1917	29.09	122	1932	73.00	170
1918	19.84	123	1933	78.60	152
1919	16.53	121	1934	72.80	145
1920	15.31	131	1935	54.90	150

備考：金銀比価は表2－1、卸売り物価は表2－2に拠る。卸売物価指数は1913年を100とする。

価値が一般に減少したのは事実である。四川の銅貨の重量は長江下流地域の銅貨の3分の1しかなかったといわれるし（梅、前掲論文196頁）、（成都の）造幣廠の鋳造した廠板といわれる銅貨に比べ2〜3割程度の価値しかない銅貨も各地の軍閥によって鋳造されていた（同上、191頁[1]）。この外に、御用銀行の発行する紙幣や糧食庫券（田賦を支払うために買わなければならないチケット）、公債等があるが、省略する。要するに、税金も増えたが通貨価値の下落によるインフレーションもかなりの勢いで進んでいたのであって、このような側面も見る必要があろうということである。もちろん、インフレーションと増税のテンポとの間にはタイムラグがあり、軍閥はそのタイムラグを通じて納税者から収奪するわけであって、インフレーションがあったから負担増はなかったなどと言うつもりはない。また、納税の際の銅元の銀元への換算値を低く評価するのも、

---

(1) 民国期の四川における通貨の発行及び金融業については、成都市政協文史資料研究委員会ほか共著「民国時期成都金融実況概述」『成都文史資料選輯』第8、20、25輯が詳しい。重慶の通貨・金融業については、これほどまとまったものはない。

収奪の一法であった。民衆の使う銅銭の価値が民国以来9分の1程度減少し、渠県を例にとれば、田賦正副税と苛捐雑税の合計は11.32倍と、10倍以上増えていたわけであるから、清末にくらべた税負担の絶対額が増えたであろう事実は否定できない。そして、このような負担増に堪えきれなくなった人々の選択肢の一つが、第9章に見るような抗捐・抗税闘争であったり、あるいはソビエト革命への参加であった（土匪になることも、もう一つの選択肢であったが、ひとかどの土匪の頭目ともなれば、軍閥からの「招撫」という「昇官発財」の道の開けることもあった）。しかし、表7の南渓県を例に取れば、1910年から1930年にかけて、主食の値段が銅貨で32倍、衣料品が13倍、労働力が23倍に上がる一方、銀価も半分以上減価していることも、考慮する必要があろう。その上軍閥自らが銀の比率の低い悪貨の発行によって、結果的には税の減収を招いたのも、事実である。負担の量が絶対的に増えたとしても、10倍も20倍も増えたというわけではなく、渠県の場合を考えてみると、貨幣価値の低下を考慮すれば、実質で平均20％も行くか行かないかの程度の増税であったと考えられる（但し、これはあくまでも平均値であって、人によっては数倍ないし、それ以上の負担増になったことも考えられなくはない）。崇慶県の場合は稲穀換算で4.1倍が最高であるが、先ほどのように物価水準の上昇を考慮すれば、これが農民生活を破綻させるほどの重税であったかどうかは、なお検討の余地があるはずであり、農民層の全層落下と農村の全般的崩壊の危機といった、1930年代前期に頂点に達した「革命情勢」認識の根拠を疑ってみる必要がある。これは、四川農民が減税も無しに抗戦期の食糧生産を支えたという事実を知っている後世のわれわれが、先ず着手すべきものであろう。ところが、従来の四川軍閥研究は、この30年代前半期の窮乏革命論を疑うことなく、むしろそれを強調してきた。だから、農民の限界に及ぶまでの政府による苛斂誅求が、清末の新政の時期についても、四川軍閥混戦期についても、抗日戦争期についても（抗日辺区との対照において）語られ、最後に戦後の国共内戦期において、遂に飢餓の農民が中共の指導の下に決起して「解放」を勝ち取るという、毛沢東的窮乏革命史観のステレオタイプな歴史像を無意識に支えてきたのであった。今や毛沢東も中共も出てこない自由な歴史研究が全盛であるようだが、毛沢東主義的歴史観に疑問と批判を抱いてきた私

の歴史研究においては、以上のような問題提起をすることには、なお学問的意義があると思っている。

　閑話休題。では、軍閥はなぜ悪貨を発行するのか、第1に、たとえば当100文の銅貨を鋳つぶして当200文の銅貨を発行すれば、当座は100文の利を得られるからである。しかし、より根本的には、第2に、その悪貨をもって支払わなければならぬ必要に迫られるからである。何を買った代金を支払うのか？先ず、兵士に飯と衣料と武器を買い与えなければならない。少額とはいえ給料も支払わなければならない。その他に武器弾薬や医薬品、アヘンなどの嗜好品や高級将校自身やその家族のための高級消費財の支払いや、土地など個人的な財産の購入もあろう。しかし、そのような支払いの連鎖を辿ることは不可能でもあり、またあまり意味もないことである。もっとも根本的な問題は、彼らが軍餉や労働力を市場で購入しなければならなかったということである。軍閥は農民から実物徴収をできるだけの政治的・軍事的実力を有しないからこの問題が生まれる。軍の一部が直接に税の徴収に赴く場合もあるが、これは稀で、一般的には富商や地主が5％程度のマージンをとって、入用の資金を立て替え払いして、後に彼ら自身も含め、郷曲に武断する民団の団総等が胥吏や保甲に巣くう手先を動かして、マージン以上の税金を暴力的に税を取り立てて廻るのであった（この点については本篇第6章を参照）。このため負担に耐え切れぬ人々は逃亡したり、土匪の群れに投じたり、抗捐軍に加わるなどしたのであった。このように、軍閥の農民支配はいわゆる土豪劣紳を媒介とする間接支配であった。その場合でも貨幣で税を取り立ててから食糧その他を市場で買うのである。入ってくる税収では不足な場合、支払いのために悪貨を製造する。その結果、買い付けることのできる食糧や軍資金の量は減ってゆく。暴力を背景として食糧そのものを徴発すれば好さそうなものだが、軍閥軍にはこれができない。紅軍や土匪の場合は食糧を大量に抱え込んでいる地主や商人から暴力的に収奪することによって、自分たちの部隊を維持してゆくのが実際的である。土匪の場合はさておき、紅軍の場合は「土豪劣紳」からの収奪は階級闘争や正義＝土地革命（「耕す者に土地を！」）の名において正当化される。一部の土匪も「替天行道」を掲げる場合がある。が、軍閥には地主たちを敵に回すことは不可能に近い。

彼等軍閥たちの財産は土地や商業、金融業への投資といった形で保有されているからだ。地主や富商たちの財産を暴力で犯すならば、軍閥は土匪と変わらなくなってしまう。それでは、社会秩序が成り立たない。軍閥が土匪や革命家と根本的に異なる点は、彼等が社会の既成秩序の擁護者であること、にある。現実には土匪が軍閥になり、軍閥が土匪となる例には事欠かないのだが、軍閥は既存の私有財産の擁護者という看板を棄てることができない。彼等は既成秩序の枠の中における社会的成功者でなければならず、土匪のような破綻者や革命家のような反逆者であってはならないのだ。このような理由によって、軍閥は暴力的・直接的に軍餉を整えることはできない。少なくともこのような事態を「常態」とすることはできない。彼らは地主や大商人が実権を握っている米市場で米を調達しなければならない。他の商品についても同様である。もちろん、戦争のために緊急移動等を要する場合などに、地主や大商人から力ずくで借金や食糧の徴発をする現象が見られるが、最終的には金で支払わなければならず、その時には各種の質の悪い鋳貨や割引率の大きな公債で済まさねばならないのである。一般の中小農民や佃戸、手工業者等々とても私有財産を有するが、彼等の私有権は、直接的には戦火や労働力として用いるための徴発＝拉致、各種の税金などによって、また間接的にはインフレーションという形で蹂躙され、侵害される。これは軍閥が既存の私有財産の保護者という看板を掲げていることとは明らかに矛盾する。軍閥の保護の対象は私有財産所有者一般ではなく富裕者であることが、事実の上で曝露される。これに対する批判は、「反帝・反軍閥」を掲げる国民革命を通じて、四川社会にも浸透していった。軍閥はこれに抗し得ず三民主義を新たな看板に掲げることを余儀なくされ、なんと「打倒軍閥」を叫んだりもするようになるが、富裕者の財産・秩序の保護者という役目に変わりはなかった。但し、その基準は恣意的であり、時には大地主・大富豪も収奪される場合もあるが、そのような場合には「反革命」とか「土豪劣紳」を懲罰するとかいった、大義名分が使われるのが普通であった。

清代および民国期の崇慶県

時　期	一年に徴収すべき賦額			正　税		実際課附
	土地畝数により確定した賦額	徴収貨幣率	徴収貨幣総額	総合税率	数　量	総合税率
清代・康熙6年(1667年)	156.23石	1.96921両／石	307.65両	100%	308両	
雍正8年(1730年)	10,019.64両	0.0162両／畝	10,014.64両	100%	10,020両	
乾隆56年(1791年)	10,166.817両	0.01569両／畝	10,166.817両	100%	10,167両	15.00%
宣統3年(1911年)	〃	〃	〃	719%	73,100両	78.70%
民国　元年(1912年)	〃	〃	〃	657%	66,807両	31.25%
4年(1915年)	〃	1.6元／両	16,266.907元	11.565元／両	117,580元	153.25%
11〜23年平均	10,083.967両	11.646元／両	117,434.182元	5.385年	632,382元	293.04%
24年　1月(1935年)	〃	〃	〃	3年	352,302元	97.67%
四川統一後　24年	9,397.152両	12.50元／両	117,464.40元	5徴	587,320元	75.00%
26年(1937年)	9,307.776両	12.62元／両	117,464.13元	4.9徴	575,574元	112.00%
29年(1940年)	〃	〃	〃	3徴	352,392元	159.00%
30年前期(1941年)	〃	〃	〃	8.95徴	1,051,855元	655.00%
30年後期	〃	〃	〃	23.62市石／両	219,858市石	
31年(1942年)	〃	〃	〃	30.72市石／両	285,975市石	655.00%
32年(1943年)	〃	〃	〃	2.434市石／元	285,919市石	1,607.00%
33年(1944年)	〃	12.897元／両	120,047元	2.999市石／元	349,230市石	正税に
35年(1946年)	〃	12.893元／両	120,012元	0.857市石／元	102,738市石	〃
36年(1947年)	〃	〃	〃	1.232市石／元	147,905市石	
37年(1948年)	〃	12.903元／両	120.102元	1.774市石／元	213,062市石	

原注　1．民国30年の正税中には稲穀32,978.7市石（356.17万斤）が含まれ、民国31年の内、42,896市石（463.28万斤）
　　　2．実際課税欄の内の税率は、いずれも賦額欄内の両あるいは元を基数としている。
訳注　1．稲穀（稲谷）とは籾つきの米のこと

おわりに

　以上のように考えて来ると、軍閥の苛斂誅求の程度も歴史的・相対的なものなのであって、彼等が専制王朝や王朝官僚に比べて搾取の度合いが特別にひどかったというようなことにはならないと思う。見方によっては、彼等の苛斂誅求もインフレーションとのイタチごっこの表現であり、難破船の漁師が水に飢えて海水を飲むにも似た愚行なのである。彼等は、「封建的」なるが故に苛斂誅求をしたのではなく、日本やヨーロッパのようなフューダリズムという意味での封建的な諸関係を持たぬが故に、すなわち支配すべき村落共同体を自己の経済基盤として持たないから、人身的には自由な経営主体たる農民から無慈悲に徴税という形態の下で苛斂誅求をしたのである。また、彼らは、国内市場の

第3章　四川軍閥統治下における田賦の重さについて（その3）　251

の田賦並びに附加税の変遷

出所：『崇慶県文史資料選輯』第7輯　116頁

税　額					合計の稲穀換算額	
加	各項攤派		合　計			
数　量	貨　幣	稲　穀	貨　幣	稲　穀	万　斤	民国元年を100とする指数
			308両		6.23	0.60
			10,020両		202.63	19.61
1,525両			11,629両		236.45	22.88
8,001両			81,101両		1,098.91	106.32
3,177両			69,984両		1,033.54	100.00
24,929元			142,509元		965.00	98.37
344,082元			976,464元		4,242.09	410.42
114,698元	42,276元		509,276元		3,409.43	329.88
88,076元			675,396元		3,905.95	377.92
131,363元		10,000石	706,927元	10,000石	2,354.18	227.78
186,700元	41,810元	30,000市石	580,902元	30,000市石	584.65	56.57
769,296元			1,821,151元		104.54	18.83
		12,391市石		232,249市石	2,508.29	242.69
769,296元			769,296元	285,975市石	3,136.87	303.51
1,887,300元		48,143市石	1,887,300元	334,062市石	3,642.66	352.44
併　入		79,564市石		428,794市石	4,630.98	448.07
		50,710市石		153,448市石	1,657.24	160.35
	67,207万元	78,875市石	67,207万元	221,780市石	2,352.94	227.66
	218,552万元	96,033市石	218,552万元	309,095市石	3,344.93	322.63

は「3割」の付款に係わる数である。

　未統一な状況に割拠の地盤を築いていたわけでもない。むしろ各地に関所（里卡）を設けて通行税を徴する等の行為によって、軍閥は経済的統一を妨げたのであって、国内的経済の未統一に軍閥割拠の根拠を求めるのは、本末転倒もしくは経済決定論の過ちを犯していることにならないであろうか？

　以上のように、軍閥はいわゆる封建領主の割拠体制に一見似ているように見えるが、その実は、全く似て非なるものである。彼らは、個々の農民を封建的に束縛することはおろか、徴税機構さえ掌握できず、清以来の胥吏層に依存しなければならなかった。この意味で軍閥の支配は村落の外部で止まったのであった。

　これに対し、抗日戦争においては、国民政府は農民各戸（所帯）までを掌握することに成功した[2]。だから田賦の徴実（実物徴収）も可能になったのであ

（2）　この点については、米慶運「中央軍入川記」155頁を参照。

る。軍閥にはできなかったことを国民政府は、大変不十分なものではあったにせよ、実現することができた[3]。なぜ、国民政府は農民掌握にある程度成功することができたのか？それは大きな問題であり、今後の研究課題でもあるのだが、とりあえずは抗日ナショナリズムの浸透ということをもって回答としておきたい。また、中共はこの抗日ナショナリズムを国民政府よりも、より洗練された方法＝下からの大衆運動の形態で煽りつつ、農民をより効率的に組織・掌握することに成功したと、断言することができると思う。では、抗日ナショナリズムの実体とは何か？農民に国家意識なり民族意識なりを持たせ育んだものは何であったか、この問題に対する具体的な史実の解明が課題となるが、それは小論の考察範囲を超えるものであり、別の機会に論じて見たい。

使用資料および参考文献一覧
1 文世安「民国時期渠県苛捐雑税」『渠県文史資料選輯』第4輯
2 　同上「清朝渠県田賦税」　　　同上
3 中国方志叢書・『民国21年版・渠県志』
4 彭朝貴・王炎主編『清代四川農村社会経済史』2001年　天地出版社
5 游時敏『四川近代貿易史料』1990年　四川大学出版会
6 楊春其「清代和民国時期的崇慶田賦」『崇慶文史資料選輯』第7緝
7 梅心如「四川之貨幣」『東方雑誌』第31巻第14号
8 王玉茹『近代中国価格結構研究』1997年　陝西人民出版社
9 欧学芳『四川土地陳報之研究』1977年　民国二十年代中国大陸土地問題資料
10『民国南渓県志』(中国地方志集成・四川府県志緝第31巻、1992年　巴蜀社)
11『合江県志』
12 成都市政協文史資料研究会、成都市民建、工商聯史料委員会、四川人民銀行金融研究所「民国時期成都金融実況概述」『成都文史資料選輯』第8、20、25期

(3)　但し、土豪劣紳の支配体制を除去できない下での、国民政府の農民掌握力の限度については、笹川裕史氏が日中戦争中の徴兵の実態から明らかにしている（石島紀之・久保亨編『重慶国民政府史の研究』〈2004年、東京大学出版会〉第2部第4章「糧食・兵士の戦時徴発と農村の社会変容」を参照）。

第4章　近代四川省におけるアヘン生産の
　　　　 史的展開をめぐる一考察
　　　　──その数量的盛衰の検討を中心に──

はじめに

　周知のように、近代の四川省は中国でも有数のアヘン生産地であった。以下の小論は近代の四川省においてアヘン生産額は歴史的にどう推移したのかという基礎的な問題に、若干の検討を加えてみたものである。
　私が、このような問題に取り組むのは、四川軍閥の財政問題についての従来の諸研究がとかく軍閥によるアヘン税収奪のすさまじさばかりを論じて、その歴史性を検討する視点がきわめて乏しいためである。そこで、軍閥の財政中に占めるアヘン収入の大きさが具体的にどの程度であったのかという問題や、これに対し国民政府の実施した「禁煙運動」がどの程度の効力を持ちえたのか、といった問題を考えるに際しては、アヘンの生産額が歴史的にどのように推移したのかというような基礎的な問題の検討から始めなくてはならないのである。以下の小論では、第1〜3節までにおいて、清末・民初、防区体制期、禁煙運動展開期の各時期におけるアヘンの生産総額についての情報についての整理・検討を行い、第4節においてアヘン税収の規模と財収中に占める大きさについて検討を加えてみることにする。
　近代四川におけるアヘン問題に関しては、すでに歴史学的な観点から「清末四川省におけるアヘンの商品生産」(文献33)等のすぐれた研究を発表されている新村容子氏の研究がある。氏の研究は周到な史料蒐集を踏まえた綿密なものであり、今後の研究の発展が期待されるが、軍閥財政についての研究史の現状では、こと上述のような私の問題に関しては、差し当たり手近な史料を掻き集めて自ら検討して見るほかはないようである。また、そのようなのでも当面なお多少の意味はあるかもしれないと考え、敢えて検討結果を発表してみることにし

た。

　その後、2001年になって秦和平氏の大著『四川鴉片問題禁煙運動』（四川民族出版社）が刊行された。氏は、ここで私が問題とした謝藻生の説等に疑問を提してはいるが具体的批判は行っていない。むしろ氏の目的は全体像を描くことである。これに対し、私は些末な問題に拘泥することを通じ、従来の研究史にささやかな批判を試みたにすぎないが、その後に入手し得た情報や秦和平氏の業績をも参照しつつ、旧稿を部分的に書き直して世に問うことにした。なお些かなりと世に益するところあれば、幸いである。

第1節　19世紀末〜1916年

　最初に、本節で主に利用した基本的史料について一言記しておきたい。四川省でいつごろからどの地方でアヘンの栽培が行われるようになり、その後それがどのような展開を遂げたか、このような問題については、1891年に開設された重慶海関の報告が比較的詳細に述べている。但し、私が、ここで利用するのはその漢語訳であり、原典史料（China, Maritime Customs, "Decennial Reports on the Trade, Navigation, Industries, etc., of the Ports Open to Foreign Commerce in China, and on the Condition Development of the Treaty Port Provinces"）は数字の確認のために参照したにすぎない。李孝同の手になる漢語訳は、『四川文史資料』の第4・6・9・11・12・13輯に掲載されたものであり、第4輯（62年9月発行）と第6輯（63年4月発行）に2回に分けて掲載された「重慶海関1891年調査報告」はH. E. Hobsonの書いたものである（以下、便宜上これを「報告A」と呼ぶことにする）。第9輯（63年10月発行）所載の「重慶海関1892〜1901年十年調査報告」（「報告B」と呼ぶ）はW. C. H. Watsonが著し、第11輯（64年2月発行）所掲の同、「1902〜1911年十年調査報告」（「報告C」と呼ぶ）の著者はE. Von Strauch、第12輯（63年発行）所載の同、「1912〜21年十年調査報告」（「報告D」と呼ぶ）の著者はG. Klubien、第13輯（64年5月発行）所載の同、「1922年〜31年十年調査報告」（「報告E」と呼ぶ）の著者は中国人・李貴栄である。このほかにも、李孝同は同上誌の第12輯と13輯に、万県分関の報告（1917〜21年分および

1917～1931年分）を連続して訳載している。但し、報告Eがアヘンについて全く触れる所がないのは残念である。

さて、報告Aによれば、すでに1891年当時アヘンは食塩とならび四川の二大重要生産物となっていた。では、四川ではいつごろからアヘン吸飲が行われるようになったのであろうか。1815年（嘉慶20年）発行の『四川通志』はアヘンについてまったく触れていない。当時は禁制品だったからということも考えられるが、同時期の他の著述も同様であるという[1]。しかし、アヘン戦争後の1846年になると、大量のアヘンがビルマ・インドから陸路雲南・四川に持ち込まれていたという記録がある。1858年、太平天国に対抗するため四川でも団練が組織され、翌年から、その維持費として厘金徴収が認められるようになったが、アヘンもその課税対象となった。だが、アヘン商は官側と衝突、遊民と結び叙州府など南部各県を襲い、1861年ようやく鎮圧された。この1861年に長江を遡上したある船長は、四川省東部ではアヘンがすでにありふれた農作物になっているのを目撃している。また、1869年の上海総商会代表の報告では、アヘンは四川の物産の最初にあげられている[2]。

以上のような報告Aの記述から、四川ではアヘン戦争前後から1850年代にアヘン吸飲の風が急速に広まり、1860年代以降にケシ栽培が四川東部に普及していったと考えられる。

報告Aによれば、ケシ栽培の規模が大きいのは万県と重慶との中間の諸県で、長江南岸の涪州（涪陵県）、北岸では中部から北部にかけて忠州（忠県）・酆都・梁山・墊江・鄰水・大竹・新寧（開江）・綏定府（達県）・東郷（宣漢）等の県である。重慶以西では巴県が生産・消費ともに首位にあり、その他のケシ栽培県には永川・栄昌・隆昌・富順・大足・遂寧等々の諸県があり、また西南では叙州府（宜賓）と永寧県がある。このほかにも「なお多くの地方があるし、松播庁のような遠くの地方でさえ、大量生産のみならず大量輸出の重要県に入れることができる」という[3]。このような記述から、先に第2章で示唆したように、

（1） 以上は文献1、第4緝 192～193頁
（2） 同上、193～194頁
（3） 同上、194～195頁

表1　重慶海関経由で搬出されたアヘン額、および上海海関経由のアヘン・麻薬
　　　総量中に占める四川産生アヘンの割合（1892～1901年）

①の単位：担

年　次	1892	1893	1894	1895	1896	1897	1898	1899	1900	1901	
四川産アヘン	2,494	2,513	5,280	10,791	7,025	9,392	6,075	12,827	7,170	12,266	
雲南産アヘン	92	85	739	988	1,038	1,294	1,455	2,832	4,827	3,761	①
総　計	2,586	2,598	6,019	11,779	8,063	10,686	7,530	15,659	11,997	16,027	
上海海関中の四川アヘン比％	5.5	6.6	11.1	22.9	19.7	23.0	17.7	20.4	21.1	26.9	②

①は報告B、『四川文資料』第9輯　200ページ
②は徐雪筠等編訳『上海近代社会経済発展概況（1882～1931）～《海関十年報告》訳編』（上海社会科学院出版社、1985年）64ページ所掲の表・「1892～1901年外国和土産鴉片的輸入情況」により算出

　21軍の旧防区は四川におけるケシ栽培の「先進」地域であったことが裏付けられると思う（なおまた、19世紀末の段階では、雅安地区や涼山地区などでケシ栽培はまだ行われていないか、ほとんど行われていなかったということも推測される）。

　さて、その後報告Bの段階までの10年の間に四川のアヘン生産額はさらに急増した。上の表1は重慶海関を通り搬出された四川・雲南産のアヘンの量および同時期の上海海関を通過した内外のアヘン総量中に占める四川アヘンの割合（％）である。

　見られるとおり、四川産アヘンの搬出量は5倍弱、雲南産は40倍以上にも激増している。但し雲南のアヘン生産は四川よりも歴史が古く、上表における雲南アヘンの激増は、従来広州方面に流れていたものが四川にも流れるようになったという流通ルートの変化をも反映するものであり、雲南アヘンの生産の推移のみを反映するものではない。

　ところで、報告Bは、四川省内のアヘン生産量を年産15万担と見積もり、そのうち海関経由の搬出量は約12％、厘金を払って各省に移出される分が55％、残る33％が省内消費分と推定している[4]。1901年の12,266担という額は、この推計に照らすとなお約6000担程少額ということになる。それはさておき、海関担・1担＝100斤であるというから、公斤になおすと1担＝50kgである。したがって、年産額15万担は750万kgに当たる。一方、謝藻生「苦憶四川煙禍」は、四川善後督弁公署の記録に依って、「防区制の時期〔1919年～1935年〕、四川全

---

(4)　文献2、198頁

省の毎年の鴉片生産額は120万〜140万担であった」と記している(5)。この通りだとすると、1920〜30年代の四川のアヘン生産量は、今世紀の初頭に比べ10倍近くにも増えていたこ

表2 上海海関経由アヘン流通量中に占める四川産アヘンの割合（1907〜11年）

1907年	1908年	1909年	1910年	1911年
22.0%	33.7%	32.1%	23.7%	5.4%

徐雪筠等訳編、前掲著 143ページにより作成

とになる。但し、1906年9月に清朝は「禁煙の論旨」を下した。10年以内にアヘンの禁絶をはかるというものである(6)。ところが報告Cによると、重慶海関税務司・Macallumは1908年の四川のアヘン年産額を17万5,000担と見積もっている。つまり、禁絶論旨発表後に却って増える傾向にあったわけである(7)。しかし、1909年には、上海で、初の国際鴉片会議が開かれ、1911年には中英は禁煙条約を締結する(8)。このような国際的な背景もあって、1910年には道台4人と委員48人を各地に派遣してかなり綿密な点検を行ったため、禁煙の成果があがり、引き続きケシ栽培をするものはきわめて少なくなったという(9)。報告Dによると、その後1912年の革命時に一時一部の地方で栽培復活の気配が見られたものの、共和制の「安定」とともに禁煙政策も徹底していったという。民国初年に禁煙が「励行」されたということは周介眉(10)や廖仲和(11)等も記しており、事実のようである。これを裏付ける資料として、1907〜1911年の上海海関経由のアヘン総量に占める四川アヘンの割合を見てみると、表2のように推移している。

1911年が激減していることがわかるが、上海海関の保管アヘン量（単位：箱）

(5) 文献11、139頁
(6) 文献3、227頁　なお、清末からの民国初期の禁煙運動については文献32のほか文献35、43等に詳しい。
(7) 同上、226頁
(8) 文献8、141〜142頁
(9) 文献3、227頁　なお、文献34の1905—1906年版によると、1906—1907年は、06年から宜昌で1担当たり115両のTmgShui税が徴収されるようになったため、輸出量が減ったとあるが、7年版によると、同年はこの税の廃止により再び増えた。
(10) 文献12、93頁
(11) 文献13、178頁

表3　上海海関保管のアヘン箱数（1912～16年）

年	箱数	
1912年	20,559	85／2
1913	9,664	49／2
1914	5,380	23／2
1915	3,026	13／2
1916	1,703	7／2

同上書、184ページにより作成

も次のように減少している。

このように、「禁煙」が全国的に一定の成果を挙げたことは疑いない。1910年の輸出額・7,413担という文献34の1910年版の数字をもとに、報告Bの輸出額は生産額の12%という見積もりで逆算すると約6万担という生産額が出てくるが、ここではこの数字を、とりあえず、10年代前半の最高額と見積もっておいてよいかと思う。

第2節　1917年～1924年

だが、このような状態を一変する契機となったのが、1917年の護国戦争であった。すなわち、この時雲南軍は軍餉を維持するために100万両の雲南アヘンを持ち込んだという。10市両＝1市斤＝0.5kgとして計算すると、5万kg＝1000担である[12]。禁煙が励行されていた四川では、当時アヘンは毎両14～15元した。ところが、雲南アヘンの卸値は毎両わずかに4.2元。煙商は7～8元で売っても大儲けをしたといわれる。そこで、以後川東各地でケシ栽培が復活した（廖仲和は具体的県名として、酉陽・秀山・黔江・彭水・涪陵・墊江・鄰水をあげているが、最初の4県すなわち川東の長江南岸の4県の名は報告Aには見えない。この時期に新たに広まったのかどうか詳らかではないが、この地域におけるケシ栽培の流行は、少なくとも報告A以降のことと思われる[13]）。報告Dは次頁表4のような、1912～21年間における密輸生アヘンの捕獲量の年次記録を載せている。

1919年からの生アヘン捕獲量の激増ぶりを示すこの表からも、1917年以降における川東ケシ栽培の急増ぶりをうかがうことができよう。こうして復活したケシ栽培は廖仲和によると、1918年に護国軍の盧師諦が「禁煙・戒煙・査煙」を名目にアヘン税を徴収するようになって以来、事実上公認されたばかりか、

---

(12)　同上、174頁

(13)　同上

第4章　近代四川省におけるアヘン生産の史的展開をめぐる一考察　259

懶捐を徴収して栽培を強制する場合さえも生まれ、四川のケシ栽培は拡大の一途をたどった[14]。前述のように、謝藻生は1919～35年の年産額を120～140万担と見積もっている。このよう

表4　重慶海関の年次別密輸生アヘン捕獲量（1912～21年）

年　次	（単位）担	年　次	（単位）担
1912	——	1917	——
1913	——	1918	0.63
1914	0.42	1919	17.00
1915	1.26	1920	56.38
1916	0.39	1921	57.08

報告D、209ページ

な増産は、栽培地域の拡大にも支えられていた。たとえば阿壩区の理県の人々は1919年にある人がアヘンの種を持ち込むまで、まったくケシ栽培を知らなかったという。やがてケシ栽培やアヘン精製技術を覚えた人々が馬爾康に移ってここを四川の西北第1のアヘン集散地に変えていった[15]。涼山地区にケシ栽培が拡がったのも、この時期と思われる。

　とはいえ、肝腎のこの防区時代のアヘン生産額に関しては、目下のところ史料がほとんど見当たらない。そこで、年産120～140万担という謝藻生の数字が中国の一部では無批判に信じられているようである。ちなみに筆者の謝は重慶行営参謀団長・賀国光の秘書として入川、のち重慶行営、成都行轅、西昌行轅、軍事委員会などで賀国光に代わり弁公室主任を務めた人であるが、賀国光は四川禁煙善後督辦を兼任していたので、その方面の文献にも筆者は目を通していたということであり[16]、この点では信頼度は高いといわなければならないが、具体的な数字については記憶違いということもあり得るし、絶対的なものではないと思う。むしろ、日本側の調査資料ではあるが、1925年に出版された秘密報告書の次のようなデータの方が、私には信頼性が高いと思われる。

　すなわち、大正14年（1925年）6月に外務省通商局が発行した秘密冊子『支那ニ於ケル阿片及魔薬品』は中国各地の領事館からの報告を集めたものである

---

(14)　同上、180頁。又、文献20,250～254頁を参照
(15)　文献18
(16)　文献11、137頁

が⁽¹⁷⁾、その「重慶領事館管内ニ於ケル阿片及魔薬品」は、1924年当時の四川省におけるアヘンの産出額は「実ニ十六万担ノ多キニ達シ従来類例ナキノ数量ヲ示セリ」と記し、また、「従来四川ニ於ケル阿片ノ産地トシテハ綦江、南川、酉陽、秀山、彭水、黔江、石柱ノ七県ニ過ギサリシカ〔民国〕11年〔1922年〕以来各地方到ル所栽培熾ニ行ハレ一面軍隊側ニ於テモ極力栽培ヲ奨励シタルニヨリ左表ノ如キ増収ヲ示スニ至レリ」と述べて⁽¹⁸⁾、以下のような表を掲げている⁽¹⁹⁾。

表5　四川省各県におけるアヘンの産額（1924年）

巴県	500担	梁山	4500担	納渓	2700担	瀘州	5000担
巫渓	1600	江北	500	鄧都	3000	長寿	1800
開県	2900	達県	3500	涪陵	6000	合江	1500
綦江	600	照化	2800	南江	4300	広元	5400
威遠	3000	雷波	4600	銅梁	500	秀山	1500
大寧	1400	雲陽	3000	栄県	3000	彭水	1800
鄰水	5800	黔江	1800	筠連	2300	大竹	5100
南川	1000	通江	3400	綏寧	2800	馬辺	5400
屏山	8000	興文	800	南渓	1800	奉節	800
古宋	2000	渠県	5600	万県	2400	石柱	2200
峨眉	6000	永川	1400	酉陽	2000	巴中	2800
塾江	4500	古藺	4600	剣州	2800	璧山	800
江津	600	洪県	1500	長寧	1300	城口	4800
叙州	4500	忠州	3200	巫山	1000	高県	1600

外務省通商局『支那ニ於ケル阿片及魔薬品』、434〜435ページ

上表の合計が16万担、56県の「耕作面積全省ノ三分ノ一ニ当ル」とあるが、嘉慶朝の耕地面積でも全省約4700万畝もあり（魯子健編『清代四川財政史料』上

---

(17)　「小引」によれば、1924年5月6日の大臣訓令により、①住民の阿片吸飲状況、②ケシの栽培状況、③阿片及魔薬品密輸密売の状況、④前三項に対する中国官憲の取り締まり状況、⑤その他参考となるべき事項、について調査することになり、その調査結果をまとめたものである。

(18)　文献27、434頁

(19)　同上、434〜435頁。なお、原表は三段組みであるが、四段に組み替えるに当たっては、県の順序を一部原表と違えたところがある。

冊782ページ)、アヘンの畝産を0.03担で計算しても、16万担では533万畝にしかならない。

　この資料がどのように作成されたものであるのか、報告書に記されていないのは残念であるが、中国側の資料を元にしているのではなかろうか。もっとも、「成都総領事館管内ニ於ケル阿片及魔薬品」の方は四川全省のアヘン生産額を「20万担ヲ下ラサルヘシ」と推計しており[20]、両者一致しないが、このことはむしろ、推計根拠に違いはあっても、20年代半ばの四川省のアヘン生産額が16～20万担程度であって、少なくともこの段階ではいまだ120～140万担というような途方もない規模には到達していなかったことを示すものと思う。なお、謝藻生の挙げている数字については、30～40年代における6年禁煙政策の評価とも関連して、次節において再度言及・検討することにする。

　最後に、この表から防区体制の下でケシ栽培の地域が四川省の東北部にも広がった様子がうかがわれることを指摘しておきたい。

　残念ながら、1920年代の四川のアヘン生産額について私が入手し得た史料は以上のようなものにすぎない。そこで、あとは相対的に多くの史料を利用することのできた、「禁煙運動」実施前後のデータをもとに推計してみることができる程度である。そこで、次には、国民党南京政府による「禁煙」が始められた1930年代に、一気に飛ぶこととせざるをえない。なお、秦和平の前掲書は20年代以降の四川のアヘン問題を詳述しており、興味深い叙述が豊富になされているが、小論はアヘン生産量の歴史的変遷についての検討を主眼としているということで、本節までの旧稿をカットせずに活かした。

第3節　1930年～1940年

　1935年以降は、いわゆる中央化の過程で「禁煙」が実施された。それにどの程度の実効があったのかという問題については後回しにして、ともかくも今日の四川省西部に当たる西康省にケシ栽培の風が広まったのは、35～40年の「6

---

(20)　同上、443頁

年禁煙計画」実施後の1942年のことといわれている[21]。「禁煙」の実施が、直接支配の及ばぬ少数民族地域におけるアヘン栽培の「発展」を促したものと見られるが、1940年以後の四川のアヘン年産額については秦和平が前掲書第14章以下に展開しているので、それに譲りたい。

　ところで、周知の通り、蔣介石は1934年、南昌行営を設けると、河南・湖北・安徽・江西・江蘇・浙江・湖南・福建・陝西・甘粛の十省の禁煙事務を行営の管轄下に置いた。しかし、その後、四川省の「中央化」が進む中で、35年6月には1928年に設置した全国禁煙委員会を廃止、禁煙総監を特設して軍事委員会委員長＝蔣介石の兼任とし、11月その下に軍事委員会禁煙委員会総会を設けた[22]。その後禁煙の行政組織は幾度か変更されるが、行論には直接関係ないことなので省略する。それはともかく、こうして1935年に2ヵ年禁毒および35～40年6ヵ年禁煙計画が立てられた。禁毒の「毒」とはモルヒネ・ヘロイン等の精製された強力な麻薬類を指す。禁煙の方では、陝西・甘粛・綏遠・寧夏・四川・貴州・雲南の7省に限っては年次を追って段階的にケシ栽培の縮小をはかること（「分年禁種」）をみとめ、その他の17省は即時禁止の「絶禁区」とした。また、この「分年禁種」の諸省では、四川を例に取れば、下のような形で年次計画が立てられた[23]。

年　　次	栽　培　認　可　県
1940年	栽培県ナシ
39年から栽培禁止	酆都
38　　〃	宣漢
37　　〃	涪陵・墊江
36　　〃	開・開江・長寿・鄰水・大竹・梁山
35　　〃	以上10県以外の県（138県）

　ところが、謝藻生によると当初のこの6ヵ年計画は、37年に4年計画に短縮

---

(21)　文献19、40頁。なお、張為炯によると雅安地区各県におけるケシ栽培の一般化も42年に始まるという（46頁）。

(22)　文献15、4～5頁

(23)　同上、11頁

されたという[24]。

このような禁煙・禁種計画はどの程度の実効があったろうか？謝藻生は35～36年については、禁種県に煙苗の植え付けの有無を監視して不法なものは抜き取らすための鏟煙大隊を派遣し、禁種に真面目に取り組まなかった県長が戒になるなど、かなり真面目に実行されたようだと述べている[25]。そして、「アヘンの生産額は報告によるとしだいに下がった」と述べて、上記10県の年次産額について以下のような数字を挙げている[26]。

年　次	1935	1936	1937	1938	1939
生産県数	10	8	6	4	0
生産額（万担）	38	31	26	22	0

一体これは実績なのか計画なのか、謝の文章は必ずしも明快ではない。おそらく後者であろうと思われる。39年が0などということは紙のうえの計画にすぎず、とても実績とは考えられないからである。この点はひとまずおいて、先きに進もう。

さて一方、中国国民政府内政部禁煙総会が1938年10月に作成した『禁煙禁毒工作報告書』（文献14）によると、1934～37年の四川を含む「緩禁省」（「分年禁種」を認められた諸省）のアヘン生産額は次頁表6のように報告されている。

この表6はキロ単位で表してあるので、これを1担＝100斤＝50kgとして担表示に改めてみると、四川省の年次別生産額は、

　　34年　　50734担
　　35年　　30250担
　　36年　　11999担
　　37年　　 6764担

となる。

もしもこの通りであるとすると、34年の生産額は報告B当時の年産15万担という数字の3分の1、37年のそれは21分の1以下ということになる。つまり表

---

(24)　文献11、151頁
(25)　同上
(26)　同上

表6 緩禁各省のアヘン生産額（1934〜37年）

単位：キロ・グラム

省名／年次	1934年	1935年	1936年	1937年
四　　川	2,536,718	1,512,500	599,937	338,190
雲　　南	583,201	422,107		
貴　　州	1,244,162	702,263	185,953	
陝　　西	537,901	450,807	356,741	279,504
甘　　粛	462,500	338,481	281,753	193,750
綏　　遠	117,564	90,926	65,307	
寧　　夏	373,625	223,125	162,007	
総　　計	5,855,671	3,740,209	1,611,698	811,444

『禁煙禁毒調査報告』18ページ

1の数字との比率で推論すれば、重慶開港直後ないしそれ以前の水準にまで生産が減ったということになる。しかし、この数字は上の謝藻生のあげる数字に比べずいぶんと少なく、疑問が残る。

　周介眉によると、四川のアヘンは1931年漢口の大水のあおりを受けて煙商が相次いで倒産して以来不況期に入り、ことに1934年紅軍が長征し遵義に到り「破竹の勢いで入川」の気配を示すと、煙商や一般の官僚・地主・富商・巨賈は恐惶狼狽し、煙業は没落したという[27]。周は煙業没落の決定的要因を紅軍の到来に求めて説明しようとしているようであるが、これは筆者が元アヘン業者であることから考えると、彼が中共の思想改造の対象とされたことは疑いなく、とすれば、中共の役割の大きさを過大評価しようとする意識が無意識的に働いていることも考えられる。

　しかし、次のような報告もある。すなわち、アヘンの有力な生産地・涪陵では、1929〜30年は移出量が4〜5万担に達したが、31〜32年には1万余担となり、33年には9千担と激減し、市価も次頁表7のように下落したというのである[28]。

---

(27)　文献12、97頁

(28)　文献28、48頁。なお、文献36によると、涪陵のアヘンは毎年の移出額が数万から10余万担あったが、29年、30年の移出高は4〜5万担で、31〜32年になると、毎年の移出高は1万余担に減り、33年は9000担、34年では6000坦だったと述べている。価格も（この頃は？）毎担370元〜750元で、35年に至っては毎担140元でも買う人は少なかったという（178頁）。表7の信憑性は高いと思う。

このような価格低落の原因は「税捐の増加、生産費の高騰、販路の縮小」の3点に求められている。「販路の縮小」のなかに禁煙政策の成果がどの程度反映されていたかはともかく、以上の諸資料から、1931年以降四川のアヘン生産がかなり減少したことは疑いないと思う。ただどの程度にまで生

表7　涪陵のアヘン価格の変遷（1929～35年）：毎千両＝1担の市価

年次	最高（元）	最低（元）	普通（元）
1929	650	600	620
30	900	700	800
31	960	600	750
32	500	400	450
33	400	350	370
34	350	300	320
35	200	140	180

平漢鉄路管理局経済調査班編『涪陵経済調査』（邦訳）49ページ

産量が落ちたかについては資料によってかなり違いがある。そこで、今度は間接的に税収という角度から生産量を検討してみることにしよう。

周介眉は1933～36年の四川禁煙収入＝アヘン税収について次頁の表8のような統計を紹介している[29]。

外銷とは省外の宜昌や漢口への移出額、内銷とは省内の販売額であろうが、「私変」とか「営照」「因案」「雑項」がどんな税かは説明がなく分からない。禁種とは後に触れる禁烟を名目とした捐税、紅灯は煙館に対する税であり、禁吸とは中毒者への煙膏の販売代金と思われるが、35年にのみ限られているので、別種の税かも知れない。担当たりの税額が分かれば外銷、内銷、禁種の合計でこれを割ることにより、生産額の推計値を出すことができると思う。紅灯等は内銷に課せられた税であろうから生産額を推計するに当たっては除外するのが妥当と思われる（この点で、旧稿は不正確であった）。その他の税目も除外する。こうして、計算した数値が次頁表9のA欄である。

但し、A欄は税収額だから生産額まではわからない。だが、幸いにも、周介眉は本文中に時どきの担当たり課税額についてのべている（B欄）。彼によると34年には紅軍入川の報におどろき煙価に値崩れが起こったので、政府は救済措置として「元来が毎担120元だった税を川黔土（四川・貴州生アヘン）については60元、滇土（雲南生アヘン）については80元、川土の省内で売る分は30元にする」などしたという（97ページ）。これに基づいて33年の担当たりの税を120

(29)　文献12、101頁

表8：1933～36年四川禁烟収入統計（単位：法幣元）

項目	1933年	1934年	1935年	1936年
外銷	6,266,449	5,492,873	2,712,732	2,577,745
内銷	727,320	681,918	1,767,154	2,977,739
私変			87,579	371,732
禁種	912,511		131,701	
紅灯		3,907,637		
禁吸			1,155,208	
営照			32,985	815,757
因案			4,056	36,850
雑項			200,229	29,778
合計	7,806,280	10,182,430	5,991,646	6,809,704

表9：1933～36年における四川のアヘン税収から見た生産額の推計

年次	A）税収額（元）	B）担当たり税額（元）	C）生産額推計値（担）
1933	7,806,280	120	A÷B＝65,052
1934	6,174,791	60	A÷B＝102,913
1935	4,611,587	120	A÷B＝38,430
1936	5,555,484	(113)	60,000
(1937)	24,000,000	400	A÷B＝60,000

表10　21軍財政歳入（1930～34年）

単位：元

年次	苛捐収入	禁煙収入	塩　税	借　款	その他①	合　計
1930	10,976,247	13,652,687	4,778,661	1,911,578		31,319,173
1931	8,539,772	10,551,853	3,894,417	5,778,985	3,661,876	32,400,226
1933	13,300,000	13,200,000	8,000,000		12,100,000	47,800,000
1934	15,600,000		9,510,000		27,206,600	72,316,600

①「糧契煙酒印花等」の項目と「その他」とを合併　呂平登『四川農村経済』17頁

元とみなし、34年については60元と見積もった。35年については周が100頁で、「劉湘は1936年の初めと10月との2回にわたり増税を行い、毎担120元前後だったものが300～600元にもなった」と書いていることに基づいて、120元とした。36年については102頁で、同年行われた全川128市・県の毎月の消費量は4873担、「全年総計は6万担」と書いているのによった。37年については、101頁に37年度予算中の特税額が2400万元とあり、また、前述のように36年以降は300～600元になったとあることに基づいて計算をした。こうして算出したのが上表9のC欄である。

さて、この表は雲南・貴州産生アヘンに対する課税や煙館に対する課税をも含む総計をもとにしているから、実際の生産額よりもかなり多めのものと考えなくてはならない。それでも最多の34年が約17万担、しかも、紅軍の接近は34年の晩秋であろうから全年を60元の税率で計算するのは過大評価になると思う。それはともかく、この数は先の報告Bに近い水準である。

表11　1928〜1933年の21軍の税収　単位：元
（少数以下は省略）

	塩　税	特　税	合　計
1928年	5,714,494	902,478	12,002,212
	47.61%	7.52%	100%
29年	4,509,932	3,192,410	19,120,769
	23.59%	16.65%	100%
30年	4,778,661	11,179,279	30,140,387
	15.85%	37.10%	100%
31年	3,609,604	8,352,144	26,594,170
	14.57%	30.44%	100%
32年	3,481,055	8,570,892	31,991,021
	10.99%	27.06%	100%
33年	7,478,500	9,277,876	46,398,009
	16.09%	20.55%	100%

　しかし、防区時代の四川軍閥のアヘンの税収についての統計的史料といえば、呂平登が『四川農業経済』の中で紹介している、1930〜34年の21軍の財政収支表を忘れるわけにはゆかないであろう（前頁表10）。

　ところが、『四川経済月報』所掲の興隆の論文「六年来二十一軍財政の回顧と今後の展望」には21軍の1928年以来33年までの税収と支出に関する統計表が載っている。これは本篇序論に表4として全体を引用済みであるので、ここでは行論の必要上塩税・特税および合計欄のみを引用する（表11）。

　このように、特税＝アヘン税の収入は呂平登の表（表10）よりも少ない。

　次ぎに、張肖梅は四川省財政特派公署の公表資料に基づいて、「四川民国17年来財政歳入統計表」を文献25に載せている（次頁表12）。煩雑になるので、表12はアヘンの税収のみを抽出した。

　次頁の表12を見ると、28年〜31年の数はまったく上の表11と同じであることがわかる。依拠した共通の資料があるに違いない（表10の30年31年はこの二つの資料と比べて税収額が多い）。33年度は約50万元ほど表11よりも多いが、呂平登の表10ほど多くはない。31、32、33の三年に関しては表10が一番多い。また、周介眉の表8は、33年に関してはもっとも少なく、34〜36年についても、表12よりもかなり少ない。依拠した資料の明記がないので、この違いの要因を究明

表12 「四川省民国17年以来財政歳入統計表」におけるアヘン税収

年次	税額	財収中の比	備考
1928	902,478	7.5%	①財政庁の統計では12,000,000元
29	3,192,411	19.7	
30	11,179,279	37.1	
31	8,352,145	31.4	
32	8,610,159	28.0	
33	9,679,953	20.6	
34	9,493,468	19.4	
35	9,000,000①	13.3	
36	9,000,000	10.5	
37	24,000,000	27.8	

張肖梅編『四川経済参考資料』C18ページ

表13 1930～37年度の四川のアヘン生産額の推計

年次	税収（元）	担当たりの税額（元）	推定生産額（担）
1930年	13,652,687		
1931年	10,551,853		
1932年	8,610,159		
1933年	13,200,000	120	110,000
1934年	9,493,468	60	158,224
1935年	12,000,000	120	100,000
1936年	9,000,000	113	76,646
1937年	12,000,000	300	40,000

することは不可能であるが、謝藻生の推計値の過大評価に疑いを抱く本稿では、最大値を採用し、33年については表10に34年度以降については表12を手がかりとして、検討を進めてゆきたいと思う。

　表9のB項の数字で表10、12の30～37年の最大の税収額を割ってみると以下の表13のようになる。但し、37年の担当たり税額は最低に見積もって300元とした。

　以上、『禁煙禁毒調査報告』にいうほどではないにしても、たとえば36年頃の四川全省の年税収額を21軍税収の3倍だったと仮定しても、23万担前後にすぎない。また、課税額の低かったと目される34年をとってみても、16万担程度にすぎないのである。これは、謝藻生のいう120～140万担の7分の1～8分の1くらいである。37年に関しては4万担に過ぎない。

第4章　近代四川省におけるアヘン生産の史的展開をめぐる一考察　269

表14　四川省緩禁4県のケシ作付け情況（1937年春）

県名	生産戸数	煙苗株数	推計栽培面積（畝）	推計（アヘン）生産額（担）
鄧都	81,697	570,326,600	190,108.9	7,241.411
墊江	47,968	410,605,384	136,868.5	6,159.081
涪陵	136,636	1,233,800,000	411,266.7	20,254.000
宣漢	80,020	371,383,943	123,794.6	5,195.383
合計	346,321	2,586,115,927	862,039.7	38,849.875

国民政府軍事委員会四川禁煙特派員公署『民国二十六年七月分工作報告』5ページ

　但し、呉雨・梁立成・三道智『民国黒社会』は38年の四川生アヘン生産額を22万担と見積もっている[30]。これはおそらく、前述の謝藻生の記述に依拠していると思われる。

　ところで国民政府軍事委員会四川禁煙特派員公署の編集する『民国二十六年七月分工作報告』には、37年春現在の緩禁4県のアヘン生産情況が上の表14のように報告されている。

　これによると生産額は約4万担弱であり、翌38年の生産額を22万担とする『民国黒社会』や、1935〜38年について先に紹介した謝藻生の挙げている数字とはかなりの差がある。しかし、謝藻生の挙げている数字は、これが努力目標なのか、実績なのか、更にまた実績としても、そこに統制を免れたヤミ生産額をも推計により含めた数字なのかどうか、どのようにも取れるような書き方がされている。公式の政府統計であるから上の『工作報告』が信用できるというわけではないが、当時書かれた当局の史料があるのに、これを全く虚報として退け、個人の回想手記の記述を無条件で信じるわけにはゆかない。だがここで、百歩譲って、謝らの挙げている数字はヤミ部分を含む年産の推計額であり、脱税アヘンが表12のような被課税アヘンの4〜5倍はあったと考えれば、両者は矛盾しない。

　そこで、38年の22万担をモグリ部分をも含めた実際の総生産額とみなしておくとしよう。この比率を先の表12の推計年次に適用すると、33年は5倍で55万担、34年は約16万担の5倍で80万担程度ということになる。しかし、少なくとも35年以前のケシ栽培は軍閥の公認するどころか、強要するところであり、それゆえモグリ生産はあったとしてもごく僅かだったと思われる。とても、55万

(30)　文献17、296頁

担だの80万担だのという額には及ばなかったと思われる。過大評価の恐れなしとしない。

　ところで、以上の諸表は21軍のアヘン税収に関する統計であったと考えられる。表10，11はそのように明言しているし、表12は何も断ってはいないが、表11との部分的一致などが、その推測の根拠である。但し、36、37の両年度については概数が示されているだけであり、これは予算額を示すものと思われる。そして、両年度は35年3月の四川統一後の額であるから、21軍独自の税収ではなく、全省の税収とみなすのが自然のように思われる。では、四川統一以前について、21軍のアヘン生産額はある程度わかったとして、他の軍閥の防区での生産額を含めた額はどれほどあったであろうか？この点に関しては、匡珊吉と羊淑蓉は1932年のアヘン生産額を4億両と推計する史料のあることを紹介している[31]。1担＝1000両として計算すると、40万担にすぎない。匡珊吉と羊淑蓉はまた、楊森の第20軍について、30年31年両年の烟税収入額を引用・紹介している[32]。これによると、30年は、1365万元、31年は1055万元である。なんと、この数字は表10の21軍の各当該年の税収と全く同一なのである。この点で呂平登の資料に疑惑が生じるが、今はこれは問わぬことにしよう。一方、二人は表12を21軍の税収として引用している。それ故、30年は20軍、21軍の合計で14,831,965元、31年は18,903,997元、すなわち約1483万元と1890万元となる。これを33年の毎担120元の税収として割り出すと、30年は123,599担、約123,600担、31年は157,533担、約157,500担となる。数式上、担当たり課税額が高いほど生産額は少なくなるので、担当たり税収が最低であった34年の60元という数値を以上の年次に当てはめれば、担数は各々倍増して、30年247,200担、31年は315,000担となる。この当時、ケシ栽培は24軍（劉文輝軍）や29軍（鄧錫侯軍）の少数民族地区にはまだそれほど発展していなかったと考えられるから、20軍と21軍のアヘン税収で全省の半数を占めたと考えても大過はあるまいと思う。すると、30年の全省生産額は494,400担、31年は630,000担という数になる。

　以上のように考えてくると、1930年代前半におけるアヘンの年産額は最大で

---

(31)　文献20、251頁

(32)　同上、253頁

表15 1930～38年間の四川のアヘン生産額（最大見積もり額）

年次	生産額推計（万担）	推計根拠	備考
1930	63	文献20表13	過大評価の恐れあり
1931	31.5	同上	同上
1932	＊	＊	
1933	11	表13	
1934	15.8	同上	
1935	10	同上	
1936	38	表13・文献23	過大評価の恐れあり
1937	20	同上	同上
1938	22	同上	同上

も31年の63万担を超えぬと思われる。又、最低値としては、全省統一後の35年の10万担と見積もるのが妥当かとも、思われる。又、四川統一後は表13によると36年は7万6000担、37年は40000担となる。但し、モグリ部分が5倍ほどあったと仮定するときには各々38万担と20万担38年は22万担である。以上を表にまとめて表すと以上のとおり。

第4節　アヘン税の構成をめぐる問題について

　以上、近代四川省におけるアヘン生産の歴史的変遷をごく大雑把な形であとづけてみた。禁煙のためのハーグ条約（1912年1月）だの、ジュネーヴ協定（1925年2月）だのが結ばれてからは、海関統計などの公式記録からアヘンの項目が失せたため、結局20年代および30年代前半の四川のアヘン生産額の動向に関しては、断片的な統計資料や謝藻生の回想のようなものの外は、さしたる資料もなくなってしまった。これは、まことに遺憾というほかはない。このように、きわめて不十分な研究であるが、検討の結果は、辛亥革命前後と1933～37年頃にかけての2回にわたる禁煙政策はかなりの成果を挙げたと考えられる（表15で36年～38年は5倍のモグリ部分の存在を想定しているから高い数値となっている）。防区体制の「繁栄」はこの2回の禁煙政策の谷間に位するところから見て、防区体制の盛衰とアヘン生産の盛衰との間には深い関連性があると思われる。軍閥とアヘンの関係は周知のところであろうが、禁煙政策と軍閥割拠の盛衰との歴史的相関性を論じた著作は意外に少ない。秦和平の大著もこの点に関

しては明確さを欠く。以下には、この点に関して正面から論じた林寿栄・龍岱の論文・「四川軍閥と鴉片」（『四川大学学報』1984年3期）を取りあげて、検討・批判を加えることにしたい。

この論文の中で筆者は「四川の大多数の軍閥、なかでも割に小さな軍閥にとってとりわけ重要だったのが"自己の防区で自分の手で集め自分のために用いる"アヘンだった」と述べている。そして、農民をして厖大な田賦負担を可能ならしめたものもアヘン収益の異常な高さであった、というのがこの論文の主張の一つであるが、同時に、アヘン税収こそは軍閥財政を支えた主要財源であり、その税収は塩税等よりはるかに重要であったというのが、いま一つの最も重要な主張である。このうち後の方の主張は、四川財政における塩税の決定的な重要性を論じた杜凌雲と彭恵中の論文・「四川自流井塩税的掠奪戦」（『四川軍閥史料』第1輯所収）に対する批判である（253頁）。杜と彭の二人は1911年と38年の史料を引いて塩税の重要性を説いているが（11年は財政の36％、38年は59％を占める）、両年とも禁煙励行中の財政史料であり、防区体制時におけるアヘン収入の意義を評価するに適当でない、というのが林・龍の批判点である。

林と龍は、呂平登に依拠して、37年の四川の地方予算でも総収入8630余万元のうち省税部分は6000万元、特税はこのうち2400万元で第1位、省税の40％を占めることを指摘している。だが更に、謝藻生がその回想記の中で、防区時代のアヘンの年産額は120万〜140万担、そのうち省外への販売が70％であったとか、蔣介石は宜昌に特税処を設けて1担につき1200〜2000元の特税を徴したが、四川軍閥は軍長・師長の名義で商運を請け負い、通関時には税を半額納めただけだったので毎担1200元も儲けた[33]、などと述べていることに依拠して、次のような議論を展開している。すなわち、

　　アヘンの年産額が130万担とし、その内の70％が省外に輸出されていたとすると、これは91万担。この91万担の半分が軍による密輸によって運ばれたとすると、毎担1200元の利鞘の総額は5億4600万元にもなる。この内から30％を運送費として差し引くと、純益は3億8220万元になる。

---

(33) 文献11、141頁。正確には税が1200〜2000元なので、密輸するとこの分、軍は丸々儲かり、商人も軍に半額払って運んでもらえば得をするということ。

また、当時1畝の畑からは50両のアヘンがとれた。年産額130万担を生産するには2600万畝が要る。この畑から「煙田畝捐」を毎畝4元徴するとすると、その収入は1億400万元になり、これは1935年の財政報告総収入の5倍にも達する!

と(34)。

つまり、林・龍によれば、軍閥の実際のアヘン収益は年間4億8620万元以上（省内販売分の39万担の分からの税収が計算されていないが）にのぼった、というわけである。実に1937年度予算・8630万元の5、6倍以上である。しかし、アヘンの省外への搬出量のうち50%が軍による密輸であると見積もる根拠は不明だし、毎担1200元という収益も禁煙の成果があったればこその高値であったと思われる。とすれば、少なくとも34年以前をこの単価で推し量ることはできないと思う。また毎畝4元のアヘン税を取るという仮定の根拠も示されていない。

ところでまた『旧中国的黒社会』によると、四川産の鴉片の70%は長江を下り、下り分の80%を軍が運んだという（208頁）。この点では謝藻生よりも軍の役割を大きく評価している。しかし、劉湘が1924年1年間に軍艦を使って漢口に運んだといわれる量は3000担、35〜37年でも7000担でしかない（同前）。また、軍の密輸量はこの3年間で7000担なのか毎年7000担なのかはっきりしないが、毎年としても、軍の密輸量45万5千担という林・龍の推計との差はあまりにも大きい。両人の推計額はあまりにも巨大にすぎるように思われる。というのは、アヘンを宜昌や漢口に軍艦を使って搬出できるのは、1928年に楊森が万県を劉湘に奪われてからは、独り重慶に拠る劉湘のみであったと考えられるからである（但し、他方で年7000担が密輸の全てとして逆算すると、年間生産量は12500担にすぎないことになる。これはあまりにも少なすぎる）。

以上から考えると、少なくとも1930年代については、年産120〜140万担という謝藻生の推計値は過大であり（20年代についても過大と思われるが）、林・龍の密輸収入の推計はあまり信頼できないように思われるのである。

ところで、秦和平の研究（文献40）によると、1920〜30年代のケシの作付け面積は少なくとも600万畝、生アヘンの生産額は20余万担、約3億両と計算し

---

(34) 文献21、253頁

ている（但し、根拠は示していない。193頁）。この600万畝に林・龍のいうように4元の課税をしたとすると、2400万元の収入となるが、これは表12に照らすと、37年のアヘン税収に偶然ながら匹敵する。しかし、特税は流通過程に課せられる税を含むものであり、30年～36年の平均は約933万元の税収であるから、これでは3倍近くが闇ルートに流れ、下級軍閥の懐に納まった勘定になるが、このような事態を21軍本部が許していたとは信じがたい。少なくとも33年以後は「剿赤費」の捻出に苦慮して、劉湘自らが南京に出向くほど、財政は逼迫していたのであるから。秦和平の作付け見積もり面積が多すぎるのか、生産額の見積もりが多すぎるのか、その両方か、のいずれかである。先ず、生産額の問題から、検討してみよう。

秦和平のいうところから逆算すると、畝産は0.03担となる。20余万担が3億両とすると、1担は1500両前後になり、私の推計額よりも50％も多い数値になる。一方、本章の元になった論文の発表後に見る機会を得た、蒲国樹（文献36）によれば、「光緒中葉」では「毎担1140両（合71$\frac{4}{16}$斤）」と記され（174頁）、またそのすぐ後には民国7年（1918年）から18年（1929年）までの間については「毎担一千両」と記されている（同上頁）。また、180頁の表「民国二十二年（1933）涪陵至漢口両湖特税分処毎担鴉片的課税情況」の注には「両担即二千両」と記されている。秦和平の1担約1500両という数値は大きすぎると思う。1担＝1140両という蒲国樹の数値は、海関の単位と内陸の単位とでは違いがあって当然であり、信憑性は高い。しかし、私は大勢を知るために海関両と一致する「毎担1000両」という数値の方を敢えて採用する。推計方法を統一するためである。

また、畝産は0.03担という秦和平の数値を当てはめるとすると、0.03×1000＝30両ということになるが、先の表14の推計生産額総額を推計栽培面積総数で割ると、0.045担＝45両ということになる。林と龍の畝産50両よりも小さいが誤差と見なしうる程度の違いである。ところが、上述の蒲国樹の論文には、涪陵県建設科の1932年の調査報告によると「ケシの畝産は（「約与一石谷土地的面積相当」）上等地400両、中等地320両、下等地240両、種烟平均毎畝値96元」と記されている（174頁）。また山田豪一氏は文献38の中で、「富錦県からの報告では、実在畝数4万3,560の収穫量は1畝平均25両として、110両あったが、大東

第4章　近代四川省におけるアヘン生産の史的展開をめぐる一考察　275

号の収買量は45万7,519両だから収買率は40％にとどまり、残り60％は哈爾濱方面への密売に流れたという」と書いている（789頁）。分かりにくい文章だが、畝産を25両と見なしていることは確かである。また、文献39によれば、1941年度の蒙疆地域の畝産は、水地で1.13キログラム、旱地で0.73キログラムであったという（109頁）。換算すると水地22.6両と旱地14.6両である。また、秦和平は文献40では、雲南の畝産を40両としている（49頁）。但し、これも依拠した文献が示されていない。

　以上これまでに得られた畝産に関する数値を小さい順に並べてみると、最低が畝産14.6両で、以下順次22.6両、25両、40両、45両、50両と高くなる。25両、40両、50両の各説は具体的な根拠が示されていない点では同じであるが、それにしても、涪陵の畝産下等地でさえ240両という数字との差はあまりにも大きい。この点をどう考えるべきであろうか？

　しかし問題はこれに止まらない。すなわち、1932年「当時鴉片畝産（約与一石谷土地的面積相当）」という前引の原文である。この括弧部分をすなおに訳すと「約１石の穀物を収穫しうる土地の面積に相当」となろう。また、「種烟平均毎畝96元」であったとも書かれている（174頁）。１石の穀物とは、具体的には水稲のことを指すのだと取るのが、この地方では妥当であろう（ケシは一般に丘陵地帯の畑が適しているとされるが、冬作物であるから、稲を刈り取った後に植える場合もある）。ところで、やや後の調査になるが、ロシング・バックが中心となって抗日戦争中に四川で行った調査によれば、1940年の水稲の畝産は佃戸で2.95市石、自作農でも2.94市石と、ほぼ同一であった（文献41の14頁）。つまり、稲の畝産は約３市石が平均値なのだから、１市石の収穫を得るためには３分の１畝でよいということになる。一方、涪陵のアヘンの収量はこの３分の１畝当たりの生産額であるから、一般の１畝当たりの面積での収穫は３倍だったと考えなければならない。すると、上田では畝産1200両、中田では960両、下田では720両だった、ということになる。畝産40両という先の推計平均値の約21倍から16倍である。また、金陽県では、１斗のトウモロコシ（包谷）の取れる面積の土地では年産100両も可能で、高地では40～50両、一般には20両、という記録もある（文献42の171頁）。呂平登の文献24によれば、トウモロコシ（玉蜀黍）

の畝産は上田で12斗、中田で9斗というから（121頁）、アヘンの畝産は最高で1200両、高地で400〜500両、一般には200両だったと見なして差し支えないであろう。涪陵の場合に近い数値である。また、例えば、蘇智良は、雲南の「一口田」の収穫量を、蚕豆5斗、稲米15斗、鴉片240両とする王福明の論文を引用している（文献43、192頁）。この蚕豆、稲米の生産額は呂平登の引く四川の畝産に近い。したがって、単純に考えると、鴉片の畝産240両説は成り立つように思われる。

このように、先の小さな推計値群（仮にA群と名付ける）と上の畝産の最低240両という数値群（仮にB群と名付ける）との2種類に分類することができる。前者に比して後者の格差は信じがたいほどだが、1畝当たりのアヘン生産額について直接に述べた資料としては、私は以上三つの手がかりとなる資料しか見ていない。全490頁の秦和平の大著でも、アヘンの畝産については14頁で畝産50両という数を根拠を示さずに用いているのと、先に引用したように、30両という数値を導き出すような生産額と作付け面積を、これも依拠した資料を示さずに挙げているのみである。

しかし、まだ三つ検討しておくべき問題がある。

すなわち、その第一は、「一石谷田」が涪陵近辺の方言である可能性である。『漢語大詞典』で「石田」を引いてみると、最後に「方言」とあり、周立波の小説・『山郷巨変』上巻の六には「王家村に両石（つまり二石）の田あり」とあって、その原注に「一石田とは6畝3分の土地のこと」とある、と載っている（第7巻980頁）。確かに1979年人民出版社版の同書上巻77頁には、その通りの注が欄外に書かれている。「谷＝穀」という言葉はないが、一考に値する方言である。この比率を適用すると、400両を6.3で割らなくてはならない。すると、上等地の畝産は63.49両となる。同様にして、中等地の畝産は50.8両、下等地の畝産は38両ということになる。A群にぐっと近い数となる。但し、周立波の小説の舞台は湖南省の中央部・資水沿いの山村である。しかし、四川には湖南からの移民も多い。一石田が1石穀田といわれた可能性は無いであろうか？これは四川の移住民に造詣の深い方々や四川方言に詳しい専門家のご指導を仰ぐ必要がある。

第4章　近代四川省におけるアヘン生産の史的展開をめぐる一考察　277

　第二は、単位面積当たり収量で「日本一」（ということは世界一と断言してもよい）を誇った日本のアヘンについて、日本におけるアヘン研究の第一人者・倉橋正直氏の研究を参照してみよう。二反長音蔵の作りだした「一貫種」と名付けられたケシのアヘン収穫量は1反＝9.9アールから1貫目の生アヘンを収穫できたから、この名がつけられた（文献46、39頁）。1貫目は3.75キログラムであり、1畝は6.667アールであり、1キログラムは20市両であるから、一貫種を中国の1畝の畑に撒くと50.54両の生アヘンが取れる勘定になる。涪陵の上等地の産額よりも大分少ないから、「世界一」というのは疑わしいようだが、先のA群の最高値に当たる。

　以上のように考えて見ると1畝当たり1200両などといった途方もない生産額からは解放される。だが、第三に、「一口田」240両説や金陽県の100両説の問題が残っている。ここで私は、これまで生産額がほぼ四川の畝産に近いから「一口田」も畝産であると勝手に思いこんできたが、たとえば地味が悪いから同額の収穫量を収めるための土地が1畝よりも広かったと考えることもできるのである。「一口田」の面積が市畝よりも広いなら蚕豆や稲の生産性は低くても、生産額は四川の畝産と同等になりうるわけである。また、同面積の土地でも、稲の土地生産性は低くても、アヘンでは生産性が高いということも考えられる。このように、生産額を畝産と考えてしまうから240両説や100両説に振り回されて、度肝を抜くような数値に唖然とするのではあるまいか？このようにでも考えない限り、A群とB群との常識を超えた格差にとまどうばかりである。なお、倉橋正直氏のご教示によれば、日本ではケシのサヤから3～4回くらいしか汁を採取しないが、それはモルヒネ含有量が最高になるのはこれくらいまでのことであって、あとはいくら採取してもモルヒネ含有量は低いので意味がないからであるという。これに対し、中国ではモルヒネ含有量を問題としないので、15回前後まで採取する。このため、採取生アヘンの量としては、中国産の方が日本産より4～5倍方多くなることはありうるということである。これであるならば、240両や100両という数字もあり得ることになる。

　以上、さまざまな参考資料を検討してみたが、生産地によって大きな格差があったと考えるしかないが、蒲国樹の挙げる涪陵県や邵献書等のあげる四川省

金陽県、蘇智良の引く雲南省の事例は皆例外的な場合、というより度量衡の単位が違うと見なす方が、現在のところでは妥当と思われる。しかも、金陽県の場合は20両が「普通」とされており、これは先のＡ群よりも取り分けて低い。以上から考えて、私は30年代後半の四川省のアヘンの平均的畝産は40～50両の中間である、表14より得られる数値を取って45両とみなすことにしたい。東北や蒙疆地区に比べて四川や雲南は肥沃であり、気候条件もよいからである。

以上、だいぶ横道にそれたが、重要な論点なので敢えて敷衍して述べた。すると、秦和平のケシ作付け面積約600万畝という数字にこれを当てはめると、27万担の生産額ということになる。これは表15の30～35年（但し32年を欠く）の推計生産担数の平均26.26万担という私の推計値よりもやや多目であるが、26～27万担と見ることで大差はないと思われる。

ところで、林・龍論文に関して触発された問題に、アヘン捐は田賦を納めるほかに、更に徴収されたのであろうかという問題がある。林・龍論文は懶捐や烟苗罰金、窩捐の類いと田賦とを区別して考えているようである。つまりケシ栽培者は田賦を徴収されなかったかのように受けとめられるのである。しかし、「梁山県ではアヘンを植えない人は植えた人の２倍の田賦を払わなければならなかった」といった記述[35]から考えると、アヘン作付け税の如きものは田賦や田賦附加税等の一種として徴収されていた、とも受け取れる。しかしまた、段伸榕の文献44によれば、畝捐というアヘン税は田土の多寡に応じて課され、ケシを栽培していない土地にも課されていたという（45頁）。

私は特税＝アヘン税とは基本的には流通・消費過程において課せられる税であるが、懶「捐」とか「罰金」は田賦もしくは田賦の附加税として課せられたのではないかと思ってきた。しかし、アヘンに対する税を特税というからには、懶捐の類は田賦とは別であり、懶捐の類を徴収されれば田賦を免じられたと考える方が論理的には一貫性があるようにも思える。ところが、具体的にアヘン

---

(35) 文献20、250頁。なお文献26には劉存厚が24年11月から「あらゆる土地（ケシ栽培地をさす）に、一律５元を納めさせた」という記述が見られる（59頁）。この表現だと、田賦とは別にケシ栽培地のみを対象とするアヘン税が徴収されていたようにとれるが、これはアヘン専売制を敷いたからであろう。

第4章　近代四川省におけるアヘン生産の史的展開をめぐる一考察　279

作付け高に対する課税のみ600万畝×4元＝2400万元という数字は、表10や12に照らしてみても明らかに法外な数値であり、表12はたまたま37年度については同額になるが、これは単価が引き上げられたためで、偶然の一致であるに過ぎない。また、このような推計値を表12の31～36年の実収と比べると、60％以上もの収入が21軍の金庫に入らず部下に横領されていたということになるが、私には信じがたい。「剿共」の経費捻出に四苦八苦していた21軍本部が、こうした事態を黙認していたとは思えないからである。また、前引の蒲国樹の文献36には1923年以降の15年間、涪陵のケシ栽培面積は全県「耗（耕の誤植と思われる）地の4分の3以上を占めた」と書かれているのに（173頁）、甫寸の文献37には1934年の毎畝の正税が年4徴、団糧、臨時軍費、田賦公債を挙げる外、保甲附加、団務附加、教育附加、財務附加、建設附加、手続費等「数十種」におよぶ附加税があったことは指摘しつつも、アヘンに関する税目が一切挙げられていないこと、一方、蒲国樹の文献36では「民国二十二年（1933）涪陵鴉片出口課税情況」の名の下に、正税、附加、監庫巻、印花、公秤、万県附加、剿赤費、信託捐、図書書・志仁堂費、水池費、教育費が毎担いくら、特業会費、護運費が毎箱いくらとして、税率と税額および徴収機関（剿赤費までは21軍禁烟査緝処、教育費までは涪陵信託社、以下、特業会、護送処となっている）が挙げられている（178～179頁）。これだけでも、アヘン税と田賦とは無関係なように思えるが、同論文の「四、龐雑数巨的烟捐烟税」という一節では、1918年から最初は「禁烟罰金」として、後には「畝捐」として、栽培面積の多寡に拘わらず駐屯軍から徴集されていたこと、それが29年以降は21軍財務処が政県府に代理徴収させるようになったが、35年には廃止されたことが記されている（186頁）。また、畝捐の「変種」としてケシの栽培株数に応じて徴収する「窩捐」が、1919年から畝捐と時には並んで、時には単独で徴収された（毎窩洋銀1分）が、26年からは停止されたこと（186～187頁）、「懶捐」は23年以前に徴収されていたが「世論」の批判を浴びて停止されたこと、23年には川東辺防軍の湯子模旅によって、窩捐が6等級に分けて徴収されたこと、また、同年、川東辺防軍・周西成部麾下の1団により「物産捐」が課された中にアヘンも課税対象とされたこと（187頁）等のことが記されている。また、先に出てきた「剿赤費」は田賦

に課された物とは別に、「鴉片に課された捐款」と明記されて紹介されている（189頁）。このように、税目は必ずしも一定不変ではなく、時に応じ制定・廃止が見られたことは注意を要する。

以上のような蒲国樹の紹介からすると、やはりアヘン税は田賦の附加税ではなく、あくまでも特税として考えるべきではないかと思う。しかし、特税の中心は出口すなわち移出税たる「正税」が基本であって、これは清末以来の厘金に由来する物であり、田賦とは違う物としなければならない。残念ながら畝捐が平均どのくらいであったかは分からない。

以上の検討を経て、私は先に発表した旧稿で梁山県の事例から、「アヘン作付け税の如き物はなく、懶捐や煙苗罰金の類も、田賦ないしは田賦附加税として扱われていたように思われる。つまり、特税＝アヘン税というカテゴリーはあくまでも流通・消費過程に関するものであって、生産過程に関するものではないと考えられる」と書いたが、このような解釈は全く間違っていたことを認めなければならない。謝罪して撤回をする。

だが、35年まで徴収されていた畝捐が涪陵では畝当たりいくらであったかを知る術はいまの私にはない。林・龍説の如く畝捐を4元とし、課税対象を秦和平のいう600万畝と仮定することは、先に見たように困難なように思われる。況わんや、林・龍のように、作付け畝数2600万畝、毎畝4元、合計1億400万元という課税収入の如きは、論外の数値のように思われる。

しかし、旧稿では、周介眉の記憶によってアヘンの税額を低く評価した可能性も出てきた。すなわち、蒲国樹論文には涪陵からの移出に際し1933年に次のような3通りの税額が表化されて載っている。いまこれを表16～18として引用すれば次頁の通りである。

この3つの表を示した後で、蒲は「この年のアヘンの漢口までの移出に際しての納税額は1坦につき1262.2元であった。しかし、1934年には1486元となった。捐税が年を追うにつれ重くなっていることがわかる」と述べている（180頁）。この1262.2元という数は表14の総計と表16の総計を足したものである。私が作成した表13の毎担の課税額では1933年では120元、34年では60元、37年で300元であるのと比べると33年では約10.5倍、34年では21倍にも上り、37年

表16　1933年の涪陵のアヘン移出課税情況

税目	単位	税率(%)	税額(元)	徴収機関
正税	毎担	57	260	21軍禁烟査緝処
附加	々	13	60	々
監庫券	々	6.5	30	々
印花税	々	0.62	3.2	々
公秤	々	0.2	1	々
万県附加	々	2	13.2	々
剿赤費	々	7	32	々
信託捐	々	6.5	30	涪陵信託社
図書書・志仁堂費	々	0.17	0.8	々
水池費	々	0.2	1	々
教育費	々	0.4	2	々
特業会費	毎箱	0.2	2	特業会
護運費	々	0.2	2	護送処
総計		95	437.2	

＊毎箱は2担。蒲国樹論文、178〜179頁所掲

の数値を取るとすれば4.2倍である。宜昌と漢口への移出の割合は不明なので、全てが漢口に移出されたと見なして、1933年の毎担の税額1262.2元で税収額7,806,280元を割ると生産額の推計値は約6,187担となり、生産額の推計値は表13に比べ一桁も違ってしまうし、34年については7,521担と、21分の1に減ってしまう。このような数値は蒲論文の挙げる涪陵1県の生産額にも及ばない。周介眉の資料が間違っているのか、推計方法が単純すぎるのであろうか？結論を急がずもう少し検討をすすめることにしたい。

　先ず、表16と表18の関係が蒲の論文では不詳である。表16で21軍の懐に入る税額の総計は399.4元であるが、表17と表18では徴税機関が不明である。正税の111%という数値も表17と18とでは共通である。ところが表16には省公債の項目がないのである。ところで、先に依拠した文献28によれば、34年の移出税は400元、漢口での正規課税額は1080元であった。400元という数値は表16と一致するし、表18の825元に400元を足すと1225元となり、145元ほど文献28の数値よりは多いが、ほぼ一致すると見なすことができる。つまり表17と18は宜昌、漢口での課税額なのだと見なすことができると思われるのである。但し「省公債」という税目のいう省とは湖北省のことだと考えなければなるまい。

表17　1933年涪陵より宜昌の両湖特税
　　　分処までの毎担アヘンの課税情況

税目	税率（％）	税額（元）
正税	111	500
附加費	26.6	120
護運費	5.5	25
省公債	2.02	10
印花税	1	5
手続き費	2.02	11
総計	149＊	671

＊正確には148.14％である。同上、179頁所掲

表18　1933年涪陵から漢口の両湖特税
　　　分処までの毎担アヘンの課税情況

税目	税率（％）	税額（元）
正税	111	500
提工附加	26.6	120
保管附加	11.1	50
公桟費	10	45
監獄費	1.1	5
印花税	2.2	10
省公債	2.2	10
公運費	5.5	25
補助費	4.4	20
公司手続費	2.2	10
秤捐費	6.6	30
総計	183	825

＊正税の税額、税率の合計は少数一位で四捨五入しているようである。
原注：税額は毎担のアヘン価格を450元として計算。毎箱は2担すなわち2000両。　以上には船輸送の運賃および烟土公司の保管費、涪陵より宜昌まで毎箱11元、宜昌より漢口までの毎担25元、漢口到着まで毎担25元と、漢口到着後の保管費毎担5元、が含まれていない（同上、180頁所掲）。

試みに表7に戻って涪陵の33年のアヘン価格に表16の税率（但し、21軍禁煙査緝処の分86.32％の分のみ）を掛けてみると以下のようになる。21軍に入る税収は1担につき最高品で400×0.8632＝345元、最低品350×0.8632＝302元、普通品370×0.8632＝319元となる。このように、周介眉の担当たり120元という税収は移出税の高いことから見ると低すぎるとも思われる。この点で表9には担当たり税収額で過小評価があったかも知れない。但し、表8によって、四川省内で徴収される特税総額において、移出から得られる税額の占める割合を見ると、33年から36年にかけて、80％、53％、45％、38％と減少傾向が認められる。移出が急激に減っているのである。担当たりの税収が減る傾向にあったとみてよいであろう。それでも、税額から逆算される生産額はもっと小さくなるかもしれない（なお、見られるように、省外への移出額は激減しており、国民政府の禁煙政策が一定の成果を収めていたことがうかがえる）。

表10によると33年の21軍の禁煙収入は13,200,000元である。この内80％が移出税収だと仮定すると、その額は10,560,000元である。これを涪陵の普通とされる税収319元で割ると、生産額は約33,103担にすぎなくなる。残る264万元を省内消

第4章　近代四川省におけるアヘン生産の史的展開をめぐる一考察　283

費分の毎担税額を120元として、これで割ると、22,000担となり、両者合わせると、55,103担となる。表13の数値の約半分の勘定になる。ところで、表14によれば、6年禁煙計画で4県のみ暫し生産を許された内の一つである涪陵の推計生産額は、37年では20,254.0担であり、4県の合計は約38,850担と四川禁煙特派員公署の公式文書が語っているのである（もっとも同じく、公的機関の調査によるとはいえ、表6の担数換算値とは37年に関しては大分異なるが、34年50,734担という数値は他県をも含む数値であり、5年禁煙計画実施以前の数値としては少々少ないような気もするが）。

　以上検討してきたところでは、1933年に関してはアヘン生産額は55,103担という数値が出てきたが、これは涪陵の「普通」アヘンの値段を適用しており、全体としてはもう少し税収は低めであり、従って生産額はもっと増える可能性があるが、これ以上の推計は不可能である。ともかく、表16の税率などから考えてみても、表13におけるアヘン生産額の推計値に、過大評価の恐れこそあれ、過小評価の恐れはないと断言しうると思う。

　ところで、33年について、21軍のアヘン生産額を上のように55,103担と仮定すると、畝産は0.045担であるから、作付け面積は1,224,511畝ということになる。林・龍のいうように、毎畝4元をこれに課税したとすると約489.8万元、約490万元となる。これに上記の禁煙収入1320万元を加えると、1810万元となる。いうまでもなく、これは畝捐の如きを特税に加えるという考えに立った場合のことである。正しくはこの1320万元の内に490万元が含まれていると考えるべきである。但し、21軍以外の軍閥の、畝捐を除く禁煙収入がここでは計算に入れてないから、四川省全体の金額としては、不足している可能性が強い。だが、表12に比べるとこれでも多すぎるのである。表12によればアヘン税収が2400万元になるのは37年からである。では、1320万元のうちに畝捐490万元が含まれていたと仮定すると、差し引き830万元が純粋に流通過程から得られる特税だということになる。一方、表8の33年の特税総収入総計は約780万元であるから、林・龍説は成り立たない。また、表8に拠る限り畝捐に相当するのは「禁種」くらいであろうと思われるが、僅か9万余元にすぎない。

　次ぎに、アヘンの生産額を5.5万担として見た場合、林・龍のいうように、

表19 四川省の歴年塩税収入表

年度	税収総額	年度	税収総額
1917	7,959,450元	1927	14,110,000元
18	8,870,947	28	12,069,000
19	8,839,908	29	12,272,000
20	10,408,605	30	9,498,000
21	10,123,000	31	12,022,000
22	12,298,000	32	（未　詳）
23	11,918,000	33	10,835,000
24	12,563,000	34	11,166,417
25	10,328,000	35	19,088,628
26	11,609,000		

『四川軍閥資料』第1輯348～349ページによる

アヘン生産額の70％が省外に移出され、その内の半分が軍による密輸であったという仮定にしたがって計算してみると、55000担×0.5＝27500担が密輸額であるが、密輸から得られる収益は表18の825元を払わないで済むことから生じるものと考えられるから、運送費30％を除く密輸の純益は35,000×825×0.7＝20,212,500元となる。密輸されない35000担の税収は「普通」種のアヘンで計算すると、35,000×319＝11,165,000元である。密輸分との合計税収は31,377,500元、約3138万元である。この外に省内での消費分が3000担あるが、毎担120元という周介眉の説にしたがって計算すると、360万元となる。累計は3498万元となる。林・龍に従うと畝捐4元として約2209万元があるから、これを加えると、以上の累計は5707万元となる。

　以上から、1933年の生産額を5.5万担と仮定して、林・龍の方法に則ったとした場合、1933当時において、四川の特税収入の実際は最大で5,707万元、密輸なしと見た場合＝最小でも、移出から55000担×0.80×319＝1372万8000元、省内消費から55000担×0.20×120元＝132万元、畝捐622万元となり、合計約2115万元という数が出てくる。しかし、このような数値は表10に照らしても約1.6倍にあたり、周介眉の掲げる表8の2.7倍である。これは、にわかには信じがたい数字である。周介眉の挙げる数字は表11の水準に近いが、他の資料と比べると目立って低いので、基準にはし難いであろう。

　以上、アヘンの畝産、作付け面積、移出税と省内消費税、密輸の有無等について検討したが、1933年をとった場合、本来ならば畝捐をも含めて考えるべき諸表の特税額を、敢えて林・龍説に従って畝捐を別枠として付け加えて考えたとしても、33年の特税は、最大で5,707万元、最小では2,115万元程度であり、軍閥のアヘン収益は4億8620万元にも及んだ、という林・龍の見積もりは荒唐無稽に近いといわざるを得ない。

それでも、林・龍両氏の方式に則って出した最小の特税額・2,115万元という額がなおいかに巨額なものであったかは、上表19と比べて見れば明らかとなろう。

　このように、塩税の収入は最高の年でも1900万元、平均すれば毎年1100余万元であった[36]。もちろん、周知のように、塩の密売も古来「盗賊」の商売であったが、防区体制下では、軍閥自身が国税たる塩税を、列強の承認を受けつつ「合法的」に流用していたのであり、彼らには塩の密売を特に積極的に推進すべき動機は乏しかったと思われる。それに比べれば、33年度の特税の2400万元という推計値の巨大さがしのばれよう。

　最後に、表15で1930年度のアヘン生産額を63万担として推計したが、これを畝産45両で割ると作付け面積は1400万畝となる。秦和平の約600万畝という推計の倍以上に当たる。また、33年に関する私の推計値・122万畝の11.5倍に当たる。おそらく、作付け面積としてはこの30年前後が最大であったと思われるが、その代わり課税額も当時は小さかったと考えれば、表15の推計に矛盾はない。但し、30年の生産額については過大評価の恐れもある。しかし、当時の担当り特税についての情報がないので、憶測の域を出ないことを認めざるを得ない。しかし、31年以降の不況と34年に始まる禁煙運動の本格化と共にケシの作付け面積が減少したことは疑いえぬことである。それにもかかわらず、33年以後に税収が増加しているのは、単位当たり課税額の引き上げによるものと思われる。

おわりに

以上の考察から得られた結論は以下の3点に要約できる。

---

(36)　なお、表19の塩税の歴年収入額は文献25のＣ18頁所掲の表中の歴年収入額と一致しない。これは、後者が21軍管理下の税収記録を中心にしているためかと思われる。また、表19で35年の税額が多年に比して突出している要因については、文献22は何の言及もしていない。引岸制の廃止や統税の導入等の影響が考えられるが、今後の研究課題として残さざるを得ない。

1、辛亥革命前後と日中戦争前後の2回にわたる禁煙運動は、四川省ではいずれもかなりの成果を挙げた。1930年に関する私のアヘン生産額の推計が正しいとした場合、30年の63万担から37年の20万担へと約3分の1、あるいはそれ以上に縮小した、と考えられる。

2、防区体制下のアヘンの生産額について、これを120～140万担であったとする謝藻生の回想は信じがたい。

3、密輸部分を含めての推計によると、最大に見積もっても、アヘンからの収入は最大でも5700万元程度であり、アヘン税収入は四川軍閥の主要な財源であったと結論を下すことはできるが、林寿栄・龍岱のいうようにアヘンからの「純収益」が5億2200万元にも達したという説は、とうてい支持しがたい。

このような結論に対しては、税収として記録に入る部分は生産総額の一部に過ぎず、自家消費分や幾重にも及ぶ中飽もあったに違いない、所詮以上のような推計など、数の遊びに過ぎない、という批判もあろうかと思う。しかし、謝藻生も、林・龍等も、共に軍閥の財源としてのアヘンの生産額を論じているのであり、私も同様である。つまり、軍閥が政府の財源とし得たアヘンの量が問題であって、そこでの評価に私は異論を唱えているのであって、自家消費や中飽部分をも想定した「絶対的」な生産額を問題にしているわけではないのである。但し、私は自家消費や中飽部分をも含めた額が途方もないものであったとは考えていない。百歩譲って、それらが税収と同規模であったと仮定しても、140万担説は巨大に過ぎると思うのである。

以上で拙い考察を終わる。30年代後半以後の四川省におけるアヘン行政の実態については秦和平氏が精力的な史料蒐集によって40年代後半に至るまで論及している。本章の前半部分も秦和平氏の研究によって飲み尽くされたに等しいとの感がある。削除も考えたが、私独自で捜した史料もあることであり、敢えて削らず、原形を残すことにした。しかし、清末以来の四川および雲南のアヘン生産・販売・課税等の問題に関して、秦和平氏の大著が従来の研究レベルを飛躍的に高めたという事実から、今後の研究が出発しなければならないことはいうまでもない。

なお、最後に、日中戦争以後アヘン生産は四川省西部に独立した西康省や甘

第4章　近代四川省におけるアヘン生産の史的展開をめぐる一考察　287

甘粛省におけるアヘン税収の推移

年次	税　額	毎100両の税額
1935	742,742.65元	11元
36	1,531,908.45	11元
37	717,523.40	14元（5月まで）、51元（12月まで）
38	825,220.72	35元
39	1,296,938.27	55元（5〜7月）、60元（8月以降）
40	569,595.12	60元

粛省等の奥地に中心を移したように見えるが、だからといって「禁煙」は空文に帰したとは、一概にはいえない。たとえば、文献31は、1940年の甘粛全省のケシの作付け面積が93万余畝に達したとし、「国民党の『六年でアヘンを禁絶する』との『通告』も人を騙す一片の空文にすぎなかった」と述べつつ、甘粛省におけるアヘン税の収入の状況については、以上のような数字を紹介している（341頁）。確かに左欄のように税収は増えている。しかし、著者の張氏が紹介している右欄のような単位当たり税額から逆算すると（年内に税率に変更のあった37年・39年を除く）、35年は約6,752担、36年は約13,926担と、増加を示すものの、その後は、38年2,358担、40年は949担と、生産額では減少している。

以上のような生産額の減少が、税率の引き上げによるものか、禁煙運動の成果なのか、これだけの情報では判断し難いが、40年以降の動向と共に今後の検討の課題であろう。

なお、その後の研究で、日中戦争期の西康省ではアヘン生産が盛んになっていることが判明した。これについては、石島紀之編『重慶国民政府史の研究』（2004年、東京大学出版会所収）の拙稿・「劉文輝の西康省経営と蔣介石」を参照いただければ幸いである。

使用並びに参考文献一覧

1　「重慶海関1891年報告」『四川文史資料選輯』第4輯・第6輯
2　「重慶海関1892—1901年十年報告」同上、第9輯
3　「重慶海関1902—1911年十年報告」同上、第11輯
4　「重慶海関1912—1921年十年報告」同上、第12輯

5 「重慶海関1922―1931年十年報告」同上、第13輯
6 「上海海関1882―1891年十年報告」
7 「上海海関1892―1902年十年報告」　徐雪箱等編訳『上海近代社会発展概
8 「上海海関1902―1911年十年報告」　況―"海関十年報告"訳編』1985年
9 「上海海関1912―1921年十年報告」　上海社会科学出版社
10 「上海海関1922―1931年十年報告」
11 謝藻生「苦憶四川煙禍」『四川文史資料選緯』第10輯
12 周介眉「劉湘、蔣介石在四川的鴉片禁政」『四川文史資料選輯』第19輯
13 廖仲和「一九一九年川東煙案見聞記」『四川文史資料選輯』第7輯
14 （内政部禁煙委員会）『禁煙禁毒工作報告書』1938年10月
15 内政部禁煙委員会『禁煙概要』1940年3月
16 国民政府軍事委員会四川禁煙特派員公署『民国26年分禁煙禁毒工作報告』の7月分（南京第二檔案館所蔵、請求番号十二・2.351）
17 呉雨・梁立・王道智『民国黒社会』1988年　江蘇古籍出版社
18 桑梓侯「解放前理県鴉片的情況」『四川文史資料選輯』第35輯
19 張為炯「西康建省及劉文輝的統治」『四川文史資料選輯』第16輯
20 匡珊吉・羊淑蓉「四川軍閥与鴉片」、西南軍閥史研究会編『西南軍閥史研究叢刊』第3輯、1985年　雲南人民出版社
21 林寿栄・龍岱「四川軍閥与鴉片」『四川大学学報』1984年第3期
22 杜凌雲・彭恵中「四川自流井塩税的掠奪戦」四川文史研究館編『四川軍閥史料』第1輯、1981年、四川人民出版社
23 趙文林編『旧中国的黒社会』1987年　華夏出版社
24 呂平登編『四川農業経済』1936年　商務印書館
25 張肖梅編『四川経済参考資料』1939年、中国国民経済研究所
26 胡漢生『四川近代史事三考』1988年　重慶出版社
27 外務省『支那ニ於ケル阿片及麻薬品』1925年　外務省
28 平漢鉄路管理局経済調査班編『涪陵経済調査』（邦訳）1940年、生活社
29 米慶雲「蔣政権在川西辺区禁煙的真相」『文史資料選輯』第33輯
30 王采薇『四川禁煙問題之研究（1937―1945年）』1989年　台湾・正中書局

31　張寿彭「近代甘粛的鴉片問題」四川省中国経済史学会編『中国経済史論叢』1986年　四川大学出版社
32　王金香「清代第二次禁煙運動探略」『史学月刊』1990年第2期
33　新村容子「清末四川省におけるアヘンの商品生産」『東洋学報』60巻第3・4号
34　Foreign Office: Diplomatic and Consular Reports on Trade and Finance, China Report on the trade of Chungking（1906—1913）
35　秦和平『四川鴉片問題与禁煙運動』2001年　四川民族出版社
36　蒲国樹「建国前涪陵的鴉片」『涪陵文史資料選輯』第2輯
37　甫寸「解放前之涪陵田賦概述」『涪陵文史資料選輯』第1輯
38　山田豪一『満州国の鴉片専売』2002年　汲古書院
39　朴橿『日本の中国侵略とアヘン』1994年　第一書房
40　秦和平『雲南鴉片問題与禁煙運動』1998年　四川民族出版社
41　中国国民党中国農民銀行、四川農村調査委員会編『中国農民銀行四川省経済調査報告』1976年複写版
42　邵献書・謝世宗・楊遠東「金陽種煙調査記」『四川文史資料選輯』第12輯
43　蘇智良『中国毒品史』1997年　上海人民出版会
44　段仲榕「涪陵鴉片問題」『国立武漢大学同学会刊』第1巻
45　興隆「六年来二十一軍財政之回顧與今後之展望」『四川経済月刊』第1巻第5期
46　倉橋正直『日本のアヘン王―二反長音蔵とその時代―』2002年共栄書房

第 2 部

四川軍閥と各種の関連社会組織についての諸考察

第5章　中華民国期の四川省における哥老会の組織・活動の実態について

はじめに

　前章では四川省におけるアヘンの生産・流通の史的変遷について見たが、このアヘンの流通過程においては哥老会が重要な役割を果たしていた。本章では民国期の四川省における哥老会の組織や活動の実態について考察を加えてみることにしたい。

　戦後わが国における哥老会の研究史は充分とはいえない。管見ではあるが、1960年代に発表された、酒井忠夫「清末の会党と民衆」(『歴史教育』13—12)、渡辺惇の「清末哥老会の成立」(『近代中国農村社会史研究』)、70年代に発表された、西川正夫「辛亥革命と民衆運動—四川保路運動と哥老会—」(『講座・中国近現代史』第3巻)の3論文と、1992年に発表された酒井忠夫著『中国民衆と秘密結社』(吉川弘文館)を数えるのみではなかろうか。これらの先行業績のうち酒井・渡辺両氏では主として哥老会の起源の問題が検討されており、したがって研究の対象時期としては清末が主で、中華民国期における活動の実態についての言及は乏しい。西川氏の論文は保路運動を中心としながらも、民国期全体をも視野に入れて四川省における哥老会の在り方を論じた労作である。小論はこの水準をこえるものではなく、若干の補足を試みたに過ぎないが、中華民国期の四川の哥老会がどのような組織を持ち、どのような活動をしていたのかを、もう少し具体的に知りたいと思ったことが、小論に取り組んだ直接の動機である。が、更に、なぜそのようなことを知りたいと思うようになったかといえば、血盟して「義兄弟」を誓う集団の実態がどのようなものであったのか、はたして「江湖義気」とは宗族的意識を超えるものであったのかどうかという、もう一つの素朴な問題意識があったからである。

一方、中国では90年代に入って、周育民・邵雍共著の『中国幇会史』（上海人民出版社）が出版され、全800余ページのうち半分を民国期に割いており、このなかで哥老会についてもある程度触れられている。更に対象を四川省に絞った単著としては、趙清著『袍哥与土匪』（天津人民出版社、以下『土匪』と略称し××頁と記載する。他著についても同じ）や王純五著『袍哥探秘』（巴蜀出版社、以下『探秘』）が出版され、胡漢生の遺著『四川近代史事三考』（重慶出版社）にも「四川哥老会考」が収められている。これらのなかでは民国期の四川哥老会の活動が紹介されている。いずれも哥老会組織の実態を紹介しており、天地会や白蓮教との系譜関係の解明に力を注いできた中国や台湾（最近のものでは徐安錕『哥老会的起源及其発展』台湾省博物館）での従来の研究とは別な一面を拓いたものとして、評価してよいと思う。

小論はこれらの先行研究と四川省各県の『文史資料』（各県の文史資料は当該県名と号数および頁数のみを記載する）に依拠しつつ、民国期・四川における哥老会組織の活動の実態について基礎的な考察を試みたものである（したがって、ここでは哥老会の起源などについては触れない。また、組織については清末の哥老会と大差がないといえるかもしれないが、組織の役割分担などについては、従来の研究よりも、より具体的に捉えることができたと思う）。

第1節　内部組織と加盟資格および規律など

哥老会の基礎単位を「○○山××水□□香△△堂」といい、通常この組織を「堂口」または「公口」「碼頭」などと呼ぶ。但し、中華民国期になると、「社」とか「公社」と呼ぶようになった。この社とか公社は同一都市や郷・鎮に若干の分社や支社を設けることもあったが、分社や支社は独立的に活動し、社や公社とは隷属関係はなかった（『探秘』25頁）。また、いくつかの堂口が連合体を形成し、どの堂口にも所属しない指導者として「総舵把子」を置く例もみられた（仁寿5、120頁）。

堂口の内部は1排から10排までの（例外的に11排の所もあったが（隆昌2、58頁））階級制をとる。但し、通常第4排と第7排は原則として空位である（女性があ

てられる場合があった)。その理由にはいろいろなことがあげられるが、平山周によれば、両排の人物が脱会したことを嫌ったことに由来するという(『中国秘密社会史』84頁)。あるいは音韻が四(si)は死に通じ、七(qi)は欺に通じることに由るともいう。私は後説が起源ではないかと思う。

　各排位には次のような役割分担が課せられていた。但し、呼称は所によって微妙に異なるがここでは、趙清の著書と大足県の場合を基本として述べることにしよう。

　第1排、大哥、大爺、龍頭大爺、掌旗大爺、舵把子、座堂大爺、正印大爺などと呼ばれるが、各堂口に一人しかいない(但し『探秘』では香長が山主であるとされるが、これは入会式等の場合に、後述の副印を含む第1排の人の中から選任されるものなのかもしれない)。劉備になぞらえる。堂口の最高決定権を有する。また、副印として明正大爺、礼堂大爺、陪堂大爺、郷堂大爺など複数の大爺がいる。さらに、名望ある郷賢を推薦して正印大爺に協力させることもある。副印大爺は資格であって定員を設けない。なおまた仁寿県の例では正副龍頭に適当な人物がいない場合には別の堂口から人物を借りてくることもあったという(仁寿5、120頁)。大爺は兄弟分に対し一切を支配し生死の決定権をもっていた(大足1、23頁)。また、社長(舵把子)の命令は地方の行政命令よりも有効であった(璧山4、125頁)。

　第2排、聖賢二爺と称し関羽になぞらえる。1名に限る。文武にすぐれ人格高潔な人が推されてなるが、閑職である。普通の人はこの排位につくのをはばかるため、僧侶がなるか、さもなければ空位にしておく。なお、僧侶の哥老会員は珍しくなかった(双流2、190頁など)。

　第3排、張飛になぞらえる。糧台三爺とか執法当家、当家とよばれる。堂口内の会計・人事等を担当する。大足県の例では2人を置く。

　第5排、管事、五爺、管五等と呼ばれる。中に承行、執法、紅旗、黒旗の別があり、兄弟の訓練、規律管理、対外交渉、内紛処理、接待等をおこなう。そこで「内事で分からないことがあったら当家(三爺)に聞け、外事で分からないことがあったら管事(五爺)に聞け」といわれている。複数を置く。

　第6排、巡風、擁律、藍旗等と呼ばれ、官側の動静を探ったり、警備に当た

る。複数を置く。

　第8排、紀綱と呼ばれ、管事の命令を執行する。複数を置く。

　第9排、挂牌と呼ばれ、新入会員を教育し、弟兄の排位を登記する。上四排には金牌を下四排には銀牌を、処分を受けた者には黒牌を与える。複数を置く。

　第10排、営門、袁尾、鳳尾などという。最下位で一切の事務を伝達・報告する。入会者は第10排から始まって年令・功績などにより順次第1排にいたるが、(但し、龍頭大爺は終身制なので、副印大爺迄しかなれない場合が多いと思われる。そこで、不満な人々は新しい堂口を開くことになる)、世間での勢力・「名望」(悪名も入る)のある人物をいきなり上位4排に抜擢することもあった。

　次に入会資格であるが、劉師亮『漢留史』(師亮遺作出版社)によると驚、培、飄、猜、風、火、爵、耀、僧、道、隷、卒、戯、解、幼、聞などの「三教九流」と呼ばれる人々で、「家も身も清明潔白」な人であることが条件であった。ここに、驚とは男子九驚女子十驚からなるが、一言でいえば地相見・人相見・占い師の類いをいう。培とは薬売り、飄とは些か文墨を解し、書画もできる旅絵師の類いをいう。猜とは博徒であり、風とはペテン師、人さらいの類いをいい、火とは練丹術を有するもの、爵とは顕貴・官僚を装って人を騙るもの、耀とは富豪を装って金を騙しとるものをいう。僧、道(道士)は文字どおり。隷とは衙門の皂隷(衙役・獄卒・聞差)をいい、卒は兵丁や失業中の公私の兵士、戯は役者であり、解とは馬術・武術を善くする人、幼とは魔術師、聞とは歌舞・音曲の芸人をいう。いずれも不安定な下層階級である〔劉師亮『漢留史』28〜45頁〕。

　これに対し哥老会に入れない人々を「下九流」といい、もともとは官吏・差役の類もこれに含まれていた。これは清朝時代には組織防衛の意味があったかと思われるが、清末からは胥吏の類いの入会を認め、また地主や郷紳などの上層階級の入会が盛んになった。このように、「三教九流」といった入会資格はしだいに有名無実化していったと思われる。

　なお、最後まで入会資格を与えられなかった人々として、理髪業・裁縫業の人々がいる。それはこの人々が清朝による辮髪や服装の禁令を執行したからである。その他、娼婦の家の人、妻を寝取られた者、やり手婆、同性愛者、こそ

泥（但し、強盗は加入可であったから、こそ泥はみな強盗を自慢して入れてもらった）がおり、最後に、役者は清末から可となったが、女形だけは不可であった。そこで、これらの人はそれぞれに、哥老会と同様の組織を作っていた。例えば、宜賓では興漢会（理髪工人）・同来会（医卜星相）・娘々会（川劇の女形）・姐妹会（一部の婦人、娼婦などか？）などがあった（『中国近代幇会内幕』下、323頁）。なお婦人の入会は可能であったが、例外的存在であった（重慶31、126頁）。

　入会するに当たっては、紹介人たる「引進」、推薦人たる「保挙」、引き受け人たる「担承」、批准者たる「恩准」の4人の了承が必要である（『土匪』12頁）。引進には巡風六爺か当家三爺が当たり、担承・保挙には聖賢二爺か当家三爺が当たる。批准するのは座堂大爺である。入会者は入会金を払うと共に、引・保・承・恩の4人に礼品（金）を贈る。

　入会式や開山式の模様は『探秘』に詳しいが、天地会等の場合と基本的には同じであり、重要な儀式ではあるが、煩瑣になるので省略する。ここには会規である「紅十条」と「黒十条」（『探秘』60頁）のみを紹介する。

　　紅十条
　　　　漢留原本有十条、編成歌訣要記牢
　　　　言語雖俗道理妙、総要遵行才算高
　　　　第一要把父母孝、尊敬長上第二条
　　　　第三莫以大欺小、手足和睦第四条
　　　　第五郷隣要和好、敬譲謙恭第六条
　　　　第七常把忠誠抱、行仁尚義第八条
　　　　第九上下宜分暁、謹言慎行第十条
　　　　是非好歹分清楚、牢牢謹記紅十条
　　黒十条
　　　　出売碼頭搾坑跳、紅面視兄犯律条
　　　　弟淫兄嫂遭惨報、勾引敵人罪難逃
　　　　通風報信有関照、三刀六眼誰恕饒
　　　　平素不聞拝兄教、四十紅棍皮肉焦
　　　　言語不慎名黜掉、于欠粮餉自承挑

紅十条は、儒教の一般道徳を述べたものに過ぎず、袍哥という呼称の本来の姿を表すような「兄弟団」的規律は見られない。但し、豊都文史資料6によれば、袍哥の成員は兄弟をもって呼び合い、「大哥不大、么満不小」という言葉があったという［豊都6、117頁］。么満とは第十排のことであり、このような事実は、哥老会結成当初は「兄弟団」的平等が保たれていたことを偲ばせる。また、一説によると、哥老会は本来兄弟の会であったから龍頭についても「大哥」と呼んで、兄弟関係が意識されていたが、後に「大爺」など「爺」で呼ぶようになった。これによって組織的上下関係が強調されるようになったという［重慶31、127頁］。黒十条の「三刀六眼」とは、心臓・腹・下腹を刺すこと、「搾坑跳」とは生き埋めにすることである。ここでも、「兄」への服従が強調されている。

さて、哥老会は本来異姓の者が兄の誓いを交わす組織のはずであったが、内部組織は上述のように厳しく「階級」に分かれており、上級者（特には第5排以上の人［隆昌2、59頁］）にたいしては絶対服従が要求され、上級者の冠婚葬祭はもとより、家の修理その他に金を出したり力を貸すことを求められた［大足1、30頁］。

入会して一定期間が経ち堂口に一定の貢献が認められると、開印といって会員証を発行してもらう。会員証は3種類あって、一つを公片、一つを宝札、一つを紅片という。公片とは哥老会の団体の堂口名を代表するもので赤い紙の正面に黒インクで堂口名が印刷されている。宝札は○○山××水□□香△△堂と書かれている。外部に対しては公片が、内部に対しては宝札が身分証明となる。紅片は上述の恩・承・保・引の発行するもので赤い紙の正面に黒字で姓名が書かれ裏面に所持者の堂号が記入され長方形の印章が捺してある。俗にこれらを「三大憲片」という。以上3つの証明書を所持してはじめて他所の堂口を尋ねて、世話になったり、保護を求めたりすることができる。但し、いきなりよその堂口を尋ねるのは重大な規律違反になり、尋ねる先の第9排の「轅門官執事」を通じて紅旗五哥に会い、公片・宝札を示して自己の所属を明らかにし来訪の意図を告げて、初めて接待を受けることができる［『土匪』15頁］。接待としては、一宿一飯の他、路銀を与えて碼頭の果てまで護送してやるのが習わしだっ

第5章　中華民国期の四川省における哥老会の組織・活動の実態について　299

た［富順5、76頁］。しかし、どうやって訪問先の「轅門官執事」を探しだすかというと、碼頭のある茶館を尋ねて茶碗陣や隠語・秘密のサイン等を使って見つけるのである。

　茶館は哥老会の活動のセンターであるとともに送往・来迎の連絡ステーションでもあった（大足1、23頁）。茶館はまた、「坐茶館断吏」（鄧都6、12頁）とか「茶館評理」（南渓8、96頁）（あるいは「吃茶」（富順5、8頁）、「言語」（大足1、25頁））などということばがあったことに示されているように、もめごとを調停し裁定を下す場であった。これは会員間のもめごとに限ったものではなく、1930年代の鄧都では「官府」が意図的に一部の民事紛争の調停・解決を、仁字号の哥老大爺に委ねていたという（鄧都6、127頁）。また富順県では色々な紛糾は袍哥が出て調停し、みな「解決」することができたという（富順5、83頁）。また、清末の大足県では同県東関の茶館が県城の紳士や上層の人物のサロンとなっていて、官府もその世論を無視できなかったという。こうして舵把子・江長坦が「江知府」、大爺・陳輝山が「陳知県」などと呼ばれていたという（大足1、39頁）。また、資陽県では郷長・保長はみな袍哥の舵把子あるいは三爺、五爺によって占められていたというし（資陽1、42頁）、民国期になると県以下の行政権が哥老会員によって握られている例はかなり普遍的な形でみられた。すなわち、『新新新聞』の1935年1月19日号によれば、当時の区長の99％が舵把子であり、区長は徴税権と民団を支配しており、県城の紳士層とも連絡が密で、県長は哥老会の影響力を無視することは出来なかったという（そこで同紙は各県に自治訓練班を設け、高級中学や大学の卒業生を訓練し、現在の区長を更迭すべきであると述べている）。なおまた、度々の禁令にもかかわらず、四川省では49年当時袍哥は成年男子の80％が加入していたともいわれている（中国人民解放軍西南服務団研究室編『四川省概況』（1949年8月））。四川は交通が困難なので商人と一般人民は袍哥に入らざるを得ないと同書には書かれている（15頁）。

第2節　堂口の階層性と入会の効用

　哥老会は堂口内部が階級制をとっていたが、堂口間にも厳しい等級の別があっ

第1表 大足県における堂口の分布

	仁	義	礼	智	信	総公口
県　城	2	1	1	1		1
龍水鎮	3	2		1		1
珠渓郷	3	1	1			1
三駆鎮	2	1	1	1		1
中敖鎮	4	1	1			1
曲亭郷	1	1	1			
石馬郷	1	3	1			
拾万郷	1	1	1			
大堡郷	1	1	1			
協和郷	1	1	1			
回龍郷	1	1	1			
総　計	20	14	10	3	1	5

た。すなわち、堂口は仁字号、義字号、礼字号、智字号、信字号の5等の字号に分かれていた。

仁字号は豪紳・地主・富商大賈と知識分子よりなり、酆都県では「官戴皮」と呼ばれていた。「皮」とは面子の意味である〔豊都6、119頁〕。

義字号は仁字号の「甥」に当たるとされ、名声は及ばないが、殷実な商人、文武衙門中の班頭・書吏・隊長・弁目等が所属し、酆都では「金戴皮」と呼ばれていた。

礼字号は小市民・行商人・船夫、運搬工等が所属し、豊都では「槍戴皮」と呼ばれた。

以上は重慶と酆都の場合について紹介したが、智字号と信字号については「人数も少なく力は弱く、社会的影響力も小さい」とされている（重慶31、124〜125頁）。但し有名な軍閥となった范紹増は礼字号の出身である（重慶31、148頁）。また、隆昌県の例では礼字号は、「無業の流民、スリ、博徒」からなるというが（隆昌2、55頁）、西充県では武術のできる人や「緑林豪傑」＝土匪が所属したといわれている。智・信両字号については、西充県の場合「一般工人、農民、小商人、行商人および医者、卜師、星占い、人相見や茶屋、酒場、旅館の従業員、僧、道士、芸人、無業の遊民」など、床屋・「修脚匠」（靴修理業者か？）・女形を除くすべての人々が加盟していたとされる（西充5、51頁）。

ここで注目されるのは重慶の場合、仁字号が18堂口あったのに対し、義・礼・智・信の各堂口はいずれも1つずつしかないことである。同様な傾向を示すものとして大足県の堂口分布を見てみよう。「総公口」とあるのは仁義礼智の連合組織のことと思われる。大足県でも仁字号・義字号が多いのに対し、礼・智・信の各字号は各鎮郷当たり1つしかない。隆昌県でも仁字号は10あったのに対し、義・礼は1つずつしかなかった（隆昌5、75頁）。

第5章　中華民国期の四川省における哥老会の組織・活動の実態について　301

　前節にも述べたように、哥老会の入会資格はもともとは「三教九流」と呼ばれる遊民層であった。この意味で哥老会の原型を保っているのは礼・智・信の各堂口であると思われる。清末から民国にかけて仁字号が乱立するようになったことは、郷紳・地主層が哥老会組織に積極的になったことを示すが、同時に彼らが協調心に欠けて「お山の大将」的な意識を強くもっていたことを示している。袍哥＝哥老会はその成員から、清水袍哥と渾水袍哥とに二分された。清水とは金あり、勢力あり、面子あり、官府に通じている人々であり、渾水袍哥とは銃を持ち、刀を持ち文字どおりの実力を持つ人々であり、土匪やゴロツキの類をいう（西充5、53頁）。両者は一見対立しているようであるが、相互に利用し合う関係にあった。このように、哥老会は現実の地主・郷紳体制の権威秩序を覆そうとするものではなく、むしろそれを前提としていたのである。その関係が露骨に現れたのがいわゆる土豪劣紳であった。

　しかし、兄弟的共同体的要素が無かったわけではなく相互扶助的性格の遺制ともいうべき機能が看取される。たとえば徒弟、店員、苦力等の仕事を斡旋することや、冠婚葬祭をとり行うことなどである。金持ちの場合は客の接待や葬送までをとり仕切ってやる。貧乏人には衣や棺桶等を整えてやった（大足1、26頁）。また、栄県の例では堂口が小作地をもっていてその収入を貧困家庭にやったり、共同墓地をもっていた（栄県3、65頁）。

　旧社会ではなぜ人々は喜んで袍哥に入ったのか？仁寿県の文史資料はこう自問して、主な動機は政府が腐敗・無能で社会が混乱し、盗賊が盛んで生命財産に保証がなかったからである。袍哥に入ると働き口があり、商売ができ困難に直面し人の侮りを受けても頼るところがあるからだ、と自答している（仁寿5、122頁）。また、大足県の文史資料は「一般平民百姓」の入会の動機を1）社会的＝身の安全、2）経済的＝相互扶助、3）思想的＝名誉心、の3面から説明している（大足1、47頁）。こうして、例えば宜賓県では、城市場鎮の成年男子の90％前後が、郷村部でも70％前後が哥老会に入っていたといわれ（『近代中国幇会内幕』下、318頁）、富順でも哥老会の組織率は80％以上に及んだといわれるような（富順5、74頁）状況が各地で出現したのである。なお第2次国共内戦期の重慶市での各職業における哥老会員の占める比率は第2表のようであった

第2表　重慶市の職業人口に占める哥老会員の割合

職　種	哥老会員の比率
保甲人員	90%
同業公会	70
職業公会	80
警備人員	50
特務人員	90
各行庄店員、練習生	20
土匪、こそ泥、流氓	100

という（胡漢生、前掲書171頁）。

なお、『探秘』は四川の哥老会の人口を300万人と推定している（42頁）。

但し、同じ哥老会員であっても、袍哥を職業としているもの（専業袍哥）、一定の正当な職業をもっているもの（普通袍哥、農民や手工業労働者）、職業はもっているが正当・合法性を持たない職業（例えばアヘンや私塩の密売など）のため渾水袍哥などに頼らざるをえないもの（半職業袍哥）の三つに分類できる。職業袍哥と半職業袍哥はいずれも社会の遊民層である（重慶31、158～159頁）。職業袍哥の大爺は毎日定時に自己の堂口所属の一二の茶館にいて、兄弟分が聞きつけてきたニュースを聴取したり、方法を相談したり、一切の活動を指揮している。このため身辺には多ければ十幾人の子分を従えている［同上］。

第3節　哥老会の財政活動

重慶文史資料31は、職業袍哥の収入源として次のような事項を挙げている。
①前述の「引進」時の礼金である。それだけでなく、子分を集めればあつめるほど事につけて金を巻き上げる事ができる（例えば新築祝いなど）。
②紛争の調停による礼金。わざわざもめるように仕掛けておいてから、割って出る場合もある。
③違法行為をかばったり、訴訟を引き受けるなかで、役所に贈る賄略の上前をはねる。
④アヘンやモルヒネなどの禁制品［や私塩］を売買してやって手数料をとる。
⑤サイコロ博打や麻雀などの賭場を開いてテラ銭を取る。
⑥三節（端陽、中秋、過年）、一生（誕生日）、祝い事や葬儀等で贈り物として金を受け取る。

この他、強借、詐欺等の手段もある（以上、重慶31、160～161頁）。

以上の他に考えられることとして

⑦商人を保護して手数料をとる（璧山4、125頁）。

⑧小作料の徴収を請け負う（手数料は20％だったと范紹増は述べている。『幇会奇観』中国文史出版社、201頁）。

⑨軍閥のため税の徴収に当たる。

等のことがある。

以上は個人的な事かもしれない。堂口としての活動費などはどうなっていたか。大足県の文史資料によれば、堂口の金は①底金②捐款③份金の3種類からなる。

底金とは新入会員の入会金である。民国年間では4～8元を納めた。経済困難な者や16歳未満の者は減額ないしは免除された。

捐款には4種類があった。一つは自由捐款で新入会員が3排や1排に配された場合に自発的に払うもの（一種の「買官」である）。二つは政治性の捐款で、区民代表や参議員、国民大会代表、立法委員等に立候補した者が集票の謝礼に支払うもの（なお、胡漢生によると、重慶市の83名の参議員のうち60名が哥老会員であったという。前掲書、171頁）。第三は特別捐款で、ある人が間違いをしでかして、本堂口の口利きでことなきを得た場合、自分の経済力や事の大小に応じて礼金を支払うもの。第四は会員が死後子女や親族の無い場合、遺言で財産を堂口に寄付するもの、である。

份金とは、毎年の定期の会合（旧正月の春会、5月13日の単刀会、11月ないし12月の団年会など）の折りに各人が一定の金額を出して食事代とするものである。

以上の内、底金と捐款を銀行や銭荘に預けて利子を稼ぐとか、商売をしている会員に資金を貸して配当を得たりしたものを堂口の蓄積としていたものもある（大足1、31～32頁）。

その他、仁寿県の場合は「市場管理からの収入の儲け」、茶館や賭博場からの上がり［仁寿5、124頁］、双流県では「下九流」からの份子銭（いわゆる「ミカジメ代」に相当？）、武器の売買やアヘン窟からの収入があげられている（双流2、182頁）。また、重慶のような大都会では旅館、料理店、茶館、酒場、

劇場等を経営していた（重慶31、135頁）。

一方堂口としての支出項目には、墓地のために荒山を買うとか、賓客の接待、客人への路銀の供与などがあげられている（大足1、32頁）。

第4節　哥老会組織と軍閥権力

哥老会は辛亥革命を契機に秘密組織から公然の組織となったが、しかし、北洋軍閥の時代に「懲治袍哥結社」の禁令が発布された他、南京政治治下でも「懲治袍哥条令」が公布されるなど、省政府の禁令も含めれば何回も禁令が出されている（仁寿5、122頁、富順5、74頁）。にもかかわらず、袍哥の勢いは増すばかりであった。それもそのはずと思われる現象がある。例えば、綿竹県では警察局の経費は袍哥が管理する賭場からの収入によって維持され、それでも足りない場合は殷実な商人に借金を割り当てることによっていた（綿竹4、109頁）。また、1925年から33年までの8年間、成都で治安工作に当たった人員の大半が「袍界」中の人であったという（胡漢生、前掲書、175頁）。

また、防区制のもとで軍閥たちは手ごろな兵力源として哥老会を利用した。それは彼らが勇敢で死を恐れず、兵員・武器の拡充が容易であること、作戦に失敗したとしても、組織があるので容易に再結集できることにあった（重慶31、148頁）。このため四川軍の兵員数が最高時30～40万に達したが、その内袍哥の隊伍は6～8万にものぼったという（重慶31、142頁）。これらの兵士は土匪等の渾水袍哥の隊伍からなっていたと考えられるが、問題点としては、兵士たちが個人的な義侠心で結束しており、軍としての規律が不良であること、敵の利益誘導や策動に弱いこと、装備・訓練に劣り戦闘力が弱いこと、等が指摘されている（重慶31、148頁）。それはともかく、このように軍閥・土匪・哥老会は一体となって存在したのである。

おわりに

『重慶文史資料』31によれば、哥老会の組織には日中戦争を境として大きな

変化が生まれたという。それは、青幇や洪門（天地会）が、上海や武漢などの被占領区から入ってきたことによるものである。その具体的経緯を個々の組織や県史に即して述べることは難しいし、その必要性もないと思われるので、ここでは、『重慶文史資料』の記述から要点を抜き出して、生じた変化を箇条書きにすれば以下の通りである（重慶31、166〜167頁）。

①入会手続き等の省略・簡素化
②軍警の特務人員の加入を承認
③仁義礼智信の五堂口の区別なく自由に会員を吸収
④全堂口を統一し総社を組織し、社長・主任・幹事等のほか、内部に各種の委員を設ける。
⑤堂口作りに制限を設けない（日中戦争以前には堂口を開くに当たっては附近の堂口の承認が必要であった。（大足1、18頁））。
⑥婦女も入会可能となる。

以上、小論では民国期の哥老会の組織・活動の実態について考察を試みた。哥老会は「江湖義気」を重んじる兄弟的秘密結社であったといわれるが、その組織は実際には厳しい上下関係に貫かれていた。また、「江湖義気」といっても、その実態は「袍哥で義気というのは袍哥の兄弟に対してのみ」であり、袍哥と袍哥でない人が争った場合、理の有無に拘わらず袍哥に味方しなければならない、というものであった（重慶31、132頁）。「理」は兄弟分的結合という擬似血縁関係の範囲を超えることはなかったのである。

ところで、蔡少卿（『中国近代会党史研究』、『中国秘密社会』など）をはじめとする中国の研究では、清末の仇教闘争や辛亥革命における哥老会の活動が高く評価されている。ところが民国期になると一転して哥老会は軍閥・地主＝「封建勢力」の牙城として糾弾の対象となる。しかしまた、日中戦争期には民族的勢力として再評価され、毛沢東らの哥老会への呼び掛け等の事実が紹介されるところとなる[1]。ところがまた、日中戦争が終わると、国民党の腐敗・ファッショ支配の道具になったと評価される。このように哥老会の評価は時代によってさまざまに異なるが、それはその時々の政治的評価であり、哥老会組織の実態に根本的な変化が起こったとは考えにくい。清末には「反清復明」とか仇教闘争

とかいった大義名分があったから一定の歴史的役割を果たすことができたが、辛亥革命でこの大義名分が達成されてしまうと、政治目標がなくなり、地主・軍閥勢力の道具に堕してしまった。しかし、その組織・思想の中身は、ごく当初は別にして、地主・郷紳層が大量に入会してきた清末になると「封建的」となっていたのであり、その破壊力の大きさに目を奪われて清末の哥老会の「革命性」を高く評価し、民国期の堕落を嘆くといった評価は些か功利主義的なところがあるのではなかろうか。私は、地主や郷紳＝土豪劣紳や土匪などの仁・義の各堂口が乱立していたのに対し、礼・智・信の各堂口が分裂もせず終始一つであったと思われるところに、三教九流と呼ばれる、中国下層社会の相互扶助組織として発生した哥老会の痕跡を認めることができると思う[2]。

(1) なお、哥老会と共産党との「共闘」への警戒心は1929年当時の黔江県長によって表明されていたし（四川省檔案館全宗号176号、第43案巻所収の呉鴻仁の劉湘宛て報告）、また、宣漢出身の中共党員・王維舟が哥老会と兄弟分の契りを結んだという報告もある（同上、開県県長の劉湘宛報告）。一方、哥老会の方でも、9・18事変を民族の危機と捉え、内（共産党）外（日本）の敵に抗するためには、秘密結社の方式ではなく、国民自強社として再出発し、ここに「農・工・商・政・学・紳耆並びに各級自治員」を吸収、桃園の関聖（忠義により漢室を扶く）を継ぎ、明朝の遺老（清を倒して漢族を恢復した）や「国父・総理」の三民主義に則って救亡に当たる、といった内容の長文の声明を発してその綱領・規約を劉湘に提出した、巴県の哥老会のように、反共・抗日のナショナリストとして保身を図った事例もある（同上）。しかし、現実の日中戦争の最中には、哥老会に入ると徴兵を免れることができるからという理由で、多くの青年を吸収した哥老会もあった（同上全宗号186―第1362案巻所収、広漢県連山郷・松林郷の士紳31名の民生庁宛ての告訴状）。
(2) なおその後入手した『豊都文史資料』第3集には、陳朝棟「豊都哥老会簡叙」の末尾に「三教九流」を以下のように分類した表が載っている。

等第	一流	二流	三流	四流	五流	六流	七流	八流	九流
上	仏	天	皇帝	宮	関老	宰相	進士	挙人	解元
中	秀才	医生	画家	皮影	弾唱	卜卦算命	和尚	道士	琴棋
下	唱戯	吹鼓手	馬戯	剃頭	澡池	搓背	修脚	配種	娼妓

本文で依拠した『漢留史』のそれとはかなり異なる。職業差＝身分差はこちらの方が明瞭のように思われるが、分類の違いの由来は不明である。

第6章　いわゆる悪覇についての一考察
——四川省崇慶県元通場の黄氏一族について——

はじめに

　悪覇とか地頭蛇とか、地方を牛耳るごろつき有力者は民国ではありふれた存在であるが、土豪劣紳という言葉もある。土豪が悪覇に当たるわけであるが、劣紳とは一応区別される存在であるといって好いであろう。劣紳は紳士の変質した者、道徳性の劣化した者の謂いであるが、一定の知識を積んだ人物の中に含まれる。これに対して、土豪や悪覇は必ずしも知識の有無を前提としない。彼らはむき出しの暴力やあこぎなき蓄財をもって郷曲に武断する存在である。しかし、知識ある悪覇もいたことは小論に述べる通りである。悪覇の具体的存在の様態について述べた一次史料はもとより、二次史料も多いようで調べてみると案外少ない。小論は『四川文史資料選輯』第25号に掲載された①崇慶県政協社会工作組著「川西悪覇崇慶元通場黄匪家族」を紹介しつつ、また②肖謙・周之鵠「黄覇家族遭戳記」(『崇慶文史資料選輯』第1輯) や③袁瑞麟・周碩才「概談崇慶県哥老会」(同前) ④陳柏青「袍哥鈎沈探微−由崇慶袍哥組織説来道去−」(同前、第8緝) ⑤雷志華 (「記1947年我県選挙国大代表内幕」同前、第2緝) 等をも参照しつつ悪覇の特徴について考察を加えたものである。紹介は文献①の原文に沿って一通り行い、適宜コメントをつけるという叙述形式を採る。「　」内は原文であり、〈　〉内は要約であり、これらに通し番号を振った。

第1節　元通場黄氏の起源

　1)「わが県の人民は、1920年前後から、四川軍閥の圧迫と搾取を被った外に、『元通国』の黄匪一味の残酷で暗黒の支配を受けた。黄匪の兄弟叔父甥は、

元通鎮を基地として、団の運営権を入手してから、全県の金融を支配し、更に進んで全県の反動政権を掌中に収め、軍閥、官僚、党ゴロ、土豪、土匪をこね合わせて一つの反動団閥組織を形成し、極めて残酷なやり方で全県人民を圧迫・搾取し、これが前後30年にも及んだ」157頁

これがこの論文の前言にあたる、総括的評言である。次には「一、黄氏的家世」という黄氏一族の簡単な紹介である。要約すると以下の通りである

2)〈1866年清朝は左宗棠を陝甘総督として西北の回民蜂起の鎮圧に向かった。この時蜀軍の武将・黄鼎の甥の黄虎臣は俘虜となった幼児を軍営内に留めて養育した。黄はまもなく粛州で陣没したが、その未婚の妻・劉氏はこの子を自分の義子として黄開運と名付けて崇慶に帰り、黄氏の族長の許しを得て、開運に虎臣のあとを継がせた。

黄開運は成長すると、元通鎮に転居した。趙という姓の婦人を妻として、6男1女を設けた。長男が澤溥（潤余）、次男が澤恩（潤高）、3男が澤寶（潤生）、4男が澤霖（潤泉、のち黄鰲と改名）、5男が澤栄（潤琴）、6男が澤民（潤書）といった。これらが後に郷曲に武断し、全県人民に危害を及ぼす一群の大悪覇となった。〉157～158頁

以上の括弧内の名は文献②によるものである。どちらが号でどちらが本名かは分からない。今は社会工作組の方に従う。

民国15年刊行の『崇慶県志』には元通鎮という鎮名は見られない。元通場が鎮になったのはこれより後の事か、清末に元通鎮が元通場に格下げされたかの、いずれかである。『四川省地図冊』（成都地図社）によると元通鎮は県城の北西にあり、西河という川と、西方懐遠鎮方面から流れてくる川の合流点にあり、交通の便によさそうなところであり、鎮に発達を遂げたのもそうしたことによるものであろう。

3)「黄開運は元通鎮常凌欒に住み、村人を圧迫する保甲になりたいと思い、又地方公金組織に指を染めたいと思ったが、いずれも群衆に拒否された。」158頁

「保甲になりたい」とあるが、甲長や保長になるということは、郷村における一つのステイタスを獲得することであったようだ。地方公金組織の原文は地

第6章　いわゆる悪覇についての一考察　309

方公款である。保甲が徴税の組織単位であったから、この二つの願いは一体である。これが「群衆」によって拒否されたというのは、少々疑問である。保甲長の選挙権を「群衆」が持っていたわけではないから。地方有力者に相手にされなかったということではなかろうか？

　4）「家族が多く、生活が苦しかったので、黄開運は妻の実家に助けを求め、200串を（借りたのを）資本として、元通場に恒太昌という名の咀片鋪を開き、次男の澤恩、3男の澤寶はともに商店に入って見習いをさせ、澤恩は陳という姓の大地主の子分として預け、土豪劣紳とのコネをつける手段とした」158頁

　「咀片鋪」とは何の店か不明であるが、ガムのように口に入れて噛む薬草のような物かも知れない（文献②はこの家業に触れず）。ここでは、次男の澤恩を大地主の「若い衆」として預けたことが、その後の澤恩と黄家一族にとって重要な意味を持ったことを指摘するに留めよう。なお、「子分として」とか「若い衆として」と訳した部分の原文は「並将澤恩寄拝与陳姓大地主、作為拉攏豪劣手段」である。四川では土豪が若者を手先として身の回りに置く習慣があった（たとえば、「金堂巨匪頼金廷」『四川文史資集粋』第6巻1996年、四川人民出版社所収を参照）。

　5）「清末には各省に新軍が設けられ、四川でも一個鎮が成立する予定であったが、これに先んじて初級士官の育成に着手した。1907年、成都に武備学堂が開かれたが、開運は再三にわたり黄鼎の子・黄世昌の推薦を要請し、長子・澤溥は入学できた。卒業後は新軍の砲兵隊に派遣されて実習し、姜登選の賞賛を博し、隊つき将校に昇進した。4男の澤霖も同様の道を踏み四川陸軍小学に進学した。」158頁

　大伯父にあたる一族の黄世昌に頼み込んで澤恩を武備学堂に入れた。黄澤溥の名は本書第1篇にも見える（38頁）。大伯父といっても、実の血縁関係にはないが、族的つながりを利用していることが注目される。

　6）「1911年6月、全川の人民は清朝の鉄道主権売り渡しに反対し、武装反抗に立ち上がった。開運は長男の澤溥が砲兵隊を率いて新津にいたり周鴻勳の指揮する同志軍を血生臭く鎮圧したため、群衆を悔しがらせるところとなり、遂に夜陰に乗じて家内の老人子供を連れて県下の万家坪西北の瑠璃壩に逃れた。

開運は匪賊に殴り殺された。1912年、澤溥は団長（連隊長）になり、県に告訴して凶悪人を懲罰することを要求し、任意に兵を率いて多くの人を捕らえ、ほしいままに人を殺した。元通場一帯の小康の家は彼に匪賊だと誣告されて、家産を没収されたものが十余家にも上った。」158頁

黄開運の殺された場所が元通場なのか瑠璃壩なのか不明である。なお、前掲『崇慶県志』によれば、「蔭生黃開運避地萬家坪遇盜劫害」とある（「事紀」193頁）。瑠璃壩で殺されたのは確からしい。また、黄開運が「蔭生」であったという県志の叙述には信憑性がある。義父は軍功をあげた将軍であったから、蔭生（先祖の遺徳によって国士監に入学を許可された学生）に補されても当然のように思われるのである。とすると、開運は国子監の監生だったことがあるわけで、この資料のいうように無から成り上がった人物ということでもなさそうである。

第2節　黄氏一族の興起

次は「二、黄匪幇勢力的成長与拡張」と題された部分である。長くなるので要約する。

1）〈澤溥は砲兵団長となったが、貪婪無能のため、まもなく離職、同学の陳洪範の引きで第一師の軍事講習所副所長となった。黄澤霖は四川陸軍小学の学生運動に参加して上海に流浪した。澤寶は兄弟のうちただ1人一小商人にとどまり、地方では何の力もなかった。後に、黄澤溥、澤霖がしだいに軍内で勢いを得ると、彼らは軍隊の関係を利用して、次第に民間の団や隊の一部の武力を支配下に置き、（澤寶は）糧税を軍に代わって徴収する職務を手に入れ、進んでごろつきと結託し、アヘンを販売するようになった。こうして、黄匪の悪勢力が元通場でしだいに成長していった。〉158～159頁

なお、文献②によると澤霖は保定軍官学校に入学し、同窓生の誼で24軍の特科司令および28軍2路司令になったという。24軍、28軍とは1926年の国民党の北伐の過程で蒋介石からもらった「国民革命軍」の部隊番号であるから、それ以後のことである。

このように、澤寶は軍閥の2兄弟の力を借りて、元通場でボスとなってゆく。

第6章　いわゆる悪覇についての一考察　311

　8)〈1911年、尹昌衡が四川都督となり都督府内に「大漢公」の看板を掲げ、哥老会の組織は急速な勢いで各地に発展、各地の哥老会組織は山堂を公開し、各地のルンペン・ごろつきは地主や坊ちゃん、大小の商人に入会を勧めた。澤實兄弟も人の紹介で、元通場の坐堂大爺・黄心斎の拝弟となった。又、澤實等は父・開運のために仇を打ち、人を殺し、多くの財宝をかすめ取り、これは黄心斎に深く賞賛された。次男の黄澤恩は心斎の支持で成都の商業学校に学んだ。護国戦争の後、川軍は改編され、陳洪範は第4師旅長、継いで第8師師長に昇進し、澤溥も団長、旅長と昇進した。勉強もせず特技もない澤霖でさえ澤溥の引きで営長（大隊長）・団長になった（とあるが、上述のように文献②によれば澤霖は保定軍官学校を卒業したエリートであり、無能だったとは思えない）。黄澤實は黄心斎の勢力に頼り、多くの人とつきあったが、そのうちに心斎の権力ある地位に取って代わりたいという思いが芽生えた。それと同じ頃、黄開運の妻の弟であだ名を趙「寒林」という男が、盗癖があり、黄心斎に一再ならず捕らえられては処罰を受けていたので、黄家の「面子」に傷がつけられた。そこで、上述の下心もあって、澤實等は黄心斎は大匪であると誣告して、軍閥・劉成勲に兵を元通場に派遣して黄心斎を逮捕することを願い出た。黄心斎父子は事前に逃亡して無事であったが、これによって澤實は、一躍元通鎮の顔役＝通議郷団総兼団練分局長となった。これにより、黄匪の一党が人民に危害を加える「元通国」の深くて堅固な巣窟が築かれた〉。159頁

　軍閥は団閥を育て団閥は軍閥に奉仕する（もちろん自分の利益を十分確保した上で）。次には、団閥の団運営の実態を見よう。

　9)〈1914年から、崇慶県の各郷各保は地主階級の利益を守るため、みな保衛団をはじめた。澤實が権力を手にした当時、通議〔郷団総〕の所轄は元通、公議、観音の三郷で、保甲長が強壮な農民を選んで、定時に操練をし、いわゆる「練丁隊」を組織する外、大地主の持ち物である廟宇や祠堂を選んで常練隊1～2班を別個に駐屯させ、班長は澤實が腹心を充てた。当地の人民はその月給、銃と弾および服装等の費用を負担し、戸ごとに頭割りに徴収したが、大地主や勢力のある者は一文も出さなかった。多くの農民は月ごとに半升、一升あるいは一斗などと不定量に米を供出しなければならず、もしも困難があって供

出できないと、団丁に拘留され期限をつけて納めなければならなかった。

　1917年、黄澤寰は「四川省修正団練奨罰条例」に基づいて、更に人民の財産を搾り取った。彼は手先の班長たちに壊れた銃を購入させ、これをちょっと修理して、各保の戸口の財力に応じて、一挺ないし二挺を強制的に購入させたが、一挺たった十余元なのに、30元も要求し、その後も何回か値を上げて50元にもなった。と同時に、「借用」の名目で、銃は団練分局に収めるか常連隊の使用に供した。このようなやり方で、一年おきに人民を搾取し、1回当たり1000元以上を掻き集めた。

　元通場では10日に3回市が立つが、澤寰はその時必ず決まった茶館や団練分局に行き、人々のもめ事を調停した。彼はいつも金あり勢力ありの人物と事前に結託し、金も勢力もない人を、彼に理があっても理がないと言いなし、ちょっとでも抗弁しようものなら、大声を張り上げて叱責するか、さもなければ団丁に「おれが関わるからもう一度話せ」といわせた。ひどい場合には「裁判に持ち込む」と脅迫され、礼金を払うことで事をおさめた者もいた。

　澤寰は毎年不定期に一斉に一回ないし二三回、あらゆる保、甲の壮丁に自分の武器を持って指定した場所に集中させ、点検した。多くの農民が武器を持つのが困難であったが、すると、澤寰が規定し（購入を）請け負った刀や矛（値は高く質は悪い）を買わなければならず、集まらなかった人は、罰金か拘束の処分を受けた。当然、澤寰は団隊点検の費用を（自分宛に）落とした。〉160頁

　ここでは、団閥経営のからくりが曝露されている。また、澤寰がもめ事の「仲裁」役を茶館等で演じているが、これは哥老会の大爺などが行ったことの真似である（これについては前章で紹介した）。

　10)〈澤寰が団総の時は、まさに四川軍閥が防区を区切って割拠していた時代であり、軍閥は防区内に多くの関所を設け、苛捐雑税を徴収した。1918年からは税糧の預徴が始まり、次第に年に5～6年分の税糧を預徴するようになった。澤寰はこの機会を利用して、納税の期限が来ると保甲に催促して税糧を集めさせるが、（軍閥に支払う前に）集めた税糧を手元において投機に使ったり、銭荘を開く（後には銀行に改めた）資本とした。軍隊から税糧取り立て委員（原文は提款委員）が派遣されてくると、アヘン、酒、売春婦、賭博等で彼らをて

いよくあしらい、彼が握っている現金の一部を委員に渡し、自分は対策を講じて借用したのだと偽り、同時にまたいくらかの百姓を閉じこめてあるのを委員に見せ、自分が税金取り立てに尽力している証拠とした。こうした手口で蓄財し、澤賓は団総となって10年も経たぬ内に、上等の水田300余畝、水車屋数軒を買い、商店を5軒も開いた。〉161頁

　澤賓は納入すべき額をごまかして自分の懐に入れてしまっており、これは明らかな犯罪であるが、私は、徴税と納税との時期の時間差を利用して徴税人が金を稼ぐ可能性、またその事実を紹介したことがある（「中華民国期の四川省巴県鳳凰場第7保の団款徴収記録冊をめぐる一考察」）。たとえ10日でも5日でも、商人に日貸しして利鞘を稼ぐことはできたはずである。澤賓はこれと同じようなこともやっていた可能性がある。

　11)〈団練を運営するために、黄澤賓は多くの土匪を招き入れて腹心とし、用心棒に充てたり常備隊の班長や、隊長とした。これらの略奪が本性となっている匪徒は駐屯地で悪事を働いたり、よその土匪と一緒に誘拐等をしでかした。澤賓はまた元通場の哥老会の大爺であり、各地の哥老会員が元通場にアヘンを売り込みに来たり、賭博をしに来たり、元通場の匪人と組んで強盗や窃盗をやったりした。また、本籍地で逮捕されるのを恐れた者が庇護を求めてやって来た。澤賓はこうして悪に交わることますます深く、行いは悪くなる一方だった。彼は初めのうち賭博は新年や季節の変わり目だけに限っていたが、やがて経常的になり、百姓や勢力のない商人の金を巻き上げるようになった。また、アヘンを持ち込んで元通場で売らせ、煙幇（アヘンを武装して運搬する組織）を組織し、万家山区や汶川等の僻地を通って懋功に行き大量のアヘンを仕入れて来ては販売した。これらの犯罪行為はみな澤賓の支配下の土匪やごろつきが、彼に成り代わって行ったのである。元通場にはこの類の悪漢が大手を振って横行し、好き勝手な事をしていた。後に、黄澤溥は上官の陳洪範にクビにされたが、澤賓に頼んで陳の兄弟分（あだ名を麼師長といった）を誘拐させ、鬱憤を晴らした。澤賓は手下の匪賊に人を誘拐させ、誘拐された人物（「肥猪」と呼ばれた）は通常彼の家に閉じこめられていた。

　1928年になると、元通場はすでに匪の巣窟、アヘン市と賭博場でいっぱいに

なった。澤寰は一切のアヘン販売、賭博、誘拐、こそ泥の所得に対し、彼の哥老会組織の第5排である管事を通じ、2割から5割の上納金を取り立て、従わない者は元通場の統制範囲での活動を許さなかった。当時、崇慶県の2鎮（三江、懐遠）6郷の地頭蛇（ゴロツキ）は、みな黄匪の一党の勢力と対等に抗争することができなかったが、それは黄家の長男・澤溥が元高級軍人の資格で上から澤寰を保護しており、また四男の澤霖も成都の軍人・政客の各方面との連係・疎通があったので、黄匪一味をして元通場を基地として成長させたのである。〉161～162頁

　澤寰はアヘン等の闇商売でももうけをとったが、哥老会の組織がこの面で大きな役割を果たしていた事が注目される。また、団閥・澤寰と軍閥・澤溥・澤霖の兄弟関係も元通場ばかりでなく、崇慶県における澤寰の地位を強固なものにしていた。他の兄弟の動向を追ってみよう。

　12)〈1918年、次男の澤恩が長兄・澤溥の勢力に頼りながら、地方の人民を脅したり買収したりして、選挙を操り、四川省議会第3期の議員に当選した。彼には、学識もなく、弁舌の才もなく、議員になっても、一つの議案も出さず、発言はごく少なく、ただ他人の意見に附和するだけで、人から「賛成議員」と馬鹿にされていた。しかし、彼は、このいわゆる「民意」機関における地位によって、省方面でゆすりたかりを行うだけでなく、崇慶県に対しても常に県政に直接に干渉し、県長は黄一家をていよくあしらわなければならなかった。〉162頁

　澤恩の学歴は商業学校卒業であるから、当時としては成都当たりの田舎ではそれなりの価値が認められたのであろう。選挙民を買収したとあるが、第1回省議会選挙の選挙資格は、直接税を年2元以上納める者、500元以上の財産を有する者、小学校卒業もしくはこれと同等の資格を有する者、と決められていた（呂実強「民初四川的省議会、1912～26」『中央研究院近代史研究所集刊』第16期、257頁）。制限選挙ではあるが、制限の枠は比較的緩やかである。選挙民の数はそれだけ多く、金もかかったことであろう。それはともかく、一省議員の資格で県政に直接口出しをするという越権行為も、軍閥の兄弟や団閥の兄弟とのチームプレーだからこそ可能だったのであって、当時の省議員にそれほどの実力が

あったとは思われない。しかし、名誉職ではあり、一定の権威は持っていたであろう。

13)〈澤霖は、「黄家のあばたの四男」として有名で、性格は極めて驕慢であり、陸軍小学出身（と同時に保定陸軍軍官学校卒＝保定系と称された四川軍閥内の有力派閥の一員として）の資格によって、川軍各師・旅の大物と同窓の関係を持っていた。1924年に澤溥に陳洪範打倒を嗾けて失敗し、澤霖は元の上司・劉成勲（四川武備学堂の出身）にたのまれて警備司令となったが、後作戦時に指揮に従わずクビとなり、今度は24軍の劉文輝（保定系の有力者であった）に頼まれて特科司令となった。配下には1個団余の兵がおり、まだ乳臭い甥、澤寶の子・黄光輝も澤霖の引きで営長に充てられ、後に第5団団長に昇進した。〉163頁

澤霖のように、軍閥たちの軍から軍へと渡り歩くのは珍しい事ではなかった。なにしろ軍長や師長からしてが、離合集散を繰り返していたからである。なお、劉文輝が24軍の部隊番号を蔣介石から授かったのは1926年のことである。したがって、澤霖は劉成勲の軍に約2年は勤めていたということになる。

14)〈5男の澤栄は（成都の農業）専門学校卒業の資格を持ち、かつて崇慶県の（実業局）局長になったことがある。ところが、澤霖が24軍の特科司令になってみると、人も武器も1個団より多く、そこで数個団に再編成をした。その際に、澤栄も長衫（平服）を着たまま第6団団長に任命された。軍事知識などは毛頭も無く、常に人に馬鹿にされていたが、後に24軍から蔣介石の廬山訓練団に派遣されて学習した。この関係を通じ、澤栄は蔣介石一味の崇慶県に於ける有力な走狗となった。〉163頁

身内だからというだけで民間人の澤栄までもが団長（連隊長）にいきなり抜擢される。こういうでたらめが24軍では本当に許されていたのであろうか？しかし、この点に関しては、文献②によると、澤霖の引きで24軍の中で営長・団長に出世したのは、澤寶の子・光輝であり、光輝は24軍政治学校を卒業しているから、不自然ではないし、一方の澤栄は農業専門学校卒業後、崇慶県実業局長、青神、峨眉県県長を歴任、崇慶県財務委員会委員長、国民党県党部執行委員、県参議会議長と、一貫して官僚の道を歩み軍とは無縁である（20頁）。この点で、文献①の方には澤栄と光輝との履歴に関して混乱があるように思われ

る。但し、文献③によると澤栄は第28軍（鄧錫侯軍）の旅参謀長、青神県長を歴任したとあるが、澤栄、光輝と24軍、28軍との関係についての曖昧さは解きようがない。

15)〈1925年、澤栄は農業専門学校を卒業後うまく立ち回って崇慶県実業局長に任命された。しかし、前任の肖志仁は地方を多年にわたり支配してきた大土劣で（袍哥の）団練局長・欧煥堂等の人と血盟の兄弟分の関係にあり、澤栄との交代を拒んだ。澤栄は軍閥・楊森（当時四川軍務督理）の妾に頼み込み、この妾の英文教師の金豹廬の妻・周浣芳が代わって説得に当たり、ようやく肖に地位を譲らせることができた。澤栄は実業局長の地位に登り詰めると、澤溥、澤霖が又軍隊の関係を利用して澤栄のために運動し、彼を24軍の防区の青神県の県長にならせた（県長になって後に団長になり、廬山訓練団に参加したのである）。澤栄は崇慶県に帰ってくると、大邑県の軍閥、悪覇地主の劉文彩（劉文輝の兄）、劉升廷（劉文輝の兄）、劉彦儒等の下に投じ、崇慶県の悪覇・王耀祖、呉某、施某、陳某、雷某等の人を引き込んで地方財政を牛耳り、進んで崇慶県財務委員長になった。抗日の軍が起こると、又全県の土豪劣紳と結託し、県参議会を操り、議長に推された。こうして黄匪一味は遂に全県の財務と地方の「民意」機構を制圧したのだ。〉163～164頁

上の15番と紛らわしいが、澤栄は「廬山訓練団」から帰ると部隊に戻らず、崇慶県で財務委員長となり、抗戦勃発後は県参議会議長に収まった。文中に劉文彩の名がでてくるが、彼は劉文輝の実兄であり、彼とのつき合いから見ても、澤栄が蒋介石の手先になったとは考えにくい。この点で、24軍に所属した澤栄（もしくは光華）が蘆山訓練団に派遣されたとは、にわかには信じがたい。劉文輝と蒋介石は、中原大戦に際し前者が汪兆銘・閻錫山支持を表明したことで、感情的対立を相互に抱いていたからである。

16)〈6男の澤民は兄たちの支持や画策によって、劉文輝の妾のつてで岳池県の徴収局長になったが、本人が到着するより先に、接収・移管のために田歳豊という崇慶の悪覇地主を派遣して多くの金を手に入れ、自分のために崇慶県に田産40畝を購入した。〉164頁

以上で黄開運の6男全ての経歴のあらましを見た。次には、彼らの傍若無人

の振る舞いについて、更に見てゆく事にしよう。その前に、一応黄家の面々を系図にしてまとめておこう。

　肩書きはこれまで出てきた内の最高位（澤恩の子・光華は21に後出）

黄鼎－黄開運 ┬ 澤溥（旅長）
　　　　　　├ 澤恩（省議会議員）－光華（聯保主任）
　　　　　　├ 澤寶（崇慶県団練局元通分局長）－光輝（第28軍？団長）
　　　　　　├ 澤霖（第24軍団長、後国民党中央立法委員）
　　　　　　├ 澤栄（崇慶県実業局長・財務委員長・県参会議長）
　　　　　　├ 澤民（岳池徴収局長）
　　　　　　└ 女

第3節　黄氏一族と哥老会

　17）〈大悪覇・余棟廷は大邑の大悪覇地主・劉文彩の勢力により、邛崍の徴収局長に当たり、崇慶県団練総局長並びに五県聯防指揮を兼任しており、一時の気炎はたいしたもので、元通分局長の黄澤寶などを見下していた。黄澤霖は邛崍県に駐屯していたが軍の風紀が大変悪く、余は劉文彩を通じ澤霖の部隊を崇慶に移駐させることにした。澤霖の先遣隊は「打館旗」を団防局と壁を隔てた文昌宮に立てたところ、余棟廷はこれを聞くと卓を叩いて憤り「黄の四男が一体なんだっていうんだ。敢えて俺の県に駐屯する気だが、3日のうち追い出してやる！」と悪態をついて、団丁に「打館旗」を抜いて便所の中に棄てさせた。澤霖は激怒したが、余の勢力が大きくて報復はままならなかった。密かに澤寶に余をやっつける方法を頼んだ。3年後、黄鰲（澤霖）は成都に於ける勢力も大きくなり、澤寶もまた余棟廷を倒さなくては勢力の拡大ができないので、兄弟で相談した結果、余を暗殺することに話がまとまった。澤寶は団防の分隊長に温江県の哥老会の親分の江耀廷と連絡を取らせ、江は「渾水大爺」杜奎に兄弟分3人を元通場によこすよう、黄澤寶に成り代わり要請した。しかし、この時は暗殺に失敗した。1929年夏、待ち伏せして、今度は暗殺に成功した。県

長は下手人を逮捕したものの、黄の勢力を恐れて半年で釈放した。これより、黄匪一党は2鎮6郷の大小の土豪劣紳と結託し、汚職・横領などをほしいままにし、誰も敢えて咎めはしなかった。続いて、澤寰は県城で団練総局局長になり、同時に哥老組織の唐安総社を組織し、全県に独覇して、川西の典型的な悪覇となった。

　黄澤寰は一年余り（県城で）団練総局局長を務めたが、又元通場に戻り、分局長を兼任したが、（総局長の地位は？）別の悪覇に後を継がせた。年越の節目ごとに後継者は必ず元通場に自ら赴き澤寰に祝賀を述べ、地方財政のうちどの項目が潤っているかを報告して澤寰の指示を仰ぎ、その上で財務を執行し、私腹に入れる分があれば、最多の部分を澤寰に送った。〉164〜165頁

　こうして、暗殺の手段を弄した結果、澤寰は県の団練総局局長の地位にまで登り詰めた。県長は無きも同然で、県の事実上の支配者となった。まさに悪覇の典型というにふさわしい。次ぎに5男の澤栄の活動を見よう。

　18)〈澤栄が崇慶県財務委員になってまもなく、蔣介石の勢力が四川に浸入し、澤栄は国民党県党部に潜り込んで委員となり、また澤溥の支持の下に唐安総社を組織し、自ら総社長となった。〉166頁

　上の17)では、唐安総社を作ったのは澤寰とされているのに、これは矛盾しているように思われる。但し、澤寰が組織したのは1929年のことであり、蔣介石の勢力が四川に入ってきたのは35年のことであるから、時間的には矛盾はないが、澤寰の作った組織が一旦無くなったとでも考えないと辻褄が合わない。文献④では澤栄が唐安総社を作ったのは1944年のこととされている（因みに、澤栄は副総社長として実権を握り、その組織は7つの郷鎮にわたり、23個の分社、102の支社を傘下に収め、3000余人の社員を擁していたという。前掲書、58頁）。それはともかく、澤栄は哥老会の組織を利用して各地の土匪・悪覇勢力と組んで悪事を働いた。

　19)〈澤栄は一面では劉文彩と義兄弟の関係を結び、劉に代わって田野を買ってやったり、アヘンを売ってやったりした。黄匪一党の支持下に各郷にみな唐安総社の分社ができ、各郷鎮長および保甲長等はみな次第に黄の一党となるか、それと密接な関係を持つようになった。1946年県長・李之青は澤栄の子分たち

があちこちで強盗を働き、アヘンを売り、誘拐をし、これについての訴えが相継いで来るので、澤栄の子分たちを庇ったり、澤栄と主従関係にある4人の郷長をクビにした。これに激怒した黄一党は澤霖が成都で大活躍をして宣伝に務めた結果、李之青は県長を罷免され、行政督察専員の某も記過の処分にあった。これ以後、黄匪一党の気炎は天をも焦がすほどになり、働く悪事はより多くより大規模になっていった。〉166～167頁

20)〈4男の澤霖は、1943年の四川省参議会の改組に際し、種々の方法を講じて四川省参議会に潜り込み、参議員となった。この地位を利用して彼は、弟や甥たちの略奪や人民への危害を加えた行為を庇ってやった。たとえば、澤栄に嗾けて糧食部が四川省に返した糧款3000余万元を中飽するのに参加させ、仲間と瓜分させた。その金で各方面に活動し、李県長を辞職に追い込み、匪首の陳福安、宋国太等を招撫し、大隊長とした。彼は、上から下まで県政を牛耳り、厳然たる、「元通国」土皇帝の太上皇であった。1947年、澤霖は利益誘導や脅迫等のあらゆる手段を使って、国民党の立法委員に当選した。これによって黄匪の兄弟や甥等の罪業は、一段と有力な庇護を得ることになった。〉167頁

澤霖が太上皇であるから、土皇帝は澤寰であろう。最後に澤恩の子・光華の登場である。

2)〈1936年団総の名称は聯保主任と改称された。澤恩の息子の光華が（澤寰の）後を継いだ。光華の手段の毒辣なことは、叔父の澤寰の数倍以上で、一門の勢力をバックに、任意に税を取り立て、随意に人民を拘禁し、なにかというと罰金を課した。たとえば永利橋を造ったとき、民衆には磚を運ばせ、運搬費に自分の取り分を上乗せした。軍糧を集めるときには収めた軍米で高利貸しと投機を行い、帳面上は100元だが、彼は必ず20～30元を自分の懐に入れた。このため、連保処には税金が納められないで逮捕された人々が70～80人もいた。もっとひどいのは時機を見て婦女を強姦し拘禁したことである。民衆はこれに痛憤したが、どうにもならなかった。1939年、徐楚が黄澤霖夫婦と黄光華の全家族を殺した（詳細は後述）。澤恩の子・黄光輝が元通の聯保主任のあとがまとなった。彼は又元通の哥老組織の頭であり、凶暴残忍なことは父や兄よりもひどく、「元通国」の最後の覇王となった。〉162頁

ここで光華を「兄」としているのは「堂兄」という意味である（日本では従兄弟）。光輝の罪行は後に譲る。以上には、黄一家が元通場を足場に全県をも支配下に置く大悪覇に成長してゆく過程が描かれていた。ここに見られる顕著な事実は、黄家が単に軍閥や役人を輩出して栄えただけではなく、元通場に根を張る澤寶という人物があってこそ、兄弟たちが一体となって勢力を張ることができたのではないかと思われることである。澤寶は学校にも行かず、元通場にいて団総の地位を手に入れ、哥老会の組織を作って勢力を延ばしていった。このような澤寶の存在は軍から軍へと渡り歩いたり、名誉職でしかない四川省議会議員や他県の役人になった兄弟たちに依るべき根拠地を提供したのである。もちろん、澤寶も兄弟たちの援助を受けつつ大悪覇への道を歩んだのであるが、軍人でも役人でも無い彼はしっかりと地元に根を生やして、人民の膏血を搾り取り、人民の上に君臨したのである。

以上で原文の第二章は終わり、第三章は「黄匪幫危害人民的罪悪活動」と題されているが、その中の小見出しは以下の通りである。

（1）地方政権を操縦する
（2）財政金融を操縦し（現物税たる）食糧を私する
（3）国民党・三民主義青年団と各種の組織を支配する
（4）匪賊を養いほしいままに略奪・焼殺する
（5）人民の財産を略奪する
（6）無残に民衆を傷つけ、殺害し、婦女を犯す

以上の項目から分かるように、これまでも見てきた所をより詳細に述べた部分が多い。

しかし、貴重な事実も述べられているので、その点を中心に紹介して行きたい。このため、原文を大幅にカットした要約になるが、了承されたい。

第4節　黄氏一族の収奪と蓄財

22)〈澤寶は哥老の唐安総社の関係を利用して、各郷鎮（30郷鎮）に手先を配し、「炮選」の方式で、各郷鎮長ないし保甲長の地位を占拠した。同様にして、

各郷鎮の参議員を「炮選」して、県参議会を組成し、澤栄を県参議会議長に当選させた。〉168〜169頁

　「炮選」の意味がよく分からないが、買収や脅しによる不正選挙、といった意味であろうか。

　23)〈国民党県党部の書記長・羅雨時は、黄澤栄が呼べば来たり、叱責すれば去るという具合に、澤栄に忠勤を励む奴隷であった。澤栄は三民主義青年団の指導者の１人であり、また中国青年党の指導者であり、また農会、教育会、工会、漁会等の法団の指導者はみな澤栄の子分でないものはなかった。〉171頁

　24)〈歴代の県長は着任すると、必ず澤栄に挨拶に行き、どんな行動にも必ず澤栄の同意を得てはじめて障害無く進めることができた。法院の判決も、黄氏に不利なものが出ると、改めさせ、従わない裁判官を殺してしまったこともある。また、全県の小学校長の任免は黄の腹心で文教界の大悪覇・張俊才を通じ、資格、経歴の審査および経費、賃金等の条件等をもって統制した。県中学校長は省教育庁の委任であったが、必ず黄党あるいは黄匪の同意があって初めて着任できた。〉171〜172頁

　以上の23、24から、黄家が政治、武装だけではなく、司法、教育、各種公認の社会団体までも支配下に置いていた事が分かる。国民党は県委員会さえも悪覇に牛耳られる存在であった。

　25)〈(土匪を養って手なずけた澤寶であるが、その規模は相当なものであった)。1939年、大匪首・周四維を聯防大隊長、保商隊長（アヘン売りの保護）と山防隊長として、毎年山に入り懋功一帯に行かせた。2000人の武装人員を率い、アヘン200〜300担を運び、沿路の住民を騒がせ、零細なアヘン商から奪ったりした。平時には四方に出て略奪や誘拐、牛泥棒をし、ややもすれば事件当事者や誘拐された人物を殺した。1942年から45年まで、崇慶、汶川の辺境で往来する客商を略奪した。1948年、四川省考察団を集団で襲い、30余人を殺し、ピストル30余挺、現金数万元を奪った。〉173頁

　26)〈黄光輝の妻の兄の張質文は、妹が黄匪家に嫁いだ後、元通鎮で８年鎮長を務めた。匪首たちと結託して略奪、誘拐を行い、居ながらにして分け前に与った。〉173頁

張質文はさしずめ閨閥というところであろうが、このようなネットワークも利用して、黄一党の悪勢力は成長していった。なお、国民党が国共内戦の中で、1947年秋に国民大会代表選挙を実行した頃、澤栄は中国青年党の関係が深く、黄光輝も青年党の中核分子であったという（文献⑤51頁）。ちなみに、この選挙では黄光輝等の推す青年党員が当選した。

次ぎには人民財産の略奪を通じて黄一家が蓄えた財産の目録を見てみよう。

27）〈人民を搾取して土地を買い家を建てる。

黄家家族にはもともとは一片の田土もなかったが、澤溥が団長、旅長になってから、軍閥割拠を利用して、兵士の給料の頭をはね、又武装隊を派遣して大小涼山辺区から大量のアヘンを買いつけて帰り、駐屯地や元通場に持ち帰り、澤寶を通じて売りさばいた。又、団での使用に貸し出すという名目で銃と弾を高く売りつけた。彼らは大量の金銭を集中して田を買い、家を建て、高利貸しを行った。澤寶は更に団局の職権を利用して、任意に軍粮、墊款、預徴、包税を集めることにかこつけて、門戸捐および団経費等の名目で、民衆を搾取し、その金で田を買い家を建てるほか、油、塩、アヘン等の独占性の強い商売を経営した。1924年から36年の間に、彼は前後数回銃を買い「治安を維持する」という名目で、元通の居民500余人に頼もし講に毎人5元で入会させ、事後は講に金を返すでもなく銃を講員に手渡すでもなかった。これと似たり依ったりの手口で彼らが築いた財産は下表の通りである。

田地と家屋関係

黄澤溥　田764畝、家屋2軒、街の貸間（街房）25間

黄澤恩　黄光華　田390畝、家屋1軒、街の貸間　5間

黄澤寶　田450畝、家屋1軒、街の貸間　18間

黄光輝　田430畝

黄澤霖　田970畝、家屋2軒

黄澤栄　田500畝、家屋1軒

黄澤民　田100畝

商業に関するもの

水車（屋）48軒、商店3、銭荘2、薬屋1

工鉱企業関係

　鍋製造工場1、製紙工場1、材木工場1、炭坑1

投資に関係

　崇慶県水電廠、マッチ工場等。成都と各地への投資は含めていない。〉175〜176頁

　黄一家の所有額の総計は3604畝にも上る。当然これは高額小作料で佃戸に貸し出した事であろう。原文には小作料の高さよりも、800元の押金を通貨の変化に応じて4度も書き換えることによって、2斗米の法幣にしてしまった等の、搾取の巧妙さが描かれている。黄光輝は因利局を開設して高利率で米を貸し、厳しく取り立てた。彼らの悪辣さと冷酷さ残忍さは原文の至る所で述べられているが、これ以上は紹介しない。

　ただ、団閥としての税の取り立て項目を参考までに紹介しておこう。

28)〈壮丁費　毎年3回、毎回米約120石、米を納める金のない者は、その他の物で換算する。

　　　子弾費　毎戸毎月米5斗

　　　自治費　住民の経済状況に応じて課す。貧農の楊某は41年1回に3斗取られた。

　　　軍服費　適齢の壮丁に各1着ずつ、値は2斗米のものを4斗取り立てた。

　　　門牌捐　毎年門牌を換え、41年には門牌一つにつき米5升だった。

　　　銃捐　　毎戸1挺、値は不等

　　　積穀捐　田10畝につき穀5石

　　　区治安費　毎戸毎月米5升から1斗

　以上の外に不定期なもの

　　　国旗費　毎旗の制作費は米2升の所、1斗を徴収

　　　灯籠費　毎街1個、制作費は米3升の所、1斗2升を徴収

　　　修街費

　　　柵の建設費

　　　樹苗捐　街の通りの緑化・美化を口実に、毎戸1株、米5升

この外に民衆を愚弄して財物を詐取。例えば

> 発彩票　（どんなものか不明）2分の1をもうける
> 估膘　豚肉一塊りを吊し、人に重さを当てさせる賭け。居ながらにして30％の手数料を徴収
> 輔幣の発行　一寸の竹片に鉄の烙印を捺し、1千文として流通させる
> 講演経費　30年に昌園和尚に説法を委託、米300石を徴収
> 功果捐　（どんなものか不明）30年に1000元を集める
> 修橋捐　毎回若干の奉加帳を作り、四方で集める。経済状況を見て銭の多少を決める。集めた金の決算報告はなし。
> 吃喜銭　他人に収入があると幾分かをこの名目で取る
> 拝年礼　年越しにあたり住民に贈り物をくれるよう強請する
> 嫁女費　36年、澤寶の娘が嫁いだ際に、住民に毎戸30元以上を要求〉177～178頁

　自分の娘の嫁入り祝いまで強要するのであるから、これはもう土皇帝そのものである。しかし、27）の財産目録には各種の工場、炭坑の経営（これは県志によれば旧式の物だったと思われるが）、水力発電所やマッチ工場への投資などが見られ、彼らが旧態依然たる「封建」地主ではなかった事を示している。悪覇としての所業はいうなれば、原始的蓄積のための剥き出しの暴力であり、ブルジョア的発展の可能性を秘めていたとも考えられる。といっても、彼らが元通の土地を追われ、ため込んだ財産を近代産業資本に転嫁できたなら、の話ではあるが。

第5節　「除暴安民」—黄氏一族への武力反抗の試み

　黄一家の悪行に民衆はどうしていたのであろうか？ただ黙って従っていただけである。が、1人例外がいた。
　29）〈それは元通場の元営長の退役軍人・徐楚である。彼は、黄光華に妻を犯され、これを羞じて灌県の王婆岩という山中に身を隠した。ここは邪魔外道の巣窟として恐れられ、中には劉湘や劉成勲といった軍閥をたぶらかした周神

仙という人物もいた。しかし、ここに住んでみると、絶対大部分の人は農業と狩りで生活をし、余暇に武術の鍛錬をしていることに徐楚は気づいた。山民は純朴で正義感が強く、徐楚の黄匪一家の悪行についての話と彼の身の上話を聞くと、みんなが深く不平を抱いた。そこで、1939年春の末、徐楚は約100人の助っ人を得て、会門の信徒を装って元通場に侵入し、正午に3隊に別れて復讐に打って出た。徐楚は理髪店にいた黄光華をその場で殺し、ついで黄家に入って光華の子供3人（内1人は光華の従兄弟）を殺し、婢女と光華の妻を殺した。別の一隊は澤寰の家に侵入し、門番を殺し、澤寰の頭部と腹部に数太刀あびせ、銃を鳴らした用心棒と澤寰の妻を殺した。第三隊は澤溥の家に侵入したが、澤溥夫妻は隠れて見つからなかった。午後、徐楚は部隊を整えて茶館に至り、黄一家の罪悪と自己の破綻と復讐の経過について大衆に説明すると、悠々と隊を率いて去った。住民の中には線香を立てて感謝する者もおり、県人はこのニュースを聞くと暗中快哉を叫んだ。澤寰夫妻と光華一家を殺された黄一家は、教匪の反乱だといって大騒ぎをし、澤霖は四川省政府を通じ国民政府に係員を派遣して調査するよう請求し、その結果は、無関係な元通場の大衆18人を殺して復讐とし、溜飲を下げた。〉182～183頁

　しかし、文献②は、これとは些か異なった叙述をしている。これを紹介しよう。

　徐楚は元通場任家湾に住んでいた。劉文輝の24軍第4期政治学校を卒業後、同軍第1師第6旅の高汝明の団付き少校（少佐）であったが、後、故あって第12旅・劉元瑭（劉文輝の甥）の営長となったが、33年の劉湘・劉文輝の二劉決戦で劉文輝が敗れ、雅安方面に退くと、政治的に失意から意気消沈した。雅安にいた時、雅安の同善社の責任者を師とするようになり、後元通場に帰って後、同地の同善社で活動した。平素は坐禅・気功の外に拳術・刀槍を訓練して無聊を慰めていたが、黄氏一族にはかねてから不満を抱いていた。実は、徐楚は黄光華とは24軍政治学校の先輩・後輩の間柄であり、徐は校官黄は尉官であったのに、元通場に戻ってみればつてのない徐楚は無職、黄光華は聯保主任として大きな顔をしていた。当然、徐楚にしては面白くない。その上、1938年旧正月のこと、黄光華は元通場に「守護隊」を作り、その武力を整えるためと称して、

隊丁を派遣して「守護隊米」の徴収に当たらせた。徐楚が不在の時に隊丁が米を集めに来た。母親は2日待ってくれと懇願したが隊丁は承知せず、徐の母親を縛って黄光華の下に連行しようとした。そこで、徐楚の妻の周氏が身代わりに自分が行くと言って聯保辨事処に連行されていった。翌日、出先から帰って徐楚はこれを知り、面子を潰されたことや、旧友を無視した黄の尊大さ、公に借りて私腹を肥やす汚い行為、黄氏一族の横行はばかりない様等々に対する怒りが、一気にこみ上げてきて「黄氏の悪覇全家を斬り殺してやる」と決心をした（徐楚の妻が黄光華に犯されたという記述はない）。が、更に、もう一人怒れる男がいた。

名は陳仲文と言い、やはり元通場の人で、やはり元川軍第3軍軍長・劉禹九の副官を務めたことのある軍人であった。名山県で会道門（迷信的秘密結社の総称）の師の弟子となり、又国術家（洋術に対する意味であろう、伝統的な武術・呪術を伝授する人のことと思われる）の祝為川の内弟子となった。そして、拳術と呪術を身につけて帰郷して、元通場の同善社に参加した。陳仲文も黄家に殺されそうになったことがあった。すなわち、陳仲文は公田14畝を小作していたが、家のすぐ外にあり小作料も軽かった。ところが、黄光華は民教館（民衆教育館）建築のためと称して、大洋200元の保証金をこの田に課けてきた。陳が同意しないと、黄は別人に小作権を与えた。こうして、陳仲文も黄氏一族に憤懣を抱いていた。二人とも同善社[1]に所属していて、意気投合したのは当然の成り行きであった。

徐楚は黄家打倒のため、緻密に計画を建て、西康に職探しに行くと称して、一家眷属をこっそり成都の岳父の家に移り住まわせた。その後、彼は名山県の祝為川を尋ね、元通場に来て拳術・棍棒術を教えてくれるよう頼み（多分これは同善社で一緒の陳仲文の紹介によると思われる）、また、富林に行って紅灯教の教

（1） 同善社は1911年四川省永川県下で彭汝尊が始めたもので、儒・仏・道の三教合一を説き、静坐・内功・善事をよくすることにつとめれば、仙人、仏になれるとした。1918年〜21年頃から北京、武漢、上海、西安などに勢力を伸ばしたが、1950年12月江西省で武装反乱をし、鎮圧されたという（張憲文・方慶秋・黄美真共編『中華民国大辞典』2002年、江蘇古籍出版社）。

徒・孫西舟、雅安の小学校長・姚模州等と共に元通場に帰り、共同で黄家打倒の策を練った。元通場の教友（祝為川の弟子同士）には20〜30人がおり、皆黄家の悪覇に腹の底から怒っていた。この外に、雅安にはいざという時20〜30人の助っ人を迎えることができたので、決起の時には、仲間は70余人に達した。

　決起の日は最初、清明会の期間中と決めていたが、各地から袍哥や土匪たち100〜200人がやって来たので、3月4日と予定を変更した。徐楚は人員を三つの行動隊と三つの警備組に分けた。徐楚は行動隊の一つを率いて黄澤寶の一家を殺す。陳仲文の行動隊は黄光華の一家を殺す。肖欽明の行動隊は黄澤溥の一家を殺す。三つの警備組は街頭・横町の警備や聯保処の封鎖、外部の警備に当たると決めた。行動に先立ち、徐楚は①突然に襲撃し、手先どもを引き寄せぬため、必要な時まで発砲はしないこと②目的は「除暴安民」にあり、誰一人として針一本糸一筋たりとも手をつけてはならない。黄家の物は要らない。要るのはきゃつらの命のみ、と述べた。

　予定では正午を期して決起することになっていたが、黄光華が9時に民教館に出かけたので、予定を変更して徐楚は民教館に赴き馬刀をもって黄光華を殺した。後は、黄澤寶が負傷の後死んだこと、等が文献①とは異なっている。

　徐楚は事が終わると大衆を集めて「除暴安民」の行為であったことを演説し、またそのスローガンを書いたポスターを街中に貼り出すと、警察がやって来たので元通場を離れた。陳仲文等も灌県、青城山方面に撤退した。徐楚はその後雅安に行き、名山、天全、康定方面で見かけたという人もいるが、行方を知る者はいない。

　事件の翌日、県城の文廟の土塀に「元通の黄家、罪悪は韜天、兄弟叔甥はグルになって悪事を働き、人の妻を犯し、人の田園を強奪している。我等一党は天命を奉じて、暴を殺し奸物を除く。吉吉利（原注：県城内の大東街の富くじ店）や新月亭（原注：宮墻万切下附近の茶館）は紂の虐政を助けたので、彼等と一蓮托生である。汝等に次ぐ、疎かにする勿れ」と書かれた文書が張り出された。民衆は拍手喝采して喜んだという。

　徐楚等が元通場を撤退した後、元通鎮の聯保主任は即刻崇慶政県府並びに県参議会と連絡を取り、温江県の専員公署にも電話した。温江の専員から知らせ

を受けた灌県太平郷の民団は現地の保甲組織と連合して青城山にいた陳仲文等を全員逮捕した。18歳未満の肖欽明ら2名を除く11名が処刑された。こうして、徐楚等の「除暴安民」の決起が終わると、黄光華の後を襲って黄澤寰の子・黄光輝が聯保主任となり、汚職は元より殺人・姦淫の限りを尽くし、元通場における黄家一族郎党の悪覇ぶりには変わることがなかった。

　以上は文献②21～30頁による。文献①とは違って、徐楚の妻は犯されていないし、純朴な山民は登場しない。また、①には同善社という宗教団体（中共政権下では反革命の邪教として弾圧され、今日に至っている）の存在も触れられていない。陳仲文の名も出てこないのも、同善社での徐楚との繋がりに触れたくなかったからではないか、と思えてしまうが邪推というものであろうか？私としては、地元の人の手に成る文献②の方を信用したい。

　それはさておき、黄家の支配にも日中戦争後の国共内戦で国民党が形勢不利となると共に陰りが差してきた。そのような中で、黄家一党は48年国共内戦の中で各県の悪覇に呼びかけて「反共救国」の軍を起こした。しかし、49年12月成都が平和解放されると、澤霖は急いで崇慶に帰り、元の「反共救国軍」を「協作軍」と看板を塗り替えてビラを撒き、早くから解放に呼応する活動を進めてきたかのように装い、「共産党と共に政権を握」ろうとして、一党の子分たちを集めて政県府で「民主座談会」を召集して県局の責任者を選出し、崇慶県を「平和解放」しようとした。澤霖は布告を出して、自らを中国人民解放軍協作軍司令員、澤栄は副司令員、光輝等を4個の縦隊隊長に任命する等々の工作を行った。しかし、中共は1950年1月、川西公署と温江専署の指導の下に崇慶県政府を樹立するよう指導、黄一党の策謀は成らなかった。そもそも、人民解放軍は入川に先立ち各県の情況について、かなり詳細なパンフレットを作成して持ってきており、崇慶県の黄一党について知らなかった方がおかしい（抗日戦中には小学校の図書館から延安発行の『群衆』等の出版物、重慶の『新華日報』や新華書店や生活書店の出版物が発見され、黄一党の手で焚書の処分にあっているから（①183頁）、中共の地下党員がいた可能性もある）。50年1月、黄家の一党は各郷の税糧徴収人員と人民解放軍戦士を殺した。3月中旬、黄光輝は反共救国軍を結集して崇慶県県城を攻めて失敗して捕らわれ、武力反乱は鎮圧された。11月19

日、黄澤霖、澤栄とその手先の18悪覇が人民法廷に掛けられ死刑に処せられた。観衆は４万余人であった。澤溥は51年（？）４月22日に処刑され、光輝は３月に成都で処刑され、澤民は成都での労働改造の途中で教育を受けぬまま死去した。

おわりに

　以上「元通王国」と呼ばれるほどの権勢を誇った黄氏一家について見てきた。気のついたことはその都度コメントしてきたので、あらためてここに書くことはもうあまりない。私にとって残念なことは、４万人を集めた人民裁判の場面が描かれていないことであった。おそらく、民衆が我も我もと苦しみを訴え（訴苦）、被告の罪状をあげつらい、大方興奮が冷めた所で裁判官（解放軍の関係者がなったのであろうか？これも資料がないので分からない）が判決を提示し、民衆に意見を求め、同意の声の下に判決が言い渡され、引き続いて処刑が行われたと考えられる。弁護士などはいない。悪覇のために弁護するのは悪覇の手先と見なされたことであろう。このような黄氏一党に対する処分の仕方には、なにか腑に落ちぬものがある。民衆が黄一党に対して怨み骨髄であったことは分かるが、開廷から処刑まで、余りにも期間が短か過ぎるのではなかろうか？怨みを目に見える形で一刻も早く晴らしたいという、民衆の素朴な実感に対し、人民解放軍ないしは中共の指導者はこれを押さえる必要があったのではないだろうか、そう思うのである。30年来の抑圧がなぜ続けられたのか、民衆はなぜそれほどに無力であったのか、民衆自身が自分の無力さへの悔恨の念と共に、再び悪覇を出さないにはどうすればよいのか、どのような村や街作りが必要なのか、こういった問題を突き詰めて考える方法なり場なりを提供するのが、政治的指導者たる中共の責任だったのではあるまいか？悪覇の所業を曝露し公開処刑によって民衆の支持を得るのは、たやすいことだ。だが、この限り、民衆の怯懦の責任は問われることはない。武力によって解放された民衆はみな被害者である。悪い暴力の支配の下から武力によって解放された民衆には、解放してくれた中共軍は好い暴力であるが、その暴力性について意識することはない。

意識する思考の枠組みもなければ、したがって意識する意義がないからである。民衆は土地改革の過程で旧い秩序・権威に果敢に挑戦し、これを打倒したといわれるが、それができたのは四川省の場合、人民共和国とその軍隊の保護があったればこそであった（この点では、民衆には軍の保護もなく、蜂起によって軍に参加していった、ソビエト革命期の土地革命闘争の時とは異なっている）。「封建勢力」に反対し政治的に起ちあがることは容易であった。誰もが勇敢になり得た。しかし、新しい秩序は新しい「好い暴力」によって上から作られていった。民衆の間に自発的な共同体的な場が欠如していたし、新政府も又、民衆の自主的団体には警戒心を持っていた。民間の宗教結社（会道門）などは哥老会などと同様な目で見られ、弾圧の対象とされた。この「好い暴力」装置のもとで、「悪い暴力」が復活してくる可能性等というものは、ほとんど考えられなかった。しかし、村や郷で上から任命される書記や委員は上級権力は恐れたが、民衆の世論を恐れる必要はなかった。国民の中に密告という卑劣な方法が制度化され、この制度を用いれば、都合の悪い批判的意見は「反動」「右派」「地主」といったような、党と国家の定めた公の分類に当てはめて処理することも可能であった。特に、人民公社体制が崩壊し、「改革・開放」の時代になり、資本主義経済が導入されると、地方の幹部の中から公金を横領し、過重な税金を課し、民衆の不満を暴力や司法機関との結託によって封じ込めるような悪徳幹部が出現し、中には省レベルにもそうした幹部が出現しているという。彼らは軍や学校、同郷、同族等々の複雑なネットワークを持っており、中には黒社会との繋がりのある者もいるという（何清漣『中国現代化の落とし穴』草思社、2002年）。このように、新しい歴史的条件の下で、新しい悪覇が社会の一部に出現しつつある。歴史を繰り返さぬためには、共産党の自浄能力に待つということでは済まないであろう（国民党も一党独裁によって腐敗したのは教訓的である）。かといって、新たに「好い暴力」の出現を期待してひたすら耐えるというのも非現実的である。それよりも、それぞれの庇護者をもとめて、新しい悪覇やマフィヤの下に走る方が個人的な困難を逃れるためには「現実的」な選択肢の一つかも知れない。それほどに、「悪覇」問題の社会的・歴史的根は深いのである。中国共産党はやっと近年になって、村長および村委員の民選を実施し始めた。これが、「新

悪覇」の台頭の防止になるか、彼らの道具になるかは、予断を許さない。もっとも、農民も黙ってはいないようである。「暴動」として伝えられる記事が、たまさか日本の新聞にも報道されるようになっている。農業・農村・農民のいわゆる三農問題に対する取り組みも、心ある人々によって真剣になされつつあるようだ（陳桂棣・春桃『中国農民調査』文芸春秋社、2005年）。問題は単純ではないが、中国農民の勇気と団結、世論の圧力に期待したい。それにしても、役人の不正を告発した勇気ある人々が、でっち上げ事件等により次ぎ次ぎに地方幹部の手で殺されてゆくという、『中国農民調査』に描かれているような安徽省下の農民と村委員会との関係を見ていると、元通場の話は決して過去の史実に止まらぬように思われてくる。

追記：なお河北省新郷県で宛西四県を支配した土豪・別延芳については、沈松僑が「地方精英与国家権力－民国時期宛西自治、1930〜1943」と題する論文を『中央研究院近代史研究所集刊』21期に発表しているが、別延芳が「地方自治」に貢献する所あったか否かはさておいて、赴任してくる県長や視学で気に入らぬ分子は殺してしまう等々の「土皇帝」ぶりと比べてみれば、崇慶県黄氏一族の悪覇ぶりなどは「序の口」にすぎぬことがわかる。

第7章　四川軍閥統治下における民団組織について

第1節　民団の組織に関する若干の史料

　前章においては、崇慶県元通場の団閥で悪覇・黄沢寰を中心とする黄氏一族の生態について紹介した。本章では軍閥統治時期の団の実態について、もう少し具体的に見て行きたいと思う。

　団とは団防、団練ともいい民団ともいうが、要するに民間の保安機関である。嘉慶年間の白蓮教の乱に際して清朝の正規軍が頼りにならぬため、地主・郷紳が金を拠出して郷村の青壮年を組織し、団丁と称して郷や場等郷土防衛に充てたのが始まりといわれる。一般に大戸は3～4名、中戸は2～3名、小戸は2戸で1名を出し、その内から一定の比率で県城に送り知県の統率下において、これを練丁と称した。その上部組織として、各道、府に団練総局を設けた。その後、乱が治まると道光年間には「団して練せず」という状態になり、団練経費の徴収も止んだ。しかし、咸豊年間に太平天国が起こると、道・府には団練総局、州県には団練局が設けられ、経費はその地の郷紳が出す建前にはなっていたが、実際には大小の糧戸に割り振られ、また、練丁も雇工等の貧農層から抜擢されることが多くなった。団練の任務は「匪人」を清査したり、堅壁清野を実施して、「乱民」と民衆を隔離することにあったといわれる。四川は団練が最多の省であった。咸豊・同治の時期、四川の練丁（郷勇とも呼ばれた）は約2万余人で、大県なら240人、中県なら160人、小県でも100人くらいが配置されたが、緊急時にはもっと多く、駱秉章が四川総督であった時には、各州県に命じて500人で1営を作ることを命じた。その維持経費として徴収されるようになったのが「捐輸」である（以上は彭朝貴・王炎主編『清代四川農村社会経済史』249～253頁による）。知州・知県の中から「捐輸」に名を借りて私腹を肥やすも

のも当然出てきた。また、郷村では保甲制の再建がめざされた。犍為県を例にすると、光緒2年（1876年）に保甲法が実施され、全県を72保に編成した。これを団練区画という（『犍為県志』疆土、117頁）。また、四川総督・丁葆貞の保甲整頓令により、従来の場頭という名目を改めて団ごとに団長を設け、保ごとに保正1人を置いた（同上、「武備」、1243頁）。その後光緒22年（1896年）県城に団練総局を設け、各場保に団練分局を設けた。県より団練総局に総紳2名を委託し、郷董1人に委託して駐城督弁団練とした。各場各保から練丁80名を送り管帯がこれを統括した。保甲は地域組織でもあり、民国になると、1933年の改革までは、県下は18区72保に分けられていた。

　『四川月報』4巻4期（34年10月月刊）所掲の「二十一軍戌区民団現状考察」によると、「21軍軍長の劉甫澄〔劉湘〕が川康団務委員会の組織を命ぜられる以前においては、各県の糧紳〔糧糧ともいう。郷村の実力者〕はいずれも団練を運営するという名目で地方の団隊を牛耳り、上は官府〔政県府〕と交わり、郷曲に武断し、税糧の徴収を恣にし、関所を設けて税を取り立て、裁判所を私設する」など悪事を働き、民衆は「民は〔髪？〕の如く、匪は篦の如く、団防は快刀か剃刀の如し」〔「ヘラや剃刀のように余すところなく民衆から奪い尽くす」の意味〕と謡った。「又巴県の団閥の如きは、人民を魚肉するほか、"聯団"を復活させ、官府に反抗し〔恣に？〕公務員等を殺し、こうした状態が7、8年の長きにわたって続いてきた。…四川の団務は劉甫澄氏が川康団委員会を設置して以後、初めてしだいに曙光が見え始め、その時期は民国16年より開始された」という。

　団の具体的な組織・編成等に関しては、四川省檔案館の全宗号193の案巻182に「四川省団練章程」という史料がある。残念ながら制定の時期については不明であるが、原文は「東川道飭巴県整頓団甲和 "四川通省団練章程" "剿匪計画概要" 捜匪犯辦法等文献」と記された案巻に収められているものであり、民国19年4月作成の「達県行政調査表」（同、全宗合191案巻468所収）に「通章団練章程に照らして」保甲組織の実施に鋭意努力中であるとの、知県・劉光藩の言葉が記されており、民国19年（1930年）初頭には、この章程が作成済みであったと考えられる。

四川通省団練章程

第1章 総則

第1条：本章程は各県の団練のやり方を画一化し、専ら門戸の壮丁を動員して能く相互に見張りあい、援助し合うことにより地方の公安を保つことを重視することを眼目とするものである。

第2条：各県は本章程を受了後は直ちに本法令に従い〔団を〕改組し、知事は本地の情況を斟酌して城郷の各法団、士紳を召集して検討して細則を定め（某県団練施行細則と名付けて〔県下の団練を〕画一化し）省団練総局督辦に提出し、審査を受ける。施行に当たっては、省長に相談し参考に供すること。

第2章 組織

第3条 各県城内に団練総局を設け、県内の団練を総括し、局長一人がこれを司り、地方知事の監督を受けること。

　前項の局長は県知事が当地の公正殷実で人望があり、団務を熟知している者から選んで詳細な履歴表を造り、省の総局督辦の許可を得、県に命じて省長の参考に呈して〔人選を〕咨る。〔局長は〕職に就いて後は団務以外の職を兼任することはできない。また、汚職、職務怠慢等のない限り任意にこれを更迭することはできない。

第4条　各県は各郷鎮の適当な古い寺や観〔道教の寺〕を公所として、団練辦事処を設け、団総一人がこれを司る。（繁盛の地には副団総を設けることができる）…

第6条　各県の団練局内には書記、庶務各一名を置くことができる。辦事処内部では庶務兼書記一名が地図、記録、公共物の保存、団費の収支、公文書の起草等に当たる。事務が煩雑である場合には臨時雇用をして処理することができる。

第7条　各県の団練局は局長がその県の公正士紳二三人を招聘して経験・学識に富む者を選び、本局参議として団練の重要事件について相談することができる。

第3章

第7章　四川軍閥統治下における民団組織について　335

　第9条　各県の県内においては、城郷市鎮を問わず戸ごとに以下のように団に編成する。すなわち、十戸を牌として牌長一人を推薦し、十牌を甲となして甲長一人を推薦し、十甲を団として団正一人を推薦する（各団の繁盛の地には副団正を設けることができ）地方知事がこれを許可する（十牌に満たないが五甲を越える場合には一団に編成し、五甲以下並びに斟酌して隣の団に附けることができるものはその団の余りと共に甲、牌を編成し許可を受けることができる）。…

　第11条　各団戸にもしも盗賊を匿いないしは窃盗品を預かっているような者のある場合には、団正等は随時に調査し辦事処及び団練局に密報し、再審査の上県知事に報告し、捕らえて罪を究明し処罰する。

第4章　壮丁の訓練

　第12条　各県内では県城、郷、場市を問わず、およそ民団に編成された各戸は、戸ごとに一人を選ぶ。年齢十六歳以上五十歳以下で単丁〔一人息子ないしは身寄りがない独身者という意味か？〕及び身体障害者でないものは皆門戸壮丁とする。各戸は壮丁を選び出し、もしも、正当な業務で団に服務できない時には、自ら適当な人物を雇用して代わりとなし、雇用者が費用を支払うものとする。

　第13条　各団の門戸壮丁は選ばれた後は第一班第二班の如くに分けて見張りの任務につき、全県に定額なく、月給・手当は支給せず、輪番で本団に到り、適当な地点で毎月少なくとも二回の操練を受けるものとする（もしも冬防及び土匪の多い地方は操練の期間を密にし、もって熟練に資することにする）。

第5章　練丁の募集

　第15条　各県の団練は第4章に触れた、選出した門戸の壮丁以外に募集した常駐の練丁を有し、武器・経費等は計画的に定めて、効果の著しいものは事件があればしばらく旧通り壮丁と相互に輔けあうことを許す。もしも、繁要の地方で土匪が盛んに活動しており、民団の壮丁が頼りにならない場合には、知事が団練局長を督導して数を斟酌して専門の者〔練丁〕を集め〔て民団を組織し〕巡防・逮捕の任を担当させて、壮丁の及ばぬところを補わせることができる。

前項の練丁の数の多少は各県の知事が地方及び財力の情況を斟酌して定めて上申して許可を得、匪風が治まればすなわち人員整理を行い、経費を節約する。もしも、地方に大規模な土匪の被害がなければ、民団の門戸の壮丁で防衛するのに足れば勝手に専門の練丁を招募してはならない。

第16条　各県の臨時の練丁は地方の情況に応じて若干の区に分ける。すなわち、若干の隊に編成し、隊毎に練長一人をもって管帯〔大隊長〕兼教練担当に当てるが、相当の学識を有し兵事を諳んじる者をもって合格とし、知事が団練局長を督導して、選抜・任命し、〔省〕督辦に報告を上げ、許可を得て後、県より省長に諮るものとする。

第17条　練丁は土着の壮年の内から質朴にして労苦に耐え、家柄がしっかりとしていて不道徳な行いや嗜好のない者を合格とする。その区の各郷鎮の団総・団正等は身元確実な者を選出して団練局に申し送り、団練局から知事に申請して認証を得るものとする。

第19条　練丁は各郷鎮より送られて隊に編制され、平時は区に分駐し練長が率いてその区に赴き各郷鎮で遊撃に当たるか、あるいは要所に駐屯し、緊急事態に直面したら即座に応援に赴き一所に専住することはならない。

第20条　前条により練丁の統一規定により、知事は随時に取り締まり、各団首が各団の外に別個に名目を立てて私に練丁を招募し混乱に至らぬようにしなければならない。

第6章　操練及び服務

第21条　壮丁の操練の方法は銃、砲、刀、矛、雑伎をもって主とし、並びに短い上着に腕章を巻き能力を識別し、服装の製造は省の団練総局より画一に様式を定めて頒布する。

第22条　練丁の教育は専ら各種の銃砲の射撃を習い、用いるべき服装・帽子と徽章は省の総局が様式を規定し頒布する。

第23条　各県の団練は原から武器を備えているものが有れば、知事が調べ明らかにして番号を烙印して保存し、如何なる軍隊もこれを用いることはできない。もしも、武器を増やす場合には、先ず督辦に申告して決裁を受けなければならない。

第9章 経費

第38条　各局長、参議、団総等の名誉職には月給を支給しない。但し、輿、馬、食事代は局が支給する。その書記、庶務の月給は軽減を宗とする。

第39条　練丁、練長及び各団教練員にはみな月給を支給する。月給は当該の団練局が斟酌して定める（但し、練丁の月給は多くとも六千文を超えてはならず、練長は多くとも二十千文を超えてはならず、教練員は多くとも十千文を超えてはならない）。…

第40条　団練の経費は知事が同局長を督導し局用及び全県の需用の費用はこれを節約して予算を組み、収支表の形式で省の総局督辦に具申し、許可を受けるものとする。許可された支出項目に照らして、局長は各団総に毎月の収支項目を冊子に造り報告させ、知事が審査の上承認し、これを一面にして団練局の門内に掲示し、もって信頼の証とする。

第41条　各県の団練経費は省公署の通令する画一の辦法を遵照し、原有の団底〔団の資産〕は該処で民団及び門戸〔の壮丁〕・練丁の経費を処理する〔のに用いる〕外、常練の経費は応に予算の通りに糧税の附加税に応じて集金する。知事は二三回〔正紳を〕集めて辦法を議論して結論を出し、その徴収方法を上申して許可を得る。徴収局が徴税を代行する方法もあるし、あるいは又地方より正紳を公に推挙して彼らが自ら徴収や蓄えの経理に当たるようにすることを、知事が認める方法もある。団練局は所用の経費を逐次支給してもらう。ひとたび、匪風が平げば、団練は撤廃し、即時に〔活動を？〕停止する。

　前項で原有の底とは団・保が旧時に団運営のために備え置いた田や屋敷からの小作金や使用料収入、祭りの経費の余り、その他預金した基本金からの利息の類をいう。

第42条　各県が常練の経費を集めるには地方によって情況が異なる。糧税附加によって集めるのに不便な場合は、理由を声明して省議会に具申して許可を得る。団費を集める方法を諮るに、別の方法としては次のような方法がある。

　（甲）畝捐

　　　　肥沃な田地で実行できる
　（乙）租穏捐
　　　　山田山地で実行できる
　（丙）門戸捐
　　　　城鎮場市の殷実な富戸に実行できる
　（丁）神会経費の余り
　　　　従来は提起しなかったが、現在は提唱可能である
　（戊）当地の主要な産物の捐
　　　　必ず当地の主要な産物にしてはじめて捐税を徴収することができるが、統捐税の徴収の妨げにならないことを原則とする

　以上の章程によって団練の基本的組織・財源等は明らかと思われるが、この通りに各県の団練が活動していたかどうかは分からない。しかし、「正紳」と県知事・団練局長が県の団務の決定に当たっていたことが、以上から明らかである。また、局長以下団総に到るまでが無給であるのも注目される点であり、任に当たることができたのは時間的にも金銭的にも余裕のある地主や富商等であったろうと推測され、団練が基本的に地主・郷紳層の利害を反映した地方治安組織であったことがわかる。なお、所持する武器には県知事が烙印を捺し、軍隊の利用を禁じていることにも注目しておきたい。また、団総とはここでは郷鎮単位の団の長を指す言葉として使われているが、団練総局の長を指す言葉としても用いられた。更に、第17条のように専業的な練丁は「家柄のしっかりした者」から抽出されていることも、注目される。最後になるが、41条に書かれているように、団練があくまでも「匪風」著しい場合に臨時的に組織されるものであって、「匪風」がやめば解散することになっていることである。これは、団を保甲制に組織して、恒常化したその後の法令とは根本的に異なる点である。

　次ぎに団練組織に関する法令としては、上の団結章程よりも古いかもしれない法令が鄧錫侯の国民革命軍第29軍の機関誌・『政治旬刊』第27期（1928年）に四つほど掲載されているので、これを紹介することにしたい。

　先ずは「国民革命軍第29軍司令部改訂駐区各県団務設施規定」から。

第2条　団務委員会は、知事が団務委員選挙規定に照らして団務委員選挙会を召集し、若干名を選挙して、これを組織する。
　第3条　各県団務委員選挙の人数は各県の団〔守備地域〕の区分の多寡を基準とし、区毎に選挙人1人を選ぶ。その選挙規定は別に定める。
　第4条　団務委員会には常務委員若干名を設けて進行しつつある事件を処理する。
　第8条　常務委員会が委員会の決議に不適切な点を認めた時には、委員会に差し戻す。再討議の結果が変わらぬ場合は、県団務監督が最終決定を下す。
　第9条　県団務委員会は督練主任1名を選び、団務監督に申請し、教練の計画、各区督練員の考え方の是非・良不良の評価に当たるよう求める。
　第11条　県団務委員会の経費は門戸練の項目内から支出する。但し、[団務監督に]報告しなければならず、団務監督は県の団の活動情況を斟酌して審査・決定し、決定後は[予算]全体を法団機関に示して公式に決定する。

　以上のような内容から、団務委員会が郷紳・有力者を召集・組織するものから、「選挙人」資格を有する者が選挙するという形式を取っていることは、実態に変わりは無くても、「通省練団章程」よりも一歩前進と評価できる。しかし、団務監督が最終決定権を有するということにより、団務委員会の「民主的」性格はたちまち馬脚を現してしまう。では、次ぎに選挙人の選挙資格について見てみよう。団務監督はおそらく29軍派遣の軍人であろうと思われる。
「国民革命軍第29軍司令部改訂駐区各県団務人員選挙規定」
　第1条　県団務委員会の委員は教育会、農会、工会、商会の各界の正副会長、地方収支所長、県国民党部の執行・監察委員各1名、高級小学校以上の学校長および区正［区長］が選挙会を組織して、毎票2名を連記して投票し、最多の者より順次当選者を決定する。もしも、上記の法団・機関が未成立ならば、暫くは空けておく。
　第2条　県団務委員の任期は2年とする。
　第5条　県団務委員は左に列挙する資格の一つを有してはじめて当選とする。
　　1、国民党員で中等以上の学校を卒業し、団務処理に当たり成績卓越せ

る者
 2、三民主義を篤く信じ、政治・軍事・学識の豊富な者
 3、団務に当たること満5年以上で、成績優良なる者
 4、郷村の名望があり、嘗て地方の公益事業の処理に当たり声望著しい者

(無資格者の規定を要約すれば以下のとおり。公民権剥奪者、国民党に対し反動的人物、破産者、アヘン嗜好者、武器を持ち軍を作るなど、劣績著しい者、現任の文官・武官)

第6条 各区の区正の選挙は県団務委員会が該区の左列の各委員を召集して選挙する。
 1、本区の現任の団正
 2、本区の小学校校長および教育委員
 3、本区の各法団の正副会長。ない場合は欠とする

第7条 区止が選ばれたら県団務委員会が団務監督に審査・決定を請う。

第8条 各区の区正が正式に認められたら、団務委員会が連席会議を開いて今後の団務遂行の方法を協議・決定すると共に、各区から督練員1人を選挙してその区の教練・事務を専任させることを決定し、団務監督に委任方を要請する。

第9条 区正の任期は2年とし、再任を妨げない。

第10条 区正は左の資格の一つを有してはじめて当選とする。
 1、国民党員で地方の公益事業の処理に当たり成績顕著なる者
 2、高級小学校を卒業し団の運営経験のある者(但し第5条に挙げた無資格者を除く)

第11条 団正の任期および被選挙資格は区正と同じ。

第12条 甲長・牌首の選挙は団正が該甲内の居民毎戸1人を召集して会を開き、これを選挙する。選出後は団正が団務委員会に報告し、認可を求める。

 以上のように、国民党や三民主義が資格要件の一つに加えられたことは、先の「通省団務章程」との時代背景の違いを反映している。又、「選挙」とは名

ばかりで民主主義とはほど遠いが、紳士や校長等郷村の名士の世論を汲み上げようとしていることは明らかである。又、団正が甲長・牌首の選挙の責任を負わされているのは、村落制度の一環に団練が組み込まれてゆく過渡的形態を示すものと思われる。

次ぎに、同じく「各県団練編制規定」というのがあるが、ここでは「練丁」という存在がなくなり、戸ごとに1名を出す門戸壮丁の中から身体壮健で「器械精良」な者10～30人を選んで3ヶ月毎に輪番で訓練および指揮を受ける（第4条）としているのが、練丁を募集する「通省団練章程」と異なる特色である。また、同「各県団務経費規定」というのがある。これは、「通省団練章程」よりも詳細な規定であり、参考までに主要な条項を以下に引用する。

第1条　本軍駐屯区各県の団務経費は県知事が地方法団および団務人員と共同して、各県の団務に要する最低額の経費に照らして定額を計り定める。県は随時自由に団費を集めて人民の負担を増やすようなことをしてはならない。

第2条　各県の門戸練が必要とする当年の経費は県団務委員会および各区区正が、上項のように定めた徴収額に照らし、収入を見て支出を決め、詳細な予算書を作成し、地方法団機関に渡しその審議に任す。〔地方法団・機関は〕予算案の審議に当たり、情況を斟酌して統一的な準備方法を決める。勝手に名目を決めて〔団費を〕徴収してはならない。

第3条　団務経費は公開・独立主義をとり、法団が殷実な正紳二人を選挙して県署に一名を選んで委任してもらう。県の団務経費の収支担当者は県知事の監督を受け、各法団の検査を受け、議決の項目・数額に照らして、全県団務経費の収支に対し全責任を負う。

第4条　各区団務経費は各区法団が殷実な正紳一人を推薦して県団務委員会に呈し、県団務委員会より県署に回して、区団務経費経理員に委任してもらう。経理員は県団務収支員の命令を承けて、該区の収支に全責任を負う。但し、毎月の該区のあらゆる収支の費目は列記して各市場に張り出し、民衆に周知せしめなくてはならない。

第5条　要約（団務経費は半年毎に法団機関の審査を受け、毎月1回支出項目を列挙して法団機関に届け出る）

第6条　団務経費の収支員は帳簿を作り各法団の会計検査を受ける。もし、ツマミグイやネコババ〔侵食浮濫〕等の情況があれば、県署が委任を取り消して賠償の責任を取らせるほか、法律上の制裁に処する。

以下略

団務経費の取扱者として「殷実な正紳」の役割が大きいことがわかる。汚職を働いたような場合に責任の取れるだけの資産のあることが要求されたためという釈明もあるかと思われるが、現実にはその逆で、団務経費取扱者としての地位を利用して私腹を肥やす場合の方が多かったのではないかと思われる。それでも、第4条のように、団款の公示を義務づけているのは注目される。一般民衆は文盲が多かったから、どれほどのチェック機能を果たせたかは疑問であるが、非公開よりはマシであろう。

次ぎには1932年に21軍防区から出された「川康団務委員会改訂民団訓練綱要」を紹介しよう。「訓練綱要」となっているが、組織編成にもふれているほか、以上の諸法令とは微妙に異なる点もあるので、なるべく簡潔に紹介したい。

「第1章　総則」では第2条で「民団の種類は模範壮丁、精選壮丁、普通壮丁の外に少年義勇隊を特設する」という規定がある。但し、少年義勇隊が実際に設置されたかどうかは不明である。

ところで、冒頭に引用した『四川月報』の文章には、劉湘が旧来の団練＝民団を改編して「民兵制」を敷き、「全民皆団、全団皆兵」の体制をスローガンに、防区各県の民丁をA模範壮丁、B精選壮丁、C普通壮丁、の3種に分け、「およそ戌区の居民で18歳以下45歳以上及び単丁で疾病のある者以外は、戸ごとに1人を挨門丁として出す。これすなわち普通壮丁である。20人から40人をもって小隊となし、1小隊から4小隊をもって1分隊となし、2分隊から4分隊をもって1中隊とし、4中隊から8中隊をもって1大隊とし、4大隊以上を1区隊とし、各隊に隊長1人を設ける。該当の場（郷と同じような行政単位。後廃止された）の壮丁から編制後、団正が毎100戸から10名〜20名を抽出し精選壮丁とし、同様に編制する。模範隊丁は精選丁から〔　〕を抽出する。」とある。原文が判読困難な所があるので少し後の記事になるが、同誌5巻2期（34年5

月刊)「宜賓団務概況」に拠ってみると、全県の精選隊は96中隊、模範精選隊が7中隊あり、精選隊は正丁30人が1分隊、3分隊で1中隊を構成するとなっている。模範隊の隊員は生産労働から離脱した、専業の団丁である。前引の諸資料に較べると、普通壮丁、模範壮丁(練丁)の外に精選壮丁という種別を設けた所に特徴がある(なお、前引の牌甲制は保甲制に改められた)[1]。しかし、「民団訓練綱要」第9条には以下のように記されている。

第9条　およそ年18歳以上45歳以下の男子はいずれも壮丁全体として編制を加える。
　　1、18歳以上30歳以下の者を精選壮丁とする
　　2、30歳以上45歳以下の者を普通壮丁とする
　　第1項の壮丁で身体不強なる者は第2項壮丁に編入する

　ここからもわかるように、1932年の段階では年齢によって普通壮丁と精選壮丁とが分けられていた。このような区別がその後も続いたのかどうかはわからない。少なくとも普通壮丁の中から抽出された者が精選壮丁であるというような、上引の『四川月報』の記事とはニュアンスが違っている。おそらく、この「綱要」の規定が後に改められたのであろう。

　次ぎにこれまで見てきた資料には見られなかった事柄として、壮丁の免除規定がある。すなわち、

　第11条　およそ左列の事情の一つに該当する者は県団委員会に申請して服務を延期することができる。
　　1、学校に就学中の学生および教職員(学校は別の法令により組織する)
　　2、軍政或いは地方機関に服務している人員および丁役
　　3、鉱山・工場およびその他の公共組合で働く労働者(商店の雇員、徒弟

---

(1)　なお、渠県では2区ごとに民練(民団)1営を設け、県に精練(模範隊に相当)1営を設けた外に「県の富紳が近く又自願隊〔志願隊もしくは義勇隊〕を成立させる予定であり、糧食・服装は自弁で…各区の団・隊は銃を所持するもの2000余人である」と伝えられている(『四川月報』4巻1期「匪区各県団務概況」)。公式の民団とは別個に「富紳」たちが義勇軍を作ろうとしていたことを伝える史料として注目されるが、21軍がこれを許可したかどうか、結果は不明である。

　　　　はこの例に含まない）
　　　4、正常な職業をもち遠くに出かけている者（もしも本軍区内に住んでいるなら、その地でこれを組織する）
　　　5、純粋の労働家〔その日暮らしの労働者のことか？〕或いは行商人で終日食べることで手一杯で、門戸を自ら構えることのできない者

また、参加できない者については第12条で規定している。アヘン喫煙者、公民権剥奪者、官庁が反動と認めた者、禁治産者もしくは準禁治産者である。

　次ぎに、

　第14条、毎郷鎮に精選壮丁1中隊を設け、あらゆる精選壮丁を編制する。もしも銃が精選壮丁全員に分配できなければ、銃の数の2倍ないし3倍に編制し輪番で操練する。それでも余りが出れば、普通壮丁に編入する

　とあるが、このようなことが生じるのは、精選壮丁と普通壮丁を年齢で機械的に分けるからであろう。

　精選中隊を若干の分隊に分け、毎分隊は30人を基準とする（第15条）、普通壮丁は30人で1小隊、90人で1分隊とする（第20条）といった規定は、むしろこの「綱要」以降の『四川月報』の記事の方が先に引用したように緩やかであり、また、模範隊は精選壮丁の中から優秀な者をクジ引きで選んで、6ヶ月ないし3ヶ月間務めさせるとある（第18条）。

　次ぎに「第4章　武器（槍械）」

　第35条　各県の団務委員会模範隊は本〔委員〕会の通令に従いできる限り公有の銃を買い揃える。

　第36条　精選丁の用いる銃はその地の公有の銃の外に、全ての私有の銃を徴集する。銃を所持していて精選壮丁の無い家は自分で人を雇って使用することを認める。その他は郷鎮訓練所が借用し、訓練期間満了後に返還する。

　この第36条の規定からすると、銃を持つ者には精選壮丁を出すことが義務づけられていたように受け取れるが、その実態に関する史料は未だ入手していない。

　模範隊にいる3ヶ月ないしは6ヶ月の間の食糧と日当は当然支払われたと思われるが、この「綱要」には明確な規定がない。但し、「第5章　服装および

第7章　四川軍閥統治下における民団組織について　345

食事」の諸条項によると、模範丁には軍服が支給された（第39条）、精選壮丁は毎年冬期に1ヶ月間集団訓練を受けねばならないが（第28条）、その時の食事は公費で支給される（第41条）。但し、平時の食事は自分で用意する。普通壮丁も食事は自弁である（同）。

　以上、20年代後半から30年代前半の民団に関する法令（章程・規約・綱要）を見てきたが、民団が保甲組織化される傾向があり、国民政府の下で、その保甲が郷鎮レベル以下の行政・治安・自治組織として発展して行ったことは周知のとおりである。なお、保甲制度についての古典的研究としては聞均天『中国保甲制度』（上海商務印書館、1936年）があるが、冉綿恵・李慧宇『民国時期保甲制度研究』は、四川省の保甲制の実態についての最近の研究成果である。残念ながら、「第3章　民国時期四川的保甲制度」は新県制下での保甲制度の分析であり、それに先立つ四川の保甲制についての言及はない。それ故、拙稿にも多少の意義はあろうかと思うしだいである。

　ところで、前の「二十一軍戍区民団現状考察」には民団の「行政組織」が機関、団隊、学校の三つに分けて、以下のように図示されている（これは、『政務月刊』第2巻第2期（1934年2月刊）の所掲の凌雲「四川民団現状的考察」と同一のものである）。

　上表は21軍防区が団を整理し始めた頃の組織表であるが、団組織と行政組織との一致が特色である。だから、県の団総ともなれば大きな力を揮った。例え

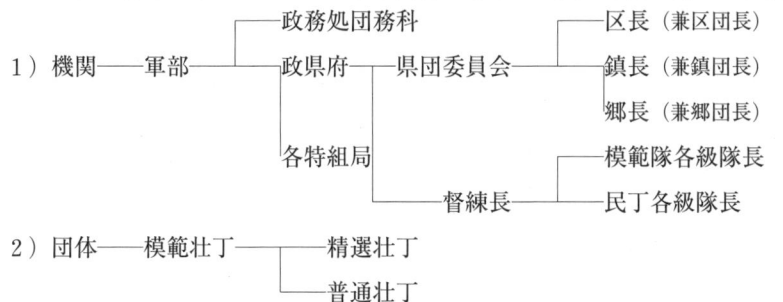

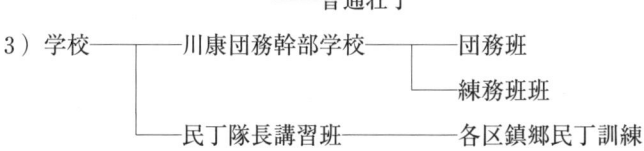

```
1）機関──軍部──┬─政務処団務科
　　　　　　　　　├─政県府─┬─県団委員会─┬─区長（兼区団長）
　　　　　　　　　│　　　　　│　　　　　　　├─鎮長（兼鎮団長）
　　　　　　　　　│　　　　　│　　　　　　　└─郷長（兼郷団長）
　　　　　　　　　├─各特組局
　　　　　　　　　└─────督練長──┬─模範隊各級隊長
　　　　　　　　　　　　　　　　　　　└─民丁各級隊長

2）団体──模範壮丁──┬─精選壮丁
　　　　　　　　　　　└─普通壮丁

3）学校──┬─川康団務幹部学校──┬─団務班
　　　　　│　　　　　　　　　　　└─練務班班
　　　　　└─民丁隊長講習班──────各区鎮郷民丁訓練
```

ば、21軍防区の酉陽県では33年当時以下のような状態にあったという。

「各郷の団保は政府の縛りがないので、常に私人の武力を借りて郷民を魚肉し、時に軍隊や汚吏と上下一体となってやりたい放題の悪事を働くが、各郷の民衆は敢えてこれを咎めようとはしなかった。去年の旧暦6月、西路の舖子郷の居民・鄭孝廉の家は匪賊の白営長、湛子卿等に略奪された。舖子郷の団隊は匪勢の大きさを恐れて、敢えて戦おうとはせず、鄭の子4人が拉致された。そこで鄭孝廉は色々の方法で郷長の陳植三、団務処師爺の陳昆崙に土匪の下に出向いて交渉するよう働きかけた。白営長は当初身代金3000元を要求したが、陳師爺の再三の要求の結果、400元で話がついた。陳師爺は鄭家に戻ると460元で話がついたと報告し60元を猫ばばした。…郷長の陳植三は陳師爺が60元を猫ばばしたことを知ると、羨ましさから陳師爺を土匪に通じた罪と称してこれを捕らえ、罰金100元を課し、また鄭家が裕福で金を揃えて人質を取り戻したのを見て、鄭家も匪徒の増加に手を貸したとして、通匪の罪で鄭を家に幽閉して殴る蹴るの暴行を働き、骨が剥き出しになるほど打擲した。鄭はやむを得ず80元を支払って釈放された。このことを知った里長の冉光樹は、又鄭を脅して25元を手に入れた。すると該郷の団練大隊長・陳某と分隊長・黄某は分け前に与れなかったので、鄭にまた20元を出させ、ようやく騒動は終わった。鄭は子に県に訴えさせたが、陳〔植〕〔三〕は事実無根と言い張りあれこれと脅し、暗殺しようとしたので、鄭は秘かに県外に逃亡した」(『四川月報』3巻5期「酉陽団保魚肉郷民」)。土匪から民衆を護るべき存在である民団の責任者が、土匪並みの収奪を行っているわけである。だから、軍閥や団閥を「合法的」、土匪を非合法な収奪者である（王国瑾「建国前永川県経済漫談」『永川文史資料選輯』第4輯110頁）という見方もできる。

このような民団組織が正税・附加税及び各種の苛捐雑税を「県〔や徴収〕局の委託を受けて各団・保甲に代徴させていた」（呂平登『四川農村経済』528頁）といわれている。21軍防区ではないが、剣閣県では県長は「全県の各団総に、配下の保甲長や排頭（すなわち什長）に領収証を手渡して、最後には糧戸に期限付きで納税するよう命じていた。同時に、県政府は団に催款委員一名を派遣し、これに司法隊若干人（すなわち差人〔という属吏〕）を率いて団総の家に在っ

第7章　四川軍閥統治下における民団組織について　347

て納税を督促し厳格迅速な手段で、数日内に農民に税を払わせ、さもなければ鎖に繋いだり拘留したりした」という（杜全庄「防区時代籌集軍餉概況」『剣閣文史資料選輯』第6輯106頁）。また犍為県の例では「副郷鎮長は専ら軍款の代徴に責任を負った」といわれたりしている（『四川月報』6巻2期「犍為県政一瞥」）。永川県では団総は駐屯軍のために徴税するに際して5％の手続費を手にいれたといわれる（王国璠、前掲101頁）。また、軍隊が直接徴収に赴くこともあった。例えば、「昔防区時代には、各県の徴収する税款は、例えば各師・旅団が人員に兵を率いて督促に赴かせた。もとは政県府が統一徴収統一移管を行っていたのに、配分を均すことが困難なので全県を若干の区に分かち、各部隊の要求額に応じて、分割して交付させることにし、各部隊各々に自分で徴税させた。この結果、額外の徴収が行われ、耐え難いほどであった」という（中国地政研究所叢刊、金海同『眉山犍為田賦研究』下4447頁）。また、「税款の催促の兵は、最低限度でも一連（一個中隊）、多ければ一営（一個大隊）が出向いた」という記述もある（朱契「四川省田賦附加税及農民其他負担之真相」、『東方雑誌』第30巻第14号、90頁）。しかし、軍隊が直接徴税を赴くことは例外であって、民団組織＝保甲組織が徴税を請け負うのが普通であった。

　また、軍隊が税金の先取り（預徴）をしたのは有名であるが、預徴の対象になったのは、とことん貧しい農民でもなければ、金も勢力もある地主たちでもなかった。先の剣閣県の例などによると、権勢のない地主や富戸であったと思われる。

　以上のように団総は軍閥の集金役を務めることによって、公式5％の収入を得られたばかりでなく、団総の手元に集まった金を使って高利貸しを働いたといわれる。すなわち、呂平登は次のように述べている。「団閥は農村高利貸しの唯一の主人である。四川の各一場鎮にはいずれも三、四の銭荘があり、団閥の開設したものである。その資本は団款（団費）、地方公金、あるいは合股〔旧式の合資組織〕に拠るもの等である。……これらの銭荘は10元の資本で、月末には三四十倍の元利を手に入れる」と述べている（前掲書、453頁）。

348　第2篇第2部　四川軍閥と各種の関連社会組織についての諸考察

表1-A　21軍の旧防区における団款収支の状況（1933年）

単位：元

収支概況 県名	a 両年糧税	b 団款糧税附加収入	c 団務その他の附加税収入	d 団款収入総額	e 純粋な団款支出					l 合計	f 自治経費及び電話費			o 合計
					g 団委員会	h 督練部	i 模範隊	j 民丁教育及び特別支出	k 臨時費		m 自治経費	n 電話費	
万県	149,850	137,307	27,680	164,989*	13,244	4,056	27,424	60,700	20,466	125,890	39,096	無	39,096
忠県	102,530	102,000	無	102,000	7,956	3,432	24,132	24,331	12,704	72,555	34,248	2,000	36,248
大竹	236,186	110,000	無	110,000	7,044	3,060	26,847	28,124	10,093	75,168	46,804	無	46,804
涪陵	178,806	150,937	7,248	158,185	7,248	3,996	41,677	32,840	18,104	103,865	54,320	無	54,320
巫山	6,808	43,757	12,600	56,357	5,172	2,724	28,746	9,892	13,725	60,259	6,336	無	6,336
石柱	20,604	40,000	1,706	41,706	4,944	2,412	11,889	無	17,461	36,706	無	無	無
璧山	51,788	59,800	19,412	79,212	7,536	3,666	18,672	12,120	17,298	59,292	19,920	無	19,920
巫溪	1,978	34,200	23,200	57,400	5,916	2,472	29,148	7,204	8,820	53,560	3,840	無	3,840
鄰水	158,028	111,000	無	111,000	9,140	3,816	32,479	27,540	17,681	90,656	25,344	無	25,344
長寿	68,910	98,109	無	98,109	8,244	3,494	26,277	21,718	17,133	76,866	21,240	無	21,240
梁山	191,750	178,989	2,800	181,789	12,848	4,140	27,314	68,530	39,676	152,508	29,280	無	29,280
武勝	124,004	109,939	無	109,939	5,340	3,336	30,848	33,164	19,010	91,698	15,840	4,696	20,536
銅溪	156,072	133,896	240	134,156*	7,008	3,816	37,008	24,156	36,227	108,215	25,920	無	25,920
奉節	38,460	50,052	14,724	69,776*	6,912	3,042	27,340	8,300	9,061	54,655	15,120	無	15,120
雲陽	59,428	70,000	8,977	78,977	7,080	3,396	12,790	26,511	10,118	59,895	19,080	無	19,080
墊江	117,398	114,700	1,984	116,684	7,188	3,384	40,170	25,408	16,785	92,935	23,148	無	23,148
酆都	76,708	80,000	無	80,000	7,716	3,174	21,898	10,840	12,284	55,912	28,992	無	28,992
江北	98,626	81,000	13,750	94,750	9,156	3,732	27,252	9,148	14,982	64,270	30,480	無	30,480
南川	94,600	88,000	無	88,000	5,904	2,664	25,969	14,670	24,752	73,952*	14,040	無	14,040
開江	86,222	52,000	2,000	54,000	8,505	1,884	20,684	11,792	11,194	54,059	17,136	無	17,136

第7章 四川軍閥統治下における民団組織について 349

綦江	65,352	35,000	34,557	69,557	8,004	2,827	21,417	18,642	28,608	79,318*	13,680	無	13,680
合川	234,920	178,784	168	178,952	12,384	4,308	55,929	43,912	25,938	142,471	36,480	無	36,480
秀山	8,976	88,000	1,236	89,236	6,048	3,588	31,920	5,760	18,640	65,956	23,280	無	23,280
黔江	10,390	10,000	1,058	11,058	2,532	1,788	7,788	3,457	2,493	18,058	無	無	無
開県	108,382	151,463	無	151,463	8,232	3,708	46,608	21,040	21,259	100,847	50,616	無	50,616
巴県	228,796	205,200	19,078	224,278	9,612	4,872	49,094	65,530	9,609	138,717	85,560	無	85,560
酉陽	9,872	7,000	38,700	45,700	5,772	2,076	8,778	3,600	10,492	30,718	17,220	無	17,220
彭水	21,314	41,000	1,200	42,200	4,608	2,472	19,428	2,152	5,442	34,102	12,312	無	12,312
合計	2,706,758	2,562,133	232,318	2,794,451	211,293	91,335	779,526	621,081	470,055	2,173,290	709,332	6,696	716,028

出所 『政務月刊』第2巻第5期 98－101頁

引用者注 b＋c＝d、g＋h＋i＋j＋k＝l、d－l＝oとはならない。fは県別の数字をつけたとしか思えない。方県のd項は164,987、銅梁のd項は134,136、奉節のd項は64,776、南川のl項は73,959、綦江のl項は79,498。各項合計欄は以上の修正を施して計算している。

表1－B　21軍の新防区における団款収支の状況（1933年）

単位：元

	a	b	c	d	e							f		o
					g	h	i	j	k	l	m	n		
	両年糧税	団款糧税附加収入	団務その他の附加税収入	団款収入総額	団委員会	督練部	模範隊	民丁教育及び特別支出	臨時費	合計	自治経費	電話費		合計
富順	336,960	166,725	8,592	175,31*	12,396	4,056	55,569	45,040	28,561	145,622	38,411	1,284		39,695
江津	222,448			162,793	11,046	4,436	58,122	34,901	24,796	133,301	38,490*	1,000		29,490
瀘県	388,970	230,400	7,068	237,468	12,185	3,995	56,448	74,641	81,443	228,712	37,456	無		37,456
宜賓	121,886	158,554	無	158,554	9,888	4,560	55,569	26,909	44,862	141,788	28,140	7,044		35,184
永川	92,738	87,627	3,840	91,467	8,976	3,336	34,332	19,664	17,131	83,439	20,376	無		20,376
合江	159,052	101,160	15,695	117,055*	6,535	2,976	24,980	25,760	34,532	94,783	19,980	4,310		24,290
大足	147,452	89,561	無	89,561	6,180	3,336	29,778	16,980	16,491	72,765	21,276	無		21,276
高県	10,108	25,600	1,000	26,600	4,104	2,112	10,497	2,600	4,864	24,177	3,200	無		3,200
隆昌	131,908	91,800	4,949	96,794*	9,180	2,844	27,756	25,914	9,323	75,017	16,656	5,130		21,786
栄県	221,526	73,020	10,972	83,992	6,355	4,553	20,448	17,168	11,911	59,435*	24,606	無		24,606
威遠	141,434	47,146	4,257	51,403	5,040	2,472	11,672	11,880	6,254	37,318	12,870	1,216		14,086
珙県	6,496	17,550	4,760	22,310	3,708	984	7,353	2,400	2,424	16,866	6,516	無		6,516*
内江	231,532	144,722	10,068	154,790	9,306	3,288	46,620	25,738	25,247	110,199	32,370	2,220		34,590
慶符	19,416	16,100	8,400	24,500	4,152	2,040	6,960	2,000	9,908	25,060	3,440	無		3,440
栄昌	105,858	92,736	2,565	95,301	8,008	3,060	34,886	21,577	12,424	79,955	30,844	無		30,844*
江安	111,258	59,400	2,720	62,120	5,712	2,760	18,414	13,794	11,198	51,878	9,000	1,752		10,752
筠連	788	17,640	10,570	28,210	5,289	2,136	10,329	22,320	5,754	45,828	2,880	無		2,880
屏山	20,308	36,000	4,780	40,780	5,952	2,328	17,649	1,350	11,500	38,779	無	無		無
長寧	74,062	50,394	5,292	51,705*	5,220	3,216	16,927	12,660	8,692	46,715	8,064	無		8,064
納渓	21,512	19,691	200	19,861	4,500	1,440	7,718	1,920	2,412	17,990	1,900	無		1,900

第7章 四川軍閥統治下における民団組織について

古宋	13,548	10,950	3,900	14,850	2,880	1,104	5,016	1,080	2,381	12,461	388	2,388
古藺	19,343	10,874	10,200	21,074	3,360	1,620	8,163	480	850	14,473	無	6,600
南溪	169,928	72,000	5,000	77,000	6,250	3,038	21,968	16,340	16,941	64,537	1,848	12,408
犍為	165,840	69,240	12,108	81,348	7,476	3,319	19,207	11,600	16,705	58,307	無	23,040
興文	1,898	9,000	2,280	11,280	1,908	600	4,524	360	2,867	10,259	無	1,200
叙永	21,536											
合計	2,957,805	1,697,890	139,216	1,999,867	165,606	68,609	610,902	435,076	409,471	1,690,664	26,192	391,691

出所『政務月刊』第2巻第2期 101–104頁

引用者注：b＋c＝d、g＋h＋i＋j＋k＝l＝oとはならない。fは別の数字をつけたとしか思えない。またf項内部でも明白な誤植が散見される。f項内部のo項から電話料を差し引いてm項を出した。富順県のd＝175,317が正しい。合江県b＋c＝116,855でないとおかしい。隆昌県のd項は96749の誤植で、o項の通りにm項を是正。長寧県のd項は55,684の誤り。江津県mは28490。米県1＝60435の計算ミス。米昌県がd項がちがうが、o項の通りにm項とo項を是正。

第2節　民団の財政（1）各県団務費収支表

　次に県財政に占める団費の割合についてであるが、33年の夾江県では歳出の39％を占めた（国民政府全国経済委員会『四川攷察報告書』邦訳出版、275頁）。各県とも大同小異であると報告されている。このような状態は35年の省政府統一以後は改められるが、団の財政に関しては、346～349頁所掲の表1A、21軍旧防区における団款の収支の状況（1933年）、346～349頁所掲の表1B、21軍新防区における団款の収支の状況（1933年）のような史料がある。

　すなわち、この表は34年2月に発行された『政務月刊』第1巻第2期所掲の21軍防区各県の団務費の収支に関する表である（調査年次は不明であるが、所掲誌が34年1月であり、会計年度としては32年7月から33年6月までのものを指すかとも思われるが、本篇第1章に述べたように、犍為県は当時年に3年分の正税を徴集されていた事実が、この表には反映されていない。その額は248,763.117元のはずであり、剰赤費を含まぬ附加税額は16,877.36元のはずであるが、或いは2徴分の附加税のみが団款に回されたとも考えられる）。原文は本来の防区（旧防区）と、24軍（劉文輝）から奪取した新防区に分かれている（富順県以下が新防区である）。表にも注記したが、表でb＋c＝dであり、g～kの合計はlに等しいが、d≠e＋fの場合がほとんどで、f項がなぜ付け加えられたのか、真意は不詳である。この表1および表2でd－l＝930,373元は「自治経費及び電話料」の合計＝1,107,719よりも、177,346元も少なく、表のf欄が団款収入の枠内に収まるものではなく、f項の収入源は別であったと考えられる。

　さて、この表1のAおよびBの総計を以下の各項目に沿ってまとめてみると以下のとおり（表2）。

　この表を見ると、aの団款収入総額は純粋団款支出総計よりも、930,364元も多く、団款の収支は全体では黒字であったことがわかる。しかし、この差額がどこに回されたのかは不明であり、f欄が設けられていることと共に謎である。しかし、それはさておき、純粋団款支出の各支出経費の割合を見ると、模範隊経費が36.0％を占め、次いで民丁教育及び特別経費が27.3％を占め、両項

第7章　四川軍閥統治下における民団組織について　353

で63.3%を占める。臨時経費の比重も大きく22.8%を占めている。前掲の図に見られるように督練部は模範隊及び民丁隊の上部組織である。この督練部と模範隊との関係については、以下のような資料が残されている。すなわち、『雲陽文史資料選輯』第1輯所収の湛

表2　21軍防区（新旧防区の総計）における団款支出の構成比

	備考	少数第3位で四捨五入
a 団款収入総額	4,794,318元	
b 純粋団款支出合計	3,863,954	100.0%
c 団委員会経費	376,899	9.8%
d 督練部経費	159,944	4.1%
e 模範隊経費	1,390,428	36.0%
f 民丁教育及び特別支出	1,056,157	27.3%
g 臨時費	879,526	22.8%

廷挙の「民国時期地方武装沿革及治安大事記」によると、1926年に県団練局が設置され、郷鎮に正副の団総を置き、各自衛組織の武装責任者を督練長といった。これに対して、県の団練局の長を隊長といった、という（41頁）。また、その後、劉湘は広西省の方法をまねて県に団務委員会を設け、その中から3〜5人を常任委員とし、団務委員会の委員長は県長が兼ね、常任委員会の内部には、文書・司法・会計等の係りを設けた。団委員会の下には督練部を設け、督練員2名軍需1名の人員を配した、という（45頁）。

ところで、次頁の表3は『四川月報』5巻5期（34年10月刊）所掲のものである。

この表では大隊長は督連長が兼ねるとされているから、この表は模範隊の編成と給与を表しているようでもある。しかし、督練員の名称は見えない。また、中隊長1名の下に壮丁72名と分隊長以下を含め99人が配置されて、1個中隊は100名である。このような編成はあまり聞かない。「義勇隊」とあるから、「剿共」のため特別に組織されたものかも知れない。その点はともかくとして、当時の民団常備隊＝模範隊における士兵の平均的待遇を知るに適した史料であると思う。薪とは月給、津とは手当を、餉とは兵士の月給を意味する。この表から1個中隊の人件費（公費を含む）を計算すると、総計は、510元となる。

ここに一つの民団の会計帳簿がある。それを次ぎに検討してみよう。

表3 民団総部頒発義勇隊編成標準表(『四川月報』5巻5期所掲)

隊別	職級	員名	月支薪公貼数	備　　考
大隊部	大隊長	1	津貼10元 公費10元	督連長が兼任する。月10元の津貼、督連部の県からの公費10元、県を3等に分け、隊数10中隊以上で30元〔の県〕、5中隊以上で30元〔の県〕、5中隊以上で20元〔の県に分け〕、5中隊には10元を〔公費として〕支給する
	書記	1	津貼5元 月薪30元	督練部の県〔の持ち分は〕民団総部の文書係り〔文牘〕が兼任し、月支は津貼5元、未設の県は書記1人に月薪20元の支給を許可する
	司号中士	1	餉6元	督練部の県〔の持ち分は〕原の司士号が上司号を兼任し督練部の無い県にはこれを添設することができる。
	伝達兵	3	餉4元	督練部のある県は原の伝達から転勤させる。督練部の無い県は隊員数の多寡に応じて設ける。
	炊事夫	2	餉3元	督練部のある県は原の炊事夫〔伙夫〕を転勤させ、無県では設けることができる。
中隊部	中隊長	1	薪30元 公費5元	
	分隊長	3	薪20元	
	中隊附	1	薪16元	
	文書軍士	1	薪14元	
	中士	3	餉6元	
	下士	9	餉5元	
	壮丁	72	餉4元	
	司号	2	餉4元	
	運夫	2	餉4元	
	炊事夫	6	餉3元	
説明			壮丁の薪・餉は平時は一律に4元とし、戦時には軍隊に照らして待遇する	

第3節　民団の財政(2)巴県の団予算の内訳

それは21軍のお膝元、巴県の団務予算書であるが、団の予算案は史料的にも珍しいので、紹介しつつ検討を加えてみたい。

第7章　四川軍閥統治下における民団組織について　355

予算書は1934年7月から35年6月31日までのものである。前年度実績が示されていることも民団会計の実態を知る上で重要な情報である。

　第4表の本年度予算と2～8までの支出項目の合計は一致する。従って、これが1934年当時の巴県の団務予算の全貌を伝える史料であったと見なして問題はないと思う。民国期の団の内部予算についてのこれほど詳細な史料は管見ではあるが、これが初見である。

　ここにも督練部という予算支出項目がある。注を見ると、督練長5，督練員2，文牘1，書記1，見習い1，司号上司1，伝達兵4，夫役3，の合計18名から成ることが分かる。

　その下に5個中隊が置かれており、この事実からすると督練部とは民団の総司令部のような存在であったことがわかる。そして、巴県の場合、各中隊（模範隊）は中士3、下士6、壮丁48、司号3、の合計60名と中隊長1、分隊長3、文書軍士1との総計65名で1個中隊を編成していたことがわかる。先の表3の民団の義勇隊の1個中隊が100名から成るのに較べると巴県の中隊は4割方小さい。壮丁の月給は6元と表3よりも1元高い。

　ところで、ここに奇妙なことは、団といえばすぐ連想される武器に関する項目が全くない。これはどうしたことなのであろうか？『四川月報』3巻5期所掲の「二十一軍整飭民団剿匪計画大綱」の「丁、器械」の項には、「1、模範隊には優先して良好な公有の銃を配り交代で款を備えて銃を揃えるか、あるいは富紳に購入金を借りる方法でこれを行う。2、各鎮郷の公私の銃は悉く編制して精選壮丁の用に役立てるべきである。富紳で銃を持っている者はその子弟を精選隊に加えるべきであり、余りの銃は自ら適当な人物を雇って銃を持たせるか、さもなければ私有の物を公有制にして貸し出すべきである。もしも、銃を隠して各項の条件を履行しない者は県が没収する。自ら雇った壮丁は団の編制と決まりを受けなくてはならない」とある。富紳は所持する銃だけ壮丁を雇うか、銃を団に提供しなければならないわけである。また、これは、やや後の史料になるが、1937年度の『合江県県政年刊』によると、35年に四川省政府は訓令を出して、剿匪区内の各県は自衛の鉄砲を登記・烙印させ証書を発行し毎証1元を徴収したとある（同書56頁）。又、同書によれば全県の銃の所有状況は

356　第2篇第2部　四川軍閥と各種の関連社会組織についての諸考察

表4：巴県団務委員会造呈中華民国二十三年度団款収支予算書
（自二十三年七月起至二十四年六月三十日止）

1 収入経常門

科目	前年度予算	本年度予算	増減	備考
第1款　各項収入	224278.000	186672.400	37605.600	
第1項城郷契税	199078.000	11112.400	11112.400	
及郷肉税				
第1目　郷契税	11115.000	5557.500	5557.500	略
第2目　城契税	2375.000	1185.500	1187.500	略
第3目　郷肉税	4310.000	3089.400	1220.600	略
第4目　牛捐	1278.000	1278.000		略
第2項糧税	205200.000		29640.000	
第1目　随糧附加	205200.000	175560.000	29640.000	

本年度各項附加、全年共収18万6千6百7十2元4角正

2 支出経常門（本会経費）

科目	前年度予算	本年度予算	増	減	備考
第1款　本会経常費	10908.000	10603.200	199.200	504.000	
第1項　職員薪俸	6900.000	6595.200	199.200	504.000	
第1目　副委員長	684.000	564.000		120.000	
第2目　委員	1692.000	1404.000		288.000	3名
第3目　参議	564.000	468.000		96.000	7名
第4目　督査員	1296.000	1296.000			2名
第5目　弁事員	2664.000	2863.000	199.200		9名①
第2項　公差工食	1440.000	1440.000			
第1目　公差	1440.000	1440.000			
第3項　弁公費	2328.000	2328.000			
第1目　毛筆、紙	480.000	480.000			
簿記表冊					
第2目　灯油茶炭	360.000	360.000			
第3目　郵電	288.000	288.000			
第4目　出張費	360.000	360.000			
第5目　開会費	240.000	240.000			
第6目　新聞費	120.000	120.000			
第7目　交際費	240.000	240.000			
第8目　雑費	240.000	240.000			

（本会経常支出　10万603元2角）

3　支出経常門（団弁事処経費）

第7章　四川軍閥統治下における民団組織について　357

科目	前年度予算	本年度予算	増	減	備考
第1款区団長弁事処	17280.000	10800.000		6480.000	
第1項　薪資工餉	13680.000	9600.000		4080.000	
第1目　区団長	3600.000	2640.000		960.000	10所10員
第2目　助理員	2400.000	2160.000		240.000	10所10員
第3目　事務員	1920.000	1920.000			10所10員
第4目　兵夫	5760.000	2880.000		2880.000	10所40名
第2項　弁公費	3600.000	1200.000		2400.000	
第1目　弁公一切	3600.000	1200.000		2400.000	

区団弁事処経費全年共支1万800元

4　支出経常門（郷鎮公所経費）

等級	郷鎮数	前年度予算数	本年度予算数	増	減	備考
1	9	10800.000	7560.000		3240.000	
2	8	8640.000	6240.000		2400.000	
3	26	24960.000	18720.000		6240.000	
4	21	17640.000	13860.000		3780.000	
5	16	11520.000	9600.000		1920.000	
合計	80	73560.000	55980.000		1758.000	

説明：4千戸以上は1等、3千戸以上は2等、2千戸以上は3等、1千戸以上は4等、1千戸以下は5等とする。

5　支出経常門（民丁補助費）

科目	前年度予算	本年度予算	増	減	
第1款、民丁経常補助費	30930.000	29010.000	1920.000		
第1項　薪餉	18930.000	17010.000	1920.000		
第1目　民丁隊長	11520.000	9600.000	1920.000		80郷各1員
第2目　精選分隊長	7410.000	7410.000			注①
第2項　民丁補助費	12000.000	12000.000			
第1目　冬防補助費	4000.000	4000.000			3ヶ月分
第2目　平時補助費	8000.000	8000.000			平時毎月

注①元は327分隊あったが、80人の中隊長がその他の247分隊を兼務、毎隊月支5元、本年11月分より明年6月分まで支給

以上、民丁経常補助費年支出洋2万9千10元

6　支出経常門（督練並びに模範精選隊経費）

科目	前年度経費	本年度経費	増	減	備考
第1款　全部経費	54146.000	39708.000	9.600	14448.000	
第1項　督練部	14052.000*	12552.000		1500.000	
第1目　官長薪水	3480.000	2100.000		1380.000	

358　第2篇第2部　四川軍閥と各種の関連社会組織についての諸考察

第1節官長薪水	3480.000	2100.000	1380.000	①
第2目　津貼	960.000	840.000	120.000	
第1節長官弁公	960.000	840.000	120.000	
第3目　餉項	612.000	612.000		
第1節士兵餉項	432.000	432.000		②
第2節夫役餉項	180.000	180.000		③
第2項　各中隊経費	46308.000	33360.000	12948.000	
第1目　官長薪水	8820.000	7620.000	1200.000	④
第1節官長薪水	8820.000	7620.000	1200.000	
第2目　津貼	1440.000	1440.000		
第1節官長弁公	1440.000	1440.000		
第3目　士兵餉項	36048.000	24300.000	11748.000	
第1節士兵餉項	33348.000	22500.000	10848.000	⑤
第2節夫役餉項	2700.000	1800.000	900.000	⑥
第3項　特務隊	2786.400	2796.000	9.600	
第1目　官長薪水	288.000	288.000		
第1節官長薪水	288.000	288.000		
第2目　津貼	96.000	96.000		
第1節官長弁公	96.000	96.000		
第3目　餉項	2402.000	2412.000	9.600	
第1節士兵餉項	2223.400	2222.000	9.600	⑦

注①督練長50元、督練員45元、40元各1、文牘40元。以上の各員はいずれも8割支出。
　　又書記20元、見習い15元
　②司号上士12元、伝達兵4名各支6元
　③夫役3名各支5元
　④計5中隊、中隊長40元、分隊長3員各24元、文書軍士1名15元
　⑤計5中隊、毎隊中士3名各8元、下士6名各7元、壮丁48名各6元、司号3名各7
　　元、毎中隊月支375元
　⑥計5中隊、毎隊夫役6名各支5元
　⑦中支8元、下士3名各7元、隊丁

7　支出臨時門（督練隊並びに模範隊臨時費）

科目	前年度予算数	本年度予算数	増	減
第1款　全部臨時費	5438.150	3965.900	1472.250	
第1項　綿外套	303.000	213.000	90.000	
第2項　綿軍服費	1358.000	928.000	420.000	
第3項　単軍服費	1746.000	1206.000	540.000	
第4項　草鞋費	1164.000	804.000	360.000	
第5項　医薬費	660.000	660.000		

第7章　四川軍閥統治下における民団組織について　359

　第6項　奨励費　　　　207.000　　　　　144.900　　　62.250
督練部並びに5中隊及び特務隊臨時費年支洋3965元9角

8　支出臨時門（特支款項）
　科目　　　　　　　　　　　　　　　全年予算数
　第1款　特支款項　　　　　　　　　36605.300
　　第1項　市団務局経費を充当したもの　5900.000
　　第2項　補助費　　　　　　　　　　3200.000
　　第3項　償債　　　　　　　　　　20000.000
　　第4項　総予備費　　　　　　　　　7505.000
特支款項支洋36605元3角

総結　本年度収入予算186,672元4角
　　　本年度支出予算186,672元4角

注）以上の各表の所収号並びにページ一覧
　1、2 ………『巴県政制』245期5〜7ページ
　3、4、5 …　同上　　246期6〜7ページ
　6 …………　同上　　247期ページ数不明
　7、8 ………　同上　　248期6〜7ページ

以下の通りであったと報告されている。

表5　四川省第7行政督察区合江自衛槍砲登記烙印統計表

	歩兵銃	騎兵銃	重機関銃	軽機関銃	携帯機関銃	拳銃	迫撃砲	山砲	他の砲
公有	3,909	200	0		22	65	6	0	13
私有	6,747	183	0	631	27	51	0	0	65
合計	10,656	383	0	637	49	116	6	0	78

［注］原の表は鎮郷別になっているが、省略した。又、原の表の合計欄は個々の鎮郷についての総数と一致しない。この表は個々の鎮郷の所持数の総計である。また、弾丸・砲弾の所有数も明記されているが、省略した。小銃弾の総数は公有の銃弾54,335発、私有の銃弾数は129,282発と報告されている。騎兵銃と訳した原文は「馬槍」であり、「携帯機関銃」と訳した原文は「手提機関」である。しかし、マンドリンと俗称されるような携帯機関銃が当時合江の民間に631挺も普及していたとは思われない。軽機関銃の一種と思われるが読者の示教を乞うしだいである。

私有の銃の方が公有の銃に勝っていることが分かる。それはともかくとして、公有の銃は当然民団（保甲実施以後は保または連保）が保管管理していたはずで

あり、このような武器に関する項目が表4から落ちているのはなぜか、これがこの史料の史料的価値の限界であり、私の最も遺憾とする所である。

しかし、このような欠陥をもつ史料ではあるが、団務予算の内、事務費等にかかる経費は交際費も含めてたったの1,488元、外套等の衣類や薬品にかんする予算が3,821元（表中の7から奨励費を引く）、両者合わせて5,309元で、全予算に占める割合は2.8%に過ぎない。表中4の郷鎮公所経費を事務経費と見なしたとしても、62,777元、33.6%であり、66.4%は人件費から成っている。その人件費のうち職員・団長・民丁隊長・精選分隊長・特練部官長・各中隊官長・特務隊官長の月給や手当の総額は38,629元で全予算の20.7%、士兵の給料は28,034元で15.0%であった。その他に、民丁補助費が13,980元、7.5%が支出された。これは、民衆の動員時の補助費であろう。なお、32年6月公布の「川康団務委員会改訂民団訓練綱要」第14条には「毎郷鎮に精選壮丁1中隊を設けるに当たり該郷鎮の精選壮丁全員に編成通り銃を分配し得ぬ場合には、その銃の数に応じ2倍3倍に編成して輪番で操練し、なお余剰人員が出るようであれば、普通壮丁に編入する」とあり銃の不足があったことがわかる。又、36条には「精選丁の用いる銃は本地の公用の銃を除くほかは全て私有の銃を徴募し、銃はあっても精選丁のいない家は雇い人に使用させるほかは、郷鎮訓練所より出所を明らかにして借用し、訓練機関が終わったら返却する」とあり、38条では「富紳が銃を購入存置することを奨励」している。このようなことから考えると、公有の銃というものは巴県でもあったのであり、この購入・管理に触れていない巴県の団務予算は変則的といわざるを得ないのである。しかも、35年2月に国民革命軍第21軍司令処が編纂した『施政特刊』所掲の表・「本軍各県団槍及子弾数目一覧表」には最初に巴県が載っていて、これによると「槍枝数目」は「2万2400余枝」とあり、備考欄には「槍枝適用者約十分之九子弾較欠乏亟待補充」と記されている。これが公の銃なのか私銃も含むのか不明である（旧21軍防区での合計は30余万挺である）。なぜ、このような銃の保管経費の問題が、予算から切り離されているのか、この点は検討すべき今後の研究課題の一つである。

ところで、もう一例を付け加えれば、永川県では日中戦争中の1940年で銃の

登記が行われた。全県の公有の銃は僅かに591挺、銃弾は4,230発でしかなかったのに対し、私有銃は11,261挺、銃弾は166,899発であった（前掲書、102頁）。先の合江県の事例にも見られるように、公用銃よりも私有銃の方が多いのは徴兵制が敷かれた後でも変わりない。銃の私有に歯止めを掛けるような措置は、合江県の登記税にも相当する烙印証を与える以外には講じられておらず、「富紳」による銃の大量保有が奨励されているかに見えることも、中国社会における公権力の形成という問題との関わりにおいて注目すべき事柄と思われる。と同時に、各県では日中戦争期でさえ土匪に悩まされていたという事実も、合わせ考えておくべき事と思われる。

ところで、銃の所持数もさりながら、1挺の銃の値段がいくらくらいしたのか、このような基本的な事実についても、長らく調査を進めてきたが不明であったが、2005年の夏、四川省檔案館でようやく次のような史料と巡り会うことができた（原文は四川省檔案館所蔵全宗号176案巻116）。

表6　梁山県団務委員会造呈擬購槍（銃）弾価目表　民国23年11月製

銃・弾の種類	挺数・弾数	1挺・1弾の価格	合計価格	紹介者［備考］
成都新式歩槍	64挺	洋25元	1600元	23軍王営長、張副官
イタリア製歩槍	4	洋25	100	李文錦鎮長が仲買
漢陽製歩槍の模造品	4	洋20	80	連長伝予俊より借用
綏造小快機槍	2	洋200	400	23軍魯副官・楊書記官
綏造白克門槍	9	洋65	585	同上
ベルギー製鋒槍	1	洋400	400	23軍張団長
歩連槍	1	洋240	240	23軍胡営長
廠造花旗長連槍	4	洋140	560	23軍李営長
漢陽製七九弾	7箱	洋50	350	医院李主任［万県団委員会紹介で1箱5角］
広連弾	3,200発	毎夾2元	640	七旅李軍需

合計　歩槍72挺、白克門9挺、鋒槍3挺、連槍5挺、歩弾3000発、広連弾3200発、合計洋4955元

言うまでもなく槍とは銃のことだが、小快機槍、鋒槍、連槍がどんなものか分からないので、敢えて全項目を原文のまま掲載した。ご示教戴ければ幸いである。また、綏造とは綏定（達県）の兵工廠の製造したもの、という意味かも

知れないが、正確なところは、わからない。また、合計欄では挺という訳語を使ったが、連槍を5挺として勘定すると仮定すると、鋒槍3挺になるためには、綏造小快機槍も鋒槍と同種のものと考えなければなるまい。以上のように銃種が定かでない部分も多いが、公文書に残された銃価として、この表の資料的意義は大きいと思う。成都兵工廠の歩兵銃が多く用いられ、その値は1935年前後で1挺25元くらいであったことが分かる。なお、紹介者に23軍関係者が多いが、23軍は劉成勲を軍長とする軍で雅安、西昌と上川南の彭県、双流、新津を主たる防区としていたが、27年6月、劉文輝、鄧錫侯、李家鈺の連合軍に敗れ、劉成勲は月末に下野を表明し故郷の大邑県に引退して余生を過ごした。

ところで、民団による団費の徴収禁止は劉湘の21軍防区では1933年春から着手された模様であるが（「二十一軍団款三年計画」『四川月報』2巻5期）、正式には35年2月10日、省長となった劉湘は防区制廃止に伴い軍民両政を明確に区別することを命令し、3月7日の省政府の命令でも、団保による租税の代徴を禁止し、糧差による租税の徴税請け負いを一律に禁じた（以上は周開慶『民国川事紀要』該当期日を参照）。また、蒋介石は3月15日に、軍隊が地方の団隊人員に駐屯軍の命令を下してはならないと命令している（同上）。積極的には、7月14日に公布された「剿匪区内整理地方財政章程」で、徴税機関を県財務委員会に一本化することが決められた（同上）。

第4節　1935年の保甲制度改革のねらい

最後に、団閥の解体を意図した35年の保甲制度の改革の特徴を米慶雲によって紹介すれば、以下の通りである。

先ず、過去に於いては一門一戸で団丁を出していたが、これが一煙一戸で団丁一人という原則に変えられたことである。つまり、従来は一門内に数家族が同居していても、そこから一人団丁を出せば済んだが、この改革では釜戸を別にしている各世帯を一戸と見なして団丁を出す事にした。つまり権力の民衆把握と支配力が強化されたわけである。

第2は十進法を取って十戸を一甲となし十甲をもって一保とするのは従来と

同じだが、十甲を超えて余った戸を「尾保」と呼んだ。

　第3は、5戸の連座法を実施したことである。10戸＝甲よりもなお少数での連帯責任を課したもので、政治的・軍事的締め付けが厳しくなった。

　第4は、保内に「監視戸」を設けたことである。これも、上と同じ目的である。

　第5は、保の上に聯保辦公処を設け、聯保主任を置いたことである。聯保主任は当初は保長の間での互選であったが、後には保長以外から抜擢することになった。これは、一方では保長クラスの人間に頭を下げることを潔しとしない「名望」家を聯保主任として引き出し、聯保主任の地位を高め、保長に対する支配を強める事を目的にしていた。

　第6は、聯保主任が壮丁隊の連隊長、保長が保隊長、甲長が班長を兼任し、行政上の首長が軍事上の長官を兼ねるようにした。これは防区制時代の軍政一致の状況を再編成して民衆生活を軍事化することを目指したものであった。なお、聯保や保には専門の軍人が隊付として貼り付けられた。

　第7は、聯保主任に固定した月給（毎月16〜17元）が支払われ、保長にも毎月1〜2元の手当が出るようになったことである。「名望家」の大地主にとって毎月16〜17元の月給などが目的であったとは思えないが、保長に較べて格段の差が着けられたところに意味があると思われる。なお、聯保主任は区長が推薦した。

　第8は、聯保ごとに「調停委員会」〔原文は調解委員会〕が設けられて、案件を処理した。これは上級組織の区署から学んだやり方であり、区署から降りてきた権力である。

　以上は、米慶雲「中央軍入川記」（存萃学社編『民国以来四川動乱史料彙集』1977年、大東図書公司）155〜156頁によるが、このような保甲組織は保安隊と呼ばれ、日中戦争が始まると、国民兵団と呼ばれるようになったが、その経緯については本書では触れない。

　附録

　なお、比較的早くから防区行政の統一を勧めていた劉湘の21軍では33年当時、

「二十一軍財政官吏任用暫行条例」というものを定めて徴税員の資格審査の基準としていた(『四川月報』3巻3期所掲)。参考までに重要部分を附録として以下に紹介しておく。

第2条　本条例に言う財政官吏とは、正雑各税徴収の主管人員及び官営事業の責任者をいう。

第3条　財政官吏の資格は、中華民国人民の成人で以下のような条件を備えていること。

1、国内外の大学、専門学校で、政治、経済、財政、会計、銀行商科を習い、三年以上を学習して卒業証書を取得し、嘗て財政官吏一年以上を務めて成績の著しい者

2、国内外の大学、専門学校で、政治、経済、財政、会計、銀行商科を習い、三年以上を学習して卒業証書を取得し、現在本軍の各師旅で経理処長あるいは中校〔中佐〕以上の官佐で既に満三年以上を経て、成績の卓越する者

3、現在本部の各処の職員で、成績著しく、当該処長より特別扱いを受けている者

4、嘗て財政官吏をしたことがあり、試験に合格した証書を有し、並びに本部に勤務して功労著しい者

5、現在各県地方の財政人員で、経験五年以上で成績が確実で、且つ専門学校以上の学校で三年以上学習し本軍の財政状況を習熟している者

6、嘗て本部の各処の科長或いは財政処一等科員を三年以上務め、特殊な成績があり、確実に候補者名簿に登録されている者

第8条　任期

1、正式授職は三年

2、代理職は一年

3、代理試行職は三月

おわりに

以上、1930年代半ばを中心に民団の実態について見てきた。民団は民衆の統

第7章　四川軍閥統治下における民団組織について　365

治組織であると同時に、土匪に対する自衛団的性格も併せ持ち、民国初期から1930年代初め頃までにかけては、軍閥は正規の徴税機構に代わって民団に租税の代理徴集を実行させた。このため、民団の長（団総）ともなれば、地域の暴力機構と財政機構を一身に兼ねて絶大な権力を揮った。このような地位を悪用して民衆を収奪した団総たちを団閥と呼ぶが、民団による税の代理徴集は35年前後に禁止された。保甲制の再編成の下での聯保主任は往年の団総に匹敵するものであり、団閥や悪覇に代わる地方の「富紳」や「正紳」をここに招き入れることによって郷村秩序を維持しようとするのが国民政府の方針であったが、前章に見たような団閥や悪覇と富紳や正紳（公正士紳ともいう）との判別は実際には難しく、だれがこれを判定したかといえば、区長や県長であった。しかし、県長は任期が短く、地方に根を張る団閥を抑えるには困難であったと思われるし、団閥に迎合するような県長がいれば、その人格もまた一つの問題であり、権力を利用した民衆からの収奪の余地は残されたのであった。

第3部

軍閥の協力者と民衆の反軍閥闘争についての諸考察

第8章　ある地方官僚の生涯
―― その1、劉航琛について ――

はじめに

　劉湘の四川統一には、重慶という政治地理学的地位を占めていたということの外に、有能な官僚集団をブレーンとして有していたことが指摘しうる。鄧漢祥、何北衡、範崇実、劉航琛等である。本文にも述べるように劉航琛は単なる地方軍閥の官僚という存在ではなく、川康・川塩両銀行のトップであり、各種の企業の株主でもあった。本章では、1928年から1935年の四川統一まで21軍財政を担当した劉航琛の活動、また劉湘死後から49年香港へ逃亡するまでの時期に重点を置きながら、彼の四川に残した足跡を辿ることにしたい。資料としては、彼の残した二つの回想録を中心に主として、文史資料選輯等の回想録に載った関係者の文章を利用した。いずれも、章末に番号を打って掲示してある。

第1節　生い立ちと学歴

　章末所掲の資料②に付けられた「劉航琛先生自訂年譜稿」によると、先祖は湖南省邵陽県から清初に移住してきた。家は湖南在住時からのクリスチャン（カソリック）であった。劉航琛の父の代には瀘州で薬草店と蘭花酒、仏手酒等を売る愛人堂を経営、事業の中心は造酒部門に移っていた（②205～206頁）。又、父は利の薄いマッチ工場や、川南陶器製造会社を経営し、瀘州商会総理を務めたこともある（①2頁）。そのような裕福な家に1897年、劉航琛は生まれた。6歳で私塾の「啓智学校」に入学、8歳では家庭教師から歴史・地理・国文・算術を習い、中に日本人の著した『支那通史』『続支那通史』の中国語訳が含まれていたという（那珂通世のものと思われる②208頁）。

1909年14歳　瀘州中学堂に入学。この年中学堂は中学と改称。

1911年16歳　瀘州中学在学中に辛亥革命が勃発、瀘州も独立を宣言、瀘州中学では学生北伐軍を結成、劉航琛も参加したが、間もなく宣統帝退位で軍は解散（②210頁）。

1913年18歳　瀘州中学在学中に結婚。

1914年19歳　瀘州中学は県立中学に。一般の中学は4年制であったが、挙辦実科学校は5年制で、瀘州中学はこれに当たるので、英語、物理、化学、幾何、代数、三角法等を学習する。9月北京に上京し北京大学受験に備える。

1915年20歳　正月より8月まで英文の補習、9月北京大学受験を準備。

1916年21歳　正月匯文大学特班（選科）に入学し、英文、数学を毎週8時間、その他余暇を利用して自習室で、英文の物理・化学・幾何・代数・三角関数等を勉強。秋、北京大学理工予科に合格。

1917年22歳　北京大学理工予科在学　夏休みに帰郷を図るが蔡鍔亡きあと、滇軍・黔軍は川東、川南、川西に割拠、群盗は毛の如く、旅行は不可。幸い四川督軍に就任して成都に向かう周道剛の軍に随行、瀘州に帰る。また、北京に戻るに際しても、呉老新部の入川に出会い、重慶＝宜昌間が不通。開講に後れること40日で北京に帰還。父、如心祥塩号の店じまいのため重慶に出るも戻らず。瀘州の住宅が滇軍の旅長・朱徳に占拠され、話がまとまらないので、一家を挙げて重慶に移住。重慶で華川裕銀号を創業。北京では張勲の復辟騒ぎがあったが、北京に着いた時には平静。

1918年23歳　北京大学理工予科在学。3月病気。父、見舞いに来て天津、南京、上海、杭州等を旅行。7月次女（筆者の次女なのか父の次女つまり筆者の姉か妹かは不明）北京にて死す。上海より父は重慶に、自分は北京に汽車で帰京。

1919年24歳　北京大学理工予科卒業、秋同大学法科経済系に転入　この年父、盧漢卿（盧師諦の弟）と共に長江貿易公司を創設。

1920年25歳　川軍各軍、客軍（滇軍・黔軍）を省外に駆逐、各軍は劉湘を川軍総司令兼四川省長に推す。この年秋、重慶で国会の恢復を計画するもならず。父の長江貿易公司廃業。

1921年26歳　北京大学経済系在学　直皖戦争起こり皖派壊滅。趙恒惕は湖南で

聯省自治を提唱、劉の同学の何北衡、範崇実はこの説を信じること頗る厚く、劉湘に遊説す。劉湘また趙の主張に同調、共に湖北攻略を図るも、趙軍、劉軍共に呉佩孚軍に撃退さる。
1922年27歳　北京大学経済系在学　父は金星玻璃廠を瀘州の小市に開設。愛人堂の酒を入れるガラス瓶の製造が主。
1923年28歳　北京大学経済系を卒業　端午の日に北京を出発、帰川。時に熊克武部の湯子模旅が瀘州を占拠、湯部の退却、楊森軍の入瀘を待って帰郷、楊森と知り合う。秋、楊森より瀘県県立中学校長に任命さる。

　以上が、生まれてから28歳までの自筆年表であるが、北京に在りながら21箇条要求や新文化運動、五四運動等には全く無関心であったという点は特筆すべきことかも知れない。当初は理科系の勉強に勤しんでいたことや、他の学生に比べて年長であったことも政治的無関心の理由であろうか？ただし、湖南の自治運動に関心を寄せていた何北衡や範崇実のような友人もいたのであり、全くの政治音痴だったというわけではあるまい。華やかな五四運動の傍らには、このような学生もいたことを重視したい。なお③によれば、劉湘は王陵基を北京に派遣し北京の学生から「人才」あるものを選び出し、陳学池を連れて帰って『大中華日報』を編集させた。劉航琛は重慶に来てこの陳学池の下に住み、これによって劉湘の面識を得たという（66頁）。同窓生としては外に寧芷邨がいた（同上）。なお④では同紙が27年秋に負債4万5千元を抱え込んでいて、王陵基は劉航琛を社長にしてその負債整理を任せたところ、劉航琛は負債額を全て王陵基に手渡したとされているが（④65頁）、同紙の問題は劉自身の回想①でも②でも、1928年のところで言及されており、④には記憶違いの恐れもある。

第2節　重慶に帰り銅元局長となる

1924年29歳　父が重態になったので5月に校長職を辞して重慶に帰る。父は臨終に当たり「官以外の何になっても好いが、役人になってぺこぺこする様は見るに耐えない。また、わが家では一男が生まれる毎に生まれたその日から1000両を事業資金に繰り入れて利子を取り、満25歳の時に元金利息を合わせて3万

2000両となるようにしておけば、毎月利息480両を収めて子弟が廉恥を保全する足しにする。この伝統を守れ」と言った。

この年重慶の友人と川寧輪船公司及び江陽輪船公司、中孚輪船公司を設立。川寧には船3艘、江陽には1艘、中孚にも1艘あった。航行路線は水流豊富な時期は楽山＝重慶間、枯水期には宜賓＝重慶間を運行した。民生公司の誕生もこの年である。こちらは当初、合川＝重慶間を航行していた。

1925年30歳　瀘州に駐屯していた楊春芳が劉航琛を顧問にしたがっていると聞き、重慶に行く。楊春芳は土匪上がりの師長である。劉航琛はまっ平ご免と逃げ出したのかもしれない。1926年31歳〈元但懋辛軍の参謀長兼副官長だった王旭東の兄の王用九が烟酒徴収局長となると、ガラス瓶入りの酒は一律に「洋酒」であると見なして重税を掛けた。愛人堂の酒は瓶入りだったから洋酒にされて高い税を掛けられた。これに抗議して劉航琛は一文を書き、酒の洋であるか否かを問わずに瓶入りかどうかで決めているのなら、貴方が洋服を着ているかどうか、革靴を履いているかどうかで、外国人だと言うのと同じではないか〉ととっちめた所、王用九は激怒して劉航琛の逮捕・訊問を命じた（③66頁）。この時、何北衡が王陵基（当時は重慶衛戍司令）に助けを求めると、王陵基は劉が衛戍部顧問総監部処長となるのを条件に、これを許した。なお、当時何北衡はすでに巴県県長の職にあった（①8頁）。劉湘は軍事政治研究所を設立、団長以下の軍官に受訓を命じる。劉航琛を教官に招き、「不平等条約」を論じさせる。黄埔軍官学校で用いていた教科書を簡略化して6週間を研修期間とした。学生は①によると1000人の多きに達した（12頁）。なお、①によれば、この研究所の創設は1926年のこととされており（12頁）、その動機が北伐軍の勃興にあったと述べられている（同上）。②では、その直後に3・31惨案が述べられているが、これはいかにも不自然で、②の記述には混乱があるように思われるので、敢えて1926年の項に移した。なお、この研究所では当時盧作孚も教官を勤めている（①12頁）。教官として得たのは「輿馬費」として銀50元であった（同上、13頁）。劉湘は蔣介石から国民革命軍第21軍の軍長に任命され、軍に党代表を置くことになり、李仲公を党代表とし、劉航琛は第3師（師長＝王陵基）の政治部主任に抜擢された。所属の各団営連の政治指導員はいずれも団営連長を兼

任したので給料を二重取りできて収入は倍化して楽になったと、あけすけに述べている（同上、15頁）。なお、①に拠れば、王陵基はあくまでも国民革命軍への合流に反対であったという（15頁）。

1927年32歳　重慶衛戍司令部及び川東南団務総監部に就職。　重慶で3・31事件起きる。夏、第3師（師長＝王陵基）に政治部成立、その主任となる、と②にはあるが、前述のように思い違いがあるように思う。師司令部と政治部とは財政権が各自別で、第2師司令部経理処長は財政を解さず、軍需とは何かさえも理解しておらず、故に政治部は毎月給与支給されているのに、司令部では常に手当・月給が欠けていた、と②にはあるが（224頁）、上に紹介した①の給料二重取りとの関係は不明。

　団務総監部に団務学校を設立、劉航琛は政治主任教官となる（該校は二年制）。

　第3師に学生営を作り、政治主任教官に任命さる。劉湘は改めて軍官学校を作り、劉を政治主任とする。

　国民政府は川康団務委員会を創設、劉湘を委員長、王陵基を副委員長、劉航琛、李仏航、林維幹を委員とする。

　1928年33歳　10月まで第3師政治部主任、団務学校及び軍官学校主任教官を勤める。中秋節の3日前、王陵基より大中華日報社の整理を委託され、何北衡の紹介でその堂弟・何九淵の助力を得て、3日間で全ての財政整理に目鼻を付け、何九淵を会計主任として経理を任す。ここで大中華日報社の赤字の話が出てくるが、①では師部の月給滞りの原因がこの新聞に軍餉をつぎ込んでいたことに拠ることが、詳細に述べられている（16～17頁）。9月王陵基に招待され、重慶銅元局の整理を委嘱される。①によれば銅元局の累積赤字は45万元にも昇り、劉航琛は作業の前提として、絶対容喙しないこと、金銭についても同様であること、銅元局内部にある王陵基の親戚・朋友・同郷・同窓関係者は絶対に劉航琛の命に服することを、「約法三章」として認めさせた。③によれば、文化成に代えて劉航琛を銅元局長に推薦したのは陳学池であった（67頁）。翌日銅元局に赴いた劉航琛は経営不振の原因を第1に原料の不足に求め、生産目標が毎日20万吊なのに実際の生産はたったの2000吊に過ぎず、労力と出費が大量の損耗になっていること、第2に重慶銅元局鋳造の銅元は余所の鋳造したもの

の2倍も（純度が）高く、市場では「大二百」（毎幣には当200文と刻印してある）と呼ばれていた。そこで利払付き債権で銅を購入して銅元を作っていたが、鄧錫侯の部下の羅澤州、李家鈺といった連中は、重慶の「大二百」を溶解して、「小二百」に改鋳し、10個の「大二百」から20個の「小二百」を鋳造し、それが彼等の防区から重慶に流れ出し、重慶市場でも小二百が流通し、大二百は殆ど市場から姿を消していた。そこで、第一歩として停業を宣告し、停業期間の労働者には生活維持費として日当500銭を支給した。毎週の支払いは3500元を要した。第二歩の対策として借款を行い、アメリカ産の紫銅を発注し、原料の充足を待って生産の回復を期した。と同時に、銅版の改鋳を実施し、重慶銅元局も「小二百」を鋳造し、大銅元の流失を免れ小銅元を流通させ、他の防区にも利益を均霑させた。銅元局の原料購入代金は聚興誠銀行の楊粲三を当てにして、「二百万両の銀子を貸してくれれば、その金で銅を買う。全部を銅元にできたら聚興誠銀行に発行を代わって貰う。こちらは利息の外に3％の代理費を支払う」と楊粲三に話を持ち込んだ。これに対し楊粲三は「三ヶ月で45万両の欠損を取り繕うには、単に銅元を作るだけでは多分不十分だ。貴方は銀元も鋳造すべきだ。銀元（発行）の方が儲けは大きい。例えば貴方が純度9割の銀で大洋1元を発行すれば、1割は儲かる。この1割で半元の洋銀を作れば3割の儲けが出る。このようにすれば貴方は時期内に任務を完成できるでしょう」といった（②21〜22頁）。劉航琛は「銀元を作れば利息は大きいことも分かるが、銅元を作るのさえ貴方に元本を借りなければならない。銀元を作るとしてどこにかくも大きな資金があろうか？」と尋ねると、楊粲三は胸を叩いて「ご安心下さい。私が今し方述べたやり方で、全部の資金は私が負担します」と答えた（同上　22頁）。こうして劉航琛は抵当もなく、担保もなしに重慶銅元局の重大な難関を突破することができた。楊粲三からは前後800万両の融資と、白銀、紫銅を調達できた。11月より重慶銅元局は営業を再開した。③によると、当時その他の軍閥の防区では老二百文の銅元が通用していたが、劉湘の新百文が流通するようになり、これは全川はもとより滇・黔・康（西康省が正式に発足するのは1939年だが）の各省に広く流通することになった（67頁）。

　この年12月楊森・羅澤州の連合軍が重慶に攻め寄せたが、王陵基は羅澤州を

破り、次いで楊森軍を壊滅し、楊部からは郭汝棟が20軍を称して劉湘側に寝返り、範紹増も川鄂辺防総司令を称して寝返ってきた。王陵基は川東綏輔司令として万県に駐屯することになり、これより川東が劉湘の地盤になった。その劉湘から、劉航琛に電令があり、劉航琛を財政処副処長に任命してきた（②224～225頁）。楊森軍が重慶を攻撃するとの報に接した劉航琛は、人馬を率いて重慶南岸の銅元局に走り、銅元局内のあらゆる製品、半製品、銅片、銀片、条銀、銅塊等を一斉に渡河して重慶市内の聚興誠銀行の倉庫に搬入し、楊粲三に対し「貴方から前後800万両の銀を借りたが、現在劉楊の戦いの見通しは付かない。万一劉湘が敗れることがあったら、これらの銀元銅元と銅塊は貴下の処分に任す」と述べた。その後、楊森軍が敗れると、銅元局は事業を再開し、29年5月までに（⑤によると4月の決算で）欠損40万元（④は45万元といっており、この方が正確である）を取り返した外、純利9万余両を挙げたという（②225頁）。なお⑤によると、聚興誠への800万両の借款と利息も返済したという。しかし、以上は要するに銀成分の引き下げによって借財を解消したに過ぎず、当然インフレを招くものであり、正道を踏んだ財政建て直しにはならなかったと思われる。

第3節　四川善後督辦財政処長となる

　1929年34歳　③によれば、劉湘が重慶に進出した頃の防区は巴県、璧山の2県に過ぎず、兵員は約3万余人で、両県からの苛捐雑税の収入及び塩税の一部差し止め額の合計は600～700万元程度に過ぎなかった。軍餉の支給や部隊拡張に要する費用にはこれでは到底足りなかった。26年国民革命軍21軍の部隊番号を貰ってから、26～27年中に劉湘の財政負債は800～900万元にも達した。財政は非常に困難に陥った。当時劉湘のために財政を担当した人に甘績鏞（甘典夔）、奚致和、唐華（棣之）等の人々がいたが、劉湘の不断の軍拡と軍費の急増に対処できずにいた。そこで、王陵基は銅元局建て直しに発揮した劉航琛の才知を劉湘に推薦すると共に、同窓の何北衡や陳学池も個人的に劉航琛の才能を吹聴した。なお④によると範崇実が劉航琛の財政処長に推薦したことになっている（67頁）。そこで、劉湘は劉航琛を5月、四川善後督辦財政処長に任命した。就

任早々劉航琛は（1）全文武の官僚・兵士の給料・手当（「薪餉」）は一律に50％を増加支給する。（2）35種類の税捐を併せて1票で徴収し、税捐総局を設け、劉湘が税捐総局長を兼務し、税務人員6000余名の首を切る、の二大政策を打ち出した（②225〜226頁）。なお、①に拠れば、劉航琛は就任受託に当たり、汚職を働いた場合は銃殺されても好い、意見の対立が甚だしい場合にはいつでも馘首を覚悟であるが、予算の執行にはいかなる掣肘も受けない、ということを劉湘に認めさせている（28頁）。これは⑤にもいわれている（68〜69頁）また、「現有の35個の税捐機構の責任者の半分は甫公（劉湘）の高級幹部である。……これらの人々は皆足下と甘苦を共にしてきた人々である……もし私が彼等の主管機関を取り消したら、甫公よ、足下は彼等が私の言うことを聞くと思いますか？」との問いに対して、劉湘は「ウーム。これは問題だ。君の見方に拠ればどうすればよいと思うか？」と尋ねた。「甫公が税捐総局総辦を兼ね、税捐総局は財政処の管轄とすれば、甫公は総辦だから足下の高級幹部の面倒を見られれば好し。私は処長として私の財政政策を執行できる。甫公が私を許すからには、彼等も反対はできますまい。このようにして初めて任務を達成できます」と応えている（①30頁）。なお、給料の5割り増しは②の本文によると、税務機関人員6000人の整理により、一税務員が1ヶ月に100元汚職を働いていたとすると、月額60万元に上るが、月給の50％増しで増える分は以前の毎月の支出より10万元も少なく、新たな人事増による支出は最多でも30万元前後で、必ず余りが生じると述べている（②33頁）。果たせるかな6月の剰余金は140万元に達した。これは原予算案の2倍以上であった。又、各税務人員の汚職額は平均毎月250元という数は自分の予測を超えていたとも、述べている（②34頁）。ともかく、こうして浮いた金を国外からの機械の購入や、自前の兵工廠を作って、迫撃砲、弾丸、歩兵銃等を生産する費用に回し、2年間で毎年迫撃砲1,000門、砲弾10万発、機関銃1,000挺、歩兵銃18万挺、弾丸日産93万発を産するまでにした。31年になると、劉湘の軍隊はすでに3万5,000人から11万数千人にまでも膨張した、と述べている（②34頁）。これだけの軍の拡大が無用な役人の淘汰のみの結果生じたとは思われない。そこで、その他の政策に目を向けてみることにしよう。

先ず、②本文の方では劉航琛はこの時4項目の理財方案を、提起したことになっている。

　第1は、アヘン問題である。当時中央政府が宜昌で徴収するアヘン烟税は毎担2000元であるのに対し、四川の徴収する烟税額は僅か毎担60元に過ぎない。少なくとも毎担1200元にすべきだ。もしも人々が高すぎると思えば植えないから、禁煙と呼ぶことができるし、引き続き植えるとすれば、税源を開くことになる。第2は塩の問題で、自貢の自流井、犍為の五通橋等の塩場から重慶を通過する塩の関税収入は甚だ少ない。第3は上述の税捐人員の削減であり、第4は政務と財力の配合の問題で、朝令暮改の政策は財力の無駄使いである。

　以上の内、塩税の問題については③が詳しい。これによると、1927年、劉文輝は財政処処長・張富安と科長・寧芷邨を重慶に送ってきて劉湘と協商させた。劉湘はこの件を劉航琛に任せ、重慶に21軍と24軍（劉文輝軍）とで両軍の財務統籌処を設け、張富安が処長、劉航琛が副処長、寧芷邨が科長になり、生産と運搬を結合させて塩税を統一的に管理することにした。これによると、毎月の塩税は40余万元で、両軍で20余万元ずつ折半することになった。張富安は間もなく成都に帰ったが（劉文輝は当時省長で成都にいた）、劉航琛と寧芷邨が協同で管理に当たり、この体制は32年の二劉大戦まで続いた。第1のアヘン税（特税）について③は、禁種、禁運、禁売、禁吸の四禁を寓禁于徴の名目で実施し、毎年の捐税収入は涪陵が60万元、酆都、開県が各40万元、塾江が30万元だった。ケシを栽培していようといまいと、一律に畝捐を課し、また、窩捐、煙苗捐という税目もあり、アヘン捐税からの収入は各県1～2年の糧税（土地税）にも相当した。この年から、劉航琛の提案で、万県に川東禁煙査輯総処を設け、宜昌、漢口一帯に輸出するアヘンに通過税を課した。後にはまた酆都、忠県、開県、奉節、巫渓、雲陽、塾江等の県にも禁煙査輯処ないしは稽徴所を設け、移出、省内販売のアヘンを対象に徴税工作を進めた。1932年に蒋介石が漢口に禁煙督察処を設けると、人を派遣して四川と21軍の組織的運送の方法について協議させ、四川からの移出のアヘン煙は船で漢口に直行させ、途中の課税を免じるようにした。同時に、老河口に禁煙分処を設立し、陸路から外省に移出する煙土にも課税した。煙土の出売には許可が必要で、「紅灯捐」を納めれば、煙

舘の開設と吸飲場所の提供が認められた。許可証を支給した者には、アヘン煙膏店の開設を許した。保甲制を通じアヘン中毒者（癮民）の登記を行わしめ、癮民捐を徴収し、癮民は月ごとに納税すれば公然とアヘンを吸飲でき、罰金等の処分は受けなかった（③69～70頁）。

　この外に、時期は明確でないが③によると、劉航琛は田畝の清丈（実測調査）を実施し田賦を増やした。劉航琛は田賦に整頓を進める方針を定め、防区の各県に土地清丈委員会を成立させ、大量の人員を派遣して土地を清丈させ、田賦を調査した。清丈の結果、各県の田賦は遍く増加し、酆都県の如きは元来の報告の2倍以上に上った。該県の田賦は2倍余になった（70頁、また⑨38頁）。土地清丈工作がどの程度どの地方で実施されたかは酆都県以外では不明だが、将来の課題として政策日程に上せていたことは、注目されるし、徴税機関の統一も英断と評価できるのではなかろうか？ただ、軍容を整えるために大量のアヘン税がつぎ込まれたことは想像に難くない。

　なお、①にしか載っていないことであるが、この年（29年）8月、劉湘と劉文輝が両軍の高級幹部を率いて瀘州において会議を挙行した。「合作」は同床異夢に終わったが、最も重要な決議は「財務の統一」で、21軍、24軍財務統籌処の設置で、上述のように劉文輝の財務処長・張富安と劉航琛を正副処長とし、下に劉文輝側から席新斎と寧子春（芷邨）、21軍側からは衷承祜と涂重光が各々科長になった。劉文輝の目的は21軍が「劉航琛塩法」（具体的な説明はない）実施以来毎月数十万元の収入を上げていることに目を付けていたからであったと言うが、上述の③の述べるところさえ、具体的には触れていない。

　ただ、張富安等は「統籌処」の名義で武器を不法に運び込もうとして、7艘の船が21軍側によって差し押さえられた事件については、①が触れている。これは29年8月のことである（②226頁）この時劉航琛は21軍には大砲、機関銃の製造能力があるのだから、劉文輝が小銃と弾薬製造の器材を持ち込んだとて、恐るるに足りない。向こうがせっせと小銃の生産に励んでいる間に、こちらは大砲と機関銃を造ればよいと、この時は劉湘をなだめている（①39～43頁）。

第4節　21軍総金庫を設置、川康殖業銀行を創設する

1930年35歳　21軍財政部長に昇進　この年の夏に劉湘は各汽船会社（航商）を召集して会議を開き、華商全部の船舶を統一し、日清汽船（日）、怡和汽船、太古汽船（英）、捷江汽船（米）、吉利汽船（仏）に抵抗しようと図った。各華商公司いずれも思惑があって、合作はできず、民生公司を支援し、合併及び購買の二つの方法で民生公司を長江上流を統一する自国汽船会社に仕上げることでは、意見が一致した。范崇実は各友人が盧作孚に5000元を贈って民生公司の株主になろうと提案し、民生公司の理事に選ばれた。

川江航務管理処を設立し、劉湘がその秘書・王伯安を派遣して、盧作孚に処長を何北衡は副処長を担任するよう勧めた。盧作孚は峡防団練局6連をもって航務処に服務していたので、劉湘は督辦署から別に6連の給料を支給し、別に6連を訓練して峡防のために服務させることにした（②227頁）。

この年9月、劉航琛は川康殖業銀行（のち川康平民商業銀行と改称）を創業した。以下⑤によって説明すると、何北衡、甘典夔、周季悔等も参加した。資本金は表向き400万元で、聚興誠、美豊、平民、中和の4銀行の資本合計に勝ったが、実際上は100万元、35年になっても150万元に過ぎなかった。この最初の100万元の内85万元は劉航琛が財政処長の職権を利用して出したもので、彼は臨時に塩商から3ヶ月の塩税約束手形を借用して一時の資金とし、その後も禁煙特税などと共に銃弾等の軍費を集める元手とされた。劉湘の個人株式85万元は劉航琛が公的資金を私的資金に換えたものであり、郭文欽、何北衡、周季悔、王汝舟その他の人の投資は15万元で全くの添え物（「棒場」）にすぎなかった（116〜117頁）。創立のきっかけは29年の軍費の赤字が160万元に上り、これを補填するためであった（115頁）。第1回の株主総会では盧作孚を総経理（総支配人）、周季悔を協理（専務）、湯壺嶠を経理（副支配人）に選出した。盧作孚は民生公司の総経理であり、周季悔は清朝の大官僚の息子であり、湯壺嶠は重慶の巨商「湯百万」の息子で中和銀行の副支配人であった。この外にも楊粲三、張茂芹等聚興誠銀行からの参加もあった。しかし、銀行の真の代表は劉湘の副官長の

周見三と21軍の対外代表であった喬毅夫等であり、この段階では劉航琛はまだ実権を握っているとはいえなかった（119頁）。

再び②の年譜に戻ると、この年劉航琛は総金庫を設け、財政・軍事の収支を処理し、又金庫は1元、5元、10元、100元の「金庫券」を発行し税款徴収の際の主要な貨幣（兌換する）とすることにした。

以上を③によって補足しておくと、劉湘の財政は当初は商人と合弁で創った中和銀行に財政の事務を代理させていた。1928年に劉湘が楊森・李家鈺・羅澤州の連合軍を撃破した後、軍費の収支は日毎に逼迫し、規模も膨大となっていった。それは中和銀行の能力を超えていた。それに加えて、中和銀行の発行した1元、5元、10元の兌換券には時々取りつけ騒ぎが生じるようになり、これは軍費の収支にも影響した。1930年秋、劉航琛の提案で、中和銀行内に21軍総金庫を創った。9月同総金庫が成立し、劉航琛が収支官を兼任し、下に経理、副経理を設け、孫樹培（中和銀行経理）と林枝桐を任用した。更にその下に総務、収支、庫券（金庫券）の三つのグループ（組）を設けた。これと同時に総金庫内に基金保管委員会を設け、重慶の銀銭業の大家たる、康心如[1]、張茂芹、熊崇魯等を委員にした。

21軍総金庫は軍費の収支を処理するほかに、重要な役割として粮（税）契税券を発行して、信用を膨張させたことがある。粮契税券の額面の金額には1元、5元、10元の三種類があった。粮契税券発行の目的は現金としてそれを市場に

---

(1) 康心如：1890年綿陽県に生まれる。1911年日本、早稲田大学に学ぶ。渡日以前に上海で兄の紹介で同盟会に加入していた。16年9月、『中華新報』で段祺瑞政府を批判し、停刊・入牢。19年兄が死んで後「官にならず、入党せず、新聞に携わらず」と決意。22年4月、重慶の大塩商・鄧芝如と上海美豊銀行が合資して四川美豊銀行を開業（資本総額25万元、米株52％華株48％）すると、総経理、経理1人は米国人、康心如は鄧芝如と共に協理（副支配人）となる。1926年の万県事件後、米国側は資本引き上げ、康心如は米国株を劉湘とその部下および商人組合（商幇）より資金を集めて買い取り、27年4月美豊銀行総経理に就任。30年、劉湘の顧問並びに財政設計委員会に招聘され、劉航琛の財政政策に協力した〔四川省地方志編纂委員会編『四川省志・人物史』上冊（2001年、四川人民出版社）424～426頁を参照〕張茂芹、熊崇魯については不詳。

流通させることにあった。だから、21軍は防区の各税収機関に命令を出して、徴税に際しては糧契税券のみを受け取り、その他の紙幣や手形での納税を認めないようにさせた。納税者は必ず先きに銀元を糧契税券と兌換してから納税するのである。実際上はこれは形を変えた紙幣の発行であり信用の膨張であった。1934年には、その発行額はすでに数百万元に達していた。それより前、重慶の中国銀行が海関の徴税を代行していたが、糧契税券の受け取りを拒否した。すると、劉航琛は21軍財政処処長の身分で中国銀行襄理（副支配人）の張禹九と協議して、21軍が先に一定の現金を該行に預け入れて保障となし、中国銀行は即座に代理徴収に同意した。劉航琛がこのような譲歩をしたのは、張禹九が財閥・張公権の弟であり、これを機会に政学系とコネをつけるためであった、と③は指摘している（71頁）。

30年6月の決算では総金庫の残高は140万元で、これまでの2倍であった。「これは各税務人員の汚職金額を平均毎月250元との見積もりが大きく外れてはいなかった」ことを証明するものだ、と劉航琛は自慢している（②34頁）。

また、金庫の余剰を使って武装を拡充し、国外から機械を購入して自ら兵工廠を創り、迫撃砲、銃弾、歩兵銃等を製造したことは、前述のとおり。

第5節　蔣介石と面談する。重慶電力公司を創設する

1931年36歳　2月初に劉湘の身代わりとして南京に向けて船で出発、蔣介石に面談する。上京にあたり、劉湘から国民政府主席宛、行政院院長宛、陸海軍総司令宛の三通の書簡を託されたが、内容は大同小異のものであった。この間2月20日、中央は成都の劉文輝を四川省政府主席、重慶の劉湘を四川（善後）督辦に任命した。2月末に南京に到着すると、四川善後督辦公署駐京代表兼辦事処主任・范崇実が出迎えてくれた。蔣介石との会見は嵇祖佑（劉文輝の四川省政府委員でもあり劉湘の機要室主任でもあった）同席の下に行われた。劉航琛は蔣介石に対して次のように述べた。

四川にはこれを使用するのか羈縻政策をとるのか（直接支配か間接支配か）と切り出した劉航琛は、中国には統一が必要で、そうしてこそ人民は安定するこ

とができ、国家はあらゆることに対応する力を持つことができる。歴史からいうと、漢の高祖は四川を使用してから4年2ヶ月で中国を統一した。後漢の光武帝は四川を羈縻して12年後にようやく天下統一の大業をなしとげた。4年と10年では歴史から見れば大差はないかも知れないが、国家の当面の情勢、強大な隣国が機を伺い、内争がやまぬ状況では、8年もの時間を費やすことはできず、4年を経ずして中国を統一できるにこしたことはない。もしも10年以上も延びれば百害あって一利もない、と述べた。蔣介石は誰を使用すべきかと問うたので、劉湘と答えた。その後二度目に面会した時、四川は如何にして統一できるかと問われたのに対しては、「兵が要るのではなく、金がいる。劉湘の兵は10余万人もおり、もしも中央と連携できれば、大した金も要すまいと思う」と答え、又、「金はどれくらい必要か？」との問いには「おおよそ2000万元」と答えた。「その出所は？」との問いに対しては、「公債を発行するのがよいと思う。もしも四川で公債を発行するなら、その基金は四川が出す。2000万元を十年か100ヶ月に分けて、月ごとに抽選で元本と利息を償還する。1ヶ月にたった30万元だから、四川の財力で、十分やれる。」と答えた。蔣介石は以上の2点のほかに軍事上も恐らく需要があるのではないかと尋ねたので、「三艘のやや大きめの軍艦が欲しい。その主砲は最も望ましいのは7.5センチ以上でその他に側面の砲数門を備える。というのは、四川各軍には7センチ5ミリ以上の大砲をもつものはないからだ。この外もっとも効果的なのは10余艘の小型艦艇に口径の大きな機関銃を装備することであり、このような水上の武力ができれば、長江の宜賓より下流、嘉陵江は重慶から合川まで、この肥沃な地区の両岸では劉湘と衝突できる敵はいなくなり、四川一省は、大部分が難なく統一できるだろう」と答えた。この時の会談では、蔣介石は劉航琛には200万発の銃弾を贈ることを約束したが、後に何応欽に問い合わせたところ、イギリス製機関銃1200挺、機関銃弾3000万発、同時に兵船2艘、小艇10艘の購入を許可したということであった（以上は①56〜60頁）。なお②本文では、劉航琛は、四川統一の方法には武力統一と、金銭・財政統一の方法があるが、われわれとしては前者の方法もそうだが後者の方法を用いることも必要で、このためには2000万元の公債発行が必要であり、これは善後公債と名付けて重慶のみにおいて発売し、

上海市場には決して影響を与えないと述べたと記されている（37頁）。また、蒋介石から贈られてきたのは500万発の銃弾と5000挺の銃であったとされている（②38頁）。

　この2000万元公債の発行については財政部長であった宋子文の同意が必要であったが、3ヶ月に及ぶ交渉や蒋介石の仲介にもかかわらず、宋子文は四川不統一を理由に頑として首を縦に振らなかった。

　5月3日、陳済棠が広東で反旗を翻し、28日、汪兆銘、李宗仁、等と共に広東軍政府を樹立した。5月26日、中央政府は何成濬を湖北省主席に任命したが、この何成濬と張群との話し合いの席上、何成濬から劉湘に3万の兵を湖北に派遣して貰えぬかとの話が切り出された。何応欽の説明によると、広東政府との戦争の間隙を突いて共産軍－特には賀龍軍が湖北に勢いを伸ばす恐れがあるから、との理由であった。劉航琛は「3万の出兵は可能」と請け負ったが、劉湘説得の方法を蒋介石に問われて答えに窮すると、蒋介石は「君はすぐ四川に帰れ。私が手紙を書く。彼が3万の出兵をすれば、彼を長江上游剿匪総指揮として発表し、毎月中央から手当（津貼）軍費30万元を給しよう」と述べた。又、何成濬は「中央の30万元とは別に、湖北省政府も10万元の協力軍費を給しよう」と語った（①61～64頁、なお②年譜では湖北より20万元と記されている。229頁）。帰って報告すると、劉湘は出兵に消極的であった。劉航琛は「甫公のいわゆる敵、われわれの主要な敵は劉文輝ではありませんか？だとしたら、3万の出兵は何ら問題になりません。劉文輝は現在手が下せないでしょう！彼は去年閻錫山、馮玉祥側についたので、中央に対しては恐れを抱いています。甫公の兵が一度四川を出るということは甫公が更に中央に接近することになるのですから、劉文輝もやたらには動けません。甫公は貴方の軍と劉文輝の軍とでどのくらいの差があると思いますか？」「おおよそ12万前後で大差はない」「われわれが四川を統一し、国家のために役立つには、先ず劉文輝を打倒しなくてはなりません。われわれは中央に金を求め、武器を求め、水上の武力をうちたてる、これらの措置はみな劉文輝という障害を除かんがためです。現在われわれの問題はもしも貴方に15万の兵力があったら12万の劉文輝を打倒する見込みはありますか？」「もちろんある」「それなら、3万を増兵し四川統一を目標に、目前の財政状況

で、一面武器を製造し、一面3万の兵を養うのは、自分の財政では不可能です。現在、中央は貴方に30万元を寄越し、湖北省も又10万元を支給しようと言っているのです。この両方の金が手にはいるなら、毎月2～3万元の需用の外に、3万の兵を召募できるでしょう。2～3万元という金は容易く得られるものではありません。……万一3万の兵が賀龍の軍に蹴散らされたとしても、貴方が使った中央および湖北の手当、新手の兵員はなお原有の数額を保持するのですから、甫公、又どこに損失がありましょうか？……劉文輝に勝とうと思うなら、この3万の出兵はしなければなりません。第一に、これを機会に中央との関係はより強化されるでしょう、第二に、兵の召募も増やせるでしょう……」。以上のような劉航琛の説得に劉湘は「欣然同意」したという（①65～66頁、②42頁）。

蔣介石からは半月以内に3万の兵を湖北に送れとの電報があり（②43頁）、王陵基の第3師、範紹増の第4師、外に藍文彬の第1師第3旅、合計3万を宜昌、沙市に送り、宜昌に総指揮部を設けた。この時、短期間に大量の兵を輸送するためには、盧作孚が英・仏米・日の各国領事および太古汽船、怡和汽船、日清汽船、捷江汽船等の代表を招いて、出兵の目的は資本主義国家の敵・共産党の討伐であるので協力を願う。但し、条約上武装した兵隊の乗船はできないので上辺だけでも改革しなくてはならない。協議の結果、銃と弾丸は船倉に入れ、兵士は乗客とし、武器は手荷物として運んだ（②43頁）。

9・18事件が起きると、政府主席・軍事委員会主席の職を辞して故郷の浙江省奉化に帰った蔣の下を訪問したが（②229頁）、時期、面談の内容は不明である。

この年、四川善後督辦公署駐漢辦事処長・邱丙乙、湯薌銘等と酒を飲んだ際に、湯薌銘から、日本が攻めてくるとすれば地理的に見て西南の亡びるのが最も遅い。最後に亡びる西南を不亡の西南にしてこそ中国の前途はある。そのような西南を創ることが真の報国の道であるとの意見を聞き感銘を受けたが、四川には人材が不足していると言ったものの、同席していた広安県の耆老・胡仲実が興業専門学校出身であったのを想い出し、人材の紹介を頼むと、マサセシュッツ工科大学の卒業生である弟の胡光麃を紹介された。この西南後亡論と胡光麃の件を劉湘に話して同意を取りつけ、手始めに華西興業公司を創立した。胡は

第一の株主で総経理を兼ねた。資本額は小さくたった20万元に過ぎなかったが、胡光麃が50%、四川善後督辦・劉湘の株券は僅かに5000元であった。残り9万5000元は劉航琛が友人から集めた。華西興業公司に割り当てられた最初の仕事は、重慶電力公司の発電設備であった。当時重慶の人口は20余万、それまであった重慶電力廠の発電能力は2500キロワットで、全市の照明にはこれで十分だった。これを発電量1万2000キロワットにしようという計画だったが、市場の5倍に当たる。火力発電は大量の石炭を必要とするし、コストも増す。これでは商売にならないと、社会上の反応はとても悪かったが、劉湘に「貴方の権力を発揮して欲しい」と訴えると、責任を負うなら全てを任すといわれた。劉航琛は当時四川善後督辦公署総参議だったので、督辦公署の全収入が毎月約600万元であることを知っていた。そこで、督辦公署から公文書を発行して自分の経営する川康銀行に対し約束手形400万元を切らせ、この金で重慶電力公司拡張の資金にした。

　このようにしたのは、万一一文の金も投資されないなら、川康銀行が立て替え払いしている資金に督辦公署が全て責任を負わねばならないということである。民間投資を奨励して四川第一の動力工程を建設するため、同公司が輸入する物は全て免税とし、これによって投資者の利潤に確実な保障を与えることになった。また、該公司が購入済みの機械、器材には上海為替との差額分は全て督辦公署が補填し、このために資本を使わないで済むようにした。当時、重慶の上海為替相場は（重慶を1000元とすると）最低でも1040元、高いと1400元もした。つまり該公司が100万元の器材を上海から購入するとすると40万元の支出を免れるというわけである。しかし、川康銀行は外国為替をもっていなかったので、時期の来た督辦公署の400万元を現金化することができず、電力公司は必要な資金になお出所がない状態であった。そこで、劉航琛は又しても公署の約束手形を根拠に川康銀行から手形若干を切り、これを胡光麃に手渡して上海に行かせ、周作民の差配の下にある金城銀行に行き、金城銀行の国外部に川康銀行に代わり決済してもらうこと、つまり立て替え払いして貰うこととした。市場では川康銀行の優待方法に励まされて、投資する者も出てきた。しかし、大量の株がなお未発売の形で残っていた。そこで、劉航琛は美豊銀行と川塩銀

行に共同出資を呼びかけた。こうして重慶電力公司の株は売りつくされたが、劉航琛は督辦公署の約束手形を返却し、こうして督辦公署は免税と為替相場の落差100余万元を使った以外には一銭も使わずに済んだのであったという（②162〜168頁）。

　この電力公司は、抗戦開始後に重慶地区の電力需要を満たし、重慶の工業建設に基を築いたという点で、重視されるべきであると考えられるが、これらについては、別の機会に触れることにしたい。

　なお、②の年譜の方では西華公司の設立も、重慶電力公司（市長・潘文華が準備処長・劉航琛が副処長、胡光麃が主幹技師）も1932年の項に載っている。31年は胡光麃を紹介されただけの話なのかも知れない。いずれにせよ、目先の利益からではなく抗日の観点から、当面は利益が生まれそうもない投資を呼ぶよう、権力と官僚、資本家（劉航琛は官僚でもあったが、資本家でもあった）が協力しあっており、劉湘にもこれを食い物にするような姿勢が見られず、劉航琛に一任していることは、注目されて然るべき点かと思われる。劉航琛の投資活動については、後ほどまとめて論じることにして、年譜を追うことにしよう。

第6節　第一次上海事変後に蔣介石、楊永泰と面談する

　1932年37歳　第一次上海事変では、1月末日が期限の上海の為替手形が9000余万元に達していた。兌換以後にもしも上海が焦土となれば多くの商店がつぶれるだろうということで議論紛々として、なすすべを知らなかった。劉航琛は市場に巨大な波乱が起きるのを恐れ、当日（31日）重慶市総商会で各業種の責任者を集め次のように言った。9000万元の上海為替手形はきっと兌換する、万一戦争によって全部が損失を被っても、（四川）督辦公署の責任で賠償する、と。そして、こうも語った。

　「この9000余万元がもし兌換できなければ、巻き添えを喰らって（重慶）全市の大多数の商店は必ず倒産するだろう。もしも、兌換後に上海が焦土となれば、この種の国難によって被る損失は、私がすでに督辦署を代表して諸君に兌換を要請したからには、当然四川善後督辦公署が政府中枢部に上申し説明をし

て、一筆の附加税を徴収して期間を分けて諸君の元利と利息を償還するようにする。ただ、諸君の内の賭博的に空売り空買いをしているような手形については、右の保障の限りではない」（①71頁）と。

各銀行・商店は劉航琛の保障を得て、安心し、上海為替手形は常の如く兌換され、ひとしきりの嵐のような大波も安定した。戦争が終結してみると、上海は決して焦土になっておらず、それ故私に賠償を要求する人は一人もいなかった、と劉航琛は誇らしげに述べている（同上）。なお、②年譜には「上海・重慶間の為替手数料（匯水）を捐送し、ならびに地方税捐を免ず」とあるが（230頁）、詳細は不明である。

6月、上海抗戦後、軍事委員会委員長に復帰した蔣介石に面会に行く。また、上京の折に楊永泰と知り合いになった。

③によると21軍の財政は日毎の軍事費の拡大で逼迫し、最初は商人から借金したが、そのうち税収を抵当に借金をするようになった。しかし、前の分の借金を返済し終えない内に公債を発行してこれを返す、債をもって債を返し、債をもって債を養うような状況にあった。劉航琛は税収を抵当にするのは多くとも3ヶ月を超えないようにしたが、時期の到来を見て借金を返し、利息を払うのは大変手続きが複雑であった。そこで、もし庫券を発行すれば、8ヶ月から10ヶ月に（返済期間を）ゆるめることができるし、政治力を運用すれば売り出しやすいし、もしも公債の発行が上手くゆけば利率も引き下げることができるし、償還の時期も5～6年にまで延長できる、と考えた。そこで、劉航琛は劉湘に対して、引き続き各種の庫券、公債を発行し、長期の借金を現金に換えて逼迫した需要に応じるよう献策した。1932年3月から33年10月までの間に、21軍の発行した各種の庫券、公債は、「整理金融庫券」「整理川東金融公債」「塩税庫券」「軍需債券」「印花煙酒庫券」「田賦公債」等々、総額は4120万元の多きに上った。劉航琛はこれらの債権を発行するときには、従来劉湘が公債を強制的に割り当てる方法をとって聚興誠銀行に拒否されたために大騒ぎになったことに鑑み、別の方法をとるべく心を砕いた。1932年、劉航琛は銀銭（銀行・銭荘）両業公会人に働きかけて積極的に重慶証券取引所の設置を準備させた。最初に已発行の債券を「死に体」から「生き物」に変え、引き続き債券発行に

道を開くことが目的であった。この年の9月から、重慶証券取引所は四川善後督辦・劉湘の認可を受けて開業した。債権や水道公司、民生公司の株等が取り引きされた。聚興誠銀行総経理の楊粲三を該取引所の理事長に担ぎ出したこと、劉航琛も川康殖業銀行関係で理事を担当し、大成功が得られるのではないかとの希望に湧いたが、蓋を開けてみると、取引額は甚だ僅かであった。各項の債権を持つ銀行や、商人、士紳は競ってこれを売りに出し、ために、交易所は「災いを棄てて財を求める」場所になってしまい、売り出す人は多いが、買い入れる人は少なく、殆ど売りはあるが買いのない一方通行の商いになってしまった。劉航琛の活動を通じて銀銭両業は売買を進め、彼等は地方軍閥の発行した債券が、僅かに防区における苛捐雑税の収入で元金・利息を支払い、（債権の）運用には全く関心がないことを深く知っていた。更に心配なのは四川軍閥が不断に争うので、もしも21軍が敗北して現在の防区から退出した場合、その財政処の発行した債券は、たちまち紙屑に変わってしまうか、或いは非常に割引されてしまい、情勢に迫られて少しばかり買い入れるとしても、それは賭博にほかならず、劉湘の勝敗に掛け金を張ったというに過ぎない、ということであった。たまたま銀価の相場変動で疲弊し行き詰まっていた頃だった（この33年4月6日より「廃両改元」が実施された）ので、銀行銭荘は利息を取ろうとして、売買も又ちょっとばかりこのために活動したに過ぎなかった。ちょうど交易所の開所と同時に「申匯」（上海向け為替）が売買されるようになると、債権の交易に見向きをする人もいなくなった。劉航琛は局面を打開するため、公債を4割引や3割引で銀銭業界に売り、また利率を引き上げ、あるものは月利1・2％に達し、川康殖業銀行が先頭になって買い込み、彼と関係の深い美豊銀行、川塩銀行および21軍各師の軍需人員が経営する銭荘に買い取らせ、債権熱を煽ろうとした。たとえば、1933年6月発行の印花煙酒庫券500万元（⑤119頁）は月利0.8％、50ヶ月で償還するものであったが、5割引で銀行銭荘に売り出した。重慶証券取引所が取り引きを開始した時、川康殖業銀行は61万元を買い、川塩銀行は50万元を買い込み、一時購入者は活躍し、票面500万元の庫券はたちまちに完売した。当時劉湘は劉文輝と栄威の会戦の最中であり、これはその需要にマッチしたのであった。

第8章　ある地方官僚の生涯　389

　以上は③71～73頁に拠るものであるが、21軍各師の軍需要員が銭荘を経営していたという記述には注目したい。師長の王陵基や潘文華は企業も経営していた。

　ところで、劉航琛自身の言に拠れば、32年督辦公署財政処長の職を去った劉航琛の後を襲った唐華は、財政を無制限に軍事的用途に使い、武力を速やかに強化して劉文輝を討ち四川統一を達成するという方針であり、このために唐は通貨膨張政策を取り、四川地方銀行を設立して3000余万元の紙幣を発行し兵力を29万余人に拡大した。しかし、兵力増強には毎月3000万元もかかる。僅かな収入でやりくりできるのか？そこで、毎月の赤字は劉航琛が創設した21軍総金庫を利用し、経理の鄒汝百が約束手形を出し、市場で現金に換えたが、現金への交換の利息は月1分2厘 (0.12％) からはじまって最後には9分 (0.9％) にまで高騰し、鄒の約束手形（鄒票）の総額は33年の作戦の時には7000万元の多きに上った。自分が財政処長の時には極力劉湘の軍拡を抑え、一面では部隊の装備を改善しながら、一面では中央から公債を発行して貰い、中央の命令を受けて四川統一の目的を達成するようにすれば、兵力を拡張しなくとも順調に四川統一ができる、というのが劉湘と劉航琛とで取り決めた方法だった。これは中国のために四川を統一するのであるから、道理にかなっている。だから自分の任期中には統一できぬ場合への顧慮なしに負債はあり得なかったのだが、唐華はこの点が分かっておらず、無理矢理に四川統一をはかったのである、と劉航琛は批判している（①74～75頁）。つまり、すでに③によって述べた借金財政膨張の責任は劉航琛にあるのではなくて、唐華や鄒汝百やその背後にいた劉神仙こと劉従雲[(2)]の責任だというのである。劉航琛に言わせれば、結果的に見れば唐華の積極策が四川統一を可能にしたように見えるが、もしも劉文輝が田頌堯や鄧錫侯とも戦うという二正面作戦の愚を犯さず、彼等と共同して劉湘に向かってきたらば、どうなったかは分からない。まことに「衛青の敗れざるは天の幸いによる」（偶然に助けられた）というものだ、と述べており（同上75頁）、劉湘が劉従雲に惑わされた結果、劉航琛は財政委員会副委員長という高位を授けられたが実権は奪われていたことがわかる。③は、この違いを区別せず、一連の

(2)　劉従雲については第1篇で紹介した拙稿を参照されたい。

財政膨張政策の責任を全て劉航琛一人のせいにしているのは問題である。

第7節　塩業銀行理事・呉鼎昌の知遇を得る

　1933年38歳　前項では話が33年にまで及んでしまったが、この年、劉湘の21軍は29万余人に及んだと、年譜の冒頭には記されている。前年の32年の年譜冒頭には21軍を19万人にするという劉神仙の無謀な計画に抗議して劉湘に辞職を願い出たことが記されているが（前節で述べたように財政委員会副委員長に「昇格」）、33年の数には24軍（劉文輝軍）からの寝返り組みが含まれているために膨らんだ数字と思われなくもないが、それにしても29万という数は大きすぎると思われる。二劉決戦に備えて400万元を用意したが、2ヶ月で戦いは終わり、予定の戦費の内20万元しか使わないで済んだという（②231頁）。なお、劉文輝の必敗を見て取った劉湘は「俺は彼等を受け容れてやるつもりだ。彼等も四川の兵なのだから。しかし、彼等を受け容れるには金が要る。戦費の外に、現在30万元が必要だ。明日で好いから準備してくれ」と頼まれた。二つ返事で劉航琛はこれを引きうけた。重慶に戻った劉航琛は何軒かの銀行と相談して償還の責任は自分が取るからといって30万元の借款を取りつけ、小切手として聚興誠銀行成都分行経理・張茂芹より劉湘に手渡した。全ては電報で連絡を取った。

　これより2年前の1931年の秋に上海で呉鼎昌と四川の将来について話す機会があった。呉が切り出して言うには「貴方は川康銀行の責任者、私は塩業銀行の責任者です。我々両銀行間に取り引きがあって然るべきではないでしょうか」。劉航琛は笑顔で率直に「わが行にとっては商いにはなりますが、貴方の銀行にはウチとの取り引きなど必要ないのではないかと恐れますが」といった。すると呉鼎昌はこんな話はどうかといってこういった。「上海では、同業者間の当座勘定の利息は最高でも月利1分に過ぎない」。劉航琛はこれに対し「重慶では、月利は1分2厘です。塩業銀行さんが1分の利息で川康銀行に預金してくれても、川康が2厘の利息を塩業さんにつけてやるということは不可能です」。呉鼎昌は笑いながら「私のいう取り引きというのは銀行と銀行との関係でもあるし、人と人との交情でもある。上海と重慶の利息に顕著な差があるなら、我々

は数額をちょっと少な目にしないでも、型通りに互いの関係と交情を表すことはできるのではありませんか？」といった。するとすぐ接客担当の塩業銀行上海分行経理・陳介に言いつけて、翌日までに川康銀行と塩業銀行の契約書を作らせ、翌日午前に呉と劉とで契約を交わした。契約の内容は、塩業銀行は銀元200万元を月利1分で重慶の川康銀行に二年定期で預けいれるというものであった。あっという間に1933年秋が来て契約の期限となった。31年当時の上海向け為替料は最高で1000元につき40元高、最低の場合は40元安であったが、33年は四川の財政金融はいずれも混乱の現象にあり、上海向け為替手数料は、最低でも1000元につき400元、最高では1000元につき700元にも達した。だから、川康銀行の塩業銀行への為替料は80万元から140万元にも上った。劉航琛は川康銀行の支配人であり、劉湘は株主であったので、為替手数料が異常に高くて損失が甚だ大きいことを報告し、については100万元の重慶手形を抱えて上海に行き、また100万元の現金を上海に持ち出せば、損失を少しばかり減らすことができると思う、と劉湘に打ち明けた。こうしないで、全部を為替払いにすると、二年間の利息が24％の外に、為替手数料の40〜70％を償わなければならず、このままでは呉鼎昌に損をさせてしまうことになる。劉湘は自筆で100万元を上海に持ち出す許可を書いて、劉航琛に渡した（以上は①87〜88頁）。ところが、100万元の大洋銀をもって成都から重慶に帰り、いざ出発という段になって、税捐総局総辦の甃祖佑が劉航琛の家に来て「川康銀行の上海への現金運搬は許さず」との劉湘の電令を示した。手書きの方が先で電令は後だが君ならどうすると問うと甃は帰ったが、このような突発事件が生じたのも、劉航琛が劉神仙を拒絶したためだと思い、そこで劉湘宛に手紙を書いて手書きの命令を返し、200万元は全て手形で持ち出した。一筆の金は無くしたが、未だ人を失わず、安心した、と劉航琛は書いている（最後の部分の原文は「両百万元、則全部匯出、雖然丟了一筆錢、好在並未丟人、也就心安得」である。①89頁）。呉鼎昌がどのような目的で劉航琛に200万元の定期預金を供与したのかがわからないので、このエピソードを紹介すべきかどうか迷ったが、呉鼎昌（1884〜1950）は成都に生まれ官費留学生として1903年渡日し成城学校普通科に入学、3年後東京商業学校に学び10年に帰国した。同盟会に加盟したこともあったが、帰国後は官僚の道を選び、

1912年には中国銀行の総監督に指名されたのをはじめ、塩業銀行総理、財政部次長兼天津造幣廠長など金融・財政面にタッチ、22年には金城銀行、大陸銀行、中南銀行、塩業銀行の四行連合準備庫を発起・設立し、その主席に納まった。また、26年には旧『大公報』を財閥・王景珩から買い取り、自らを社長、張季鸞を編集長に26年9月1日から『大公報』を発刊した。31年以後は蒋介石に招かれて国防設計委員にも就任している。政学系の大物であり、北方銀行界の有力者でもあった。劉湘から見ても、劉航琛から見ても、呉鼎昌とのつき合いに損はなかったといえよう。

　この年7月、劉湘は「安川の戦い」の終結を宣言、9月12日、成都で「剿匪軍事会議」を開き、20日以内に動員を完了することを命じた。10月2日、蒋介石は南昌で全国的な「剿匪会議」を開いて第五次「囲剿」計画を定め、10月4日、何成濬を四川剿匪総司令に任命した。

　10月6日から川北の共産軍に対して五路囲剿が始まった。第1路は鄧錫侯の28軍で広元より南江に向け出発、第2路は田頌堯の29軍、第3路軍は李家鈺・羅澤州、第4路は楊森の軍で、共同して巴中県を回復することであったが、この4路の大軍は王陵基の21軍を主力とする第5路軍が綏定、宣漢両県を回復後、王は全力で大巴山区の通江、南江万県の各県に侵攻することになっていた。しかし、王陵基は総司令に就任した劉神仙こと劉従雲の、眼前の絶壁を昇れとの無謀な命令を拒否したため、劉湘によって成都に幽閉されることになった。王陵基は四川講武堂卒業の後日本の東斌学校を卒業後帰国し、四川速成学堂の教師筋であったため（直接の教え子ではない）、劉湘の師匠方に当たり、劉湘も重慶の銅元局を任せたり、重用してきた。また、王陵基は川東綏撫司令として、部下の兵が多く支出も多かった。そこで、将兵の生活を安定させるためと、高級幹部の経済困難を解決するため王陵基が三分の一、3人の旅長が三分の二を出し合って桐油を輸出する会社・中原公司というのを経営していた。しかし、王陵基の軟禁で業務は遅滞し、巨額の損失を招いていた。劉航琛は中原公司の整理を劉湘に進言し、結局40万元を劉湘から引き出すことに成功している（①103～112頁）。王陵基はその後34年軟禁を解かれて故郷の楽山に帰った。劉航琛が王陵基のためになぜ劉湘との間を取り持ったり、中原公司の整理に当たって

やったのか、劉航琛自身の口述、記述からは推し量りかねるが、劉神仙への反発と王陵基の才腕に期待するところが多かったためかも知れない。なお、この年の年譜には

　　劉文輝の軍から投降してきた者は7団1師に編纂するほか、一週間かけて10万人を解散した。

　　重慶電力公司の準備が完了した。重慶水道廠が創立された。

　　重慶市民銀行が創設された。

の3項目の事実が載っている。

第8節　再建四川省政府財政庁長への就任を請われる

1934年39歳　この年の秋、劉神仙の命令通りに進軍した唐式遵は大敗を喰らい、唐華の通貨膨張、債務により債務を支払う政策は大打撃を被り、銀行は取りつけ騒ぎ、財政処は門前市をなす有様で、人々は恐慌後の債務要求を恐れていた。市場では地方銀行券の割引が出現し、あらゆる収入項目と借り入れ項目の金はみな四川地方銀行券だったので、前線に送るのはただ四川地方銀行の貨幣のみとされていたから、軍隊は大敗後、必要な軍費は3割から2割引でしか通用しなくなり、軍隊も唐華の通貨膨張政策によって重大な打撃を被り、志気を奮い起こしにわかに反抗に転じることもできなかった（①115頁）。

8月23日、劉湘は中央に辞職の通電を発し、飄然と成都を離れて重慶に帰った。このような事態を打開するため、劉部の諸将は王陵基の推戴を図ったが、王陵基はこれを肯んぜず、飛行機で上海に飛んだ。劉航琛は王纘緒、周焯、鮮若等3人の劉湘の同窓生と重慶の家を訪ねて面談し、劉湘を激励し復職を促した。翌日午後、重慶の李花園で再度会見し、1）成都に電報を打ち、参謀長・郭昌明に代行を命じる、2）2個旅団を前方の救援に向かわせる、3）高官を前線に派遣し、唐式遵の部隊の整理を監督・引率する、4）四川外部に駐在している21軍代表の傅常、鄧漢祥、範崇実、邱甲を急いで重慶に呼び寄せ、また恒常的に機密に参与している幕僚の張斯可、毟述庚、袁丞武等も重慶に招き、今後の方法を共同で相談することにした。また、10月中旬、各地から電報が殺

到し、劉湘の家で会議を開いた。多数の提案は、1)「剿匪」は全国的な事業であり、四川一省の問題ではない。もしも中央軍と一体化しなければ、第5路の21軍部隊は賞罰をどうするのか、甫公（劉湘）が絶対に中心となるべきだ。その他の各路の四川軍は四川戦役以前から甫公と敵になったり友となったりで、地位はいずれも対等である、もし懲罰すべき時には顧慮するところあるのもやむを得ないが、そうすれば一致行動することは難しい。中央の命令にしたがって、このような気遣いは必ず無くすべきである。2)前方の敗北が財政金融を混乱させる一因となることは免れがたい。後方の財政困難を前方が詳しく知って地方銀行券が兌換不能になれば、後方の財政はピンチに陥る、財政が崩壊すれば、前方は動揺ひいては瓦解を免れない。即刻対策を講じて整理しなくてはならない。後方が安定すれば、前方の問題も霧消するだろう。この第2の問題は一同が劉航琛に解決を委託した（①120頁）。この会議で劉湘は「軍事は一切より重い。先ず南京に行って委員長に拝謁し方略の指示を請う」といった。当時劉航琛は自己の経済事業のために上海に行かなくてはならず、出立に当たり劉湘に「上京の折には電報を下さい。私が漢口まで飛んで貴方にお目にかかり、私にできることがあれば、申しつけてください」と言い残して行った。劉航琛は上海で王陵基に会い、劉湘は王を恨んでいないこと、中原公司の損失も穴埋めしてくれたことを伝え、一緒に劉湘に会おうと持ち掛けたが、2日後に会うと確約した。11月20日劉航琛等は南京に到着、船中では傅常、鄧漢祥、潘文華、張斯可、張必果、邱甲等18人が会議を開き協議した。碼頭には王陵基が迎えに来ていた。劉航琛は南京到着後、劉湘に閑をもらい、証券、綿糸、金の取り引きのため上海に出かけている（①122頁）。上海で数日を過ごした後、南京の劉湘を訪ねると、四川省政府を創るにあたり財政庁庁長を君に頼みたいと言われた。一度は固辞したが承諾した（なお、③や⑥によると劉湘は劉航琛の財政庁長登用には積極的でなく、唐華の名前を挙げたが、宋子文の推薦で劉航琛に決まったとされている。③96頁⑥206頁）。劉湘から督察公署の財政負債の状況を知っているかと問われたので、「私の推計では地方銀行券が約3000万元、約束手形が7000万元、確実な数字は多いかも知れないし少ないかも知れない。帳簿を見ないと分からない」と応えたが、劉湘と共にすぐ重慶に帰ることは断った。一億の債権の整

理するには多ければ1億2000万元少なくとも8000万元の整理と同様な方法での処理が必要だが、仮に1億元と仮定しても、上海に行って整理計画を仕上げた後、天津の周善培、呉鼎昌両氏に教えを請い、また北京に行って傅増湘、漢口の張群氏らの示教を乞うことにしたい、といった（①124頁）。なお、この時上海で呉鼎昌と合弁企業について相談するため100万元の現金を劉湘の許可を得て持ち出している（②143頁）。北京には、当時北平軍事委員会政治部主任・曾拡情、範崇実、胡光麃と共に出かけた。最初に天津で周善培、呉鼎昌を訪ねた。周善培は本籍は浙江だが成都生まれで四川で官となり、瀘州では「経緯学堂」を開いて多くの人材を育成した。劉航琛とはその頃からの知り合いで、上海では彼の姪の夫・周季懐および彼の娘婿の席文光を紹介して貰い、金融の責任を引き受けて貰った。呉鼎昌については前述の通り。周全培も呉鼎昌も劉航琛の計画に原則的に実行可能との評価を下し、傅増湘に会いに行く前には金城銀行経理の周作民、同行総稽核（会計監査長）の呉廷欽と会って意見を聞いた。傅増湘宅では、幾人かの同郷人と会い、質問もたくさん出たが、各郷長（県長経験者を指すものと思われる）は超過財政以外については計画は実行可能だと言ってくれた（①126頁）。

第9節 「剿匪公債」1億2千万元を発行する

1935年40歳　1月2日武漢で張群の紹介で軍事委員会秘書長・楊永泰と会見する。楊は「整理四川金融公債」の発行は劉航琛の原案にせよ、中央案にせよ不可避で、基金を四川省が負担するなら問題ない、と述べた。翌3日重慶に飛び、重慶経済界の面々は劉航琛を重視し、省政府成立後の財政を劉航琛が取り仕切ること許してくれた。具体的には地方銀行券を兌換し、鄒票の結束と出兵・「剿匪」の軍費に充てることを提案したものと見られる（②234頁）。重慶に帰ってみると1月4日の重慶の上海向け為替割引額（為替手数料）は1000元につき40元と、1932年以前の常態に復していた。劉湘は「君が今回財政庁庁長になるに当たり、先ず仕事をして貰わなければならないが好いか？現在財政は何ともならない。出兵して朱毛（朱徳と毛沢東）を討たねばならないが、これらの軍

隊は移動の費用もなく、作戦の費用については言うまでもない。ところが、市場の紙幣兌換は日毎の取りつけ騒ぎで、時期の到来した債務は支払いようがなく、又みなこれらの短期借款だが、君は僕にどうしたら好いというのだね？」と劉航琛に訪ねた。劉航琛には話のしようがなかった。彼には財政庁長に就職することはできなかった。というのも、彼は省政府機関の一首長であり、省政府が成立しないことには、財政庁長もまたどうして単独で就任できようか、と思ったからである。劉湘はしばらく考えた後「なんなら、君が督辦公署財政処長の古看板で、先ず財政を処理したらどうだろう？」と言った。劉航琛は苦笑して「この件は長期的観点から計画を立てる必要がある。私の財政計画は貴方にはまだ公表していません。民衆は賛成の意を表示していませんから、この計画が出れば元気を出す人もいるのは必定ですが、決してしょげかえっては駄目です。もしも、一旦宣言したなら人々の喝采を浴びるようであってこそ完成といえるのです」と応えた。劉湘は「君はどうするつもりか」と三度尋ねた。劉航琛は「1932年頃、重慶の銀行と銭荘は30余軒、共同で連合公庫を組織し、各行荘の手元資金を調節した。この連合金庫の主席には皆が私を推した。思うに、私は先ずこの主席の名義で全重慶の紳商と各行荘を召集して会議を開き、甫公より共匪流竄の態勢及び剿匪の方法について報告をして貰い、それに付け加える形で当面の財政金融危機を打開する計画を説明する。この計画とは私の財政計画です。この三つの問題は多数の家財産や命に関係することなので、甫公の実際的答案によって、貴方の講演を聴きたくて出席する者はきっとたくさんになるはずです。……「剿匪」の承諾があってこそ、人々は家財産や命の保障を先にして、再度みんなで一時忍耐し、団結一致して共に難局を切り抜ける財政金融の方法を後にすることができれば、みんなは内心未だ必ずしも同調するものではないが、いかなる反対もしなくなるでしょう」と答えている（①128〜129頁）。年譜によれば、6日にこの重慶銀銭業連合金庫の集会が開かれ、参会者から「剿匪」への協力と、財政辦法の重点は、公債1億2000万元を発行して鄒票と地方銀行券の兌換に当てることにあったが、劉湘の宣言の後、劉航琛が全体紳商を代表して財政辦法に賛成し、その晩に戦費ができたので、翌日劉湘は貴州省に向けて出兵した、と記されている。そのまた翌日8日、劉航琛は財政

処長に就任した（②234）。2月、四川省政府が成立、各軍に対しては督辦公署より毎月軍費を支給することになり、各軍は行政・財政権を省政府に返還し、ここに四川統一が19年ぶりに復活した。

第10節　各種税金の整理、四川省銀行への改組等を実行する

　以上、自訂年譜に沿う形で、劉航琛の活動を追いかけてきたが、四川省の財政庁を引きうけてからの話しも、あちこちに分散して触れられているので、ここでは、③（⑥も同じ）によって彼が四川統一に当たっての財政的難局にどう対処したかをまとめて紹介することにしたい。
　財政庁長就任に先立ち、劉航琛は上海の『申報』に「整理四川財政方案」なる一文を寄せたという（『申報』35年4月28日11面に載るも、記事であり論文形式のものは見つからなかった）。この方案は四川各防区の一部の収支の数字を羅列し、四川財政の今後の収支の概況について推計と見積もりを出している。整理工作は4つの時期に分けられる。第1期は支出があって収入のない時期。新たに成立した省政府は、最初の数ヶ月は、防区の行政財政権を接収するが、税収はなお統一的税制の制定が必要で、当然税金徴収のことは問題にならない。しかし、省政府およびそれ以下の各級行政機構は、改組して公務をとるには支出が必要である。再編成後の各軍部隊の軍費も引き続き支払わなければならない。それ故この時期を支出があって収入はない時期と呼ぶ。この時期の過渡的な辦法は、一時税収を抵当に四川の銀行界から借金し、将来税収のありしだい償還するというものである。第2の時期は収入が支出に追いつかない時期である。各項の税収を開始した時には、全部がうまく徴税できるわけでもないので、必ず一部の地域では収入がないか、収入があっても支出の需要を満たせない。この収支不均衡の対策としては、これも銀行界から借金をする。第1期の借款の返還と同時に又借款をするのである。第3期は収支の均衡する時期である。各項の税収に整理の目途がついたなら、収入も増し、収支を均衡することができるようになる。第4期は収入が支出を上回る時期である。この時税収は佳境に入り、収支の見積もりには余裕がある。劉航琛の文献は21軍の80余県の各収支の状況

に、その他の軍閥の防区の生の資料を集めたもので、基本的には実際に近かった。1935年2月、劉航琛は「整理四川財政方案」を実施した。

　35年3月四川省政府が成立したとき、財政上の解決に急を要する問題は1935年7月から36年6月までの年度予算であった。この予算は、全省の各項収支が7000万元近くにまで必要で、又、政府成立後は2月から5月までの支出があって収入がない時期の借款を順次返さねばならない数が含まれていなければならなかった。36年の上半年に編成した7月より37年6月までの年度予算では、支出は8000余万元であった。劉航琛の在職中に財政上のこのように膨大な支出を解決することは、全く容易なことではなかった。彼は旧い手口を使い税収の整頓を行い、新税を設け、信用を拡大し、資金を奪う等の方法により、大量に人民の負担を増やした（③73〜74頁）。その手口は以下のようなものであった。

　（1）極力田賦の収入を整頓した。劉航琛は田賦収入を増やすため、過去の田賦整頓の方案をまねて、再度田地面積を整理し、各県の田畝を遍く増加させた。全川各県の税粮は合計60余万両であったが、辛亥革命後に銀元に換算した。当時は粮1両につき銀元十数元に換算し、全年で700余万の収入があった。もとは1年1徴だったが、劉航琛は附加税として3倍のいわゆる臨時剿赤費を課し、こうして実際には1年4徴となり、農民に対する収奪は強化された（③74頁）。⑥によれば、これによって3000万元の財収を得た（207頁）。

　（2）田地の売買と質入れを整理した税収。過去、田地の売買と質入れにはみな課税されたが、各県で徴収単位がばらばらであり、税率を画一化するため、買契税は契価の十数パーセント、典契税は契価百元につき数パーセントとした。このような改革を通じ、両種の契税は、年1000万元以上に上った。

　（3）全川で契紙（売買契約書）を検査する。劉航琛は21軍の財政を預かっていたとき、防区各県で契紙の検査を実施した。大契は1枚1元、小契は5角、白契（官印のない私的証文）には税を補充し、期限切れで検査ないものからは罰金を徴収し、毎契また別に印紙を貼らなくてはならず、かようにして民衆の脂をしぼることが少なくなかった。劉航琛は、新たを装い税金を重くし、過去の防区の印紙税を貼った契紙を完全に無効とし、一律に国民党四川省政府の印のある物のみを合法・有効とした。財政庁が具申した契税検査法は、国民政府の

批准を受けて後、全川に布告して36年後半から実施されはじめた。およそ契紙をもつ者は紅契（登記済みの官印のある契約書）、白契（未登記の私的な契約書）を問わず、一定期限内に当地の徴収機関の検査を受けて、新契に換えねばならなくなった。すなわち、「四川省政府」の印のあるいわゆる官契は契紙を換えるにあたり、100元以上の大契は3元、100元以下の小契は1元5角を納め、典当（質屋）は契約価の半分を納めることになった。一定期間内に徴収機関に行って書き換えする場合は紅契・白契にかかわりなく一律に書き換え、白契は処罰しなかった。このようなやり方には実効があり、特に古い白契はみな、税金を補足的に納めさえすれば処罰なしに（紅契に）書き換えてやるとの一言に騙されてしまった。契紙1枚毎の収入は小さくても、ちりも積もれば山となり、収入は予算額の3倍以上、1500万円前後に達した。

（4）屠殺税附加の加重。全川各県市の屠殺税は、元来が教育費用のためのものであった。劉航琛は正税の外に豚一頭につき2元を徴収した。毎年屠る豚の数は約4～5万頭として約1000万元の税収になったのではなかろうか、と③は書いているが、文字通りに取れば10万元の誤りではなかろうかと思われるが、⑥によれば、豚の屠殺数は年400～500万頭であり、1000元に近いと述べている（208頁）。こちらの方が頭数から見て妥当と思われる。

（5）貨物の一税制を実行する。もとは統税または百貨厘金とも呼ばれ、金物、反物、綿糸、大小百貨の貨物税、たばこ税、石油税、瓶入り酒税、植物油税、木竹税、煙酒税、糖税、郵便小包税、印花税（収入印紙）、家屋地産税、二五地方附加税（長江下流から四川に搬入する貨物は海関の輸入税＝2.5％を徴収された）等を包括していた。雑捐としては、船捐、車輛捐、江防捐、賭捐、花捐（妓女税）、護商税、峡防捐があった（③75頁）。劉航琛は21軍財政処長の時に、防区内の十数の徴収機構を合併し、重慶に税捐総局を設けたことは前述の通りだが、彼は苛捐雑税の排除、関卡・厘金の廃止を更に進めて四川省内では移出入の貨物には1回徴税するだけで、納税済みの票を渡すようにした。一税制は手続きが簡単で、徴税人の搾取も避けることができたが、人民の負担は軽減されなかった。税率は5％として、全年で800万元の収入となった（以上は③76頁）。

（6）禁煙税徴収の継続。この税はケシ栽培区と非栽培区に分けられる。両

区の吸飲者はみな紅灯捐が取られ、栽培区では烟窩捐が徴収される。移出のアヘンには過道捐が掛けられる。例えば雲南・貴州のアヘンで四川で販売されるものでも、四川経由で他省に移出されるものでも納税しなければならない。⑥は以上による税収は数百万元に止まらないと見ている（208頁）。

（7）営業税の創設。1936年度から実施。都市、鎮各商店の営業額の3％。商人の反対（⑥によれば商店は罷市をして反対したという）は県長の責任で押さえ込ませた。⑥は税収数百万元だろうと見ている（⑥210〜211頁）。

（8）四川省銀行の改組と、地方銀行券の回収、補助貨幣の発行。省政府成立後、劉航琛は四川省地方銀行を四川省銀行に改組、資本80万元を集めて資本金200万元とし、総支配人を兼任した。当時四川は財政困難で、増資する資金がなく、劉航琛は綱渡り的演技を演じた。彼は財政庁長名義で省銀行に1ヶ月の約束手形を2枚、各40万元を出させて、財政庁は重慶の美豊、川康両銀行から各40万元を借り、この借款で省政府が発行する増資の資金とした。一月も経たぬ内に、財政庁は額面140万元の四川省庫券をもって四川省銀行から80万元を借金し、省銀行は一覧払い約束手形80万元を給付した。財政庁は即刻これで美豊、川康両行からの借款を返還し、元来省銀行が出した1ヶ月の約束手形は省銀行が回収した。これと同時に、財政庁は又95万元の四川建設公債をもって省銀行から58万元を借りた。このように、財政庁は四川銀行を四川省銀行に改組するに当たり、名目上は80万元を増資したが、実際には財政庁は逆に58万元を借りたのである。手品のような芸当であるが、これは劉航琛が信用を拡大し、資金を奪う、常套手段の一つであった（③77頁）。

劉航琛は省銀行の総経理になると、先ず四川省地方銀行券の回収の問題に直面した。同行は1934年に成立し、劉湘の軍費支出の必要を解決するため、「四川地方銀行兌換券」（地鈔と略称された）を発行した。紙幣は1元、5元、10元の三種あった。人民を欺瞞し、信用を守るため、6割の現金、4割の保証で地鈔発行の準備とした。劉湘の軍費が激増するにつれ地鈔の発行は日増しに拡大し、現金準備の割合は日毎に低下していった。1935年4月9日までに、地鈔の発行額は3300余万元となり、現金準備はたったの300余万元、1割にも満たなかった。現金は日毎高くなり、地鈔は日毎安くなった。1000元の地鈔を兌換す

第 8 章 ある地方官僚の生涯　401

るには60元、70元から170元、180元の値引きが必要だった。重慶や成都では深刻な兌換要求現象が起こり、もみ合いから負傷するもの踏みつぶされて死者さえ出る始末であった。人心は浮動し鎮め難かった。劉航琛は財政庁長の身分で、一面、重慶の金融界の人々を集めて各行各荘所有の地鈔はできる限り「四川地方銀行兌換券準備庫」に納め、「抵解委員会（抵当委員会）」を組織し、一種の「抵当証」を発行した。この証書は市場で流通・使用が可能で、毎月半ばと月末に一度交換し、半月毎に得るべき利息は証書内に附帯して明記し、利息は財政庁が負担し、（証書）持ち主の所有に帰すものとする。利率若干は月の半ば若しくは月末の前日に「抵解委員会」が各行各荘を集めて議論して決める。この方法を実行して後、重慶の各銀行銭荘は全部で地鈔700余万元をプール（封存）した。地鈔の発行額は3000余万元の大きに至ったが、しかし四川省は広く、外県（他省の県の意か、周辺部の県の意か不明）に流通しているものが過半を占めていた。重慶一地で700万元をプールして用いないようにすると、市場の手形は頓に減少し、兌換の風潮はこれによって緩和された。同時に特別車を成都に派遣して現金を持ち込み、（成都の）風潮もようやく収まった。劉航琛は別の一面では、又蒋介石に助けを求めた。蒋介石は中央の支配勢力を四川に及ぼそうとして、成都に「委員長行営」を設立し、その法幣政策を推進し、紙幣発行権を中央に収めた。数度の画策を経て、「行営」は1935年 9 月15日に地鈔を 8 掛けで「中央の本鈔」が引き取ることを公然と命令した。これによると、川省の地鈔の上海向け為替は最高1000元につき700余元を送らなければならず、平時の最低価格でも匯価は常に100元以上で、言い換えれば最高でも地鈔は1700余元、最低でもまた1100元で、上海向け為替1000元との交換が可能となった。故に、年来の為替相場の平均を計算してみると、地鈔の価格が上海為替より安いのは1000元につき250元以上であった。しかも川省の地鈔は、換金に補水（割り増し）が必要なので、四川の貨幣を代表することはできず、そして川幣の成分、重量は中央の本鈔（紙幣正貨）が代表している国幣と比べても 5 ％以上も劣っていた。それ故、遂に上海・重慶の為替価格の差額を地鈔の 8 割を中央紙幣と交換するということは、四川人民に重大な損失を被らせ、民衆は市中を奔走呼号し、しきりに悲鳴をあげた。成都・重慶および各地の県商会および大衆

はこもごも代表を選んで請願し、地鈔を100％で回収するよう要求したが、いずれも許可が下りず、市場は異常な混乱を引きおこし、交易は停滞し、債権債務は紛糾し、投機活動は猖獗し、人民の痛苦は耐え難かった（③77～78頁）。

しかし、地鈔が1936年11月20日に全て80％で中央の正貨と交換される前に、劉航琛は財政部に四川省銀行が５角の補助貨幣を発行することを請訓した。当時国民党政府は紙幣発行権を中央、中国、交通、農民の四銀行に握らせ、その他の商業銀行や各省地方銀行には一律に紙幣の発行を禁じていた。（通貨）発行条例の規定によると、１元以上の紙幣が法幣であり、１元以下は補助幣であった。劉航琛はこの法の穴を突いて、ただ５角の補助幣の発行を請求し、補助幣の発行は発行条例に違反することはないという理由で財政部と認可について争った。財政部は彼に三つの条件を突きつけた。すなわち、（１）あらかじめ中央銀行に紙幣発行の準備金として現金６割、有価証券４割を全額振り込むこと、（２）補助幣の発行額は1000万元とし、二期に分けて発行することとし、第１期はただ500万元とし、その余は将来需要があったときに、認可して発行する、（３）補助幣券の印刷は、中央銀行の印刷機関が請け負うこと。これに対して劉航琛は、（１）（２）の両項は遵守するが、（３）の印刷の問題についていうと、四川省印刷所はすでに紙幣印刷のために最新式の機械と優良な紙も購入してあり、もし使用しないのなら浪費が惜しまれる。中央銀行から人を派遣し印刷を監督し、印刷権は彼に渡す、と答えた。こうして、四川印刷所は大量に５角の補助幣を印刷し、市場に流通した。四川省銀行は各地の銀行、銭荘と契約の方法で補助貨幣を領用し（現金化せず決済すること）、発行を拡大した。1937年10月四川省銀行の帳簿には、実際の発行額は998万3000元と記載されており、すでに飽和点に達していた。以後は命令に従い発行を停止した。補助幣の紙質は低劣で破損しやすく、流通過程で散失したものが大変多く、かなりの部分が未回収で、人民を又してもひどい目に遭わせたのであった（③79頁）。

劉航琛の紙幣発行の野心はこれに止まらず、また発行条例の制限があるので補助幣発行の範囲に身を縛ろう、などとはしなかった。反対に、大量に５角の補助幣を印刷するほか、大量に５元、10元という大金の紙幣を１億数千万元も印刷した。しかし、この種の額面の大きい紙幣は、国民政府の金融法令に触れ

第 8 章　ある地方官僚の生涯　403

るので、発行はできなかった。抗戦の爆発に続いて劉湘が漢口で死ぬと、劉航琛の財政庁長の地位も取り消しとなった。彼は印刷した紙幣から四川省銀行という文字のみを消して宋子文にプレゼントとして送り、媚たっぷりの口調で次のように言ってのけた。抗戦が発生し大量の軍費が必要です。紙幣の増発は勢い必至です。省銀行名義の紙幣はただ四川省銀行という字を消して、財政部或いは中央銀行の印章があればすぐに発行できます、と。宋子文は欣然とこれを受け、実行し、その結果、紙幣の氾濫や、減価した紙幣を増やすことになった（③79頁）。

（9）公債の発行。劉航琛が財政庁長を担当していた期間には、前後して「（民国）二十四年四川善後公債」「二十五年整理四川金融庫券」「二十五年四川善後公債」「二十五年四川建設及換償公債」を発行し、金額は全部で1億4500万元に達した。このような大量の債権の発行の中では、劉航琛は過去のやり方を踏襲し、各銀行・銭荘を債権を押し売りする主な対象とし、異なる利息や額面の6割・7割で押し売りした（③79〜80頁）。

（10）利済財団の手形を割る。劉航琛が財政庁長になった後、重慶禁煙総局長は唐華が引き継いだ。生アヘンに対しては「統一徴収・統一販売」を実行し、官側が利益の独占を図っていた。当時、重慶の統収処には官商合同で「利済財団」（川塩銀行と美豊銀行の持ち株が一番多く、川塩銀行理事長の呉受彤、美豊銀行支配人・康心如が財団の総支配人と副支配人を務めていた）を組織し、資本金500万元を集め、（生アヘン）購入の基金とし、購入現金が不足した時は購入したアヘン商の在庫品に約束手形を切り、それから購入した生アヘンを所属の各県の禁煙分処に売り出した。統一買い付けの小切手は在庫の圧力によって売り払うことができず、アヘン商は少なからぬアヘンを持っていて紛々と購入を要請するが、また解決できず、さらに、各県禁煙分処に降ろしたアヘンの代金が回収できず、「利済」の手形は時期が来ても換金できず、ただ各銀行は現金準備は積もり積もって2000余万元に達し、市場での資金は特に逼迫した。当時呉受彤と康心如はこのことで唐華と仲違いをし、互いに怨み互いに誹りあった。劉航琛はその場に居合わせて、とっさに全力を挙げてこのことを解決しようという関心と態度を表して次のように言った。未だ不渡りの「利済」手形は全て私に任せてく

れれば、財政庁の手形と二分の利息で交換すれば、統一徴収処の在庫は私が売り出して償還する、と。彼はこうすることによって、表面上は「お荷物」を財政庁に転嫁し、市場の資金繰りを活発にしたが、実際は彼の方がこの金を摑む機会を通じて、当時の四川財政上の困難を救ったのであった（③80頁）。

　以上、金融用語についての無知故にとんでもない誤訳をしている恐れはあるが、財政庁長としての劉航琛の業績を文献③や⑥によって見た。文献③の筆者は劉航琛の政策の問題点や危うさを指摘しつつも、最後には以下のように述べている。「総じて言えば、四川軍閥の防区制の打破、軍事・政治・財政の基本的統一は劉航琛が財政庁長であった期間に起こり、彼は多方面から民衆の財産を搾り取って四川財政の困難な局面を是正し、確実に収支を平衡させて、余裕をもたせた」と（③80頁）。財政打開の面を評価するのか民衆の財産の搾取の面を重視するのか（⑥は前者の側面を全く評価しない）、微妙な所であるが、財政官僚としての劉航琛の有能さは否定できないと思う。また、③は劉航琛が工面して劉湘のために抗戦直前に2000万元の武器を調達、師長・劉樹成の1個師と周暁嵐（劉湘の妻の兄弟）の1個師を工面して作り、両師には月額1万元ないし3万元を支給したと述べている（81頁）。

第11節　地方近代工業を建設し、抗戦に備える

　1934～1936年を中心として劉航琛の財政官僚としての活動についてまとめて述べたが、本節では川康銀行代表等、資本家としての彼の足跡を、必ずしも自訂年譜に沿わずに追ってみることにしよう。なお、上述の記録からは漏れた、官僚としての活動も附記する。

　1935年40歳　賀国光の参謀団が入川した。軍事委員会は劉航琛を四川農村合作委員会委員長に兼任を命じた。

　セメント会社を創設し、資金は軍事委員会が40％、残りは60％は劉航琛が集めた。華西公司は重慶の水道廠を整理した。

　華聯鉄鋼廠を創設した。

　華興機械廠を創設し、胡光麃はチェコ式機関銃に改良を加え、商営公司とし

て督察署から機関銃製造の認可を受けた。最高時1年1万5000挺の生産能力があった。

　華西興業公司については先に31年の項で触れた。重慶の電力公司公司については31年の項で先に触れたが、⑧によって補足をしておこう。33年、重慶市市長潘文華が重慶電力廠準備処処長を兼任、これに劉航琛（川康銀行理事長、21軍財務処副処長）を副処長、石体元（市政府秘書長）、康心如（美豊銀行理事長）と、市工務局局長・傅友周が加わって創業の準備に当たった。資金面では劉航琛の川康銀行が70万元、康心如の美豊銀行が30万元を出した。34年夏に新工場ができ、7月初旬、正式に発電し、生産に投入された。この年の秋に康心如が臨時理事長になり、35年1月1日から工場は正式に商辦となり、重慶電力股份有限公司と改名した。資本総額は200万元で200万株に分かち毎株（毎股）100元とした。機械設備は1000キロワットのタービン式発電機3台で、発電量は1935年末には6,093.7キロワットに達し、過去の爥川公司（1905年頃操業）の生産量の10倍前後に達し、市民生活の改善、夜回りの減少、市場の活性化、工商業の発展に積極的な役割を果たした。その後工商業が日増しに発展し、大きいものでは四川セメント廠、水道廠、蒸気船修造廠等から中小の小型工商業にも影響を与えた（⑧180～182頁）。36年末公司の決議で株式を200万元から250万元に増資し、設備投資の需要に応じた。しかし、4500キロワットのタービン式発電機および相応のボイラーブリッジとその他の附属設備を二つながら揃え、増設のコイル等の器材に約300万元が必要で（運搬費、設備費を含めず）、僅々50万元の増資では追いつかなかった。当時劉航琛、康心如等は財政部の新条例を利用して、公司債券を発行して補充しようとしたが、許可が下りず、ために官僚資本の過酷な条件を忍受して臨時の貸し付けを受けて急場を凌ぐしかなかった。1936年春になって、再度英商から上述の機械設備を買い付け、土建工事を進めた。抗戦が始まり上海・広州が陥落し、長江を使って機材を運べないので、戦火が南洋一帯に広まった頃に、機材全てをヴェトナムに運び、そこから滇越鉄道で雲南に運び入れ、自動車を用意して重慶に運んだ。重慶爆撃にも拘わらず、洞窟に潜って発電は続けられ、発電力は12,000キロワットに達した。当時重慶は50万以上の大都市になり、工場の数も400余となり、電力の需要は逼迫したため、

先に購入した2台では限界に達していた。そこで、38年に再度250万元を増資して500万元としたが、株式の増資部分は中央の四大銀行が150万元、その他が約100万元で、後者は劉航琛の支配する川塩、川康両銀行が占め、元からの個人株の比重は大々的に低下した（同上、181～182頁）。傅友周によれば、重慶電力の創設に当たっては傅をも含めた担当人員は、公司を市営にすべきこと、市営のための資金集めが困難なら、上海の英・仏租界電車公司の方法をまねて、市側が経営管理に当たり、市民は誰でも投資できて、毎株の金額は10元とする。誰も50株以上を取得できない。こうすれば、一切の事務は官＝市の側が掌握し、株券の配当の時には一定の比例で利潤を市政の建設資金の源泉としうる、という構想を提案したが、市長の潘文華は、すでに劉航琛や康心如との内約があったので、この提案を退けたという（同上、183～184頁）。また、新会社成立の時資本金200万元（法幣）、毎株100元としたが、発起人が集めた120万元の内、川康、美豊が100万元を出し、残り20万元の小株があった。これを差し引いた80万元は当時の商会の同意を得、劉湘が批准し、成都―重慶公路貨物徴収処が電力工業株用として付加金を徴収することになった。まもなく劉湘は、貨物から徴収した株金を点検したところ、商人組合が消費者に転嫁していることが明らかとなり、この分の株は官の株・30万元とし、その余の50万元は「商人株に対する補助とする提案を示した」。いわゆる商人株への補助とは、簡単にいえば公の金を私の金に換えるということであり、劉湘、潘文華、劉航琛、郭文欽（劉湘の参謀長）、甘典夔（劉湘の財政処長）等が個人名義で40余万元の株を持っていたということである（⑧185頁）、と述べている。ここにも見られるように、軍閥や官僚は個人として私的に株等の財産を蓄えていたばかりでなく、公務の役職を利用して私的に蓄財も図っていたのである。官僚資本と呼ばれる所以もこのような所にあったように思われるが、これらの点に関しては、他日に譲る。

劉航琛の活動で文献③や⑧では触れられていない問題に、華聯鋼鉄公司の創業がある。これは、何年のことか文献①には明記されていないのであるが、劉湘と劉航琛が半分ずつを出資して700万元の資本で華聯鋼鉄公司を作り、毎年鋼鉄8万トンを生産したという（①169頁）。しかし、劉湘は外に名を出さず、代表（代理？）株主を指名して、劉航琛もこれに倣った。社長（総経理）には胡

光鷟が総工程師を兼任してなり、劉航琛は理事長に当たった。抗戦が始まってしまったので、工場は完成できなかったが、37年の末、胡仲実理事が華聯鋼鉄公司、中国無線電公司および華西興業公司鉱業部代表からなる3名を孔祥熙の下に赴いて3社を合併・増資して中華興業公司とし、孔祥熙が理事長、胡光鷟が総工程師となることを要請させた。中国興業公司は抗戦の時に後方の鋼鉄問題の大部分を解決し、初志に背かなかった（①169頁）。華聯鋼鉄公司の外に、同時に磁器口にはもう一つの鋼鉄廠があり、年産4万トンであった。これは熊克武が残した機械を劉湘が人を派遣して官辦にしたものである。

　第3の事業は四川セメント公司である。35年、蒋介石が重慶に来たとき、劉航琛も楊永泰と共に付き従い、その折に以下のようなエピソードを話した。

「民国22年に私は四川生糸業公司を組織しました。その年は四川にも若干の製糸会社がありましたが、みな欠損ばかり出していたからです。その中の11軒だけが四川人で鉄機糸廠を称し近代的方法を採用しておりました。私は宋子文先生を尋ねて、彼からモーリー博士というイタリア人を紹介して貰いました。そこで督辦公署に蚕糸整理委員会を設けて私が委員長になりました。モーリー博士は11軒の鉄機糸廠の運営状況を調査し、彼等の欠損の原因が二つあることを発見しました。一つは設備が古すぎること、第二は悪性の競争です。彼等は原料を購買するに当たって競いあって値を上げ、作った製品は外部の市場で低価格で売る。このようにコストは高く、売値は安いわけですからどうして欠損を生じないで済みましょうか？そこで私は彼等11軒の工場を合併して四川糸業公司を組織し、合弁経営することにしました。同時に私は彼等に保証を提供し、私の話を信じるだけで、儲けが出れば彼等の手に、欠損が出たら私が主宰する委員会が責任を負うと言いました。このような条件の下で私は、また彼等に8厘の利息を約束しました。私が言うように、諸君11軒の生糸工場を合併するなら、悪性の競争はなくなり、ただ一工場だけが設備を改良するのではなく、11工場全体が改良するのだ。そうして私はモーリー博士が私に聞かせてくれた話を彼等に聴かせてやりました。日本人の製糸の方法は糸数は多くゆっくりと動かす、（こうすると）糸が切れることは少なく、人手も少ない。だから品質は精良でコストも安い。ところが君たちときたら、少しの糸を早めに動かし、糸切

れが多く、労働者は忙しく、品質は悪くてコストは高い、このような方法で君たちが合弁したなら、皆一斉に（日本式の良い方法を）とることができる。私のこの話を聴くと、11軒の生糸業工場の経営者はみな反応して工場の機械を非常に高く割り引いて評価し、株式は僅かに100万元で、工場設立時の１割にもなりませんでした。合弁した最初の年は製糸会社の欠損は16万元で、彼等は駆けつけて私に知らせに来ました。私は彼等が株主総会を開いているその日にその場に出かけて行き、行くに当たっては２枚の小切手を携えて行きました。１枚は16万元、１枚は８万元のものでした。私は会場でこの２枚の小切手を取り出し聴衆に向かいこう宣言しました。この16万元の小切手は私が責任を持って諸君の欠損を償うためのものであり、この８万元の方は諸君への８厘の利息です、と。その時みんなは大変喜びました。私のこのようなやり方は劉湘先生の納得を得てやったに過ぎません。私は彼等に向かい口頭で承諾をしました。公務（の補助）がなければ、彼等は根本的に希望を持てなかったが、それが今のように突然現金に変わったのだ。どうして彼等の喜びを望外のこととして放置しておかれようか、と。二年目には、私は彼等に一面では蚕種の改良と、一面では冷蔵庫を設置して秋蚕を増やし、また別の一面では設備を改良しました。その結果、品質も高まり、生産高も倍増しました。糸数が多くゆっくりと動く機械ひと揃いを備え、生産は更に軌道に乗りました。これからは彼等は年々金を儲け、もはや政府の補導は不要となりました。この公司は、今日なお四川の大変重要な企業の一つとなっております。」劉航琛はこう述べた後、政府は民衆に対して責任があり、このような洗礼を経て初めて民衆は金を出して起業したいと思うのであり、同様な方法によって国防工業と関係のあるセメント工業を興したいと思うが、軍事委員会から提唱して貰えないかと尋ねた。楊永泰は「君の意志はどうなんだ？」と問うたので、劉航琛は「四川セメント公司を組織したいが軍事委員会は40％の資本を請け負ってくれるか？公司の欠損は先ず軍事委員会の金で償い、もしも利益が出たなら持ち株に応じて分配する。このようにすれば民間の国防工業への投資の関心を喚起することができる。事業が利潤を出すようになったら、政府は持ち株を売れば、又第二の出資先でなすべきことをなせるだろう」と答えた。楊永泰は蔣介石に伝言することを約束した。こ

れが四川セメント公司設立の由来である。セメント公司は重慶銀行が主要な投資者となり、劉航琛も計画に参画したので5000元の株式を持たされて、常務理事に推薦された。資本総額は120万元、軍事委員会が40万元を出し関吉玉に代表権を与え、彼は理事に選ばれた。創設の年には年産5万トンであったが、民間への供給について言えば、この数字は大変少ない。しかし、国防工事を構築するには少な過ぎることはなかった。四川人は磚（焼いた煉瓦）と石灰を用いるのが習慣なので、一般にはセメントの需要が乏しかっただけである（以上は①170〜172頁）。

　以上のように、劉航琛は日本の明治期における殖産興業に似て、公費を投じて経営の設備・環境を整えるよう指導し、利潤が出るようになったら民間に任すという方針で、工業建設を推めたように思われる。但し、軍需工業は別であった（①173頁）。この外、華西公司の発展に胡光麃の献身的働きのあったことが紹介されているが（①173頁）、省略する。

第12節　四川省財政庁長に就任する

　1936年41歳　四川財政庁長になる。
　命令により南昌に蔣介石を訪問した。劉航琛は公債500万元の発行、関吉玉の省委員留任等を求めた。この時蔣介石は「中国は日本との一戦を将来免れがたいだろう。本当に四川を中国の一省にして貰いたい。その時には抵抗の時間を延長できるだろう」と述べた（②138頁）。南京に行ったが孔祥熙は公債の発行を許さなかった。再度南昌に戻り、発行予定の公債は四川建設公債として1000万元とし、もしも朱・毛軍を撃滅できたなら、余りの500万元は四川省政府に交付し建設の経費とする。もし500万元を使っても朱・毛の抵抗が頑強ならば、（建設費の500万元）剿赤費として再び要求はしない、ということで蔣介石に手紙を書いて貰った。再度南京を訪れると、孔祥熙（財政部長）は翌日四川建設公債予約券100枚をくれた。劉航琛はこれを四川に持ち帰り、市場で半数を売り剿赤費に充てた。この金を使い尽くさぬ内に紅軍は四川から逃亡したので、残り半分は全て省政府に入れ、建設費とした。

1937年42歳　四川財政庁長となる。11月第7戦区司令長官（劉湘）の経理処長の兼任を命じられる。1月、傅常と共に命令により南京に飛んで西安事変直後の蒋介石の安否を問う。3月、四川での中央軍と四川軍との衝突の噂がしきりに伝わる。南京に飛んで劉湘に謀反の情勢ないことを蒋介石に伝え、蒋の命令により、軍事問題は何応欽（軍事部長）と相談することになり、日ならずして牯嶺で何応欽と1ヶ月余り話し合った。5月に川康軍の整理案がまとまり、川康軍10万人の縮小が決定した。7月5日より重慶で川康整軍委員会（委員長は何応欽、副委員長は顧祝同）が開かれたが、3日目に盧溝橋事件が起こり、会議は中途で散会したが、縮軍された人員は保安団に移されただけで、軍縮の効果は必ずしも上がらなかった。盧溝橋事件当時、劉航琛は4日から漢口にいて、5日の会議の劈頭にこれを知った。蒋介石は8月に南京で朱徳等中共代表をも含む会議を開き、劉航琛も出席した。劉航琛が不在の間は川康綏靖公署経理・唐華が劉湘に進言して、綏靖署の軍費は省政府から毎月支給されるが、一旦有事の際には、急場に追いつかないことが心配である。生アヘンは収税の外に、もしも統一購入・統一販売をすれば1年に多ければ3000万元にはなり、軍事予備費とすることができる、といった。劉湘はこの説をもっともと考え、唐が川塩銀行の呉受彤、美豊銀行の康心如等を招いて利済財団を作り、生アヘンを統一買い付け・統一販売することにした。しかし、アヘン商人は密輸の方法で統制の網の目から逃げようとし、統一購入の結果、市価は統一買い付け価格よりも下がり、密輸による脱税と統一買い付け所が買い付けたアヘン価の合計は3000万元以上にも上った。劉航琛は37年を残すところ僅か4ヶ月では3000万元の財政的穴を埋め合わせることは容易でないこと、又だからといってこれを放置することもできないので、劉湘に辞表を出した。しかし、劉湘はこれを認めず、中央放送局で会議を開くことにし、堅く同行を求めた。8月13日南京で宋子文に面会した後、晩の11時頃鄧漢祥がやって来て、劉湘が蒋介石と会談した折り、劉航琛と財政部のスタッフとの間に非協調があり、劉湘に別人を捜して（最も好ましいのは財政部の人である）、財政庁長にしてはどうかという話が出た。劉湘はこれに対し、自分は劉航琛を信頼しており、自分が省長である限りは劉航琛に財政庁長を任せる積もりであると答えた。問題は片づかずだったが、翌

日鄧漢祥と共に成都へ飛んで劉湘と面会した。3000万元の補填の問題は一週間かけて考えることにして、成都で休養せよとの命令であった。劉湘は「又紙幣は区を分けて発行すること、鉄道を撤去して後退すること、の二点を具申したが、未だに取り上げて貰えない。対日戦の如きは、宜昌、沙市はきっと守りきれず、我が軍が宜昌を撤退した後は、中央の紙幣を区に分けて発行しなければ、必ず抗戦期間は短縮されよう。四川省は必ず（独自に）紙幣を発行して中央紙幣に代えなければならない。このような仕事にはすでに準備があり、発行の中心になりうるのは君を措いて外にはいない。この仕事が済んだら君の辞職を認めてやろう」といって劉航琛を引き留めた。劉は従うしかなかった。1週間内に3000万元を彌縫する一件は、集めた金の方が不足額を上回ったので事なきを得た。これも抗日という二字の賜である（抗日のための募金等が多く集まったことを指すのかも知れないが、「集めた金」以下は引用者の意訳である）。川塩銀行理事長の呉受彤が死に、劉航琛がその職を踏襲した。

　又、⑤によると、廬溝橋事件の勃発により、重慶の公債は暴落し、劉湘が発行した善後公債は額面の15％引きだったものが31％引きに、建設公債は同様に25％引きだったものが40％引きに、統一公債は15％引きが31％引きとなった。当時重慶の各銀行の持っていた債権は、善後、建設両公債が最も多く額面は2000万元前後、各銭荘は1000万元以上を保有していた。これらの債権は少なからぬ部分が貸し付けの担保や中央銀行に対する紙幣発行の保証金になっていた。例えば、善後公債は各銀行が800余万元を担保にしており、各銭荘も400万元を担保にしていた。これは決算期には必ず受け出すべきものであった。省外の、上海銀行、大陸銀行、金城銀行等の銀行も重慶の銀行・銭荘に300余万元を各種の公債を担保に貸し付けていた。これも決算期には支払わねばならなかった。同時に利済・安記両財団が7月末までの手形を340万元抱えていたが、延期せざるを得なかった。更に重慶の中央銀行は貯金の引き出し額を500元までと制限したので、各銀行の預金者は続々と預金を引き出すという混乱した現象も見られた。以上のような種々の原因により7月末、8月半ばの決算期には金融は大混乱に陥った。このような情勢の中で重慶平民銀行と四川商業銀行の川康銀行への吸収が決まった。3行は37年9月に合併し川康平民商業銀行と称した。

10月12日に第1回の株主総会が開かれた。これについては後述する。12月には国民政府が重慶に移転してきて、中央の四大銀行（中央、中国、交通、農民の各行）が移転してきたのをはじめ江浙財閥の銀行等もやって来て、重慶の銀行は60余行、銭荘も50余行に増えた。川康殖行銀行当時は、代理、貯蓄部門があったが、重点は省政府に奉仕することが中心で、一般の銀行のように為替預金や為替貸し出し、保険の代理、売買の代行、倉庫等の業務を重視していなかった。しかし、新しい条件の下で川康平民商業銀行（以下では川康銀行という名称をこの意味で使う）は為替、貯蓄、貸し付け等の業務に手を広げ、四川各地や西康省にも支店を設けて行くようになる（以上は⑤115～126頁）。

又、この年、華興機器廠は25万元で軍政部に売られ、重慶電力公司は1000キロワットの発電機の一部を軍政部に25万元で売った。資源委員会は1000キロワットの発電機の一部を電力公司に、200万元で売り渡そうとしたが、話はまとまらなかった。

第13節　劉湘死後の抗日戦期の活動

1938年43歳　1月から6月まで四川財政庁長兼第七戦区経理処長となる。

1月20日、劉湘が漢口の病院で死んだというニュースを聞きつけて、漢口の蒋介石の下を訪れ面会を要請。27日接見あり。張群を四川省主席とし、王纘緒を唐式遵に代えて集団軍総司令とし、許紹宗、郭勲斯、範紹増を軍長にするという方針を仄聞するが反対、と意見を述べる。2月武昌の官邸に招かれ、蒋介石より、川軍は王陵基を擁護し、張群の政府主席に反対、潘文華、王纘緒、郭勲斯、范紹増の新職就任に反対しているが、王陵基に旧21軍系をまとめる真意の有無を確かめるよう命じられ、王陵基に四川軍4個軍を率いて出川抗戦を説得。王陵基は、5月4日、第30集団軍総司令に任命された。

1939年44歳　昆明よりハノイに向かい、ハイフォン、香港、マニラ、シンガポール、クワラルンプル等に旅行（これは③によると、王纘緒が省議員を動かして財政庁の帳簿を調べ、重慶市長が劉航琛逮捕を指令したことによる逃避行であったらしい。82頁）。ハイフォンで杜月笙の面識を得る。

1940年44歳　香港より重慶に帰還。川塩銀行の経営に当たる。王纘緒の四川省長就任に当たり、7名の師長が連盟で反対を表明。王纘緒により、劉航琛の重慶における責任者・何九淵（川塩銀行理事会秘書）が暗殺される。7月　冷開泰[3]は西寧公司を創業、インド・チベット経由での輸入必需品を扱う。宋子文は中国銀行より50万元、銭永銘は交通銀行より100万元、劉航琛は西康省財政庁長・李光普及び冷開泰と共に250万元を集める。李光普が理事長、劉航琛と冷開泰が理事に就任。

1940年45歳　軍事委員会、行政院より川東南特派員に任命さる。命により瀘州で米280余万石を買い付け。6月、命により成都に行き四川糧政局長の名義で田賦徴実に当たる。川北、川西北に行き督糧特派員名義で、民間に米の販売を促す。8月は万県で同様な活動。9月、徴実終わる。重慶にて糧食部政務次官兼糧食儲運局長を命ぜられる。11月、蒋介石の命により、法幣をもって銀行が抵当として貸し付けていた銀元20余万元を償還する。又、蒋介石より「官吏は商業の兼営をすることを得ず」、との命令があり[4]、官を辞して経済事業に専念する。孔祥熙が公司を組織して四川外に政府の購入した生アヘンを売りさばく（政府の原案では商人所有のケシ畑全部を処分すると言うことであったが、商人より抗議があり、この生アヘンはいずれも規定に照らして納税させることにした。当時生アヘンは当然合法商品であり[5]現在の政府の見解が前のと違うからといって、人民の合法的財産を焼却処分することはできなかった。孔祥熙は生アヘン全部を買い取ったが、処分に忍びなく販売した。このアヘン販売工作の人員は杜月笙がよいということであったが、杜月笙は救済委員会常務委員会の名義で、つまり公務員としてでなければ担当でき

(3)　冷開泰（1889～1950）仁寿県の人。哥老会組織の大物として知られる。辛亥革命の際に、四川省の藩庫の銀を強奪したのは彼だとされている。四川督辦公署情報処長等を経て、戦後には軍統に所属したといわれ、評判の好くない人物である（四川省地方志編纂委員会編『四川省志人物志』2001年、四川人民出版社に略歴が載る。以下特に断らぬ限り、人物の紹介は同書の人名欄に依る）。

(4)　これが厳格に守られていなかったことは、その後の劉航琛の活動からも明らかである。

(5)　そんなことはない。禁煙令は繰り返し出されていた。「中毒者用」という名目で禁煙委員会の許可の下で取り引きされた物を「合法的」と言ったのであろう。

ないといった。そこでこの仕事は顧嘉棠が担当し、香港で売りさばいた)。

1942年47歳　糧食部政務組長兼糧食部四川糧食儲運局局長に任命さる。なお、③によると、糧食部での仕事には、自分が育てた四川財政訓練所の卒業生や袍哥(哥老会)の組織を利用したという(③97頁)。杜月笙が中華公司を組織し、劉航琛は40％を出資して、常務理事となった。

　また⑤によると、内江、資陽両県は糖業の集散地であるが、そこで900余元の為替が重慶に行くと1000元になり、川康銀行の周季悔は内江の民食供応処処長の時に、資中と自流井(塩の産地)の両地で食糧購買専款の為替を1月だけで2000万元も吸収し、この巨額の資金が一般の商業為替兌換の運転資金に回されたという(127頁)。

1943年48歳　糧食部政務次長に任命さる。⑤によれば、陪都民食供応処長も兼任し、41年から43年四川糧食儲運局局長の兼任をやめるまでの間に四川の糧政機関にはみな自己の派閥を各地に配し、重要な地点の糧款の購入・販売には川康ないしは川塩両行がタッチし、中でも川康銀行が取り引きの最多を占めた(126頁)。このように、官職を利用して公的業務の遂行を通じて川康銀行は利益をあげたが、一般の商務では、送金手形、電信為替、荷為替等で収益をあげた。41年度の川康銀行の収益は245万余元、42年のそれは504万余元であったという(128頁)。しかし、当時のインフレを考えれば、大した収益ではなかったと思われる。しかし、収益をあげることができただけでも、当時としては注目に値する。なお⑦によると、この年から劉伊凡と衷玉麟の創設した豚毛生産・販売会社の和源実業公司にも投資、やがて大株主になった。

1944年49歳　糧食部政務次長　藍文彬と資中に沱江糖業公司を設立、製糖の販売は米軍への供給が主だった。西寧公司は資力に限りがあり、インドからの輸入物資は大変少なく、そこで範崇実と共に新紀公司を創設、第一に輸入したのはイギリスの200万ヤードの綿布であった。

1945年50歳　引き続き糧政部政務次長　抗戦修了後上海、北平等を訪れる。カソリック信者として北平の輔仁大学に10万ドル、天津工商学院に5万ドルを贈る。

1946年51歳　2月、蒋介石に公務の辞職を乞う。杜月笙、顧嘉棠に4万元ずつ

を出資させ、川康、川塩両銀行より68万元を出資して30余万元の貨物船を購入、利済公司の経営に当たる。これは、聖言会というカソリック組織の要請を受けたものであった。

1947年52歳　張群、行政院長となり、経済委員会委員に任命さる。
1948年53歳　(国民大会で)立法委員に選出さる。
1949年54歳　香港に逃亡。
1950年55歳　台北に移る。
1951年56歳　経済部の事務不透明につき訴訟される。
1952年57歳　3月、高等法院より無罪宣告さる。

　以後75年に死ぬまでの活動は省略する。

第14節　川康銀行理事長としての活動

　以上には企業家としての側面にも多少言及したが、文献③がやはり、劉航琛のこの方面の活動をまとめて紹介しているので、これによって以上の記述を補いたい。但し、⑤によってすでに記述した部分と重複する部分が少しあることを、あらかじめお断りしておく。これは③と⑤で内容に微妙な違いがあるからである。

　劉航琛が活動の足場にした川康銀行は当初は川康殖業銀行といった。1929年5月に、盧作孚、何北衡等とはじめた銀行である。これについてはすでに⑤によって記したが、最初は劉湘の副官長・周見三が臨時に責任を負っていたというから、当初から劉湘にはこの銀行を利用しようとの意図があったのかも知れない。1930年9月1日、国民党財政部の営業許可を取得して、建物も新築して正式に営業を開始した。当時の商業組合や銭荘を圧倒するため、虚勢を張って、資本総額は400万元としたが、実際には、劉航琛が禁煙税の税収から60万元を劉湘の個人名義で株式を入れ（これは先述の⑤のいう85万元という数字より少ない）、その他に一部を商人に買わせ（これも、前述の⑤とは少し違う。鄧漢祥等の官吏も株主となった）、全部でやっと100万元を集めたに過ぎない。税金を個人名義の株式取得に充てるのは、公私混同というより税金の横領に当たるが、官僚資本

とは本来このようなものなのであろう。ともかくも、このような形で近代銀行が誕生したわけである。1935年、同行は50万元を増資して実際上の資本は150万元となった。但し、この50万元、誰の名義なのか、③も⑤も触れていない。

　川康殖産銀行が第1回の株主総会を開いた時、劉湘自ら出席し、前述のように劉航琛は理事、何北衡（建設庁長）が理事長に、盧作孚は総支配人、周季悔が副支配人、湯壺嶠が支配人になった。これらの商業界の有名人を借りて川康銀行の政治的色彩を薄めようとの魂胆であったが、実際には、川康銀行の全てはやがて劉航琛が劉湘を代表して切り回すところとなった。川康銀行は主に軍閥・劉湘と劉航琛個人のために奉仕した。それ故、一般の商業銀行の経営業務である、貯金、融資、為替の兌換等の事業項目は、一通りはあったが、決して重視されることはなく、この方面での発展は聚興誠銀行や美豊銀行にとうてい比肩できるものではなかった。しかし、劉航琛は掌握していた地方軍閥の財政の大権を運用して、川康銀行をもり立て、その壮大な経済力は一般の商業銀行には足下にも及ばぬものがあった。その抜きんでた事例を二三挙げてみるとこんなことがあった。（1）21軍総金庫が収入が支払いに追いつかなくなった時、その支配人兼出納班の主任であった鄒汝百は大量に小切手（すなわち「鄒票」）を発行したが、川康銀行は先ず「鄒票」を現金に換える業務を処理し、金融業者が（経営破綻におちこまずに）経営できるよう先導したが、これには軍事費を回転資金として運用したのである（「これには」以下の原文は「使軍費獲得暫時周転」である。③84頁）。（2）21軍が大量に発行した庫券、公債は、川康銀行が先頭になって買いこみ、重慶の金融市場に波乱を起こした。（3）21軍の防区が下川東の長江沿岸の各県に拡大すると、省外から買い付けていた兵器はみな水路を通じて運び込むようになったが、上海向け為替の値が高くて買えないときには、川康銀行が直接現金を持って上海に行き代金を支払ったのである。（4）劉湘の部隊に代わって軍餉を集めて転送する等した。これらの方面での利潤は大きく、単に1933年度の決算から見ただけでも、川康銀行の儲けは54万6000余元であり、その内利息と為替手数料収入が収益中の90％を占めていた。この外、1931年には、劉航琛はその財政上の大権を利用して、「重慶の金融を安定させる」という口実の下に、劉湘の批准を得て、川康銀行は1元、5元、10元の三

種類の「無利息定期預金証」を100万元分も発行して市場に流通させた。この「無利息定期預金証」は、名称は預金証であったが、随時に銀行で現金に兌換でき、実質的には紙幣を発行したのと同じであった。川康銀行はまた劉航琛の「顔」で各軍政機関から預金を吸収した（以上は③83～84頁）。

　1937年、抗戦が爆発すると、全国あるいは地方の発行した公債は暴落し、持ち主は売りようがなくなった。重慶の各銀行銭荘は投資した公債を担保に借金していた1200余万元を、7月の決算期が来れば請け出さなければならなかった。重慶の、利済、安済両財団は、振り出した7月末期限の約束手形45万元（前述の⑤によれば340万元）について、支払い期限を延長することを宣言した。中央銀行の現金も不足し、政府の命令により各預金者は500元までしか引き出せなかった。重慶は7月末と8月半ばに現金の流通量は逼迫し、全金融市場は突然暴風雨の中に巻き込まれたようになった。川康殖業銀行は各企業や債権に少なからず投資してきた。又桐油3000担を所持しており、資金の焦げ付きと資金不足で緊迫した局面を迎えていた。しかし劉航琛は「顔」を利かせて、東奔西走し、対応することができた。発展を期するためには、古きを改め出直さねばならなかった。当時、重慶平民銀行は寧芷邨が支配人、劉航琛が理事で資本金は100万元、資金の運転には弾力性があった。四川商業銀行は範紹増が理事長で、劉航琛は理事であった。資本は100万元であった。公債投資は額は少なかったが、しかし、上海での公債の空買いは、情に捕らわれて損失を出し、しかも手放すこともできず、その上に銅街に新社屋を建設中で、36万元の焦げ付きが出て、資金の運転に厳重な危機が出現した。劉航琛は極力3行の合併経営を提唱し発展を図った。協議に当たり、各行の責任者はそれぞれの打算があったが、劉航琛は平民、商業両行を合併すれば、資本は350万元になり、400万元を集められれば、聚興誠、美豊両銀行の資本の総和を超過することができ、重慶最大の一商業銀行になって、四川の金融界を牛耳ることができるし、資金の運転の面では、平民銀行の資金は活動的で、商業銀行の資金は暫く困難があるが、しかし、その新屋および経営する四川飯店の全てを交通銀行に譲ることで40万元の現金を獲得し、3行合併後の資金には余裕が生じた。寧芷邨は重慶が抗戦の後方になるとき、市場の金融にもしも波動があれば、資力には限界があり、恐

らく支えきれないだろうと考え、川康銀行には劉湘という後ろ盾があり、政治的支援が得られるだろうと考えた。又、劉航琛は共同で事業に当たること何年にもなるが、頗る臨機応変の才があり、この先を考えると合併が有利だと判断した。范紹増は、商業銀行は資本金と借り入れ額が同等で、株式はなおあり、もしも停業して清算すると、自分の顔はつぶれる。それ故、新社屋の売却を認めただけで、経営の合併に応じることにした。新銀行の行名を研究したとき、一連の協議を経て、その変遷の歴史を留めるため、3行から2字を取り、「川康平民商業銀行」とすることに決定し、これには一同満足し、異議は出なかった。最後に、1937年9月21日、正式に3行の合併が宣言された（③84～85頁）。

1937年10月12日、3行合併後の最初の株主総会が開かれた。周見三、范紹増夏仲実[6]等15人の理事と、甘典夔、湯壺嶠等の5人の監事を選んだ。理事会は周見三、範紹増、羅震川、劉航琛、寧芷邨[7]を常務理事に、劉航琛を理事長に選出し、寧芷邨を総支配人、周季悔、戴矩初を副支配人とした。資本額は法幣で400万元、元の川康殖業銀行が200万元（実際には150万元、劉航琛が集めた）、元の重慶平民銀行、四川商業銀行が各100万元を出資した（以上は③85～86頁）。

劉航琛は川康の理事長に就任すると、人力・財力の集中を提起し、内部を整理し外に向かい発展する計画を立てた。彼は口先では胸に私心なく「公明正大」を旨とするといいながら、実際には大いに他の意見を退けて独り大権を揮った。多くの重大な事件も、もしも彼個人の政治目的のためなら対外に巨額の投資をし、理事会を通さず、常務理事も説得せず、このため常務理事の周見三は憤然

（6）　夏仲実（1890～1969）江津県の人。保定軍官学校卒業後、鄧錫侯や劉文輝の下で旅長や師長を務めた。40年に軍から身を引き工商業を経営。47年国民政府立法委員に選出されたが、翌年上海で三民主義同志会（民革の前身）に参加。中共の地下組織と連絡。人民共和国では西南軍政委員会委員、全国政協委員等を務めた。范紹増同様、軍人から資本家への転身を遂げた一例である。

（7）　寧芷邨（1895～1984）犍為県の人。北京法政専門学校卒業後、一時教育界に身を置いたが、劉文輝の24軍の財務処長、長寧県長を務めた。32年胡仲実と華西興業公司を創設。33年大華生糸公司総支配人となり、翌年呉晋航と和成銭荘を創業。45年民主建国会に加盟。建国後は重慶市工商連合会常任委員等を歴任。軍閥の官僚から実業家になった一人として、劉航琛と同類型の人物といえる。

として辞職をした。商業銀行の大株主・範紹増を代表する範衆渠[8]（範部の軍需処長）は川康の副支配人として入ったが、毎月の給料を貰うだけで、実権はなかった。当時、範紹増はすでに蒋介石の軍の88軍軍長で、重慶における支出は収入より大きく、何回も川康に資金を求めたが、常に劉航琛によってカットされ、両者の間には溝ができた。范範部の再編で余った人員は、川康で仕事をしたいと要求したが、劉はこれも断った。こうして范と劉との矛盾は深まっていった。範は「俺の金は鉄砲と大砲で稼いだものだ。俺は劉航琛の命を求める」と大言壮語した。抗戦勝利の前夜になって、杜月笙、顧嘉棠が仲に立って、劉航琛と范紹増の当面の調停を図り、協議の末、范紹増は川康銀行を脱け、その株は1万元を17万元に換算して、範紹増はこの金で復夏銀行を買い、該行の理事長になることで決着がついた（③85～86頁）。

劉航琛は寧芷邨とは北京で学生時代からの知り合いで、21軍と24軍が重慶で財務統籌処を設けてから一層親密な仲となった。1932年、21軍と24軍が内戦を始めたとき、寧は重慶に100余万元の公金を預金しており、これが引き出せなくなった。21軍内部の人員はこの金に目をつけ、寧に不利な主張をしたが、劉航琛は劉湘に、劉文輝はなお実力を有しており、性急に扱わない方がよいと進言し、劉湘の了承を得て、劉航琛は寧の一家全員を彼の家に移して保護してやった。劉湘が前線から重慶警備司令の李翰臣に命じて寧を鄭重に送り出すよう命じると、劉航琛は寧を送って自ら乗船し、涪陵まで行った。また、寧に代わって公金を為替に変えて、上海に持って行かせた。二劉戦争が終わると、劉航琛は寧芷邨を劉湘の所に呼んで職を与えようとしたが、寧は同意せず、商業を営みたいと言い、劉航琛も賛成し、大華生糸公司を組織し、寧を招いて総支配人

---

(8) 范衆渠（1898～1971）達県の人、同姓だが范紹増とは血縁関係にはないようである。学歴は不明だが宣漢県郵政局長を振り出しに川軍第7師、第4師等の経理処長、辨事処長等を歴任、32年より仏、英、伊等の国を視察して34年に帰国。四川協大輪船公司常務理事に招聘さる。抗戦勃発後は四川商業銀行総支配人として、上海為替や公債関係を処理。43年大来実業股份公司を創設。黒猫印の石鹸で有名になる。48年重慶市参議会議長。中共地下組織と連絡。建国後も大来石鹸工場を経営。重慶市政協常務委員等。

にした。それ以後、寧は四川セメント公司の創設にあたり劉航琛の大々的支持を得、劉は寧芷邨個人に代わって銀行から公債を抵当に借金をしてやり、寧に数十万元の利益を得させてやった。寧は劉航琛を頼りになる友人とみなし、実業発展の主張でも、志を一つにする人物と評価した。前述の3銀行の合併後、劉航琛は川康銀行独占の野心を露わにし、先ず、天津、西安、衡陽の各地に川康の分行を作った時に、支配人の人選については自分一人で決め、常務理事で総支配人である寧芷邨にさえ知らせなかった。又、劉航琛は賭博が好きで、勝手に川康銀行の金を賭けに使い、ある時は、劉は杜月笙、顧嘉棠、康心如等と麻雀をして、一夜にして10余万元をスってしまった。彼は一筆手紙を書いて川康に支払わせようとしたが、市場の通貨は緊張しており、寧芷邨は支払いを拒否した。こうして劉と寧との矛盾は日増しに深まっていった。抗戦勝利後、劉航琛は川康の持つ外国為替30万元を利済汽船公司に投入したが、寧は事前に何も知らされず、そこで寧は、川康銀行の基盤も底を突いており、先行きは悪く、かといって職責だけは負わされて、やっかいなことに巻き込まれるのを恐れて、川康から身を引く決意をした。これには王陵基が調停に出、范紹増の場合を例として、株を返して分かれることになった。その金は、元の1万元を21万元に換算して、全部で法幣20余億元に達した。こうして劉航琛は1949年までに川康銀行の株の70%を獲得し、自分の支配下に置いたのである（以上は③86～87頁）。

第15節　川塩銀行の経営と商工業への投資

次ぎに、川塩銀行も劉航琛の支配下に置かれることになったが、その経緯を文献③に依って見てみることにしよう。

　川塩銀行の前身は「重慶塩業銀行」であり、ずっと当時の塩運使・王纉緒の掌中にあった。1932年7月、改組を経て重慶川塩銀行と改称した。呉受彤[9]が理事長になり、理事長制を実行し、理事長が大権を独占した。資本の源泉は主には塩商から集めたもので、資力は比較的雄厚であった。劉航琛にとって川塩銀行はずっと垂涎の的であったが、彼は極力呉受彤を抱き込もうとして、呉が印花煙酒庫券で投機をやるのを助けてやり、呉は大変な利益を獲得した。1935

年には又康心如、潘昌猶等と一緒になって、呉受彤が重慶銀行公会主席になるのを支持した。呉は又しても劉航琛に対し感服した。呉、劉の二人は平素から互いに誉めあい、大いに「天下の英雄はただ君と従事するのみ」という知遇・友情があった。川塩銀行で第二回の理事選挙が行われる前、呉は劉航琛と唐華、甘典夔等21軍の財政担当者に株を買わせ、劉を川塩銀行の理事に当選させた。1937年、呉受彤は病気で命が危うくなると、行内の主要な責任者に対し「劉航琛は才人だ。打つ手も多く、各方面の人脈に通じており、川塩理事長の職は、劉以外にはない」と再三委嘱した。「死後のことを託して」からまもなく呉受彤は死んだ。呉が病没すると、理事会は劉航琛を理事長に推挙した。

　川塩銀行は塩の地域別同業組合からなっていて、自貢幇、西充幇、酆都幇、涪陵幇、万県幇等々に分かれていた。西充幇は王纘緒が握っていたが、劉航琛は四川財政庁駐重慶辨事処主任・何九淵を理事会主任秘書として、理事長の役を代行させた。後に、劉航琛は王纘緒につけねらわれて香港に逃亡していたことがあるのは、前述の通りであるが、この間も何九淵を通じて重慶幇の株主と、また川塩稽核室主任の田習之を通じて江津幇の株主とを動かして、王纘緒の味方の西充幇を排斥した。1940年1月、劉航琛は香港から帰ると川塩の直接経営に当たった。その後万県幇の石竹軒との確執があったが、省略する（なお何九淵は王纘緒によって暗殺されたといわれる）。

　劉航琛は川康、川塩両行を支えに、各工商業に投資をしている。自ら作ったものもあれば、他人の企業に参入したものもある。

　工鉱業方面：重慶電力公司、水道水公司、四川セメント廠、大華生糸公司、川康興業公司、華西興業公司、益和木材公司、潤記営造廠、平光機器廠、華源

（9）　呉受彤（1888〜1937）浙江省杭州の人。若くして父に従い来川。重慶四川塩運使署の幕僚となり、科長になる。1931年重慶塩業銀行の破産に際し負債整理に当たり、塩業銀行の原有株式を回収し、新株を募集。32年財政部より復業を認可され理事長に選ばる。銀行資本を用いて、為替や公債に投機するほか、アヘン税の手形割りや不動産、保険等に投じ、重慶で最初の機械性製革工場を買収、四川セメント、重慶電力、重慶水道等の公司に投資。35年、重慶銀行公会主席となる。川塩銀行を6年にわたり経営、その基礎を固めた、との評価を受けている。

織造廠、西安益世印刷廠、四川絹紡廠、民生公司、利済輪船公司等々。

商業方面：中国国貨公司、和源猪鬃公司、重慶猪鬃公司、南洋煙草公司、中復公司、四川旅行社等々。

金融保険方面：重慶銀行、美豊銀行、聚興誠銀行、華康銀行、大夏銀行、和通銀行、興華保険公司、太平洋保険公司等々。

新聞事業方面：『商務日報』『新民報』『益世報』

又、先の年譜にも触れているが、抗日戦勝利後の46年、杜月笙、顧嘉棠と共同で利済輪船公司を興し、川康、川塩両行の大金を投じたが失敗している。

また、48年春の総統選挙では李宗仁の副総統選出のために散財して援助し、49年1月蔣介石が「引退」して李宗仁が代理を務めると、劉航琛は晴れて6月、国民政府経済部部長に就任したが、10月1日には人民共和国が成立を宣言し、国民政府は大陸を追い出されて、劉航琛の地位もつかの間の幻に終わってしまった。

おわりに

以上、劉航琛の略歴について辿って見た。劉湘の財務官僚として活動したほか、銀行家・実業家・資本家としての活動にも目覚ましいものがある。官僚としては宋子文、孔祥熙呉鼎昌、楊永泰等との繋りを持つことで、中央からも認められ、後、晩年の台湾では蔣介石から睨まれる存在となり、人民共和国では戦犯とされたが、四川省の統一化と四川工商業の勃興に功績があった点は否定しがたい。四川の代表的実業家としては盧作孚の名があまりにも高いため、『人物志』等によると、劉航琛は「官僚資本」ないしは投機家のような印象を受けるが、そのような側面は全面的には否定しがたいとしても、企業の論理＝資本の論理とは全く無縁な存在とは到底言うことはできない。また、本文や脚注でも紹介したように、軍閥たちも専ら高率地代を求めて土地を買いあさったり、高利貸し的銭荘や銀行にばかり投資していたわけではなく、工業資本への投資も行っていたことも、うかがうことができたと思う（もちろん、劉文彩に典型的に代表されるような「前期的資本」も少なくはなかったと思われるが、その劉文彩

にしても、四川大学歴史系・四川省大邑県地主庄園陳列舘執筆班著の『劉文彩罪悪的一生』等に依る限り、成都や宜賓、重慶での投資先やその企業の性格についての検討は、十分とは言えないのが現状である)。

　ことに重慶は地理的関係から上海との交易の拠点として発達し、抗日戦中は臨時の首都として工商業の発展が図られ、一定の成果を残したのであった。このような地方的資本は、移動してきた国民政府の国家資本や財政官僚と対立した者もいれば、劉航琛のように国家資本や財政官僚との癒着を深めた者もいたのであるが、これを政治的観点から劉航琛のような者を「官僚資本家」とし、盧作孚や楊粲三（聚興誠銀行総支配人）等を「民族資本家」と分類することは、長期的観点から見ればあまり意味のないことのように思われる。但し、国民党中央との有力な関係を持たない四川地方の資本家層からすると、国民政府の国家資本主義政策との矛盾は避けがたく、これが「新民主主義論」を掲げる中共への接近を促した要因だったと思われる。しかし、「新民主主義論」は三反五反運動を経る中で、毛沢東の一存であっさりと否定されてしまった。いわば「民族資本家」たちは中共のペテンに掛けられたも同然であって、その意味で1952年2月8日に盧作孚が上海で自殺に追い込まれた悲劇は、象徴的である。ところが、いわゆる改革・開放政策の開始以後、盧作孚の評価は日毎高まりつつある。しかし、盧作孚を「現代化」の手本のような人物として描く一部の傾向を見るにつけても、一抹の悲哀を禁じえないのは確かである。盧作孚も劉湘も再評価されつつある中で、同じく劉湘に協力したが「戦犯」との烙印を捺されたままの劉航琛、些か公平を欠きはしないかという思いがする。その再評価はあり得ないのか、また、あり得るとしたらいかなる側面においてであろうか、中国における今後の研究動向が注目されるところである。

使用・参考文献
①劉航琛口述章君穀筆『戎幕半生』(1983年、台湾川康文物舘)、中央研究院近代史研究所口述歴史叢書(22)
②『劉航琛先生訪問記録』(1990年、台湾中央研究院近代史研究所)
③寧芷邨、馬紹周、李時存共著「劉航琛其人」『重慶文史資料選輯』第8緝

④王搶楦「劉航琛従政内幕」同前誌第22輯

⑤寧芷邨、周季悔、衷玉麟、孫謙牧「川康商業銀行与劉航琛」『四川文史資料選輯』第29輯

⑥邢世同「我所知道的劉航琛」『四川文史資料選輯』第15輯

⑦劉伊凡・衷玉麟「和源実業公司与劉航琛」『四川文史資料選輯』第34輯

⑧傅友周「解放前的重慶電力公司」中国民主建国会重慶市委員会、重慶市工商業連合会、文史資料工作委員会編『重慶工商史料』第2輯（1983年、重慶出版社）

⑨肖宇桂「劉湘的財政捜刮」『重慶文史資料選輯』第22輯

第9章　ある地方官僚の生涯
―― その2、鄧漢祥略伝（仮訳とコメント）――

はじめに

　鄧漢祥は劉湘のブレーンの一人として21軍の対外連絡員や四川政府秘書長を務める等、活躍し、劉湘亡き後も張群省長の下で建設庁庁長などを務めた。『鄧鳴階先生言論集』（1937年）という当時の発言をまとめた本があるが、私は未だに閲覧したことがない。また、鄧漢祥について触れた『文史資料』の類も、『四川文史資料選輯』第38号に収録の陳雁翚「鄧漢祥在劉湘統治時期的活動」を見ただけである。このように不十分なものではあるが、本章ではこれらの回想に拠りつつ鄧の事跡を追いかけて見ることにしたい。なお、本章は陳雁翚論文の翻訳を基調とするが、正確な逐語訳ではなく、私の乏しい知識で補足した部分も（ごく一部ではあるが）あるし、逆に周知の事実は省略した部分もある。また、文章の区切り（1～）も原文とは異なる。一応〈　〉内は翻訳、（　）内は翻訳に当たっての補足の用語、＊以下の文章は私のコメントである。

第1節　弱冠22歳にして黎元洪の一等参謀に取り立てられる

　〈鄧漢祥（1888～1979）貴州省盤県の人。清末に貴州陸軍小学に入学。卒業後、武昌の陸軍中学在学中に辛亥革命運動に身を投じ、黎元洪の都署府の一等参謀に抜擢される。鄧は命令を受けて徹夜で命令・布告の類を書くことも稀ではなく、黎元洪には好感をもたれた。袁世凱の大総統就任後、副総統として上京するに当たり、黎元洪は鄧漢祥を同行させ参謀本部第一局の仕事を手伝わせた。
　1915年初、袁世凱は胡景伊に代えて陳宦を成武将軍兼四川巡安使に任命、北洋軍3個混成旅を入川させたが、この時陳宦は鄧漢祥を参謀長副官長として連

れて行った。重慶に着くと、袁世凱より参謀長・張某、顧問・劉某と鄧漢祥に陸軍中将の位が授けられた。袁世凱が死に、黎元洪が大総統となると、鄧漢祥は陳宦に従い北京に帰った。総統府で公文書の作成に当たるが、これは本来閑職であり、坐して高給を喰むことはできたが、退屈さに飽きたらず、川、滇、黔三省の国会議員や政界の実力者の紹介で、西南各省の軍閥たちと親交を重ねた。

　護法運動の時、孫文の広州護法政府は王伯群を貴州省長に任命したが（弟の王文華が黔軍総司令）鄧漢祥はこの王兄弟と親交厚かったため、貴州省に来て協力するよう求められ、政務庁長を担当する手はずになっていた。しかし、貴州到着後2日目にして、王文華は同じ貴州軍閥の袁祖銘により暗殺されてしまった。このためこの件は沙汰やみとなった。ついで鄧漢祥は段祺瑞派の軍閥・浙江善後督辦・盧永祥に招かれて総参議となり、皖系軍閥を代表して、南方の孫文政権の代表・汪精衛、奉天系軍閥・張作霖の代表・姜登選、楊毓珣、四川の熊克武の代表・趙鉄樵および劉成勲の代表・費行簡、雲南の唐継堯の代表・王九齡、李雁賓、湖南の趙恒惕の代表・呂苾等々と会合し、上海に各省代表連合会事務処を設け、全ての経費は盧永祥が負担することになった。23年10月連席会議を開き、西南、東南、東北各省の公意として連名で通電を発し、曹錕の賄選と国会を糾弾し、「彼の凶暴残忍を除くには、ただ力あるのみ」と述べた。この反直隷派運動の中で、鄧漢祥はあらゆる画策に関与し首謀者となった。24年5月呉佩孚が孫伝芳、斉燮元に蘇・閩・贛・鄂4省の兵を率いて浙江・上海を攻める命令を下すよう曹錕に電報を打つと、段祺瑞はこれを知り、盧永祥に準備を指令した。鄧漢祥はこの時、盧永祥を代表して奉天、天津（段祺瑞はここにいた）、上海、杭州の間を飛び回り、張作霖の同意を取りつけたが、9月3日江浙戦争が爆発してしまい、奉天軍は浙江軍と統一行動をとれなかった。盧永祥は一敗地にまみえると、10月23日、鄧漢祥と共に日本に逃れ、ここに皖系軍閥は滅亡した。

　しかし、まさにその当日、馮玉祥は北京で反直クーデターを実行し、翌日、孫文の北上を促したが、孫文の北上が手間取っている間に、奉天軍の力を背景として、11月24日段祺瑞が「中華民国臨時執政」に就任してしまった。この時、

第9章　ある地方官僚の生涯

帰国した鄧漢祥は、最年少の専門委員会委員として活動し、後国務院ができると、鄧はその秘書長に任じられた。しかし、26年、三・一八事件の要因となった大沽事件の責任をとって、段祺瑞が4月20日に下野すると、鄧漢祥もこれに従い天津に身を移した。

27年、貴州では軍閥・周西成が省政を握り、袁祖銘、李暁炎の2軍閥は省外に追い出されていた。鄧漢祥はこの三名に仲違いを解くように説得する心づもりがあって、湖南省常徳県にいた袁祖銘の下を訪れたが、十分話が終わらぬ内に、湘軍の某師長の宴会に招かれた袁祖銘は謀殺され、城内の部隊もことごとく殲滅され、鄧漢祥はほうほうの体で深夜に城外に逃れた。

28年、蒋介石は貴州の政局を収拾しようとしていた。何応欽、王伯群は鄧漢祥なら使者として十分と考えて、彼を推薦した。蒋は鄧の引見を何応欽等に委嘱した。鄧は貴州に向かうに当たり、段祺瑞の下に別れの挨拶に訪れたが、この時段は別れの言葉として、「今後はどうか党派に参加しないように。そうすれば他人の尻に敷かれることもないでしょう」との忠告を受けた。鄧はこの言葉を拳々服膺して終生無党派で過ごしたという。蒋介石が前線に出て面会のため待機している際に、鄧漢祥は国民党中央が安徽系軍閥の中心人物10人の逮捕を命じたという新聞記事を見て不安になり、昔これらの人々と行動を共にしたのに、彼等は追われる身となり、自分は却って元敵方によって昇進を図っているのは、忍びない。そこで何応欽、王伯群に対し、前線まで出かけて蒋介石に会う気のないことを伝えた。両人は困惑したが、鄧漢祥は帰郷して父母の面倒を見たいと言い、今後貴州の事は私的交わりを通じて協力したいと述べた（蒋介石はすでに李仲公、何輯五＝何応欽の実弟を貴陽に派遣し、貴州政権の奪取を図っていた）。

貴州省主席兼第25路軍総指揮・周西成は帰郷した鄧漢祥を歓迎し、高等顧問に招聘し軍・政の大事はことごとく鄧に相談した。この間のことについては次の二つの事を言えば足りる。第1は、蒋介石と広西系軍閥との間で戦争の気運が高まっていた折り、蒋介石は周西成に広西系討伐を求めた。しかし、貴州と広西は唇歯輔車の関係にあり、両者で合作の協議を進めていた。鄧は周に代わって蒋介石に回答し、貴州の財政は逼迫していて、全てをアヘン収入で補ってい

る。そしてアヘンは又多くが広西から運搬してきて販売している。もし広西と戦争になれば、貴州省の財政は窮地に陥るだろう。この点をご了解得たい、と。蒋は返電を寄越して、広西派追討の電文を打つだけでよく、挙兵には及ばない。損失が出た分は中央が完全に補償する、と言ってきた。鄧漢祥は、蒋介石は信じられない。もしも朝に桂系と絶縁し、夕べに蒋の食言に遭うとしたら、わが貴州はどうなってしまうだろうか、と考えた。蒋介石の魂胆が拒絶されたとなれば、周西成は今後貴州はどうして行くべきかを問うた。鄧漢祥は、蒋介石は思い通りにならないとなれば、詰まるところ雲南を使嗾して貴州に出兵させることあるのみであろう。そこで図るに、上策はわれわれが先んじて雲南を狙うことだ。眼前に川軍22軍・頼心輝が貴州省に寄食している。この頼心輝に貴州省は貧困で、食を供するにも限界が生じるだろうことを説得して、頼心輝の軍と共に雲南に出兵し、一旦こと成れば、今度は全力を挙げて頼心輝の帰川を援助すると言う。もしそれで頼心輝が納得すれば、勝算はなくもない。よくよくこの経略を上手くなされよ、と答えた。周西成は遵義にいた頼心輝と養龍站で会見し、これには鄧漢祥も同行した。鄧がこの話を頼心輝に密談したところ、頼は賛同した。しかし、頼心輝は部下の将領にこの計画を話すと、意見はさまざまで、結局この雲南出兵問題は沙汰やみになった。それから未だ幾ばく足らずして、龍雲は貴州に出兵し、周西成は前線に出て督励し、軍政・県政はこれを鄧漢祥に一任した。周西成は敵前に出ること三日ないし五日で負傷して退却し、退却の途中で渡河の折りに溺死した。鄧漢祥は蒼惶として重慶に逐電した。時に27年夏の事であった。〉

　＊以上には、鄧漢祥の31歳までの略歴をほぼ逐語訳に近い形で翻訳・紹介したが、これを見ると鄧漢祥は大変若くして黎元洪に登用され（22歳）、以後、陳宧、段祺瑞にも重用されたが、この間に中央や西南の諸軍閥との人的ネットワークを作り上げた。盧永祥等の政治的「代表」や周西成の顧問のような役割を果たしていることにも、注目しておく必要があろう。また当時の軍閥は、その政治的代表を各地の軍閥の下に相互に派遣しあうのが常であった。これには相手の動勢を探る目的の外に、軍閥相互の政治的取り引きにタッチする外交官的役割もあった。こうした人物は一人とは限らず、何人もの代表や顧問を抱え

ている方が普通であった。鄧漢祥は段祺瑞の戒めを厳守して、「党派」に所属して捕らわれることを終身恐れたというが、そこには、行政官僚のプロとしての自負もうかがわれるように思われる。彼は周西成に軍政と県政を一任されるほど信任されたていたが、周西成亡き後を襲うというような気持は、恐らく少しもなかったに違いない。軍閥になろうというような野心もなかったであろうし、率いるべき軍を彼は持ち合わせていなかった。彼はあくまでも、政治集団間の「外交」官ないしは行政官として徹底しようと務めたのであり、それ故周西成の死去と同時に重慶に逃れたのであった。

第2節　劉湘の幕下に入る

〈劉湘は鄧漢祥が重慶に来たと聞き、使者に5000元という大金を持たせて、招待した。劉湘と鄧漢祥の関係は1925年にさかのぼる。この年、劉湘は袁祖銘と同盟して反楊森の軍を起こしたが、楊森の後ろには呉佩孚がおり、劉湘は段祺瑞に楊森の罷免と自分に職位を授けて欲しいと思っていた。そこで、劉湘の代表・甹祖佑は鄧漢祥を通じて段祺瑞に楊森罷免を要請した。「楊森はすでに集矢の的になっているし、呉佩孚は段等皖派の敵ではないか。せっかく帰順してきた劉湘を拒むのは短慮ではないか」と言って鄧漢祥は段祺瑞を説得し、段は楊森を罷免、劉湘を四川軍務督辦に補した。劉湘はこの礼として、防区4県とその徴収局長を与えようとしたが（「つまり、防区4県の県長と徴収局長を鄧が親戚・友人（親私）から任命すること」を認めようとしたが）、鄧は婉曲にこれを断った。以来、劉湘は鄧漢祥に好感を抱いてきた。今回面接に当たり、劉湘は参謀長の位を提供するので手伝って欲しいと鄧に言った。鄧漢祥は劉湘の部隊とは何の歴史的繋がりもないので、劉湘の要請には応じがたい。しかし、話を頂戴したからには無下に断るわけにも行かない。微力ながらお役に立ちたい。ついては今後の志はいずこにあるのか、と問うた。これには劉湘は「四川を統一し、中原に鼎を問う」と答えた。鄧漢祥は言った。「公にかかる雄心壮志あるなら、"遠交近取"の策略を採るべきです。近取のことは公自らの計らいにお任せしますので、遠交の方は私が微力ながら尽くします」と述べた。こうして鄧漢祥

は劉湘の帷幕に入り、北京や上海に代表として常駐するようになった。

　これより先、劉湘は外国商人から大量の兵器を買い込んで上海に荷が着いた。蔣介石は劉湘が勢力を大きくするのを恐れて、差し止めさせ、（劉湘側も）あちこちと奔走したが、未だに関門を突破できずにいた。劉湘は焦るばかりで手の打ちようがなかった。そこで鄧漢祥を使者として、一切を任せて南京に赴かせることにした。南京に着くと鄧漢祥は、早速に軍政部長の何応欽と話をつけて、兵器は即刻通関を許され、鄧は差詰め「たちどころに功を挙げ」たことになった。

　1930年、蔣、馮、閻の中原大戦が始まった。劉湘は張学良が決定的役割を果たすと見て、鄧漢祥に特別に奉天に行き、奉天軍の内情を窺い、チャンスを失わぬよう委嘱した。鄧は以前にも何回か東北に行ったことがあり、張学良とも面識があった。鄧は張学良に「楚につくか漢につくか」と尋ねた。張学良はすでに蔣介石につく腹づもりであると鄧漢祥に明かした。張は、蔣にも好いところはないが、馮、閻も又どこに好いところがあろうか？悪い政府でも無政府よりはマシだ。蔣が敗れれば中国は内乱状態に陥って、どうなるかも分からなくなる、と言ってから、事を決定するまでは他言無用と念を押した（張学良はこの直後9月18日巧電（18日付けの電報）を発し、東北軍は即座に山海関を越え、馮、閻軍は大慌てで兵を引き、蔣介石が勝利を収めた）。鄧漢祥は情勢をしっかりと見据えたうえで劉湘に電報を打ち、また劉文輝には自重を勧めるよう要請した。〉

　＊ところが「意外にも、馮、閻の敗北が定まろうかという矢先に、9月6日劉文輝は鄧錫侯、田頌堯との三軍長の名で反蔣の魚電（6日付けの電報）を発した。この報を見て鄧漢祥は不可解に感じた」と著者は書いている（95頁）。しかし、劉文輝等の魚電は功電に先立つこと12日も前のことであり、鄧漢祥が不可解と感じたとするならば、鄧の情報が劉湘を介して劉文輝等にも伝わっていたと考えなければならなくなり、張学良に対する鄧漢祥の信義が疑われるが、自重を勧めた劉湘の言葉に耳を貸さなかった劉文輝等三名の自業自得であったのかも知れない。なお、周開慶著『劉湘先生年譜』（1975年、四川文献社）によると、3月に中原大戦がはじまると、楊森、李其相等は中央＝蔣介石支持を打電し、頼心輝も兵を四川の外に出した。5月2日〜10日には楊森、李家鈺、羅

澤州と劉湘一党の唐式遵、劉仏澄が広安県の天池で会議を開き中央に対する態度で一致を見た。8月に、21軍は唐式遵を前敵総指揮任命、独立第二旅旅長・郭勲が4個団を率いて宜昌、沙市に赴き、潘文華の第3師も東下している。このように、劉湘の政治的立場は比較的早くから蔣介石支持を明らかにしている。これと鄧漢祥からの報告とがどの程度係わっていたのかは不明であるが、張学良が腹づもりを鄧漢祥に明かしたのが巧電の直前であったような陳雁翬の文章より推測すると、張学良の出方一つによっては以上のような動きにも変更の余地があったと見るのが妥当かも知れない。

〈重慶に帰った鄧漢祥は叔父・甥関係(劉文輝は歳下であるが劉湘の叔父に当たる)の矛盾を知ったので、劉文輝には報告をやめ、なすがままにさせることにしたが、劉湘は「事ここに至っては、どうすれば好いのか」と尋ねた。鄧は「最も好いのは貴方が先に蔣介石に電報を打ち劉文輝のためになだめてやることで、四川の軍政は応に二人で分掌するのも一法かと思います。私が張群と相談してから、蔣介石に提案することに致しましょう」と答えた。張群を経て蔣介石の承諾を得た鄧漢祥は、即刻劉湘に通知をし、劉湘より蔣介石に急いで分掌請願の電報を打つよう促したが、劉湘は遅々として返電を寄越さず、「沙汰止み」になりかかった。最後に劉湘はようやく正式に電報を打ち、蔣の中央は31年2月27日に命令を出して、劉湘を四川善後督辦に任命し、あらゆる四川の各軍はこの督辦の全権の指揮下に軍縮をすることを明らかにした。同時に、劉文輝を四川省政府主席にすることも発表された。〉

第3節　鄧漢祥と中央政府を結ぶ3人の「鍵」となる人物

〈鄧漢祥はどうやって「四方に使いして、君命を辱めず」にいられたのか？彼自身の言によると、彼の掌中には三つの鍵があった。当時の国民党中央政府の中には何応欽、張群、ついで楊永泰がおり、いずれもその権勢は朝野に及び、うっかり手を出せば火傷をするほどの「重臣」であり、その一言を得れば万事がうまくいった。鄧漢祥はこの三人と早くから親交があり、あらゆる請願は、この三人を通せば、目的に達しないものはなかった。これ、すなわち鄧漢祥の

三つの鍵であった。

　先ず、何応欽についていうと、鄧漢祥と何とは同郷、同窓の関係でその上に瓜と葛のごとき誼があった。鄧が北京で段祺瑞に重用されていた時、何応欽は広州でなお志を得ず、段祺瑞の下に行って投じようと思ったが、鄧に制止された。北伐後、何応欽は軍政部長となり、軍内における地位も蔣介石に次ぐようになった。劉湘がもしも軍事方面で障害に突き当たった時には、何応欽を通じてこれを乗り越えることができた。

　また、張群について言うと、鄧漢祥は張群とは古い仲で、1923年頃張群は上海で趙鉄樵と合資で歯ブラシ工場を経営していた事があり、鄧漢祥はそこに3000元を助けてやったことがある。30年、張群は蔣介石の命令で奉天に行き張学良抱き込み工作に出かけたが、張学良の感情・口調が曖昧で、張群には要領を得なかった。そこでもう一度鄧漢祥が探りを入れに行ったところ、鄧は前述のように張学良のために秘密を厳守し口外しないと約束した手前、張群にはただ「見るところ、貴方の使命はきっと完成できるでしょうな」と言った。張群は以心伝心ですぐさま蔣介石に至急電を打ち、重大任務の完成を伝えた。蔣介石が楊永泰を用いるようになる以前は、張群が主要な参謀で、蔣の張群を頼むこと左右の腕のようであった。鄧漢祥はその張群と親交が厚く、頼りにする利点はたくさんあった。

　鄧漢祥の楊永泰とのつき合いには、更に深いものがあった。孫中山、段祺瑞、張作霖が連合して直隷派に反対した時、楊永泰は国会議員であり、頗る人を糾合する力に長けていたが、段祺瑞支持に傾いていた。そこで鄧漢祥と組む事が多かった。後に段祺瑞が（善後会議で推されて）執政になると、鄧は楊に陪席して段にまみえるようになると、必ず功労に報いようと思うようになった。殊に、楊永泰は広東方言を使うので、言葉の理解は難しかったが、口角泡を飛ばすようにして議論を吐いても又全部が全部段祺瑞の意に沿うものではなく、ついにはそそくさとこの客を送り出すことになり、楊永泰は一官半職も博することができなかった。間もなく、鄧漢祥は段祺瑞に要請して言った。あのような待遇は多分河を渡り終えたら板を折るの例えのように、（利用するだけ利用したら後は捨て去るとの）誹りを招くでしょう、と。すると、段祺瑞は初めて「一資政」

の虚名を楊に授け月給600元を支給した。楊永泰は退屈きわまりなく、日毎賭博場や高級売春宿に通っては気晴らしをしていた。そこで段祺瑞に対する怨みはもとより深かったが、鄧漢祥との交わりは益々深くなった。およそ1930年に、張群は楊永泰を蔣介石に推挙した。すると、なべてその画策は悉く、蔣介石の嘉納を得た。蔣は楊を三省「剿匪」総司令部の秘書長に抜擢し、大事の多くが楊によって決裁されるようになった。

　1934年8月前後のこと、劉湘嫡系の四川剿匪第五路軍は、万源県地区で総崩れとなり、劉湘は一面では蔣介石に権力、金、武器を要求し、一面では又辞職をもって脅かした。鄧漢祥は劉湘を代表して蘆山の蔣介石に会いに行ったが、最初に楊永泰と密室で談合し、楊の暗黙の援助を得て、結果は満足の行くものであった。劉湘が省主席を兼ねるに先立ち、蔣介石は劉湘が南京に来ることを求めた。劉湘は南京に着いてすぐ蔣介石と面会したが、その後に蔣は楊永泰、張群、呉鼎昌に関係する問題を劉湘と協議するように命令した。そのうち最も重要なのは蔣が中央軍を四川に入れて紅軍の北上を阻止したがっていることであった。楊永泰は先に鄧漢祥と話し合っており、その際鄧は、中央軍の入川は必ず主軍・客軍の矛盾を引きおこすことになるだろうし、そうなれば大局的に見て不利である、と力説した。劉湘もまた拒絶の意志が固かった。鄧漢祥が劉湘と楊永泰の間を往復して双方の角を削って、最終的には蔣がはじめに賀国光に参謀団を率いて重慶に進駐し、同時に劉湘を四川省主席に任命することを発表する、ということで丸く収めた。35年の夏の初め、蔣介石、楊永泰は重慶に来た。この時劉湘は私邸に宴を開き蔣のホスト役を演じようとしたが、断られるのを心配して鄧漢祥に頼んで楊永泰に、蔣介石の調理人（蔣の信用している者）を借用すべきかどうか、陪席者は何人くらいが妥当であるかを尋ねてもらった。楊永泰は前者については必要ではなく、陪食者は楊と鄧の外には賀国光と傅常で十分との返辞であった。席に料理が運ばれてくるたび、蔣介石は遠慮を装い先に箸をつけず、みんなが食べてから初めて箸をつけた。互いの不信感の強さが窺われる。筆者＝陳雁翬は鄧漢祥に次のような質問をしたことがある。何応欽、張群、楊永泰、これらの人々はみな劉湘の後押しをしたが、劉湘は賄賂なしでは無理だったでしょうな、と。鄧漢祥は、張群の奥さんの母が還暦の祝い

をした時に、劉湘が3000元を贈ったことはあるが、贈り物をしたというのは聞いたことがない、と言った。〉

第4節　省政府秘書長となり、西南、西安両事件に対処する

〈劉湘の鄧漢祥に対する信頼は日毎深まり、劉の属僚は、鄧と21軍との関係が深からず、また蔣介石等中央との人的コンタクトも旺盛である上、劉文輝の消息にも通じており、誰が鄧を恐れずにいられようかと考えた。間もなく、劉湘の無線電信は劉文輝の駐外代表の劉文輝に充てた密電を探知した。その大意は鄧漢祥が劉湘のために精力を発揮しているが、われわれに対する考えはいい加減であり、万が一にも過信できない、というものであった。劉湘は周囲の者に例を挙げて、疑念を抱く者に釈明を行った。

　鄧漢祥が如何に専心劉湘の意向にそって行動していたかを示す二三の事例を挙げてみると、例えば張群が湖北省主席になると即座に鄧を行政督察専員に迎えようとしたが、鄧に婉曲に断られた。また、楊永泰が勢力絶頂の頃に常に鄧漢祥に対し「君のあのお仲間さん（劉湘を指す）は劉璋だよ。彼と事を共にして、どんな前途があるというのか！やはりこちら（中央を指す）に来て、先ずは次長となれば、二年後には部長に昇進することは僕が保証する」と言ったことがある。しかし鄧漢祥はこの言葉に動じることはなかった。又、四川に新省政府が成立した時、劉湘と蔣介石の矛盾が露わになりつつあったが、ある日、重慶行営参謀長の賀国光が劉湘を訪問した。この時鄧漢祥は同座していたが、賀国光は劉湘に対し「私は甫公のために箸を一膳借用したい。貴方と蔣委員長がもしも互いに誠意をもって事を進めることができれば、国にも四川にも共に有利であり、もし仲違いすれば、好いところは全く無くなるでしょう」と言った。鄧漢祥は劉湘が応えるより先に言った—「劉主席は元々委員長を支持してきました。委員長が着物を濡らせば、劉主席も着物を脱ぎ、委員長が食事をしたいと思えば、劉主席も食事を勧めるでしょう。しかし、こんにち委員長は劉主席の皮膚を剥ごうとしています。人にして皮膚が無ければ、又どうして生きていられるでしょうか！」と。賀国光は黙然としてこの言葉を聞いていた。鄧

漢祥の劉湘に対する忠心は心底からのものであり、これを概観するのは容易いことである。

　劉湘の南京行きは閉関政策の放棄をやむなくされ、国民党中央参謀団の入川を許した。その後、中央の勢力が続々と入り込んできて、防区制は終わり、新省政府もこれに応じて誕生した。鄧漢祥は省政府秘書長となった。当時省政府は合署辨公を実行し、各庁は勝手に動くことを禁じられ、一切の公文書は必ず秘書処に集められ、秘書長が逐一審査・検討して省主席に差し出しその判断を仰いだ後に、省政府主席の名前で発令された（関係各庁長、処長の副署が必要だった）。このように秘書長の地位は以前と比べ格段の重要性を増した。だが秘書長は所詮幕僚長に過ぎず、省政府の権力は終始主席の掌中にあった。しかし、劉湘は四川を主宰したのは3年間で、省政府に出向いて公務に携わる時間は極めて少なく、省務会議も常に欠席した。事の大小に拘わらず、ことごとくを鄧漢祥に委ねた。それ故鄧漢祥の実権はその位より重く、思い切って事を実行することができた。この期間に鄧漢祥が劉湘に代わって内外政で取り組んだものの中でとりわけ記しておかねばならない事柄を略記すれば以下の通り。

　対外および国民党中央への対応の側面：

　1、36年夏、両広の陳済棠、李宗仁が反蒋のため挙兵した。劉湘は早速これに呼応しようとしたが、鄧漢祥は自重を勧めた。ところが、劉湘はこっそりと兵を送り、将校を派遣し、中央勢力が終結している重慶地区を襲撃することを企図し、配置も将に終わろうかという時になって、意外にも陳済棠の部下の将領が蒋介石に買収され、挙兵は間もなく挫折した。劉湘はただ作戦を中断し、こっそりと兵を収めるしかなかったが、その陰謀は蒋介石に全て知られてしまった。西南はすでに定まり、劉湘は蒋介石が四川の全面的収拾に乗りだしてくるのを恐れ、緊張が高まったので、鄧漢祥を蘆山に派遣して蒋介石に面会させ、蒋の「内情」を探らせた。それまで、劉と蒋に矛盾が生まれると、多くの場合楊永泰が調停・修復をしてきたが、鄧漢祥には今回の役目は大変大きいと感じられたので、鄧は即刻武昌に行って楊永泰に向かい、前もって蒋介石の赦しを取りつけてくれるよう依頼した（当時楊永泰は湖北省政府主席であった）。楊永泰は行っても恐らく結果は出ないのを恐れ、又、世間では彼が劉湘から賄賂を若

千万元をせしめたとの風評が盛んで、もはや蔣介石への進言にはタイミングが悪いと考えた。鄧漢祥が蘆山に上ってみると、蔣介石が顔面いっぱいに怒りの表情を露わにして、挨拶の言葉もなく突然「劉甫澄は造反しようとした」と語調激しく言い放った。鄧は、そのような事実は全くないと言った。蔣は手の指で地図を指しながら、ここに終結している部隊はどれくらいか、あそこには又どれくらいの部隊が集結しているか、などと尋ねた。しかもみな深夜の行動だからといって、私を欺くことはできないぞ、と言った。鄧は、四川には土匪が多く潜伏しており、もしも軍隊を移動させたとすれば、地方の治安のためであり、委員長には噂を軽信なさるべきではない、と言い、また、劉主席が委員長を支持してきたのは十年一日の如くであります。南京と武漢の分裂の大局が未だ定かでは無かった頃、彼は貴方に造反しませんでした。中原大戦の勝敗が未だはっきりしない時、彼は造反しませんでした。現在は天下はすでに定まり、劉主席がどうして造反の挙に出ようとするでしょうか、とも言った。蔣介石は反論ができず、風に帆を張るようにしてこう言った──「そうだ！だから私はまだ甫澄を信じているのだ。四川の事は、なお多くの責任を彼が負うよう期待する」と。鄧は蔣に一筆手紙を書いてもらって復命したいと願い出た。蔣はこれを快諾した。蔣は翌日鄧を食事に誘い、手紙を鄧に手渡した。手紙は蔣の直筆で、如何に劉湘を信頼しているか、如何に頼りにしているかと、心にもない嘘が書かれていた。しかし、この手紙は蔣介石が当面は劉湘に手を下さないだろうという見通しを与えた。鄧は早速その夜、宿で蔣の手紙を秘密電報用語に翻訳して、劉湘に打電した。劉湘はやきもきしていたが、鄧の電報を見てようやく安心した。鄧が帰ると、劉は飛行場に人を派遣しておいて直接私邸に招き事細かに顛末を聞き出し、それから鄧を家に送らせた。

　2、36年12月12日の西安事変に際しては、劉湘はニュースを聞くと近しい者を招いて対応策を練った。参加者は潘文華、鐘体乾、鄧漢祥、傅常、張斯可等であった。直ちに張学良・楊虎城に応え、中央軍が四川に設けている重慶行営、成都の軍分校およびあらゆる機関を部隊をもって包囲・接収しようという主張もあった。劉湘は鄧にどうするかを問うた。鄧は「上策は暫時事態の発展を静観するにしくはない。もしも蔣が敗れれば、（四川における中央の諸機関は）皆袋

第9章　ある地方官僚の生涯　437

のネズミだ。結局はわれわれのものになる。万一事態が反転したとしても、軽挙妄動していないのだから、怨みを買うことはない。現在の計略として最も急を要するのは蔣方の人員に慰藉をすることである。これ以外は無し」と言った。劉湘は鄧の発言を取り入れて、鄧に南京に行ってみんなに調子を合わせるよう頼んだ。後張学良は人の意表を突いて12月25日に自ら蔣介石を南京に送り、西安事変は終わった。もしも鄧の策謀（自重の進言）が無かったなら、劉湘は又しても予測できない危険に身をさらすことになったであろう。

　3、37年7月1日、蔣介石は重慶で川康整軍会議を開き、何応欽を派遣して主催させた。これより先の3～4月の間に、蔣は劉湘に全権代表を南京に送れ、重要な事件で相談したいと言ってきた。劉は鄧漢祥を蔣介石に会いに行かせた。蔣は二つの問題を提起した。一つは、川康の軍は多すぎる、縮小すべきである。一つは、劉湘が病気が多く、軍・政の実権を一身に集めれば、勢い力不足たらざるを得ない。彼を川康綏靖主任に専任させ、必ずしも四川省主席を兼任させなくとも好いのではないか、というものであった。鄧漢祥は順を追って蔣の言葉を聞きながら、心の中で吟味しつつ、即座に婉曲な言い方で「軍隊の縮小再編成は劉主席もご命令の通り処理なさると思います。ただ軍政と民生の分治は、四川が統一されて間もないことから、にわかに分割致しますと、恐らくは相互が密接に助け合うという効果を収めるのが難しくなると思います。ご再考の善し悪しにつきましては、なお御検討戴きとうございます」と述べた。蔣はなおも自分の見解に固執した。鄧はそこで、面会を終えてから何応欽に、この両者は二つのステップに分けて処理してもかまわないのではないか、すなわち先ず軍隊の縮編を実施し、この段階を経て軍民分治を更に実行する、このようにすれば食い違いは少なくて済む。もしも両者を同時に進めれば大いに緊張を迫られ、万一事件が発生でもすれば、むしろ枝葉末節のこと（によって大局を乱すこと）になろう。何応欽の調停を経て、分治の説はようやく暫く棚上げになった。

　会期がすでに決まると、何応欽は劉湘に6月28日に飛行機で重慶に赴くことを打電した。劉湘は断るに断れず、時期通りに参加を表明するしかなかった。しかし、蔣介石の薬箱の中にいったいどのような薬が入っているのか、心中穏やかではなかった。鄧漢祥は劉湘のために応急の計略を講じようと思った。す

なわち、何応欽が重慶に来る一日前、彼は劉湘と自動車に乗って成都を出発する。劉湘は内江県で泊まるが、鄧は永川県に泊まる。翌日の夜明け、鄧は、車を飛ばして重慶の飛行場に何応欽を出迎えに行く。劉湘は一路重慶に向けておもむろに出発し、この間鄧漢祥は何応欽と会って内情を探ると即座に車を飛ばせて劉湘を出迎えに行き、璧山、青木関の間で面談し、もしも整軍方法が四川の政局に危害を引きおこすようなものであれば、受け容れない。劉湘は病気（胃潰瘍）を口実に成都に帰り、会議の席上で強制されるのを避ける。もしも条件が容易なものなら、受け容れも困難ではなく、劉は即座に重慶に行き何応欽の相手になって歓待する、という計略を立てたのである。では、何応欽はどのような整軍の方法を携えて来たのであろうか？何応欽が鄧に話したことによると、彼が携えてきたのは白紙で、劉甫澄が思うように書き込めるというものであった。鄧漢祥は一歩踏み込んで何応欽に、それは本当かと尋ねた。何応欽は「私は貴州の人間だ。川黔滇はこれまで一家を称してきた。私と甫澄の間に悪感情はない。もしも真に彼を片づけるようとする魂胆なら、私は殺し屋の役目をしに来ることは願わなかったろう」と答えた。この度の整軍は劉湘にとっては実際大きな不利はなかった。自然、川康各軍は比例に応じて縮小されたが、しかし、劉湘は軍隊を省政府の保安隊に変えることができたので、無傷に済んだ。会議期間中に盧溝橋事件が勃発したので、整軍会議はそそくさと終わってしまった。会議の決定事項は抗戦の関係で、その後貫徹・執行される事はなかった（8月8日、蔣介石は南京に国防会議を開き、劉湘も出席した。鄧漢祥も同行した。当時蔣介石は何応欽、顧祝同と劉湘に整軍会議の決議を如何に実施するかを諮った。何と顧は前もって鄧漢祥にこの件を伝えて、鄧はすでに全面抗戦が決定したからには、整軍の件は暫く実行しなくてもかまわないと考えていた。数回のやりとりを経て、結論は出なかった。最後に蔣は孔祥熙の家で鄧を接見し、自己の見解に相変わらず固執するとともに、軍政がもしも不統一では国家なんて言えるかと言った。鄧は広西、雲南、山西は皆旧態依然なのになぜひとり四川のみが責められねばならないのかと言い返した。蔣は鄧の言葉を聞くと怒りを抑えられなくなった。鄧はそこで危険な言葉で蔣を脅してこう言った——「もしも必ず整軍の議案を貫徹するなら、万が一にもこれによって川軍の抗戦は影響を被り、一時は四川省を出なくなるかも知れません。そうなったら如何なさ

第9章 ある地方官僚の生涯 439

いますか？」。この言葉は蔣介石の的を衝き、蔣に顧慮を引きださざるを得なくなったため、暫くは原状でよいということになり、永久に実行されずに終わった）。〉

第5節 病気がちの劉湘に代わり省行政の処理に当たる

〈劉湘は鄧漢祥が好く自分の助けになるので、権限を与え、大変信任していた。ところが、劉湘の武将達は鄧に対して嫉妬心がなかったわけではない。天下はわれわれが勝ち取ったものだ、鄧某にどれほどの勲功や道徳があろうと、結局のところそれは居ながらにしてわれわれの成果を承けているに過ぎないではないか！といったような流言は鄧の耳にも入ってきたから、鄧は深く心を傷つけられた。当時、鄧が「諸君はきっと戦えるだろうに、まさに蔣介石が万雷の圧力をかけてきた時には、私一人に出ていって抵抗させるだけではないか？諸君はどうしてまた敢えて戦おうとしないのか？」と言うのを聞いたことがある。当時の劉湘と蔣介石との矛盾を思い返してみると、日毎に矛盾が増すばかりで、調和の余地は少しもなかった。劉湘は「強硬に抵抗」するには力が足りないことをよく知っていたので、「柔軟に時を稼ぐ」という策略で蔣側に対応しようとしたが、劉湘の幕僚の中にはこのような折衝の重任を果たせることのできる人物は、鄧以外にはおらず、外はみなとてもだめだったので、劉はこの役を鄧に委ねたのである。劉湘は進歩的方面との繋がりにはわざと鄧を用いないようにした。というのも、そのような事実が噂として伝われば、南京に対する鄧の信用に影響が出て、その活動やはかりごとの邪魔になったであろうからである。鄧漢祥が劉湘に代わって省政を処理したのは3年間に及ぶが、経験した事件は少なくない。その主なものを略記すれば、こんな事などがあった。

　旧時代一機関の長官は人事権、財政権を手中に収めないものはいなかった。ところが、劉湘が四川省の政治を治めていた時、省政府の行政人事は、庁長、処長および専員は劉湘が自分で決めるほかは、例えば県長、徴収局長および省立中学校長等は鄧漢祥が思うとおりに決定できた。上述の官職では、関係各庁に審査を願い出たが（当時は省務会議の通過を必要としなかった）、およそこの種の認可に当たっては、鄧漢祥が書類をもって多子巷の劉湘の私邸に持って行き

劉の決裁を仰いだが、認可の可否について劉湘は鄧の意を尊重した。省政府の中でも、特に秘書処のあらゆる科室の人員および各県政県府の秘書、科長、区長と省立中学校長等の任免については、完全に鄧が責任者となり、劉湘の手を患わすということはなかった。甚だしくは劉湘が自ら任命した県長でも、鄧が不的確と評価すれば劉湘は即座に命令を撤回した。

省政府の経費は劉湘が口を差し挟む事は少なく、鄧漢祥が責任者になって取り仕切ることを許した（劉湘夫人の劉周書はかつて鄧に家の出費が多すぎる苦しみを訴え、鄧に調節して均すよう求めたことがある。鄧は一切は予算によって支出しており、助力することはできない。もしも必要があるなら、劉主席が条文を下して支出することを乞い、即座に支給すると答えた。劉周書はどうしようもなく、引き下がるしかなかった)。凡そ礼金の類は数字が1000元前後のものは鄧がこれを重い通りに処理した。ある時、上海の光華大学が成都に来て学校を建て、校長の謝霖は鄧漢祥と私的交際があったので、特別に5万元の大金を寄附した。校舎落成の日、その一室を「鳴聖」と名付け鄧に対する感謝の徴とした（鄧漢祥の字は鳴階といった)。鄧は平日節操を重んじ、身の潔白を守っていたことが分かるが、金銭に対してはかすめ取って懐に入れるようなことはしなかった。劉湘の死後、王纘緒が省主席に叙せられると、鄧漢祥は排斥されて省政府を去ることになったが、この時、3年有余の間に集まった余剰金20余万元を悉く王纘緒に手渡した。王纘緒は鄧が売官していると鄧を罵り、一県長につき大県ならば5000元、これに次ぐものは3000〜2000元を要求したと言った。鄧が余剰金を王纘緒に手渡して後、筆者は王纘緒がこう言うのを聞いたことがある。すなわち、（鄧漢祥について）これまで些か誤解してきたところがある。鄧がこの20余万元を自分の懐に入れなかったからには、3000〜2000元を他人に要求しただろうか？と。王は元より鄧に不満であったが、この予想外の金を手渡されると、鄧に対し報いようと、法幣2万元と一台の人力車を贈った。しかし、鄧、王は政治上終始協力はできなかった。〉

　＊以上のような叙述を見ると、病気（胃潰瘍）がちであった劉湘に代わって、鄧漢祥が3年余にわたり省の行政を事実上支配していたことが分かる。これは、劉湘の実権を重視してきた私には意外であった。この時期（35〜37年）は、ちょ

うど防区制の解体から四川統一実現までの重要な時期に当たるが、中央、地方各方面の政治的有力者との人脈を利用して反中央＝反蔣の意見を抑えて省政の統一を達成した鄧漢祥の実績には、たとえ陳雁翬個人の思い入れを割り引いたとしても、見るべきものがあったと評価できる。このような能吏にしてはじめて四川統一と中央化が可能となったものか、劉湘の病気のための代役としてたまたま鄧が役目をうまく遂行できたに過ぎないのか、という問題が生じるが、劉湘は意図的に自分の周囲に有能な官僚層を集めて、行財政を一任していたことは、劉航琛の例にも明らかであり、この点では権力を一身に集中しておかなければ不安であった蔣介石とはタイプが違うようにも思われる。ともかく、軍閥的政治支配者から「地方実力者」への脱皮には、近代的教育を受けた官僚の存在が不可避であったと思われるのである（但し、近代的教育を受けたことすなわち近代的官僚を意味するとは限らないが）。

第6節　地方行財政幹部の育成

〈劉湘の政権を強化するために、省政府は前後して各種の訓練を実施した（例えば、県政人員訓練所、財政人員訓練所、保甲幹部人員訓練班、社会軍事幹部人員訓練班、統計人員訓練班、農村合作人員訓練班、区員訓練班等、このほかにも各種訓練卒業学員連合通訊処が成立した）。財政人員訓練所が重慶にあった時期に省政府は成都に移ったが、鄧漢祥は分担して主宰するほか、その他の多くは鄧が一手に請け負い、受訓人員はみな鄧を師と称した。それ故、門下生が四川全体に溢れた。

鄧漢祥が最も重視したのが県訓である。県訓は全部で3期、毎期は3ヶ月で受訓人員は公募した者、訓練にかり出された者で、合計1017人に達した。卒業時には県長班からは県長に任用し、補佐（「佐治」）班からは政県府秘書、科長、区長を任命した。この外に省政府および各区行政督察専員公署にも、前後して配置した者も少なくない。この県訓人員は当時の劉湘の地方統治の主要な骨組みをなした。鄧漢祥は県訓を開いてから、終始全精神をここに傾け、一日たりとも手を緩めることはなかった。受訓の期間中は、毎週必ず2時間の精神講話

があり、友情と親密な関係を深めるようにした。卒業後はまた、同窓会を作り団結の核心とし、県訓人員の思想言行を考察した。任用の時には、先ず劉湘への忠誠を要求し、二股を掛けるような者（蒋介石やその他の派閥に依拠しようとする者）は、罷免された。一時全川100余県の県長の過半は県訓の出身で、各県政府の秘書、科長、区長等はみな県訓出の人々が請け負っていた（県訓については拙稿を参照）。

　鄧漢祥がこのように県訓人員を重用したのは、各方面から少なからず非難されたが、彼は我が道を行くということを貫いた。彼に言わせれば、これらの人々はみな四川人であり、又多くは試験で採用した者である。彼等が年ごとに強力になれば、有為であろう。なぜ、才能を量って使用してはならないことがあろうか？劉湘もまた県訓人員が効率的で忠誠心に富むのを自覚しており、軍方面との間に不一致のあることを考慮して、7・7事変後に一筆の経費を県訓のために割いた。（成都の）東大街崇徳に借家を一軒借り、武徳会および県訓同窓会の核心となる中核分子十余人（武徳会からは羅忠信、蔡軍識、張聯芳、宋時仙、王金淦、泰伯平等、県訓からは李仲揚、黄白殊、胡恭淑、陳雁翬、朱産林等）を選んで各週に一度会を開いた（酒宴つき）。しかし、一定の名称はなかった。目的は交情を取り結び、相互に接触を保って内部の団結を強化し、劉湘統治の地位を強固にすることにあった。鄧漢祥と武徳会の総幹事・張齢九は、当初代表となって参加し呼びかけたが、これによって軍・政両面が相い和することになった。後、劉湘が死ぬと、張群の四川省長就任反対闘争の中で、又共同で策を練り、連合して行動し、一定の役割を果たした。

　劉湘は一面で蒋と暗闘し一面で抗日を主張した。蒋介石が国防会議を開くと、席上、劉湘は激越な口吻で全面抗戦を主張した。またその場で、四川には50万人の出兵能力があり、壮丁500万を出すことができる。その他にも若干の物資を支援することができると述べた。まもなく、劉湘は第7戦区司令長官に任命され、後方の配備を整えると、37年11月9日に成都を離れ、南京に飛んで川軍の抗日を指揮した。出発に先立って、省主席の職務は秘書長の鄧漢祥が代行するものとした（川康綏靖主任の職務は総参議の鐘体乾が代行し、省保安司令の職務は保安処長の王陵基が代行した）。続いて国民政府が重慶に遷都してきた（陪都といっ

た)。鄧漢祥は省主席代行の身分で重慶に行き国民政府主席・林森に謁見すると同時に、大宴会を開き、国民党中央各院、部長を招待し、彼等を相手にうちとけて応酬し、重視を受けた。代行の初め、国難の厳重なことに鑑み、鄧漢祥は省令を出して節約を提唱し、一切の宴会は四品と一種のスープに限るとし、粗末な米の飯を食べるよう主張した。省政府の政務については平常通り処理し、些かの変更もなかった。

鄧漢祥は実権を掌握しおよそその措置はみなうまくゆき、将に思い通りで幸運に恵まれていたが、図らずも劉湘が1938年1月20日漢口の万国病院で病逝してしまった。これは青天の霹靂、鄧の痛心絶大なるものがあった。翌日、省政府職員を集めて劉湘の逝去を宣言したが、鄧漢祥は悲嘆に暮れ、涕泣して声にならなかったが、我が身を顧みてどうなるかを大いに心配した。つまり劉を哀悼するということは、自らの（政治生命を）悼むことにほかならなかった。〉以下略。

おわりに

＊陳雁翬には「鄧漢祥在川康的后十年」という論文もあるようだが、掲載誌を示していない。残念であるが、以上のような陳雁翬の回想によって、鄧漢祥の活動を知るしかないが、『四川省志・人物志』によると、劉湘の病没後にも四川省政府秘書長、軍事委員会委員長重慶行営第二庁庁長、川康経済建設委員会秘書長、川康興業公司支配人、四川省財政庁長兼田糧処長および省銀行理事長等の職を務め、47年には四川省政府秘書長となり、49年劉文輝、鄧錫侯の彭県蜂起に協力、人民共和国では四川省人民政協委員、全国人民政協委員等を歴任し、79年病没した。

以上、陳雁翬論文を翻訳・紹介して来たが、鄧漢祥は北洋軍閥を振り出しに南京政府の官僚も務めた後、劉湘の「部下」となったが、部下とはいっても配下というより、劉湘の代理を務めたことから分かるように、「行政請負人」的性格を有していた。何応欽、張群、楊永泰という国民党中央の実力者との私的親交を利用して、劉湘と蔣介石の間を取り持ち、また両広事変の時や西安事件

に際しても、自重を進言し、劉湘の四川における地位の確保に貢献した。また、蔣介石等の「四川省の中央化」政策に対しては、県訓を組織して地方を固める事に力を注いだ（県訓については、未収録の拙稿にも紹介しておいたが、その影響力は日中戦争後にも影響を残している）。資本家としては以上の『人物志』に挙げられているように川康興業公司董事だった事があるくらいであり、これも「官」側を代表して名を連ねたに過ぎないのかも知れない。この点は、劉航琛とは対照的に見える。いずれにしても、劉湘が四川を独占支配するためには、中央との人脈の強い鄧漢祥や劉航琛のような官僚の力に依存しなければならなかったというのは、皮肉のように思われるが、県レベルでの川人支配を固めることに鄧漢祥が貢献したのは、如何に評価できるだろうか？鄧自身の考えが不明のため今後の課題として残さざるを得ない。

　最後に劉湘自身は鄧漢祥を如何様に評価していたか、中共の秘密党員で馮玉祥の代表として劉湘の下に身を寄せていた高新亞によれば、劉湘は武徳学友会という21軍将校の劉湘擁護組織を使い、20人体制で王纘緒を監視し、10人体制で鄧漢祥を監視していたという。そこで、高新亞はある時劉湘にこう質問したという――「王纘緒は柏良の文件中で〔蔣介石の〕買収の対象になっておりますし、偵察によると史伯英により復興社に引き込まれ、蔣介石に投じる下心は明白ですから、彼を監視、偵察するのは理解できます。鄧鳴階（漢祥）は貴方の政府秘書長であり、貴方は彼を重用しています。古人は"人を用いるには疑わず"といっておりますが、貴方はなぜ彼を監視しなければならないのでしょうか？」。劉湘はこれに応えてこういったという――「私は人を用いながら疑っているのではなくて、疑いつつ重用しているのだ。鄧の陰険でずる賢いのはすでに有名だ。だから"おしろいつきの顔"というあだ名がついている。彼は元々は張群に劉文輝を紹介されたのだが、私の方が劉文輝より力で勝るのを見て、私に尽くしたがっているそぶりを見せたのだ。彼は劉文輝が自分に不満を抱くのを恐れ、彼の父方の姪を劉元彦（劉文輝の子）に嫁がせた。なぜ私が彼を受け容れたかだって？又なぜ彼を省政府秘書長にしたかだって？というのは復興社とC・C系が皆私をやっつけようとしており、政学系だけが私の味方になってくれる、と彼がいったからさ。政学系は蔣介石が大変重用するところで、張

群、熊式輝は蔣介石のお気に入り、特に楊暢卿（永泰）はお気に入り中のお気に入りだ。楊暢卿と交わることができれば蔣介石の左右に私の代弁者を得るに等しい。鄧漢祥は、自分は楊暢卿と連絡を取れる。それにはそれ相応の身分が必要だ、といった。私ももっともだと思ったので、彼を省政府秘書長に登用し、彼に託して厚礼を贈り、楊から些かの助力を得たというわけだ。しかし、鄧はタコのように触手を四方八方に伸ばして各方面と結託し、賀国光とは大変緊密な仲となった。彼の思想は大変頑迷で、孫中山にさえ反対なのだ。だから、私の進歩的人々との行き来、特に共産党を友人扱いしていることは、万が一にも彼に知られてはならない。そこで随時彼を偵察し、監視しなければならないのだ」（高新亞「馮玉祥派我勧説劉湘参加抗戦之経過」『成都文史資料選輯』第 4 輯63頁）。これが劉湘の本音とすれば、劉湘もなかなかしたたかである。しかし、劉湘は高新亞の身元を知っていたから、敢えてこう述べて弁解した可能性も否定できない。

第10章　四川軍閥統治下における抗捐闘争についての事例研究

第1節　八徳会政権覚え書き

はじめに

　私は先年、人民政協石柱土家族自治委員会主編『文史資料第二輯』全体を占める黎旭陽氏の大作・「一場特殊的農民起義～八徳会革命始末～」を3回に分けて『静岡大学人文論集』(50巻第1、2号、51巻第1号)に訳載した。その後、2001年夏、石柱県を訪問した。残念ながら黎旭陽氏は数年前に世を去っていた。当初の予定では八徳会が1923年から31年まで8年間にわたり農民政権を作って割拠した、黎家壩等の地に行って見たかったのだが、交通が不便でとても日帰り出来そうもなく、山上に宿泊できるかどうかも見当がつかなかったので、残念ながら県城から引き返した。豊都県の側から石柱盆地に下る峠の上ではるか東に峨々たる山脈を望んだが、その山脈の麓、紫色の霧の下こそ、八徳会の歴史が息づくに相応しい地のように思われた。なお今日の石柱県は蓴菜や黄蓮の生産地として名高く、特に蓴菜の第一番の輸出先は日本であるとのことである。そんなこともあって、石柱県に親近感を覚えた。

　小論は、八徳会についての簡単な紹介を兼ねつつ、この会の特色について、黎旭陽氏とは異なった観点から考えて見たい。

i

1、事件の発端について：事件の発端はケシ栽培の問題であった。石柱県北6区黎家郷に冉広儒という清末の落第秀才が住んでいた。10石ほどの水田を耕し、私塾で教える、晴耕雨読の生活だった。黎家郷の団総・王洪猷は7人兄弟で家には500～600石の小作料収入があったが、義理の長兄を殺して家産を分割し、

自分は100石を取り分とした。その王洪猷の病弱な弟の所に嫁に行っていたのが冉広儒の娘であった。王洪猷はこの娘に他家に再婚するよう執拗に迫っていた。冉広儒一家が再婚話の障害と思った王洪猷は区長の冉瑞蘐に、冉広儒はケシを栽培していると誣告した。濡れ衣を着せられた冉広儒は200元も罰金を課せられた。これに我慢がならず、あれこれと思案した挙げ句、冉瑞蘐の施主である雲集寺がケシ栽培を行っているとの訴状を書いて、170里（約85キロ）も離れた県城に訴えに行った。これを知った冉瑞蘐は知県に賄賂を送り、初犯につき罰金200元ですませてもらった。政県府委員に5000元の輿馬費を使ったと称してこれを団防に負担させ、3000元をもう一人の団総と山分けした。冉広儒にこの一件で怨みを抱いた冉瑞蘐は黎家郷の郷約（村長）・王顕立や王洪猷と結託して、冉広儒の迫害を謀った。それは、政県府に対し、冉広儒は黎家壩の八聖宮に「祭壇を作り、怪しげな流説によって衆を惑わし、不逞の輩を集めて法に背くことを謀っている」と告発したことである。政県府はこの訴えを信じ込み、冉瑞蘐に「即刻団を率いて早々に殱滅し、郷里を安んぜよ」と訓令した。

　1923年3月、王洪猷は王顕立とともに冉広儒に対し150元の雑税の立て替えを迫った。冉瑞蘐の意を汲んでのことであった。両名は冉広儒、冉広愛の兄弟を街中の酒屋に閉じこめて金を出せと迫っていた。そこに広愛の息子の冉正徳、冉正済および甥の冉正煥、冉正和等がやって来て、冉正済は居合わせた兵士の銃を奪うと王顕立、王洪久親子を撃ち殺し、冉広儒、冉広愛らも手錠の鎖で王洪猷の足を打ち据え、冉家一族揃ってその場を逃げ出した。

　追いつめられた冉広儒は占いをしてもらった結果は「九龍が一度坂を上れば、初めて戦いを平定できる」というものであった。

　こうして、冉広儒を首領に冉氏の家族を中核として、文壇（合化壇）の培縁会を基礎に親しい友人達と連合し、1923年3月のある日、冉広儒、冉広愛、冉正済、冉正徳、冉正南、冉正騰、李南賓、楊南槐、譚寧芬、譚新祥その他数十人が黎家壩の対岸にある八聖宮に集まって、血をすすって盟約を結び、兄弟分の契りを結んだ。五倫八徳の意義を採って、培縁会を八徳会に改称し、辦事処を設けて冉広儒を処長に、李南賓を軍師に、冉正済を大隊長に、冉正徳、冉正騰、楊南槐を中隊長に推薦した。「抗暴保家」「抗糧抗款」のスローガンを唱え

た。
　以上の経過から見れば「抗暴保家」「抗糧抗款」のスローガンが冉一家には極めて自然な成り行きから出てきたものであることが分かる。李南賓と楊南槐はさておき、冉家とともに譚姓の参加も多い。譚姓と冉姓の関係については最後まで分からないが、譚姓の者が冉広儒の養子となっている。
　2、培縁会について：合化壇の中核組織が培縁会だと説明されており、合化壇はまた儒教壇とか文壇とも呼ばれているが、孔子を崇拝するのでなく関羽を崇拝するものである。四川、貴州、湖南、湖北等の省にはみな儒教壇の組織があり、湖北省ではこれを合化壇とも呼んだという。貴州では広化壇とも呼んでいたが、文壇というのを通称としていた。この組織は李南賓が小さい頃、臨渓の郷紳・黎道平が組織したもので、民国の初めに楊道人という方士がやってきて地相の占いをもって黎道平に重んじられた。楊道人は降神をして「世の中の乱れは十万の天魔が人間界に下降したことによる。世の中が静かで平和になるためには、天兵・天将が世間に降り、十万の天魔を捕らえて天に帰り、天牢の中に厳重に閉じこめるのを待たなければならない」と宣伝した。楊道人はまた朝晩に武術の訓練をし、また、鉄砲を製造していた。冉広儒はこの黎道平の家で私塾の教師をしており、李南賓は合化壇の教師で、各種の占いや神降ろしをしたりしていた。李南賓が『合化壇経文集』等で言ったことも、楊道人の2番煎じで、世の中の乱れの原因は孫悟空が昔天宮で大暴れをして天牢が開き、十万天魔を逃した。玉皇大帝は蓮花祖師を遣って天兵・天将を率いて俗世間に下し天魔の一部を降伏させたが、まだ降伏させることが出来ぬままでいるものがいる。それが軍閥や団閥である、というようなものであった。合化壇とはこのような迷信的組織であったが、それが前述のような各省に広がっていたというのは興味深い。冉広儒等は家族組織と合化壇の組織を中核に蜂起したわけであるが、「抗暴保家」「抗糧抗款」の旗を掲げるに当たっては儒教の八徳に因んで八徳会を称した。これは、邪教集団と見なされぬための自衛の措置であったかと思われる。
　ところで、天魔の生き残りが軍閥・団閥であるとの認識は農民達にとっても分かりやすい教義であったと思われる。身近な団閥やその上の軍閥と戦うこと

が、天下太平に近づく一歩として位置づけられることになる。これは世界絶滅の際に信者だけが救われると言った、白蓮教的な救済思想のような宗教思想とは発想が違い、その思想内容は単純素朴である。

3、八徳会の権力組織：八徳会は黎家郷の既成秩序を転覆するとすぐ、「抗暴保家」「抗糧抗捐」をスローガンに結盟をして、自らの権力を組織した。政権の最高機関は辦事処と名付けられ、処長には冉広儒が収まった。重大な決定は処長が決定した。その下に大隊長と軍師各１人を置き、大隊の下に中隊、中隊の下に分隊を置いた。また、守備範囲は黎家郷の中核根拠地と、外部には臨渓、王家壩、石家壩に拠点を設けた。各中隊と分隊はみな自己の行政範囲と防区を持ち、分隊は団防に相当したので団防兵とよばれた。冉正済と冉隆剛は黄婆寺に駐屯し、冉正徳と賀文湘は竹子壩の核桃榜に、楊南槐、楊金成は手掌坡の七元子に、冉正騰は朱家第に駐屯していた。彼らは各々三四十人を擁していた。大隊、中隊、分隊は自分の防区の軍・政の事務を責任をもって処理した。特に重要な問題があれば処長に報告し、決裁を仰いだ。辦事処には四つの印章があり、大隊、中隊も各自の印章と旗を持っていた。

辦事処には法廷が設けられ、民事の紛糾を処理したり、悪人の審判を行った。民事裁判では、訴訟する人が２斤の砂糖を買って持って行き処長に裁きを願い出て、勝訴の判決を受けると、冉広儒を拝して父とし、その後時節ごとに年賀の品や節句の祝儀を送って感謝した事例が挙げられている。裁判が法の適用として行われるのではなく、冉広儒の判断によるから、これは人治であって法治ではない。八徳会は最後まで成文法を持たなかった。

以上のような軍・政機構の外に、一般の住民は郷民隊を作り郷民隊長１人を設け、その下に排長を設け、10家をもって１排とした。郷民隊長、排長は郷民の参加する軍事行動を組織した。郷民は平時は自分の家に散居していて、八徳会の会兵・会民は敵を発見すると角笛を吹き、短時間に大量の団防兵と郷民隊を糾合した。

ここで、問題なのは八徳会という私的集団が一般郷民を郷民隊に組織していることである。一般郷民がこのことに異議を唱えなかったのは、それなりに理由があるが、一つの暴力を持った集団が住民の抵抗を受けることもなく、権力

の座に座ることが出来たのは、黎家郷一帯が政治的空白地域であったからではなかろうか？つまり、王洪猷らの民衆掌握は不徹底であったということを示しているように思われる。

4、八徳会の政策：八徳会が民衆の支持を集めたのはその政策にあった。

　土地政策では、およそ八徳会に敵対する本郷または他郷の豪紳が黎家郷等に有する土地は一律に八徳会の下で公有とする。没収した豪紳の土地、つまり公田は元からの小作人が耕作する。但し八徳会と再契約をし、農民は八徳会に30～50％の小作料を納めるものとする。これでも、従来の6～7割の利息率に較べれば軽減である。公有化しない豪紳の土地の小作料は日照りや洪水等の場合、小作料部分の30、40、50％に減量して納めるものとする。この没収政策で王顕立、王洪猷、王招三、王家太、冉正樟、冉瑞藹、崔学甫等の土地が公有化され、見るべき数にのぼった。これ以外の地主との小作関係には八徳会は干渉しなかった。地主一般を敵にするのではなく、極悪な者だけに絞ったのである。

5、税金政策：正糧はきっちり納めるが附加税は徴収しないと決めた。正糧＝土地税は納めるというのは、政府を敵にはしないということであり、軍閥や団閥のかけてくる附加税は拒否するということで、ここにも敵を少数に絞ろうとする知恵が働いている。

6、雑税の廃止：一切の苛捐雑税を廃止し、八徳会の存在した8、9年の間は黎家郷の郷民・会民いずれもいかなる寄付金も取られることはなかった。

7、民兵制の実施：農耕を奨励し保護した。八徳会の兵士は、一般には生産を脱離しておらず、常備兵は十数人にすぎなかった。その常備兵も平時には一定の生産に参加した。会兵は武装して防衛に当たり、農業に従事した。会兵の数は約1000人であった。

8、工場の設立：各種の工場を設立した。竹を使った紙工場。元からあった鉄炉を拡大し、鋤、鎌、犂、斧等を生産した。染房を作り、紡績・織布を奨励した。ほかに竹細工工房もあった。

9、鉄砲製造所：武漢から20余人の軍用職工を連れてきて10日に30挺のペースで生産した。銃の品質は漢陽製の騎兵銃よりすぐれていた。弾丸の原料は萬県と黎家郷を往復する商人が、幾重もの封鎖網を突破して輸入した。八徳会の輸

入する武器や弾薬を運ぶことによって大金持ちになり、田100畝を買い込んで大地主となった者もいた。

10、その他、定期市の開催、学校の設立、医療機構の整備等々

11、なお、当時の黎家郷の人口は大約5000人であった。会兵の数は5分の1を占めた勘定になるが、殆どが農民で、生産を離脱した専業の兵士は数十人に過ぎなかった。

ii

1、軍事戦略：八徳会の敵は軍閥、団閥、豪紳、流寇・土匪と反動官僚、友には神兵、陳三吉[1]、紅軍、余所の民団があった。このうち、陳三吉は湖北省利川県を地盤とする団閥であったが、八徳会とはしばしば攻守同盟を結んだ。

このような、敵味方の配置の中で八徳会の軍師・李南賓が採った方針は「土地を守り農民を守る」ものであり、戦略的防御が軍事原則であった。それは外に向かって発展せず、自ら「打倒軍閥」「反動政府打倒」といった類のスローガンは提起しなかった。軍閥、団閥が討伐に来れば、戦術上は常に進攻性の軍事態勢を採ったが、これは防御の下における進攻であった。冉正済、冉正徳らは県城への進攻を唱えたが冉広儒、李南賓、楊南槐等の反対にあった。冉正済は有能であったが、友軍に当たる人物を裏切った廉により自殺を申し渡された。これは八徳会の重要な損失であり分裂であった。

戦術の基本は「勝てる時には戦って、勝ち目の無い時には逃げる」を原則とした。黎家郷一帯の森林には大小の洞穴があり、身を隠すに便利であり、このような条件を活かして民衆と一体になってゲリラ戦を展開した。

戦術原則の2は「少をもって多に勝ち、人海戦術は採らない」ということであった。

この原則に沿って、進攻戦、速決戦、殲滅戦を展開し、邀撃、襲撃、接近戦、夜戦をとった。

2、軍事教練と武器：当初軍事的素養に欠けていた会兵に軍事指導をしたのは、

---

(1) 黎永万「石柱"八徳会"農民抗暴武装斗争」(『四川文史資料撰輯』第32輯) では陳三杰 (傑) となっている。

楊森軍の教練長であったことのある人物であるが、戦争の中で戦争を学んでいった。特に、冉正済、冉正徳、楊南槐は八徳会の3本柱と言われるまでに成長した。武器は当初歩兵銃が少なく、短刀短剣、大刀長矛に頼っていたが、接近戦や夜襲にはあとまでこれらの武器が有効性を発揮した。

3、補給問題：会兵の経費は豪紳・団閥の土地・財産の没収で解決された。自発的に米を寄付する者もいた。

4、厳格な規律：定期的に点呼、整列、結集の折りを通じて、常備兵と郷民に行動、号令をたたき込んだ。一度号令すれば広大な会民・郷民が郷民隊長抜きで統一行動を取ることが出来た。平時、会兵は中隊ないし分隊を単位として軍事訓練を行い、毎回3ヶ月の訓練を積み、刺殺、拳術と射撃を練習した。

会兵の規律は「他人の金銭、物品を強奪したり略奪したりする事を禁止する。婦女を姦淫してはならない。みだりに人を殺してはならない。みだりに銃を撃ってはならない。常備兵はみだりに酒を飲んではならない。人を殴ったり罵ったりしてはならない」であった。

iii

以上のような戦略戦術と組織をもって、八徳会は敵の矛盾を巧について、王洪猷をはじめとする団閥を次々と打ち破り、土匪の侵入とも戦った。その一つ一つの戦闘や神兵との交流・紅軍との協力関係等々、興味深い話しがあるが、それは拙訳に譲って、ここでは八徳会の敗滅の特異性について、記しておきたい。

1931年9月、軍閥の劉湘は萬県に駐屯していた第3師の師長・王陵基を湖北省利川県に派遣し陳三吉の部隊を壊滅させ、陳を処刑した。王陵基は団防制を廃止して郷鎮制を敷き、郷鎮以下を甲、隣、閭とし、5家をもって1閭とし、10家をもって1隣とし、10隣をもって1甲とした。八徳会に対しては「指導者は殲滅し、脅迫されて従った者は処罰無し」という政策で、分化・瓦解政策をとった。敵の精剿政策に対しては八徳会内で意見が分かれた。当時冉広儒はすでに死んでいて、子供の冉正騰が後を継いで処長となっていた。李南賓、楊南槐等多数派は断固主戦を主張した。冉正騰と楊義芳の少数派は「敵の矛先を避

第10章　四川軍閥統治下における抗捐闘争についての事例研究　453

けるために会兵を分散させるのが上策」で、敵は長くはいられないだろうとか、戦いによって損出する人名や財産に誰が責任を負うのか、などといった。王陵基は黎家郷に対する包囲を縮小し、各所に標語、布告を貼りだして、会民に投降を呼びかけた。自新登記所や武器登記所を設け、登記した者には表札を与えた。会民の中からも自新登記票をもらう者が相継いだ。これは王陵基らが軍閥・団閥の行為に反対を表明したことから生じた幻想の結果でもあった。「王陵基は天上の王霊官で……上帝が妖を除き魔を屈服させるために派遣したのだ」といったデマが流された。冉正騰の腹心楊義芳は八徳会の名簿を手渡した功により大洋100元をもらって黎家壩の清郷委員になった。楊義芳は会兵を言いくるめて冉正騰を射殺させた。この間、李南賓や楊南槐らが冉正騰に直言して楊義芳を追放するような強行措置を講ずることもなく事態を放置して、結局は彼らだけが武力抵抗して殺されてしまう。こうして、8年間の戦いが嘘であったかのように、八徳会はにわかに破綻の結末を迎えたのであった。無能な冉正騰でも冉広儒の息子であるから、その意見に従うという忠誠心によって、李南賓等は身を滅ぼすのである。

　一旦は鄂西に逃れた李南賓ではあったが、捕まって黎家壩で処刑され、その肝臓を喰われた。楊南槐は黄水鎮に逃れたが清郷兵に追いつめられ、部下によって銃殺された。

　筆者の黎旭陽氏は楊義芳の卑劣を厳しく指弾するが、団閥支配にケリをつけ保甲制によって村落を統治し、団閥の徴税権を剥奪するといった改革は、防区体制の終了を目指したものであった。八徳会の教義のように「軍閥・団閥」をやっつけることがこの世の平和の実現に繋がるのだとすると、団閥体制を崩すように見えた王陵基の行動も、八徳会の教義に矛盾するものではない。会民が離間策にあって、自新登記に走ってしまったのは、強大な敵に対する恐怖感だけによるものではなく、内部の結束もない状態で、しかもあらかた身近の団閥をやっつけてしまった後では、もっと広い世界からやって来た王陵基への幻想が大きかったからではなかろうか？

　最後に、このような農民政権が8年間も存続出来た最大の理由は、やはり、石柱県の最北端の高山地帯という辺鄙な場所で、団閥間に矛盾があり、軍閥の

利害にあまり関わりがなかったという、地理的条件によるものと思われる。

おわりに

　以上のように八徳会の農民政権は氏族や迷信を紐帯として、団防を牛耳る団閥たちに対し武力を持って立ち向かうこと8年余の長きにわたった。それは自分たちの生活領域を団閥や土匪などの収奪から守るためのもので、外部に向かって発展を遂げようとするような積極性には欠けていた。しかし、会兵の殆どが農業生産に従事していたことからも分かるように、彼らの目指したのは小農民としての安定した生活であり、ある程度その要求は満たされていたと考えられる。ここには流民化した農民の姿は見られない。したがって、県城の占拠を目指すような必然性もなく、太平天国のような「世直し」への呼びかけもなく、専ら「保郷安民」が彼らの願いであり、武装も自衛のためのものであった。私はここに農民反乱の一つの原初的形態を見る思いがする。このような農民反乱を、階級意識に欠け、思想的にも立ち後れた、また狭隘な郷土愛に絡め取られ、他地域の農民との連帯に思い及ばぬものと評価することは容易であるが、流寇化した白朗集団＊などとはまさに対照的な農民反乱であり、流民的要素を含まなかったからこそ、長期にわたり政権を維持することができたのではあるまいか？中国という大海の中の一滴にしか過ぎないが、このような農民政権も存在したことを歴史に留めてくれた黎旭陽氏の郷土愛には感服するしだいである。

＊白朗の乱については、拙稿「白朗の乱についての一考察」『静岡大学人文論集』第42巻所収、を参照されたい。

第2節　郭汝棟治下における綦江県・涪陵県の抗捐闘争について

はじめに

　民国期の四川軍閥の収奪の激しさについては1年に6年、7年分の田賦を先取りしたり（預徴）、「古来糞に税あるを未だ聞かず、今はただ余すところただ屁のみ捐無し」と四川のユーモリスト・劉師亮から皮肉られたように（蒋光明、楊平『中国袍哥大家－范哈儿伝奇』1995年、四川人民出版社、86頁）、いわゆる苛捐

第10章　四川軍閥統治下における抗捐闘争についての事例研究

雑税が多々課せられた。これに対しては、豪紳や悪覇のような特権を持たず、田賦の預徴の対象となった一般の地主や富農・自作農の反抗があった。本章では、1929年に涪陵・南川一帯に跋扈して楊森に代わり蒋介石より20軍軍長を拝命していた郭汝棟の統治下で起こった綦江・涪陵の反軍閥の闘いについて瞥見してみたい。

(i)

『新蜀報』の1929年8月7日付けの3面には、重慶新生命通信社の消息として、以下のような記事を掲載している。

すなわち「8月4日の綦江からの通信によると、昨年団務の人員が駐屯軍と不和に陥って後、県内の失意の土豪劣紳等は機に乗じて活動し、駐屯軍〔国民革命軍第20軍麾下の郭汝棟軍の一部〕に媚を売り、今年の6月14日にはとうとう団務人員を大量に逮捕する事件が発生した。事件勃発後、県の指導委員会及び重慶在住の同郷はいずれも救援に起ち上がった。ただ、人を救済することを急ぐばかりであったため、本県の土豪劣紳等の内幕を曝露しなかった。そこで土豪劣紳たちは過ちを反省しないばかりか、却ってその走狗を使って四方に出かけて嫌がらせをし、見る者聴く者を混乱に陥れた。このため救援活動をしている人々の多くが意気消沈してしまい、これよりは私党が県内に遍くはびこり、また駐屯軍の名義を借りて、あらゆる悪事を働いた。最近では軍費として民国27、28、29、30年（1938〜41年）分の税糧を預徴し、彼らはこれを利益の源と考えて、全力を挙げて取りまくった。たまたま端境期に当たり、民力は既に負担に耐えがたく、又劉子敬（後出）が銃殺されたというニュースが伝わると、綦江の民衆の悲痛・激昂は極点に達した。8月3日払暁、突然農民1000余人が現れ、連発銃や鋤鍬を手にして県城に猛攻撃をかけた。城内ではまた60余人が連発銃を持って城防司令部に猛攻をかけ、司令部の銃を抑えようとした。城防の士官・兵士は応戦し10余人が死に、城内の内応した者たちは城外に退出した。乱民は又一斉に南門外の護商処に向い、現金1万余元、アヘン50余担、白耳20余箱を奪い去り、又県紳・王握如の家のある棗子園を攻めた。王たちは知らせを聞いて一足先に逃げ出していたが、跡形知れずである。現在城門はなお閉め

切っていて開かず、交通は完全に断絶している。四郷の難民はこの民乱に応じる者少なからず、第2次の対県城攻撃の声もあり、各税関の人員は少数が公務をしているが、いずれも異常なほど驚きおそれており、なお如何に善後するかを知らない」と。

　翌8月8日付けの『新蜀報』は〈「慣匪」の文焰明・文曙東等は政県府を転覆し、駐屯軍に危害を加えようとしながら、機関の人員及び正紳等を拉致した。そこで県中の委員会は命令を奉じて解散し、公安局を法に基づき成立させた。各区の団甲〔民団と保甲〕は悉く正紳が引き継ぎ、すでに1ヶ月を経た。このような時になお敢えて名目を立てて匪を集め県城を攻めたりするのは実に無法の行いである〉との団委員会の命令を伝えている。7日付けの記事との関連が不明であるが、解散されたのは土豪劣紳の支配していた団務委員会のことを指しているようでもある。しかし、8月22日付けの『新蜀報』の記事によると、「綦江県民団は該県団務委員長・劉子敬が郭汝棟軍長に銃殺された後、人心は悲憤慷慨としている」との事であるから、7日付けの記事に出てきた劉子敬が綦江県の団務委員長であったことが分かる。このことから7日付け記事の冒頭に出てくる駐屯軍と民団との不和は軍餉の問題にまつわって起こった事が推測される。そして劉子敬の団務委員会が解散を命じられ軍に都合の好い人物を集めて公安局が設置され、郷村の保甲長も「正紳」に交替があったのではなかろうか。又、22日付けの記事には「綦江の民団は最近〔南〕川・涪陵一帯の団練と連合し一種の抗捐軍を組織して、一致して郭汝棟軍と争っている。連日以来涪陵地方では頻繁に騒動が起きており、聞くところでは彼らの計画は最短期間に涪陵城を落とし郭軍を追い払うことである」と記されている。この記事の見出しは「郭汝棟捜刮民財之反響」である。以上のことから、軍閥の租税収奪に反対する各地の民団が連携している様子がうかがえる。しかし、綦江では第二次の県城攻めは起こらなかったように見える。8月25日の記事「曇花一現之綦江民変風波」によると「四郷から集まった民衆はすでに漸次解散している。その原因は聞くところに依ると、本県の土豪劣紳等の献策により、〔軍は〕事態対処の方法として、利益と威圧を兼ねた方法を実行し、きっぱりと〔軍に〕従う者については罪を免じるだけでなく、益々畏れいるならば、新たに団務の要

職に就けるが、これを拒めば土匪・暴動等の名目で直ちにその身を捕らえ、並びにその親族にも及ぼす〔という方策を採った〕。組織もなく訓練もない農民・市民は、当初は一時の感情に動かされて、劉子敬のために復讐を図るとともに捐税の困難から逃れようとしたが、力が敵に及ばないのを見ると、心が萎縮した。況わんやこの重大な利害の瀬戸際に立たされて軟化しない者は少ない。更に本当の土匪・共産党が伏在していて、抗捐の名義に借りて活動しようとしているから、魚目が珠目と入り交じって判別がつきがたい、……こういうわけで〔綦江暴動は〕竜頭蛇尾の結果となった」とある。

　以上は当時の新聞記事からの情報であるが、幸い『綦江文史資料』第4輯には韓宗愈の回想・「民国時期綦江的一次武装抗捐闘争」という一文が載っている。これによると、『新蜀報』からはわからない事実がたくさんあることがわかる。

　先ず劉子敬が綦江県団練局長になった経緯は以下のようなものであった。

　すなわち、1927年3月31日、21軍の劉湘は重慶で反共クーデターを行い、多くの共産党員や国民党左派の人々や一般大衆を殺したことは本書第1篇に述べたとおりである。劉湘は綦江の共産党の重要な成員であった6名とそのシンパ2人の逮捕状を出し、また巴県の団閥申文英、曹燮陽に団練〔民団に同じ〕を率いて綦江辺境に行き「剿赤」を叫ばせた。中共の綦江県委員は緊急会議を開き、反撃に出ることにした。会の後、陳治均が団練局長の名義で各区の督練長会議を招集し、反「剿赤」の武装闘争を手配し、申、曹の団を巴県に追い帰らせることに成功した。反「剿赤」闘争の勝利後、すでに一部の党員は身元が割れてしまったので、別の地方に移った。こうして陳治鈞が綦江を離れて後、劉子敬が綦江県の団練局長になったのである（以上は前掲書、22～23頁）。このように、1929年当時でも共産党員・陳治鈞が団練局長〔時には「団総」とも呼ばれる〕を務めていたことがわかるが、1929年当時でも県の暴力機構の頂点に中共党員が座っていたということには驚かざるを得ない。

　27年の旧暦の12月（新暦では28年1月30日）南京政府は郭汝棟を国民革命軍第20軍軍長に任命した。旧暦3月（新暦4月）当時、涪陵・南川一帯に駐屯していたが、機に乗じて曹という姓の団長〔連隊長〕に300余人の兵を率いて綦江

県城を急襲させた。当時綦江には頼心輝部〔原文には頼星輝とあるが同音による間違いである〕の馮という団長〔連隊長〕がいたが、逃げ遅れて捕まってしまった。曹団長は馮団長を殺すと共に県城内で略奪を働き婦女を姦淫した。当時目撃していた老人は、曹団長が五色の中華民国旗(1)に二匹の龍が玉を抱えている絵を描かせた板を立て、もう一つの板には「中華民国令」と書いた。そして中華民国の大令とは「尚方宝剣」（天子の宝剣の意味で、最高権力の象徴）であるとして、この大令を掲げて県城の内外を歩き回らせては、民衆を脅して金品を奪って回ったという。団とはいうものの実際は300人くらいの部隊なのに、2000人分の軍餉を求めた。翌29年の旧暦3月、曹団長のいうなりの県知事・秦良模は綦江各界の人士を集めて緊急会議を開き、県人に50万元（銀元、一説には5万元）を軍餉として出すよう命じ、劉子敬にも3ヶ月で規定額を払うことを命じ、さもなければ軍法をもって論じると言い渡した。当時の綦江の人口は30余万人で、全年の田賦はたったの4万余元でしかなかったのに、（50万元説に従えば）11.3倍の捐税を課せられ、しかも頼心輝部から3万元（銀元）を搾り取られたばかりのことで、とても巨額の負担に耐えられそうにもなかった。そこで「官逼民反」といわれるような事態となった。旧暦の5月、劉子敬は各区の督連長および関係のある人士を秘かに集め、郭汝棟の部隊を追い払うことを決めた。しかし、運悪く秘密が漏れ、曹団長は劉子敬のほか各郷の督連長6名を逮捕し南川県の一角に閉じこめた。そして、間もなく劉子敬が殺されたのであった（同上書、23〜24頁）。『新蜀報』にいう「土豪劣紳」とは県知事の秦良模たちを指すと思われる。

郭軍の横暴に民衆は怒り、反抗に起ちあがったが、中共がこれを指導した。旧暦6月（新暦7月）、県委員会書記の向西平は上級の指導の下に、一部の党員を集めて具体的に武装抗捐闘争の行動計画を立てた。会の後、参会者はそれぞれ各区の団練武装を発動して、農民協会と連合して一斉に鶏公嘴という場所に集中させ、県城の郭軍と闘う準備をした。まさに各地から人々が組織動員され

---

(1) 中華民国発足時に制定された国旗で、この頃の国民政府は「青天白日満地紅」を国旗としていた。楊森の20軍は国民党側に付きながらも呉佩孚にも恭順の意を表していた。五色旗を使っていたことは楊森の本音を示している。

てきたとき、第１区の督連・文焔明・文曙東兄弟が、県城の防備が空であることを探知し、自ら200余人を率いて県城を攻めた（以上は、23〜25頁）。ところが、先頭の兵士10余人が城内に突撃したが、後続部隊は沱家湾という所にある護商税務局にたくさん白耳〔銀耳に同じ。漢法薬に使うキノコ〕が積んであるのを見ると、皆「利を見て義を忘れ」これを略奪するのに夢中となり、入城した兵士たちは後続が無いので、城外に逃亡し、文焔明は残部を率いて貴州省に逃れた（同上書、25頁）。

　以上のように『新蜀報』では「慣匪」と呼ばれている文焔明と文曙東兄弟は第１区の督連長という公的地位にある人物であった（８月19日付けの『国民公報』によると、文焔明は「巨匪」であったが招撫されて「区隊長」に任じられたとある）。しかし、『新蜀報』の記事では1000人が押し掛け、60人が城内に入ったといわれているのに対し、韓の文章では県城攻撃の人数が僅か200人で県城内に入ったのは10名余りにすぎない。どちらが正しいのか判断は難しいが、県城目指して集まった人々の数は、韓の文章によると第１区の団練ばかりであったとは考えにくいから、1000人余りという『新蜀報』の記事を採りたい。ところで、県城攻めに来た団練軍の一部は略奪に走り、県城占拠はならなかったわけだが、韓は白耳にしか触れておらず、公金１万余元とアヘン50担という『新蜀報』の挙げる事実が忘れられているのではないかと思われる。更に、『新蜀報』のいうように撤退に当たり文兄弟が政県府の人員と「正紳」を拉致したのが事実であったのかどうか、韓の文章では判じかねるが、人質をとって県城を退却した可能性もある。

　ところが、８月19日の『国民公報』は、県城中の人民は少しも略奪された者はおらず、匪徒は王団長と本県の民壮によって駆逐されたから県下の各地は常の如く安靖であるので大騒ぎをしないで欲しいという旨の声明を、綦江国民党党部、同商会、同商民協会　同建設局、同公安局、同財務局、同教育局、同農会、同第一高等小学校、同女子高等小学校、の連名で出したことを報じている。なんで事実に反するこのような声明が出されたのかは、不明であるが県城包囲という事実の影響を恐れての、国民党の指導があったのかも知れない。

　ところで、こうして県城攻めが失敗した後、民衆は脅しと利益につられて戦

意が低下し「竜頭蛇尾」に終わったと『新蜀報』は書いているが、韓によると旧暦7月（新暦8月）、中共の上級機関は曠継勲部隊の張連長（共産党員）を綦江に派遣して党の工作に協力させた。そして中共綦江県委員会の組織的な呼びかけの下に、各地から鶏公嘴に1000人ほどの人々が銃を所持して集まり、「自衛団」に参加して郭汝棟の軍と戦う事になった（25頁）。ここで『新蜀報』の記事にある1000人余という数が顔を出す。行動を統一し、指揮を統一するため、一同は黎子良を自衛団総指揮に推し、周紹渓（この時は共産党員になっていたかも知れない。3・31事変後当時は共産党のシンパで、後に「綦江共産党八大領袖」と呼ばれた人々の一人となる。22頁参照）が前敵総指揮、張連長が前敵参謀長となり、軍を3路に分けた。第1路は貴州から戻った李焔明が指揮、第2路は周憲章、第3路は周紹渓が指揮を兼ねた。これと同時に、陳京慵が江津県に行って劉文輝部の張清平師長〔師団長〕とコンタクトをとり、張師長は魏団長に一団を率いて綦江の北渡郷に派遣し、また津巴綦南（江津・巴県・綦江・南川）聯防司令の周化成も一連（中隊）を鶏公嘴、茶店一帯に派兵した。旧暦8月上旬、一切の準備が整うと、県城攻めが開始され、抗捐軍（韓は「自衛団」と呼んでいる）は県城を四方から包囲した。

　このことは『新蜀報』の9月11日付け3面で「綦江人民又在造反」として報道されている。つまり、民乱は「竜頭蛇尾に終わった」わけではなく、綦江県民は「又しても造反」したのである。ところで、同記事は綦江から帰ってきた人の談として、「9月5日夜、突如便衣〔平服姿〕の数十人がピストルを持って城壁を登り、城防司令の王営長〔大隊長〕の兵と撃ち合い、王営長等は撃ち殺され、侵入者たちは北門の衛兵を倒して門を開けると城外の便衣の数十人が入城し、郭軍側の4個連が駆けつけて銃撃戦となり、2時間戦って、郭軍側は連長、排長〔小隊長〕等が死傷し、便衣隊は一時退却したが、1時間後に攻め返し、県城を包囲している。城外の銀楽山一帯には大砲や機関銃を置いており、連日なお戦闘中である。銃声砲声殷々の中でも、城外の住民はなお平安無事であり、抗捐軍側は攻城の一方ではビラを撒き、又宣伝隊が演説をして回っている。その掲げる旗には「綦〔江〕南〔川〕涪〔陵〕民衆駆暴団第一路指揮」と書かれており、又、民軍の数は8万との説もある」と伝えている。なお、21軍

第10章　四川軍閥統治下における抗捐闘争についての事例研究　461

機関誌『建設月刊』には、民衆が「綦（江）南（川）民衆抗暴団」の旗を掲げていたこと、抗捐軍の宣言には「今年も6年以上の粮税を徴収された上に、外の税捐も合わせると、この半年で綦江人民は100余万元も税をはらった」と書かれていたことを紹介し、綦江県が本来「地痩せ、民貧しき土地であり、半年で100万元を徴税したとは、当然聞く者の耳を驚かす」と評している（『建設月刊』第6期「時事述評」欄）。但し、同誌が綦江抗捐闘争に触れたのはこの記事のみであり、運動の南川、涪陵への発展についてはなぜか口を閉ざしている。それはともかく、上述のように県を超えた連合軍が作られていることが注目される。また、戦争の目的について宣伝活動を行っているが、これはおそらく中共の指導であったと思われる。

　又、9月12日の『新蜀報』には、新たに帰還した旅人の談として、「文焔明は前回県城から退却した後、積極的に綦江、南川、涪陵3県の民団が反〔郭〕大同盟軍を結成し、陳某を総司令とし、文焔明が総指揮、文樹東〔文曙東の誤記か〕が一路司令となって数万を集め、駐屯軍に死力を尽くして抵抗している。今月5日、県城から30里（約15キロ）離れた馬口〔　〕地方で駐屯軍と接触し、小一時間ばかり激戦したが、駐屯軍には傷亡者10余人銃40余挺を奪われて、一歩一歩後退して城内に戻り門を閉ざして死守した。この晩民団側は便衣の50余人が北門を超えて入城し、北街に行き王営長の軍と遭遇し云々」で、後は前日の記事と同様であるから省略する。

　9月14日の『新蜀報』は「綦江尚未解囲」という見出しで、以下のように伝えている。

　「今日で包囲されて5日目になるが、駐屯軍は堅守して援軍を待っている。しかし、郭軍の大部分は涪陵方面にいて、この間南川、涪陵、大道間は抗捐軍に占拠され、通過できない。そして、……文焔明軍の大部分が綦江に行くと、『現在包囲されている県城内の兵士8連約500人』に過ぎず、南川県に駐屯している軍は100余人に過ぎない。故に綦江県城内の駐屯軍は孤立しており、現在民間勢力はしだいに増え、銃を所持するもの5000人であると号称し、しかも大砲4、5門、機関銃は6、7挺、携帯機関銃数十挺を所持しており、その総指揮者は前の三区区長黎子良である。黎氏は平素の人となりは大胆で且つ細心

で、深く各区の人々の信任を得ており、それ故大衆に呼びかけて、思うように指揮を執ることができる。今回の戦いでは全県各区は共に全体動員をし、その下に各支隊長に周憲章、陳象宜、陳克超、文焔明等がいる……聞くところに拠るとその作戦部隊は、その他の民団とは完全には同じではない。綦江は〔 〕〔 〕匪の乱があったことがあり、民団の〔戦闘〕能力は甚だ強く、それ故、常に少数をもって多数を蹴散らすことができる。現在その作戦の戦術は、県城を包囲し、駐屯軍の糧道を断ち、駐屯軍をして自から壊滅、分散し向けることにあり、連日人を派遣して四方の郷に宣伝をしている……」

この記事に拠ると総指揮者は黎子良であり、文焔明はその配下ということになっている。また、上に続けて、『新蜀報』は郭軍が綦江県から10万元を搾り取った事実も書いて、「綦江県は本来土地が痩せ、民衆は貧しく、その上に1923、4年には天災を蒙り、未だに旧情を回復していないのを誰が知ろう」と書き、抗捐軍のスポークスマンが「綦江県人は行く路が無くなり、初めて去年の抗捐運動が勃発した。ところが、〔郭〕氏はこれによって覚らず、むしろ、その防区を拡充後、綦江人民への搾取を強め、今年は年に6年分以上の糧税を課し、その他の苛捐雑税を合わせると100余万元にもなる。……団務人員劉子敬等を逮捕し、公然と団の銃を提出させ且つ劉子敬を殺害した。このように〔郭〕氏はすっかり綦江全体の人民の命を奪い尽くそうとしている。我々は、生きんがために奮闘せざるを得ない……鉄蹄下にある南川・涪陵の人民もまた自ら武装〔闘争〕に起ちあがった。我々はただ連合して民衆を蹂躙している〔郭汝棟〕軍を駆逐するのみである。郭氏の部下の士兵たちについていえば、皆我々の同胞であり、〔郭〕氏が綦江民衆にかくの如き収奪を行っても、その士兵は依然給料を支払って貰えないでいる。彼らも我々と同様郭氏の圧迫を受けているのだ」と述べた事を伝え、抗捐軍が郭軍士兵に同情を寄せ、団結して闘おうという主旨の発言をしていることを伝えている。そして、最後に、「綦江の今回の民変と県城包囲の主要な原因は郭氏が劉子敬とその関係者を殺害したことにある」と結んでいる。

その後、綦江の「民変」はどうなったか、韓宗愈によると以下の通りである。すなわち、県城に閉じこめられた郭汝棟軍は自衛団の包囲を脱しようと10数

第10章　四川軍閥統治下における抗捐闘争についての事例研究　463

日10回にわたり反撃したが、包囲を突破できなかった。郭汝棟は劉湘に頼み込んで劉文輝に包囲を解いてもらうよう申し入れた。劉湘は利害を検討した末、元師長の廖海濤に調停させた。中秋をすぎた日に、廖は茶点に自ら赴き、自衛団の総指揮・黎子良に停戦の条件を3つ示した。

　第1：郭汝棟軍は綦江を撤退し、劉湘が別人を派遣して取って代わる。
　第2：郭軍が徴税を命じた50万元は、全て取り消す。
　第3：南川県に捕らわれている呉挙宜、呉玉森等の人々を釈放する。

　以上は事実上郭汝棟が綦江人民に「投降」したに等しく、中共綦江県委員会は武装抗捐の目的は既に達成されたと判断し、闘争の収拾を決定した（25～26頁）、と。

　一方、『新蜀報』9月20日号の「綦江軍民衝突已趨和緩」には次のように報道されている。

　「……24軍〔劉文輝軍〕の張清平部は速やかに両営を移動させて百渡場に来た。そこは綦江県城から20里〔約10キロ〕の所であり、一般の人は皆これは軍・団〔対立問題の解決と〕と関係があるといったが、その実内容がどんなものかは、〔当局からの〕表明はなおなされなかった。軍側は綦江人民自衛団が〔張清平の部隊の到来を〕要請したのではないかと疑い、民団側は又、軍隊側が援軍を頼んだとみなし、〔戦闘〕範囲の拡大は双方に不利になることを恐れた。そこですでに急転直下、調停の勢いとなり、綦江県人の重慶居住者代表の周某と20軍駐重慶辦事処長の蕭蔭氏とが交渉し、蕭は已に譲歩を表し、周某等は四項の条件を提出した。その要求とは、第一に、綦江県に駐屯している全軍を撤退させること。第二に、拘禁中の団員を解放すること。第三に県知事の秦伯楷を懲罰すること、第四に郭軍が民団から取り上げた小銃は一律に返還すること。蕭蔭は、これに対し、軍の撤退はできないが、綦江民衆の悪感情を引き起こしているなら、廖師と交替させる事はできる。第二の要求は全面的に受け容れる。第三の要求については、郭氏が懲罰するが、もしも不当と思うときには、また人民裁判に処す。第四の要求については〔亦〕完全に受け容れる、と答えた。このような情勢から見るところ、解決は難しくなさそうだ。又綦江人民が孫一中を南京に請願に行かせ〔孫〕は昨日重慶を出立したとの消息もある」

当時の記事に照らし合わせてみると、韓の文章との違いが目立つ。すなわち、50万元の税の問題（先に引用したように、当時の新聞は郭軍による収奪の総計を100万元と述べていたわけだが）が交渉の議題として『新蜀報』にも『国民公報』にも出てこないこと、また民団への武器の返却という、これ又重要な事実が、韓の文章では書かれていないこと、また県知事の懲罰の件も韓の文章には見られない。韓の記憶違いか、新聞記事が間違っていたのか、判断は難しいが、韓が言うとおりに、綦江民変は抗捐軍側の勝利に帰したことは事実のようである。

また、韓の書いているように、この闘争では共産党の役割が大きかったことが窺えるのであるが、以上の経過を改めて考えてみると、劉文輝や周化成という別の軍閥の支持が大きく綦江抗捐軍を支えていたことも合わせ考えて見る必要があろう。政治的支持だけでなく、機関銃や大砲などは正規軍の支持を暗示している。劉湘はこの抗捐軍の処理を通じて綦江からいわば「外様」の郭汝棟軍を撤退させ、そこを自分の直系軍の防区に繰り込むことに成功したのである。このような観点から見ると、綦江抗捐闘争は団練に率いられ、軍閥間の矛盾を利用して一応の成果を収めたが、その成果は劉湘に横取りされたといってよいと思われる。しかし、以上の韓の文章を読む限り、一口に団練の長＝団閥といっても、皆が皆軍閥の手先であったとは言えないこと、時には中共党員が秘密裡に民団を動かしていた事などが分かるのは、大変興味深い。

(ii)

ところで、前記記事にも述べられているように、綦江の民乱が飛び火する形で、涪陵でも抗捐の軍が起こった。『国民公報』の8月12日付けの記事では「郭汝棟部叛変一連」と題して次のような記事を載せている。

「8月1日涪陵通信、二十軍第1師特務営は最前涪陵県下の君子鎮に駐屯して已に1ヶ月余りになる。昨日（30日）該営では一連が突如叛乱を起こしたが、共産党と関係のある徒党が内部から煽ったもので、営長は追撃隊を派遣し、叛乱部隊を取り押さえ、事を始めた共産党〔員〕を直ちに法によって処分した外、逃げていたあらゆる共犯者を軍部に送り処罰したという。

又別のニュースに拠ると、特務営の営長の鄭嗣康氏は、黄埔軍官学校の出身

で、一昨年は武漢で勤務していた。昨年来川してからは、某混成旅旅長に任命され、南川・綦江一帯に在ったが、後郭汝棟軍長が二十軍特務営を編成するに当たり〔その旅団は〕、郭氏の直轄部隊となり南川県から涪陵の藺市鎮に移動し、最近では涪陵清郷の際に、鄭氏もまた清共に従事した。聞くところに依ると軍部が任命した経済監察委員数名もまた、共産党との関係があり銃殺された。学生隊の学員もまた銃殺された者がおり、そこで、士兵は恐れて叛乱に及んだ。郭軍長はこのことに非常に注意しているとのことである云々」

後出の『新蜀報』の記事に拠れば、叛乱を起こした連長も黄埔軍営学校出身であったらしいが、もしかすると、営長の鄭氏が同窓の誼で黄埔出身の連長を部下にしたのかも知れない。

以上の記事では軍内の叛乱に過ぎないようであるが、8月13日付の『国民公報』は「川東股匪與共産党、尚在酆涪間滋擾」という見出しの下に次のように伝えている。

「重慶新生命通信社消息。江津の著名な巨匪・矮子老沙、周變卿が過日匪衆と結託して江〔津〕・巴・涪陵の三県の県境で擾乱した。……最近代々涪陵の藺市鎮に住んでいる友人が昨日該地から来て話し込んだ所によると、土匪の周變卿は自称共匪の趙海州等と結託して、涪陵県下の龍潭郷、冷水関、鳳来場、騎龍場、銅〔　〕鎮一帯に盤踞し、略奪を恣にし、誘拐〔綁票〕を実行し、該地の住民はいかんともし難く、最近では又〔匪徒の〕大部分が涪陵県城から90里ばかり離れた石家沱に移動して、相変わらず恣に騒動を起こし、些かも勢力に衰えを見せていない。たまたまその附近20里の藺市場で二十軍の駐屯軍の特務営営長が兵変にあった時に当たり、〔土匪たちは〕不備に乗じて匪衆1000余人を〔　〕〔場?〕に集め、旧暦6月27日の朝、四方から場に出現して姦淫・劫殺をして該場は洗うが如くであった。男女老幼は流浪して悲嘆に暮れて泣き叫んだ。その時凄惨な状況が伝わると、一面では近隣の駐屯軍に知らせると共に、各地で団練を召集し、つい先頃、〔郭軍の〕劉家駆団長の大部分が附近の堡子場、李渡鎮から救援に駆けつけ、民団と連合して該地に向かい包囲し突撃して進み、匪徒30余人を捕らえ、〔匪徒が〕逃げるに際して放り出していった品物は大変多かった。匪徒は劣勢を支えきれず榜山一帯からほうほうのていで

逃れ去った。今回の損失は10余万元以上に上り、中でも土薬の損失は巨額で、約一二百担、値十万元だという云々。

　又別の消息によると曠継勲の残党は、鄷都県下の高家鎮の二十軍第三師の黄団と連合し、忠県豊都一帯に匪旗〔赤旗と思われる〕を立て、住民を劫略し、数日前に駐屯軍の掃討に遭い鄷都県の某境に逃げ込んだ。同日に該股匪等に略奪をされた等の閑聞が盛んに伝えられるが、なお確実な所はわからない。」

　以上のように土匪と「自称赤匪」とが協同して郭軍に相対していたことがわかるが、曠継勲（貴州省思南県出身で、涪陵に来て兵隊から混成旅長まで成り上がったが、25年中共が黄埔軍官学校で組織した中国青年軍人連合会四川分会に加入、29年7月30日梁山県で蜂起したが失敗し、8月末に上海に行く。従って、この当時は四川にはいなかった可能性がある）、の「残党」の活動の具体的状況は当時の新聞にも出ていない。

　一方、『新蜀報』の29年8月27日付けの記事、「抗捐軍扰㨂扰涪之前因後果」によると、涪陵地区で抗捐軍の起こった要因は三つある。第1は、李蔚如の余党の報復である。4年前〔但し、『国民公報』9月2日の記事では2年前〕李蔚如は郭汝棟に捕らわれて殺されたが、その余党は甚だ多く、とりわけ団務の方面では悉くが李氏の爪牙であった。李の死後、身を隠す者は身を隠し、遠くの土地の出身者は遠くに帰ったが、更に銃を引っさげて山に登り、道行く人々から大いに金銀を奪い、各所で活動して、〔李蔚如の〕巻き添えになることを避けようとしたが、心の底では一刻も〔以下一字不明、「金武行的」と続くが文意不明〕大復讐を演じようと思わないことはなかった。だから、事が起こればこれを煽ろうとしたのは皆彼らのために付け込む機会を作ろうとするためであった。」

　以上の記事から李蔚如が団総であったらしいこと、その子分の一部が山賊になって復仇の機会を狙っていた事が分かる。団総とその一党であるが、先の綦江県の例にも見られるように、李蔚如が民衆の利害を体現していた部分もあったと思われる。次ぎに、第二の要因について、記者は次のように記している。

　「第2は共産党の連長〔中隊長〕の反乱である。この人（名前は失念した）郭松雲〔郭汝棟の別号〕が嘗て黄埔軍官学校に送り込んだ黄埔の卒業生であり、

四川に帰ると即刻連長に任命された。初めは彼が共産党員であることを知らなかったが、当に曠〔継勲〕の旅団が猖獗を極めていた時に当たり、曠旅は勢いに乗じて涪陵を擾乱しようとしていた〔この間2字不明、1字は「卿」とあり〕。そこで郭汝棟は周匪を剿討するための部隊を派遣したが、その部隊の中にくだんの連長がいて、周匪と公然と結託し、数連に反乱をするよう運動し、寝返りを打たせ、周匪と向かい合い、軍の情報〔原文は「内容」〕を悉く知らせた。このため〔郭の〕団は珍渓で打撃を受けた。」

ここでは周某という「土匪」剿滅に向かった部隊の中にいた共産党員の中隊長が反乱を起こし周集団と結託したことが、第2の要因に挙げられている。そして

「第3は辧団人員・陳風藻等を指名手配したことである。反乱軍と土匪が合流した時、辧団人の〔　〕〔　〕は参加しなかったが、実情には通じており、〔郭？〕軍の側の某々等は包囲されたので陳風藻辧団人員を指名手配した。そこで、反乱軍と団匪とは遂に大団結を遂げ、抗捐軍の旗を掲げ〔但し原文は「張出」〕正式に駐屯軍と事を構えるに到ったことである」。

以上が涪陵抗捐軍成立の要因である。共産党員の指導する反乱軍と「団匪」とが連合して郭軍に反抗し、涪陵占領を目指したようである。以上の部分には「抗捐軍発難之原因」という小見出しが書かれている。これに続いて「抗捐軍〔　〕路攻涪州」という小見出しの下、以下のように記述されている。

「抗捐軍は土匪、反乱軍を合わせたもので、民団の勢いは浩大で……中隊長は郭軍の内情を深く知っている……、陳風藻は民団の首領であり、巴県の曹申威はここにおいて、隊旗を押し立てて直接に涪陵に向けて進攻した。主要な兵力を同楽鎮の一線に配備した。藺市が攻められたが、出陣した便将〔意味不詳〕・劉雨卿司令部は一蹴され、このため『剿匪司令』の声威は更に壮大なものとなった。」ここで、「剿匪司令」が郭汝棟の側の人物なのか抗捐軍側の人物なのかが問題となるが、『国民公報』の記事には「継劫藺市継陥同楽鎮全抗捐之匪云々」とあるから、『新蜀報』の記事にいう「剿匪司令」とは、抗捐軍の側の人物ではなかったかと思われる。反乱軍が支配者側を「匪」と呼び、自らを「剿匪司令」と名乗って正当性を持たせるのはよくあることである。このように考える

と、反乱軍の勢いは増大したということになろう。このような情勢を前にして、
　「郭松雲は抗捐軍の情勢の凶悪なるを見て、全力を用いずしては恐らく撲滅し難い。すなわち〔劉雨卿を更迭して〕その参謀長・楊華林を剿匪司令に替え、同楽鎮方面に向けて進攻を命じ、又〔欧？〕団に命じて藺市に進攻させた。こうして藺市の抗捐軍は攻められて抵抗し難くなり、郭軍側は藺市を奪回できた。しかし、同楽鎮方面では却って〔　〕〔日〕の力を費やし、やっと手に収めることができた。剿匪を進めるに当たって、郭松雲は〔数日？〕無線機で指揮を執り夜も寝ず、まことに獅子が兎を捕らえるにも全力を尽くすと言われるとおりであった。」この一段に続いて「匪願受編団不願戦」という小見出しの下に次のように記されている。

　「抗捐軍の主要な力と作戦上頼ることのできるのは、みな土匪であった。現在、郭松雲は戴天民、梁位尊と総司令の名義で、周爕卿、鐘占廷を招撫し、匪は自ら戦団から抜け出し、そして団練も又土着の良民の子弟であり、亦その多くは作戦を願わず、大勢として抗捐軍は日毎に瓦解しつつある。また陳風藻も元は湯子模の団長であり、亦緑林の豪傑であったが一軍が破れて後は、家に帰り団務につき、昔日の所業をにわかに改めた。今回は迫られて危険を犯したが、万一事が成らなければ、またまた梁山に上らなければならないがそれもできず、〔改心して招撫に応じていなければ〕判連長と一緒に野盗になったことだろう。」（「判連長」の「判」とは姓なのであろうか。しかし、記者は「姓名は忘れた」と先に書いている）。

　ところが、8月30日付けの『国民公報』は「涪陵抗捐軍声勢浩大」という見出しで以下のように伝えている。

　「このたび涪陵の駐屯軍は団款のことによって民変を引き起こした。この間伝え聞く所では、綦江・南川・涪陵等の県では圧迫された民衆がすでに正式に結合して民軍を組織し駐屯軍と事を構えようとし、並びに、最近の時期に涪陵に進駐して、武力で郭汝棟軍に撤退を迫ろうとしている。20日の払暁、首頭の陳風藻は民軍約2個団の衆を率いて涪陵方面に向けて攻撃を開始し、大順寨で3時間ほど激戦し、郭軍は支えきれずに次々に涪陵に返り、民軍はこれに乗じて追撃し、夕刻には藺市を攻略し（涪陵からたった60里＝30キロ）、同時に県城附

第10章　四川軍閥統治下における抗捐闘争についての事例研究　469

近20里の天台山一帯も全て抗捐軍に占領された。銃を持った人の人数は2000人に及ぶ。涪陵県城の居民は極めて恐れおののいている。郭汝棟氏は陳蘭廷、劉公篤等の部隊を急遽移動させて部隊を分けて要所の防備に当たらせくい止めさせようとしたが、ただ民衆の気勢は上がる一方で、陳・劉両師はこの情勢を見て反撃にでることはまずく、後退に後退を重ねている。涪陵の形勢は現在抗捐軍の包囲の中にある……、

又涪陵発20日の電では、自称抗捐軍総指揮の陳風藻は涪陵の新盛鎮で擾乱を呼びかけ民団の銃400余挺をものにした。陳はもとはといえば、新盛鎮の団練の大隊長であり、矮子老沙こと周夑卿及び文香亭、譚席珍、瞿九酬等と力を合わせ南川・涪陵の境界である冷水関及び涪陵県下の中興場、安正壩、堡子場一帯に集まり、劫略を恣にし、陳風藻を首領に推し、陳は周夑卿を第一路司令、文香亭を第二路司令、譚席珍を第三路司令、瞿九酬を第四路司令に任命し、全部で銃は2000余挺あり、中でも周夑卿の実力が最大で、小銃が600余挺もある。昨日の朝つまり19日には蘭市に駐屯していた二十軍の特務営は僅か2個連で該場の警戒に当たり、兵力は薄弱で、しかも第三師から移動してきた部隊も又兵員増加にならず、周夑卿は衆を率いて堡子場から移ってきて警戒していた特務営の2個連を完全に武装解除してしまった……」

『新蜀報』の伝えるように綦陵の抗捐軍は瓦解しつつあったわけでは無く8月下旬の時点ではなお意気盛んだったのであり、陳風藻はその首領として全軍を指揮していたのである。

ところが、翌31日の『国民公報』は「涪陵抗捐軍勢愈蔓延」という見出しの下に、19日涪陵発のニュースとして、「〔一〕涪陵県城から40里の白鎮郷には股匪3、4千人がおり、首領は周夑卿である」と書かれている。これは前日の記事と矛盾するように思われる。それはひとまず置くとして、周は「公然と〔　〕軍の旗を掲げ、郭軍は連日大部隊で〔囲〕剿しているが、相継いで失敗し、武器の損失は甚だしく、機関銃までも奪われた。近日県城内は戒厳令を敷き、夜間8時以後は通行を禁止している」とある。〔　〕は一字であるから「抗捐」の二字は入らない。「紅」なら一字で入りそうであるが、叛乱軍の周が紅軍を称したのも当然かも知れない。また、これに続けて「二十軍〔第〕2師〔第〕

1旅は……豊都から涪陵に至り前方で剿匪に赴いたが、前日になって叛乱が起き、〔以下「被鐘占廷団長」とあるも動詞が無く、意味不明〕、又二十軍清郷司令の梁位曾は趙暁声を派遣して収編させた。鐘〔占廷団長も〕涪陵にやって来て招待処に泊まり、梁と一切について面談し、已に結果を得て15日に原地に帰り部下を集中したと聞く云々。〔二〕二十軍の警衛司令の戴天民の部隊は歩兵銃が数百あり〔 〕を通じて徒手の兵数百名に分け与えて補充した。15日には軍部より3000元を支給して解散させた。戴は招待処にとどまっているが、伝え聞くところでは、郭氏は8、9月の2ヶ月で造った新しい銃を一営と戴に支給し、特務営を成立させた。又戴を某々司令に任命するという話だ。」
とある。3000元を使って解散させたのは、おそらく特務営ではなく、鐘占廷の部隊と思われるが、特務営の編成のための要員が徒手でこれに歩兵銃を配ったという記事からは、一般農民を徴募したと推測される。

継いで『国民公報』9月2日付けの記事になると、涪陵発8月24日通信として、「自称抗捐軍総司令の陳匪風藻は、君子鎮と新盛鎮で二十軍の郭軍長の重兵をもってする掃討に遭い、勢力を支え切れず、紛々として龍潭郷に逃れ、聞くところでは、現在は二手に分かれ、一手は龍潭・明家場から巴県に去り、今一手は龍潭より崇旧場を通って南川県に逃れた」と伝えている。更に翌3日の涪陵からの電として「梁、鐘両清郷司令が部隊を督励して〔抗捐軍〕を撃滅して後、周燮卿はその残部、銃百余挺、人数数百を率いて、已に貴州省に逃れ、某軍長について編制を受けた。陳風藻の損失は過大であり、傷亡者は益々増え、その残部は銃が百挺にもいたらず、人も二百を過ぎず、急々とすること葬家の犬の如くであり、忙々として柵を逃れんとすること魚の如くである〔最後の対句は、要するに慌てている様子を表現している〕。長寿方面に向かって潰走した。已に戦闘能力は無く、その他の各匪もまた瓦解した……又もう一つの通信によると、涪陵の巨匪・陳風藻、周燮卿等は元々李蔚如の残党であり、嘗て赤党の曠継勲と結託すること深かった。故に該匪〔陳〕は完全に土匪と共匪の両部が集合して成ったものであり、本当の抗捐の民衆のまねのできるようなものでは無かった〔以上の原文は「非真正抗捐之民衆可比」であるが意訳した〕」

以上の記事から抗捐軍が8月24日に壊滅的打撃を受けて四散したことがわか

るが、記者は土匪、共匪いずれでもない「真正の抗捐民衆」という存在を想定していることは、注目される。それは、おそらく先に引用した８月27日付けの『新蜀報』の記事にいう民団を構成する「土着の良民の子弟」を指すものと思われる。

ところで、抗捐軍総司令になった陳風藻について、11月３日付けの『新蜀報』は「原は県下の富紳であり（家には約七八万金あった）、それが江津の矮子老沙の誘惑を受けて、共同で抗款軍を組織した」とあり、土匪の出身ではなく土匪を利用して抗款の軍をおこしたものと推測される。

また、前引の『新蜀報』８月27日の記事には「郭軍槍殺師範校長」という小見出しの下で次のような事実を伝えている。すなわち、

「新生命通信社の消息によると、綦陵から来た人の談として、次のように述べている。県城の秩序は現在は已に安寧である。郭軍が抗捐軍を破って大順場に進駐した時、場立の国民師範の校長・汪錫〔濤〕と、同校理事の楊世聡、鄧志澤等３人を通敵の嫌疑で直ちに銃殺をした。そして周熒卿、文香廷等は〔以下、已人渝川の四文字読解不能〕辺境一帯で高々と幟を立て、再挙を図っている。該県〔涪陵か南川か？〕の民団は近々1000余人を召集し、県境の石流渓、水江石等の各所に赴いて、厳重な陣を敷いて待機している。それが何に対する下心によるものかはわからないが、ただ彼らの言うところに拠ると、専ら地方の保安のためであり、どんな〔地方〕の人物であろうといずれもその地域を通ることはいずれも拒絶している。」

抗捐軍と密通した嫌疑で校長や理事が殺されており、抗捐軍が地方の名士＝郷紳層の支持をも受けていたことがわかる。陳風藻も元来は郷紳に属する人物であった。それ故、先の『新蜀報』11月３日の記事には、「失敗した後、矮子老沙はその罪を陳氏の指揮の不足に帰し、陳より百余挺の銃を奪って去り、進退きわまった陳は代表及び信任する盟友を派遣して、郭軍長に忠誠を誓い、更正を願い、ひたすら命令を聴くことを伝え」、郭もその申し出を拒否して土匪化させるのは得策でないと考えて、「遂に機に乗じて招撫し、地方を静めるのに使い、南坪清郷司令の地位を授け」たのであった。なお、『新蜀報』８月27日付の記事では陳風藻は元は湯子模の民団団長とされており、地元から離れた

南坪で清郷司令＝民団の団総に就けられたことがわかる。

おわりに

　以上のように軍閥の課する重税に対しては、郷紳層の一部が土匪や中共とも共同で軍閥に対し立ち上がり、綦江県の場合のように一時的とはいえ勝利を収めた場合もあれば、涪陵地区での抗捐軍のように、軍閥軍に破れた事を契機として、土匪と富紳とが袂を分かち、富紳は結局招撫を願い出でて民団の長という元の鞘に納まる場合もあった。しかし、涪陵の抗捐軍も単純に敗北に終わったわけではない。『新蜀報』11月5日号によれば、郭汝棟の軍は11月、涪陵を出て湖北省の剿共作戦に向かわせられたのである。いずれにしても、「土着の良民」と土匪や共産党との結合の仕方が反軍閥闘争の質や形態を規定していたといえよう。

　ところで、抗捐闘争の舞台の一つとなった綦江県は、いわゆる大革命の時期、中共の影響力の下で農民運動が盛んだった地域の一つで、26年後半現在で区農民協会が1、郷農民協会が9、会員は2300余人で、これは営山県の8000余人に次ぐ数であった（因みに、営山県は区農民協会22、郷農民協会64を数えた、匡珊吉・劉全・劉邦成『順瀘起義』1988年、四川大学出版会、30頁）。26年春には共産党の指導下に綦江県東渓の農民は米の移出に反対する闘争を展開、暴動を起こしている。また、27年1月にも永興鎮の農民2800名が「打倒軍閥」「打倒土豪劣紳」「反対苛捐雑税」を叫んでデモ行進を行ったという（王斌編『四川現代史』1988年、西南師範大学出版社、82頁）。このような、革命の高潮期の名残が大きな要素を占めたと思われる。

　また、忠県の「共匪」による「災民」陳香珊等8名が1930年4月に21軍宛に出した告発状によると、郭汝棟の政治部主任は共産党員であったため、忠県の共産党員・何築雲・関大恕・陳希桓・何福垿・陳雲［　］・謝錫九等は財務、教育、団務の各局長、中学、女子師範学校の各校長並びに国民党部の指導員等の職に就き、その他にも、13名の党員を各郷の団総団正及び督連長等に任命し、全県が赤化され、彼等は曠継勲[1]や秦伯卿[2]？等と連絡をとり、抗款紅軍の結成を図ったとされている。何築雲は第1軍の講武堂の出身で張冲部の連長・

第10章　四川軍閥統治下における抗捐闘争についての事例研究　473

表1：梁山県調査匪共田産一覧表（民国22年2月）、已に差し押さえたもの

郷鎮名	業主	査封の時期	租穀数目	佃戸姓名	返還数目	実在数目	調査の情況
龍沙鎮	李維	民19年6月	36石	略、以下同	18石	18石	＊1
	々	同年8月	26石		13石	13石	
	王一貫	同年6月	12石		12石		
	曾学優	同年8月	40石		20石	20石	
	曾栄臣	々	25石		25石	無し	
太平郷	李光華・李次華	々	17石				＊2
虎城鎮	石懐実	々	85石(小石)				＊3
	々	々	66石8斗				々
	々	々	50石				々
	胡尚志	々	30石				々
	石漢臣	々	49石5斗				々
	袁樹森	々	13石				々
	孔慶有	々	8石				々
	孔樹三	々	10石				々
	々	々	4石8斗				々
	々	々	7石6斗				々
	李雲程	々	5石(大斗)				々

［注］原文には「匪案」「無案」の項があったが省略し、「共案」のみに絞った。また、佃戸の名前も省略した。

＊1　李維・王一貫・曾学優等3人は田産民国19、20両年の租穀を差し押さえ（査封）、清共委員会が収用したが、税糧を納める人無く、鎮長が立て替えて謝県長に指示を請い、民国21年の租穀は価格を変えて納税を完了することにし、半分の租穀は3年分に充当したが、残り半分の税糧はなお充当していない。

＊2　李光華兄弟は3人（ママ）共に完全に死亡。政府はその家族の老人・子供を憐れんで人数も多い。毎年の租穀は徴収していない。

＊3　当該鎮所の逆産はすでに余鎮長の手ですべて売りつくし、損失した銃の賠償に充てた。

（以上は四川省檔案館所蔵全宗号176番案巻116所収により作成）

営長・団長と昇進して後陳部で教官を勤め、25年忠県に帰り団務局長になり、謝某と結託し全県で漢陽兵器廠製の銃2000挺を購入、各郷に大洋1万余元を負担させたという（四川省檔案館所蔵全宗号176案巻26号所収）。この「告発状」によると、何築雲等は、銃の代金を誤魔化したり、「公廉正紳」を惨殺したとされているが、土豪劣紳並みの誤魔化しをしたとは一概に信じられないが、彼等が国民党部内に新劇部を設け、何福圻が青年男女に専門的に演劇を演じさせたり、団長に入党を勧誘したりしていたというのは、国共分裂後も国民党内に止まって中共の組織的拡大の工作を続けていたという点で注目される。

また、共産党員が団総のような高い地位を占めることができた背景には、上表のような史料が物語るような事実もあったと思われる。

共産党員として財産差し押さえにあった人々の平均租穀（小作料）収入は平均40.41石にも当たる（李兄弟は1人として計算）。呂平登『四川農村問題』によると涪陵県の粳米、餅米の畝産は共に上田で1石3斗、下田で1石であったという（120頁）。平均値を上田下田の中間値1.15石で割ると、35.14畝にも当たる。小地主か富農に匹敵する所有規模であり、特に、石懐実に至っては201.8石、175.5畝の大地主である。ところが、「未査封之部」を見ると、石懐実にはなお、681石もの小作地があったのである。これらの小作人＝佃戸は伯父や叔父従兄弟などの親族が主だが、石懐実のような大地主ならば団総として押しも押されぬ地位を占めても当然であろう。その他、未査封の部で見ると、李光華、李次華兄弟が21石、李維は洋5000元相当の林園を、曾学優は房屋1院のほかに、265石、王一貫が40石を有していたことが記されている（同上檔案。なお、没収した田土はそこからの小作料を教育費に充てる予定であった）。彭湃が広東の大地主の息

(1) 曠継勲（1895～1933）貴州省思南県の人。1916年の護国戦争時に頼心輝の軍に入り団長に昇進、25年鄧錫侯の28軍で第7混成旅の第2団長となる。26年末中国共産党に加入。27年後も第7混成旅代理旅長を務め中共党員を保護、29年6月蓬溪県で蜂起、中共工農紅軍四川第1路総指揮となるも、蜂起に失敗、上海に逃亡。1930年洪湖地区で活動、同年11月中央の命により顎豫皖ソビエトに行き紅4軍軍長になるも、張国燾により降格される。32年12月通江県占領後川陝省臨時革命委員会主席になるも、33年6月、張国燾の「粛清」にあい、「国民党改組派」「右派」の罪名により、処刑された。37年、名誉回復。

(2) 秦伯卿（1898～1931）本名は正樹。忠県の人。1914年日本に留学、明治大学卒。20年帰国して王右木の組織したマルクス主義読書会に参加。24年中国青年共産団とその外郭団体・赤心社に加入。同年楊森の督理秘書となる。26年中共に加入、万県に派遣されて楊森司令部の秘書となる。27年、『万州日報』社長となる。28年4月楊森部で兵変を企て失敗、忠県に戻り10月、「平民革命軍」を結成し遊撃戦を展開。30年8月、四川工農紅軍第3路遊撃隊副総指揮となり、石柱県で敵軍に撃破さる。なお、この間石柱の八徳会に党員を派遣している。30年冬、鄂西の賀龍軍との合流を命じられ、年末に湖北省に到着、中国工農紅軍第2軍団第2路軍に再編されたが、同行した土着軍の紀律が芳しくなく、31年1月1日、その指導者・甘占元等30余人と共に逮捕され、「改組派」「偽共産党」「土匪」の汚名で処刑さる。85年、名誉回復。（以上はいずれも『四川省志・人物志』による。）

子であったように、大地主故に高い教育を受ける機会に恵まれて、社会の矛盾に目を開き、革命に参加した人物も多かったのである。ただ、革命闘争の形態を武装蜂起一本に絞るようなことをすれば、たちまち身分が露呈して、財産没収等の憂き目にあうことになる。表1はそのような事例の一つと思われるが、綦江県の抗捐闘争を考える上でも、参考になろうかと思い、加筆した。

第 3 篇

日中戦争期の四川省における地方行政と地方自治

第3篇への序論

　本来であれば、本篇には日中戦争期の大後方となってからの、経済建設や抗戦動員体制その他、日本の空爆に関する情況等についての研究をまとめるのが筋というものかも知れない。しかし、大後方に関する一般的な研究は中国でも、あまり進んではおらず、私の準備も極めて不十分である。この方面に関する研究は、今後、笹川裕史、天野祐子といった人々によって開拓されてゆくものと期待している。ただ、タイトルに「大後方」という文句を用いたからには、一般の読者のために、わずかばかりであるが、中国の最近の研究成果によって、抗日戦争中の四川の様子を紹介しておく。

　先ず、徴兵の負担情況について見ると、何応欽『八年抗戦之経過』（中国近代史料叢刊第79輯）1974年、台北文海出版社、2～3頁によると、四川の徴兵壮丁配分総数は3,193,807人で、実働は2,578,810人、全国の実働員総数が14,050,521人であったというから、全国総数の5分の1を提供したことになる。抗戦期間の四川省の人口は4000万にすぎず、壮丁数は600万前後だったといわれる。300万の壮丁を出したということは、平均14人に1人が入営し、適齢男子総数の半分以上が戦場に赴いたといわれる。それ故、「四川無くんば軍を成さず」とまでいわれたという（劉一民「論抗戦時期四川農民対兵源和後勤」『四川抗戦档案研究』）。川軍の戦没者は263,991人、負傷者は365,269人、行方不明者26,025人、合計64万人であった。出征者の約1割にも上る。また、川陝・川滇・川黔・川湘等の道路網の建設には延べ250万人以上の民工が動員された。更に、太平洋戦争が始まると、33ヶ所に飛行場を建設ないし増設した。

　また、全国の食糧供出額の31.63％を占めた。この外、長蘆塩や淮塩が日本の占領下に置かれた下では四川の塩井の役割が重要となり、1938年を例にとると、全国の産塩額の総計は2322.9万担であったが、その内四川塩は854.6万担、36.79％を占めた。特に自貢市だけでも、41年に526.9万担を記録した（沈涛「抗

戦時期自貢塩場増産赶運述略」同上書)。この外、砂糖、匹布、秣としての豆・干し草、薬剤、桐油を提供した。政府は自作農育成政策を打ち出したが、ほとんど効果なく終わった（劉志愚「抗日戦争中農業政策及措施」同上書）。しかし、部分的な進歩もあった。1938年畝産平均18.2斤にすぎなかった在来の綿花に替えて導入した綿花は、畝産63.4斤を記録し、37.6斤も増産した。この改良綿種は1941年までに3県から59県にまで普及した。また、川北の小麦植え付け面積は37年に2300畝にすぎなかったが、43年には55万畝にまで増えた。

　このほか、上海・武漢地区からの工業移転等を含む工業の発展、金融・財政政策や価格統制、通貨管理、国民参政会の動向、民主同盟結成の動き等、採り上げるべき問題は多々あるが、それらについては石島紀之・久保享編『重慶国民政府史の研究』のデーターベースを参照されたい。

　最後に、日本軍の空爆について触れておくと、中国側の記録では抗戦中の日本軍の飛来飛行機数は7,380機以上、四川の66の市・県に少なくとも延べ321日間にわたり、爆撃と機銃掃射をおこない、爆弾を少なくとも26,826発投下した。これによる死者は22,500人、負傷者は26,000余人に達した。とりわけ、39年、40年、41年に死者、負傷者が集中し、更に重慶に対する69日間の死者は1万人を超え、負傷者もほぼ同数の規模であった。重慶爆撃の惨状並びに日本の狙い等については、前田哲夫『戦略爆撃の思想』（1988年、朝日新聞社）に詳しい。

　以上のような大後方の果たした役割・犠牲の一方で、富商による米穀その他の必要物資の買い占めと売り惜しみ、やはり富人による徴兵逃れや、官僚の汚職・腐敗が依然として絶えず、むしろ戦時統制を奇貨として官僚の公私混同による私財の蓄積が進むという現象も見られた。これに対しては民衆暴動が起こったり（1941年の成都搶米事件がある[1]。国民政府はこれを中共の使嗾によるものと断定した）、土匪が相変わらず跳梁した。

　さて、この篇には、四川統一以後の地方政治に関する基礎的研究を集めた。ここでの私の問題関心は、地方行政における官僚の質の問題と郷村社会との関係等であり、また、これらの問題と関連して国民党の新県制の下における郷鎮

（1）　成都搶米事件については、中国共産党史研究室編『搶米事件』1991年、四川省新華書店、という史料集がある。

自治の実態を探ることである。というのも、軍閥なきあと、郷紳層は国民党政権にどのような形でかかわろうとしたのか、という疑問が当然湧いてくるからである。

第1章は県長に対する訴訟が多い実態を明らかにし、そこから地方官僚のありようを考察したものである。これは、任期の短い県長を相手に地元の士紳が興した訴訟の件数とその処理の実態についての報告であるが、いわゆる士紳が土豪劣紳と同じであるのかどうか、係争の論点についての記述が簡単なため、充分な研究とはなっていないのは、遺憾である。

第2章では、前章では触れることのできなかった、県長の「汚職」という問題についての具体例を、犍為県県長・楽尚富に対する告発状と、これに対する督察公署等の調査報告等に関する檔案について検討してみたものである。

第3章は、田賦管理処職員を対象に、地方下級官僚の生態、特に給料や昇進等についてスポットを当ててみたものである。先回りしていうことになるが、第3章や本書未収録の拙稿(「中華民国期の鄂都県における地方行政制度の歴史的変遷について」)等をとおして、郷紳・地主の子弟が地方行政機関や民意代表機関に席を占めてゆくような流れが看取されるところから、たまたま入手した史料の分析を試みたものである。なお、田賦管理処は汚職の特にひどい機関として知られているところでもあったことを指摘しておく。附録として、処長=県長と進退を共にする人々がどれくらいいたかについての考察結果を加えた。

第4章は、南渓県に関する若干の資料に基づいて、抗日戦争最中の南渓県の行政事務の実態や県民自治の実態について紹介したものである。新県制の下で郷・鎮に財政基盤が与えられ、県政府の承認を要するとはいえ、郷鎮民代表会議が予算を決定しうるようになったことや(「県各級組織綱要」39年9月行政院公布、第41条)、また家長代表に依るものとはいえ、保民大会が設けられ、保長を民選する(同41条)などは、画期的なことであり、また、「郷鎮民代表会議選挙条例」(41年8月、国民政府公布)の制定も、制度的には地方自治から見て画期的なことである(徐秀麗編『中国近代郷村自治法規選編』2004年、中華書局)。その実態についての大陸各県の『文史資料選輯』に掲載された回想録は一様に否定的評価であるが、今日の中国における民主化が村委員会レベルに止まり、しか

も党支部の容喙があるという事態から考えるとき、国民党治下の地方自治が民主的に機能しなかったとすればなぜかを問うことは、興味深い研究テーマであると思う。

　以上、総じて、本篇所収の論文は個別事例の紹介の域を超えぬものであり、研究ノートないしは史料紹介的性格の強いものであるが、これらの研究の基礎にあるのは、いずれも今日の中国で見られる三提五統問題（郷鎮政府の恣意的な農民に対する課税）の深刻さとの歴史的異同や如何、という問題意識である。ただ、村民自治や地方自治の困難さの歴史的根源にまでさかのぼった上での作品ではないので、現象面を追いかけるだけの段階に止まっている。この点は大変遺憾であるが、今後の研究の出発点として私自身は位置づけている。このような研究にもなにがしか意義を認めて貰えるならば、望外の喜びである。

第1章　日中戦争期の四川省における地方行政の実態について
——民政庁檔案史料を中心に——

はじめに

　小論は日中戦争期の四川省における地方行政の実態について、若干の史料を紹介しつつ、卑見を述べんとするものである。日中戦争期には新県制の実施や田賦の徴実等の重要な行・財政改革が試みられているが、小論はこれらの改革を紹介・検討することを直接の目的にしてはいない。そのような制度史的研究は他の機会または他者の研究に任せ[1]、小論では専ら行政の実態に迫ってみたいと思う。

第1節　県長の任期と学歴・年齢等について

　まずは県長から始めよう。県長は省政府によって任命される。
　県長の在任期間の長さを見てみよう（表1）。在任期間1年以下が50％を占めている。これでは、腰を据えて県政と取り組むことはできないと思われる。ここには引用しないが、他の史料によってみると、県長には、県から県への移動の他に、省政府に帰る者もいる。
　次に県長の学歴を見ると、大学卒業生が48％（39年）から64％（44年）を占めていて、断然多く、39年当時は22％を占めていた軍事学校卒業生は、44年には5％に減り、同じく39年に17％を占めていた専門学校卒業生は、14％（45年）から20％（42年）の間を占めており、均して見ると、軍事学校卒業生よりも比率が高いといえる。以上のような学歴の有りようは、地方行政人員の上での、

(1)　たとえば、阮毅成『地方自治與新県制』（聯経出版事業公司、1978年）、張俊顕『新県制之研究』（正中書局、1988年）等。

表1 四川県長・市長の任期（1943年2月現在）

在任年・月・日〜年・月・日	人数	割合
0・0・1〜0・6・0	28	19・7
0・6・1〜1・0・0	43	30・3
1・0・1〜1・6・0	20	14・1
1・6・1〜2・0・0	16	11・3
2・0・1〜2・6・0	20	14・1
2・6・1〜3・0・0	8	5・6
3・0・1〜3・6・0	3	2・1
3・6・1〜4・0・0	0	
4・0・1〜4・6・0	3	2・1
4・6・1〜5・0・0	1	0・7
	142	100%

四川省民生庁『県政』2巻4期、23頁

表2 同上、学歴

年次	1939	1940	1941	1942	1943	1944	1945	備考
国内外大学	65	75	81	86	88	91	82	*その他の学歴で高級公務員試験の合格者（「高考及格者」）
専門学校	23	25	22	29	24	21	20	
軍事学校	30	19	15	10	12	7	12	
中等学校	10	3	3	3	4	**8	3	**6の間違いか？
師範学校			4	4	4	4	4	
その他*	7	9	11	3	7	10	6	
未詳				2	2	3	3	17
合計	135	135	138	142	142	142	143	

同上、5巻5・6・7合併号、52頁

一種の世代交代を示すように思われる。

　すなわち、表3に見られるように、36歳以下の比率は、39年が約47％で、40年が46％、41年が37％となる。1945年当時に39歳といえば、18歳の時に国共合作が成ったわけであり県長たちの多くが、国民革命の激動期に学生生活を送っていることがわかる。但し、それ以前の五四世代や辛亥革命世代との質の違いを明らかにし得るような史料が見られないのは、残念である。なお軍事学校卒業生の比率低下は軍・政分離の進展を示すものと思われる。

　次の第4表は、彼等の籍貫を調べたものである。見られる通り、重慶市を含む四川省の出身者が90％（39年）から76％（45年）と圧倒的な比重を占めているが、傾向としては減少しつつあるといえよう。とはいえ、このような事実は、

表3 同上、年令構成

年令／年次	1939	1940	1941	1942	1943	1944	1945
31—32	13	10	5	4	5	5	3
33—34	18	17	15	21	23	14	12
35—36	32	35	31	23	27	28	9
37—38	18	15	29	30	27	22	19
39—40	10	14	18	13	15	20	23
41—42	11	11	6	12	13	19	19
43—44	10	7	6	8	8	5	11
45—46	11	10	8	9	6	9	12
47—48	4	6	7	12	8	8	9
49—50	4	8	7	6	6	6	2
51—52	4	2	2	1	1	1	3
53—54			1	2	2	2	2
55—56						1	3
57—58							
59—60				1	1	1	
未詳							16
総計	135	135	138	142	142	142	143

同上、5巻5・6・7合併号、51頁

国民政府の重慶移転にもかかわらず、県行政のレヴェルでは、依然「四川省人のための四川」という情況が保持されていたことをうかがわせ、いわゆる「中央化」の困難さを示しているものと思われる。

第2節 裁判係争中の県長たち

以上のような県長であるが、彼らの実際の勤務情況を知る上で手がかりとなる重要な史料を、私は四川省檔案館で発見した。それは、一定期間において、県民から訴えられ、裁判を係争中の県長のリストである。つまり、県民や他の国民党・政府機関から「ダメ県長」として密告ないしは告発されている県長について、簡単ながら、訴えの内容（案由）、調査情況、処分について一覧表にまとめたものが、省民政庁第1科の手で作成されているのである。以下には、その一端を紹介したい。

表5は41年1～3月の既決部分についてのみの実例であるが、同時期に未決

表4　同上、籍貫

籍貫／年次	1939	1940	1941	1942	1943	1944	1945
重慶				1	1	1	1
江蘇	1		4	6	5	6	4
浙江	3		2	2	1	1	1
安徽	2		3	4	4	6	5
江西				1	1	1	1
湖南	1		2	3	3	3	4
湖北			3	3	2	5	2
広東	1			1	1		
四川	122		118	113	116	112	108
西康				1			1
雲南	1					1	1
貴州			1	2	2	1	
山東	1		2	2	2	2	1
河南			1	2	1		
河北	1		1	1	1	1	1
福建	1						
遼寧	1				1	1	1
未詳							12
総　計	135		138	142	142	142	143

同上、5巻5・6・7合併号、52—53頁

の案件のリストもある。基本的には同様な書式で書かれており、逐一実例を挙げるのも煩瑣になるので、上表も含め、41年度（1〜12月）および42年度（同）の、既決・未決の訴えを受けた県長の数を数えると下表6のようになる。

　さて、この表の示すところによれば、告発された県長の数は、1941年度で267人、1942年では341人にも達した（一人で何件も訴えられている人物もいるので、延べにすると41年は428人、42年は535人にも達する）。当時の四川省は西康省ができていたので、抗戦前の県数よりも少なく、先の表1〜4によれば、41年が138県、42年が142県だったとすると、何れの年度も各県平均2名以上の県長が告発されていたことになる。この内、何らかの処分を受けたものは、41年が26人であり、被告発者の21％に当たるが、延べ数に対する割合は、14.5％にすぎない。42年になると被処分者の割合は48％と激増し、延べ数に対する割合も43.5％と、やはり激増しているが、実際に免職となった者は、41年に5人、42年に3人に過ぎない。具体的に、各県の檔案等を見ると、県民の訴えが、「該当者なし」

第1章　日中戦争期の四川省における地方行政の実態について　487

表5　1941年1〜3月分各県県長被控訴。糾挙案件弁結月報表

県名	姓名	訴状内容（　）以外は県民某、県民代表等による告発	調査情況	処分
成都	陳詩	汚職・反動言論	多くは事実と符合せず	無し
同上	同上	違法・汚職・搾取	案件の処理を怠り、獄政を蔑ろにしたのは事実	暫時追求せず
灌県	楊晴舫	哥老会組織を策動（行政行轅の告発）	事実なし	無し
同上	孫実光	土匪対策に無力（軍事委員会の告発）	着任後未だ考察せず、手抜かりなしとせず	暫時追求せず
新繁	康凍	公物・公金の横領	なお事実に非ず	暫時、詮議中止
温江	王国潘	本党［国民党］及び中央に対し不真面目（中央党部秘書処の告発）	事実なし	無し
双流	葉楷	不正・汚職	多くは事実と符合せず	無し
新都	冉崇亮	惨殺事件に対し、処罰せず	事実なし	無し
新津	趙宗煒	匪首を利用し、爪牙としている（密告）	事実を知っていながら放任していたわけではない	記過2回
井研	何若虚	汚職・違法	何れも事実と符号せず	詮議中止
仁寿	呉大猷	違法・汚職	該県の保甲に、途中民工を強制徴用した事情あり	暫時、詮議中止
内江	仲健輝	不当逮捕	人の任用に慎重でない	記過1回
巴県	王煌	汚職・私人の濫用（行政院の告発）	なお事実に非ず	詮議中止
同上	張遂能	一斉捜査に当たり、万事に好い加減（軍事委員会の告発）	着任間もなく、着手にやや遅れ	記過1回
江津	音偉	汚職	任用不適、職権濫用、公有財産の運用に不透明	暫時追求せず
栄昌	張孟方	賭博を放任	該県は賭博の風盛ん、県長の禁令に威厳無し	無し
眉山	屈宗藩	社会科の経費横領（該県党部の告発）	経費の支出の多くが規定に合わず	無し
洪雅	王良瞿	命令を隠して告知せず	事実と符合せず	詮議中止
彭山	董咸宜	匪賊を放任し取り締まらず	事実と符合せず	無し
蒲江	謝従根	違法・不正（県商工会等の告発）	事実と符合せぬ点多し	詮議中止

楽山	張右龍	私のために公を曲げ、賄賂によって賊を放置	軽率に人民より借款、属史のアヘン犯罪を免責	大過1回
筠連	邱端荃	人命軽視（省参議会の検挙）	事実	法院に送り審理
涪陵	許協揆	法を曲げ、税金を横領（涪陵県旅省同郷会の告発）	訴人の誣告	無し
石砫	馮騰蛟	異党活動を掩護（省党部の検挙）	控訴の各点何れも証明に足る事実無し	無し
彭水	柯仲生	法を曲げ、部下を庇う		
遂寧	李緒恢	公金横領		
〃	〃	汚職	両件とも事実無し	詮議中止
潼南	趙秉衡	違法・汚職		
〃	〃	アヘン密輸		
〃	〃	汚職・濫殺		
〃	〃	違法・汚職		
〃	〃	違法・汚職	6案件何れも事実無し、原訴人を法院に送る	
〃	〃	汚職・違法	食購運処の主宰	
江油	杜鰲	アヘン密輸	調査の結果、事実無し	詮議中止
平武	劉尚新	漢奸を釈放	事実無し	詮議中止
北川	劉士篤	防政に危害	処理不適切	記過1回
開江	燕徳英	アヘン吸飲	事実無し	詮議中止
万源	余謟	言行が狂っている	事実無し	詮議中止
理番	徐剣秋	関所を設けて徴税	事実無し	詮議中止

とか、「該当の郷区なし」等という理由で却下されている場合が多い。これは、県長からの報復を恐れた県民が偽名を使って密告したからと考えることもできるが（多くの場合訴状は連名で、血判を捺した物もある）、県長や省の民生庁が、県長を庇って民衆の訴えを誣告としてしか取り扱わなかった結果とも受け取れる。

表6　1941・42年度に告発を受けた県長の数（括弧内は延べ数）

	被告発県長の数*		被処分人員の数（割合）	
	1941年	1942年	41年	42年
処分既決	121(179)	119(131)	26(21%)	57(48%)
処分未決	146(249)	222(404)	*	*
合計	267(428)	341(535)	*県を告発した2件を含まず	

四川省民生庁の檔案、全宗号54の5534より作成

次に、告発の理由を調べて見ると、大勢として次のようにいえる。

すなわち、表7は、重複をふくむ、既決・未決の県長への告発情況をまとめてみたものである（本来ならば4月以降の分についても含めて検討すべきであるが、一部に字体が判然としないところがあるので、とりあえずは1～3月に限らざるを得なかった）。

表7　県長告発の主な理由（1941年1～3月分）

汚職	52（44％）
哥老会・土匪対策	8（7％）
職権濫用	27（23％）
賭博・アヘン	8（7％）
その他	14（19％）
合　計	119（100％）

この表から分かるように、汚職が44％を占めて第1位、ついでは職権濫用である。具体的には県民の不当逮捕や、勝手に関所を設けて税を取る、所属幹部の不当な庇護等である。

次に、哥老会を庇ったり土匪と結託するといった行為で、これが7％を占めている。賭博やアヘンの吸飲・運搬等も同率の7％を占めているが、この両項は親近性がある。あわせて14％となる。

「その他」は、県の公倉の米を軍隊を使って封鎖した等といったものである。

以上のように、県長は短い任期のうちに汚職を重ね、阿片や賭博を容認して見返りをもらい（見返りなしに容認したとは考えられない）、時には土匪と結託さえしていたことが明らかである。相対的に若い世代の県長が多いにもかかわらず、県政の実態は、このように腐敗したものであったと結論できる。もちろん、表6に見られるような実際の処分の少なさから、以上のような県長に対する告発を誣告と考えられなくはないが、かくも多くの誣告がなされていること自体が問題であろう（これは県長が県の世論形成者、具体的には後述の「公正士紳」層から支持されなかった事を示すものとも考えられる）。そして、表1などから類推するに、なかには審理中に他県に移動していって了うものも少なくなかったと考えられるのである。

第3節　「公正士紳」と「土豪劣紳」について

次に、民政庁作成の檔案には、県長の場合と全く同一の形式で、各県区長についての被控訴・糾挙案件弁結月報表並びに未決月報表が残されている（全宗号54—5543）。残念ながら、41年のものと45年のものとしかコピーできなかった

表8　1941年および1945年度に告発を受けた県長の数

	被告発県長の数*		被処分人員の数**	
	1941年	1945年***	1941年	1945年
処分既決	75（96）	29（30）	5（6・7％）	3（10・3％）
処分未決	112(132)	97(117)		
総　計	187(228)	126(147)		

＊　（　）は延べ数
＊＊（　）は割合
＊＊＊45年については「各県佐治人員」とあり、指導員・民政科長・教育長等を含む

が、これを県長の場合に準じてまとめてみると、第8表のごときものとなる。

　この表によれば、表6の県長の被告発数よりも区長の被告発数の方が断然少ない。また被処分人員の比率も県長の場合と比べごく少ない。このような事実は、区長や科長等の方が地域の「世論」（現実には下述のような「公正士紳」＝地主・郷紳層のものと考えられる）に密着した行政を行っていたことを示すものであろうかと思われるが、残念ながら直截的証拠はない。また、区長の任期や学歴・年令等に関するまとまった統計はない。

　ところで、39年から実施された「新県制」では、例外を除き「区」は原則的に廃止されたはずであるが（表8の数が少ないのも、ここに一因があると考えることもできる）、四川省民政庁発行の『県政』の1巻4期（42年5月刊）には、「いかに区長となるか」という論文が掲載されている。この中では、地方人士の掌握の大切さが強調されている。そして「いかに地方の公正士紳に対処し、彼等の援助を獲得するか」という項目の下では、以下のようなことが述べられていることが注目される。

　＊一切の政令は、方法を講じて正紳〔公正士紳の略称と思われる〕が率先して遵行し、民衆を導くよう要請すること。
　＊地方の公正士紳の多くは清廉・高潔を自認し、政府に近づかないことを誇りにしているので、区長が礼を履んで交際しないと、好感を持ってもらえず、援助も得られない。しかし、過度に親密になり、私的感情が深くなりすぎると、恩怨の情も生まれ、政令の遂行に支障を来すことも、また大である。そこで、彼等とは不即不離、無恩無怨であるように努める。しかし

第1章　日中戦争期の四川省における地方行政の実態について　491

彼等の公的協力を求めるには、先ず私的に取り入らなければならず、そうすればうまくゆく。

＊区長に就任したら、正紳が名実一致するかどうか（民衆の評判は比較的に信頼できる）をよく調べ、また自分でも直接会って確かめた上、人格・学識・能力・経験・志向を見て、用いるべきは〔協力を〕乞い、それでも応じてくれない時には、三顧の礼を以てすれば必ず最後には協力してくれるであろう。

＊〔区長と士紳とが〕誼を通ずるようになれば、政府の法令もまた、話の間に民間に伝わるであろうし、地方の一切の情報もまた随時に聴き取ることもできるし、こうして、上下〔の情報〕が疎通し、官民合作の境地に至ることができる。

＊正紳との交際は、兵役協会、抗敵工作団等の機会を利用せよ。

＊正紳に対しては礼をもって優遇し、新年の祝いや客人・友人が区内を通る時には、常に正紳を集めて酒宴を催し、公務の余暇には詩文、政治等について論ずるようにすれば、誼も篤くなり、〔正紳たちは〕自発的に協力したいと願うようになるだろう。

＊公正士紳は役所への出入りを潔しとしないので、茶館などで接触すること。

＊士紳保甲茶会〔正確な意味は不明だが、士紳を招いて定期的に催される保甲の懇話会のようなものと思われる〕は10日ごとに開くこと。

＊士紳たちには、区の調停委員、食糧備蓄委員、出征軍人家族優待委員、諮問委員、阿片中毒者施療院委員等の職を与えて、やる気を出させること。

＊民衆の前に士紳の功績を表彰し、彼等の社会的地位を高めてやること。

(以上、『県政』1巻4期、13～14頁)

では、具体的には、公正士紳とはどのような人物であったか？この点に関しては、四川省檔案館の全宗号186の2195に「成都・自貢市公正士紳調査表」という史料が、また全宗号186の3005に「辦理救済素富経験其有資望之士紳姓名年歳籍貫資歴」という史料がある。前者には事実上、成都の一部の士紳しか記載されておらず、自貢市の分のリストはない。後者は青川、崇慶、彭山、奉節、威遠、宜賓、簡陽、鄰水の8県にわたる。惜しむらくは調査年次が不明である

表9 四川各県市士紳調査表

県市	年令	籍貫	学歴	主な履歴	出身分野
成都					
	56	成都	日本法政学校	天津地方審判庁庭長、直隷高等検察庁検察官、京都市政公所行政処処長、四川省政府科長	官界
	48	巴県	日本明治大学	塩場知事、重慶銀行経理	商界
	41	成都	日本法政大学	大学教授、省参議会秘書、新聞記者	教育
	59	黔江		県長、局長、人力車同業公会主席	官界
	45	成都	北平軍需学校	川辺鎮守使参議長	軍隊
	36	宜賓	中央大学	中央党部総幹事視察科長	政界
	52	双流	日本明治大学	徴収局長、県長、大学教授	官界
	42	巴県	四川講武堂	21軍団長、21集団軍駐成都辦事処処長、各種公益事業	軍隊
	56	成都	四川高等学堂	成都県立中学校長、樹徳中学校長	教育
	55	資中	日本東京高等学堂	大学教授、美術協会主事	教育
	56	資陽	日本法政学校	経理処処長	官界
	45	成都		営業税局局長	官界
	49	新都		軍需処長、綏署経理処長	官界
	61	郫県	軍官学校	師長、旅長、将軍、慈善事業、各種官公事務	軍隊
	52	蒲江	軍事学校	団長、旅長、慈善事業	軍隊
	48	璧山	日本東浜学校（ママ）	団長、旅長、川塩銀行経理、各種公益事業	軍隊
	38	営山	北平朝陽大学	四川教育経費収支処長、禁煙委員、各種公益事業	官界
	58	双流	日本士官学校	旅長、師長	軍隊
	54	華陽	日本東浜学校（ママ）	団長、旅長、啓明電灯公司董事長、各種公益事業	軍隊
	61	華陽	日本士官学校	旅長、師長、省参議員	軍隊
	55	新繁	四川陸軍速成学堂	旅長、副師長、警察局長、省振済委員、消防連合会常務理事	軍隊
	75	華陽	清朝の幹林	清朝の知県、知府、道員、育嬰慈恵堂を運営	官界
	53	成都	軍事学校	旅長、成都市公益事業	軍隊
	41	成都	志城法政	弁護士公会主席	その他
	68	永川	日本早稲田大学	四川高等法院院長	官界
	56	華陽	日本東京帝大	四川外国語専門学校校長、四川大学・成都大学教授	教育
	65	井研	日本早稲田大学	四川審判庁庁長、高等法院院長、省議会議長	官界
	62	双流	日本士官学校	師長、督軍	軍隊
	84	双流	清朝の挙人	著述	その他
青川					
	48	青川	四川大学	科長、校長	教育
	45	々	黄埔軍官学校	科長、振済会主任委員	官界
	45	々	省立2中	校長	教育
	55	々	中学	県救済院準備主任	その他
	50	々	省立2中	救済院長	その他

第1章　日中戦争期の四川省における地方行政の実態について　493

	45	々	々	救済院付属院長	その他
	52	々	私塾	農会理事	農業
	63	々	々	回教救国会理事	その他
	79	々	自治研究所	農会理事長	農業
	58	々	龍郡中	校長、教育会理事	教育
	45	々	省立2中	校長、鎮長	教育
崇慶	72	崇慶		議員、地方収支長、慈善会理事長	政界
		々		校長、教員、科長秘書	教育
		々		団長、県長	官界
	62	々		徴収局長	官界
彭山	51	彭山	高等師範	［国民］党書記長、教育会理事長	政界
	47	々	儲才中	県課長、商会主席	商界
	34	々	成公高級中学	教員、科員	教育
	62	々	日本鉄道学校	中学校長、農会理事長	農業
	53	々	義制中	商会主席	商界
	57	々	清朝の抜貢	県長、視学	官界
	50	々	眉山中	校長、総工会理事長	教育
	51	々	々	振済会、県議会副議長	政界
	52	々		商会主席・県参議員	商界
	58	々	清朝の秀才	県参議会議長	政界
	40	々	四川大学	教育会理事、県参議会秘書	政界
	63		清朝の秀才	県長、中学校長	教育
	51	々	旧制中学	庁長、県参議	官界
	23	々	協進高級中学	小学校教員	教育
	23	々	成公高級中学	々	教育
	24	々	成公中学	々	教育
	35	々	中学	々	教育
奉節	46			聯保主任、県参議員	政界
	41			鎮長、県参議員	政界
	50			商会理事	商界
	44			経収処組長	官界
	37			救済院院長	その他
	65			経収処主任	官界
	38			商会理事、科長	商界
	45			救済院副院長	その他
	67			軍運代辦所副所長	軍隊
威遠	57		四川法政学校	議長、県長、団務局長、救済院院長	政界
	71		私塾	鎮調停委員、振済委員	その他
	58		四川高等蚕桑	戒煙所所長、救済院院長、災民収容所所長	官界
	54		々	県蚕務局長、県実務局局長、県財務局局長、	官界

	66	四川高等学堂	財務委員会委員長、第4区製糖公会理事長 救済院院長		その他
	51	省立女子実業学校	女子師範校長、婦女会理事長		教育
宜賓					
	64		県長、倉庫主任、救済院院長		官界
	50	四川高等蚕業学校			
	70				
	70				
	55		県長、局長、救済院院長		官界
	68		県長、局長		官界
	70				
	63				
	50				
	49		財政委員会主任、救済院院長		官界
	64				
	56		鎮民代表		政界
	60		大隊長		軍隊
簡陽					
	51	成都聯合中学	参議員、救済院院長		政界
	40	旧制中学	地方党・政の各職、田賦管理処秘書、救済院副院長		政界
	68		慈善事業、義渡財産保管委員会主任		その他
	46		軍政、県銀行経理		官界
	50		財政委員会主任、県銀行経理		官界
	50		軍政、県財務経収処主任		官界
	58		軍政の要職、恒善会会長		官界
	52		軍財政の要職、同仁慈善会の創設を提唱		官界
	48		軍財政の要職、相合郷慈善会理事		官界
	58		救済院院長		その他
	56		救済院副院長		その他
鄰水					
	48	内政部警察高等学校	重慶警察局科長、救済院院長		官界
	35	警察専門学校	県模範校校長、郷長、救済院副院長		教育
	60	日本蚕糸学校	蚕務局局長、省議員、教育局局長、実業局局長、救済院院長		官界
	69	清朝の廪生	統計処委員		官界
	50	北京法政大学	区長、救済院院長		官界
	58	四川農業専門学校	建設局長、教育科長、財政委員、県参議員		官界

表10 「公正士紳」の主要な履歴

/職業	官界	軍隊	商界	農業	教育	政界	その他	総計
人数	34	13	6	3	18	12	13	99

が、いまここに上記2つの史料をまとめて表にすると、以上の通りである（なお、氏名は差当たり必要でないので省略した。また、成都については詳し過ぎる略歴の一部を省略したが、「略歴」の内には現職も含む）。

以上、1市8県の「士紳」123人の経歴を見ると、成都市は学歴が高く内外の大学出身者が多く、籍貫も多様であるのに対し、青川、崇慶、彭山等の、籍貫の分かる県では、殆どが同県出身者によって占められている。おそらく、籍貫不明の諸県でも、このような傾向があったことと推測される。学歴も諸県では、中学校・専門学校が主となっている。省都と諸県との間には、同じ「士紳」でも、明らかに学歴上の格差があることがわかる。

次に、県に「救済院」の長や副院長が多いのは、先に紹介した「いかに区長となるか」の文中で、色々な名誉職に付けてやれと述べている方針を反映している。

以上の表9において、経歴の分かる人物99名を、官界・軍隊・商界・農業・教育・政界・その他、の7通りに分類・集計すると以上表10のようになる。

この表に明らかなように、官界出身者が約34％、次いで教育界が約18％で、両者で52％余を占める。軍隊出身者は表9に見られるとおり、成都市に多く、諸県では少ない。商業や農業の出身者は両方合わせても9％程度である。その他は、救済院等の現職にあるが、それ以前の経歴が分からぬ人物が殆どである。

以上の表から、「公正士紳」なるものが、官界・教師の出身者を主要な構成員とするものであったとみなす事ができると思う。この点では、清朝時代とあまり変わりがなかったとも考えられるが、管見にして比べ得る資料を知らないので、推測に留めたい。ともかくも、区長たる者は、こういう人々の意見を尊重しつつ、彼等を通じて政府の政令を民衆の中に浸透させてゆくことを期待されていたのである。但し、厳密にいえば、上記の「公正士紳」は県レベルでの人々であり、区以下レベルの人々では学歴はもっと低かったと思われる（後述、表12・b参照）。

ところで、同じ論文の第4節には「地方の土豪劣紳にどう対処し、その疎力を助力に変えてゆくか」という項目もある。簡単に要点を紹介しよう。

＊土豪劣紳は随時にその地の官長を利益や色仕掛けで溺れさせようとして、

役所に近づいてくる。
* 土豪劣紳は人の心理を読むことに長け、人に阿るのがうまい。そこで、しっかりした意志、高明な見解がなければ、彼等の罠に嵌まらない方が稀れということになる。だから慎重でなくてはならない。
* 土豪劣紳の所業も全て悪というわけではない。公正な主張は誉めてやり、不正は糾すようにせよ。
* 土豪劣紳の大多数は名を好み、利を好む。もしもその者が哥老会員であるとわかったら、むしろ彼を正紳と讚えてやって、哥老会との関係を疎遠ならしめること。
* いわゆる土豪劣紳は農村の中堅分子であり、変わり身がうまく、また政府に自分に対する見方を変えるように希望するなら、些細なことでも彼等を利用してやれるし、そうすれば彼等は喜んで政令の遂行に助力するようになるに違いない。
* 哥老会の連中はすこぶる義侠心を尊ぶので、この点を利用して彼等を感化し、抗戦のために努力させること。
* 土豪劣紳に対しては敬遠の態度を抱くこと。小人は近づければ不遜となり、遠ざければ恨む。
* 土豪劣紳に対し、態度は穏やかにすること。

(『県政』1巻4期、14～15頁)

　これらの項目の中では、土豪劣紳が村の「中堅分子」と見なされていること、土豪劣紳と哥老会が同一のレベルで論じられていることが注目される。私は第6章のなかで、1935年当時、「区長の99％」が哥老会の「舵把子」であると述べた『新新新聞』の記事を紹介したが[2]、これは日中戦争期以前・四川省統一以前の話である。私は日中戦争期がどうであったかを知りうる史料をまだ見いだせないでいるが、もしも旧態依然であったとしたなら、以上のような『県政』の論文はナンセンスもいいところであろう。

---

(2) 本書第2篇第5章

表11　四川76県・市の民選の鎮・郷長の素質（1946年初）

(a) 年令構成

＼年令	26～30	31～35	36～40	41～45	46～50	51～55	56～60	61以上	未　詳	合　計	
鎮郷長	302	985	572	312	156	58	22	15	11	2433	＊少数切り上げの
比率(%)	12.4	40.1	23.5	13.0	6.4	2.4	0.9	0.6	0.5	100＊	ため合計は100%に
副鎮郷長	432	1012	435	324	126	37	24	24	19	2433	ならない（以下の
比率(%)	17.8	41.6	17.9	13.3	5.2	1.5	1.0	1.0	0.8	100＊	表についても同じ）

『県政』5巻5・6・7期合併号　54頁より作成

(b) 学歴構成

	大学	専門学校	普通中学	師範学校	職業学校	小学校	省訓練団	区訓練団	私塾	軍官学校	その他	合計
鎮郷長	108	47	1392	181	49	50	62	244	113	63	124	2433
比率(%)	4.4	1.9	57.2	7.4	2.0	2.1	2.5	10.0	4.6	2.6	5.1	100%
副鎮郷長	33	41	1421	240	49	104	22	151	185	73	124	2433
比率(%)	1.4	1.7	58.4	9.9	2.0	4.3	0.9	6.2	7.6	3.0	5.1	100%

同上

第4節　郷鎮長の年齢・学歴・職業構成について

　最後に、鎮郷レベルの実態に関する統計史料を『県政』によって紹介しよう。この表11も先に引用した5巻5・6・7合併号所掲のものである。この号の刊行されたのは1946年7月30日であるが、調査は46年初頭の頃と思われる。日中戦争後の史料であるが、参考になろう。

　この表11（a表）によると、正副鎮・郷長はいずれも31～35歳の層が厚い。次いで多いのが36～40歳代である。そして、26～45歳で9割を超えてしまう。基本的には県長と同じ年令構成を取っていることは、旧勢力との世代交代が県レベルでも郷鎮レベルでも並行して行われた事を示している。次に、彼等の学歴構成を見てみよう（b表）。

　この表によると、正副鎮郷長に共通して、普通中学出身者が多い事がわかる。「公正士紳」に成都と地方諸県との間で明瞭な学歴ギャップが見られたのと同様に、鎮郷長と県長の学歴の差は歴然としており、鎮郷長は6割近くが普通中学の卒業生である。また、鎮郷長の場合は区の訓練団の終了者が、副の場合は師範学校卒業生が多いが、これは鎮郷長の資格条件だったからである[3]。訓練団は省や県・区等で開催されるもので、通常は半年で終了する程度のものである。しかし、訓練団に入るについては一定の知識・学歴が要求されたことと思

(3)　袁継成・李進修・呉徳華主編『中華民国政治制度史』553頁

(c) 主な経歴

	党務	行政	軍事	司法	教育	自治工作	団務	農業	工業	商業	自由業	その他	合計
鎮郷長	21	214	82		362	868	800				5	81	2433
比率(%)	0.9	8.8	3.4		14.9	35.7	32.9				0.2	3.3	100
副鎮郷長	21	155	94		402	840	804				11	106	2433
比率(%)	0.9	6.3	3.9		16.5	34.5	33.0				0.5	4.4	100

同上、55頁より作成

われるから、半年だからといって馬鹿にはできない[4]。次に彼等の経歴を見てみよう（表C）。

この表によれば鎮郷長も副鎮郷長も、「自治工作」と「団務」が圧倒的な比重を占めている。「自治工作」の具体的中身が分からないが、保甲制の保長や聯保長等の履歴を指すものとすれば、「団務」と重複してしまう。そこで、それ以外の「自治工作」を考えてみると、義倉の管理、振済会の運営等のほか、郷民や鎮民の代表会議が考えられる。「団務」とは、民団の用務を指すから、保甲制と関係してくる。保長や聯保主任等の履歴を指すものと思われる。なお、民団は保甲制の他に、専従の武装部隊をも擁していた。おそらく、この専従部隊の指揮・監督の履歴も含まれるであろう。以上のように、「自治工作」と「団務」とだけで、6割以上を占めてしまった事になる。

この表で次に注目されるのは、司法・農業・工業・商業の欄が空欄になっている事である。これは、次表12―cとの対比で興味深い。

次に、「自治工作」の中身をなすと考えられる、鎮郷民代表会議について、1944年度の114県市を対象とした調査の結果を見てみよう（第12表a～c）。

先ずは、年令構成から。

年齢構成で見ると、一番多いのが36～40歳代で、17.8％。次いで41～45歳と46～50歳代が同率で16.6％であり、31～35歳は14.6％でこれに次ぐ。前2者で

---

(4) ちなみに42年6月公布の「四川省第三行政区三十一年度各県地方行政幹部巡回補充訓練計画書」によると、訓練の内容と時間は精神訓導が8時間、学科授業が28時間、業務研討が12時間、課外活動が24時間と、きわめて短いものであった（沈鵬主編『県政実際問題研究』44年4月初版、正中書局、137～138頁）。これはいかにも簡単であって、劉湘が四川を統一後、蒋介石の峨眉山訓練団に対抗して作った、県政人員訓練団は半年であった。

51%を超える。このような年令構成は、先に見た鎮郷長の年令が31〜35歳に集中しているのと比べると、年令が少し上の方にずれているのが分かる。

次に学歴構成を見てみよう（b）。

学歴で見ると、一番多いのは私塾卒で34.99%を占め、次いで普通中学の27.59%である。このような結果は、年令構成と対応するものであり、鎮郷長クラスでは当たり前の中学卒業生が、鎮郷民代表クラスではまだまだエリートであったことを物語っている。なお、女性の進出はまだまだであるが、女性たちも中卒や師範卒から進出していることがわかる。

表12　鎮郷民代表の素質（1944年）
（a）年令・性別構成

年令	男女合計	男性	女性
26〜30	4969	4919	50
31〜35	7294	7262	32
36〜40	8896	8884	12
41〜45	8268	8264	4
46〜50	8267	8265	2
51〜55	6190	6189	1
56〜60	2973	2972	1
61以上	2695	2694	1
未詳	301	300	1
総計	49853	49749	104

前掲、『県政』67頁

最後に鎮・郷民代表の経歴を見てみよう（c）。鎮郷長の場合には見られなかった、農業が第1位で17.5%を占めている。また、工業・商業も顔を出し、商業が10.2%、工業が7.3%で、両者の合計は、農業のパーセンテージに匹敵する。この事は、農・工・商が表11—cでは顔を出さなかった事や、表12の年令・学歴構成等から推し量ると、農・工・商の出身者が、中学に進むようになったのが、日中戦争期に入ってからであることを示唆していると思われる。

農業に次いで比率の高いのは教育の15.2%であり、女性は全てこの分野の出身者であることがわかる。これに次ぐのが、団務と自治工作である。いずれも11〜10%台に留まっている。ということは、第11表に照らして考えれば、逆に、団務と自治工作に従事することが地方行政に権力を揮うための出世コースであったことを示していると思われる。

以上、鎮郷レベルでの「地方自治」の実態について見たが、そこでは農・工・商出身者も活躍しており、鎮郷長といった官僚の末端（形式的には鎮郷長は民選であったが）との間に大きな質的違いがあったように思われる。

(b) 学歴構成

学　歴	男女合計	構成比(%)	男　性	女　性
大学	719	1.44	718	1
専門学校	705	1.41	704	1
普通中学	13761	27.59	13708	53
師範学校	1835	3.69	1800	35
職業学校	253	0.51	252	1
小学校	8560	17.16	8553	7
中央訓練団	15	0.03	15	
省訓練団	41	0.08	41	
区訓練班	176	0.35	176	
県訓練所				
高級公務員[1]	1	0.02	1	
普通公務員[2]				
私塾	17447	34.99	17445	2
その他	2381	4.77	2379	2
未詳	3959	7.93	3959	2
総　計	49853		49749	104

注1：原文は「高考及格」、「高級公務員試験に及第」の意味に解釈した。
注2：原文は「普考及格」、注1に準じて解釈した。
前掲、『県政』67〜68頁

(c) 主な経歴分野

経　歴	男女合計	比率(%)	男　性	女　性
党務	94	0.2	94	
行政	933	1.9	933	
軍警	4283	8.6	4283	
司法				
教育	7575	15.2	7471	104
自治工作	5293	10.6	5923	
団務	5789	11.6	5789	
農業	8748	17.5	8748	
工業	3617	7.3	3617	
商業	5073	10.2	5073	
自由業	2010	4.0	2010	
その他	2021	4.1	2021	
未詳	3787	7.6	3787	
総　計	49853	100.00	49749	104

前掲、『県政』67〜68頁より作成

第1章　日中戦争期の四川省における地方行政の実態について　501

おわりに

　以上、日中戦争期の四川省の地方行政の実態に関する若干の史料を整理・紹介してみた。いまさら全体をまとめてみても、繰り返しになるだけであるから、敢えてまとめはしないことにするが、県・区・鎮郷の各レベルにおいて、学歴・経歴・年令等の断層が見られる事が注目される。今後、この点について研究を深めたい。表9の調査年次が判らないという問題点を含む粗雑なものであるが、以上に紹介した諸事実が、日中戦争期の四川＝「大後方」地区における地方行政の理解に資することあれば、望外の幸いである。

第3篇第1章附録

本章表1に見られるような任期終了後の県長の進路に関係して、『四川民政』第4巻第2期には以下のような表が掲載されているので、参考資料として附しておく。

表1　四川省歴年県長移動情況表

項　目	40年度		41年度		42年度		43年度		44年度	
	実数	比率	実数	比率	実数	比率	実数	比率	実数	比率
合計	93	100%	61	100%	62	100%	57	100%	59	100%
専員に昇格	1	1.08					2	3.51	1	1.69
市長に昇格							1	1.75		
転任	32	34.41	20	32.79	23	37.01	25	43.86	21	35.59
辞職	16	17.20	11	18.33	6	9.68	4	7.02	6	10.17
省に転任			14	22.95	20	32.26	19	33.33	14	23.73
免職	23	24.73	5	8.20	5	8.06	5	8.77	5	8.47
撤職	15	16.13	10	16.39	3	4.84	1	1.75	10	16.95
殉職			1	1.64					1	1.69
病没	2	2.15			1	1.61			1	1.69
未着任					4	6.45				

備考：数字の不鮮明な箇所や計算違いは今井が訂正した。

転任や省への召還の比率が高いことがわかる。第1章第1表のような県長の任期の短さは、この表と深く関連する。又、撤職（廃職か？）と免職との違いがよくわからないが両者の合計を年次別に並べてみると、40.86％、24.59％、12.9％、10.52％、25.42％となり、41年、42年、43年と減少傾向にあったものの、44年にはまた増加に転じている。とはいえ、40年の約41％という数字に改善の傾向が認められるということは、いわゆる新県制の効果かも知れない。

第2章　県長の「犯罪」についての一考察
―― 1943〜1945年の犍為県を実例に ――

はじめに

　犍為県の民国後歴代37番目に当たる県長・楽尚富は、汚職の廉で省庁への告発事件を二度も起こされている割には、1942年9月〜45年4月と、2年5ヶ月の長期にわたり県長の職に在った。以下においては、楽尚富がどのような「不正」で訴えられているかを見ると共に、彼を訴えた人々、行政督察公署、省民政庁の対応などを、残された断片的史料から、考察してゆき、この時代の行政をめぐる社会問題の一端についての理解を深める一助としたい。

　1943年1月11日、犍為県土地陳報辦事処副処長・孫兆乾は「犍為県長・楽尚富が2万元を濫押勒索（やたらに金を捲き上げる）をした証拠があるので、電報を打つ。一刻も早く免職して、官が正常であるよう正して、吏治を粛清せんことを請う」という緊急電を省政府主席・張群宛に打った（四川省檔案館所蔵資料全宗号54の5821号15〜16頁）。

　電文によると、孫は42年12月中旬にも専員公署に電報を打ち、調査を依頼した。専員公署は毛鏡臣を視察に派遣したが、調査後に次の史料1の冒頭の括弧内のように結果を掲示した（同前、15頁）。これに対し、孫兆乾は再度電報を打った。

　史料1　〈「犍為（田賦管理）処の（税糧の）移動、引き渡しは、いずれも問題なし。保証金については、県政府はかつて各郷鎮長に報告を命じたことはあるが、なお（12月）28日の郷長会議の時にその確定数を明示した。散会後ですでに証拠はない。」

　私・孫兆乾は、県には証拠があるはずだから、迅速に法によって処罰せよ、

さもなくば濫押勒索に耐え難いと手紙で書き送り、県政府の更迭を請うたが、いまのところ回答はない。1月5日廖深が私に、「楽県長は賄賂2万元を集めたので、(田賦を省に)送るだろう。私は君に代わってこう応答したよ。もしも金が無くてただ通常価格の米の代金しかなくても、保証金(抵)になりますか？」と。楽は「保証の有無は自己責任の能力如何だ」といったという。これを聞いて私は怒りを抑えることができなかった。ふり返ると、私が犍為県に来て3年になる。もとより私は廉直を自任しているが、一旦解職ともなれば、［　］［　］袖に清風、万里の弧客(以上、文意不通)、1ヶ月以上も保証金を取られては、生活は堪えがたく、まことに穴埋めのしようがない……

当に国家が危機に臨む時、このような貪欲で職を汚している県長・楽尚富は……迅速に免職・処分して、官場の気風を正すべきである。〉

以上の電文ではよくわからないが、楽尚富は田賦の徴収に責任を負う郷鎮長等から、納税の保証金を出させ、その内から賄賂2万元を徴収してから、田賦を上級機関に送り届けた、ということらしい。ここで、なぜ田賦徴収と直接関係のないと思われる孫兆乾が楽尚富罷免の要求のために立ち上がったのか、直接の動機はつかめないが、我が身に振り当てて郷長のことを考えた結果、義憤を禁じえなかったということであろうか。

次ぎは43年5月20日付けで呉騰驤名義で省政府の主任・秘書長・省主席宛に出された報告書である(同前、29～30頁)。

史料2〈貴府の1943年(以下、原文は全て民国表記を西暦に統一した)1月6日付けの……密令で犍為県長楽尚富が郷鎮長を収賄したと訴えられている事件ですが、……慎んで得た所の結果について、項目に分けて以下のとおり、ご報告します。

甲)国民党部書記長・袁澤安、臨時参議会副議長・唐仲安、参議員・王方蕃、孫承綱等の言うところによると、該県長は金山郷郷長・陳晋涵、馬踏井郷郷長・顔愚を収賄して(役職を)委任し、又、東興郷郷長・陳玉華の賄賂を受けたといいます。各々が事実とすれば、その経過・情況は原の告発状と比べて大同小異であり、数目も多少の出入りはあるものの、(大差はない)。発言を聞き終わった所で、署名・捺印を求めたところ、いずれも発言内容は伝聞に属し、証拠が

あるわけではないので、責任を負えないといいます。この言葉を掘り下げてみると、責任が負えないということは、一派閥の言にすぎぬことを証明しております。

　乙）当地の一部の士紳が口頭でいうには、楽県長の東興郷の徴粮処理の一件については、長引いているので、小部分の県人の不満を招いているが、郷鎮長等を買収したといったことは聞いたことがない。郷鎮長には郷で汚職する者がいる。汚職心から口実を設けて上前を取ろうとすれば、十万、八万にも達し、微細な数ではない。計画するにも容易でないし、敢えて（参加して分け前を）もらう者もいるまい、とのことでありました。以上の種々の話も同様に責任をもって捺印しようとしません。ということは、今般の控訴案件がどこかから出たものに推測を加えた一派の言にすぎないことを、証明しております。

　丙）調べて見ますに、金山郷は産塩額の最高な所で、塩商の勢力が大きく、時には郷鎮長の進退を左右します。例えば原の訴状に名を連ねていた謝覚斉・何崇周等が、陳晋涵に反対したのはその例です。すなわち、現任の郷長・鄒浚明もまた塩商の推す所であります。馬踏井郷は県城から離れることはなはだ遠く、政令の貫徹には難があり、郷長の顔愚は貪婪で法を曲げ、悪事の限りを尽くしています。該郷の士紳・張宅岷、傅炳南等は反対に乗りだしましたが、思うに、犍為・楽山・屏山3県石炭業同業公会連合会辦事処主任・蕭廷俊、牛華鎮鎮長江国俊の称する所も、また必ず同じでありましょう。また、東興郷郷長・陳玉華は（民国、以下同）41年度の糧穀の徴収に当たり、1斗4角入りのブリキ製の枡でずる賢く浮収（規定量以上にかすめ取ること）を行いました。この年11月16日、士紳・李鏡泉、石友松等はくだんの斗枡を糧監察会の幹事・石熙咸に手渡し、11月19日、該郷公所保管員・陳玉懐（玉華の弟）はこれに不服で、斗枡を奪回し、石熙咸を殴って傷を負わせました。参議員・孫承綱が事件の捜査に当たり、糧監察会の幹事・石熙咸は県政府に請求をして、はじめて（陳玉華を）革職留任（職務を罷免するが、4年間留任の後過失無ければ正式に現職に復帰させる）処分としました。これが原の告発状で指すところの、各郷が郷長に反対した情況であり、その真相を捜査して得た結果であります。ただ、声明すべきことには、本案件で申し立てのある各個の汚職行為は、時間も已に過去に属

し、たとえそのこと（贈賄）があったとしても、これを行った者と受け取った（収賄）者との防備体制は極めて厳密なので、時を過ぎ環境も変遷してしまったこんにちでは、その当時の真相を知ることは殊のほか困難です。以上に述べた所は犍為県に到ったときに調査した結果であります……〉

この報告からは、史料1とは別の告発状のあったことがわかるが、この報告は楽尚富の汚職の件は伝聞・流言によるもの、それが証拠に発言者はみな署名・捺印を拒んでいる、とする立場に立っている。証拠を調べるのがこの人の任であるはずなのに、最初から面接のみに頼り、ことの真偽を署名・捺印で証明せよと迫るやり方は、脅迫じみている。が、この報告も、陳玉華と顔愚の汚職行為と陳玉懐の傷害事件は否定できない。そして、楽尚富批判派の背後には塩商がいたことがわかる。楽尚富は郷長に保証金を積ませてから汚職を許し、自分の分2万元をその中からピンハネしてから、税糧を納入していたように思われる。

呉騰驤は次の史料3からもわかるように、省の視察員であるが、楽尚富を弁護し、あろう事か、1年も経たないのに「時効」論を持ち出して事をうやむやの内に済まそうとしている。しかし、2月3日付けで石煕咸が呉騰驤に以下のような手紙を出している（同前、31～32頁）。

史料3〈拙職の務める郷の郷長兼徴収処主任の陳玉華、保管員の陳玉懐（玉華の弟）、斗手の陳占武は歴年収糧に当たり不正を働き摘み食いをしてきた。非公式に41年度を計ると、納税すべき糧穀の37石5斗をこっそりとわが物にしてしまった。これについては収儲股長・陳明徳にも質すべきである。又費金山・費仲倫も粮税納入を完了したが、この時の枡は（陳玉華が）大洋銀300元を親戚に渡して入手した物であった。42年12月までは、なお粮票を発給せず、経手がいて大洋を手渡しており、保長の呉為剛・金山仲・倫佃戸・費清云はこれを受け取った。また、42年度の収粮においては1斗4角の容量のあるブリキ製の枡に指一本分の厚さを上乗せして収粮した。同年11月16日、士紳・李鏡泉、石友松等は、民間機関・法団と、保甲の士紳・梁漢誠・呉陽秋・石奎文・王会如等40余人が斗枡を私どもの委員会（東興郷粮監委員会）に手渡して、処分を請求した。同月19日、私どもの委員会に不服な（連中は）、合法的に私を摘発し激しく

打ち据えると共に侮辱をした。陳玉懐は兇行に及ばんとして刀で私を殺そうとした。その場に居合わせて私を救ってくれた商会主席の李恩華、財産保管会主任・呉仲明に質すべきである。この徴実の不正、とりわけ傷害事件がこれに重なったことは、すでに県参議会で、孫参議員が糺した所であり、さらに政県府も秘かに調査して、ことが確実であり根も葉もないことでは無いので、書面で調査すべき案件があると省に報告したところである。又、民間機関・法団の首長、保甲の公民・呉陽秋等十数人が公正を主張して県長の楽尚富に面会すること、また連名で同事件の証明に責任を負うと述べている。これらの悉くがもしも法によらず厳しく処断されるのであれば、国法は紙屑に等しい。全県の粮監会は誰が敢えて職権を執行しようとするだろうか。それ故、民衆の痛苦を除き、党・国の法規のため、粮政の前途のために計ることから、特に結論を具申して請う。

　足下は令状を出して証人を捉え（例えば、陳明徳、呉為剛、費清云、李鏡泉、石友松、費芝道、梁漢誠、呉陽秋、石奎文、王会如、呉仲明、喻元芳、白隆逹、呉楽生、余学林、白隆達、周鵬程、喻紹明、李恩華）、事件について訊問し、もって是非を明らかにされんことを。もしも誣告に係われば加倍の懲罰も甘んじて受ける覚悟である。命令の直ちに到ることを待ち切れぬ思いである。

　　　謹呈
　　省視察員　呉
　　　　　犍為県東興郷粮監主任幹事
　　　　　結論を具申したことにより加倍の懲罰を甘受する覚悟の
　　　　　　　　　石　煕　咸　　　　　　　　　　〉

　この史料からもわかるとおり、東興郷粮政監督主任幹事の石煕咸は、身に生命の危険さえ感じながらも、東興郷郷長・陳玉華一派と断固戦おうとしている。彼は孤立しておらず、民間機関や法団、商会主席ほかの援護がある。この力にかりて、いい加減な視察報告を出した省の視察員・呉騰驤に再調査を迫っており、また機関・法団も孫参議と共に楽尚富とのじか談判も要求している模様である。

　さて史料3に対しては、32年6月9日付けで、視察室主任・鄭献徴より省長

宛の手紙が出されている（同前、27～28頁）。

　史料4〈秘書長が犍為県の張近凡に下した書簡によりますと……県長・楽尚富は……金山郷郷長・陳晋韓を委任して洋10万元を受け取り、月ごとに保険費1万元を受け取った。また馬（踏）井郷郷長・顔愚を委任して洋8万元を受け、月ごとに保険費8千元を受け取った。また、東興郷郷長・陳玉華は田賦徴実と統一買い付け（統購）に当たり、ブリキ製の不正な斗枡を使い規定額以上に計り取り、該郷粮食監察幹事・石熙咸が斗枡を取り上げたところ奪い合いとなり、陳郷長は粮食監幹事に打撲傷を負わせた。この事件は本より重く陳郷長を懲戒すべき事であるのに、県長は又しても陳郷長より洋5万元を賄賂として取り、わずかに革職留任に留めた—といった、下級機関からの報告でありますが、人員を派遣して綿密に捜査せよとの指令を頂戴しましたので、視察員・呉騰驤に先には綿密に捜査して真実を報告するよう委託しました。ここに該視察員から以下のような結果報告が届きました（ので、お伝えします）。

　調査したところでは、該県長・楽尚富は、金山郷郷長・陳晋涵、馬踏井郷長・顔愚より賄賂を得て郷長の職を委任し、及び東興郷郷長・陳玉華より賄賂を受け取ったとの、各事項は、党部書記長・袁澤安、臨時参議会副議長・唐仲安及び参議員・王方蕃等に尋ねたところではいずれも口を揃えて事実であると申しております。しかし、該県の別の一部の士紳等は未だそのようなことは聞いたことがないと申しております。いずれの場合も証明の責任を負うことができない状態です。ただ、馬踏井郷郷長の顔愚は貪婪で法を曲げぬためしはないこと、及び東興郷郷長・陳玉華が、42年度の粮穀納入に際して、1斗4角のブリキ製の枡を使って規定額より余分に取り、士紳の李鏡泉、石友松に斗枡を奪われ、粮食監会幹事の石熙咸にこれを手渡され、次いで該郷公所保管員・陳玉懐（陳玉華の弟）が斗枡を奪回すると共に、該幹事・石熙咸に打撲傷を負わせ、石熙咸の要求によって、県政府ははじめて該郷長を革職留任の処分にした等は、いずれも事実であります。該県東興郷粮監会からの書状一通を添えますので、ご判断下さい。思うに、事は民政庁及び粮政局の主管の範囲に属すると存じます。（……民政庁と粮政局で適当に処理して戴きたい、との論旨、以下略）〉

第2章　県長の「犯罪」についての一考察　509

この史料でも、楽尚富に不利な人物の名前、役職等は挙げられているのに汚職否定派の実名は挙げることなく、共に証拠不十分としてしまっている。そして、真偽の判定は民政庁や糧政局に押しつけている。逃げているとの印象を拭いがたい。なお、文中にある東興郷糧食監幹事会の書状は檔案の中には見つからない。

次いで、民政庁長・胡次威の名で7月15日付けで省長宛てに出された文書があるので、これを紹介する（同前、28頁）。

史料5　〈1、事件の由来。視察員・呉騰驤の調査報告によりますと、犍為県県長の楽尚富は賄賂を得て郷長を委任すると共に、賄賂を受け取って郷長の陳玉華が米の買い付けで不正を働いたのを庇い、また糧食監会幹事・石熙咸に傷害を負わせた一件につきまして、如何に処理するか意見を申し上げますので、ご覧の上ご指示願います。

2、事実。該県長・楽尚富が郷鎮長から収賄したとして訴えられている点に関しましては、視察員の訪問・調査によると、二説あります。一説は、賄を得て郷長を委任したこと、及び東興郷郷長から賄賂を取ったとされる件は、実は話してくれた人は皆伝聞によるとこのようだ、というだけで、証拠を提出できません。別の、一説によりますと、この件は一部の県長に不満な者の説であり、郷鎮長の（地位を）賄賂で売ったなどと言うことは未だ聞いたことがないということであります。東興郷郷長・陳玉華が徴糧に当たり不正を働き且つ糧食監会幹事の石熙咸に傷害を負わせた一件は、調査によって事実であり、この件は県参議員の摘発及び当事者の告発を経て、政県府がはじめて該郷長を革職留任の処分を下しました。

3、処理についての意見。以上の各種の情況を総合的に検討致します所では、該県長・楽尚富の東興郷郷長・陳玉華の徴粮に当たっての不正の一件を引き延ばして決着をつけなかったことは特別に処理が適切さを欠き、失職の咎を負うべきであり、譴責処分を申請したいと思います（原文は「擬請予申誡処分」）。これと同時に該東興郷郷長・陳玉華並びに保管員・陳玉懐を迅速に法によって厳しく処断するよう命じました。該県長が郷長の職位を賄賂と引き替えに売った

とか、陳玉華から賄賂をせしめたとの事につきましては、既に調査の如く事実に根拠が無く、且つ時間も経っていて真相の究明は困難であり該（地区の）専員公署をして厳密に注意させ、随時に考察、報告させ、当否は当然ながら添付致しました各件の書状（但し原文は「僉」）に基づいて閣下がご審査の上ご指示下さいますよう、慎んで申し上げます。

　兼任主席　張（群閣下）〉

　ここでも、楽尚富の収賄事件は証拠無しとされ、ただ、東興郷郷長の不正を（訴えのあるまで）放置した一件については「失職に値する」とは言いながら、すぐに続けて「譴責処分」で済まそうとしている。残念ながら、省長の張群が楽尚富をどう処分したのか、肝心の点がわからない。しかし、時期をかなりおいた、43年12月4日付けで、楽尚富が東興郷郷長の陳玉華を庇い立てした一件については、前出の第五区行政督察専員兼保安司令の柳維垣が張群に報告書を出している。その次の史料8とは発出の時間が前後するが、紹介をすると、以下のとおり（同前、46～51頁）。

　史料7　〈……この事件は42年11月21日に東興郷粮監幹事・石熙咸が違法私物化・兇暴により負傷等の事情をもって、該郷郷長・陳玉華等を控訴し、並びに該県参議会が書簡をもって徹底究明を求めた等々の情況にあります。政府は早速陳玉華を呼びつけて訊問したところ、石熙咸を殴ったことをはっきりと認めず、また陳玉懐は省政府に赴いて未だ帰りません。当に陳玉華を期限を限って裁判に付すべきであります（原文は「限期交案」）。陳占武は東興郷の保長で、自発的に筋の通らない申し立てを行って拘留中で、再度傷害の部分について捜査が行われるのを待っております。かの石熙咸がすでに本県地方法院に提訴し、調査・訊問を終え、本年2月に偵字第378号において（陳玉懐が）不起訴処分となったことはご承知のとおりです。その後、程なくして東興郷商会主席・李恩華、士紳・余竹賢等11人が一致して（石、陳）双方に調停を提案し、並びに県政府に到り（県長と？）面談の結果（石熙咸の）訴訟を取り下げることになりました。その文面には、陳郷長は既に辞職を決意しており、後任の人員は（専員公署よ

第2章 県長の「犯罪」についての一考察

り?) 人を派遣して会場に来てもらい公選する等の語がありました。まさに事件が既に調停により解決するのは甚だ喜ぶべき事でありますが、ただ、郷鎮 (長) の人選は、未だ民選 (の法令) が公布される以前においては、権限は政府にあり、それ故公選をもって本事件の調停の条件とはできません。文書で指令を戴いてから、特に1月23日、石熙咸は又しても告訴をしましたが、それは要約致しますと以下の数項になります。

1、陳玉華は41年度の粮穀37石を損耗 (実は不正にかすめ取る) した。
2、費金山、費仲倫は41年度の粮穀を完納したが、該郷長等は穀を受け取らず、法幣300元を受け取った。
3、石有為は41年度の粮穀2石を完納したが、ほかに穀数斗を余分に取られた。
4、42年度の実物徴収では、該郷長が斗枡 (の内側) を削って不正に徴収した (原文は「彫斗浮収」) 等が書かれており、また本府 (専員公署のことか?) より法廷に召喚して石熙咸を訊問したところ、和解・捺印 (した事実) を否認した。そこで文面で (和解) を申し出た筆頭人・李恩華に (尋ねたところ) 調停和解は嘘ではないと言っている。陳玉華の答弁によると、去年11月16日に地方士紳50余人と手がけた各項の帳目を清算し、士紳・李鏡泉もまたその場に立ち会って、この斗枡廃止騒ぎについて、斗枡削りは既に誤解を生じない (ほど明白な事実だ) と言った。継いで、地方士紳はその場で調停和解をして控訴取り消しを具申し、再度3月16日に詳しい調査を要請した。また、県参議会が法により解決する事を求める書簡を出すことを認めた。本府は同月27日と4月16日に原告と被告並びに証言者・呉楽生・王会如等を一堂に集めて、法廷で事件の究明を行った。41年度秋期、該郷学校の募集した膳米 (食糧米) は中心学校校長・鄭謙和が自ら手がけたもので、鄭謙和が販売に責任を負うべきである。その冬期の学校用の膳米は政府が統一的に按配し、未だ発給しない時に、陳玉華が県クラスの公粮の項目の下に37石5斗を拠出して、学校の食糧を維持した。費金山等に至っては、納粮を完了するに当たり金に換算すべき穀物が無く、代わりに応領庫券を購入して完納したが、(その) 現金

(化)は応に陳玉華が責任を負うべきものである。石有為が多量の穀物で完粮したのに未だ数斗のツリを受け取っていないのは、応に費芝道が責任を負うべきである。ただ、彫斗俘収の部分は既に、士紳・李鏡泉が完粮の時に手渡した斗枡に関係があり、元通り再度李鏡泉に手渡して裁判の場に提出して審問をおえるべきである（この箇所の原文は以下のとおり。「惟彫斗浮収部分既係士紳李鏡泉完粮時堤交之斗仍応再伝鏡泉到案訊結」）。5月6日該郷調停員・李享五、校長・尹徳齢、郷倉付近の居民・陳澤培、曾煥章、士紳・余学海等30人の提出した文書が証明するところによると、この斗枡は倉の高みから地面に落下して損壊したもので、実は未だ用いず廃棄処分になっていた。当に、石煕咸と陳玉華等が言い争いになったとき、かつて和解書を書いて双方が署名し口実を設けて問題を起こさぬよう勧めたことがある。また、41年冬季学校の米手当（原文は「米津」。戦時インフレのため、貨幣での月給支給額では生活できない教員・公務員に手当として、米が支給された）を未だ受領しない時に人々が会議を開いて、陳玉華の責任で粮穀37石5斗を借用することを決議したのは事実とのことであり、並びに石有為等は上申して完粮したが、数斗のツリはすでにすっかり返還済みであり、訴訟を取り消したいと述べた。6月25日、該県参議会書簡が判決を要請した。今月は又東興郷郷民主席・李印章、救済院長・石奎文、調停員・李享五、商会主席・李恩華等が当署に寄せた上呈文によると、陳玉華は各項の経理手続きはすでに完全に済んだ、とのことである。また思うに、陳玉華は38年7月に謝（璋）前県長の委任により該郷聯保主任になり、董（家驥）前県長の時にはなお継続してその職にあった。41年1月楊（子寿）前県長が改めて郷長を委任したが、県下の各郷鎮長の中でも、勤務年月が比較的長く、政令の執行にも比較的努力している。私（原文は「職」）は36年に四川省政府の財政視察及び徴収局長となり、こんにちまで素より清廉の誉れは久しく、このことは各層の上級長官の深く知るところである。もしも、該郷長に事実として不法ありと仮定してみても、亦その賄賂を用いるところがない。且つ鎮郷長に対して、もしも賄賂によって一切の法令を委ねるとしたら、どうして

第2章　県長の「犯罪」についての一考察　513

（法令を）推し広めることができようか？視察員の中にはまた時過ぎ環境が変われば、真相を明らかにするのは難しい、との一語を口にする人もあるが、私は特にこの言葉を恥じる。誠心からの信頼が未だ人を信服させるに足らず、軽視を受けるに至っている。且つこの事案は私が着任後わずか2ヶ月で受理したもので、初めに民意を重しとなし、原告の訴えるところの各節については繰り返し［　］、伝聞は数回問いただし、多方面から考察した。徴粮の不正に関しては、石煕咸は「彫斗浮収」を言い、陳玉華はそれは未だ用いない廃棄物だったと言った。しかし、石煕咸はこれに対し完粮において浮収の時には摘発せず、李鏡泉が第三者の石有松に（斗枡を）差し出した後に摘発した。この間の状況については説は一つではない。李鏡泉は既に完粮しており、直接に斗枡を持ち出す（ことのできる）人ではなかった。出廷をしなければ質問究明することができず、そこで数度召喚状を出したがやってこない。そこでまた当事者達に鏡泉の書面を持って公署に来させてみると、またその（書面に書かれた）事実が特殊であることが証明され、該鏡泉は終始一字の証明も出すことができなかった。よって、本事件は長引いたが、結論を待つところまで来た。ここに、各方面から提出の書面の証明および捜査・訊問から得られた情況によれば、彫斗浮収はなお事実ではない。かの粮穀37石5斗を用いた一件に至っては、調査によると会議を開いて、粮穀を借用して学校の食糧米とすることを決議したもので、暫くは現状を維持し、今後（正式に）もらうようにするということですでに了解ができている。返却するということは、結局のところ、欠損を出すということとは話が別である。そして、費金山等が現金で粮を買い完粮したこと及び石有為が完粮し余った5斗は保管員の陳玉懐が保管し、保長・費芝道が手がけた分は、すでに数の通り清算を済ませた。しかし、石煕咸が告訴して以降になってはじめて清算手続きを行い、実有額は未だ対照・検査していない。費芝道はとっくに保長の職務を降りており、取り調べは免除する。陳玉懐は保管員の職務を撤去することを除くほか、犍為県の橋・公路建設にあたることをもって処罰し、贖罪させて懲らしめとする。陳

占五は元々は保長であり、斗枡（係り員）ではない。紛糾が未決着なのに、勝手にこの斗枡を持ち出したのは不当である。該保長の職務を剥奪すると共に、懲罰として役務を課して記録に残す（原文は「拘役懲示在案」）。陳玉華の「彫斗浮収」には証明する人がいないので、これ以上の深い究明は免除する。ただ、陳玉懷、陳占五の日常の行為に対しては、感知はされないが隠し事が少しもないといえようか？上辺の飾りを避けるべきところは無かろうか？ただ思うに、該郷長が公に奉じることに努力し赦すべき（咎）無いとはいえない（ここの文章の繋がりがうまくつかめないが、原文は「無可諱飾第念該郷長奉公努力不無可恕」）。大過一回を記録して、もって一罰百戒とする。こうして訴訟をおさめ、法廷に召喚して知らしめた廃棄の斗枡は田賦管理処に返すと共に、提出された書簡も返還したほか、本事件処理のあらゆる経過の情況の是非、論理を兼備した文章となっているか否か、貴署においてご検討の上伝達されたい。

ということであります。これによって再度該（県？）政府に命じて速やかに本事件を法によって、判決を下して結審し、主管機関に報告し指示を仰ぐほか、ご命令を奉じて事を処理させましたが、貴台のご指示に沿うよう謹んで提出申し上げます。

　　兼任四川省政府主席・張（群閣下）
　　　　四川省第五区行政督察専員兼保安司令　柳維垣
　　　　　　　　　　　　　　　　秘書・游輔国　代行〉

以上、長文の引用となったが、ここでは陳玉華の不正（贈賄）までもが事実無根とされ、むしろ彼の長年の行政官としての実績を高く評価している（但し、陳玉懷の税糧収納に際しての不正は事実上認め、贖罪を命じている）。とすると、楽尚富が彼を「革職留任」の処分にしたのは間違いであったということになるが、柳維垣はこれに全くふれていない。要するに、楽尚富の問題は全く検討の圏外に押し出されてしまっている。同様に、馬踏井の郷長・顔愚の一件もどこかに吹っ飛ばされてしまった。また、斗枡については、ブリキ製だったはずのもの

が、内部を削って容量を大きくすることのできる木製のものであったが、実は廃物であったと、重要な問題が変更されている。では実際に使われたのはどんな斗枡であったのか？この問題への言及もない。また、この自信満々の専員は、賄賂が事実としても、使い道が無いではないか、とか、収賄する役人の下で法令が広まるはずがないとか、一方的な主観を述べている。ただ、粮穀37石5斗の一件には、衆議の結果学校用に借用した、との「証明」が出てきて落着したように見える。

　以上、1〜6の諸史料を見ると、告発者の眼目は楽尚富罷免にあり、その理由が郷長からの収賄とか郷長やその手下の不正の容認、すなわち監督不行届におかれていると断定することができよう。そして、行政専員督察公署は、このような楽尚富の責任問題を、個別の事件の「事実究明」に置き、時間をかけて個別事件を「証拠なし」との証拠固めをすることに力を注いでいるように見える。また、証人が前言を翻すに際しては不自然なところもあり、何らかの圧力が加えられた可能性も否定できない。

　同じ頃、楽尚富は別の件でも告発を受けていた。

　すなわち、1943年4月には、犍為県公民・劉小松等によって以下のような楽尚富告発状が四川省長・張群に宛てて出されていた。史料3より一ヶ月ほど前の事になるが、事件の連続性から考えて、後回しにした。以下の史料7は兵役、粮政、禁煙の各行政において楽尚富のずさんな行政と貧苦の小民を魚肉している様を曝露した物であるが、長文なので論旨を要約する（同前、41〜44頁）。

　史料7〈1、兵役は当面の要政であり、41年12月には県より壮丁2千名を送った。各郷鎮では命令通り送り出したが、その根拠は県長の割り当ての多少にしたがったが（原文は「取拠乃該県長旋収旋放」）、県城隣接街の内外でも郷民、通りすがりの者を勝手に拉致していた。その原因を調査すると凡そ緩役費2千元を納めた者は即時釈放しその穴埋めに人を拉致していた。各郷鎮については、とりわけ清水渓鎮がひどかった。これをまねるから、犍為境内はたちまち壮丁拉致の世界と化し、道に人影を断ち、目に入る者は婦女子以外は無くなった。

　2、郷鎮長は県政機構であり、賢能の人物を充てるべきであるのに、楽県長は商売上の損得を見るのと同様な観点で人事を動かしている。例えば、金山郷

の陳某は郷長の委任状をもらうに先立ち事前に銀2万余元を出し、地方人士全体の曝露に遭って、(楽尚富は) やむを得ず命令を撤回した。陳某は今回仲立ちとなった張実夫科長のもとに足繁く通い、金を返せと迫り、ほとんど決裂状態に至った。全県城の機関・法団等はこれを知らざるは無い。このように郷鎮長をもって奇貨となし、賄賂が公然と行われている。これ、(楽尚富を) 徹底査辦すべきの第二の理由である。

3、各郷鎮の保管する糧穀 (41年度分) の不足の数字は7～8千石で人を驚かす数と言わざるを得ない。楽県長はかつて公衆に向かい、42年10月末までに納糧をし終わるよう厳命を下し、各郷鎮は命令通りに実行せよと述べ、さもなければ処罰すると述べた。ところが、事実上は大間違いでその通りに実行はできず、粮政科長の張実夫に各郷鎮の清厘所 (意味不詳) に行かせ、行く先々の糧穀保管人は続々と贈り物をして弥縫方を依頼した。各郷鎮の保管人はこの項の糧穀が商業を営んだり、農民に貸し付けて多くの利益を収めるのに転用されていたのを、疾うに知っており、甚だしくは糧穀をもって田産を買い2年分の小作料さえ取っていた。このように楽尚富等は糧穀を利用して金儲けをしている……このような貪婪は国を誤り抗戦の前途に影響を与える。これ、徹底査辦すべき第三の理由である。

4、……県長は、同郷の著名なやり手・王楽康を禁煙視察員に委任し、楽・王は上級の委任を奉じて後、糧政科長の張実夫と上下にその手を動かして、袍哥の関係をもって大いに活動し、いわゆる禁煙糾察隊なるものを組織して、各郷鎮に手分けして出かけ、気ままに煙館を捜査して煙館に月毎の捐税をかけ、[アヘン中毒で] 黄色い顔をしている者は県に送って訊問させ、一面では馬辺等の地に出かけてアヘン売りの商売をさせている……禁政を借りて金儲けの道具にしている。これ、徹底査辦を請う第四の理由である。

以下略

四川省政府主席・張

犍為県公民　劉小松ほか9名が連署、捺印
指示は清渓鎮大碼頭・劉小松へ　　〉

この史料には兵役忌避の問題、アヘンの問題が登場する。その他に税粮を使っ

第2章　県長の「犯罪」についての一考察　517

て土地まで買い、小作料を取り立てることまでしていたとされる。

　ところで、この史料7に対する調査結果が、四川省第五区行政督察専員兼保安司令・柳維垣の名で張群宛てに出されている（8月14日受信）。これによると、省命により訴えの真偽を調査すべく、専員公署から周光地という人物を犍為県清水渓に派遣した。その報告は以下のとおりであった（同、36～38頁）。

　史料8　〈……即刻犍為県清水渓に赴き実地に調査致しましたところ、劉小松等9人に相当する実在の人物はいませんでした。(署名に名を連ねていた) 舗保徳昌栄号という店舗も実在しませんでした（清水渓鎮鎮長・戚序伯の証明一件を添付致します）。当に偽名の訴えで連絡の取りようもありませんが、原告の言う第1点、すなわち兵役に関しては、県政府は将に応召額を各郷鎮に割り振り、各郷鎮はまた各保に割り振り、その後又郷鎮は各保が送ってきた壮丁を政県府に揃えて送り、更に軍事科長或いは科員立ち会いのもとに兵を受け容れる部隊に直送し、検査の上収用することになっております。未だ抽選を実行する以前に保長或いは郷鎮長が壮丁を拉致することは間々あるかも知れませんが、訴えのように該県長が割り当てを決め徴兵逃れの金（緩役金）を納めた者は釈放し、再度人を拉致してその穴埋めをした等の事は、調査の結果事実であるとは確証が得られませんでした。第2点は訴えによると、該県長は金山郷郷長から大洋2万元の賄賂を取って（その職を）売り、地方人士はこれを暴いて反対し、陳某は繰り返し金を渡した張実夫に金を返すよう迫っているとの一件は、調べたところ実際の根拠がありません。第3点は、該県の30年度の田賦徴実の時、各郷鎮の不足額は、（前任の）楊（子寿）が楽県長と交替した時には合計6千余石でした。楽県長は赴任すると二回も催促して已に3千石を徴収しました。残りの数はなお帳簿を整理中または督促中であり、訴えのように、該県長及び張実夫科長が清厘所の財を使っていい加減に事を済ませているとの話は、調べたところ証拠がありません。第4点は禁煙に関するものですが、該県の煙毒査緝員の王永培（又の名を楽康といい、現在は竹根灘の瑞豊米廠の支配人をしています）は、42年11月に職に就き43年2月に休暇を許されて職を辞しており、また禁煙視察員の名義も無ければ、禁煙糾察隊という組織もありませんでした。訴えにある王某が糧政科長・張実夫と上下手を携えて（？一字判読不能）当てずっぽうで月々

の捐税を掛けたとか、馬辺に赴いて大いにアヘン販売の商売をした等のことは、全く事実無根です。以上、実際の情況を調査より得ました……〉

　史料7には署名と捺印があるにもかかわらず、現地に行ってみるとそのような人物はいない、というような報告は珍しくはない。調査員が嘘をついているか、後が恐くて訴える人物が偽名を用いたかの、いずれかである。しかし、虚偽の訴えをするために偽の印を彫ったりするであろうか？一般庶民にはできることではない。それ故、地元の楽尚富に批判的な士紳たちの共謀とも考えられる。しかし、県長と専員督察公署の調査員とは、狭い地方役人の世界中で顔見知りの関係にあったということも、可能性としてはあり得ることである。さもなくば、訴人が実在しないという類いの報告が、遺憾ながら統計を取ったわけではないが、一般に多すぎるようにも思えるのである。残念ながら、史料7に関する記録はほかにない。おそらく、史料8のとおりに扱われたものと思われる。確かに史料7にいう、税粮を使って土地を買い小作に出して地代を取ったというような県長の「犯罪」は、今日のわれわれの「常識」では考えられないようなものである。しかし、公金を自分の商売につぎ込むという例は事実としてあったことである。民国31年（1942年）当時、同じ犍為県の田賦管理処第四区徴収主任であった徐子煕は公金を売買に投じて桐油、椪油、石炭、米粮を買い占め、また公金を地元の各商店に貸し付けて「拾伍分之大利」をせしめていた（同檔案館、全宗号91、案巻43）。但し、これも密告であるが。なお、田賦管理処長は県長が兼任するのが常であった。楽尚富着任以前の密告であるが、このように公金の私的流用は他にも事例に事欠かないのである。であるから、楽尚富の所業が事実としても、驚くには当たらない。

　楽尚富という人物はスキャンダルの多い県長と見えて、1944年5月にも、以下のような汚職行為を働いたとして「犍為県公民士紳代表」呉東海・朱清成・牟高峰の告発を受けている（同、57～61頁）。

　史料9　〈……楽尚富は犍為に来て以来、金集め（聚斂）をもって仁義となし、法律をもって詩書となし、（以下の一節は訳せない―原文は「並以吸食洋煙之杜陶長理」）、民政は老奸の汪怪が秘書となり、裁判・兵科は私人を濫用せざるはなく、上下手を携えて悪事をはたらかぬ事はありません。官は商を営んで民と利を争

第2章　県長の「犯罪」についての一考察　519

うようなことはしない、これはわが政府が既に明文をもって規定しているところであります。該楽尚富は、身は県の長にして廉潔ならざること非ずと自ら模範たることを誇っていますが、一方ではむしろその行政の権威に依って、県下の竹根鎮に瑞豊米厰を開き、糧政科科長・張実孚を支配人とし、始終（米価の変動）を観察し、各鎮郷の糧穀・積穀（備蓄用穀物）の中から三千余石を引き抜いて資本として買い占めを行い、大洋数百万元を懐にいれました。それでも欲心は飽きたらず、又詐欺の手を使って、張実孚をそそのかして、悪名高い流用を狙った穀（原文は「遠揚図将挪用之穀」）を一呑みにし、（ために）竹根鎮から引き出された一千石も未だ返還されておりません。田賦管理処には捜査すべき案件があります。幸い、地方人士が重慶警察局に電報を打ち、実物を取り押さえましたが、現在は犍為県に送り返された、かの横領された粮穀・積穀のみんながみんな吐き出されたわけではありません。税粮（原文は「粮税」）が田賦の実物徴収に改正されたのは、当今救国という好い目的のためであります。（ところが）楽尚富はこれに仮りて任意に国・人民双方を食い物にしており、その止まるところを知りません。硝酸と硫黄は軍用の禁制品です。楽尚富はこれを奇貨置くべしとみなし、その三下の子分である許士林を再三瀘県に行かせて私に買い入れて犍為県に運んでおりましたが、たまたま水上警察河口分駐所長・唐湘瀬に取り押さえられて一千余斤を押収されました。（楽尚富は）前非を改めるどころか、反対に公安警察100人を武装して（水上警察分駐所に送り込み）、押収された品物を政県府に運ばせました。現在に至るまで、これを如何に消化したかの告示はありません。法を知りながら法を犯すことその極みにおります。（また）軍米は将校兵士の唯一の生命であります。何人も汚職することは許されません。法には明文があるのに、該尚富は硝酸・硫黄をもはや運べないとなると、又しても許士林を県倉庫職員として、彼に委嘱して米価の騰貴に付け込んで魚利を博し、水で湿った米を毎石安値の500元で売りに出しました。上級機関はこの不正を察知すると、兵を派遣して士林を逮捕し、粮食部岷江辦事処に送って訊問しました。当に〔許士林の〕汚職行為が命令に従ってのものであったことは、供述書という拠り所がちゃんとあります。現在、士林は牢獄に在り、姚副主任もすでに免職となっているのに、かの主犯はどうして法の外を逍遙し

ていることができるのでしょうか。41年42年の両年度各鎮郷の収糧の帳面づらは延々と時間をかけても帳尻が合わず、決算は終わりませんでした。あらゆる省級・県級の公糧の大方は、各級学校の41年43年〔ママ〕度の教員用食米に転用されることになっていましたが、それが届きませんでした。全県下の学校は食の当てが無く、次々に閉鎖に追い込まれました。一個人の私利が国家の教育の前途に害を及ぼすその様は、まさに狂人じみていることこの上ないと申せましょう。もしも、抗戦必勝を期すならば、〔兵士は〕必ずや続々と補充されるのをまたなければなりません。楽尚富の壮丁処理の情況は特異であります。各鎮郷は送るべき壮丁1名につき、大洋1万元を政県府に納めなければならないことになっております。兵役科は受け取り証を一枚手渡せば、これでお役目終了です。ですから、人民は甘んじて金を出さんと願います。そして鎮郷長で公然と壮丁に税金を掛けぬ者はおりません。士紳・石奎文、石明武、余福釗等数十人はご承知の通り控訴しましたが、放置されたままであります。彼・楽尚富は壮丁に仮りて大洋数百万元を〔　〕した。もとより豊裕となったわけです。(しかし、金を納めることで徴兵逃れをした)欠員は数百人にのぼります。それが抗戦に影響を及ぼすことは言うまでもありません。出征家族に対する優待はもともとが敵を殺す志気を鼓舞するためでした。ところが、楽尚富は優待委員会副主任・李徳揚と組んで悪事をはたらき、定期的に（糧食を）発給せず、又現金で支給するようにし、毎石を大洋700元に換算しましたが、これではわずかに米8升を買えるだけであります。ちょっと離れた鎮郷では県庁への往来の旅費にも足りません。43年度はうって変わって積穀5000余石を売りに出しましたが、毎石の値は（相場より）安い300元そこそこでした。抗日軍人家族の緊急電があるので、証拠として付けて上呈いたします。44年2月、又しても蔡金、踏水、新場の3郷の積穀数百石を違法に売り出し、毎石の価格は大洋1200元だということであったのですが、その実、数十万元（の売上金）は未だに優待委員会に手渡されず、皆楽尚富の巾着に収まっています。（これについては）李徳揚の緊急電報があるので、証拠として付けて上呈いたします。抗日軍人家族は未だに実恵に与らぬため、該参議会が清理委員会（清算委員会）を組織するよう要請しておりますが、楽尚富等は〔以下「目」の字と「切」の間の一字が判読

第2章　県長の「犯罪」についての一考察　521

不能〕、帳簿を提出して計算を示さず、却って掲示もしなければ売り出しも告げず、甚だしくはピンハネさえしております。数千の抗日軍人家族は暴威の下で子を呼び孫を抱き、徒に叫ぶけれどもどうしようもない情況です。（楽尚富は）又着任以来権威をほしいままにして、民意機関の提案は皆容れず、県党部、県参議会が決議して処理を呼びかけた案件も、みな取りあわず、同時に忠実で実直な者を排除し、悪人を愛で事ごとにこれを用います。一県応に革新すべき事柄も推進しようがありません。人民の中にたまたま疑問を投げかける者があれば、これを見ること眼中の釘の如くで、壮年の者ならば手下に命令して壮丁として（戦地や工事現場に）送り出し、老人ならばほしいままに擾乱妨害罪の名目で不法に報復し、その残忍な威風は寒々として尽くさざるところがない、といった情況であります。……

　閣下におかれましては……該県長の職を罷免し、並びに大員を派遣して犍為県城に到らしめ、県党部、県参議会、青年団、地方士紳と会って、彼が着服した糧穀、積穀、優待金、壮丁款を計算して明らかにし、もって懲らしめれば、抗戦建国に有利でありましょう。……〉

　この史料に関連して、李徳揚は日付不詳で謄写印刷紙いっぱいに反論を書いている（同前61頁）。

　史料10〈……私に対する攻撃は……1、抗日軍人家族の優待について、穀物を時期通りに発給せず、又そこから穀物を抜き出して金に変えた。2、抗敵家族優待穀の現金換算支給額と実際の売り出し価格が合わない。3、優待委員会副主任は党部書記長が兼任すべきだ。以上の3点は事実の真相に根本的に暗く、緊急電報の言うところは狂犬の吠えるに似て、その下心は……個人の名誉を破壊することに在るのみ。各界の不明を恐れ一筆を揮うことに勉めざるを得ない。（1）優待の穀物が期日通りに発給できなかったのは、地方財政の困難によるもので、一人の力でどうこうできるものではない。調べるところ、43年の優待金の支給は、去年冬月24日に、県政府が機関・法団を召集して会議を開き決定したもので、毎人に支給した金額は700元であり、全県の積穀6000石の払い出しは、大会の決議によってその権限を私・徳揚に授けたものである。積穀は直に田賦管理処から接収し、すぐに金に変えた。それは書類に記録したほか、ま

た県政府の命令を奉じて（優待委員?）会に至らしめた。故に優待穀の換金も命令通りに執行したものであり、調べるべき点があるとすれば、優待穀換金の多寡である。会議の決定は記録に依ることができる。毎石の価格の多寡は、いずれも去年12月の時価によるもので、この項の売穀手続きの処理は、買穀人が価値証明の受け取り証を出し（原文は「出有価値証明之字拠」）、地方の責任者が又受取証の上に印鑑を捺した。これによっても、売上金を隠匿することの容易ならざることは明らかである。優待金の支給の日取りは、44年4月末であり、合格の証明書類を持ちながら、受け取りをしなかった者は、自ら権利を放棄したのであって、本会（優待委員会）はその人になり代わって追求することは、当然ながらできない。私の家は先祖が耕作・読書の（伝統的家風を）伝えてきた家であり、少しばかりの資産があるようになったのは最近一二年のことではない。優待委員会の責任を負うようになって、はじめて生活できるようになったわけではないのである。訴訟人が優待を担当するようになって、はじめて我が家が富豪となったかのように言うのは、全くの侮辱で、良心に欠けるが、ただ事実の所在は雄弁に勝るのみ、である。（2）優待穀は各鎮郷に分散しており、地区の遠近は一様ならず、出売の時期は前後異なり、だから価格の高低にも自ずから異なる理由がある。去年の冬12月の間には、毎石の最低価格は700余元だった。その後しだいに騰貴して本年の旧暦（「国暦」）2月18日、楽尚富兼任主任は、蔡金郷の積穀100石を売りに出したが、毎石の価格ははじめて1200元を記録した。抗敵軍人家族等は全部の積穀が毎石みな1200元したように誤認しているが、そこに誤りがあるのは、言わずしてわかることである。況わんや、参議会開会の時、楽兼任主任委員が新場、蔡金、踏水の3地方の積穀を責任者となって売りに出した時の数字は、未だ議会に提起して可決することもしていない（それほど、当時は問題にもならぬことだったのだ）。そこで、私は自分が手がけた数字を議会に提出し報告した。正副主任委員が前後して積穀の売り出しをした時、その地点の売り出し時期の違いによって、毎石の穀物の値に自ずと差異があるので、議会に報告した時には、初めから900元と1200元の両種の数字に止まるものではないことを隠さず述べた。議会内の諸君はその場にいたのだから、面と向かって質問することも困難ではなかった。兼主任委員（楽尚富）

第 2 章 県長の「犯罪」についての一考察 523

が既に毎石1200元と報告したことを知らなかった以上、副主任委員（私）が、兼主任が既に公開した数字よりも（わざと）額を減らして900元とするはずがないのも、明白である。すでに900元と報告したが、毎戸に（相場で）700元を支給する分を除くと、200元余るが、当然これは個人の巾着に敢えて入れるものでないことも、明らかである。既に報告は記録されており、決着はついている。どうして敢えてまた300から500元の大金を私物化しようか？もしも、毎戸1石700元に換算して支給しておいて、積穀の売り出し価格も（帳簿上）700元にしてあるならば、はじめて、（実際の積穀）売り出し価格毎石900元との差し引き額（200元）を私嚢に入れたと断定できるのである。況わんや本会は正に発給の期間に、参議会に提出済みの報告では、既に超過売収したわずかな額は、公のものとした。統一的支給の後をまって、なお超過売収額若干があれば、掲示して報告するほか、当然地方会議を招集して正当な処理をすべきである（以上の部分は誤訳の恐れもあるので、原文を引用しておく。「……不難当面質問、不知兼主任委員、既已報告毎石一千貳百元、則副主任委員自不敢在已公開数字当中、減報而為玖百元也明矣、既報玖百也、除毎戸発放七百元外、下余二百元、自不敢入私嚢也亦明矣。既已報告則記録在巻、成為定案、豈敢復呑三百五百之鉅耶？仮如毎戸折発七百、而報銷或報告之数字仍為七百、則溢額之数、始可断定飽入私嚢、況本会正在発放期間、提出参議会之報告、已将溢額涓滴帰公矣、俟全部統籌発放之後、究有溢額若干、除呈報榜示外、自然召開地方會議、作正当之処理」）。みだりに誣告しても信頼を得られぬばかりか、自己矛盾に陥るばかりであり、これぞ天下の笑いものだ。（2）要旨：本会副委員長は県党部の書記が兼任すべきだとはどんな法律にも書かれていない。委員中の互選で決めるのが本会の組織法である。不正があるというなら、証拠を持ってせよ。死をも覚悟であり、誣告に動揺するものではない。〉

李徳揚の弁明に関しては、8月16日付けで民政庁が「犍為県優待委員会撥収積谷数目及変売価［格？］欵項目明細表」を受け取っているので、これを紹介する。

以下のように、計算違いがあるが、毎石の売り出し価格は1200元と900元との二通りではなく、780、820、830、840、860と、所と時期によってかなり多様であったことがわかる。李徳陽の告発者たちは、抗敵家族への換金を900元

表1：犍為県優待委員会撥収積谷数目及変売価［格？］欸項目明細表

撥谷郷鎮	谷石数	毎石出売価格	合計金額	売り出し時期	買い付証明人	出売人
清渓鎮	1,000	900元	900,000元	43.11.16	羅俊卿屠主任	李徳揚
龍竅郷	900	830	747,000	々	李郷長	々
蔡金郷	300	780	234,000	々	郷公所	楽尚富
新場郷	300	780	234,000	々	々	々
金山郷	300	780	234,000	43.12.30	々	々
王村郷	300	780	234,000	43.12.28	々	々
馬踏郷	400	780	312,000	々	々	々
勝泉郷	400	780	312,000	々	々	々
竹根鎮	500	820	410,000	43.12.21	々	々
中城鎮	200	820	164,000	43.12.27	々	々
観音郷	500	900	450,000	43.1.2*	々	々
羅城郷	200	830	232,400＋	44.1.11	々	々
新民郷	500	840	420,000	々	々	々
踏水郷	400	900	360,000	43.1.15*	李郷長	々
蔡金郷	500	860	430,000	々	郷公所	々
蔡金郷	100	1,200	120,000	々	々	々
合計			5,793,400			

＋は166,000の計算違いと思われる。したがって総計欄は5,727,000元、*は民国33年（1944年）の誤記と思われる。

として、実際の米の売り出し価格は1200元だったから、差し引き300元が売り手の楽尚富や李徳が自分の懐に入れてしまったのではないかと疑っているわけである。その可能性はあるし、この明細表を受け取った民政庁の檔案には「この金がいまだに楽尚富と李徳揚の手中にあり、参議会の帳簿公開の要求にも応じず、解明されずにいる」ことを認めて、この明細表を付けて担当係りに回している（53頁）。郷公所の記録と優待委員会の帳簿をつき合わせる必要があるが、李徳揚も700元からはじまって米価が漸次高騰していったことは認めているわけで、最初から固定した価格で売り出したように捉えるのは言いがかりであるという彼の反論にも一理はある。但し、史料10の下線を施した部分は、なぜ兼主任が1200元だと報告したのを知らないと、副主任としては敢えて900元という低い数字を報告するはずがないのは明白なのか、説明が明瞭でない（むしろ逆で、知らなかったからこそ、900元という低めの数字を報告してしまい、ために、人々の「誤解」を招いたのではなかろうか？）。また200元をポケットに入れるはずがない、というのも説得力に欠ける。ただし、私の史料読解能力の限界故に、

第2章　県長の「犯罪」についての一考察　525

このような疑問が残るのかも知れない。

　なお、李徳揚の弁明からは、楽尚富等が県国民党党部とも対立していたことがうかがわれる。

　楽尚富の徴兵逃れのための代金取り立てと、粮穀の不正売買については、43年10月17日付けで民政庁が受け取った嘆願書にも、述べられている。

　史料11〈すなわち、同前檔案の71～74頁に10月7日付けで、犍為県第1区から第7区までの民衆代表が揃って楽尚富並びにその仲間の罷免を嘆願しているが、これによると、楽尚富は着任に当たり、「無学籍」の崔化南を連れてきて軍事科長に据え、国民兵団副団長・湯炎および鎮郷長と組んで空白の壯丁名記入紙を1万元から5～6万元で売ったとある。2年間で1000万元にも上るだろうと推定している。また、粮政科長・張孚実に竹根灘で瑞豊米廠を経営させていることも指摘されている。表向きは張孚実の個人経営になっているが、実は県長が大株主である。汚職で粮穀売買から入手した金額は、県長だけでも7～800万元に上るという。又、粮穀を売った代金で物を買い占めようとしたが、物価が上がって赤字を出した。張孚実はそこで重慶に逃げ出したが、国民兵団副団長・湯炎が連れ戻し、現在は犍為警察局内に閉じこめられている。以上、兵政、粮政二面にわたる汚職は、証拠は無いが、事実は確かである。調査員を派遣して調べればすぐにわかることである。今年の前半に以上の両政に勉めない楽県長が更迭されるという噂を聞いたが、楽はこれを聞いて心中穏やかでなく、間もなく省政府で行政会議が開かれるので、彼はその機会をかりて、県長人事を主管する人々にばらまくため800余万元を用意したという。〉

　以上は、意訳と言うより要旨に近いが、一応史料11と名付けておく。国民兵団副団長や軍事科長は、これまでの史料にはない、初登場の人物である。なお、徴兵逃れや不足した兵員とするための拉致等、徴兵や抗敵軍人家族の優待をめぐる問題については、笹川裕史論文に詳しい紹介と分析がある。また、張孚実が表向きにせよ瑞豊米廠を経営していたのは、公務員に副業を禁じていた日本の場合と官僚の在り方が根本的に異なっており、注目される。また、67～68頁に収められている「〔　〕抄犍為県東興郷粮監会主任石熙咸原呈」という一文によると、石熙咸は5月23日に劉松雲、羅海等20余人に踏み込まれて不法逮捕

されて県庁に繋がれた。石は1、粮穀数千石の横領　2、抗日軍人家族優待金数十万元の着服　3、違法逮捕　4、命令不服従、の4点で楽尚富・陳玉華・石奎文・王悟宝を告発している。但し、宛先は正副議長となっており、省参議会宛の物かもしれない。また、文末の肩書きの一つに「中央陸軍軍官学校卒業生」と記している。

　楽尚富告発はなおも続く。12月10日付けの犍為公民・頼徳先ほか6名の連名の訴状（同前111～118頁）は、楽尚富と並んで、地方法院長・鄧定人、県参議員・孫紀常、民衆教育館館長・王廷澤が、不動産を公の名目で購入し、悪事を共謀して行い、事実を偽造し、刑俱を濫用している廉で訴えられている。楽尚富個人＝行政だけでなく、司法・立法・教育の要人にまで広がった事件として注目される。劉唐氏事件と呼んでおこう。

　史料12〈39年に土豪・孫紀常は地方財務委員会の出納を任され、兼ねて民衆教育館の公園事務所主任となった。本県城の劉先礼・劉唐氏夫妻は西門外に土地を持っていたが、これが孫紀常の土地と隣り合っていた。劉姓の土地の中には墓地があったが、人はこれを吉祥の土地と呼び、田の水の源泉をここに求めた。水が通り便利である等の関係から、（孫紀常は）色々な手段を使い、民衆教育館という公用のためと称して、仲買人と謀って買い取る事を企み[1]、証文は私有地とし、民衆教育館の経営には入れなかった。歴年の県予算を見ても、民衆教育館の概算にはいずれもこの一筆の土地からの収益は無い。40年劉唐氏は陰謀に気づき、犍為地方法院に控訴した。前判事・包偉華は「原告と被告代理人・犍為民衆教育館が結んだ西門外の田産の売買契約は撤回して原状を回復すべきであり、訴訟費用は被告側が負担せよ」との判決を下した。記録によると孫紀常は、又、手段を変更して自ら図面を描いて犍為政県府並びに省政府教育庁に進呈し、劉姓の不動産は、自分の意志で一部を花園として民衆教育館に贈ったように見せかける陰謀を企んだ。民衆教育館は又、犍為新聞に孫紀常が田地

（1）　とあるが、後半の文章から劉唐氏には交渉せず、劉唐氏の知らぬ間に所有権の持ち主を替えたのは明らかである。但し、44年1月22日の省政府の指示草案の附属文書には「詐術によって騙して田産を買った」とあり、こちらからは、「公」のためなら劉唐氏も土地を売りに出すことに客かではなかったことも推察される。

を寄贈してくれた事についての記事を掲載して感謝した。これで、孫紀常は公に仮りて買収を謀った。その後劉唐氏は法院に（先の判決の）執行を要請した。前法院長・陳師謙、現院長・鄧定人は逮捕状を出して警察を派遣し、事件を取り上げた（原文は「執行有案」）。ただ、孫紀常は勢力も財産も頼りにならないので、陰謀を進めて劉姓の不動産を李彬臣の田4枚と交換することを企み、又交換して得た李姓の田を孫紀常の不動産の内に入れ、こうして遂に墓地及び田の水の源泉とその通過による水の便を得るという目的を達成した。この種の事実は調査することができるが、孫紀常は陰謀の目的が既に達成されると、（土地登記を？）私物に書き換えてしまった。民衆教育館長の王廷澤は出頭して次のように訴えた（原文には「扛訴」とある）。すなわち、元来が〔 〕民衆教育館が購入を承諾したものなのに、孫紀常は自分で図面を描いて民衆教育館に寄贈し、民衆教育館は孫紀常に感謝の意を新聞に載せたにもかかわらず、歴年の概算にはこの田からの収益が一筆も書かれておらず、収益および私人の田土の交換等の事実は顧みられていない、と。彼らが結託して悪事を働いた事情は明白である。本年10月、劉唐氏の夫の妾・劉楊氏が県城内の小十字路でたまたま王廷澤と出くわした。劉楊氏は控訴の理由を問いただし、口角泡を飛ばしての言い争いになった。県長・楽尚富は事の次第を上に伝えずに処理し、双方を処置するに際して、劉楊氏一人を10余日も拘留した後、ようやく法院に送った。且つ調べてみると、先の劉唐氏は本事件の情況について省政府に訴えを出し、楽県長を取り調べの上回答するよう求めた。該楽県長は事実に基づいて返答しないばかりでなく、却って事実を偽造し、孫紀常は公益に熱心で、土地を買って公園拡充のために贈ったと誉め称え、長官を欺き、法院は送られてきた劉楊氏を収容した。法院長の鄧定人は更に違法にもみだりに刑を執行し、足に足枷手には釘という刑具を極めて厳重に取りつけて大監（意味不詳）を許さず、殺人・放火・大盗賊事件よりももっと厳重であった。まことに真昼の暗黒である。現在劉唐氏・劉楊氏は田在れば人在り、田亡くば人亡し、と宣誓している。公民たる私達は、殺人事件が仕立てられるのを恐れている。ここに謹んで……孫紀常、王廷澤、楽尚富、鄧定人等の罷免と処罰をせられん事を乞う。〉法院が不正の片棒を担ぎ、拷問の刑具まで使っている実態には空恐ろしい物が感じられ

る。楽尚富は直接にこの事件にタッチはしていないが、孫紀常弁護の報告を書いてやるなど、責任の一端は免れ難い。

　この事件に関しては、民政庁が34年（1945年）1月に起草した四川省政府指令の中で、劉唐氏を支持して、法院が民衆教育館の所有財産になったとの判決を下した等の虚報をし、孫紀常、王廷澤等が他人の土地を侵したのを庇ったのは特に理に背き、また明らかに「主官」を欺くものである。且つこれによって劉楊氏を拘置すること3日〔ママ〕の久しきに及び、ついで法院に送ったのは〈人民の身体の自由を保障した法令に違反しており〉とりわけ違法である（〈　〉部分は草案が消された部分である）。該県長・楽尚富は大過1回とすると、述べている（同前、114頁）。このほか、劉唐氏事件に関しては33年11月25日付の報告書、12月18日付けの民政庁長・胡次威の草案、12月19日付けの郭有守・胡次威連名の省長宛の正式な報告文書があるが、要旨は上の結論と大差はない。但し、こちらの文書では以上の〈　〉内の一節は生かされている。詳しく事の経過と措置を知りたければ、同前檔案119～126頁を参照した方が早いが、長文になるので省略する。なお、12月24日付けで出された劉唐氏と劉楊氏との連名の省政府宛の訴状によれば、西門外の田産は収租80余市石あったという。

　しかし、問題はこれで決着したわけではない。45年1月10日民政庁が受理した犍為地方法院の「函復犍為地方法院辦理劉唐氏等一案情形請査照由」という文章（同前、96～109頁）によると、意外な一面が浮き上がってくる。

　史料13〈……（44年12月28日付けで）犍為地方院長・鄧定人の上呈してきた文書にいう。「劉唐氏と孫紀常の売買契約撤回により財産を返還する問題は、前任の判事包煒華の判決に係わる事である。その主文には、原告の劉唐氏が、犍為県民衆教育館を代理して犍為西門外の田産を売買する契約を被告・孫紀常との間に結んだ契約は廃棄すべきであり、また原状を回復すべきである等の文言があった。当時、孫紀常は判決を受け取った後ただ証拠に次のような評語を付けて上級に送りつけただけで済ました。その評語とはすなわち"本日受け取った42年2月11日の判決書を拒絶する理由は以下の如くである。思うに、この項の田産の売買は元来民衆教育館のために契約をして買ったものであり、本人は田産の値を付けるとともに政県府に報告して記録された。現在この田産は本人

に管理権はなく、当然判決を受け容れる必要もない。それ故これは拒絶する。もしも原告に買い戻しの意志があるなら、民衆教育館と交渉するがよい"」。これによって、訴訟手続きは不明だが、未だ上告はできず、原判決は当然確定した。(私・鄧)定人が着任後間もなく劉唐氏が(原状回復を)執行を開始するよう要請してきたところ、高等法院32年牘字第260号の訓令は四川省政府の公式文書で、犍為県政府が民衆教育館の劉唐氏の田産を購買することを申請してきたところを認可しており、(犍為では)計画を練って中山堂・中正台の建設を報告し認可を得ていた。この省政府の命令を伝え、法によって処理するということであった。そこで、犍為県政府の43年民財教字第122号の公式書簡も前と同様に、執行及び調停辦法数則を定め、43年2月4日、牘字第122号で省政府に報告すると共に、正にこの項の辦法に基づいて事を進めていたところ、該民衆教育館館長・王廷澤が、この法によって執行中の事柄に対し異議の訴えを起こすと共に、劉唐氏及びその夫・劉先礼が生前に締結したところの売約を証拠に、該項の契約は前に撤回され、買約の件は審理がなお執行中で、いずれについても(結論を)見ていない、また鄧定人はなお(証文)偽造に係わる、などといった。訊問を経た結果、劉唐氏は当法廷で契約は真実であり、契約を調べて見ると、買い主は犍為県民教館であり、売り主は劉先礼・劉唐氏であって、孫紀常は実は証人であり、当時はまた民教館の代理人でもなかった。ただ、田価2700元は孫紀常の楽捐(意味不詳)に係わる、と述べた。劉先礼亡き後、その妻・劉唐氏が起訴して孫紀常を被告とした。これは明らかに当事者不適格であり、本院は(裁判を)引きうけたが、判事はついに書類を取り寄せて契約を読む事ができなかった。軽率な判決は法において自ずから不適格である〔この一節、原文は「而本院承辦推事竟不調閲契約率爾判決於自属不合」である〕。本院は、法によって該民教館の法定代理人・王廷澤が異議の訴えを提起して、該売買契約の有効であることを請求・確認するよう求めるに到るまでの(経過)は明らかに理にかなうことであり、もとより法によって判決を下すべきであると考えている。ただ、思うに、劉唐氏は寡婦となって一人暮らしをしているため、売りに出した該不動産は、もともと半ば公益のために譲るという性格を持っていたことについて無知である。ここで又訴訟に数年をかければ、損失は小さくは

ない。かつて審理の中で和解を試みたが、未だに成功していない。しかし、又（裁判）記録を離れたところでの和解を戒めた。劉唐氏が自ら孫紀常を訴えた事件は、まさに孫紀常無罪の裁定を経て、嗣いで本年5月18日に、原告の民衆教育館が事件は既に和解が成ったという声明を具備して異議の訴えを撤回した。このように、本事件は当時既に解決していたのである。故に前に44年5月4日付けの第2408号の訓令及び44年3548号訓令の時に、嘗て牘字第441号をもって本事件は既に和解したと公文書には在り、として重ねて報告した。思いもかけず、その後劉唐氏が前回の和解を悔い、翻そうとして、街中で公然と孫紀常を侮辱し、殴打して傷をつけ、その後冤罪との申し開きを印刷し、各方面の上級の長に次々と訴えた。本院は分別して受け取った後、確実な事実調査を実施してみて、はじめて犍為県には党派争いが発生しており、被告の孫紀常の肩書きは県参議員および（犍為）銀行理事であり、王廷澤の肩書きは民教館長で、いずれも派閥抗争の中の人であり、孫紀常、王廷澤に反対する人々は、ついに劉唐氏が女性で無知であることを利用して、この事件にかこつけて攻勢を掛けようと計り、上級官長に続々と申し開きの印刷物を送りつけたのも、皆ここに原因があるということがよくわかった。孫紀常に対する殴打・傷害事件については、本院検察官が特別の計らいをもって不起訴処分とした。本年8月18日民教館は異議の訴えを撤回し、劉唐氏が未だに和解に従わなければ、別に起訴するといっている。本院は9月5日、審理・訊問が未だ（終わらぬ）内に、劉唐氏・劉楊氏が更に又唆されて王廷澤を街中において公然と侮辱して殴り、また武装軍人を率いて該地所内に行き、これと同時に県財政委員会が作った公園の本来の土地に殺到し、秋の収穫物たる黄金の稲を分け合う等々の刑事事件を引きおこした。王廷澤は一件毎に区別して、本院及び検察官と県政府にまた訴えた。犍為県政府はこの一連の事件を本院に移送し、本院が処理に当たっている。現在本院の検察官はすでに劉唐氏と劉楊氏の傷害事件については捜査が終了し、控訴することになっている。本院は11月15日に開廷し、該被告劉楊氏は訊問が終わると、理由もなく署名・捺印を拒否し、同時に法廷内で殺気満々に王廷澤と命を掛けて（闘う）等の言葉を吐き、振り向くと王廷澤に体当たりして殴打した。当に法警（法廷警備官）に命じて制止した。すなわち劉楊氏等の日頃の

反抗的でふてぶてしい（態度が）知られようというものだ。稲掠奪事件はなお審理中である。民事に関しては、9月5日に開廷したが、劉唐氏は来ず、原告の王廷澤が又しても許された弁明（の機会）を請求しなかった。……民事部分では、孫紀常の所持する金が公のために不動産を買い公園を作るための物であるのに、却ってこれを汚職だといい、劉唐氏は金をもらって不動産を売り政府に引き渡したのに、後になってこれを後悔し（契約を）覆そうとするし、街中で侮辱・殴打し、また稔った米を掠奪し、却ってこれを冤罪だと言うなど、真に是非を逆さまにし、聞く者を混乱に陥れている。現在、劉楊氏は拘留中であり、劉唐氏は罪を恐れて逃亡中であるが、その逮捕をまって、民事・刑事の案件について、法により区別して公判を下すつもりである……〉

以上のような法院長・鄧定人の報告と12月18日付けの民政庁長・胡次威の草案とは明らかに対立する。司法の判断と行政の判断と、省長・張群がいずれを取ったのか、残念ながらこの全宗号54の案巻5821所収の史料ではわからない。ただ、鄧定人の報告によると、劉唐氏、劉楊氏共にかなりエキセントリックな人物として書かれ、それ故拘留もやむを得なかったとされ、また両人は無知のために犍為県内の派閥抗争の道具にされているにすぎない、という評価はその他の史料には無いものである。

楽尚富は1945年4月に犍為県県長の坐を降りている。これが胡次威のいう「記過1回」と関係があるかどうかはわからない。

おわりに

以上が入手し得た範囲内での楽尚富の告発に関する檔案の全てである。史料13によると劉唐氏は県内の派閥争いに利用されているということであるが、この点で注目されるのは、劉唐氏が係争中の元の自分の土地に軍人を率いて入り込み、秋収（稲刈り）をさせていること、また、石熙咸が文末の肩書きの一つに「中央陸軍軍官学校卒業生」と記していることや、抗敵軍人家族への優待米をめぐるトラブル、徴兵をめぐる「不正」の摘発と国民兵団副団長と楽尚富の繋がり、硝酸・硫黄の密売問題等々、楽尚富が軍および在郷軍人との間に対立

を抱えていたことが、第一に注目されるところである。第二は、呉騰驤報告にも見られたように、塩商を中心とする商紳層との対立も考えられる。告発は激烈であるが、実地調査の結果、陳玉華の37石ないし37石5斗の糧穀横領とされていた一件も史料7では、学校用膳米として借用するよう衆議で決めたという「証明」が出てきたとされる。また抗敵家族優待米の汚職についても、表1を見ると、史料10における李徳陽の弁解にも一理あることがわかる。但し、そこには汚職の可能性もあるのであって、この疑いを完全に払拭するためには、調査者が各地の発売米額と収入金との出納簿にしっかり当たり、現金の所在を確認することが、最初になすべき職務であろう。しかし、どうやらそこまで立ち入った調査を行った形跡は認められない。最初からそのような意図がなかったからか、或いは調査を郷公所で拒まれたためか、この点は判然としないが、結果的に民政庁は表1の報告だけで満足してしまっており、汚職の事実は「藪の中」に置かれてしまっている。これは一言で言えば検察官僚の未熟、民政庁も含めて司法・行政の未熟状態の産物である。訴える方にも周到な観察と準備が欠けるところがあり、このために、斗枡の一件を取ってみても、ブリキ製が木製に変更されても、これを取り上げて問題にした形跡は、訴訟側にも検察側にも見られない。又、史料9に指摘のある竹根灘（竹根鎮、犍為県下第一の商業地）に設けたとされる瑞豊米廠への公粮の注ぎ込みについては、史料11にも出てくるが、検察・法院側の文書では触れるところがない。

　以上のように関連史料が不十分なため結論は「藪の中」であるが、県長告発に立ち上がったのは、土地陳報辦事処長の孫兆乾、東興郷粮監主任幹事の石熙咸、公民・劉小松ほか9名、公民・士紳代表・呉東海・朱清成・牟高峰、第1区〜第7区の各区代表、公民・頼徳先ほか6名、といった人々である。官僚（孫兆乾）ないしは官僚監察機関員（石熙咸）、あとは士紳と「公民」代表である。「公民代表」といっても、実質は字が書けて暇と時間のある人々でないとなかなかできることではないから、士紳や地主・富農などが主だったと考えられる。そして、彼らを後ろから支えた勢力に、県国民党支部、塩商などの商会のメンバー、在郷軍人会のメンバーたちがあった、とまとめることができると思われる。いずれも、抗戦の国難に当たって人民の師表たるべき県長の人格に疑問を

第2章　県長の「犯罪」についての一考察　533

呈し、義憤の思いは文章の端々からも、うかがうことができる。先にも書いたが、専員督察公署の調査者は楽尚富無罪の根拠を固めるために調査をしているように、思えるところがある。又、楽尚富は新県制の下で権力を一身に集中する存在であった。汚職・不正の機会は充分あったと見ることも不当ではない。が、翻って県長告発側には、外部から赴任してきた県長が短期間に汚職で荒稼ぎをして出て行くのではないか、といった不信感が先入主として無かったのだろうか、という疑問も棄てることはできない。しかし、結果として、楽尚富は1945年4月に県長をやめている。これが免職であったのか、他県、本庁への転任であったのか、残念ながら確かめることはできない。ただ、国民政府の県長といえば「汚職」という言葉が即座に連想されてくるのは、一人私だけのことであろうか？そのような「常識」を、たまには逆に疑ってみる必要もあること、以上に取り上げた諸事件はこれを示しているように思われる。県長＝悪、民衆＝善という図式は単純でわかりやすいが、現実には「民衆代表」側の思惑―残念ながら本稿では解明できなかったが―にも目を向けないと、歴史は倫理の事例紹介に終わってしまう恐れがある。しかし、劉唐氏のように民衆教育館やその背後にある政県府を相手に堂々と裁判に立ち上がり、その支持者もいたように、司法・行政＝官を恐れぬ人々が出現し、県政・県長の不審な点を糺すようになったこと、それらの多くが「抗日の大義」に照らして県政の不正を告発するというスタイルをとっていることからも、抗日が地方行政「民主化」を促す一種のテコの役割を担っていた一端が見てとれる。

第3章　日中戦争期の四川省における
下級公務員について
―――財政部田賦管理処関係の史料から―――

はじめに

　1905年の科挙制度の廃止は、伝統的な官僚の選抜・任用制度に対する抜本的な見直したるに止まらず、科挙合格を男子たる者の目指すべき人生至高の価値・目標と定めてきた伝統社会の価値観に対しても、きわめて重要な打撃であったと考えられる。しかし、従来の科挙に代わる、国家的な統一した官僚選抜・任用制度が作られぬままに清朝は崩壊し、北洋政府や国民政府の下でもそれは実現せず、人民共和国でも実現しなかった。それでも、ようやく1993年8月に「国家公務員暫定条令」が公布されたが、いまだ全面的実施にはいたっていない。しかし、国民政府や人民共和国政府の上には国民党や共産党という党組織があり、入党を認められたり、要職にある党員の招聘があれば、党官僚なり国家官僚なりへの路が開けたものであった。

　だが、中国の官僚機構が正規の科挙合格者のみで支えられていたわけでないことは、周知のとおりである。胥吏（吏）や清代に入って出現してきた幕友（幕僚）という存在を抜きに、官僚制を語ることはできない。清代の胥吏は、ごく一部の定員が制度的に認められていたが（これを制度吏という。県政府では、典吏と攢典がこれに当たる）、俸銀は無きに等しく、その他の胥吏（経制吏以外の胥吏としては、貼写と幇差がいた。彼らは正規の胥吏の10倍はいたといわれる）は無給であり、役所のなかに事務所（房）を設けておりながら、行政事務を私人から経費を徴収して処理する人々である。胥吏は、行政実務の担当者であり、仲間同士の連絡網があって、中央や地方の情勢にも明るかった。彼らこそは、行政実務の担い手であり、彼らあってこその官僚であった。彼らは官僚に独特の「任地回避」の制度にも縛られなかったため、宋代には葉適によって「官に封

建なく、吏に封建あり」といわれたように、在地の地主層と結託し事実上地方政治の実権を握っていたとさえいわれるが、清代の胥吏は歴代の王朝の中でも、最も地位が軽んじられ、明代までは辛うじて開かれていた、下級官僚（従九品）への昇進の路は全く閉ざされてしまった。任期も、明代の9年から5年間へと縮められた（但し、実際には色々な方法でこの制約を破り、役職を父子相伝した）。幕友（幕僚）は官僚が胥吏を監督するために雇った顧問であるが、幕友も結局は胥吏に頼らざるを得ず、両者はしばしば結託した[1]。

　これらの胥吏・幕友の制度は、1907年、日本の書記官制度を真似た改革により廃止され、書記官・書記生が採用されるようになり、書記官・書記生には、専門学校卒業生や、「才あり行政経験豊富な」生員が抜擢されるようになった[2]。これらの人々の多くは、辛亥革命後、県長の権限で採用し、省政府の許可を受けて任用する県および県下の職員となった。が、彼らの任期や昇進、待遇等々の問題については、不明なところが多い。管見ではあるが、中国にも先行研究は乏しいようである（このため私は、別稿において、酆都一県についての事例研究を試みたが、清末の胥吏や衙役の数に相当ないしはこれに勝る数の地方公務員が、民国期の酆都県にもいたようである）。

　ところで、酆都県に関する拙稿においても触れたが、県長や科長・郷鎮長が採用（招聘）する県下の公職人員＝公務員の給料はかなり低く、その給料だけで生活できたかどうかと思うような者が多い。それ故、「給料が安いから汚職が恒常化する」という論理が成り立ちそうだが、「だから彼らの俸給や待遇を改善せよ」という論者は、王朝時代にはもとより稀で[3]、民国期になってからも意外に少ない。このため、下級役人といえば本来的に不道徳な存在であるかのような固定観念が、近代の知識人や民衆の間にも、根強く残されて来たように思う。もちろん、汚吏の多かったことも事実であろうが、これをもっぱら彼らの人格に帰するのは、官僚＝士大夫の偏見というべきであり、いわゆる近代

（1）　以上は、主に趙世瑜著『吏与中国伝統社会』（1994年、浙江人民出版社）による。
（2）　謝俊美著『政治制度与近代中国』2000年第2版、上海人民出版社、313頁
（3）　周知のように、雍正帝の養廉銀の制度は「貪官」防止のためではあったが、「汚吏」防止のためではなかった。

化に当たっては、官僚システム全体に対する、主権者としての民衆の関与ならびに監視を制度化すること（当今の日本でいえば「情報公開」制度の確立など）、このことこそが根本の問題であろう。そして、この根本問題は、今日の中国でもなお未解決の問題、いわゆる「民主化」の重要な課題の一つではなかろうか。

小論は、以上のような問題意識に発する基礎的研究の一つである。具体的作業としては、日中戦争期に設置された田賦管理処に関する若干の史料を紹介しつつ、地方の公務員のありようについて考察を加えてみたものである。

第1節　田賦管理処職員の略歴と収入について

史料紹介に先立ち、田賦管理処なる組織について説明しておかなければならない。

田賦管理処が四川省各県に設置されたのは、1941年9月1日付けの省令による。設置の目的は「田賦徴実」つまり旧来の土地税の実物徴収にあった。この田賦徴実実施までの経緯や実施の模様については、ここでは詳しくは述べない[4]。また、この田賦徴実問題は、土地の調査・登記の問題（いわゆる土地陳報や土地推収など）や新県制の問題等々とも深く関連するが、この点についても、小論では触れない。

ただ田賦徴実の理由を端的にいえば、国民政府支配地区での戦時インフレの昂進にともない、先ず①中央政府が軍糧を確保すること、次いで②省県政府が公務員・保安隊・警察・教師・公営事業の職員に食糧を現物支給すること、が必要となったためである。但し、田賦徴実といっても、実際には二つの機構が設置された。一つは、文字どおり、田賦を実物で徴収するための機関であり、

（4）　田賦徴実の概要については、下記のような文献がある。

甘典夔（續鏞）「1941年四川田賦改徴実物経過」『四川文史資料』第11輯、1964年、陳志蘇・張恵昌・陳雁翚・於笙陔「抗戦時期四川的田賦徴実」原載不明、『四川文史資料集粋』第2巻（1996年、四川人民出版社）所収

また、邦文では、天野祐子氏の東京都立大学修士学位論文「国民政府の戦時統治構造に関する一考察—四川省の田賦実物徴収を通して—」がある。

もう一つは糧食を政府が買い取るための機構である。

前者は「経徴機構」と呼ばれ、

　　財政部―各省田賦管理処―各県田賦管理処―各県田賦経徴分局

という系統をとる。

後者は「経収機構」と呼ばれ、

　　糧食部―各省糧食管理局―各県糧政科または糧食管理委員会―各県糧食倉庫及び分倉庫

という系統をとる[5]。

　また、経徴とは徴税事務、経収とは買い付け事務を意味すると考えられる。「経徴機関と収款機関との分離」(前者は徴税、後者は徴収済みの銀元の保管機関、たとえば政府指定の銀行、農業金庫、金融合作社等)ということは、1934年の第2次全国財政会議で決定済みの事項であったが、1941年6月の第3次全国財政会議の時点でも、未分離の県があったといわれる[6]。なお、従来は、各県の徴収局が経徴に当たり、税款は県の金庫に納めるのが、通例であった。

　以上のように、経徴と経収とは機構は別であったが、業務が重なる部分があり、後掲の史料のように、少なくとも郷鎮のレベルでは、両つの機構が県の田賦管理処の下に統合されていたようである。しかし、その時期については定かでない。

(ii)

　先ず最初に紹介するのは四川省檔案館所収の田賦管理処関係の一檔案(全宗号91の385号および386号)である。これは、「財政部四川省西充県田賦管理処職員登記表」(1943年9月1日現在)、同大足県登記表(44年2月現在)、同通江県登

---

(5)　潘鴻聲「田賦徴実与糧食徴購問題」、原載は『中国行政』第2巻7・8合刊、1943年2月、『中華民国農業史料(2)糧政史料　第5冊―田賦徴実』(1990年、国史館)所収、109頁

(6)　劉善述「論改善田賦徴収制度」原載は『財政評論』第7巻第4期、1942年4月、同上書所収、324頁

記表 (43年3月または4月現在) から成り、そこには3県の田賦管理処の下級役人の経歴や月収、家計の情況等が書き込まれており、当時の下級役人の生活を知る手がかりとなる。一部の人には顔写真まで貼ってある。感無量であった。但し、各県統一の様式で記入されているわけではなく、また同じ県でも、人によって細粗の別がある。また、田賦管理処については、後述するが、各県の田賦管理処職員の数はとても以下のように小さいものではない。これらの史料は、偶然残された断片史料に過ぎないのである。以下にこれらの登記表をまとめて表1とし、人名には1から30までの番号をふることにする。

表1　西充・大足・通江3県の田賦管理処職員登記表（民国記年は西暦に改めた）
1）西充県田賦管理処職員登記表（1943年9月1日現在）
1．孫希純（2等科員）　年令　32歳
　　　　　　　　　　　本籍　成都
　　　　　　　　　　　学歴　成都南薫高級中学卒、華西会計学校卒
　　　　　　　　　　　経歴　夾江県徴収処　　　股員（庶務）　　1年
　　　　　　　　　　　　　　成都春熙鎮中心学校　校長　　　　　1年
　　　　　　　　　　　　　　成都聚興誠銀行　　　弁事員（出納）　2年
　　　　　　　　　　　家族：妻、子2人
　　　　　　　　　　　毎月収入：2,000元
　　　　　　　　　　　　　支出：3,000元
　　　　　　　　　　　　　　　家庭費負担：1,000元
2．林覚民（雇員）　　　年令　31歳
　　　　　　　　　　　本籍　西充
　　　　　　　　　　　学歴　西充巴蜀中学卒
　　　　　　　　　　　経歴　鳳鳴郷中心学校　教員（国語・習字）　1年
　　　　　　　　　　　　　　逢渓抗建中学　　事務員（繕写*兼庶務）1年
　　　　　　　　　　　家族：父母2人（農）、妻子2人
　　　　　　　　　　　　　　　　　　　　　　＊繕写とは文書の清書係
　　　　　　　　　　　毎月収入：収入が支出に及ばない

3．張慕唐（雇員）　　年令　42歳

　　　　　　　　　　本籍　成都

　　　　　　　　　　学歴　成都旧制小学卒

　　　　　　　　　　経歴　徳陽県徴収局　助理員　2年

　　　　　　　　　　家族：妻、子2人

　　　　　　　　　　俸給　30元

4．何光時（雇員）　　年令　33歳

　　　　　　　　　　本籍　南部

　　　　　　　　　　学歴　旧制高等小学卒

　　　　　　　　　　経歴　南部県義和聯保弁公処　戸籍員（調査戸口）3
　　　　　　　　　　　　　年

　　　　　　　　　　　　　西充県〔政府〕雇員（繕写）1年

　　　　　　　　　　家族：父母（農）、妻（紡織）、子3

　　　　　　　　　　毎月月収：1,200元

　　　　　　　　　　　　支出：1,500元

　　　　　　　　　　　　教育費が〔支出の？〕3分の1

　　　　　　　　　　年約30余石の収租あり

5．楊淑清（弁事員）　年令　34歳

　　　　　　　　　　本籍　蒼渓

　　　　　　　　　　学歴　蒼渓県立中学卒

　　　　　　　　　　経歴　西充東北鎮中心校　教員（国語・公民）　2年

　　　　　　　　　　　　　西充県政府　弁事員（繕写及び管檔*）　2年

　　　　　　　　　　家族：父母、妻、子2人

　　　　　　　　　　　　　　　　＊管檔とは、公文書の管理係

　　　　　　　　　　毎月月収：1,000元

　　　　　　　　　　　　支出：2,000元

6．李樹盈（2等科員）　年令　37歳

　　　　　　　　　　本籍　西充

　　　　　　　　　　学歴　旧制中学卒

　　　　　　　　　　経歴　合川徴収局　事務員（繕写及び管档）3年

　　　　　　　　　　　　29集団軍野戦営　上尉軍需（領発餉款及び辦表冊）
　　　　　　　　　　　　3年

　　　　　　　　　　　　西充田賦管理処　辦事員（監印及び管檔）1年

　　　　　　　　　　家族：父母、妻、子2人

　　　　　　　　　　俸給毎月：65元

　　　　　　　　　　　　　　収入が支出に及ばず、生活維持は困難

7．林反謙（2等科員）　年令　32歳

　　　　　　　　　　本籍　成都

　　　　　　　　　　学歴　志誠商業中学卒　中央訓練団？〔筆写の字体不
　　　　　　　　　　　　　明瞭〕干班5期

　　　　　　　　　　経歴　樹徳中学　　　　　教員（公民）　2年

　　　　　　　　　　　　成都東大鎮中心校　校長　　　　　　2年

　　　　　　　　　　　　江油田賦管理処　　科員（出納）　1年

　　　　　　　　　　家族：父母、妻、子1人

　　　　　　　　　　毎月月収：2,000元　〔家計は〕小康

　　　　　　　　　　　支出：2,000元

　　　　　　　　　　　　　　家庭費負担1,000元

2）大足県田賦管理処職員登記表（1944年2月現在）

8．陳公後（技師）　　年令　40歳

　　　　　　　　　　本籍　大足

　　　　　　　　　　学歴　四川大学卒　清丈訓練班卒

　　　　　　　　　　経歴　江巴清丈辦事処　分隊長（勘丈測絵*）3年

　　　　　　　　　　家族　母、妻、子4人　　＊土地の測量と地図の作成

　　　　　　　　　　俸給　130元

　　　　　　　　　　毎月月収：500元

　　　　　　　　　　　支出：400元

　　　　　　　　　　　財産：30,000元

　　　　　　　　　　　　　　家庭費負担2,000元

9．尭述尼（1等科員）　年令　31歳
　　　　　　　　　　　本籍　永川
　　　　　　　　　　　学歴　永川中学卒　石柱土地陳報編査訓練班
　　　　　　　　　　　経歴　石柱土地陳報処　分隊長（編査業務）　6ヶ月
　　　　　　　　　　　家族　父母、妻、子2人
　　　　　　　　　　　俸給　85元
　　　　　　　　　　　毎月月収：300元
　　　　　　　　　　　　　支出：500元
　　　　　　　　　　　　　財産：3,000元
　　　　　　　　　　　　　　　家庭費負担500元

10．李其胒（2等科員）　年令　33歳
　　　　　　　　　　　本籍　大足
　　　　　　　　　　　学歴　大足中学卒　大足土地陳報処編査訓練所
　　　　　　　　　　　経歴　大足県土地陳報処　編査員（編査勘丈）8ヶ月
　　　　　　　　　　　家族　父母、妻、子2人
　　　　　　　　　　　俸給　70元
　　　　　　　　　　　毎月月収：400元
　　　　　　　　　　　　　支出：400元
　　　　　　　　　　　　　財産：24,100元
　　　　　　　　　　　　　　　家庭費負担600元

11．徐夢卿（2等科員）　年令　33歳
　　　　　　　　　　　本籍　栄昌
　　　　　　　　　　　学歴　栄昌初級中学卒
　　　　　　　　　　　経歴　彰明県政府　辦事員　　1年
　　　　　　　　　　　　　　栄昌中学　　事務主任　1年
　　　　　　　　　　　家族　父母、妻、子3人
　　　　　　　　　　　俸給　70元
　　　　　　　　　　　毎月月収：500元
　　　　　　　　　　　　　支出：600元

　　　　　　　　　　財産：5,000元
　　　　　　　　　　　　家庭費負担2,000元

12. 賀継循（2等科員）　年令　34歳

　　　　　　　　　　本籍　大足

　　　　　　　　　　学歴　大足県初級中学卒

　　　　　　　　　　経歴　大足県政府　辦事員（撫邮事項）2年

　　　　　　　　　　家族　父（63歳）、妻、子3人

　　　　　　　　　　俸給　70元

　　　　　　　　　　　毎月月収：300元

　　　　　　　　　　　支出：400元

　　　　　　　　　　　財産：4,000元

　　　　　　　　　　　　家庭費負担500元

13. 蔣迪光（2等科員）　年令　32歳

　　　　　　　　　　本籍　大足

　　　　　　　　　　学歴　大足県初級中学卒

　　　　　　　　　　経歴　三台県政府　辦事員（公金管理）2年

　　　　　　　　　　家族　父母、妻、子5人

　　　　　　　　　　俸給　70元

　　　　　　　　　　　毎月月収：1,000元

　　　　　　　　　　　支出：500元

　　　　　　　　　　　財産：35,000元

　　　　　　　　　　　　家庭費負担2,000元

14. 李得鐔（辦事員）　年令　32歳

　　　　　　　　　　本籍　瀘県

　　　　　　　　　　学歴　叙永中学卒

　　　　　　　　　　経歴　瀘県新渓郷中心校　教員　1年

　　　　　　　　　　家庭　父母、妻、子4人

　　　　　　　　　　俸給　60元

　　　　　　　　　　　毎月月収：300元

第3章　日中戦争期の四川省における下級公務員について　543

支出：400元

財産：3,600元

家庭費負担2,500元

3）通江県田賦管理処職員登記表 a （1943年4月現在）

15．曾星南（第1科科長）

年令　32歳

本籍　成都

学歴　成都大成中学卒、成都基礎師資訓練所、四川農村合作指導人員訓練所、全国合作事業管理局全国合作訓練所

経歴　省農村合作委員会　見習員、助理員

　　　　同上身分で崇慶県に派遣されること　3ヶ月

　　　　　　　　　同　　　　　　　　1年1ヶ月

　　　省農村合作委員会　代理主任指導員

　　　　同上身分で靖化県に派遣されること　9ヶ月

　　　省合作事業管理処　合作社主任

　　　　　潼南県に派遣されること　2年8ヶ月

　　　省合作事業管理処　1等1級科員　業務課業務股　4ヶ月

　　　潼南県党部第8直属区分部　書記　2年

家族　父（政界）母、妻

俸給　100元

毎月月収：2,000元

支出：3,000元

財産：不動産30,000元

家庭費負担1,000元

16．曾廷樑（第4科科長）

年令　31歳

本籍　通江

　　　　　　　　学歴　中央政治学校地政科卒
　　　　　　　　経歴　省地政局　科員　公文書の起草　半年
　　　　　　　　　　　華陽県　　科長　地政科主管　3ヶ月
　　　　　　　　家族　母、妻（農）、子2人
　　　　　　　　俸給　100元
　　　　　　　　毎月月収：5,000元
　　　　　　　　　　支出：5,000元
17. 蘇文傑（会計主任）　年令　49歳
　　　　　　　　本籍　青神
　　　　　　　　学歴　旧制中学卒　四川省第1届普通考試財務行政人員合格
　　　　　　　　経歴　成都市政府財務局　科員
　　　　　　　　　　　会計佐理員公文書起草、警察経費審議　1年
　　　　　　　　　　　省都公安局　科員　　警察経費審議　1年
　　　　　　　　　　　成都禁煙局　科員　　審議　　　　　1年
　　　　　　　　　　　審計部四川省審計処　佐理員　事後審査の処理
　　　　　　　　　　　　　　　　　　　　　　　　　　　　5ヶ月
　　　　　　　　　　　省政府糧政局　科員　　公文書起草　1年
　　　　　　　　家族　母、子5人（長男・長女は就職）
　　　　　　　　俸給　100元
　　　　　　　　毎月月収：600元
　　　　　　　　　　支出：1,000元
　　　　　　　　　　財産：30,000元
　　　　　　　　　　　　家庭負担費＝本人が負担

通江県田賦管理処職員登記表ｂ（1943年3月現在）

18. 張洪祺（1級科員）　年令　43歳
　　　　　　　　本籍　成都
　　　　　　　　学歴　楽群公学卒
　　　　　　　　経歴　省立高級農学校　文書組長　　　　2年

第3章　日中戦争期の四川省における下級公務員について　545

　　　　　　　省政府糧政局2等・1等科員　　　　　7ヶ月
　　　　　　　省出征軍人家属優待事業管理委員会
　　　　　　　　　　　　　　　会計佐理員　　6ヶ月
　　　　家族　父（没、前清通判）、母（84歳）、子4人
　　　　俸給　80元
　　　　毎月月収：300余元
　　　　　　支出：1,000余元
　　　　　　財産：約10,000元

19. 王平治（2級科員）　年令　35歳
　　　　　　　　　　　本籍　簡陽
　　　　　　　　　　　学歴　簡陽中学卒
　　　　　　　　　　　経歴　〔国民党〕省執行委員会　服務員
　　　　　　　　　　　　　　同上身分で参考書籍の管理、宣伝標語の作成
　　　　　　　　　　　　　　　　　　　　　　　　　　10ヶ月
　　　　　　　　　　　　　　潅県田賦管理処　科員　庶務担当　3年10ヶ月
　　　　　　　　　　　　　　成都青年労働服務営　辦事員　総務事項担当
　　　　　　　　　　　　　　　　　　　　　　　　　　1年4ヶ月
　　　　　　　　　　　　　　省政府糧政局　辦事員　公文書の受領・送進
　　　　　　　　　　　　　　　　　　　　　　　　　　5ヶ月
　　　　家族　父（農）母、子2人
　　　　俸給　65元
　　　　毎月月収：400元
　　　　　　支出：700元
　　　　　　　家庭負担費600元

20. 李兆森（2級会計助理員）
　　　　　　　　　　年令　32歳
　　　　　　　　　　本籍　眉山
　　　　　　　　　　学歴　眉山旧制中学卒
　　　　　　　　　　経歴　仁寿県営業税稽徴所　会計員　　　　1年

　　　　　　　　　　　松藩県営業税稽徴所　組員　　　　1年6ヶ月
　　　　　　　　家族　母、妻
　　　　　　　　俸給　65元
　　　　　　　　毎月月収：5,000元
　　　　　　　　　支出：4,000元
　　　　　　　　　財産：××〔判読不能〕1,000元
　　　　　　　　　　家賃収入〔房租〕4,000元

通江県田賦管理処職員登記表c（1943年4月現在）

21．何　光（雇員*）　　年令　31歳
＊別紙には「助理員」とあり
　　　　　　　　本籍　射洪
　　　　　　　　学歴　射洪初級中学卒
　　　　　　　　経歴　航委会彭家場機場工程処　事務員　公有物の保
　　　　　　　　　　　管　　　　　　　　　　　　　　　　　　1年
　　　　　　　　　　　通江県田賦管理処　雇員　公文書の受領・発送
　　　　　　　　家族　父（商）母
　　　　　　　　俸給　30元

22．周学淵（1等勘丈員）
　　　　　　　　年令　27歳
　　　　　　　　本籍　富順
　　　　　　　　学歴　富順中学高等中学部
　　　　　　　　経歴　富順土地陳報処　技術員　都市測量　　1938年
　　　　　　　　　　　栄昌土地陳報処　指導員　野外作業の監督指導
　　　　　　　　　　　　　　　　　　　　　　　　　　　　　1939年
　　　　　　　　　　　隆昌土地陳報処　指導員　野外作業の監督指導
　　　　　　　　　　　　　　　　　　　　　　　　　　　　　1940年
　　　　　　　　　　　楽至土地陳報処　指導員　野外作業の監督指導
　　　　　　　　　　　　　　　　　　　　　　　　　　　　　1940年
　　　　　　　　　　　資中土地陳報処　組長　　室内作業　　1941年

第3章　日中戦争期の四川省における下級公務員について　547

　　　　　　　　　　通江土地陳報処　分隊長　野外作業の監督指導
　　　　　　　　　　　　　　　　　　　　　　　　　　　　1942年
　　　　　　　　家族　父（64歳）母、妻、子3人
　　　　　　　　俸給　80元
　　　　　　　　毎月月収：18,000元
　　　　　　　　　支出：20,000元
　　　　　　　　　財産：1,300,000元

23. 呉化伯（勘丈員）　年令　31歳
　　　　　　　　本籍　資中
　　　　　　　　学歴　資中中学卒
　　　　　　　　経歴　1939年　大足土地陳報処　指導員　　俸給40元
　　　　　　　　　　　1940年　楽至土地陳報処　指導員　　俸給40元
　　　　　　　　　　　1940年10月　安岳公学産整理委員会
　　　　　　　　　　　　　　　　　　技術員　測量　俸給120元
　　　　　　　　　　　1941年4月　南江公学産整理委員会
　　　　　　　　　　　　　　　　　　技術員　測量　俸給160元
　　　　　　　　　　　1942年3月　通江　分隊長　測量　俸給160元
　　　　　　　　家族　父（商）、母、妻、子3人
　　　　　　　　俸給　65元
　　　　　　　　毎月月収：2,000元
　　　　　　　　　支出：3,000元
　　　　　　　　　財産：70,000元

24. 張開華（2等科員）　年令　33歳
　　　　　　　　本籍　通江
　　　　　　　　学歴　通江県立衫〔筆写文字不明確〕中学卒
　　　　　　　　経歴　通江県老春新梓連保　連保主任　　　　3年
　　　　　　　　　　　通江県第1区　指導員　　　　　　　　2年
　　　　　　　　　　　国民党県執行部直属第3区分部　書記　3年
　　　　　　　　　　　通江県第1区広納鎮　副鎮長兼民経主任　1年

　　　　　　　　通江県広納鎮中心学校　科任教員　　　　1年
　　　家族　父母（農74歳）、妻（農）、子2人
　　　俸給　記入ナシ
　　　毎月月収：500元
　　　　支出：500元
　　　財産：年収約70「箐」と筆写してあるが「簀」の誤写
　　　　　と思われる。
　　　　家庭費負担「記入ナシ」
　　　　生産が消耗に比べ余りナシ

25. 鄧撫安（助理員）　　年令　33歳
　　　本籍　通江
　　　学歴　保寧連合中学卒、21軍政治学校卒
　　　経歴　1930年　29軍技術営第3連　特務長
　　　　　　　　　　　　　　　　　　　　18元　1年
　　　　　　1931年　29軍技術営第2連　少尉・排長
　　　　　　　　　　　　　　　　　　　　27元　2年
　　　　　　1935年　屏山県屯墾処　会計　38元　10ヶ月
　　　　　　1938年　四川保幹×保安9団5中隊　少尉・分
　　　　　　　　　　隊長　　　　　　　　38元　1年
　　　　　　1942年　諾江鎮8保国民校　校長
　　　　　　　　　　　　　　　　　　　　20元　半年
　　　　　　1942年9月　通江県田賦管理処に考入　管理員
　　　　　　　　　　　　　　　　　　　　40元　9ヶ月
　　　家族　父母、妻、子1人
　　　俸給　50元
　　　毎月月収：500元
　　　　支出：500元
　　　　　　　家庭費負担　〔記入ナシ〕
　　　　　　　子女教育費負担〔記入ナシ〕

26. 彭得権（科員）　　年令　27歳
　　　　　　　　　　　本籍　通江
　　　　　　　　　　　学歴　省第15区戦時教師訓練班卒
　　　　　　　　　　　経歴　通江県猫免場小学校　校長　　　　1年
　　　　　　　　　　　　　　通江県国民兵団部　事務員　　　　2年
　　　　　　　　　　　家族　父母、妻、
　　　　　　　　　　　毎月月収：600元
　　　　　　　　　　　　支出：500元
　　　　　　　　　　　　財産：不動産10,000元
　　　　　　　　　　　　　　家庭費負担　兄弟の学費を分担

27. 王嵩高（2等科員）　年令　34歳
　　　　　　　　　　　本籍　簡陽
　　　　　　　　　　　学歴　簡陽県立中学卒
　　　　　　　　　　　経歴　青山県政府　科員　　　　65元　1年
　　　　　　　　　　　家族　父母
　　　　　　　　　　　毎月月収：8,000元
　　　　　　　　　　　　支出：8,000元
　　　　　　　　　　　　　　家庭費負担3,000元

28. 史華玉（雇員）　　年令　28歳
　　　　　　　　　　　本籍　通江
　　　　　　　　　　　学歴　通江初級中学卒
　　　　　　　　　　　経歴　通江土地陳報処　作図員　　65元　1年
　　　　　　　　　　　　　　通江田賦管理処　復査員　　600元　3ヶ月
　　　　　　　　　　　家族　父母、妻、子1人
　　　　　　　　　　　毎月月収：2,000元
　　　　　　　　　　　　支出：1,800元
　　　　　　　　　　　　財産：50〔単位未記入か？〕
　　　　　　　　　　　　　　家庭費負担600元

通江県田賦管理処職員登記表 d　（1944年1月現在）

29. 胡国栄（勘丈員）　　年令　28歳

　　　　　　　　　　　本籍　南江

　　　　　　　　　　　学歴　南江県初級中学卒　簡陽師範卒

　　　　　　　　　　　経歴　南江県立初級中学　　事務員　　　1年
　　　　　　　　　　　　　　南江県第2区署　　　　指導員　　　1年
　　　　　　　　　　　　　　南江県土地陳報処　　　編査員　　　4ヶ月
　　　　　　　　　　　　　　通江県土地陳報処　　　復査員　　　6ヶ月
　　　　　　　　　　　　　　通江県田賦管理処　　　推収員　　　6ヶ月

　　　　　　　　　　　家族　父（公務）母、妻、子

　　　　　　　　　　　毎月月収：1,500元

　　　　　　　　　　　　支出：2,000元

　　　　　　　　　　　　財産：300,000元

30. 施芳悌（勘丈員）　　年令　28歳

　　　　　　　　　　　本籍　通江

　　　　　　　　　　　学歴　通江初級中学卒

　　　　　　　　　　　経歴　通江県動員委員会　　宣伝組長　　　1年
　　　　　　　　　　　　　　通江県涪陽鎮公所　　戸籍主任　　　1年
　　　　　　　　　　　　　　通江県土地陳報処　　編査員　　　　4ヶ月
　　　　　　　　　　　　　　通江県田賦管理処　　推収員　　　　8ヶ月
　　　　　　　　　　　　　　通江県田賦管理処　　復査員　　　　1ヶ月

　　　　　　　　　　　家族　父（公務）母、子3人

　　　　　　　　　　　毎月月収：10,000元

　　　　　　　　　　　　支出：8,000元

　　　　　　　　　　　　財産：500,000元

第2節　犍為県田賦管理処職員の給料について

　以上には、単純に史料を羅列して紹介したが、以下には次のような問題から、以上の史料に検討を加えてみたい。だが、そのためには、また、次のような史

第3章　日中戦争期の四川省における下級公務員について　551

表2　財政部四川省犍為県田賦管理処東興郷徴収処造具〔1943年〕3月分員工請領薪津食米清冊

職　別	姓命[姓名]	年令	薪額	生活補助費	小　計	食　米
専任主任兼稽徴股長	李義仲	31	70.00元	228.00元	298.00元	1市石
収儲股長	陳明達	31	55.00	222.00	277.00	1市石
稽徴員	王明銀	32	40.00	210.00	250.00	1市石
	彭映輝	35	40.00	210.00	250.00	1市石
催徴員	袁自耕	35	55.00	222.00	277.00	1市石
推収員	袁克明	27	55.00	222.00	277.00	8〔ママ〕市石
管理員	任行公	36	40.00	210.00	250.00	1市石
	徐元慶	25	40.00	210.00	250.00	6市斗〔ママ〕
催徴警	賀利成	27	25.00		25.00	6市斗
	程学周	21	25.00		25.00	6市斗
倉夫	孫紀東	32	18.00		18.00	6市斗
	何清雲	29	18.00		18.00	4市斗
合　計			481.00	1,734.00	2,215.00	9石6斗

専任副主任　李義仲　印

料を紹介しておかなければならない。

　その史料とは、やはり四川省檔案館の所蔵史料で田賦管理処関係の一つである。すなわち、全宗号91の43巻69頁には、以上のような表が掲載されている。

　さて、この表2（原表はもちろん縦書きである。以下の諸史料も同じ）は犍為県田賦管理処の東興郷徴収処の人員・俸給のリストである。

　この表で俸給（薪額）の最高は専任主任兼稽徴股長・李義仲の70元であり、最低は倉夫の18元である。一方、前節の表1で見ると、俸給の最高額は8番の130元であるが、これは技師という職種の故によるものであり、学歴も大卒である。次は16番と17番の100元だが、これも科長・会計主任という高級職である。16番は中央政治学校、17番は「四川省第1回普通考試財務行政人員」に合格している（これは、省で公務員試験制度が一部実施されていたことを示す史料としても価値がある）。次が1等科員85元、2等科員の3人が70元、1等勘丈員が80元である。また1級科員80元、2級科員65元という記録もあるが、等と級の区別の基準は分からない。いずれにしても、科員の俸給は65〜85元の間にあったといえよう。科員も勘丈員も、学歴は中卒程度である。会計助理員は65元、辦事員は60元である。単なる助理員は50元である。この3人とも、学歴は中卒で

ある。雇員で俸給が分かるのは2番と21番の30元である。2人とも、中卒である。表2では学歴が分からないが、このように、表1の県の田賦管理処の職員の方が給与レベルで、表2のような、県下の徴収処の職員よりも高い（これは酆都県に対する拙稿でも示したように、県直属の雇員と鎮郷レベルの雇員との給与の違いに対応している）。

　さて、表1について検討してみると、第1に気付くことは、俸給の他に月毎の「収支」の項目があり、しかも、その額が小は300元から大は1万8,000元までもの差があるということである。そして、その多くの人が収入より支出が多く、赤字を出している。8番の陳公後（技師）は俸給130元と高いのに、月収は500元で、俸給70元の13番蔣迪光の月収1000元の半分である。また、16番の曾廷樑は、俸給100元に対し月収は5,000元もあり、20番の李兆森は65元の俸給に対し、月収は5,000元もある。22番の周学淵は80元の俸給なのに18,000元もの収入がある。それでも、周学淵は毎月2,000元の赤字と報告されている。このような、俸給と収入の格差をどう考えたらよいのであろうか。

　この問題について、まず思いつくのは、表2のように、俸給のほかに「生活補助費」のような手当や、現物支給された食米の換算値が含まれているのではないか、ということである。実際にそうだったことについては先にも述べたが、日中戦争期の犍為県における物価についての具体的史料を、参照することができなかった。止むを得ず、既に蒐集した諸史料・資料を探したところ、永川県について、次のような物価についての表があるのを発見した（表3）。同県は東を璧山・江津両県と北は銅梁・大足両県と西は栄昌、南は瀘県・合江の両県と接する農業中心の県である。県域は長江北岸に位しているが、県城は内陸にある。長江を下れば江津の次は重慶である。

　この資料に即してみると、1943年当時の食米1市石は1,920元にも当たることになる。すると、先の表2で最高の給与所得者の月収は1,920＋298＝2,218元、最低の給与所得者でも、1,152＋18＝1,170元にはなることが分かる。逆にいうと、生活補助費を含めた李義仲の月給298元でも1.5市斗＝15市升の米しか入手できない。1市升は日本の約5.5合である。つまり、日本でいえば8升2合の米しか手に入らない勘定である。1日当たり2.7合に過ぎない。これでは自分

第3章　日中戦争期の四川省における下級公務員について　553

表3　永川県の法幣流通時期における日用品の価格表（46、47年は省略）

単位：元

品名	単位	1937年12月	1938年12月	1939年12月	1940年12月	1941年7月	1943年7月	1944年11月	1945年11月
大米	市斗	1.00	1.00	1.40	110	120	192		1,300
小麦粉	市斤	0.08	0.10	0.14	0.90	4	12		80
豚肉	市斤	0.20	0.25	0.40	1.80	12	18		360
鶏卵	百個	1.10	1.30	2.20	18		25		
白糖	市斤	0.23	0.28	1.00	2		38		
菜種油	市斤	0.25	0.28	0.90	1.8	8.80	26	125	600
巴塩	市斤	0.20	0.25	0.45	1.5	4.80	9		
綿花	市斤	0.70	0.90	1.90	5	45	260	550	2,200
土布	市尺	0.14	0.20	0.80	2	9.50	25	160	250
石炭	百斤	1.00	1.20	2.30	5.50	13.20	32	450	800
マッチ	百箱	1.40	1.50	13	20		200		

上記の品目の質は中等のもの。石鹸・洋糸・洋布は省略した。
（王国璜「建国前永川県経済漫談」『永川文史資料』第5輯　146頁所掲）

の食さえ賄うに足りない。いわんや、18元では1升ちょっとしか入手できない倉夫においてをや、である。このように見てくると、表1に記載はないが、食米の支給は不可欠であった。

しかし、表1には、俸給と合わせても月収が700元以下、つまり犍為県東興郷の倉夫以下の収入で暮らしている人々が10人もいる。それも24番、25番のように、収入は少なくとも、収支が一致している人もいるのである。24番の張開華の妻は農業をしているようであるが、「生産が消耗に追いつかない」との書き込みがある。少なくとも、表3の米価の水準の下では公務員としての収入だけでは、暮らして行くのは大変困難だったと推測される。なお、以上のような公務員の給与水準が他の職業に較べて決して高いものとはいえなかったことは、次頁の表4および図1に示すとおりである。

ところで、表1の30番の施芳悌は、いくら勘丈員だったとはいえ、弱冠28歳の青年に10,000元もの月収が給与だけから得られたとは、考えにくい。それ故、表1の月収・月支とは、給与所得以外の収入ないしは家族の収入が含まれているとも考えられるが、一方には600元台の収支の人がいるので、このように考えられることにも無理がある。このように、表1と表2とを整合的に説明する

表4 1937～1943年、重慶市公務員および教職員の貨幣収入

1936年7月～1937年6月＝100

時期	教職員			公務員		
	大学	中学	小学	簡任(勅任)	荐任(奏任)	委任(判任)
1937	92.9	97.5	100	93.9	94.5	96.4
1938	87.4	107	102.6	81.8	83.4	89.3
1939	106.4	132.3	111.1	81.8	83.4	89.3
1940	155.1	188.4	182	88.5	96.1	124.8
1941	346.2	502.4	651.5	163.3	220.2	431.9
1942	429.1	940.3	1,253.3	264	358.2	711.4
1943	1,168	2,350	3,150	638	875	1,738

周春主編『中国抗日戦争時期物価史』(1998年、四川大学出版社) 178頁

図1 重慶市各職業の賃金収入

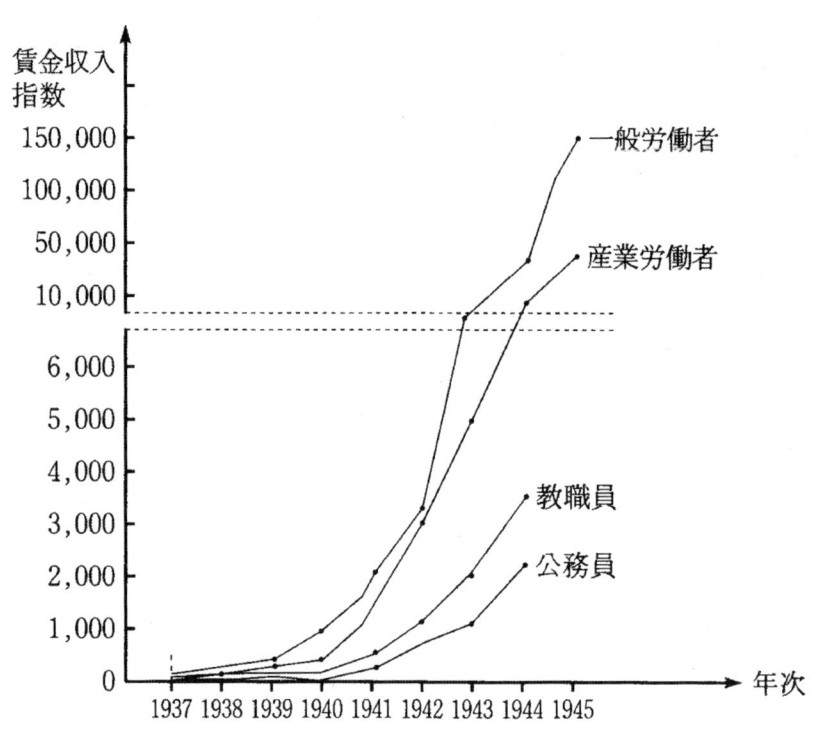

注) 産業労働者および一般労働者は1937年上半期、公務員と教職員は1936年7月～1937年6月を基点とする。

周春主編『中国抗日戦争時期物価史』(1998年、四川大学出版社) 169頁

第3章 日中戦争期の四川省における下級公務員について 555

ことは、目下の私には不可能である。

また、表1にある「家庭負担」という語の意味する所についても不明である。

次に、表1に見られるように、県の田賦管理処では雇員といえども、初級中学は卒業しており、小学卒は4番の何光時のみである。この点に関しては、国民政府が1941年8月7日付けの「特権考試整理田賦人員考試暫行条令」で、次のように規定していることが参考になろう(『国民政府公報』渝字385号、11頁)。

第1条　田賦整理人員の考試は、法律で別に規定のあるものを除き、本条令によりこれを行うものとする。

第2条　年令20歳以上40歳以下で左の例に挙げる各条の資格の一つを有する者は田賦人員の考試を受けることができる。

　1．公立・私立の〔経立案之私立、以下同〕大学または単科大学の、財政・金融・統計の各科の卒業証書を有する者

　2．公立・私立の専門学校で財政・金融・統計の各科の卒業証書を有する者、あるいは土地行政機関に1年以上勤めたことがあり、その証明書を有する者

　3．公立・私立の専門学校以上の学校で2年間勉学したことのある者、あるいは財政・金融ないし土地行政機関に2年以上勤務したことがあり、その証明書を有する者

　4．公立・私立の高等中学、旧制中学または同等の学校を卒業生後、県の土地陳報事務を2年以上勤めた〔主辦〕者、あるいは田賦徴収事務を3年以上勤めた〔経辦〕者で、その証明書のある者

第3条　考試は筆記、口頭試問で行う。但し、〔配点は〕筆記試験を8割とする。

第4条　筆記試験の科目は①国文〔孫文？〕遺教、②国文、③公牘、④財政学及び経済学、⑤土地法規、⑥田賦法規、とする。

第5条　合格者は財政部で訓練する。

ここにいう「整理田賦人員」とは、土地の陳報や勘丈(測量)・推収(登記)の人員かも知れず、徴税や糧食買い付け事務を担当する田賦管理処の人員とは、別の人員をさすのかもしれないが、参考にはなろう。このように、公務員試験

の実施が図られていたのである（但し、これが田賦管理処員をも含めた試験であったとすれば、田賦管理処設置命令は前述のとおり9月1日の発令であるから、実際には間に合わなかったのではないかと推察される）。人「員」たるには最低でも中卒が条件であったことは、後述の「員」と「員外」との区別に際して大事な点となるので、ご注意願いたい。

以上、表1に関して目に止まるところを述べたが、各県の田賦管理処の名簿としては、この表はきわめて不完全なものである。そこで、この問題も含めて、次には犍為県1県の田賦管理処についての史料をいくつか紹介し、検討してみることにしたい。

第3節　「犍為県田賦管理処徴収処員工警丁配置情形表」

先ず紹介するのは、四川省檔案館所蔵の檔案で（全宗号91の941巻処収）、「財政部四川省犍為県田賦管理処徴収処員工警丁配置情形調査表　民国32年9月」というリストである。この表は、上から順に、「徴収処名称」「職別」「姓名」「年令」「籍貫及永久住址」「履歴」「家庭経済情形」「到職日期」「備考」の9つの欄から成っているが、大変残念なことに「家庭経済情形」欄は空欄であり、「備考」も同様である。「到職日期」は全員（1943年）「9月1日」付けになっている。

最初に、この史料（以下には史料Aと呼ぶことにする）の「東興郷徴収処」の所を見ると、前節で紹介した表2の史料に掲載されていた人名の内、この表にも掲載されている人名は、「専任主任兼稽徴股長」だった李義仲と「催徴警」だった賀利成の2人のみである。つまり、東興郷に関するかぎり、1943年3月の時点と比べると12人中の2人を残しメンバーの84パーセント以上が入れ替えられたことになる（但し、史料Aの東興郷徴収処の人員総数は、郷長が兼任する主任・副主任を除いても16人と、表2作成当時より4人増になっている）。また、3月には31歳と記載されていた李義仲は40歳、27歳だった賀利成は29歳と記載されている。私は、李義仲自らの署名と捺印のある前表2の方を信頼したいが、いずれにしても、田賦管理処の人事管理のいい加減さを示している。このような、多

第3章　日中戦争期の四川省における下級公務員について　557

少の不安の残る史料であるが、横書きに直して紹介する。但し、個人名と着任日と空欄は省略する。

表5　財政部四川省犍為県田賦管理処徴収処員工警丁配置情形調査表（史料A）

徴収処の名称	職別	年令	籍貫及び永久住所	履歴
中城鎮徴収処	主任	38	中城鎮	現任中城鎮鎮長
	副主任	39	安全郷	現任安全郷郷長
		48	平安郷	現任平安郷郷長
	専任副主任兼稽徴股長	31	孝姑郷	経徴員専副主任を歴任
	収儲股長	37	中城鎮	曾て中学校事務員
	稽徴員	38	中城鎮	曾て本処雇員徴収処収儲股長
		36	中城鎮	曾て辦事員
	管理員	31	中城鎮	曾て中城鎮事務員
		34	中城鎮	曾て辦事員
		41	中城鎮	曾て小学教員
		49	中城鎮	曾て催徴員
	催徴員	37	中城鎮	曾て軍需科員
	推収員	56	中城鎮	曾て科員
	臨時雇員	32	中城鎮	曾て小学教員
	催徴警	34	中城鎮	
		32	中城鎮	
	倉丁	34	中城鎮	
		35	中城鎮	
		32	中城鎮	
東興郷徴収処	主任	41	東興郷	現任東興郷郷長
	副主任	35	伏龍郷	現任伏龍郷郷長
	専任副主任兼稽徴股長	40	東興郷	徴収員専副主任を歴任
	収儲股長	37	東興郷	曾て地方収支、教員
	稽徴員	30	東興郷	曾て事務員
		38	東興郷	曾て辦事員
	管理員	32	東興郷	曾て小学教員
		35	東興郷	曾て本処雇員、助理員
		39	東興郷	曾て小学教員
		34	東興郷	曾て小学校長
	催徴員	32	東興郷	曾て科員
	推収員	32	東興郷	曾て土地陳報〔所〕助理員
	臨時雇員	34	東興郷	曾て小学教員
	催徴警	32	東興郷	
		29	東興郷	

			32	東興郷	
	倉丁		31	東興郷	
			35	中城鎮	
石渓郷徴収処	主任	41	石渓郷	現任石渓郷郷長
	専任副主任兼稽徴股長	32	中城鎮	曾て省〔田賦管理〕処雇員、本処専副主任
	収儲股長	41	石渓郷	曾て塩商辦事処事務員
	稽徴員	34	石渓郷	曾て土地陳報〔所〕助理員
		38	石渓郷	曾て財政委員会辦事員
	管理員	40	石渓郷	曾て保長隊附き
		28	石渓郷	曾て小学教員
		32	石渓郷	曾て土地陳報〔所〕助理員
		34	石渓郷	曾て県団務委員会委員
	催徴員	35	石渓郷	曾て催徴警徴員〔ママ〕
	推収員	32	石渓郷	曾て土地陳報〔所〕助理員
	臨時雇員	31	石渓郷	曾て小学校長
	催徴警	29	石渓郷	
		31	石渓郷	
	倉丁	36	石渓郷	
		41	石渓郷	
		38	石渓郷	
清渓鎮徴収処	主任	52	清渓鎮	現任清渓鎮鎮長
	副主任	38	九井郷	九井郷郷長
		33	雙渓郷	雙渓郷郷長
	専任副主任兼稽徴股長	32	清渓鎮	曾て本処科員土地陳報稽核員
	収儲股長	39	清渓鎮	曾て県財政委員会経収弁事員
	稽徴員	33	清渓鎮	曾て保民校校長及び本処稽徴員
		29	清渓鎮	曾て稽徴股長
	管理員	37	東興郷	曾て戸籍員、稽徴員
		39	清渓鎮	曾て小学教員
		31	清渓鎮	曾て事務員
		43	清渓鎮	曾て保長隊附き
	催徴員	31	清渓鎮	曾て専副主任
	推収員	31	清渓鎮	曾て小学教員
	臨時雇員	32	清渓鎮	曾て小学教員
	催徴警	30	清渓鎮	
		33	清渓鎮	
	倉丁	30	清渓鎮	
		36	清渓鎮	
		41	清渓鎮	
馬廟郷徴収処	主任	37	馬廟郷	現任馬廟郷郷長
	副主任	39	同清郷	同清郷郷長

第3章 日中戦争期の四川省における下級公務員について 559

	専任副主任兼稽徴股長	40	馬廟郷	曾て土地陳報〔所〕事務員
	収儲股長	32	馬廟郷	曾て保長保隊〔ママ〕附き
	稽徴員	30	馬廟郷	曾て小学校教員〔ママ〕
		31	馬廟郷	曾て小学教員
	管理員	34	馬廟郷	曾て小学教員
		32	馬廟郷	曾て保隊附き
		35	馬廟郷	曾て小学教員
		37	馬廟郷	曾て小学教員
	催徴員	31	馬廟郷	曾て事務員
	推収員	31	馬廟郷	曾て土地陳報〔所〕弁事員
	臨時雇員	37	馬廟郷	曾て小学教員
	催徴警	34	馬廟郷	
		29	馬廟郷	
	倉丁	38	馬廟郷	
		30	馬廟郷	
		40	馬廟郷	
龍沱郷徴収処	主任	38	龍沱郷	現任龍沱郷郷長
	副主任	37	大興郷	現任大興郷郷長
	専任副主任兼稽徴股長	33	龍沱郷	曾て連保主任弁事員
	収儲股長	35	龍沱郷	曾て保長隊附き
	稽徴員	41	龍沱郷	稽徴員、主辦員を歴任
		39	龍沱郷	曾て小学教員
	管理員	32	大興郷	曾て小学校長
		28	大興郷	曾て小学教員
		37	龍沱郷	曾て保隊附き
		31	大興郷	曾て小学教導主任
	催徴員	32	龍沱郷	曾て辦事員
	推収員	35	楽山県城	曾て小学教員
	臨時雇員	37	龍沱郷	曾て小学教員
	催徴警	39	龍沱郷	
		40	龍沱郷	
	倉丁	38	大興郷	
		30	龍沱郷	
		28	龍沱郷	
孝姑郷徴収処	主任	39	孝姑郷	現任孝姑郷郷長
	副主任	38	鉄爐郷	現任鉄爐郷郷長
		39	搾鼓郷	現任搾鼓郷郷長
	専任副主任兼稽徴股長	29	中城鎮	曾て稽徴股長
	収儲股長	37	孝姑郷	曾て保隊長附き、保長、収儲股長
	稽徴員	39	孝姑郷	曾て戸籍員

		37	孝姑郷	曾て小学教師〔ママ〕
	管理員	32	孝姑郷	曾て保民校校長
		40	搾鼓郷	曾て塩場辦事員
		32	搾鼓郷	曾て保長隊附き
		38	鉄爐郷	曾て財政委員会書記
	催徴員	45	牛華鎮	曾て小学教員
	推収員	36	孝姑郷	曾て保民校教師
	臨時雇員	30	孝姑郷	曾て小学教導主任
	催徴警	38	孝姑郷	
		31	鉄爐郷	
	倉丁	37	鉄爐郷	
		34	搾鼓郷	
		29	搾鼓郷	
新民郷徴収処	主任	35	新民郷	現任新民郷郷長
	副主任	33	箭板郷	現任箭板郷郷長
	専任副主任兼稽徴股長	39	中城鎮	曾て戸籍員
	収儲股長	29	新民郷	曾て保民校校長
	稽徴員	34	新民郷	曾て小学教員
		33	新民郷	曾て保隊附き
	管理員	38	箭板郷	曾て保長
		37	箭板郷	曾て小学教導主任
		31	新民郷	曾て土地陳報〔所〕辦事員
		34	新民郷	曾て小学教員
	催徴員	32	新民郷	曾て教育委員
	推収員	38	新民郷	曾て塩場管理員
	臨時雇員	30	孝姑郷	曾て小学教員
	催徴警	37	孝姑郷	
		32	孝姑郷	
	倉丁	29	孝姑郷	
		37	箭板郷	
		31	箭板郷	
羅城郷徴収処	主任	44	羅城郷	現任羅城郷郷長
	副主任	39	金井郷	現任金井郷郷長
	専任副主任兼稽徴股長	38	羅城郷	経徴主辦員専副主任〔ママ〕を歴任
	収儲股長	35	羅城郷	曾て庶務を努める
	稽徴員	34	羅城郷	塩場稽査員、本処稽徴員を歴任
		37	羅城郷	曾て小学教導主任
	管理員	29	羅城郷	曾て塩場書記
		31	羅城郷	曾て経収員、経徴員
		32	金井郷	曾て辦事員

第3章　日中戦争期の四川省における下級公務員について　561

		36	羅城郷	曾て小学教員
	催徴員	40	羅城郷	曾て国民校長
	推収員	31	羅城郷	曾て運商辦事処員
	臨時雇員	31	羅城郷	曾て小学教員
	催徴警	30	羅城郷	
		30	金井郷	
	倉丁	39	金井郷	
		28	羅城郷	
		37	羅城郷	
金栗郷 〔鎮？〕 徴収処	主任	34	金栗鎮	現任金栗郷鎮〔ママ〕長
	副主任	42	寿保郷	現任寿保郷郷長
		37	定文郷	現任定文郷郷長
		35	舞雩郷	現任舞雩郷郷長
	専任副主任兼稽徴股長	34	金井郷	事務員、書記、経徴員を歴任
	収儲股長	39	金栗鎮	曾て経収員
	稽徴員	29	金栗鎮	曾て辦事員
		33	金栗鎮	曾て保長
	管理員	35	定文郷	曾て経徴員
		37	定文郷	曾て小学教導主任・土地陳報〔所〕助理員
		41	定文郷	曾て連保主任
		32	舞雩郷	曾て小学教師
	催徴員	46	中城鎮	経徴主辦員専副主任を歴任
	推収員	31	寿保郷	曾て小学教員
	臨時雇員	34	寿保郷	曾て保長
	催徴警	29	金栗鎮	
		30	金栗鎮	
	倉丁	34	金栗鎮	
		31	定文郷	
		42	定文郷	
観音郷 徴収処	主任	39	観音郷	現任観音郷郷長
	副主任	41	紀家郷	現任紀家郷郷長
		43	新盛郷	現任新盛郷郷長
	専任副主任兼稽徴股長	35	観音郷	曾て小学教導主任、本処科員
	収儲股長	32	紀家郷	曾て保隊長附き、保長
	稽徴員	31	紀家郷	曾て小学教員、経徴員
		39	観音郷	曾て小学教員、経徴員
	管理員	39	紀家郷	曾て庶務
		28	紀家郷	曾て塩場辦事員
		38	紀家郷	曾て事務員
		34	新盛郷	曾て書記

	催徴員	35	中城鎮	曾て小学校長
	推収員	38	観音郷	曾て運商処辦事員
	臨時雇員	30	観音郷	曾て小学教師
	催徴警	37	観音郷	
		42	観音郷	
	倉丁	41	紀家郷	
		38	観音郷	
		32	観音郷	
竹根鎮徴収処	主任	40	竹根鎮	現任竹根鎮鎮長
	副主任	38	牛華鎮	現任牛華鎮鎮長
		30	輝山郷	現任輝山郷郷長
		43	西溶郷	現任西溶郷郷長
		36	五通鎮	現任五通鎮鎮長
	専任副主任兼稽徴股長	48	竹根鎮	曾て運商処辦事員
	収儲股長	37	五通鎮	曾て小学校長
	稽徴員	39	五通鎮	曾て小学教師
		31	西容郷	曾て財政委員会委員
	管理員	32	牛華鎮	曾て塩場処主任
		37	竹根鎮	曾て小学教員、徴収処管理員
		35	五通鎮	曾て小学校長
		29	五通鎮	曾て辦事員
	催徴員	35	五通鎮	曾て主弁経徴員専副主任
	推収員	32	五通鎮	曾て経収員
	臨時雇員	30	五通鎮	曾て塩場辦事員
	催徴警	27	竹根鎮	
		29	牛華鎮	
	倉丁	32	西容郷	
		30	竹根鎮	
		41	竹根鎮	
王村郷徴収処	主任	37	王村郷	現任王村郷郷長
	副主任	33	磨池郷	現任磨池郷郷長
	専任副主任兼稽徴股長	31	王村郷	曾て経徴員専副主任
	収儲股長	48	王村郷	曾て事務員、管理員
	稽徴員	32	磨池郷	曾て保隊附き、保長
		39	王村郷	曾て小学教師
	管理員	36	竹根鎮	曾て司書、催徴員
		31	竹根鎮	曾て小学教導主任
		29	瀘県立石鎮	曾て小学教員、辦事員
		35	王村郷	曾て小学校長
	催徴員	41	龍㐰郷	曾て郷長

第3章 日中戦争期の四川省における下級公務員について

	推収員	32	王村郷	曾て保長
		41	王村郷	曾て保長
	催徴警	29	王村郷	
		34	王村郷	
	倉丁	28	磨池郷	
		36	王村郷	
		38	王村郷	
金山郷徴収処	主任	51	金山郷	現任金山郷郷長
	副主任	30	敖家郷	現任敖家郷郷長
	専任副主任兼稽徴股長	41	竹根鎮	曾て主辦経徴員及専副主任
	収儲股長	41	金山郷	曾て経収員
	稽徴員	31	竹根鎮	曾て経収、稽徴員
		37	竹根鎮	曾て事務員
	管理員	39	王村郷	曾て保長
		38	王村郷	曾て財政委員会委員
		39	王村郷	曾て事務員
		31	敖家郷	曾て小学校長
	催徴員	40	王村郷	曾て経収員
	推収員	32	王村郷	曾て辦事員
	臨時雇員	35	王村郷	曾て小学教師
	催徴警	30	五通鎮	
		37	王村郷	
	倉丁	36	王村郷	
		33	王村郷	
		39	敖家郷	
馬踏郷徴収処	主任	39	馬踏郷	現任馬踏郷郷長
	副主任	37	黄鉢郷	現任黄鉢郷郷長
	専任副主任兼稽徴股長	32	三江郷	曾て幹事主辦員
	収儲股長	35	馬踏郷	曾て戸籍員、経収員、収儲股長
	稽徴員	31	馬踏郷	曾て戸籍員、財政委員会委員
		34	馬踏郷	曾て保長
	管理員	41	馬踏郷	曾て辦事員、保長
		37	黄鉢郷	曾て小学教導主任
		31	黄鉢郷	曾て小学校長
		35	馬踏郷	曾て保民校校長
	催徴員	37	馬踏郷	曾て校長、辦事員
	推収員	32	馬踏郷	曾て小学校長
	臨時雇員	31	馬踏郷	曾て塩場事務員
	催徴警	39	馬踏郷	
		32	黄鉢郷	

			31	黄鉢郷	
		倉丁	29	黄鉢郷	
			32	馬踏郷	
勝泉郷徴収処	主任		35	勝泉郷	現任勝泉郷郷長
	副主任		40	三江郷	現任三江郷郷長
	専任副主任兼稽徴股長		32	中城鎮	曾て県政府辦事員、本処雇員
	収儲股長		36	三江郷	曾て財政委員会委員
	稽徴員		40	三江郷	曾て書記、保長
			41	勝泉郷	曾て小学校長
	管理員		38	三江郷	曾て連保主任、股長
			38	勝泉郷	曾て保民校教員
			37	勝泉郷	曾て小学校主任
			31	勝泉郷	曾て事務員
	催徴員		32	三江郷	曾て小学教師、土地陳報〔所〕助理員
	推収員		37	三江郷	曾て小学校長
	臨時雇員		39	三江郷	曾て財政委員会委員
	催徴警		32	三江郷	
			35	勝泉郷	
	倉丁		40	勝泉郷	
			32	三江郷	
			30	三江郷	
石麟郷徴収処	主任		41	石麟郷	現任石麟郷郷長
	副主任		37	踏水郷	現任踏水郷郷長
	専任副主任兼稽徴股長		31	竹根鎮	曾て運商処主任
	収儲股長		39	石麟郷	曾て小学校長
	稽徴員		33	冠英郷	曾て書記、経徴員
			37	石麟郷	曾て書記
	管理員		42	石麟郷	曾て保長
			38	石麟郷	曾て小学校長
			35	踏水郷	曾て辦事員、教員
			31	踏水郷	曾て小学校長
	催徴員		33	五通鎮	曾て経徴主辦員専副主任
	推収員		31	石麟郷	曾て助理員
	臨時雇員		39	石麟郷	曾て辦事員
	催徴警		29	石麟郷	
			37	踏水郷	
	倉丁		37	石麟郷	
			31	踏水郷	
			44	踏水郷	
蔡金郷徴収処	主任		33	蔡金郷	現任蔡金郷郷長
	副主任		37	新場郷	現任新場郷郷長

第3章 日中戦争期の四川省における下級公務員について

	専任副主任兼稽徴股長	31	石麟郷	曾て経徴員、催徴員
	収儲股長	43	蔡金郷	曾て民生廠股長
	稽徴員	32	蔡金郷	曾て瑞豊廠辦事員
		35	蔡金郷	曾て小学教員
	管理員	39	新場郷	曾て経収員
		33	蔡金郷	曾て保長
		42	蔡金郷	曾て書記
		37	新場郷	曾て教職員
	催徴員	31	竹根鎮	曾て保隊長附き
	推収員	37	蔡金郷	曾て保長
	臨時雇員	39	蔡金郷	曾て保長
	催徴警	40	蔡金郷	
		37	蔡金郷	
	倉丁	39	蔡金郷	
		36	新場郷	
		40	蔡金郷	
冠英郷徴収処	主任	39	冠英郷	現任冠英郷郷長
	副主任	38	楊家郷	現任楊家郷郷長
	専任副主任兼稽徴股長	32	泉水郷	曾て小学校長、専副主任
	収儲股長	39	冠英郷	曾て校長
	稽徴員	38	冠英郷	曾て書記、委員
		40	冠英郷	曾て小学教導主任
	管理員	35	楊家郷	曾て運商処事務員
		32	楊家郷	曾て小学教員
		34	冠英郷	曾て保長
		39	楊家郷	曾て書記
	催徴員	40	冠英郷	曾て辦事員
	推収員	41	冠英郷	曾て小学教員
	臨時雇員	39	冠英郷	曾て保隊附き
	催徴警	29	楊家郷	
		36	冠英郷	
	倉丁	41	冠英郷	
		42	楊家郷	
		35	楊家郷	
泉水郷徴収処	主任	32	泉水郷	現任泉水郷郷長
	専任副主任兼稽徴股長	31	瀘県小市	曾て本処科員、助理員
	収儲股長	31	竹根鎮	曾て経収員
	稽徴員	38	竹根鎮	曾て小学校長
		37	泉水郷	曾て事務員
	管理員	39	泉水郷	曾て辦事員

		40	泉水郷	曾て小学校長
		31	泉水郷	曾て書記
		34	泉水郷	曾て委員
	催徴員	35	金栗郷	曾て財政委員会委員
	推収員	40	金栗郷	曾て瑞豊廠股長
	臨時雇員	39	泉水郷	曾て小学教員
	催徴警	39	泉水郷	
		32	泉水郷	
	倉丁	40	泉水郷	
		31	泉水郷	
		39	泉水郷	
牛石郷徴収処	主任	33	牛石郷	現任牛石郷郷長
	専任副主任兼稽徴股長	33	牛石郷	曾て経徴員、専副主任
	収儲股長	39	牛石郷	曾て校長、辦事員
	稽徴員	40	牛石郷	曾て小学校長
		42	牛石郷	曾て書記
	管理員	38	牛石郷	曾て教導主任
		31	牛石郷	曾て財政委員会委員
		42	牛石郷	曾て塩場主任
		39	牛石郷	曾て小学教員
	催徴員	32	五通鎮	曾て小学教導主任
	推収員	34	牛石郷	曾て保長
	臨時雇員	30	牛石郷	曾て小学校長
	催徴警	32	牛石郷	
		30	牛石郷	
	倉丁	30	牛石郷	
		38	牛石郷	
		39	牛石郷	
合計	徴収処数：21処 徴収処職員：総数384人			
引用者注：出身が「県城」「県城某所」とある者2名は、「中城鎮」に分類した				

　以上のように、21箇所の徴収処に384人の人員が配されている。この表の職別の職務内容は不明なものもあるが、主任は各徴収処設置箇所の郷鎮長が、副主任には近隣の郷長が任じられており、彼らはいずれも、自分の出身地で「長」となっている。

　次に、「専任副主任兼稽徴股長」という職務がこれに次ぐ要職であり、実質的には各徴収処の最高の責任者であった、と考えられる。なお、「履歴」欄に

「専副主任」という記載のある者がいるが、中城鎮の「専任副主任兼稽徴股長」は「経徴員専副主任」、石渓郷の「専任副主任兼稽徴股長」は「省処雇員本処専副主任」、金山郷の「専任副主任兼稽徴股長」は「主辦経徴員及専副主任」と記されており、金山郷のような記述からすると、「専副主任」とは「専任副主任兼稽徴股長」とは別の役職の可能性もある。また石麟郷の催徴員の履歴には「経徴主辦員専副主任」とあり、「専任副主任兼稽徴股長」まで勤めた人が催徴員となるのは、いささか不自然な感じがする。しかし、「専副主任」経歴の者は12人もおり、その内、当時「専任副主任兼稽徴股長」または「収儲股長」だった者は8人にものぼる。やはり、「長」の字がつくので要職ではあったと思われる。そこで、「専任副主任兼稽徴股長」と「専副主任」とは別で、後者は田賦管理処設置以前の要職であった、とみなすことにしたい。

　次に「収儲股長」という役職であるが、実物徴収した米の出納管理の責任者ではないかと思うが、これも職務内容は不明である。

　稽徴員・管理員・催徴員・推収員・臨時雇員の具体的な職務は不明である。ただ、はっきりしているのは、第1に、彼らがいずれも「長」ではないこと、また、第2に、彼らはみな「員」であり、履歴欄に記入があるのに、催徴警と倉夫には記入がないことである。第2の点は、催徴警（徴税の際のボディガードと思われる）や倉夫（倉庫番）が、職歴というものに関係なく生きてきたということであり、要するに、学歴がないか、きわめて低い（小卒程度）人々であった（具体的には農民）ことを物語っていると、考えられる。また、彼らは定員以外の人々であり（以下彼らを「員外」と呼ぶ）、田賦徴収期に一時雇用される存在ではなかったろうかと、考えられる。

　さて、以上の表において、「主任」「副主任」48人を除く336人が田賦管理処の実働人員であったと思われるが、次には、実働人員の内、履歴の記載されている人々の職歴をみてみることにしよう。但し、「専任副主任兼稽徴股長」と「収儲股長」、つまり「長」のつく人々を「上司」と見なし、また「員」と「員外」の人々を「下僚」として区別して、この「上司」と「員」の職歴を整理して見たのが表6である（なお、複数の履歴も勘定に入れることにする）。

表6　各徴収処員の職歴

前歴の分類		上　司（42人）		下僚（但し員外の105人を除く）	
				員	
		定　員	42	定　員	189
田賦管理処関係の役職	主任・長	専副主任8　　　　　― 収儲股長2	10	専副主任4　　　　　― 収儲股長1 稽徴股長1　股長1	7
	各種員	本処科員3 経収辦事員1　経収員4 徴収員1 経徴員4 経徴主辦員1　主辦経徴員1 管理員1 催徴員2 雇員1　本処雇員1	20	本処稽徴員5 経徴員5　経徴主辦員2 催徴員5 徴収処管理員1 経収員4 本処雇員2	24
		小計	30	小計	31
一般事務員		地方収支員1 辦事員2　県政府辦事員1 主辦員1　幹事主辦員1 庶務1 書記1 戸籍員2 事務員1　中学校事務員1 助理員1 土地陳報［所］稽核員1 土地陳報［所］事務員2	16	科員2　軍需科員1 主辦員1 辦事員15 書記9　庶務1　司書1 戸籍員3 事務員8 助理員2　財政委員会書記1 財務委員会辦事員1 土地陳報［所］助理員6 土地陳報［所］辦事員2	63
		小計	16	小計	63
教育関係		教員1 小学校長3 小学教導主任1 保民校校長1　校長2	8	小学教員44　教職員1 小学校主任1 小学校長16（校長1） 小学教導主任10 保民校校長3　国民校長1 保民校教師1　連保校教員1	76
		小計	8	小計	76
郷保関係		連保主任1 保長2 保長隊附き3		郷長1 連保主任2 保長16 保長隊附き7 保隊附き5	
		小計	6	小計	31

第3章　日中戦争期の四川省における下級公務員について　569

その他の役所または民間企業	〈民間？〉	運商辦事処辦事員1 運商処主任1	2	運商辦事処員1 運商辦事処辦事員1 運商処事務員1		3
		塩商辦事処事務員1	1	塩場辦事員3 塩場管理員1 塩場稽査員1 塩場書記1 塩場処主任2 塩場事務員1		9
	民間	民生廠股長1	1	瑞豊廠股長1 瑞豊廠辦事員1		2
		小計	4		小計	14
各種委員		財政委員会委員1		県団務委員会委員1 財政委員会委員2 財務委員会委員4 教育委員1 委員2		10
		小計	1		小計	10
		合計	65		合計	225

　以上のように、前歴を①田賦管理署関係の職、②一般事務職、③教育関係、④郷保関係、⑤その他の役所または民間企業事務員、⑥各種委員会の、6つに分類してみた。

　この内、先ず指摘しておきたいのは、③のなかで「保民校」とあるのは、保の国民学校のことである。

　次に④の郷保関係のなかで「保長隊附き」「保隊附き」とあるのは、同職とみなしたいが、これは具体的には「国民兵団」に組織された保甲組織の内の保クラスの隊の隊長附き、つまり、保長の補佐役であると解釈する。保長は無給の公職であるが、保隊長附きの役職は有給だったようである。

　第3に問題なのは⑤である。運商辦事処と運商処とは同一の組織と思われるが、これが役所なのかどうか、少し迷うところがある。運輸または商人団体の事務所とも取れるからである。また、塩場は私営だったが、1箇所ではなく、大小多数あったものと思われる。その各塩場の職についていたのか、政府の設置していた塩場監督処で職についていたのか、これも不明である。合計3つの廠は民営の工場だったとみなしたい。このように、運商・塩場関係は公職か私

職かは不明だが、一応、「その他の職」に分類した。

　最後に、⑥の各種委員は、おそらく県の各種委員会の委員であり、これは原則として無給であって、県下郷村の有力者（いわゆる「公正士紳」）がなる場合が多かったと考えられる。

　さて、以上の表について分析してみると、先ず全体的観点から見ると、

　①の田賦管理処関係職員経験者は、　　　61人で21.0パーセント
　②の一般の公職事務員経験者は、　　　　79人で27.2パーセント
　③の教育関係経験者は、　　　　　　　　84人で28.9パーセント
　④の郷保関係経験者は、　　　　　　　　39人で13.4パーセント
　⑤のその他の役所または民間出身者は、　18人で　6.2パーセント
　⑥の各種委員経験者は、　　　　　　　　11人で　3.7パーセント

となる。小学校教員や校長、教導主任等の教育関係の経験者が約29パーセント、一般の公職事務員経験者は約27パーセント、次に田賦管理処出身者が21パーセントを占める。また、④と⑥は親近性があるので、両者を合わせると17.2パーセントとなる。

　次に、上司の経歴について見ると、田賦管理処出身者が30人で46パーセント、一般の公職事務員出身者が16人で約25パーセントを占める。このように、上司については田賦管理処出身者が半数近くを占めており、同処に就職することが昇進に有利であったと考えられる。但し、田賦管理処内の員のなかには、「専副主任」「長」経験者が7人もおり、これを降格者とみなすとすると、現在の上司と元上司の合計37人中の7人となり、その比率は約19パーセントとなる。降格率はかなりに高い。5人に1人は降格の対象となっているわけで、「一旦出世してしまえば安心」といえるほどのものではなく、その点では、これを好意的に解釈すれば、上司層に対する「勤務評価」はかなり厳格であった、といえる。しかし、逆に、これは、形式的には省政府の承認は必要だが実質的には任命権者たる県の田賦管理処長＝県長の「勤務評価」の恣意性、下級官僚の身分的不安定性の現れとも取れるのであって、一概に断定はできない。

　また、下僚のなかでは教育関係出身者が76人で約35パーセント、次が一般事務職が63人で約28パーセントを占めている。教職出身者で上司になっている人

は意外に少なく、わずかに7人、11パーセント弱を占めるに過ぎないが、教育界が下級公務員の人材源となっていた事実は、逆にいうと教員職が中卒以上の人材のなかでは最下層に位置付けられていたことを示唆するようで、興味深い。伝統的にも、教師について学ぶ学生の目標は科挙に合格して官僚になることであり、これを教える教師は科挙不合格者ないし受験待機者が多く、社会的身分は必ずしも高くはなかったのである。

　また、各種委員経験者と郷保関係者が41人、18パーセントもいることも、注目される。これはつまり、従来は無給の名誉職にあったと目される人々が[7]、地元で下級役人となって行ったことをうかがわせる現象とも、受け取れなくはないからである。但し、たとえそのような現象を示すものと考えるにしても、公務員の給料は、前節までに見たように、収入源としては決して魅力的な存在ではなかったのである。とすると、彼らが下級役人化して行った要因は、現物の税糧を扱うことから得られる「役得」にあったのではあるまいか？このよ

(7)　周知のとおり、清末以来の四川では、「紳糧」と呼ばれる地主層が団練や各種の公局を通じて県政や郷村社会を牛耳って来た（この点については、新村容子「清末四川省における局士の歴史的性格」『東洋学報』64巻第3・4号；山田　賢『移住民の秩序─清代四川省地域社会史研究─』1995年、名古屋大学出版会、特に第5、6章等を参照）。

　また、民国の時期になると、これらの地主層は、「預徴」という形をとった、軍閥の田賦収奪の強化に対し、税糧の代納をもって応えてきた（もちろん応分の利鞘として5％の手続費が得られた）。しかし、彼らは王朝時代の胥吏や民国期の徴収局の役人のように、職業として自ら徴税や徴税事務に当たったわけではない。そのような徴役や「賤業」に手を染めなくても、十分暮らして行けたからである。しかし、清末に科挙と胥吏との二大制度が廃止されたり辛亥革命があったりして、従来のような郷村秩序は崩されて行った。そこに、軍閥支配と一体化しつつ台頭したのが、いわゆる土豪劣紳であったと考えられる。しかし、いわゆる防区制の解体と国民政府の影響力の浸透過程で（特に抗日戦争期における）、国民党の官僚機構に対応するためには、それなりのイデオロギー的素養（「三民主義」など）や近代的知識を身につけて行くことが要求されたことと思われる。この点については、第(iii)節の最後に触れた、「特種考試整理人員考試暫行条令」の第4条の筆記試験科目から見ても明らかではなかろうか。

表7 上司および下僚の出身地（籍貫）と勤務先との関係

勤務先	同郷出身者			異郷・他県出身者			各郷鎮当たり小計
	上司	員	員外	上司	員	員外	
中城鎮	1	9	5	1			16
東興郷	2	9	4			1	16
石渓郷	1	9	5	1			16
清渓鎮	2	8	5		1		16
馬廟郷	2	9	5				16
龍沱郷	2	5	4		4	1	16
孝姑郷	1	5	1	1	4	4	16
新民郷	1	6		1	3	5	16
羅城郷	2	8	3		1	2	16
金栗郷	1	2	3	1	7	2	16
観音郷	1	3	4	1	6	1	16
竹根鎮	1	1	3	1	8	2	16
王村郷	2	4	4		5	1	16
金山郷	1		0	1	9	5	16
馬踏郷	1	7	2	1	2	3	16
勝泉郷	0	4	2	2	5	3	16
石麟郷	1	5	2	1	4	3	16
蔡金郷	1	6	4	1	3	1	16
冠英郷	1	6	2	1	3	3	16
泉水郷		6	5	2	3		16
牛石郷	2	8	5		1		16
合計	26	120	68	16	69	37	336

な問題を考えるためにも、以上の上司・下僚（員と員外）における、籍貫と現任地との関係を、前掲表5によって確かめておくと、以上のような表になる。

　以上のように、出身地に勤務している者の割合は、全体では214人、63.6パーセントを占めるが、上司については61.9パーセント、員では63.4パーセント、員外では64.7パーセントとなる。つまり、これを逆から見ると、員外の催徴警や倉丁の方が他郷で勤務している人の割合が高く、次いで員、上司という順になっている。つまり位の序列と地元就職率の高低は対応しており、下になるほど流動性が高いと見える。しかし、外郷鎮で勤務している上司と員との合計は85人、上司および員の合計231人の36.7パーセントに達し、員外の33.4パーセントよりも多くなる（なお、県外出身者は、上司に1人、員で2人であり、ほとんど無

視してかまわぬ数である)。

　ところで、このような下級公務員の実態を歴史的な流れのなかでどう評価することができるのか、地元勤務率が高くなったのか、その反対なのか。管見にして、清朝代の県下における胥吏・衙役の籍貫と就業先との関係について、この種の統計をとった先行研究を知らない。いや民国についても、地方役人の生態は分からぬところが多いのである。しかし、これらの点については、なお慎重な検討が必要であり、次節の最後に、改めて検討することにして、次に進むことにしたい。

第4節　その他の「清冊」に見える職員の地理的分配

　さらに見落としてはならないいくつかの史料がある。それは先ず、上にも使用した全宗号91の940巻の38～39頁に収録されている、「財政部四川省犍為県田賦管理処職員姓名並履歴清冊」という史料である (以下史料Bと記す)。この史料Bの発出は1941年10月と考えられる (私がコピーした折りにそう記入しているが、コピーにはその根拠となるような記載はない)。しかし処長たる県長の名前が楊子寿とあり、最近の『犍為県志』[8]の482頁によると、彼の在任期間は1939年8月から1942年8月までであるから、ほぼまちがいない。この清冊には37人の名前・年令・籍貫・出身校・経歴・職分が記されている。残念ながら、このリストにも「現支薪額」の欄が設けてあるのに記入がない。職分は処長＝県長のほか、副処長1、科長3、会計主任1、1等科員3、2等科員3、1級会計助理員1、2等会計助理員1、催徴員18、辦事員5、合計36人から成っている。

　第2の史料は同巻の40～41頁に所掲のもので、「犍為県郷鎮徴購糧食辦事処経徴員姓名並履歴清冊」という (以下史料Cと記す)。発出時期に私の記入はないが、同時に複写したその次の史料には42年2月と記入してあるので、多分史料Bと同時期故に記入しなかったものかと思う。このリストには25名について、前表と同様な形式で書き込まれているが、備考欄には全て派遣先の郷鎮辦事処が書き込まれている。但し、職分の記入があるのは8人であり、その内7人が

---

(8)　四川省犍為県志編纂委員会『犍為県志』1991年、四川人民出版社

主辦経徴員、1人が経徴員である。

　第3の史料は同巻70～74頁にわたって収録されているもので、「犍為県経辦田賦員司及催徴警花名履歴表」という（以下史料Dと記す）。これには、前述のように42年2月発出との、私の記入がしてある。このリストには「合計」欄に「43員51名」と記されているとおり、94人の姓名・年令・学歴・履歴・現任職務の別が記入されている。但し、筆頭の曾仲英の現任職分には「犍為県徴収局長」とある。上引の県志によると当時の県長は楽尚富であり、処長＝県長という前提に合わないし、田賦管理処が再度徴収局に戻ったとも考えにくい。そうだとすると、この史料は田賦管理処設置以前のもので、徴収局時代の、それも、県長が徴収局長を兼任するようになる以前の、一番古い史料であり、私の記入ミスと考えるのが、もっとも妥当なようにも思われる。しかし、この徴収局の局長である曾仲英は35歳で、国立広東大学卒、履歴には国民革命軍第3、9、28、45の各軍、第22集団軍等で中校科長や上校秘書を歴任、さらに四川省物価平準処秘書、四川省糧食管理局科長などを歴任した、とある。鄧錫侯の28軍が45軍に再編されたのは1935年10月のことであり、第22集団軍が編成されたのは、1937年10月のことであるから[9]、この史料Dは38年以後に作成されたものと推察される。また、犍為県で糧食管理委員会が糧政科に改組されたのは、前引の県志によれば1941年（481頁）であるが、田賦管理処の発足と同時期とすれば、多分9月以降のことと思われる。史料Bは41年10月作成のものであると考えられるが、この史料Dも、以上のように考えてくると、それほど古いものではなく、1938年以降1941年前半までの間に作成されたものと考えられる。

　ところで、この史料Dで「51名」とあるのは、局丁・雑役・伝事・催徴警の合計である。したがって、局長以下の43人が「員」である。「名」と「員」との区別は明瞭である。員の内、小学校卒は3人のみだが、局丁以下51名中の小学卒は12人、私塾卒が11人である。合計23人で、45パーセントである。員層と名層との学歴上の差は明確であるが、小学卒が名の半数近くを占めていた事実は、表5からは分からない事実であり、小学教育の普及の程を示していると思われる。

（9）　匡珊吉・楊光彦主編『四川軍閥史』（四川人民出版社、1991年）、458、515頁

第3章　日中戦争期の四川省における下級公務員について　575

表8　徴収局組織表（1937年）

職別	1等局 人数	1等局 月給（元）	2等局 人数	2等局 月給（元）	3等局 人数	3等局 月給（元）	4等局 人数	4等局 月給（元）
局　長	1	200	1	180	1	160	1	140
主　任	2	70	2	60	2	50	2	40
1等股員	3	40	3	40	1	40	0	—
2等股員	4	30	4	30	2	30	1	30
3等股員	5	20	5	20	4	20	4	20
雇　員	6	16	6	16	4	16	1	16
夫　役	7	6	7	6	6	6	4	6
公　費		200		160		120		80
合　計	28	1,018	28	938	20	660	13	450

説明：徴収局の職務を県長が兼任する場合、月手当て200元を支給するが別途に経費は支給しない。

張肖梅編『四川経済参考資料』C4頁

　ただ、この史料Dにおける「員」・「名」の合計94人という数については、疑問が残る。すなわち、前掲拙稿でも触れたが、張肖梅編『四川経済参考資料』（中国国民経済研究所、1939年1月）には、上のような表が載せられているのである。

　同頁所掲の「徴収局等級表」によると、犍為県は2等県にランクされているから、同県の徴収局の職員は局長を除くと27人、夫役7人を除外すると20人でなければならなかったことになる。史料Dとこの表を比べると、37年以後のほぼ4年の間に、全体の職員数は3.3倍、「員」数が2倍以上、「員」外職員は7倍以上にも膨張していることが分かる。このような数字は、41年秋から田賦徴実が始まり、この執行・監督・記録等々に相当な人員を要したと思われるが、それにしても、実物を田賦管理処分処に納入しに行くのは納税者の方であって役人が取り立てに出向いたわけではない。これほどの人員増が必要だったか、少々異常に思われるのである。但し、史料Bとの比較では、県長を除くと、全体で1.3倍、「員」数では2人減、「員」外では2.6倍となっている。「名」数の急増はB・D両史料に共通した傾向といえようが、「員」については、史料Bより時期的に先と思われる史料Dの方が人員増加率が高く、しかも「員」について史料Bは減少していることは、気になるところである。このような問題点はあるが、史料Dについての考察を続けることにしたい。

さて、正規の職員（「員」）の職務について調べてみると、局長1、組長3（主辦税務・撰擬文件・主辦会計）、1等組員2（助理会計事務・任出納庶務事項）、2等組員2（任局総櫃長・任繕写事項）、3等組員2（辦理収発・助理局総櫃事務）、雇員3、分櫃櫃長6、催徴員12、分櫃助理員12、から成る。彼らの学歴・職歴についてみると、局長についてはすでに述べた。

3人の組長はみな大卒（内2人は四川大学）で、3人共に会計員を勤めたことがあり、第3組長は犍為県徴収局の会計主任を担当したことがある。

6人の1等～3等組員は中卒が3人（2人が犍為中卒）、残る3人は犍為師範伝習所、社会軍訓幹訓班、第5〔専員〕区税吏訓練班を、それぞれ卒業している。また、彼らの履歴は徴収局組員会計員、辦事員・科員、収糧委員糧税主管、教員・書記、1人は屏山4区区員及び副区隊長、最後の1人は収糧司事・収糧委員等を勤めている。

3人の雇員はみな中卒で、録事、司書、小学教師・連保司事等の履歴がある。

6人の分櫃櫃長は、5人が中卒または師範卒（内、犍為県内学校の出身者は2人）であるが、最後の1人は第5区地幹〔＝地方幹部〕訓練班卒の学歴しかない。しかし、同訓練班は他の5人も卒業している。年令は一様でないが、同学としてのよしみがあったろう。それぞれ、股長契税主管、収糧委員（2人）、催徴員（2人）、小学校長・教員・書記主任等を歴任している。

12人の催徴員は、1人が第5区地幹訓練班卒であるほかは、みな中卒あるいは師範卒である。注目すべきは、出身校の所在地が、遂寧（2人）、安岳（3人）、成都、広漢、潼川、不明（3人）と、かなり離れた県に散らばっていることである。職歴では、2人が小学教員、科員3、委員4、辦事員2人、不明1人である。

12人の分櫃助理員は小卒5人、中卒は4人、第5区地幹訓練班卒が4人、中卒は4人である。総数が一致しないのは訓練班も兼ねている者がいるからである。彼らのなかには、櫃長経験者が2人もいる。教員経験者が2人、収糧司事4人、あとは会計員1、辦事員1、雇員1、聯保録事1、となっている。

以上の内の、分櫃長6、催徴員12、分櫃助理員12の合計30人が各分櫃所での実働員であった、と考えられる。これに対し、県徴収局には局長以外には組長

3、組員6、雇員3の、合計12名の職員がいたと考えられる。
　しかし、前節の表7から見ると、1943年9月1日での犍為県下各所の田賦徴収処の上司および下僚の「員」の合計は231人である。上の史料Dとの員数の差はあまりにも大きい。
　史料Cは「徴購糧食辦事処経徴員」のリストであるが、糧食辦事処と田賦管理処との関係については最初に述べた。しかし、具体的に犍為県の場合について、両者の統合がいつなされたのかは不明であり、史料Dとの関係が、現時点ではよく分からない。しかし、彼ら25人の経歴を見ると、犍為県徴収局の徴収局の助理員、櫃長、催徴員などであった人が10人もいる。甘典夔は「正主任には辦事処所在地の郷鎮長を充て、副主任はそれ以外の管内の郷鎮長を充て、所属の経徴、経収人員は、県の田賦管理処および県政府からそれぞれ任命派遣する」ことになっていたと書いている。「それぞれに」とあるように、県政府派遣の人員（経収員）と田賦管理処派遣の人員（経徴員）との、二種類の人員がいたことになるわけである。とすると、史料Cは「犍為県」で始まり、表6の元になった史料Aは「財政部四川省犍為県……」と書き始められていること、同様に史料Bも「財政部四川省犍為県……」で始まっていることが、重要な意味をもつのではあるまいか？つまり、史料Aも、史料Bも、共に田賦管理処の直轄管下の人員リストであり、史料C、史料Dは県政府派遣の人員、具体的には省の糧食管理局の系統に属する県の糧政科所属の人員であったのではあるまいか？このように考えてみると、史料Cの数が少ないことと、表6の定員の多さとは、必ずしも、矛盾しないのである。しかし、以上のような史料の分類の仕方には重大な問題があることも、否定しがたい。すなわち、史料Cの25人という数を全て「員」だと考えるにしても、資料Dの51人が半分も定員削減されてしまったことになり、このような事態は、史料Dの表8からの急増ぶりと同様に、異常に思われるからである。しかし、この問題は、これまでも述べてきたように、史料Cでいう「田賦徴購粮食辦事処」は、県が田賦以外の「余糧」を買い取るために設けた省糧食管理局の系統に所属する機関であって、史料Cの編纂当時はなお田賦管理処とは独立の機関であった、と考えることも可能である（但し、それにしては主辦経徴員が7人なのに経収員が1人しかいないという事実は、

「本末転倒」のようにも思われる）。

　現在のところ、これを確証する他の史料を示すことはできないが、小論ではこのように考えることで、史料Cと史料Dとの異常な関係を処理したい。

　最後に史料Bのリスト、つまり県の田賦管理処本部の職員リストについて紹介しよう（次頁表9）。

　処長＝県長を除く人員は全部で36人である。

　この表で問題なのは、18人にもおよぶ催徴員の職務はなにかということである。先に紹介した史料Aには各徴収処当たり1名の催徴員が配置されている（合計21人）。しかし、彼らの籍貫は全て地元の郷鎮であり、他県出身者をかなりに含む（18人中の10人）この表8とは様子が異なる。史料Bの方が史料Aより、約2年前のものだが、この表に見られるような外県の催徴員を追い出した結果、表4に見られるように、地元出身者で固めるということになったのであろうか？しかし、歴史的な趨勢としては、閉鎖的な地方主義が徐々に崩れて行くと考える方が妥当ではあるまいか？とすれば、18人の催徴員は県下の各分処に派遣されたと考えるのではなく、県の本部附きであったと考えるしかない。ただ、県城たる中城鎮にも分処はあったのであるから、彼らがどこでどのような「催徴」活動を行ったのか、これは謎として残される。

　このような問題は残されるが、以上の表を見てみると、1番の副処長から13番の2級会計員までの内、犍為県出身者は4人、他はみな四川各地の他県出身者である。これは、表5の上司・下僚の内に他県出身者が各3員しかいないのと比べると、著しい特徴である。また、14番から36番まで、下僚たる催徴員や辦事員についてみても、犍為県出身者は12人と、3分の1を占めるのは当然としても、安岳5人の他は各県1人ずつしかいない。

　以上のような事実は、県レベルでの人事ではかなり他県や省政府機関との交流があったことを示している。このことは、断片的な史料にすぎないが、表1の30人の各県レベルの田賦管理処員の履歴にも同様に見られるところである。そこでは、数ヶ月単位で県から県あるいは省政府の他の機関へと渡り歩いている者さえいるのである（表1の16、18、29番など）。そして、このような県レベルでの人事移動の活発さから比べると、郷鎮レベルでの人事交流が県下の郷鎮

第3章　日中戦争期の四川省における下級公務員について　579

表9　犍為県田賦管理処職員履歴清冊（姓名欄は省略）史料Bによる

姓名	年令	籍貫	出　身	経　歴	職　別
1	35	江北	広東大学	22集団軍上校秘書・四川省糧食管理局科長・犍為県徴収局長（史料Dの徴収局長である）	副処長
2	34	潅県	四川大学	楽山県及び犍為県徴収局第二組組長	第1科長
3	39	儀隴	四川省立国学専門学校・四川省訓練団	羅江徴収局長・〔犍為？〕県政府科長・指導員	第2科長
4	29	江津	四川土地陳報班	陳報処指導員・分隊長・推収処主任	第3科長
5	30	犍為	犍為中学・地幹班	〔犍為？〕県政府科員・徴収局会計組員・組長	会計主任
6	30	安県	〔安県？〕中学	川江航務管理処辦事員・科員・徴収局1等組員	1等科員
7	50	安岳	四川高等学校	新都・広漢徴収局会計	1等科員
8	28	華陽	四川省立高等商業職業学校	温江等県政府科員・127師少校軍需会計主任	1等科員
9	60	犍為	師範	前徴収局分櫃長・総櫃長	2等科員
10	26	威遠	四川省土地陳報班	本県推収処科員・指導員	2等科員
11	25	栄県	四川省土地陳報班	本県推収処清丈員・指導員	2等科員
12	24	犍為	〔犍為〕県中学	前徴収局1等組員及県政府辦事員	1級会計助理員
13	24	犍為	私立志城高商職校	本県小学教員	2級会計助理員
14	42	仁寿	四川第5区税吏訓練班	前徴収局助理員及催徴員	催徴員
15	30	犍為	犍為知行中学	本県党部幹事	催徴員
16	21	西充	〔西充？〕県中学	本県政府辦事員委員	催徴員
17	45	安岳	安岳中学	前徴収局催徴員	催徴員
18	40	安岳	〔安岳？〕県中学	新都県政府庶務及本処2組組長	催徴員
19	36	犍為	犍為県中学	本処前徴収局助理員分櫃長	催徴員
20	32	安岳	四川儲才中学	本県政府委員・科員及徴収局催徴員	催徴員
21	31	安岳	〔安岳？〕県中修業	本県委員・区員	催徴員
22	40	富順	旧学	本処前徴収局催徴員	催徴員
23	30	犍為	犍為知行中学	地方隊長・校長及経収員	催徴員
24	50	資陽	旧学	歴任催徴員10年	催徴員
25	31	安岳	第5区地方行政幹訓班	護商卡員及催徴員	催徴員
26	43	犍為	師範卒	県中学書記委員・教員	催徴員
27	20	犍為	犍為中学	本県小学教員及書記	催徴員
28	27	犍為	〔犍為〕県中学	本県教員及経収員	催徴員
29	22	犍為	四川蜀華高中	本県教員及徴収局助理員	催徴員
30	31	犍為	第5区税吏訓練班	委員書記・催徴員	催徴員
31	28	綦江	〔綦江？〕県中学	小学教員・県政府科員	催徴員

32	27	犍為	犍為職中校	本徴収局助理員・組員	辦事員
33	30	羅江	成都公学高中部	華陽県小校・成都市小校教務及事務主任	辦事員
34	25	犍為	〔犍為〕県中	会計及小学教員	辦事員
35	31	犍為	県中及5区地幹班	徴収局組員	辦事員
36	30	犍為	県中及幹訓兵訓	辦事及保長	辦事員

の域を超えていない事実と対照的である。このような現象は、県レベルの人事が財政部四川省財政庁の全省的、統一的な管理下に置かれるようになった結果と見ることもできるかも知れないが、他方また、赴任してくる県長たちが親戚・友人を引き連れてやってくるという、昔ながらの旧習の反映に過ぎないのかも知れない。これは当時の地方行政の実態を評価する上で決定的な問題であるが、残念ながらこれを判別し得る史料を私は未だに見ることができずにいる（本章補論に見られるように、田賦糧食管理処長の交替と進退を伴にしている人々の比率はかなり高い）。

一方また、先に表7で見たように、郷鎮レベルでも、それなりに他郷鎮との間に人事交流が認められることも忘れてはなるまい。しかし、前節の表7の検討では、なお検討不十分な所がある。それは、21の田賦管理処設置箇所以外の郷鎮をも含めて、自分の出身地以外の場所で働いている人々の問題である。表7では、この問題を検討しなかった。そこで、改めて、他郷出身者の籍貫がどこかをもう一度史料A全体について調べ直してみよう（但し、わずか3人の県外出身者は検討対象から外す）。

次頁の表10を見られたい。総計は120人であるが、ここに括弧でくくった21郷鎮は管理処の設置場所以外の郷鎮である。これらの郷鎮からの管理処設置点への赴任者の数は86人、実に県下の他郷鎮で働いている人々全体の71.6パーセントにものぼる。更に、そのなかの上司は5人、員の数は52人であり、他郷鎮で働く上司の3分の1、員の合計67人の77.6パーセントを占めている。また員外の数では約76.3パーセントを占めている。

では、この21郷鎮になにか特別な事情があるのだろうか。たまたま自分の出身地に田賦管理処が置かれていなかったからだ、といってしまえばそれまでであるが、この点について検討してみよう。

第 3 章　日中戦争期の四川省における下級公務員について　581

表10　犍為県田賦管理処徴収処員工警丁の内、県下他郷出身者の出身地別統計（史料Aによる）

本人の籍貫郷鎮名	籍貫と違う郷鎮で勤務している者				本人の籍貫郷鎮名	籍貫と違う郷鎮で勤務している者			
	総数	上司	員数	員外		総数	上司	員数	員外
中城鎮	7	4	2	1	観音郷	0	0	0	0
東興郷	1	0	1	0	竹根鎮	9	3	6	0
石渓郷	0	0	0	0	王村郷	9	0	6	3
清渓鎮	0	0	0	0	金山郷	1	1	0	0
馬廟郷	0	0	0	0	馬踏郷	0	0	0	0
龍坨郷	1	0	1	0	勝泉郷	0	0	0	0
孝姑郷	5	1	1	3	石麟郷	1	1	0	0
新民郷	0	0	0	0	蔡金郷	0	0	0	0
羅城郷	0	0	0	0	冠英郷	1	0	1	0
金栗郷	2	0	2	0	泉水郷	1	1	0	0
牛石郷	0	0	0	0	(大興郷)	4	0	3	1
(鉄爐郷)	3	0	1	2	(搾鼓郷)	4	0	2	2
(箭板郷)	4	0	2	2	(金井郷)	4	1	1	2
(定文郷)	5	0	3	2	(舞雩郷)	1	0	1	0
(寿保郷)	2	0	2	0	(紀家郷)	6	1	4	1
(新盛郷)	1	0	1	0	(五通鎮)	10	1	8	1
(西溶郷)	2	0	1	1	(磨池郷)	2	0	1	1
(敖家郷)	2	0	1	1	(三江郷)	10	2	5	3
(黄鉢郷)	5	0	2	3	(踏水郷)	5	0	2	3
(新場郷)	3	0	2	1	(楊家郷)	6	0	3	3
(牛華鎮)	3	0	2	1	小　　計	74	11	44	20
小　　計	46	5	23	18	総　　計	120	16	66	38
備　　考	他県出者3名（上司1、員2）を除いたので、表6よりも統計で3人不足する								

　先ず、表5と対照して見ると、主任・副主任を出しながら、その郷からは1人も他郷鎮に出かけていない郷鎮が6つもある。安全郷、平安郷、伏龍郷、双渓郷、九井郷、輝山郷である。この6郷については何ともいえないので、検討の枠外とする。

　次に、以上の4郷鎮を除く合計41郷鎮のなかで、他郷鎮に人を出している郷鎮は31で、76パーセントを占め、出していない郷鎮は10、全体の24パーセントである。そして、他郷鎮に人を出していない郷鎮10は全て、管理処の設置点である。しかし、表7と対照して見れば明らかなように、他郷鎮に人も出してい

ないし他郷鎮から人も来ていない郷鎮、つまり人事上「自給自足」しているのは馬廟郷のみである。馬廟郷は清渓鎮を流れる沐川河（現在は馬辺河と呼ぶ）の上流にあり、奥地といえば奥地といえる。残りの9郷鎮は、人を送り出してはいないが受け入れている。しかし、他郷鎮から人を迎え入れているといっても、清渓鎮、石渓郷、東興郷、牛石郷は各1人、羅城郷4人、蔡金郷5人、馬踏郷6人、新民郷9人、勝泉10人というように、さまざまである。牛石郷は別図で見ると飛び地であるが、同様に1人しか迎え入れていない残りの3郷鎮は、9人も迎え入れている新民郷と同様に、交通繁華な土地である。また、10人を迎え入れている勝泉郷はこんにちでは井研県所属であるが、昔も今も県境の交通不便な土地柄である。このように、同じ辺境と考えられる土地柄なのに、馬廟郷と勝泉郷では全く反対の現象が見られるのであって、辺境だから「自給自足」と即断はできないのである。

　第3に、中城鎮＝県城には他郷鎮から来た人物は1人しかいないが、他郷鎮に6人もの「員」を送り出している。人材豊かな証拠である。

　第4に、他郷鎮に人を出しながら、同時に人を送り出してもいるのが竹根鎮と王村郷である。竹根鎮は9人を送り出し、11人を迎え入れている。王村はやはり9人を送り出し、6人を迎え入れている。竹根鎮は岷江の中州にある最大の米市場であり、対岸は五通鎮である。五通鎮は岷江上流の牛華鎮と共に犍為最大の塩場があり、塩場の労働者は1934年当時五通鎮だけでも5万人からいたといわれている（竹根現在は楽山市所属。五通は県として独立）。王村（現在は井研県所属）は長江支流の井研河（現在は芒渓河と呼ぶ）に沿った小村であるが、塩と米を売り出している。上流の馬踏郷（同前）は栄県と楽山県の東西を結ぶ大道上にあり、金山郷（現在は楽山市所属）にも塩場がある。王村はこの両郷の中間にある。いずれも、人・物の交流が盛んな所といってよい。

　さらに、管理処設置以外の郷鎮で人を10人も外部に送り出しているのが、五通鎮と三江郷である。三江郷は馬踏郷を流れる井研河のより上流にあり、井研県に隣接するが塩場がある。次に7人を送り出している踏水郷は今は楽山市に所属するが、石炭・米を生産・出荷し、これを西溶郷を通って岷江に流れ込む岷江支流の、石麟郷よりは上流の、比較的に奥地にある。石麟は石林とも書か

第3章　日中戦争期の四川省における下級公務員について　583

れるが、生産した石炭（この石炭は塩場で塩水を煮詰める燃料に充てられた）を下流の西溶に送り、上流の踏水郷から食糧を移入していた。また6人を送り出している紀家郷は、長江北岸の奥地にあり、観音郷から独立したものと思われる。今日では東隣の栄県と犍為県城を結ぶ公路の上にあるが、この路は昔からの駅路であり、栄県との県境にはあるが、単なる田舎街ではなった。同様に6人を送り出している楊家郷は、岷江支流にあり、冠英鎮に米穀を提供していた（共に現在は楽山県に所属）。

　以上、特徴的な現象を5つのタイプに分けて説明したが、最後に、別な角度から見つめて見ると次のように整理できる。すなわち、他郷鎮に勤めているとはいっても、多くの場合は副主任の出身郷鎮の人々であり、つまりは田賦管理処設置点の隣接の郷鎮の出身者である。あいにくと、こんにちの犍為県西北部は楽山県や井研県に移管されてしまったため、旧犍為県についての好い地図がない。別図2は、北京の経済研究所で入手した、『四川各県城郷図地図集』から採ったものである（遺憾ながら、編集者や出版社、出版年次を記入し忘れたらしい）。それでも、上表に顔を出す諸郷鎮の位置関係は分かると思う。また、旧県志には各郷鎮名を横と縦に配して相互の距離が分かるように記入した表が挿入されているが、直線距離なのか道のりなのか、はっきりしない。また別図3は中華民国十七年測図十九年六月完成の犍為県全図（縮尺は5万分の1）により道路網を補筆したものである。また、『四川月報』6巻2期（35年2月刊）所掲の「犍為県政一瞥」には、各郷鎮間の「郵路」の距離が、下表10のように記されている（但し、地名の呼称は表4にしたがったが、〔　〕内が『四川月報』所掲当時のものである）。但し、例えば表10の定文郷〜観音郷は距離が小さ過ぎ（旧県志では30里）、羅城郷と紀家郷とは新県志挿入の地図をみると距離が大き過ぎると思われるが、旧県志の表では40里と、かえって距離は大きくなる。このように、下表10での距離は、旧県志の表より長距離の場合もあれば、短距離の場合もある。しかし、煩雑になるので、比較・検討は敢えてしない。

　さて、582頁所掲の表11について見ると、表10に出てくる郷鎮間の距離で最長なのは、金栗郷〜五通鎮、石麟〜蔡金郷、中城鎮〜孝姑郷、孝姑郷〜新民郷、馬踏郷〜三江の各30里である。いずれも隣接しながら、中心地間の距離は約15

概　　況

県　　等	二
面　　積	1953.99（方公里）
区	設番図1　指導図6
郷　　鎮	44
保	781
甲	8472
戸	87357
人　　口	536643
壮　　丁	42319
財　　政	2182037（元）
教　　育	中学3　中心学校49　国民学校　192
警　　衛	警察所1　警官2　警長3　警士18
衛　　生	衛生院（正等備中）
合作事業	信用社118
倉　　儲	
公　　産	公産租金28713（元）　警産租金455025（元）
重要物産	稲、棉、蔗糖、薬材、桐油煤、金
気　　候	温度最高28・3℃　最低9・7℃　全年雨量975.1（公里）

図2

第3章　日中戦争期の四川省における下級公務員について　585

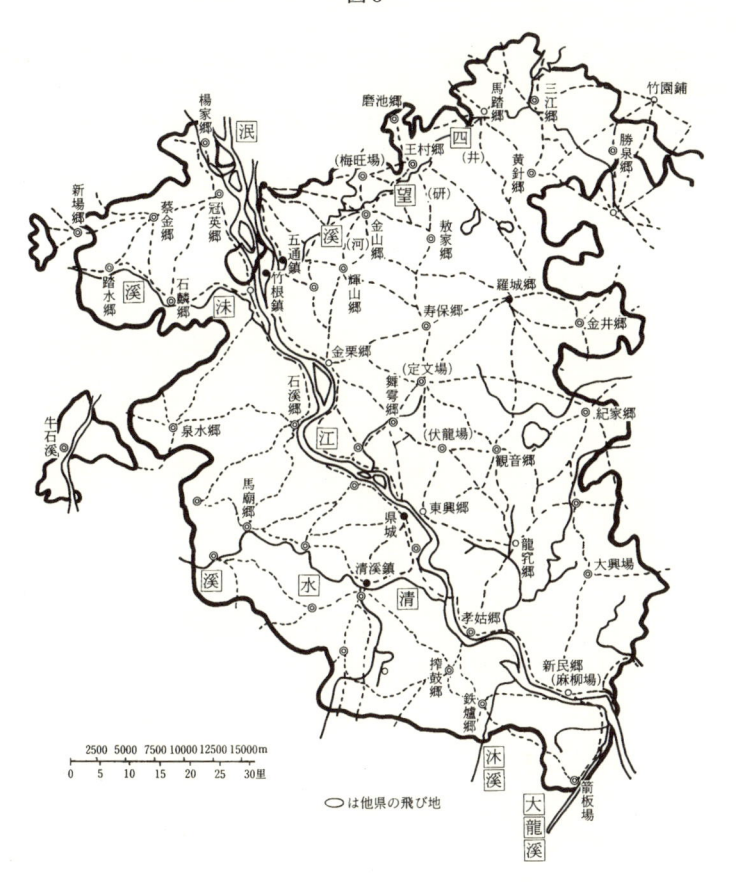

図3

キロである。徒歩の時速4キロとしても、往復で8時間はかかるから、通勤は無理かも知れない。しかし、なにも職員がみな郷鎮の中心地に住んでいたとは限らない。目と鼻の先が別の郷鎮の中心地だった、というような場合もあり得たであろう。

　ところで、先の表5を仔細に検討してみると、純粋に隣接していない郷鎮で勤務しているといえる人々は、以下のとおりである（表12参照）。

　中城鎮と孝姑郷および石渓郷との位置は、岷江を隔ててはすかいにあるが、これも非隣接地域とみなして、この表12は作成してある。このように、非隣接地域にまで出かけて勤務しているのは全部でたった24人、全職員336人中の

表11　犍為県下各郷鎮間の郵路の距離

①県城（中城鎮）～28里～清渓鎮～35里～九井郷
②県城（中城鎮）～15里～〔安全郷〕～15里～石渓郷～20里～金栗郷〔鎮〕～30里～五通鎮
　五通鎮～5里～竹根鎮〔灘〕～3里～西溶郷〔鎮〕～20里～石麟〔石林〕郷～20里～路水郷
　　　　　　　　　　　　　　　　　　　　　　　石麟〔石林〕郷～30里～蔡金郷
③県城（中城鎮）～5里～東興郷～25里～龍㐌郷〔龍孔鎮〕
④県城（中城鎮）～30里～孝姑郷～30里～新民郷〔懐安鎮〕
⑤王村郷～15里～磨池郷
　梅旺郷～15里～磨池郷
⑥竹根鎮～20里～輝山郷～30里～寿保郷～20里～羅城郷〔鎮〕～20里～定文郷～20里～観音郷
　　　　　　　　　　　　　　　　　　　　　　　　　定文郷～10里～舞雩郷
⑦五通鎮～20里～牛華鎮～5里～冠英郷〔鎮〕
⑧竹根鎮～12里～金山郷〔鎮〕～20里～王村郷～20里～馬踏郷～30里～三江郷〔鎮〕
　三江郷〔鎮〕～20里～勝泉郷
　三江郷〔鎮〕～36里～〔竹園舗〕
⑨羅城郷〔鎮〕～20里～金井郷
　羅城郷〔鎮〕～25里～紀家郷

〔備考〕この表には、表9に名があっても載っていない郷鎮がある。しかし、それらは大方は別図3によって位置を知ることができる。

7パーセントに過ぎない。しかも、その全てが員と上司であり、員外はいないのである。このような事実は、員外のような人々には、非隣郷地域に居を構えてまで勤務するメリットもなく、それも季節的に雇用されるだけであったことを示しているように思われる。また、中城鎮と竹根鎮で15人も占めてしまっているのは、文化的（中城鎮には県立中学がある）・経済的な中心地だったからだと思われる。このことに関連して、他郷鎮に上司または員を送り出している割合の高い郷鎮についてみると、100パーセントの郷鎮には、竹根（9／9）、金栗（2／2）の2郷鎮があり、次いで90パーセント台に五通橋（9／10）、80パーセント台に中城鎮（6／7）と紀家郷（5／6）があり、70パーセント以上には、大興郷（3／4）と三江郷（7／10）がある。これらの内、民国以降に村から勃興した大興郷以外は、みな古くからの市場町である[10]。上司や員は中学か各種の訓練班を卒業しており、「名」と数えられる催徴警や倉夫よりも一段上の階層である。県城の中学を卒業するだけの資力がやはり必要であろう。経済的に

表12 非隣接地域で勤務している職員の内訳

出身地	職務 上司	職務 員	職務 員外	小計	勤務先
中城鎮	4	2		6	石渓、孝姑、新民、金栗、観音、勝泉
孝姑郷	1	1	0	2	中城、新民
金井郷	1			1	羅城
竹根鎮	3	6		9	王村、金山、蔡金、泉水
石麟郷	1			1	蔡金
泉水郷	1			1	冠英
東興郷		1		1	清渓
牛華鎮		1		1	孝姑
龍沱郷		1		1	王村
五通鎮		1		1	牛石
合計	11	13	0	24	

　恵まれた人々の住む市街のある郷鎮出身者に「員」が多いのは、当然といえる。このように見てくると、「都市が農村を支配」していた様子がうかがわれるのである。

　もちろん、表11の示すように、隣郷といってもかなり遠い所もあり、距離の分からない所もある。しかし、大勢としては、人員の交流は隣接郷鎮の枠を出なかった、と推測することができるのではあるまいか。このような事実は、先に史料Bなどで見た、県の田賦管理処職員の出身地の多様性と比べるとかなりに対照的である。県の田賦管理処の人事権は省の田賦管理処が握っており、県下の分処の人事権は県長が握っていたと考えられる。いずれも、最終的には省機関の承認を必要としてと思われるが、県下の各分処の人事については、各郷鎮長の推薦に基づいて、県長が決定したものと思われる。そこで、見方によっては、県長の人事権は、上は省からの、下は郷鎮長からの意見に押されて、案外に小さかったのではないかとも、考えられるのである。最後に、この問題について考えてみたい。

　潘鴻聲は、前引の論文の中の「経手人員之防弊問題」と題した節で、田賦徴

(10)　以上の各郷鎮についての情報は、『四川月報』の5巻3期〜7巻3期に時々掲載された各郷鎮についての「概況」や「調査」、新旧（旧は1937年刊）の『犍為県志』に拠るものであるが、煩雑になるので逐一注記はしなかった。

実後に発生しそうな弊害として、3点を指摘している。その第1は、徴購に当たって升目のごまかしである。「度量衡は統一されたが」と述べつつも、「括斗人の技巧」に左右される可能性を指摘している。第2は、糧食の品質の査定に当たり経徴人員が難癖をつけて買い叩いたり、賄賂を取る、といった事態である。第3は、脱穀を請け負う商人や運搬業者の中間搾取である[11]。以上の内、第3点は田賦徴実過程以外の問題である。

また、劉竹賢は徴税のそもそもの対象たる土地の登記の問題について、22項目にわたり問題点を指摘してい[12]る。しかし、煩瑣になるので小論では触れない。他の機会または他者の研究に期待するが、要するに、田賦の経徴やその前提となる土地についての正確さや公平さに関して、色々と問題があったのである。このような問題点のチェックのためには、たとえば「各県市徴購実物監察委員会組織規程」（1943年11月発令）のような法令が定められている。その第2条には、徴購の宣伝や推進のほか、実物徴購に当たっての紛糾の調査や評議、秤量用具の点検や倉庫への収納の管理、不正の摘発等がうたわれている。また、第3条には、この監察委員会の構成者として、1）県市参議会の正副議長、2）県市〔国民〕党部代表、3）県市三民主義青年団分団部代表、4）県市農〔民協〕会代表、5）県市農業改進機関代表、6）県市合作指導機関代表、7）県市糧食同業公会代表、8）「本地公正士紳」3人～7人、が挙げられており、これらの委員は無給であり、正副参議会議長以外は任期は1年、但し再任は妨げない、と規定されている[13]。ここに明確なように、地元の「公正士紳」の発言権には大きなものがあった。これは、同日に公布された「各郷鎮徴購実物監察委員会組織規程」でも同様で、同規程第5条にも、「本会には委員9人ないし11人を置き、県市政府および同県市徴購実物監察委員が、各中心学校校長及び公正士紳から5人ないし9人を選抜して任に充てる」とうたわれている[14]。県レベルでも郷鎮レベルでも、「公正士紳」が尊重されていることが分かるが、

---

(11) 潘鴻聲「経手人員之防弊問題」、前掲書、117～118頁
(12) 劉竹賢「論田賦推収之弊端」、同前書、602～607頁
(13) 同上書、399～400頁
(14) 同上書、402頁

特に郷鎮のレベルでは、中心学校（これは各郷鎮に1校が設けられていた）の校長と「公正士紳」が大きな影響力を有していたことが分かる。

　以上の考察を踏まえると、県長の権限は、新県制の下で一見強化されたようにも見えるが、県レベルはともかく、郷鎮のレベルではなお、地元の「公正士紳」の意向に左右されるところが大きかったと考えられる。但し、実際の人事では、彼ら「公正士紳」の影響力の及ぶ範囲は、先に見たように、隣接する郷鎮までであったと推察される。

　私は、本篇第1章で、省都の成都と県レベル、県レベルと郷鎮レベルとの間では、「公正士紳」にも学歴上の差があるのではないかということを示唆したが、なお十分な確証は得られなかった。しかし、小論のこれまでの考察を通じて、同じ「公正士紳」にも、県レベルのそれと郷鎮レベルとでは違いがあるのではないか、ということについては確信を深めた。但し、学歴の上での差があったかどうかということになると、県の「公正士紳」と郷鎮のそれとの間に大差はなかったようにも思われる（次章参照）。この点については、今後の課題として判断を保留したい。また、学歴に大差がないとすれば、なぜ、県レベルの「公正士紳」と郷鎮レベルの「公正士紳」との違いが生まれて来るのか、という問題も生じて来る。しかし、このような私の区別がそもそも妥当であるかどうか、それこそが根本的な問題であろう。小論がそのような批判に耐え得るものかどうか、これは読者の批判に委ねるが、批判の対象にしていただけるだけでも、私としては望外の喜びである。

　おわりに

　以上、抗戦中の犍為県の田賦管理処関係の檔案を中心に、当時の地方公務員の在り方について紹介し、若干の考察を加えてみた。しかし、職務の具体的内容の不明なものも多く、きわめて不十分なものに終わってしまった。そして、本文の(iv)の末尾にも述べたように、小論もまた、歴史上の1時点についていわば1枚の写真を撮ったようなもので、長期的な観点からの、いわば映画のように時の流れの中で変化・変遷をたどったものとはなってはいない。このよ

うな作業を歴史研究といえるのか、忸怩たるものがある。しかし、いかなる映画も分解して見れば無数のコマから成っている。私とて、別の歴史的時点での写真をいくつも撮って、これを歴史的な流れの中において再構成したいという夢がないではないが、当面はコマ撮り作業を続けることしかないと思っている。そして、できることなら、このような作業が将来、構想力豊かな「監督」の作品の1コマとして役立ててもらいたいと願っている。

第3章補論　犍為県田賦糧食管理処に見る人事交代の模様について（1947～48年）

はじめに

　中国の官僚制度の伝統においては出身地での任官を忌避するのが原則であったことは、周知のとおりである。そして、官が任地を転々として流れ歩くため、任地の実情に暗く、このため地付き胥吏の役割が不可避的となり、顧炎武をして「官に郡県あり、吏に封建あり」と嘆かしめた。清朝後期になると、胥吏を監督するために官は幕友を雇って赴任するようになった。幕友は知県（県長）等の官と進退を共にしたことは言うまでもないが、民国になると、県長がその友人・親族を率いて赴任し、彼等に行政を担わせる風潮が見られた。このため、県長が代わるたびに下級の役人がごっそり替わるということが生じ、これが行政の持続性を損なう要因の一つとなった。これは県長だけに限らず、各種の行政の長とその下僚に見られるところである。とはいえ、具体的事例についての研究成果は、管見するところでは乏しい。そこで、本章では四川省檔案館所蔵の犍為県田賦糧食管理処に関する檔案（全宗号93・案巻2741）によって、47年3月から48年6月までの同処職員の交替の模様を考察してみたい。

1

　1947年7月18日付けをもって犍為県田賦糧食管理処長（県長が兼任）・劉志煊が四川省田賦糧食管理処に送った書面には、同年3月退職者のリストと「留用人員名冊」が附せられている。しかし、その後も5月、9月、48年3月、6月と人員の交替はめまぐるしく行われている。以下には、それを表にして示してみよう。

表1　田賦管理処長・職員リストの変遷（1947年3月～48年6月）

	47年3月現在	同年5月現在	同年9月現在	48年3月現在	同年6月現在
処長	胡　炯	＊劉志煊	劉志煊＠	＊王謫山	王謫山
副処長	王本一	王本一	王本一	王本一	王本一
秘書	譚士宏＠	＊楊汁香	楊汁香＠	＊楊　青	楊　青
第一科長	丘岱安＠	＊周敦義	○張維周	再・唐邵平	唐邵平
第二科長	唐邵平＠	古高梧	古高梧	＊李廸光	李廸光
第三科長	古高梧	＊袁廸徽	袁廸徽＠	張維周	張維周
督徴員	張映光＠	＊張維周	＊羅永清＠	＊楊　正	楊　正
			費恩濃＠	＊呂仲常	呂仲常
			羅光照＠	＊李　剛	李　剛
			羅鑑銘＠	＊杜慎之	杜慎之
技士	胡問漁＠	朱明六	朱明六	朱明六	朱明六
一級科員	朱明六△	○劉初乾	傅西庚	傅西庚	傅西庚
	傅西庚	傅西庚	劉初乾＠	＊黄□仙＠	○曾貫通
	曾筱光	＊陳明武	陳明武＠	＊厳　励	厳　励
二級科員	何体先＠	×曾筱光	許治華	許治華	許治華
	鄒述文＠	＊許治華	古沢遠＠	＊曾貫通	＊朱有才
	劉初乾	＊張一萍	曾筱光＠	＊王正達＠	張福生
	古沢遠	古沢遠	張一萍＠	＊張福正	＊呂凌生
辦事員	唐有虞＠	＊戴緒倫	楊光輝	楊光輝	楊光輝
	鄭沢森＠	○楊光輝	戴緒倫＠	＊程輝中	程輝中
	李道国＠	＊王小興	王小興＠	＊陳肇品	陳肇品
雇員	郝炳泉	郝炳泉	郝炳泉	郝炳泉	郝炳泉
	楊光輝＠	＊鄧必富	鄧必富＠	＊安志道	安志道
	王自生＠	＊呉楽霖	呉楽霖	＊鄢春城	鄢春城
	陳　枢	＊楊玉然	楊玉然＠	呉楽霖	呉楽霖
			劉朗鈞＠	＊毛儒子	毛儒子
			羅霊庠＠	＊李昌伯	李昌伯
会計主辦員	蕭孝華	蕭孝華	蕭孝華	蕭孝華	蕭孝華
会計助理員	陳民安＠	宋万鈞	宋万鈞	宋万鈞	宋万鈞
	張淑英＠	＊馮紀石	馮紀石＠	秦　炳	秦　炳
	宋万鈞	＊秦　炳	秦　炳	＊李良弼	李良弼
			杜品俊＠	＊呂凌生	
人員管理員	李仲濤＠	＊奉化雨	奉化雨	奉化雨	奉化雨
合　計	26員	26員	32員	32員	31員

備考　○昇格×降格△配置換え＠辞任または免職※新規抜擢（員数に処長は含めない）。

注1：47年5月現在のスタッフは「犍為田賦糧食管理処職員姓名冊」に拠る。3月現在の名簿では科長に番号は無かった。また、5月現在の「名冊」では宋万鈞が一級会計助理員、残り2名が二級会計助理員とされている。以後は同じ。

第3章補論　犍為県田賦糧食管理処に見る人事交代の模様について　593

　さて、上掲の表を見ると、処長＝県長の任期は1年くらいであるが、処長の交替に伴って、かなりの数の職員が辞職している（免職者は上表には無し）。先ず胡炯処長から劉志煊処長への交代に当たっては、処長を除く職員26名中13名が辞職している。交代の割合は50％である。次ぎに劉志煊処長から王謫山処長への交代に際しては32名中20名が辞職している。その比率は62.5％にも当たる。かなりに高い比率に思われるが、他に比較の対象が無いのでこれが常態なのか国共内戦期という特殊性に規定されてのことなのか、何ともいえない。しかし、僅か1年足らずの間に職員の50％～62％が交代してしまっては行政事務に支障が生じることは容易に予測される。但し、代わらぬ人物もいる。副処長の王本一、一級科員から技師に取り立てられた朱明六、会計主弁員の蕭孝華、会計助理員の宋万鈞、雇員の筆頭の郝炳泉、雇員から辦事員に取り立てられた楊光輝の6名である。また、張維周は劉処長時代に督徴員から科長に抜擢され、王処長の下でも科長職に置かれている。また劉処長と共に二級科員に就職した許治華も、王処長の下で働いている。

　そこで、簡単ながら履歴のわかる1947年5月現在のスタッフを先に言及した「職員姓名冊」に拠ってみると次頁表2のとおりである。

　表2のリストに顕著なのは犍為県出身者が圧倒的に多いことである。9月に増補された人物をも含めると、処長を除く職員34名中20名、実に約60％弱を占めるのである。交代の比率とほぼ等しいのは、犍為出身者で人員交代を補填できるということであり、本篇第3章で取りあげた抗日戦争中よりも下級官僚の「地元」補填化の比率が高まったということであり、注目されるところである。

　さて、王本一副処長は46年10月から少なくとも48年6月まで21ヶ月は不動である。任期1年に満たないような処長に代わり、実権を掌握していた可能性が強い。

　次ぎに2代の処長に仕えた張維周については、「犍為田賦糧食管理処新任人員資歴表」という個人別の調書によると、1922年に国民党に入党している。督徴員とは各郷鎮に出向いて納税を催促する職務である。銓叙の欄には政県府の科長、区長を経て後、四川省県政人員甄審委員（会）より五級委任に叙され、更にその後四級委任に昇格したとある。また、訓練の欄には、四川省県政人員

表2：犍為田賦糧食管理処職員名冊（1947年5月1日現在）

職別	姓名	年齢	籍貫	出身学校等	経　歴	党団証の有無	着任の日時	任命の情況
処長	劉志煊	46	犍為	四川工業専門学校・四川県訓	財政科長、田賦管理処副所長	有	47.5.1	已送
副処長	王本一	42	富順	四川大学法政学院	推事科長、専員処長	有	46.10.1	県長資格合格
秘書	楊汁香	34	楽山	成都公学高中	司法書記、股長・科長	有	47.5.1	省公務員資格合格
第一科長	周敦義	37	楽山	四川財政講習所	科員、科長技士	有	47.5.1	未送
第二科長	古高梧	33	犍為	犍為中学、省訓団	区長、科長	有	45.8.1	四級資格
第三科長	袁廸徹	31	威遠	省立資中中学	助理秘書、県指導員	有	47.5.1	八級資格
督徴員	張維周	45	崇慶	四川志成法専	軍事法官、科長、区長	有	47.5.1	四級資格
技士	朱明六	35	犍為	省立成都中学	業務員、科員、技士課長	無	47.5.1	未送
一級科員	傅西庚	34	犍為	南部県立初中	科員、事務員	有	45.7.1	未送
同上	劉初乾	33	瀘県	瀘県県立中高中部	政県府及田賦管理処員	無	45.8.1	未送
同上	陳明武	26	崇慶	私立建国高中	科員	無	47.5.1	未送
二級科員	許治華	28	楽山	楽山私立凌雲中	会計主弁員、助理員	無	47.5.1	未送
同上	古沢遠	31	犍為	嘉属連立中高中	辦事員、科員、教員	無	46.10.1	未送
同上	曹筱光	35	中江	潼属連立中高中	小学校長、県政府指導員	有	46.10.1	未送
同上	張一萍	25	沐川	樹正中学	度量衡検定員、辦事員	無	47.5.1	未送
辦事員	楊光輝	24	犍為	犍為県立初中	稽徴員	無	45.7.1	未送
同上	戴緒倫	22	江津	東呉之江連合大学国貿系	科員	無	47.2.1	未送
同上	王小興	28	犍為	犍為県立初中	小学教員	無	47.5.1	未送
雇員	郝炳泉	30	犍為	犍為県立中	政県府雇員	無	46.6.1	未送
同上	鄧必富	27	犍為	犍為県立初中	雇員、辦事員助理員	有	47.5.1	十三級資格
同上	呉楽霖	37	犍為	犍為旧制初中	辦事員、幹事	無	47.5.1	未送
同上	楊玉然	30	犍為	犍為県立初中		無	47.5.1	未送
会計主辦員	蕭孝華	33	犍為	重慶市敬業高商会計科	会計助理員	無	45.8.1	未送
一級会計助理員	宋万鈞	25	犍為	犍為県立初中	総務主任、銀	無	47.5.1	未送

					行会計			
二級会計助理員	馮紀石	27	巴県	重慶私立明誠中	崇慶田糧処辦事員	無	47.5.1	未送
同上	秦炳	33	犍為	成都志城高商	辦事員、科員、合作社会計主任	有	47.5.1	未送
人事管理員	秦化雨	35	犍為	中国公学大学部	区員、股長、助理員	有	47.5.1	未送

備考：国民党・三民主義青年団何れかのメンバー証書を持つ者は「有」とし、持たぬ者ないしは申請中で未だ証書の交付を受けていない者はいずれも「無」とした（原文では「未」とか空欄になっている）。又最終欄は原文では「銓叙情景」である。意味は任用情況ということであろうが、已送・未送の別はよくわからないが、省レベルに採用書類を送ったか否かをいうのかも知れない。資格というのも省公務員試験何級合格の意味である。おそらく、資格があるから採用は問題なく、そのような資格を持たぬ人員については省の田賦糧食管理局へ通知し承認を得べきところを、未だその手続きをしていないと言う意味に解釈しておく。

なお、47年9月現在で増員された人物を附録として加えると以下のとおり。

督徴員	羅永清	32	犍為	犍為県立中	櫃長、専任副主任	無	47.9.16	未送
同上	費恩濃	36	犍為	犍為県立中、高中	嘉属連 税務股長、会計	有	47.9.16	未送
同上	羅光照	33	犍為	犍為県立中	小学校長、副郷長 政県府経収組長	有	47.9.16	未送
同上	羅鑑銘	30	犍為	光華大学工商管理系	直接税局高級税務員	無	47.9.16	未送
雇員	劉朗鈞	32	沐川	重慶南岸中	軍政部兵工署軍械総庫、兵工廠技士	無	47.9.16	未送
同上	羅霊庫	22	犍為	犍為私立知行中	書記、教員、辦事員	無	47.9.16	未送
二級会計助理員	杜品俊	34	犍為	犍為県立中	公司会計	無	47.9.16	未送

訓練所第2期、四川省訓〔練〕団第1期を終了したとある。

　次ぎに、彼の職歴について「経歴」欄を見ると、次頁表3のとおり。

　この履歴から見てもわかるように、色々な職を転々としているが、途中にかなり長い中断がある。一番長いのが丹稜県政府の科長を辞めてから犍為県の田賦糧食管理処（以下「田管処」と略記）に就職するまでの4年5ヶ月である。日本の公務員では考えられないことであるが、この間どのようにしてたずきを得ていたのであろうか？

　次ぎに楊光輝の個人調査を見ると、紹介者は犍為県税捐稽徴処副処長で、関

表3：張維周の職歴

機関の名称	官等	職務	月給	就職・退職期日
四川財政庁	委任	科員	50元	26・8〜27・12
成都地方法院	委任	候補検査官	70元	28・2〜28・6
24軍司令部	委任	参事科員	60元	28・7〜32・5
28軍剿匪第十支隊部	委任	軍法	50元	33・8〜34・4
大邑県第三区署	委任	区長	70元	36・3〜37・1
丹稜県第三区署	委任	区長	70元	37・5〜40・6
丹稜県政府	委任	指導員	70元	40・8〜41・8
同上	委任	科長	80元	41・9〜42・12
犍為県田賦糧食管理局	委任	督徴員	160元	47・5〜

係は「親誼」とある。若いので職歴は45年9月〜46年1月が犍為県石麟徴収処の稽徴員、給料は60元、次いで46年9月から47年5月までは犍為田管処の雇員で月給50元、5月からは辦事員となり、月給は60元に戻る。楊の場合も46年2月から9月就職する迄、7ヶ月の中断がある。未だ若いから親の臑を齧って過ごしたのであろうか？

次は許治華である。紹介者は本田管処第一科長の周敦義である。関係は「友誼」であるが、二人とも楽山県の出身であり、同郷の誼である。許も28歳と比較的若く、職歴も三つしかない。はじめが楽山の直接税局に会計助理員として44年5月から46年9月まで務めた。月給は80元であった。次いで同局の夾江査徴所の主辦会計員として46年9月より11月までを過ごした。月給は100元だった。46年11月から12月までは、楽山税捐稽徴処の助理員として80元の給料をもらって過ごした。そして、犍為田管処には75元で47年5月から務めるようになったわけである。彼も、4ヶ月の中断がある。月給は前職より下がっている。

次ぎに朱明六は省田糧処前副処長と県参議員との紹介で（両者との関係は「世誼」である）ある。彼の経歴も多彩なので表化すれば以下のとおり（次頁表4）。

朱明六は間断なく役所務めを続けているが、倉儲課長から技士への転職に際しては給料が半減し、一級科員になって更に10元減収となっている。また、個人調書では47年5月の月給は140元だが、同月作成の「職員姓名冊」では110元と記入されている。当時物価は騰貴する一方であったのに、逆に給料の半減は応えなかったのであろうか？敢えて政県府へ転職したのか、したとすればなぜ

第3章補論　犍為県田賦糧食管理処に見る人事交代の模様について　597

表4：朱明六の職歴

機関の名称	官等	職務	月給	就職・退職期日
蓬溪県土地陳報弁事処	委任	編絵員	75元	42・4～42・7
同上	委任	分隊長	80元	42・7～43・8
四川糧食儲運局犍為倉庫	委任	一級業務員	160元	43・10～44・8
四川糧食儲運局	委任	一級科員	160元	44・9～45・2
犍為糧食儲運処	委任	倉儲課長	200元	45・3～45・6
犍為県政府	委任	技士	100元	45・6～46・3
犍為田賦糧食管理処委任	委任	一級科員	90元	46・4～47・5
同上	委任	技士	140元	47・5

か？或いはこれは左遷だったのではないかとも考えられるが、例えば蓬溪県土地陳報辦事処は財政部の所属機関であり、四川糧食儲運局は糧食部の所属機関であり、犍為県政府は行政院の所属機関である。これらの機関を統一的に管理する機関があったのであろうか？あったとすれば、左遷ということも考えられるが、不勉強のため官僚全体の管理をしている機関の所在を知らない。内政部がそのような機関であった可能性はあるが、法的確認はできていない。いずれにせよ、官僚のリクルート体制の研究が今後の課題として残される。

　残念ながら郝炳泉と宋万鈞、蕭孝華、奉化雨についての個人調書はない。
　以上比較的に長期に務めている人々の経歴や紹介者等について見てきたが、特に共通する要素は見られなかった。
　そこで、次には劉志煊と進退を共にした人々の経歴を見てみよう。
　羅永清は秘書楊汁香の紹介で就職した。39年8月から40年9月まで、犍為県徴収局の櫃長を務めた後、42年5月から44年6月まで、犍為田賦管理処で専任副主任になった。45年9月から46年2月までは、犍為田管処の収儲股長を務め、47年9月より督徴員となった。給料の表示はないが、督徴員の給料は100元であった。
　羅光照は科長・古高梧の「友誼」で紹介された。35年1月～36年12月、犍為県第3区区立小学校校長。43年7月～45年10月、犍為県定文郷副郷長、46年4月～9月、犍為県政府経収処組長、この間37年4月、犍為県会定文郷分事務所常務理事。44年12月定文郷財産保管委員会主任委員等に当たっている（期限は不詳）。37年1月から43年6月まで、5年7ヶ月も履歴は空白である。

費恩濃は紹介者欄に記載がない。38年8月～42年2月、川南塩務管理局税務股長（月給100元）、42年2月～46年12月には犍塩銀行で会計（150元）、46年12月～47年3月、中国鉱産貿易公司の会計（180元）を経て、48年9月より田管処の督徴員（100元）となった。月給が80元も下がるのに田管処に就職先を移したのは、会社の倒産等の事情に拠るものであろうか？彼の場合にも21ヶ月もの中断がある。

　この他の人物にも個人調書がない（楊汁香のものは各種の資格ばかりが書いてある）。

　羅永清は紹介者の楊汁香、羅光照は同じく紹介者の古高梧と進退を共にしたと考えられる。また、楊汁香は呉楽霖の紹介者にもなっているが、呉は楊と進退を共にしてはいない。

　以上は田賦糧食管理処の内勤の人々についての動向であるが、外勤の人々についてはどうであったかを見ておこう。

　47年5月に出された「犍為県田賦糧食管理処離職人員名冊」には、既出の役職・人名の外に、以下のような役職と姓名がリストに載せられている。

専任副主任	陳家勲	辞職を許可
	張一氷	職を棄てて秘かに逃亡
	王道華	事件により免職
	張寛階	同上
	蒋高昇	同上
	李義仲	同上
収儲股長	伝廸徽	専任副主任に配転
	陳立儒	辞職を許可
	彭賢仲	同上
	袁利北	同上

　不祥事があったのであろう。専任副主任では4人が免職処分とされ、1人が逃亡している。

　次ぎに47年5月作成の「犍為田賦糧食管理処外勤職員姓名冊」には専任副主任21名、収儲股長21名、稽徴員21名が列記されている。ところが、7月の「名

冊」では、専任副主任に2名の交代があった外、稽徴員21名のリストがカットされている。同月作成の「離職人員名冊」の方を見ると、「離職原因」欄に、専任副主任の1人は辞職、1人は免職と書かれており、稽徴員の方は「奉令裁遣」と記入されている。稽徴員と上の免職事件との関係の有無が気になるところである。

　また、48年2月作成の「外勤職員姓名冊」を47年の「名冊」と比べてみると、専任副主任に7名の交代があり、また、収儲股長が「収儲員」と名称を変え、21名中10名が交代し、稽徴員は9名に激減されると共に、全員が交代している。専任副主任の交代の比率は約33％、収儲股長では約50％ということになる。内勤者に比べると定着率は相対的に高いことがわかる。

　次ぎに48年3月作成の「外勤職員姓名冊」を2月作成のリストと比べてみると、全く同一である。では、6月作成のリストではどうか？専任副主任に2名の交代があった外は2月作成のリストと同じである。

おわりに

　以上、犍為田賦糧食管理処の人事の一端を見たが、処長＝県長の交代に際し彼と進退を共にする人々の比率はかなり高いが、それは処長個人との繋がりというよりも秘書や友人との繋がりによるものが要因として考えられる。また、職員の中では犍為出身者が抗戦中よりも比率が高くなっており、本文の方では「歴史的な趨勢としては、閉鎖的な地方主義が徐々に崩れて行くと考える方が妥当ではなかろうか」と書いたが、必ずしもそうなってはいないことが分かった。この要因としては、犍為中学への進学率の向上等により人員調達が以前に比べ容易になったことが考えられるが、より長期的観点からの検討が必要であり、軽々に断定はできない。今後の研究課題の一つとしたい。

第4章　いわゆる「新県制」下における南渓県について

はじめに

　南渓県は川南区に属し、瀘県と宜賓の中間に位置し、長江の南北に跨って広がる県であり、長江北岸に面する県城は清朝以来の姿・形を残していることで有名である。軍閥割拠の時代には、暫し劉文輝の24軍の支配下に置かれていたこともある。本章では、南渓県政府統計室が1944年4月に編集・出版した『四川省南渓県県政統計提要』(以下『提要』と略称)や四川省檔案館所蔵の『南渓県第二次参議会大会』(以下には『二次大会』と略記、同舘全宗号54案卷508に収録)によって、日中戦争期における県政の概況と「新県制」下での地方自治の実態について紹介しつつ、若干の検討を加えて見ることにしたい。なお『提要』は筆書きの石版印刷である上、用紙の質が悪いため、判読不能な箇所がある。〔　〕は一字不明の所であり、〔　〕〔　〕は2字不明の箇所を示す。

第1節：県政の概況
　1）政県府の組織と職務
　南渓県の行政組織の系統図は別図のとおりである。
　①先ず、県長の職務について。県長の兼職数は以下のような15にも及ぶ。括弧内は隷属機関と同県における該当兼職機関の成立年次。
　1、財政部四川省南渓県田賦管理処・処長（財政部四川省田賦管理処41年9月）、2、四川省儲運局南渓県倉庫・主任（粮食部四川省儲運局41年10月）、3、四川省南渓県国民兵団部・団長（以下「四川省」・「南渓県政府」は省略する。四川省軍政区司令部39年9月）、4、新生活運動促進会・主任幹事（新生活運動〔　〕会36年9月）、5、中等学校学生〔　〕〔　〕貸金委員会・主任委員（四川省政府教育庁39

第4章 いわゆる「新県制」下における南渓県について 601

年11月)、6、行政幹部訓練所・所長(省幹部訓練団41年1月)、7、小学教師講習会・会長(省政府教育庁42年7月)、8、軍法官(省政府保安処35年6月)、9、煙毒調験所・所長(四川省政府43年10月)、10、全国節約建国儲蓄会南渓支会・主任委員(四川省節約建国儲蓄団40年12月)、11、地籍整理処・処長(四川省政府43年6月)、12、優待委員会・主任委員(四川省政府39年1月)、13、司法処・検察官(四川省高等法院39年7月)、14、水利委員会・主任委員(四川省水利局42年10月)、15、糧米管理委員会・主任委員(四川省糧政局41年1月)。

　以上のように4と8以外はみな、日中戦争期になって兼職を命じられたものである。県長には別図の各行政機関を統治し、以上のような兼職を負うほかに、
　②なお県下の各郷鎮を出巡する仕事があった。それは、半月ほどを要することもあったが、あいにくと南渓県についての出巡記録を見ることができなかったので、時代も地域も全く異なる1929年の大竹県を例にとると、次のような事柄が表にまとめられている(四川省檔案館全宗郷176案巻65号所収史料)。これによると、旅費としては県長・科員・録事一人当たり6角、半月で27元、輿費として、県長は四人担ぎ、科員・録事は二人担ぎ、合計8人で日当各1元として8元、これが半月で120元、お供として政務警察10名、勤務2名で毎名0.3元の半月分54元が計上されている。この間、行政をストップさせることはできないので、科員や録事が同行し、時には政県府への連絡等に当たったと思われる。輿に載ってとはいえ、楽な旅とはいえなかったであろう。この県長出巡が毎月の行事であったのか年に数回であったのかはっきりしないが、大竹県では毎月の額として予算の補助を要請しておりながら、年額幾らかについては一言の言及もない。それ故、年に半月程度のことであったようにも取れるのであるが、日中戦争期における出巡記録としては四川省檔案館所蔵の全宗号54案巻10434号に、42年4月22日から5月27日までと、同年10月8日から11月19日までとの2回にわたり、簡単な日記簿が残されている。あいにくと県名をメモするのを忘れたが、県下の各郷鎮を巡り歩き、郷鎮長から政務の情況を聴取したり、保甲の人員を集めて座談会等を催している。また、教職員や学生を集めて訓話を行ったり、堰堤の補修の情況の視察、税糧の督促等、各郷鎮の具体的問題についても自分の意見を述べたりしている様子が窺える。ただ、この時の主要な課題は

地方自治の実情を視察することにあったようである。年に2回も郷鎮巡りをするのは、新県制のように権力が県長に集中し、県長の兼務が増えていた中では大変なことではなかったろうかと推察される。なお、この史料では、付き人は「巡官」と「政警及び公丁6人」と記されており、大竹県の時代よりもお付きの数は少なくなっている。

③次ぎに各科・室の職掌を1943年度について見てみよう。

秘書科：1、（政県府）機関の必要な文章・電報を起草したり各科・室の原稿を点検する。

2、職員の昇進・任免・点検・処罰

3、受け取った書簡や発出した文章・電報を管理し、档案の写しや校正を保管する

4、図書・刊行物の編纂・発行・収集・保管及び庶務の出納

5、その他、以下の各科・室に属さぬ事項。

民政科：1、戸口調査及び人事登記、2、地方自治及び保甲、3、郷鎮の区分、4、警察行政、5、衛生行政、6、寺廟財産の管理と監督、7、礼俗・宗教、8、その他民政に関する事項

財政科：1、財務行政、2、地方金融機構の管理と監督、3、予算作成への立ち会い、4、公産の管理と処分、5、寺廟財産の登記、6、その他財務に関係する事項

教育科：1、教育行政、2、学校教育、3、社会教育、4、教育経費、5、教育文化、6、その他教育と関係する事項

＊ここでは、教育経費が特記されていることが注目される。郷鎮以下の小学校や中心小学などの予算は、県の教育予算とは別にされていたように思われるふしがあるからである。

建設科：1、道路、架橋、電信及びその他の土木工程、2、農林・水利・開拓、3、工・商・鉱業、4、度量衡の検定、5、国民土役（義務労働）、6、その他建設に関する事項

軍事科：1、兵員の徴募と退役者への支払い、2、国民兵の徴集・訓練、3、在郷軍人の管理、4、防空情報、5、兵役の宣伝、6、出征軍人家族

の優待と傷亡者への手当、7、民有の銃・弾薬の登記と烙印による管理、8、警備・保安、9、武器弾薬の管理と保管している消耗品の点検

社会科：1、人民団体の組織と訓練、2、民衆団体の紛糾の処分、3、人民団体及び民衆組織の経費の審査、4、各種社会運動の宣伝と推進、5、慈善団体及び社会救済、6、国民精神総動員、7、新生活運動、8、その他社会の福利に関する事項

地政科：1、土地の測量、2、土地の登記、3、土地の使用、4、土地の徴収、6、その他地政に関する事項

糧政科：1、糧食に関する行政、2、糧食の供給および調節、3、徴購糧食の集中、4、糧商の調査と登記、5、糧商の糧価の水準の登記と市場管理、6、倉を建設し貯蔵米を入れる、7、凶作時の救済、8、糧食の節約、9、その他一切の糧食に関する事項

会計室：1、予算総額をその必要額を事実上の調査額に照らして配分する、2、県の各機関の歳入歳出の概算数の見積もり及び概算書の作成、3、予算内での法に則った流用予算の登記、4、県各税の歳出歳入決算書の作成、5、財政上の増進効果及び不経済的支出減少のための研究・建設及び［　］［　］、6、会計制度の確定、7、県各機関会計報告の記載事項及び報告内容の全面的検討およびその報告書の編集、8、県各機関会計事務の監督と指導、9、政県府歳入及び経費の歳計についての会計、10、その他会計・歳計に関する事項

統計室：1、民政、財政、教育、建設、衛生、社会、地政、軍事、警察、等の統計素材の登記と［　］編［　］等の事項についての調査と審査、2、上記の各項の統計を計画的に表・円等の形式および統一した方法で作成する、3、県政府及び所属各機関の統計を扱う人員に上項の統計作業について指導ならびに試験を行う、4、県統計方法の確定、5、県統計報告の編纂、6、政県府及び所属各機関の統計要員の任免、移動、訓練と審査

合作室：1、合作事業の計画及び推進、2、合作社員の訓練、3、合作貸し付

け資金の紹介と指導、4、その他合作社と関連する事項

戸籍室：1、戸口調査事項、2、戸口の再調査及び抜き取り調査、3、戸口移動の登記事項、4、戸籍及び人事登記の事項、5、戸口統計及び図表の編成事項、6、各項戸籍表報告の審査と編集及び取りまとめの報告の作成、7、戸口冊籍への登記、保管及び改訂、8、戸籍公文の処理、9、県以下各級戸籍行政人員の監督と指揮、10、県以下の各級戸籍人員の訓練と任免・交替・賞罰、11、戸籍罰金の登記の管理、12、保甲編成組織の協同処理、13、その他、戸籍行政に関する事項

指導室：省政府民国30年民字第490号訓令に添付の、政府府は各県区署及び県指導員の活動能力を高める辦法に基づけば、各県区署及び県指導員の任務は以下の通り。1、指導計画及び指導日程の草案の起草、2、一般の県政及び地方自治事務の監督指導並びに協力、3、各項の中心的工作及び重要事項の監督と成績評価、4、上級政府の施政の方針及び政令の宣伝と推進、5、所属郷鎮に政令を押し広めるに当たっての困難の解決及び誤りの是正、6、所属各郷鎮各保甲各級人員の奨励処罰についての〔　〕議を与えること、7、民衆の組織的訓練及び民権行使の指導と協力並びに評価、8、各種情況の調査と報告及び改革事項の提案、9、指導事項に関する各種会議の招集と主宰、あるいは県政府の委託事項への参加、10、その他処理すべき事項

警佐室：1、警察の編成・訓練ならびに（出征兵士）遺族の報奨・救済のための調査と派遣、2、警察の装備・管理及び勤務先の配備の決定、3、戸口調査者の人事登記への協力及び保安・風俗の矯正に関する事項の執行、4、消防・衛生・交通維持に関する事項、5、農林漁猟の保護及び取り締まり事項、6、（警察条例等への）違反の処理及び司法への協力事項、7、その他、警察衛生に関する事項

　以上のような科・室の職掌は別稿で酆都県の場合について見たのと基本的には同じであるが、地政科、統計室、戸籍室、指導室等は酆都県には見られず、軍法室（但し以下の表1：政府員額編制表には載っているのだが）の無いのは酆都県と同様である。政令通りに各県が一斉に制度を統一していない、できない実情

を反映していると思われる。

なお、田賦については、上述の拙稿では、田賦管理処が糧政科としだいに統一されていったようだと推測をしたが、『提要』には「南渓県政府執行行政務有関機関」という表が10頁に載せられており、そこでは上級機関、平行機関、下級機関の三大区分がなされていて、更に上級機関の中が直接と間接とに区分され、平行機関は中央機関、省機関、税関法団の三つに区分され、下級機関は下行政機関と機関法団の二つに区分されている。この表で、南渓県田賦管理処は平行機関の内の中央機関に分類されている。糧政科は田賦附加税や備蓄米の売買管理などが主な業務と考えられ、田賦管理処との統合ということは起こりえたとしても、日中戦争後のことであろうと考えられ、前稿は訂正し留保しておきたい。

2）県職員の構成と人数

さて、上述の酆都県に関する拙稿では県の人員の規模について問題としたが、『提要』には以下の表1のようにある。

このように県長を含む人員総数は119名となるはずであるが、原文は総計を129名としていて、10名も計算を間違っている。県長を除く政県府の人員は118名であり、このようなことから考えてみても、別稿で検討した酆都県の政府人員は少なすぎると思われるのである。

3）県行政事務の実態

以上のようなスタッフで県行政を運営してゆくわけだが、ここに興味深い資料が二つあるので、紹介しておく。

まず最初は、「収文統計」というもので、要するに県が上級機関その他から受け取った文書の種類を月別に集計したものである（表2）。これも含め、全ての数字は1943年度現在のものである。

呈文とは下級機関から上級機関への要請の類、公函とは対等な機関相互の往復文書、咨文も対等機関相互の往復文書であるが、細かい区別については不勉強にして知らない。訓令密令、指令等は省政府または中央機関からのものであろう。代電、密電、布告、明電の類も上級機関からのものであろう。廻機とは返辞を出すことらしいということしか分からないが、受け取り文書についての

表1：南渓県政府員額編制

部分	職別	法定員額	毎名薪給	備考
県政府	県長	1	340元	地政科は未設置のため民、財、教、建、軍、糧、社の7科
	秘書	1	160	
	助理秘書	1	100	
	科長	7	140	
	督学	5	100	
	技士	2	100	
	技佐	1	70	
	糧食調査員	3	120	
	一等科員	6	80	
	二等科員	5	70	
	三等科員	5	60	
	一級事務員	8	50	
	二級事務員	7	45	
	一級雇員	7	40	
	二級雇員	6	35	
	公役	17	12	
	公丁	6	12	
	警佐	1	140	
	訓練員	1	100	
	督査員	1	80	
	一等科員	1	80	
	二級事務員	1	45	
	公役	1	12	
	戸籍主任	1	−	
	副主任	1	−	
	二等科員	1	70	
	二級事務員	1	45	
	二級雇員	1	35	
統計室	主任	1	140	
	二級科員	1	70	
	三級科員	1	60	
	二級看員	1	35	
	公役	1	12	
軍法室	軍法承審員	2	140	
	書記	1	80	
	録事	1	40	

会計室	主任	1		140
	会計指導員	1		100
	一等科員	2		80
	二等科員	1		70
	三等科員	1		60
	一級審核員	1		80
	三級審核員	1		70
	一級雇員	3		40
	公役	1		12
合作指導室	主任	1		140
	合作指導員	4	100、90、80、90	
	事務員	1		40
	雇員	1		35
	公役	1		12
総計		119		

表：2 南渓県収文統計（1943年）

	1月	2月	3月	4月	5月	6月	7月	8月	9月	10月	11月	12月	総計
呈文	785	2060	759	675	608	685	548	700	816	687	704	633	7456
公函	123	318	147	135	123	115	715	103	128	99	80	84	1370
咨文	(237)			2		7				4			13
訓令	237	219	227	341	244	179	247	193	192	199	207	170	2656
密令	1	4	7	3	7	2	2	3	1	1	3	2	36
指令	89	50	81	81	65	43	49	50	61	51	55	72	747
代電	155	85	129	159	132	137	139	144	108	102	147	148	1582
明電	26	16	10	16	10	13	14	12	12	15	5	12	161
迴機	4	1	10	13	16	7	6	7	7	10	7	2	90
布告	11	11	6	6	13	11	10	4	6	4	15	5	103
その他	15	15	8	12	4	17	7	9	14	19	21	15	156
密電	4	8	11	28	16	6	20	13	11	11	12	20	160

統計なのだから、県からの請訓に対する上級機関からの回答文書と考えるのが妥当ではないかと考える。

　ところで、以上の統計には例えば咨文の一月の項が237件もあるのに、総計欄では僅か13である。これは、『提要』の作成に当たり次の欄の訓令の数字を誤ってここに記入したためと思われる。そのように考えれば総計は13で正しいのである。しかしまた、原文は毛筆で書かれているため、ところどころ数字が判然としない部分がある。筆者の筆癖を頼りに推断した数値もある。それ故、敢えて総計欄を再計算はしていない。

以上のように、この表は至って不完全な物ではあるが、この表からは大勢として次のような傾向を指摘できよう。年間の受け取り文書は合計14500件くらいであり、この中では半数以上が下級機関、すなわち郷鎮や聯保等からの文書であり、指令や訓令・密令密電・布告等上級機関からの示達文書は、代電（電報に代わる緊急文書の意であって代理電報の意味はない。山越敏寛『中国歴史公文書読解辞典』2004年、汲古書院による）・明電（普通電報）を含めても約2800件で20％弱にすぎない。このような傾向は県と郷鎮との緊密な関係を示すものと思われる。

 次ぎに、呈文が2月に集中していることが顕著である。そして1～3月のみで年間受け取り呈文総数の48％に達する。逆に、7月と5月は少ないのが目につく。5月、7月は冬作物の収穫や田植え等で農繁期と重なるためと思われるが、夏作物の収穫期たる9月は大差はあるが2月に次ぐもう一つのピークをなしている。公函の頻度は7月がずば抜けて多い。県参議会の開催は4月と11月のようであるから、参議会との文書のやりとりによる物でないことは明らかと思われ、治水工事や道路の補修等が考えられるが、憶測の域を出ない。

 以上のような「収文統計」に対応して、「発文統計」というのが載っている。残念ながら、こちらは月別統計ではないが、何科がどんな文書を発出したかが表化されている（次頁、表3）。

 毛筆で略字体のため判読不能な文字が二つもある。咨文の次の文字は聘とも取れるがヘンは完全に目の字に見える。また布告の次ぎの文字は鉤の字の金ヘンを手ヘンにした文字のようである。委令の意味も好く分からないが、委ねる旨の令という意味にとっておく。また、牌告とは布告と同様な意味もあるが、上級機関からの布告の意味にもとれる。布告は政県府の布告であろう。便函とは非公式書簡のことである（愛知大学編『中日大辞典』）。飭簽の意味も不詳だが、山越氏によれば簽には呈文と同じ意味があるとのことであるから呈文を書かせるの意味ともとれる。伝票とは民事案件についての召喚状のことである。軍法室に多いゆえんである。批示とは許可することである。このように、性格の分からない文書もあるが、一番多いのが指令であり、その中でも教育科と民政科が大きな比重を占めていることが分かる。次ぎに総数の大きいのは訓令であり、

第4章　いわゆる「新県制」下における南渓県について　609

表3：南渓県発文表（1943年）

		秘書室	民政科	財政科	教育科	建設科	軍事科	社会科	糧政科	会計室	軍法室	戸籍室	農合室	警佐室	優委会	統計室
呈文	1411	88	104	90	109	107	364	87	109	126	107	22	29	15	1	13
公函	1005	33	98	124	42	48	269	35	218	11	78	—	22	18	—	9
咨文	95	—	11	7	4	11	20	—	28	6	7	—	—	—	—	—
[ ]函	9	—	—	1	3	2	3	—	—	—	—	—	—	—	—	—
便函	19	2	5	—	—	2	5	1	3	—	—	1	—	—	—	—
訓令	2490	59	350	257	224	197	749	143	159	44	153	30	46	58	15	7
委令	158	65	10	2	41	2	—	1	12	—	—	—	2	22	—	—
代電	47	11	11	42	17	5	188	19	100	2	2	1	3	3	2	5
指令	4993	23	1051	271	1282	74	725	127	250	231	355	273	36	113	170	12
牌告	60	1	22	6	12	—	9	—	5	1	4	—	—	—	—	—
布告	95	—	16	22	—	21	12	4	13	—	6	1	—	—	—	—
[ ]簽	12	—	1	—	—	—	—	—	—	8	—	3	—	—	—	—
伝票	253	—	6	3	—	1	—	—	9	—	232	—	2	—	—	—
密令	25	2	5	—	—	—	7	8	—	—	3	—	—	—	—	—
飭簽	8	—	—	1	—	2	—	—	—	—	5	—	—	—	—	—
命令	12	—	—	1	1	2	11	—	3	—	—	—	—	—	—	—
批示	2310	—	232	63	23	22	341	7	30	—	1373	—	8	38	—	—
その他	121	26	—	—	1	—	15	—	8	—	68	—	—	—	—	—
総　計	13,123															

　この中では軍事科の占める割合が多い。総数で次ぎに多いのは批示である。軍法室の批示が一番多い。先述のような事情により、数字も判読が正しいかどうかは確信がないが、一応、科・室別の発出文書総数を見てみると、秘書室は意外に少なく、教育科と民政科が多くの文書を発行しており、それは先に見たように下級機関に対する指令が主である。次ぎに発出件数の多いのは軍事科で、軍法室、財政科がこれに次ぐ。軍法室は批示の半数以上を占める。呈文や公函に比べて、指令や批示の類が多いことは、先の収文統計に呈文が多かったことと対応しており、県政が上級機関の命令を伝達しているだけの存在ではなく、下級機関からの指示の要請等に応えて独自の判断を下し、命令や指示を出していたことが窺える。このような文書に関する統計資料を他県、他の時期について見出すことはできなかったので、以上のような判断が正しいかどうかは比較対象がないのでなんともいえない。また、以上二つの表から南渓県が年間に処理する文書はほぼ3万件以上に登ったことが分かるが、これも他県、他の時期

21軍司令部政務処（民国）20年より23年12月までの各年度審議文件統計表

	20年度	21年度	22年度	23年度	総　計
指令	66	2376	4303	3000	9754
簽条	34	713	1251	627	2625
訓令		54	88	4	146
公函	1	7	9		17
代電	4	8	11	7	30
合計	105	3158	5662	3638	12563
収支予算	8	683	1306	744	2741
収支	36	1450	2596	1731	5813
収支決算	5	114	359	341	8119
備考	5・6月のみ			7〜12月のみ	

との比較対象を持たないので、県政の繁閑を云々することはできない。今後の研究のための参考資料となれば幸いである。

　ただ、参考までに防区時代の21軍司令部政務処の1931年5月から34年12月までの「各年度審核文件統計表」というのが『施政特刊』の扉の裏に印刷されていたので挙げておく（上表）。

　全年度の数は1932、33年についてしか分からないが、二劉決戦や川陝ソビエトへの囲剿戦が始まっているというのに、審議文献の件数は意外に少ない。但し34年度は1月からの半年分が抜けているが。それにしても、2年8ヶ月分の審議文献（当然発出文献であろう）の数が上の南渓県一県の1年分よりも少ない（但し予算関係は除く）。21軍政務処も文献数は増える傾向にあったと思われるが、当時の21軍防区には34年当時なら50県以上が含まれていた。新県制下の南渓県の行政事務の繁雑さよりも、21軍政務処の治下各県に対する行政密度の薄さを感じざるを得ない。

　4）保甲数及び人口統計

　次ぎに保数、甲数、戸数、男女別の実数を県下33郷鎮に関する統計が載っているが、ここでは総数のみを紹介しておこう。保数は452、甲数は4642、戸数は52275、男性人口は152,115、女性人口は133,038である。保甲の規模が平均すると10甲1保よりも規模が小さいことが分かる。

第4章　いわゆる「新県制」下における南渓県について　611

5）教育程度と13歳以上常住人口に関する表があり、その中に学齢児童に関する統計がある。これも、総計のみを示せば

学齢児童総数　58032人
　　　　男　31361
　　　　女　26671

未就学児童数
　　　　男　9789　(9,789)
　　　　女　8876　(8,376)

就学児童数
　　　　男　22,012
　　　　女　18,295

とあるが、未就学児童の男児数が不鮮明なので、学齢児童総数の男子から就学児童数を引くと9,349名になるはずであるが、未就学児道の男子数は9,789名となっているように見える。そこで括弧内にこの計算結果を示しておいた。女児についても計算してみると計算違いが見られたので、同様にした。

次には13歳以上の常住人口の識字数と就学先を示した数字が載っている。これも、先ず総計のみを示すと、次頁表4の通りである。

この表にいう不識字者の総数と未就学児童の総数とは一致しないので、不識字者とは県下13歳以上の人口の中での総数、小学、中学、大学の別は、卒業生をも含む数と考えられる。なぜなら13歳では、小学校在学中とは考えにくいからである。したがって、中学の人数は在学生と卒業生を含む数ではないかと考えられる。大学についても同様な考え方だと仮定して、検討してみよう。

先ず、全県下の人口総数は別の表である「人口性比例」によると、285,153人であった。この内13歳以上の常住人口総数が164,224人であるから、57.6％を占めるに過ぎず、42.6％が13歳以下の人口だということになってしまう。これは人口統計学的に見て不自然である。当時は日中戦争中であるから、兵役に取られて不在の人口もあったかも知れない。しかし、当時の南渓県からの応召者は、後にも触れるが1872人にすぎなかった。37年以来の合計でも12,276人に止まり、現在の問題にとっては、全く問題にならぬ数である。したがって、この

表4：13歳以上の常住人口とその学歴（在学中も含む）

不識字	男子数	22,221
	女子数	36,711
小学	男子数	57,007
	女子数	35,352
中学	男子数	7,805
	女子数	4,779
大学	男子数	250
	女子数	99
総計	男子	87,283
	女子	76,941
男女総数		164,224

表4は、あまり信用できないのである。それはともかく、当時の南渓県では13歳以上の常住人口を164,224人として掌握していたという事実を前提とする限りでは、男女の不識字者の全体に占める割合は35.9％、小学卒業程度の人口が56.2％、中学在学及び中学卒程度の人口は7.7％、大学在学及び大学卒業程度の人口は0.2％であった、ということになる（厳密に言えば大学進学者は中学卒としてもカウントされるべきであろうが、そこまで厳密な資料とは見なしがたいので、この点は無視する）。

さて、小卒程度の人口が一番多く、不識字者の割合を21％もオーバーしているのは、小学校教育の普及を示す物として評価されよう。中学校卒業程度の人口はまだ7.7％程度に止まるが、この数字の評価については、他県・全国との比較や他の時代との比較素材を持たぬ現在としては、一つの素材提供に留めて評価を保留したい。

ただ、県レベルおよび県レベル以下の行政機関の職員の多くが中卒程度の人々によって占められていたのは、本篇第1章や第3章において見た通りである。大学程度の人口が僅か0.2％に過ぎなかったのは、もっとものように思われる。

ところで、表4の原の表には、各郷鎮別の人数が書き込まれている。中学・大学に関して、特に顕著な事例のみを以下に紹介しておこう（次頁表5）。

県城（中城鎮）と新興郷の中学進学率が圧倒的であること、大学についても、同様であることが分かる。県城は当然として、新興郷とは長江の南岸にあり、これといった特徴はこの資料からは分からないが、「農戸分類」という別の表によると、自作農が22％、半自作農が5.5％、小作農64.9％、雇農7.6％という分布になっており、県全体の自作農24.8％、自小作農5.1％、小作農64.5％、雇農5.7％という平均値に近い割合を示す水稲栽培区である。地主も自作農の方に分類されるのだと思うが、地主制の発達との相関を示すような素材は無いようである。次ぎに石鼓郷、順南郷、宋家郷の3郷を取りあげたのは、中学進学者が平均393人を大きく割り、相対的に少ないのに比べ大学進学者ないしは卒業者の比率が高いという特色が認められるからである。この3郷に共通してい

第4章　いわゆる「新県制」下における南渓県について　613

るのは前者が長江北岸に宋家郷が南岸で長江に面しているということくらいしかない。最後に李荘鎮を選んだのは、ここが県城と並ぶ米の二大集散地であるということ、しかも県城の糧食商店の資

表5：南渓県各郷鎮における中学生ならびに中学卒業以上の人口分布

	中学	対総計比	大学	対総計比
中城鎮（県城）	3,087人	24.5%	49人	14.0%
新興郷	2,230	17.7	34	9.7
石鼓郷	136	1.1	17	4.9
順南郷	173	1.4	32	9.2
宋家郷	80	0.6	24	6.9
李荘鎮	259	2.1	8	2.3
34郷鎮総計	12,587人		349人	
34郷鎮平均値	393人		10人	

本が平均5,928元くらいなのに対し、李荘鎮の資本は平均20,000元であり、資本の集中度が高いところだからである（『提要』「糧商」の項参照）。商業の発達が必ずしも教育水準の高さと関連づけられる物でないことが、南渓県の場合にも当てはまるようである。

第2節：新県制の下での自治機関の実態について
（その1：郷鎮民代表・参議員）

　1939年9月26日に国民政府行政院が公布した「県各級組織綱要」をもって新県制の開始と考えられるが、この法令の特色は県に県参議会、郷・鎮に郷・鎮民代表会議、保に保民大会、甲に戸長会議を設けて、戸長会議は甲長を、保民大会は保長と郷鎮民代表を選挙し、郷鎮民代表大会が毎郷一人の県参議会議員を選出するといった仕方で民意を反映させようとしたところにある。もちろん、県参議会は県長の民意諮詢機関に過ぎず、県長は民政庁から派遣される存在にすぎなかったが、郷鎮長を郷鎮民代表大会で選出するようにしただけでも、画期的なことであった。
　ところが、南渓県の場合を見ると、事は必ずしも中央の法令通りには進んでいなかったようである。
　先ずは郷民代表について見ると以下のような表が載っている（次頁表6）。
　1939年9月26日に国民政府行政院が公布した「県各級組織綱要」によると、郷民代表は保民大会で毎保2名を選ぶことになっている（第38条、徐秀麗編『中国近代郷村自治法法規選編』2004年、中華書局、220頁）。前節で見たように、南渓

表6：郷民代表資歴統計

郷鎮名	統計	小学卒業	中学卒業	大学卒業	その他
総計	237	42	146	26	23
中城鎮	9	−	7	2	−
阜鳴郷	7	1	4	1	1
復興郷	7	2	5	−	−
江南	7	1	4	2	−
登高郷	7	2	4	−	1
桂渓郷	7	−	4	1	2
裴石郷	7	2	5	−	−
羅龍郷	7	3	4	−	−
大観鎮	9	−	8	1	−
汪家郷	7	2	4	1	−
黄沙郷	7	1	5	−	1
蟠龍郷	7	3	4	−	−
大坪郷	7	1	4	1	1
新添郷	7	2	5	−	−
李荘鎮	9	−	6	2	1
新興郷	7	2	4	1	−
文化郷	7	−	5	2	−
志城郷	7	2	4	−	1
石鼓郷	7	3	4	−	−
順南郷	7	1	5	1	−
宋家郷	7	2	3	−	2
留賓郷	7	−	4	2	1
長興郷	7	−	5	2	−
中興郷	7	1	4	−	2
劉家郷	7	−	4	1	2
仙臨郷	7	−	5	1	1
白雲郷	7	2	3	1	1
綏慶郷	7	3	3	−	1
毘盧郷	7	1	4	1	1
牟坪郷	7	−	5	1	1
李端郷	7	1	4	2	−
三村郷	7	2	4	−	1
馬家郷	7	1	3	−	2

県は全452保あった。とすれば、郷民代表は1004名のはずであるが、現実には237名しか選ばれていない（前頁表6）。約2保につき1名弱しか選出していないのである。郷鎮民代表会議を1004名も集めて開くには施設が無かったからではあるまいか？推測に過ぎないが、説明はない。代表の構成比を計算すると、小卒17.7％、中卒61.2％、大卒11％、その他が9.7％であり、中卒者が圧倒的比重を占めている。郷鎮の「公正士紳」の学歴は依然わからないが、郷村の民意を動かす中心は中卒程度の学歴の人々であった事がうかがわれる。また、大卒者も11％を占め、郷村自治への関心・係わりが意外に高かった事がわかる。すなわち、従来ならば中央や省レベルで最低でも県レベルの行政にタッチすることが、知的エリート達の関心事であって、郷鎮レベルの行政などは胥吏や衙役を使って自分は直接にタッチしないというのが、清末民初までの一般的傾向ではなかったろうかと思うからである。

ところで、『提要』には更に上表7のような表が載せてある。括弧は私がつ

表：7　郷民代表会（主席）

郷鎮別	主席姓名	年齢	資歴
中城	塢柄章	48	北平中国大学政治系卒業
阜鳴	董仲文	50	嘗て保管委員
復興	高啓閎	43	嘗て第6区教育視察員
桂渓	王映魂	49	師範卒業後教歴6年
江南	郭蘊華	32	県中学卒
登高	陶静波	50	嘗て経収処出納主任
裴石	戴舜建	48	嘗て中心校長、区調停員
羅龍	張寿裕	30	嘗て校長及び教員
大観	宋興淵	31	嘗て連保主任、小学校長
汪家	林璋	27	叙連高級中学卒、中心校長
黄沙	周放堯	40	叙連中学卒、中心校長
蟠龍	趙博九	46	嘗て団総
大坪	蕭伯郷	48	嘗て校長
新添	陳芳圃	40	県中卒、嘗て校長
李荘	楊明武	49	嘗て鎮長及び大隊長
新興	顔楷卿	38	────
文化	張純秋	53	嘗て局長
志成	王雨舒	29	────
石鼓	李守陵	44	────
順南	劉玉階	39	保訓練班卒、嘗て隊長
宋家	雷俊昭	54	法政別科卒、嘗て団総
長興	曾厚埜	41	嘗て鎮長及び校長
劉家	杜諝夫	48	叙府中卒
仙臨	羅哲君	49	旧制中学卒
白雲	曾輝建	52	嘗て団総、郷長、大隊長
留賓	陳玉明	38	中学卒、嘗て連保主任
毘盧	陳克昌	32	嘗て連隊付き及び教員
牟坪	曾連璧	64	清の庠生で第5区区団総
李端	廖烈之	25	嘗て教員
三村	李雲翔	25	嘗て中心校教師
馬家	周伯郷	30	嘗て地方経収員
綏慶	────	–	
中興	────	–	

表A：四川省郷鎮民代表会第一回議案分類表

議案の種類	議案数	百分比	備　考
自治に関する事項		63.27%	百分比の項には委任事項の総計に誤りがあり、議案総数が違うので、引用に当たって計算をし直したため、原文とは違っている。
戸口の編纂・調査	59	3.32	
地価の規定	20	1.13	
荒れ地の開墾	24	1.35	
造産の実行	124	6.99	
財政の整理	58	3.27	
機構の健全化	58	3.27	
民衆の組織・訓練	27	1.52	
交通の開設	112	6.31	
学校の設立	390	21.97	
合作社の推進	49	2.76	
警備の実行	53	2.99	
衛生の推進	61	3.44	
救済の実施	45	2.54	
新生活の励行	43	2.42	
以上の小計	1123		
〔政府〕からの委任事項		36.73%	
節約・貯蓄	61	3.44	
役　政（勤労奉仕）	137	7.72	
〔アヘンの〕禁止政策	80	4.51	
軍民間の紛糾〔解決〕	83	4.68	
糧　政	107	6.03	
治　安	109	6.14	
水　利	54	3.04	
馬　糧（馬の飼料）	21	1.18	
以上の小計	652		
以上の総計	1775	100.00	

けた。

　表には「主席姓名」と書かれているから、これが各郷鎮の代表会主席のリストであることは明瞭である。

　綏慶と中興の両郷は氏名不詳ということなのか、主席代表は置かないということなのか不明であるが、経歴不詳の際と同様に横線を引いてあることからすると、前者のケースと考えたい。ただ、同組織綱要第15条によれば、郷鎮民代表会は毎郷1名を県参議会に選出する外に、合法的な職業団体代表も30％以内で出すことを認められているから、綏慶、中興の代表権がそちらに回された可

第4章　いわゆる「新県制」下における南渓県について　617

能性も否定できないが、不詳である。
　以上のリストを見ると、平均年令は41歳6ヶ月であること、中学校卒業者が多いこと、教育関係の経歴を持つ人が13名と全31名の約42％を占めていることがわかる。なお、唐楷「1947年前後留賓郷的選挙概況」によると、陳玉明は同郷の二大「悪勢力」の一方の旗頭とされている（『南渓文史資料撰輯』第4輯30頁）。南渓県の郷鎮民代表会議の中味については史料を入手できなかった。しかし、四川全体の動向に関しては、以下のような表があるので（『県政』第4巻第2期41頁）、参考までに引用しておく（前頁表A）。遺憾ながらどこの郷鎮民大会の物かメモを取り忘れたか、原文にそもそも明示されていなかった。
　以上の表から学校の設立という問題が群を圧して大きな比重を占めていることがわかる。これに対し、民衆の組織・訓練とか、新生活運動などへの関心は少ない。
　さて、南渓県に戻ると、『提要』にはまた、次頁表8のような名簿が掲載されている。
　この表によると、県参議員（「参政員」とあるが参議員が正しい）は、候補を含めても僅か21名にすぎない。また、郷鎮民代表会主席からは一人も選ばれていなかったことがわかる。また、毎郷鎮1名の代表という『綱要』の規定が守られていなかったことがわかる。
　郷鎮民代表主席のリストと比較して顕著な事実は大学卒業生が8名、専門学校・師範卒業生を加えれば、15名にもなり、候補を含めた全21人の71％余を占めており、郷鎮民代表主席リストには大卒が1名しかなかった事と比べると、郷鎮レベルの代表と県レベルでの代表との間には、学歴上の格差があったことがわかる。
　本表に顕著な第二の傾向は、中城鎮出身者の占める割合の高さである。すなわち、21人中9名、約43％弱を占めており、候補を除く参議員の中でも14名中の5名、約36％弱を占めていることである。県城が高学歴者の拠点となっていたことがわかる。
　第三に、平均年令は、候補も含めれば44歳6ヶ月、正議員のみでは46歳2ヶ月で、いずれも郷民代表主席よりも3歳から5歳高いことがわかる。

618　第3篇　日中戦争期の四川省における地方行政と地方自治

表8：参政員姓名表

職別	姓名	年齢	籍貫	資歴
総計21名				
議長	張福階	38	新興郷	北平中国大学政治系卒
副議長	包亦文	51	中城鎮	直隷公立農業専門学校本科卒
参議員	郭徳芳	57	中城鎮	四川法政卒
	董蜀堯	53	中城鎮	四川優級師範卒
	陳春田	49	新添郷	峨眉軍訓練団卒
	楊宗熙	40	中城鎮	国立成都高師卒
	高慶楣	47	復興郷	四川大学法学院卒
	涂家文	68	毘盧郷	県自治研究所卒
	趙家華（驊）	32	羅龍郷	北平大学経済卒
	趙松樵	37	蟠龍郷	上海大夏大学卒
	曾善麟	32	長興郷	国立成都大学卒
	曾杰之	44	中城鎮	北平大学経済系卒
	胡文英	74	李荘鎮	清の廩生・四川高等学堂卒
	蕭英	27	大坪郷	中山大学修業
候補参議員	包堪文	63	中城鎮	前清文生
	郭夔梅	53	復興郷	四川軍訓校三角科卒
	張官周	36	李荘鎮	北平中国［学？］卒
	李孟華	27	中城鎮	四川大学卒
	官伯暉	32	中城鎮	川南師範卒
	劉述南	41	中城鎮	四川志成法政卒
	徐士優	34	桂渓郷	上海東亜［　］専卒

　ところで、四川省檔案館所蔵資料「南渓県臨時参議会第二次大会会議録」（全宗号54案巻508所収）によって、1943年の4月10日より14日にかけて開催された県参議会第二次大会の名簿を見ると、以下の如くであった。
　議長：張福階、副議長：包亦文
出席参議員：董蜀堯、蕭英、趙家驊、高慶楣、趙松樵、楊宗熙、胡文英、曾杰之、涂家文、郭徳芳、陳春田
欠席者：曾善麟
　このように、候補は出席していない。なお『提要』所掲の「南渓県商人団体」という表によれば、曾杰之は南渓県商会理事長であり、糖業会の理事長でもある。また、程春田という名で李端郷糧業同業公会理事長がいる。陳と程では四声がちがうだけであり、春田という名前はそうやたらにあるものではないから、

第4章　いわゆる「新県制」下における南渓県について　619

『提要』の方が間違いを犯した可能性もある。しかし、呉耀耀邦「我競選県参議院的経過」（『南渓文史資料撰輯』第4輯によると陳春田は、第2区の「土豪」とされている（47頁）李端郷は第2区に所属しないから、別人物と考えられる）。他は同名とおぼしき人物は『提要』には見えない。いずれにしても、県参議会員が僅か13名というのは33名のはずの半分以下である。しかも、この中から駐会（常駐）委員会のメンバーが選出され、大会と大会の間、県政に関して政県府の説明を聞き、意見を述べるのである。駐会委員会は上記の正副議長と董蜀堯、蕭英、楊宗熙との5名から成っていたことがわかるが（四川省檔案館、同前案巻所収「南渓県臨時参議会第七～十次駐会委員会」記録による）、その5名中3名が中城鎮の出身者であったわけである。中城鎮在住ならばすぐに召集に応じられる。この点も考慮されたのであろう。

表B：四川省県（市局）臨時参議会議長副議長議員秘書履歴（1942年12月）

（1）学歴

	人数	百分比
国内外大学及び専門学校	930	38.56%
中学校	770	31.92
その他	149	6.18
不詳	563	23.34
総計	2,412	100.00

備考：原文では「その他」が「149人、23.36％」「不詳」が印刷不良で読めず「6.18％」となっている。不詳の実数は総計から他の3項目を引いて算出し、「その他」のパーセンテージを6.18に訂正した。

（2）履歴

	人数	百分比
党務工作人員	158	6.55%
文官	551	22.84
武官	351	14.56
民衆団体・教職員	1135	47.06
その他	49	2.03
不詳	168	6.96
合計	2412	

備考：原文は武官出身者の数が印刷不鮮明なので、総計からその他の項目を減じて算出した。百分比も印刷不明瞭に付き、計算では14.55％のところ、0.01％計算が合わないので、減算により14.56％とした。民衆団体・教職員の履歴を持つ者が47％を占めているのが注目される一方で、党務工作人員の割合の小さなことにも注意を引かれる。

　なお、『県政』第2巻第4期16頁には、「四川省県（市局）臨時参議会議長・〔？〕副議長・〔？〕議員・〔？〕秘書履歴」と題して右の表Bのような表が掲載されているので、参考までに引いておく。
　同様に彼等の年齢構成も掲載されているので引いておく。次頁表C（15頁）。
　50歳以上の人がなお3分の1をも占めている。南渓の議長38歳、副議長51歳は標準的であったと思われる。又、残念ながら南渓県については職歴が不明だ

表C：四川省県（市局）臨時参議会議長副議長秘書の年齢構成

年齢	数	構成比
25～26歳	16	0.69%
27～28	27	1.16
29～30	54	2.33
31～32	118	5.09
33～34	153	6.60
35～36	136	5.87
37～38	143	6.17
39～40	165	7.12
41～42	209	9.02
43～44	154	6.64
45～46	150	6.47
47～48	148	6.38
49～50	66	2.85
50以上	779	33.61
総計	2318	

が、学歴は上表に照らすと、これまた標準的な様相を呈している。なお、参議会秘書は南渓には認められず、県秘書が兼ねていたと思われる。

なお、当時四川省民政庁長であった胡次威の「国民党反動統治時期的"新県制"」（『文史資料選輯』第129輯）によると、「全省各県2000余名の臨時参議員の統計を取ってみると、90％以上がその地の土豪劣紳、袍哥大爺、党ゴロ（国民党のゴロツキ）、団ゴロ（三民主義青年団のゴロツキ）であった」と回想されていることも（208頁）、指摘しておきたい。しかし、表B、Cより見るかぎり、党団の影響力は弱かったように思われる。

では、次には南渓県県参議会の記録から、その中味を見てみよう。

第3節：新県制の下での自治機関の実態について
（その2：県参議会大会の記録）

　第二回大会は［県参議会に関する？］規定の第12条により、6ヶ月毎に1回開かれることになっているので、43年4月10日から14日までの5日間にわたり開かれた。6回にわたり会議（大会）を開き、7回の決議で政県府より提案のあった議案25件を決議し、参議員の提案21件、臨時動議9件を決議した。第1、2日は政府の施政報告を聴き、第3日に班に分かれて議案を審議し、第4、5日に議案を討論し、消極的な面では弊害を指摘して是正策を述べ、積極的な面では抗戦力の増強を達成して建国の基礎を定めることを求めた。

　大会初日（1943年4月10日、土曜日）
第1次会議、午後2時より開会
場所：（県城）中正街の県国民党部本会議場（以下同）
出席者：正副議長含め13人の参議員と県長、粮政科長、田賦管理処副処長、県

第4章　いわゆる「新県制」下における南渓県について　621

倉庫主任（代理）、秘書、記録2名
　　甲：報告事項
1、秘書報告：議事日程について午後2時より4時まで、県政報告、4時より6時まで糧政報告とする
　　乙：政府報告
1、県政報告
　県長・李仲陽より
①政府が本会第一次大会および駐会委員会の決議案を執行してきた情況について報告し②新県制の意義が1）各級組織を調整し、2）管［理］・教［育］・養［民］衛［生］の政治を実行すること、3）地方自治を実行すること、の三点にあること、③すでに②を施政の原則および施政の方法としてきた、と述べた。
2、糧政報告
①田賦管理処副処長より、1）1942年度の徴収・購入数はすでに9割方達成したが、李荘の不足額が多く各参議員に徴収督促に協力を乞う、2）42年度の穀物の備蓄額が1万1983石に達したこと、3）田賦管理処は土地陳報（土地実所有面積の報告）の情況及び土地陳報改善の方法についての報告を得たこと、4）42年度の契税収入は39万4722元6角8分であったこと、5）契税からの収入は国5、地方7であった（ママ）との報告があった。
②県倉庫主任に代わり股長より、1）42年度の徴収額、購入額について報告があった（具体的数字は省略）ほか、2）42年の穀物徴収は政府の命令により、代理購入、駐屯軍用の軍米、省レベルへの公糧、他県への移出、県レベルでの備蓄等、合計17万2062石になったこと、3）42年度田賦実物徴収の加工（精米額等）処理の情況、このほかになお3点にわたり報告がなされたが省略する。
③政県府粮政科より、1）42年の徴収・購入の不足分の一掃、2）その他の備蓄米の集中及び備蓄情況について、報告があった（具体的数字は省略）。
3、質疑・応答
　田賦管理処、県倉庫の報告に関し、包副議長、高慶楣、涂家文、蕭英の各参

議員より簡単な質問があり、担当者より口頭で回答があった。
6時散会

第2日（4月11日、日曜日）
第2次会議、午前8時開会
出席者：正副議長を含め11名の参議員、県長、民政科長、財政科長、警佐、経収処主任、県銀行経理、衛生院長、秘書、記録2名
　甲、報告事項
1、秘書報告（会の次第予定等、省略）
　乙、政府報告
　1）民政報告
　　①県民政科長の報告、1）勤務評定〔考績〕の励行、2、（給与支給の）未払いの一掃と給料の米による支払いの実行、3）郷鎮公所の人事の調整と郷鎮工作の強化、4）各郷鎮未決事件の政務への影響の防止、5）戸政処理のための講習、6）郷鎮保幹部の講習の実施、7）民意機構の組織のため、a、戸長会議、保民大会（の開催）b、郷鎮民（代表）候補（と）代表の選挙、8）（郷鎮自治）モデル区の設置、9）アヘンの禁煙、ケシの植え付け、アヘンの運搬の禁止、について報告があった。
　2）財政報告
　　①県財政科長の報告
　　　A地方財政に属する事項、1）屠殺税の実施情況、2）戸捐実施の情況、3）特許費実施の情況、4）新税実施の情況、a、営業牌照税、使用牌照税は調査難航につきなお未実施、準備中、5）徴税組織の健全化の情況、自治指導区毎に経収区所を設置、全県に五カ所設置の許可を申請中、6）厳格な予算の執行、等について。報告B上級機関からの命令に属する事項、1）42年の同盟（国）勝利公債の募集情況、2）節約建国儲備券販売の情況、等の報告あり
　　②経収処主任の報告
　　　A前任者からの引継事項

第4章　いわゆる「新県制」下における南渓県について　623

　　B前年度の収支の情況

　　C本年1〜3月の収支の情況

　③県銀行理事長の報告、1）42年営業概況、2）42年度の支払い情況、3）株式取得の情況、について報告あり

　丙、質疑応答事項

　　1）民政科長への副議長の質問と応答、2）財政科長報告への董蜀堯、蕭英、包赤文福議長、曾杰之、胡文英参議員の質問と財政科長の答弁、

　　3）経収処主任に対する蕭英、包赤文の質問と回答あり

12時散会

　第3次会議　同日午後2時開会

出席者：正副議長を含め11名、軍事科長、建設科長、警佐、教育科長、農業推広所長、合作指導室主任、秘書、記録2名

　甲、報告事項

1）秘書報告

　乙、政府報告

1）保安報告

　　①国民兵団副団長兼県政府軍事科長の報告、1）土匪・梁漢清、向紹明等の武装を解除して投降せしめた情況、2）土匪・張公蛮・頼国臣等を殺害した情況、3）去年の冬防（冬の防衛防災）期間に成立の大・中・分隊結成の情況、4）県参議会の提案に基づき各区警察中隊を結成した情況、等についての報告あり

　　②警察所警佐の報告、1）郷村警察運営の情況、a、元よりあった甲乙両種の中隊及び城区警察所70余名の警察（官）あり、b、県参議会の提案に基づき地方防衛力を強化、毎区に郷村警察中隊1を設置、全県で5中隊成立、2）城区警察所の組織健全化の情況、3）警察（官）の素質改善の情況、4）（民衆）動員工作に関する事項、a、冬防の維持、b、行政工作への協力、c、市街整頓の情況、d、防衛力の強化、e、アヘン・賭博の禁止、f、盗賊の検査・検挙、g、警察　法違反事件の処理、

等についての報告あり

2）教育報告

①政県府教育科長の報告、1）教育行政の情況、a、学区を5区に分かちたいが現在督学は3人、省政府に増員を求める。b、（県）単独で簡易師範班を設立、教師不足を補う、2）中等教育の情況、a、県立初級中学に女子班一つを設置、b、中学の男女分校を計画中、3）国民教育の情況、a、郷鎮毎に中心学校設立を計画中、b、国民学校は原235校、本年（度＝42年）は24校を増設、259校とし、2保につき1校とする、c、各郷鎮保健委員会の健全化、4）社会教育の情況、a、民衆教育館活動の強化、b、図書館設備の充実、c、学校兼社会教育の実行、5）体育教育の情況、a、国民体育会の結成、b、体育場の創設等の報告あり

3）兵役報告

①政県府軍事科の報告、1）徴募の情況、a、42年9月より本年3月末までで送り出した兵の数は2326人、b、同期間における本県の兵士欠員数は1569人、2）組織的訓練の情況、国民兵団が各区郷鎮の隊に逐次実施、3）（兵士留守家族）優待の情況、a、43年上半期より全県の優待は改めて統一的に実施、b、中央は42年度備蓄米の5分の3を（優待のため）購入と決定、よって優待は本年（より？）現金に改める、等の報告あり

4）建設報告

①政県府建設科科長の報告、1）農林の情況、a、冬季食糧作物の生産量の増加、b、農林場の建設、c、樹木の苗の育成、2）水利の情況、a、農田水利を実行するため各郷鎮に用水路を掘り堰堤を築かせた、b、水利委員会を創設し、歴年の強制買い付け額の加工（見込み）による超過徴収額の60％をもって小型水利貸し付け資金とすること、c、［以下四字読解不能］稲は農民に分配して植えさせること、3）交通情況、a、市街公路の照灯設置を県城の文明街から始めること、b、南石公路の建設、c、培修郷道の建設、4）電政の情況、a、全県の郷村に電話を設置する、b、電池の不足により無線電信、ラジオなどの業種が停頓、5）

第4章　いわゆる「新県制」下における南渓県について　625

度政の情況、a、度量衡器を押し広め、郷に出向いて新しい度量衡器に換えさせること及び調査、等の報告あり

②農業推広所主任の報告、1）推広所の試験活動、a、水稲品種の比較実験、b、穀物乾燥の比較実験、c、再生稲の試験、d、二期作稲の試験、e、小麦品種の試験、f、トウモロコシ品種の比較実験、g、除虫菊の栽培試験、h、緑肥作物＝苕子（ノゼンカツラ）の栽培試験、i、綿花の栽培試験、2）推広活動、a、水稲の推広、b、小麦の推広、c、綿作の推広、d、トウモロコシの推広、e、除虫菊の推広、f、苕子の推広、g、元平［　］堆肥の推広、h、骨粉の推広、i、苗木の推広、等についての報告あり

③政県府合作指導室主任の報告、1）合作社の健全化と発展、2）各項の合作　業務の発展、についての報告あり

　丙、質問事項
1）軍事科長及び警佐の保安報告について、涂家文、包赤文両参議員より質問あり、科長及び警佐より答弁あり
2）教育科長の報告について、蕭英参議員より質問、科長の答弁あり
　丁、討論事項、
　　三つの審議委員会に分かれ審議するに当たっての班別を以下のように決定
　　第1審議委員会　包赤文、陳春田、曾杰之、郭徳芳、召集者＝包赤文
　　第2審議委員会　董蜀堯、胡文英、趙家驊、涂家文、招集者＝董蜀堯
　　第3審議委員会　楊宗熙、高慶楣、趙松樵、蕭　英、召集者＝楊宗熙
　　決議通過
6時散会

第4次会議（記録欠）但し、記録冒頭の次第によれば、第4次会議は前日決めた班に分かれて審議する予定になっており、班別の審議内容が記録されていないということなのかも知れない。

第5次会議　4月13日（火）、午前8時開会
主席者：正副議長を含め12名、民政科長、軍事科長、秘書、記録2名
　　　　甲、報告事項
1）秘書報告、8時より10時まで、民政自治に関し討論、10時より12時まで保安兵役について討論。第4次会議の記録の読み上げ
　　　　乙、討論事項
1、政県府より三区署（制？）について提案：宋家郷を分割する件について
　　（原案は前もって議案書として提出してある。以下も同じ）
　　審議過程での意見：当該郷郷民大会の決定によるべし
　　決議：本案は政県府が拡大県政会を召集し、宋家郷郷民代表会議の決定を
　　　　　討議に掛け意見を審査の上政県府に実施させること
2、政県府の提案：白雲郷に仙臨郷第5保を入れて管理させる
　　審議過程での意見：政県府が第4区指導員を調査に行かせて後に決定すること
　　決議：審議過程での意見を参照して政県府が実施すること
3、政県府社会科よりの提案：南渓県社会服務処理工作を強化し民衆の福利を図る
　　審議過程での意見：資金を集めて各項の福利事業を経営し、党と政府が監督実行すると共に、積極的には職業紹介所及び手紙の代読、代筆をして平民の利をはかること
　　決議：審議過程での意見を汲む外、県党部・政県府が各郷鎮に対し、一律に期限を定めて郷鎮社会服務処の設立を命じ、全体として県党部・政県府に審査を要請の上、実効する
4、県政府の提案：衛生院について、地方公益の項目の下に経費を支出し薬・機材を添えて利便を図る
　　審議過程での意見：衛生院は当地の民衆の健康機構であり、善事・利便の趣旨に基づき公金1万元を支出し、先ず器具・機材を購入し、診療（の需用に）応ずべきであり、（資金の）不足分は地方の富裕な商店に勧進すべし
　　決議：審議過程での意見に照らし、政県府に審査・実行方を求めること

5、蕭英参議員等の提案：前回の大会で決議されたものの多くが、未だ実施されていない。政県府に書簡を出し、書面をもってその理由について回答を求め、同時に前案を継続して処理し、もって情勢に応え民意を重んじるべし（第1号提案）

審議過程での意見：咨文をもって政県府に各案の実行情況について回答を求めることを決議：審議過程での意見に照らし、政県府に実施の情況についての回答を求める書簡を通過

6、蕭英参議員等の提案：郷（鎮）民代表大会は期限内に成立させ、その郷鎮民代表は慎重に選出し、もって民意を発揚し民治の精神を広めるべし（第2号提案）

審議過程での意見：政県府に法により積極的に実行するよう書面で要請する

決議：審議過程での意見に照らし、政県府に実行情況を点検するよう要請すること

7、趙家驊参議員等の提案：人民の身体の自由の権利を保障すべし（第3号提案）

審議過程での意見：本案は〔前？〕大会で成立し書面で政県府に実行を点検するよう要請した

決議：審議過程での意見に照らし、書面を政県府に送り実行情況を点検し、各郷鎮に今後人民を勝手に拘束・逮捕してはならず、違反した場合は非法・職権濫用（瀆職）罪をもって処分すべし

8、政県府軍事科の提案：軍・警察連合辨事処の経費を〔一字不明〕（予？）備費より支払うことの討議・決定を乞う

審議過程での意見：（田賦の）実物徴収の際に加工過程での超過徴収額がはっきりした後、地方公益の項より支出して経費に充当する

決議：審議過程での意見に照らし、本県41年の実物徴収の加工過程で出た超過徴収額は、（上級政府の）命令に従って地方またはその他の項目への分配を停止するように修正する

9、政県府軍事科からの提案：県下の各区・郷鎮及び警察・保安の各隊が剿匪

の中で獲得した銃や弾薬などは、分別して値を付けて支給することにし、もって（剿匪）奨励に役立て、実際の効果を収めるようにする

審議過程での意見：1、受け取り期限は一ヶ月とする。2、獲得物の価格や競売等に当たっては、その地の士紳が出向いて監督し弊害の出ないようにすること

決議：審議過程での意見に照らし、政県府に実行過程を点検するよう要請する

10、蕭英参議員等の提案：壮丁の徴用・護送に当たっては、見込みだけでみだりに員数を揃えるのを厳禁する。引き渡しに当たっては政県府が全責任を負わなければならない。すなわち、政府は事前に調査を実施しておいた後、引き渡すようにして（壮丁）接収部隊の理不尽な（受け容れ）拒否を免れ、もって役政の効果を挙げ、民衆の疲労を軽くすべし（第4号提案）

審議過程での意見：政県府にはそれぞれに応じて処理するよう、要請する

決議：審議過程での意見に照らし、政県府に審査と実行を要請すると共に、本県の適齢壮丁の確定数及び已送未送の数字を書面をもって示さない限り、本会としては検討しようがないということを、政県府に書面で伝達する

11、蕭英参議員等の提案：郷政視察団を組織し、実際に各郷の視察に赴くこと（第5号提案）

審議過程での意見：本案の成立に当たってはただ、実施方法の中の第2、3項の二項にのみ修正を加えるべし。修正は2ヶ所あり。組織方法は本会が秘書室に原案を起草せしめて、次期の駐会委員会で通過させ施行すべし。第三に、経費は県予算の第二予備費あるいは、加工過程の超過額の項目から支出すべし

決議：審議過程での意見に照らし、政県府に調査・実施を求める

12、涂家文参議員等の提案：地方の治安を如何に整頓すべきか（第6号提案）

審議過程での意見：本案の成立には大会の討論に付して後政県府に、調査・実施を要請すべし

決議：原案に照らし、政県府の緊急な実施と奨励と懲罰に注意して治安を重んずることを要請する

丙、臨時動議
1、主席からの提案：前期駐会委員会の諸議決の追認
　決議：特別審査委員会（全参議員が参加）を組織し、審査の後大会に交付して追認
2、曾杰之参議員の提案：各議員は随時本会駐会委員会の通信先を問い合わせ、もって連繋に資するようにする
　決議：通過
3、包亦文副議長からの提案：本県が新たに購入した銃と弾丸を如何に保管するか、今後は如何に証書を発行して収めるべきか
　決議：1、即日銃砲管理委員会を組織する、2、政県府が購入した銃・弾丸は明日（4月14日）午前に本会に持ってきて実地に検査する、3、今後県の購入した銃・弾丸は本会に通知して、納付を監督してもらうこと
12時散会

第6次会議　4月13日（火）午後2時開会
主席者：正副議長を含め12名、軍事科長、財政科長、秘書、記録2名
　甲、報告事項
1、秘書報告、1、時間配分について、2、第4次会議の記録の読み上げ
　乙、討論事項
1、政県府財政科長からの提案：公立学校財産（田地）の入札による増収を図る
　審議過程での意見：1、入札者は先に経収機関に名前を登記し、経収機関はその人の人力・資本及び信用を調査して、その人の入札資格の有無を決定して、改めて有資格者名を掲示して初めて入札する、2、落札した小作人は信頼できる保証人を確保し、小作手続き（の書類）及び保証金をきちんと納めてのみ、耕作し障害なく収入を得ることができる、3、小作料および保証金の標準は、いずれも原のやり方に照らして処理する決議：審議の意見を修正する。第1項は、入札する者は当地の士紳の紹介により先ず経収機関に名前を登記し、経収機関はその人の人力、資本および品行、信

用を調査して入札の資格の有無を決定し、その上で有資格者を掲示し初めて入札に移る。その他は審議過程での意見に照らし、政県府に善処を求めることを決定

2、政県府財政科長の提案：地方の公金・財産、歴年の収入の数字は清査して明確にし、公然と表示して、地方財政の基礎（造り）に資するようにする
審議過程での意見：涂参議員とともに歴年の地方財政案件を処理し、審査する

3、涂家文参議員等の提案：歴年の地方財政の整理について（第7号提案）
審議での意見：1、政県府は党部書記長並びに参議会代表3名、士紳代表3名、学校代表1名、郷鎮代表1名を招聘すると共に、財政科長、会計主任を指名して委員となし、整理委員会を結成すること、2、必要な予算を組んで県参議会に提出し決定する、3、整理期間は3ヶ月を限度とする
決議：審議過程での意見の第2項を、必要な経費は県予算を組んで県参議会の次期常駐委員会に提示して審議の上、省政府に報告し確定する、というように修正する。
また、第3項は、整理期間は3ヶ月を限度とし、整理の結果を公布して全県に通知し、省政府に報告して取り調べに供する。整理の年度は1935年度から本年度までとする、というように修正する。その他は審議過程の意見に照らして決定し政県府に送り実行を求める。

4、政県府財政科の提案：公立学校の小作米収納の倉庫を建設し、小作米を集中して保管の便宜をはかり、弊害を無くす
審議での意見：1、倉庫の建設場所は公立学校の財産収入の多寡に応じて適当な地点に集中し、（地元と）相談して建設する、2、倉庫建設の経費は小作人の競売に際しての保証金の中から捻出する
決議：審議過程の意見に照らし政県府に送り善処を要請する

5、政県府財政科よりの提案：県銀行の資本を増やし、業務の発展を図ると共に辦事処の支処設置を実現する
審議での意見：原案どおりに通過
決議：原案どおりに通過、政県府より実行させる

第4章　いわゆる「新県制」下における南渓県について　631

6、県政府より各郷鎮長への提案：各郷鎮の家畜捐は各郷鎮公所が代理徴収するよう改革したい

審議過程での意見：1、本県の43年度家畜捐は元来（上級政府の）命令にしたがって徴収を停止して以来未だ恢復していない。2、近時駐屯軍の柴や薪、馬の飼料等の項目のために必要な資金は、軍民合作委員会の決議を経て、人民の負担を軽減するため、家畜の仲買人より管理費を徴することで、駐屯軍の飼料等を賄うことにしたが、これが悪いということはない。但し、上級の法令に違反しないことが原則である

決議：審議過程での意見に照らし議案を可決。また、郷鎮公所は地方士紳と合同で実行すること。管理費の徴収について、これを用いる基準は軍民合作委員会で結論を出し政県府に送り実行すること

7、政県府第三区区署の提案：（田賦実物徴収に当たり脱穀等の）加工過程で生じた剰余（毎？）2升について、三区ではその十分の二を下級（たる郷鎮政府）に分け、三区の警備・武器弾薬・用具ならびに手当としたい

審議過程での意見：検討の結果、原案は提案の手続きが規則に合っていないので、討論しないことにした。ただ、ことは治安に係わり、政県府が統一的に処理するよう要請すべきである

決議：審議過程での意見に照らし、政県府に送り善処を請うべきである

8、県政府監獄署の提案：囚人の食糧が不足し物価は騰貴が甚だしい。対策を追加して欲しい

審議過程での意見：政県府が囚人の食糧不足の情況を省政府に報告し、予算の追加を要請する

決議：審議過程での意見に照らし、政県府に送り善処を請う

9、政県府監獄署の提案：囚人の衣服・団扇・筵・医薬が不足している。対策を講じて補助を請う

審議過程での意見：政県府は囚人の医薬品等の不足の情況を省政府に報告し、予算の追加を要請すべし

決議：審議過程での意見に照らし、政県府に送り善処を請う

10、政県府秘書室の提案：42年の実物徴収の加工過程で浮いた2万元で政県府

に用具を買い置きたい

審議過程での意見：42年度実物徴収の加工過程で浮いた金額を処理する時に、支払いを再度行うかどうかを（決めるまで）、本提案を保留とする

決議：審議過程での意見に照らし、政県府に送り検討・処理を請う

11、趙家驊参議員等の提案：およそ人民の負担を増加するに当たっては、政県府は法に則って本会に提案し、議決を経て初めて執行しうるものとする

審議過程での意見：提案どおりに討議にかける

決議：原案どおりに決議、政県府に善処を請う

12、曾杰之参議員等の提案：同盟勝利公債及びアメリカ金公債は画一に割り当てて募集すべし（第9号提案）

審議過程での意見：1、割当額の増加は規定の比率に照らし実行する、2、商人の部分は営業総額を基準とする、3、家屋については家屋税の12分の1を基準とする、4、土地の部分は粮税額を基準とし、粮1石につき二種の公債合計500元を割り当てることにし、その他はこれに照らして類推する。但し、公債総額超えぬことをもって限度とする

決議：審議過程での意見の第2項を修正し、商人の部分は42年度の営業総額を基準とするものとする。第4項を修正し、毎両石につき二種の公債合計500元を割り当て、その他はこれに照らして類推する。但し、公債額を超えぬことをもって限度とする。同時に政県府に割り当て募集の情況について本会に書面で知らせることとする。その他は審議過程の意見に照らして決定し、政県府に送り善処を請う

13、政県府建設科の提案：大南門埠頭建設について

審議過程での意見：原案どおりで討論にかける

決議：原案どおりに政県府に送り善処を請う

14、政県府建設科の提案：長江南部の登高に電話を建設すること（並びに）電話料について

審議過程での意見：思うに42年度の実物徴収加工過程での収益額はなお未処理である。処理の時を待って再度本案を討議に付すまでは保留とする決議：審議過程での意見に照らし、政県府に送り審査して明らかにすること

第 4 章　いわゆる「新県制」下における南渓県について　633

を請う
15、以下 2 件の建設科からの提案があるが、省略する
17、蕭英参議員等の提案：郷村の電話を整理することについて（第10号提案、省略）
18、包赤文等の提案：農田水利の振興について（第11号提案、省略）
19、包赤文等の提案：県道完成について（第12号提案、省略）
20、包赤文等の提案：森林業の保護について（第13号提案、省略）
21、政県府経収処主任の提案：政県府及び各道城門の補修経費の捻出について（省略）
22、高慶楣参議員等の提案：41年度備蓄米の整理並びに保管委員会を組織して保管の責任を負わせることについて（第14号提案、省略）
23、蕭英参議員等の提案：実物徴収加工過程での収益から金を出して、大坪郷から富順県下の五福郷に至る電線を補修し治安に益することについて（第15号提案、省略）
24、涂家文参議員等の提案：広く大青を植えて国産藍を恢復し利権を挽回する（第16号提案、省略）

丙、臨時動議
1、曾杰之参議員等の提案：政県府に対し、元来の同盟勝利公債及びアメリカ金公債の割り当て募集方法は暫く実施を緩め、今回の大会決議案に照らして処理し、もって進行に益するよう、書面をもって要請すること
決議：今回の大会で決議した公債割り当て方法は即日書面で政県府に処理を求める

第 7 次会議
43年 4 月14日（水曜日）午前 8 時開会
出席者：正副議長を含め12名、県長、教育科長、財政科長、建設科長、軍事科長、会計室主任、警佐、秘書、記録 1 名、
　甲、報告事項
1、秘書報告（省略）

乙、討論事項
1、主席より提案：前期常駐委員会の歴次会議の諸決議の追認
　　　決議：通過
2、政県府県立女子中学（開校）準備主任よりの提案：県立女子中学平年経費を正式に43年度県予算内に追加することを要請し、同時に加工収益額の項もしくは地方事業予備費の項から5万元を割いて女子中学開校・設置等の費用に充てる
　審議での意見：1、思うに県立女子中学の平年経費は県が中学校経常費の中より捻出するものであり、43年度予算に別の項目を立てるべきではない。クラス増のための経費は、それゆえ実際の必用に応じて予算を造り、政県府より追加するよう要請すべきである。2、開校・設置費5万元は実物徴収加工収益の処理を待って、改めて決定する
　決議：審議過程での意見に照らし、政県府に送り善処を請う
3、政県府より県立中学についての提案：42年の2升の剰余4万元を割いて文廟の建物と周囲の垣根の壁の補修に充てる
　審議過程での意見：楊宗熙参議員等が予算を割いて文廟の建物を補修するよう提案し、原案を審議した
4、楊宗熙参議員等の提案：予算を割いて文廟及び周囲の垣根の壁を補修することについて（第17号提案、省略）
5、楊宗熙参議員等の提案：高級中学校設立を要請する（第18号提案）
　審議過程での意見：思うに県立中学に高級中学部を併設することは、已に命令を遵守して計画を立てたが、ただ必要経費は甚だ巨大であり、現在もなお数を揃える方法がない。先ず、準備委員会を設けて進行をスムーズにし、必要な開設費は省令を遵守して、41年度の実物徴収加工過程での収益額の40％以内の範囲で事情を斟酌して予算をつける
　決議：審議過程での意見通りに決定・通過
6、楊宗熙参議員等の提案：教師の養成について（第19号提案省略、原案どおりに通過）
7、楊宗熙参議員等の提案：各級学校の設備を完全にする（第21［20？］号提案）

第4章　いわゆる「新県制」下における南渓県について　635

　審議過程での意見：1、原案の方法の第一第二の両項は政県府に送り善処を請う、2、原案の方法の第三項の必要経費は42年度実物徴収（加工）収益を処理する際に、再度数額を斟酌して決める

　決議：審議過程での意見に照らし、政県府に送り調査と善処を求める

8、楊宗熙参議員等の提案：41年度実物徴収加工収益の項目から20万元を割いて、本県高級中学以上の学生に対する奨学金の基金とする（第21号提案）

　審議過程での意見：42年度実物徴収加工収益額は未処理であり、処理の時を待って再検討する

　決議：審議過程での意見どおりに通過

9、主席より、本日政県府が討議に付したい件について提案：配給米の貨幣換算値監督委員会の経費を如何に捻出するか

　決議：すでに支出済みの数は県予算内で対策を講じて支出し、未支出の数については暫く支出を停止する

10、主席より、本日政県府が討議に付したい件について提案：軍政部第三陸軍医院より院舎・房屋の破壊を被った箇所の修復を要請してきた

　審議過程での意見：原案に沿って検討

　決議：政県府が同医院及び関連機関と共に資金を募集して修復する

11、主席より、本日政県府が討議に付したい件について提案：軍政部第三陸軍医院、軍政部栄誉軍人第二教養院は、傷痍（軍人となった）同志のための副食費［が少なく？］生活困難に陥っているため、駐屯軍への軍馬飼料の提供、燃料の提供等の例に照らして提供する

　審議過程での意見：原案に沿って討議

　決議：本県が駐屯軍に馬の飼料や薪等を提供しているのは、省令に従い、あらゆる提供の費用はなお地方が一時的に肩代わりするという性格のものであり、将来は省が統一的に駐屯県の医院に（代金を）返すのである［？一字不明］。省令は地方がその例に従い提供すべきとまではいまだ規定していない。しかも、本県は連年災干に見舞われ、人民は（田賦の）実物徴収を済ませた残りは（ほんの僅かで）、その他の捐款を負担するには実に無力である。県に駐留している医院が駐屯軍への提供に準じて副食費を提供

するよう求めている件については、政県府が民間の苦しみを身にしみて感じる立場から、この項の提供を負担するに無力なことを、書面にて伝えるべきである

12、主席より本日県田賦管理処が討議に掛けたい件について提案：本県の土地陳報改善 工作実施方法を公式に決定することを請う

審議過程での意見：原案を討議に付す

決議：1、原案の方法を修正し、信用金庫は畝をもって計算すべし、2、原案の方法を修正し、凡そ再調査の申請に当たってもしも誤差があれば（百分の十以内に限定せず）すなわち、その納めた保証金を返還すべし

丙、臨時動議

1、包赤文副議長の提案：公務員・教員の食米を清算しよう

決議：政県府は公務員・教員食米委員会を健全ならしめると共に、これまでの支給数目を冊子に書いて本会に渡すよう、政県府に書面で求める

2、主席より提案：本会のあらゆる経費の支出の情況について審査を請う

決議：収支計算書は次期常駐委員会の検査に任せ、不足の数については補足策を講じる

3、主席の提案：41年度加工収益を如何に処分すべきか

決議：1、省令の規定に照らして処分する、2、地方公益の項から暫時4万元を割いて参議会の家屋を建設する、3、牟坪・李端の、未だに価格評価上の変化を受けていない穀物は、董参議員（前糧食監督会主任）が責任をもって二週間以内に決算して、本会の次期駐会委員会の処理に任す

4、曾杰之参議員の提案：書面により、駐屯軍はできる限り公共の場所を駐営地とし、民間の部屋を借りて平民を利することの無いようにするよう、申し入れる

決議：政県府より駐屯軍医院及び駐屯軍に対し調査の上善処を申し入れるよう、政県府に請う

5、曾杰之参議員の提案：思うに塩秤（捐）は前に廃止されていたが、本年度は又復活され人民の負担を重くしている。政県府に書面を出して、塩秤（捐）を廃止するか塩毎1挑につき手続費2元を徴し、ブローカーの食費

に充てる

決議：1、政県府に塩秤・標包（意味不詳）を撤廃するよう要請する、2、塩1挑につき、多くとも手続費2元を徴収してブローカーの収入とする、3、すなわち経収処の管理下におく

丁、選挙

1、主席の提案：今回の駐会委員会（常任委員会）の選挙は記名投票の方法で駐会委員会委員3名を選ぶ。正副議長は当然駐会委員であり、全部で5名である。並びに高慶楯、趙家驊参議員は監査委員、胡文英・董蜀堯参議員には開票人をお願いする

2、主席の宣告：駐会委員の選挙の結果、董蜀堯、楊宗熙の両名がいずれも6票で、最多票を獲得して当選。その余は陳春田、胡文英、蕭英の3名がいずれも3票で同じ、くじ引きで決めたい

3、主席の宣告：抽選の結果、蕭英参議員が駐会委員と決定。陳、胡参議員は候補駐会委員とする

12時散会

　以上、大変長くなったが南渓県での参議会の記録を紹介した（駐会委員会の記録もあるが、省略する）。グループ討論の様子は分からないが、発言者に偏りが見られる。趙松樵（37歳）、陳春田（49）、郭徳芳（57）高慶楯（47）は議案提出者として発言していない。胡文英（74）、涂家文（68）は2回議案の提出者となっているが、会議をリードしているのは、楊宗熙（40）5回、趙家驊（32）2回、曾杰之（44）4回、蕭英（27）7回といった若手である。弱冠27歳の蕭英は1916年生まれであり、中山大学を出たのは日中戦争後のはずである。楊宗熙は1902年生まれだとすると、五四運動の頃は17歳前後であり、曾杰之は20歳前後だったはずである。曾は北京大学卒であるから、身近に五四運動を体験していた可能性は高い。趙家驊は辛亥革命の年に生まれたから、成人になったのは「満州事変」の年であり、彼も北京大学経済学部の卒業であるから、長城抗戦等の緊張した雰囲気の中で学生生活を送った可能性がある（なお、曾杰之と趙家驊とは同窓の間柄であり、他の人々よりは交際が深かった可能性もある）。

表D；四川省各県（市局）臨時参議会各次会議議案類別表（1944年）

議案内容	第1次		第2次		第3次	
	実数	割合	実数	割合	実数	割合
総計	4235	100.00%	2229	100.00%	870	100.00%
民政	560	13.22	437	19.61	191	21.95
財政	506	11.95	298	13.36	103	11.84
教育・文化	810	19.13	438	19.65	154	17.70
経済建設	630	14.88	359	16.11	125	14.37
糧政	508	11.99	216	9.69	112	12.87
軍事	132	3.12	129	5.79	36	4.13
行政	288	6.80	78	3.50	29	3.33
地政	47	1.12	49	2.20	14	1.61
社会	249	5.88	69	3.10	40	4.60
田賦	153	3.61	28	1.26	23	2.64
その他	387	9.14	128	5.74	43	4.94

備考：第一次の総計は4270になるはずであるが、原文では4235となっている。印刷は鮮明であり、特に一桁目が5になるような数字は見られない。よって、総数の方を訂正して4270とした。こうするとパーセンテージも教育・文化までは完全に一致するので実数の訂正は妥当と思われるが、経済建設の項は原文では15.11とある。私の計算では14.88となる。軍事、行政、地政についても数値が違うが私の計算により訂正してある。第二次の糧政のパーセンテージも訂正してある。

　董蜀堯が議案提出代表者となっていないにも拘わらず、楊宗熙と並び駐会委員の選挙で最多票の6票を獲得しているのは、教育者としての経歴が評価された故であろうか。

　また、以上の会議記録を読む限りでは、参議会議長の張福階は議長職を果たす外は政県府の提案の提示者となっているだけで、特別の印象を与えるような存在ではない。38歳という若さで議長に選出されたためであろうか、それとも特別の意見を持たぬが故に議長に祭り上げられたのであろうか？会議録からはわからない。包赤文が副議長であるにも拘わらずか、或いは副議長故にか、どちらの故かはわからないが、政県府に質問したり、議案提出者となっているのも注目される。

　以上の会議録は簡単に過ぎるかも知れないが、およそどのような問題が討論されていたかを知ることはできよう。全体の印象としてはやはり、政県府の提案について審議するという形式が主要であり、参議会は意見を差し挟んではい

第4章　いわゆる「新県制」下における南渓県について　639

るものの、受動的性格との印象は拭えない。しかも、県長が出席したのは最初2回と最後の会議の3回のみであり、それもごく一般的報告に止まっている。また、審議の時間が2時間毎に区切られ、予定どおりに会議が終わっているのも、十分な討論がなされたのかという疑問を抱かせる要因となっている。最後に、参議員は県政を審議しているから当たり前だといってしまえば、それまでのことだが、郷鎮レベルの問題や民衆の生活に係わると思われる問題（例えば、公債の割り当て負担の問題や応召家族の補償の問題等）について掘り下げた討論が行われたようには思えない。やはり、新しいタイプの郷紳たちの議論の場であるとの印象には、拭いがたいものがある。とはいえ、政県府も参議委員の意見を徴するという姿勢は示しており、この点では新県制実施以前の制度化されない「民意の諮詢」よりは一歩前進と評価できると思われる。

　なお、『県政』第4巻第2期88頁には44年当時の四川省各県臨時参議会の討議問題について以下のような統計が掲載されているので、引用して参考に供することにしたい（前頁表D）。

むすびに代えて

　以上、1943年の南渓県についての史料から、政県府の制度と規模、県行政の事務的実態や、人口構成、学歴、および地方自治の実態等について、紹介と検討を加えて来た。県参議会については議事録を見ることができたが、残念ながら、郷鎮レベル、保甲レベルでの自治の実態については代表メンバーの学歴程度しか紹介できなかった。しかし、これも『県政』の第4巻第2期の45～46頁に第一回の保民大会と郷鎮民代表会議における議案の内容について、次のような表を掲載しているので、参考までに引用しておこう（次頁表E）。但し、遺憾ながら何県についての資料であるかはメモを取り忘れてしまったが、保民大会で提案された議案についての資料は目下のところ、私にはこれが唯一といってよい資料である。読者の参考になれば幸いである。

　自治事項では郷鎮民代表大会が学校建設に熱心な点は表Aと似ているが、保民大会では警備の実施の件の方が学校の設立よりも多くの提案を集めている。

表E：第1回保民大会並びに郷鎮民代表大会において提案された議案の内容の分類

	項　目	保民大会 提案数	百分比	郷鎮民代表大会 提案数	百分比
自治事項	小　計	667	100.00%	1123	100.00%
管	戸口の編査	69	10.34	59	5.25
管	機構の健全化	73	10.94	58	5.16
教	学校の設立	112	16.79	390	34.73
教	民衆の組織・訓練	26	3.90	27	2.40
教	新生活の励行	44	6.60	48	4.27
養	地価の決定	2	0.30	20	1.78
養	荒れ地の開墾	13	1.95	24	2.14
養	財政の整理	36	5.40	58	5.16
養	交通の開設	42	6.30	112	9.97
養	合作社の推進	10	1.50	49	4.36
養	救済の実施	13	1.95	45	4.01
養	造産の実行	31	4.65	124	11.04
衛	警備の実施	162	24.29	58	5.16
衛	衛生の推進	34	5.10	61	5.43
委託事項	小　計	187	100.00%	622	100.00%
	兵　役	54	28.90	137	22.02
	禁　政	26	13.90	80	12.86
	糧　政	51	27.27	167	26.85
	債権の募集	17	9.09		
	応召者の優待	23	12.30		
	節約・貯蓄	8	4.28	61	9.80
	部隊への供給	8	4.28	21	3.38
	軍民紛糾の解決			33	5.31
	治　水			69	11.09
	水　利			54	8.68

備考：郷鎮民代表大会の小計、パーセンテージには計算違いがあるので、引用者が計算し直した。

当時は各保に国民中心学校が設けられていたが、郷鎮レベルで正規の学校の設立が切実に求められていたのかも知れない。政府の委託事項では保民大会でも、郷鎮民代表大会でも、兵役、糧政が多くの関心を呼んでいたことがわかる。また、出征兵士の家族の優待工作については、保民大会が禁政＝禁煙とほぼ同じ程度の関心を集めている。治水、水利に保民大会が無関心なように見えるが郷鎮民大会の関心は高いのが印象的である。

この外に、保民大会、郷鎮民代表大会については、古藺県に関する史料を手元に持っているのでどんな様子であったか、ごく限られた史料であるが紹介しておきたいと思う。

　古藺県は合江・叙永両県の南部にあり、貴州省と堺を接する川南最南端の県であり、貴州の茅台酒と並んで有名な「藺酒」の産地として知る人ぞ知る県であるが、1943年11月作成の「四川省古藺県保民大会成立日期彙報表」というのが四川省檔案館の全宗号54案巻10433に収められている。県下35郷鎮509保が1943年1月1日から3月31日までに開いた郷鎮名、成立日期、成立数、開会情況、備考の各欄から成るリストであり、字数も開会情況欄が最大で30字に過ぎぬ簡単なものである。冒頭の中城鎮を例に取ると、43年1月8日から2月20日の間に17の保民大会が開かれ、全部で男女の公民2504人が参加し、県指導員が鎮長を督導して成立の意義を述べたと「開会情況」欄にあり、「備考」欄には「現在まで3回大会を開き、提案すべき標準に従い、地方の情況を斟酌して討論を提起した」とあり、後は成立の期間、人数が異なるだけで、備考欄も「同」が並んでいる。また、43年10月の同「郷鎮民代表成立日期彙報表」も、同様に簡単なリストであるが、こちらは「開会情況」欄が「準備経過及び開会情況」と記されている。あいにくと冒頭の中城鎮のこの欄は癖のある字で小さく書き込まれていて判読が困難であるが、他の郷鎮の欄を見ると、代表何人の外に郷紳何名が出席とか、代表の外に県指導員や校長のほか、郷紳が9～20人も出席しており、列席する代表よりも郷紳の方が多い場合も珍しくない。これは『綱要』の規定には無いことであり、郷鎮民代表会議が民主的に機能できず、地元中心校の校長や郷紳が「お目付役」として大きな影響力を持っていたことを示唆している。このような事態は、南渓県の例でも見られたような、一般郷民の学歴の低さと深く関係していたと思われる。教育程度が「民主主義」の中味を一概に規定するものではないが（胡次威によれば、保民大会といっても戸長から成り家長会議の延長に過ぎず、甲長や保長になるのは圧倒的に土豪劣紳の手先であり、保長も幹事も無給であったが、「壮丁の売りつけと捐税の私物化が主要な財源であった」という。前掲210頁）、郷紳支配に対抗するのは暴力だけというのも極端な見方であり、郷紳の知識や弁論に対抗しうるような人々を育てる教育というものが、

長期的に見れば大きな意味を持っていたと思われる。時期的には後のことになるが、1945年10月付けで出された四川省政府宛の次のような郷民代表会主席に対する告発状は、この点で興味深い（全宗号・案巻も上に同じ）。

すなわち、同県水屯郷代表・何大真と蔡賢謨、並びに第〔　〕保長・何肇謨によると、「同郷の郷民代表主席・陸紹淵は、選挙にあたり代表を買収し、選挙法規を無視して被選挙人を指定し、7月7日より後に郷民代表会成立大会を召集し、又しても選挙管理委員の林炯に賄賂を使って、法定の人数に満たないのに成立させ買収で主席になった。何大真等はこれを不当として起って反対し、政県府・県（国民）党部並びに関連機関に電報を送って声明し告発した。ところが政県府はこの件を調査した結果、陸紹淵を主席に任命し大会の成立を認めた。すると、陸紹淵はこれに勢いづいて越権行為に出て、告発に名を連ねた蔡賢謨（同郷の馬寨保校校長）をその職位から追い出して何林湘を後釜に据えた。蔡は教育に熱心であったのに、校長の地位を追われた。今に至るも学校は開かれぬままである……陸紹淵は国民党の県幹事も兼ねており、その威力を使って参議員を勝手に選ぶ等している……」。告発者はいう「思うに、民主政治の実現、地方自治の推進は政府が尽力して普及に努めているところである。ところが今なお陸紹淵のような醜い輩がその道に当たって、その進行を妨げている……思うに郷民代表会は民主政治を実現し、地方自治を推進する基層の機構である。……合法的で健全な代表会も無しに、どうして合法的で健全な自治の人選ができようか……徹底的に陸紹淵の越権・誣告を調査し、厳重な懲罰に処し、その代表主席の資格を剥奪し、改めて大会を召集し、法に則って選挙するようにして戴きたい」。このように述べて、四川省政府主席・張（群）に請願をしている。

以上の告発状にあるように、国民党の権力と金の威力をバックに郷民代表大会を欲しいままにしている陸紹淵には、政県府も手が出せないでいる。そこで、何等3名は憤懣やるかたなく、省長・張群に請願の手紙を書いているわけである。民主政治の実現は政府も正面からは否定できない。何大真等には、自分たちは正論を吐いているという自信がある。ここで、陸紹淵が国民党員であるということは、大変皮肉である。国民党の自治法規を破壊しているのが国民党員

なのである。政県府が彼を庇おうとすればするほど、国民党の非民主的な体質が露わになる。蔡賢謨は保国民学校の校長らしいから、郷鎮レベルではエリートであるが、彼等の主張が郷民に支持されるようになれば、国民党の「地方自治」も単なる欺瞞では済まなくなったはずである。郷鎮レベルとはいえ、このような可能性が開かれていたことは、それから60年も70年も経った今日の農村民主化の問題にも通じるところがあり、興味深いものがある。武力闘争を「政治闘争の最高の形態」（毛沢東）と考えるような観点からは、以上のような歴史の一面は見えてこないに違いない。しかし、現代中国にとって、以上のような側面での歴史の連続面を見ることはますます必要になりつつあるように思われる。

南渓縣行政組織系統図

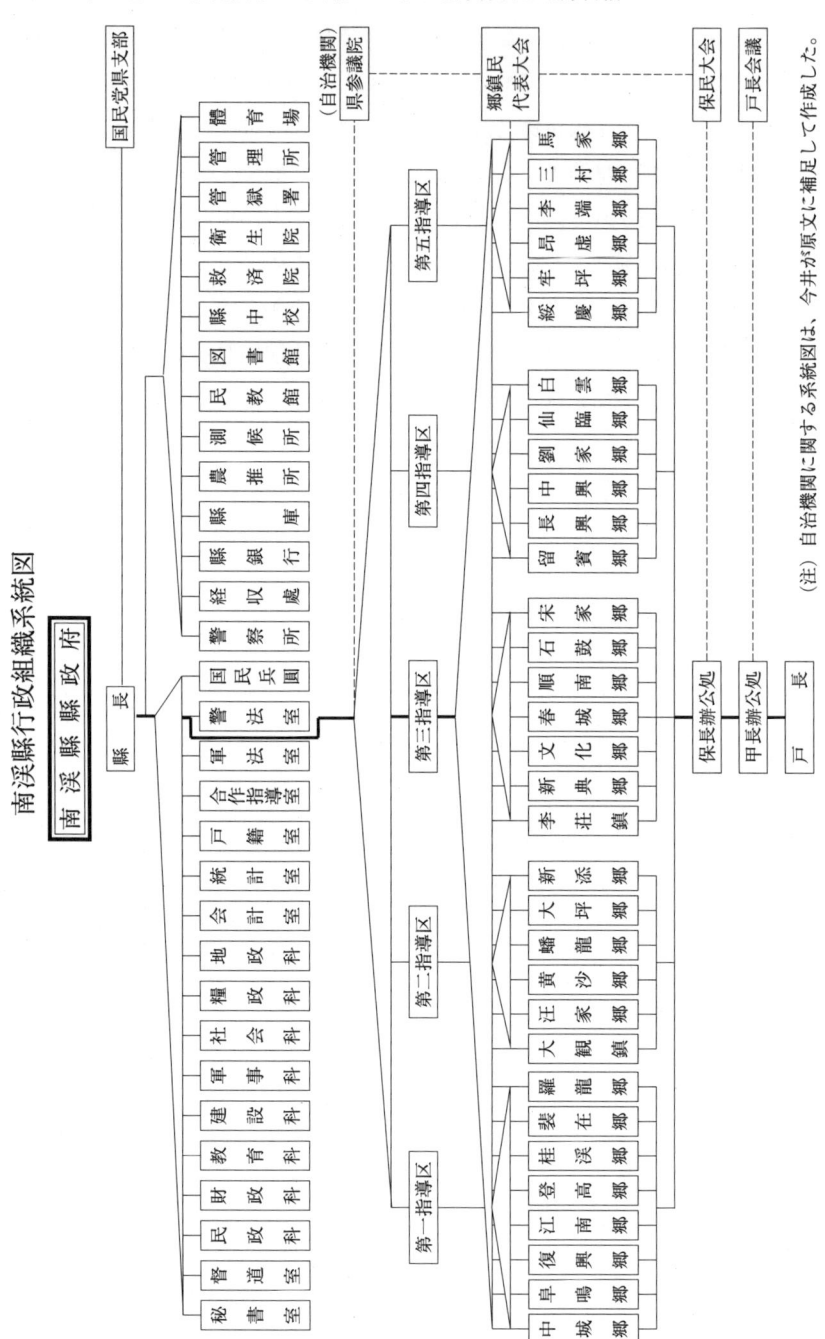

南渓縣縣政府

縣長

- 国民党縣支部
- （自治機関）
  - 縣参議院
  - 郷鎮民代表大会
  - 保民大会
  - 戸長会議

縣長直属：
- 體育場
- 管理所
- 管獄署
- 衛生院
- 救済院
- 縣中校
- 図書館
- 民教館
- 測候所
- 農推所
- 縣銀行
- 経収処
- 警察所
- 国民兵團
- 警法室
- 軍法室
- 合作指導室
- 戸籍室
- 統計室
- 会計室
- 地政科
- 糧政科
- 社会科
- 軍事科
- 建設科
- 教育科
- 財政科
- 民政科
- 督導室
- 秘書室

指導区と郷鎮：

第五指導区：馬家郷、三村郷、李端郷、昂虚郷、牟坪郷、絞慶郷

第四指導区：白雲郷、仙臨郷、劉家郷、中興郷、長興郷、留賓郷

第三指導区：宋家郷、石鼓郷、順南郷、春城郷、文化郷、新典郷、李荘鎮

第二指導区：新添郷、大坪郷、鱒龍郷、黄沙郷、汪家郷、大観鎮

第一指導区：羅龍郷、裴在郷、桂渓郷、登高郷、江南郷、復興郷、阜鳴郷、中城郷

保長辦公処 — 保長
甲長辦公処 — 甲長
戸長

（注）自治機関に関する系統図は、今井が原文に補足して作成した。

第4章 いわゆる「新県制」下における南渓県について 645

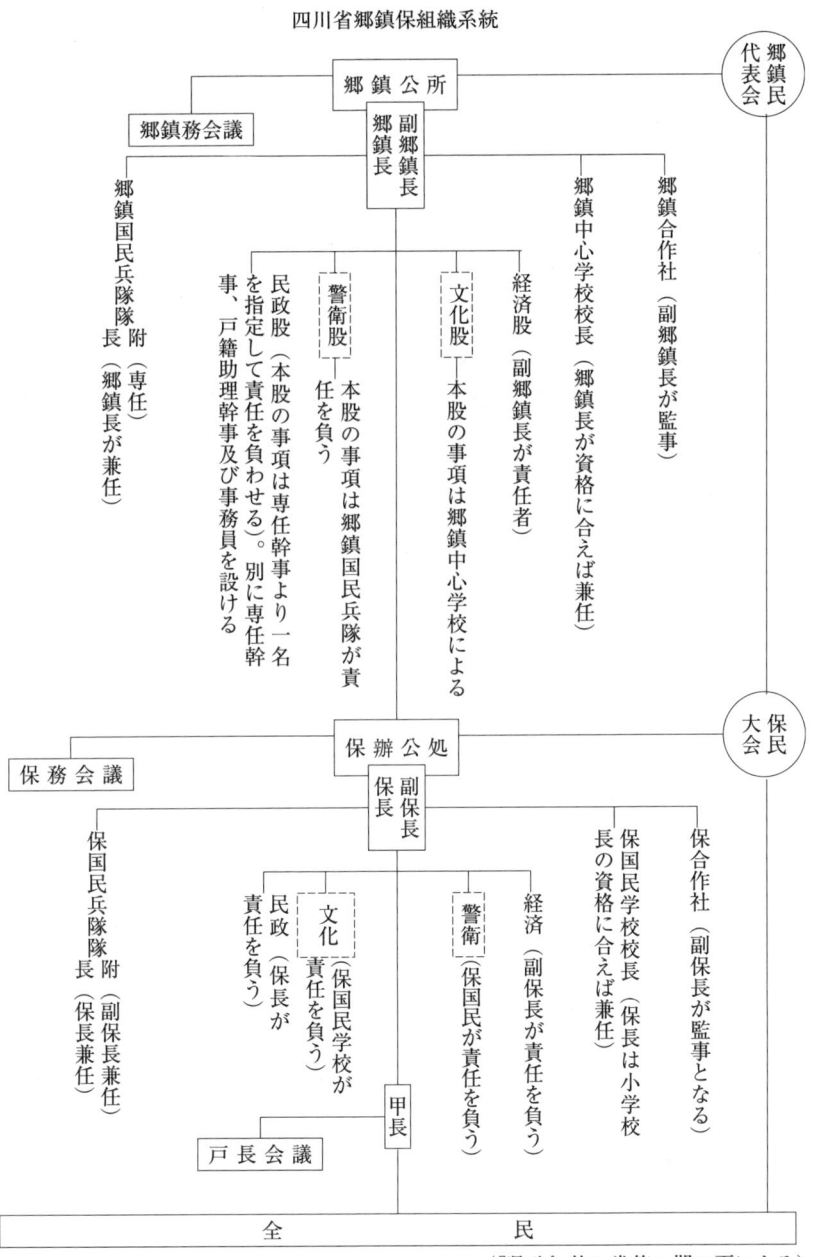

四川省郷鎮保組織系統

```
                                        ┌─ 郷鎮民代表会
                    郷鎮公所 ────────────┤
        ┌───────────┤                   │
    郷鎮務会議      副郷鎮長              │
        │          郷鎮長                │
        │                                │
        ├─ 郷鎮国民兵隊隊長附（専任）（郷鎮長が兼任）
        ├─ 警衛股 ─ 本股の事項は郷鎮国民兵隊が責任を負う
        ├─ 民政股（本股の事項は専任幹事より一名を指定して責任を負わせる。別に専任幹事、戸籍助理幹事及び事務員を設ける
        ├─ 文化股 ─ 本股の事項は郷鎮中心学校による
        ├─ 経済股（副郷鎮長が責任者）
        ├─ 郷鎮中心学校校長（副郷鎮長が資格に合えば兼任）
        └─ 郷鎮合作社（副郷鎮長が監事）

                                        ┌─ 保民大会
                    保辦公処 ────────────┤
        ┌───────────┤                   │
    保務会議        副保長                │
                    保長                  │
        │
        ├─ 保国民兵隊隊長附（副保長兼任）（保長兼任）
        ├─ 警衛（副保長が責任を負う）（保民が責任を負う）
        ├─ 文化（保国民学校が責任を負う）
        ├─ 民政（保長が責任を負う）
        ├─ 経済（副保長が責任を負う）
        ├─ 保国民学校校長（保長は小学校長の資格に合えば兼任）
        └─ 保合作社（副保長が監事となる）

                    甲長
                    │
                戸長会議
                    │
                  全民
```

（『県政』第2巻第4期51頁による）

第4章附録 『四川民政』第2巻第4期9頁に所掲の「四川省県政府人員設置」という表がある。この表は1942年度の政県府の役人の役職と数を県の等級別に（6等級に分ける）集計したものである。一部印刷不明で読みとれぬ役職もあるが、各役職とその総計を見れば以下のとおり。

附表　四川省各県署公務員の公正と総数

役職	省下各県の合計
県長	137
秘書	137
民政科長	137
財政科長	137
教育科長	117
建設科長	117
軍事科長	136
？？科長	20
社会科長	73
地政科長	25
糧政科長	137
辺防科長	3
警佐	98
会計主任	137
統計主任	115
合作主任	133
戸籍主任	＊
督学	468
指導員	582
技士	193
統計員	4
一等科員	499〜773
二等科員	394〜531
三等科員	785
一級事務員	726〜878
二級事務員	858〜995
一級雇員	1007
二級雇員	870
警長？	137
政警	2990
公役	2491〜2536
総計	13663〜14408

原注1，戸籍主任は民政科長が兼任

第4章　いわゆる「新県制」下における南渓県について　647

　　　　　　　２，督学のクラス別配分数は不詳

　以上のとおり、県職員の総数は13,663名ないしは14,408名でこれを137県で平均すると、１県当たり約99.7＝100人ないしは105人という数になる。

　この県の下に郷鎮政府が、45年の時点で4507あった（冉綿恵・李慧宇『民国時期保甲制度研究』147頁）。本章表10の如く、各郷鎮公所当たりの公務員の数を12名として勘定すると、全省の総数は54,086人となる。１県当たり平均395人であり、これに上記の１県平均100名を加えると県以下の公務員の総数は平均500人前後となる。但し、ここには教員は含まれない。

　以上の資料が比較の対象として今後の研究に役立つことがあれば、幸いである。

結　語

　日暮れて道通しというのが、本書を編み終えての感想である。総序にも述べたが、四川省とつき合ってから20年以上が過ぎようとしている。しかしながら、この間に民国期に限定しても私の知り得たことは、ごくわずかに過ぎない。当初は兵士の教育と給料などに興味を抱いて研究を始めたが、一般論としては、研究を始めてすぐに Diana Laryの "Warlord Soldiers-chinese common soldiers 1911-1937" (1985 Cambridge University Press) という好著が出版されてしまった。また軍閥の組織や行政の実態を21軍なり24軍などの本部の檔案から見るということは未だに果たしていない。また、劉湘や劉文輝などの財産目録等に関する個人檔案も、私の怠慢かもしれないが、大陸でも台湾でも、又アメリカでもこうした史料を利用した研究が出ていないところを見ると、まだ埋もれている可能性はあるが、なくなってしまったのかもしれない（2005年夏、楊森の個人檔案を求めて南充県に出かけた失敗談は先に述べた。昨年は劉文輝の24軍の檔案が四川省檔案館にあると聞いたが、出かける時間と資金がない）。このため、第2篇は当初の研究計画では「四川軍閥についての基礎的研究」と銘打つつもりであったが、軍閥自体を対象とした論文がなく、四川軍閥統治下の四川社会の各方面に試掘の穴を掘ることに終始したのは、まことに遺憾である。それはともかく、本書第2篇第1部で、私は既成の四川軍閥像に対する再検討の必要性を事実に即して提起した。特に第3章についてはご批判のあろうことは覚悟しているが、どのような批判を頂戴できるか、経済に弱い私としては待ち望んでいるところである。第2篇第1部から説き起こしたが、それはこの部分こそが私の研究の原点であるからである。各種の税収奪があったにもかかわらず、敢えて田賦の問題に焦点を当てたのは、田賦の預徴は四川軍閥の象徴にされていると思われるからである。また、軍閥財政については甘績鏞（典夔）の論文等があり、又、第4章で自ずと示されるので、敢えて論述の対象とはしなかった。

次ぎに、第1篇では、国民革命を通じてのナショナリズムの浸透は四川軍閥に三民主義という新しい政治的権威の拠り所を与え、また、国民党中央政府への帰順を決定的なものとしたこと。その際、このナショナリズムは中共の階級闘争論に対する対抗性と共に、抗日ナショナリズムをも有しており、これが9・18事件後に再浮上したこと。このような内外情勢を背景に四川統一の覇権をめぐって二劉決戦が起こったが、その最中、中共の紅第4方面軍の入川という事態を迎えた。この時、劉湘は「安川→剿共」を唱えて、二劉決戦に全力を尽くし、劉文輝にうち勝った。その上で紅軍との戦いに臨んだが、相継ぐ失敗の中で、財政的危機が深刻化し、劉湘は南京政権に救済を求め、蔣介石はこれを機会に四川省の「中央化」を進め、将来の抗戦態勢の基礎の重要な一角を築いた。軍閥達も、抗戦が勃発すると、劉湘をはじめ四川の各軍が夔門の天嶮を下ったり、大巴山山脈を越えて前線に向かい、各地で善戦した。防区の争奪に鎬を削っていた軍閥達が、勇躍出撃した根底には、国民党の三民主義ナショナリズムの受容が一過的な政治戦術ではなく、軍閥達の内心に触れるところがあったためと考える方が、彼らの行動を理解しやすいように思われる。四川は抗日の前線と離れているため、抗日意識が弱いのではないかと思う向きもあるかも知れないが、日本とは雲陽丸事件や重慶王家沱の日本租界返還問題、成都の領事館開設問題をめぐる大川飯店事件等々、四川の対日感情も悪化していたし、冀東からの密輸品も流れ込んでおり、民衆の抗日意識は他省に較べ遜色ないものであった。しかし、第1篇の歴史的脈絡のたどり方に、私独自のものがどれほどあるかは、使える一次史料が乏しい中での手仕事故に、確信はない。

　第3篇の諸章は研究に着手したということにしか意義がない。しかし、毎度のことながら、私が研究を始めるとすぐに、必ず立派な研究成果が発表されるのであって、今回も魏光奇氏の『官治与自治』（2004年、商務印書館）という好著が出てしまったから、さしずめ第3篇は残り粕を掬ったに過ぎぬとのご批判を頂戴するやもしれない。とはいえ、第3篇の諸章からわかることは、抗日戦争以後に中学卒業程度の人材が郷鎮レベルの行政機関の実務用員や郷鎮民代表会議の議員などとして定着しつつあったということである（また、このことは、紙幅の都合もあって省略した鄞都県に関する拙稿でもふれた）。これらの人々のあら

かたが哥老会や青帮等との繋がりの深い人物であったというような評価は、第3篇第4章に紹介した胡文虎ばかりではなく、各地の『文史資料選輯』所収の文章が一様に指摘しているところである。これを覆すに足る資料を持たないが、同章で参議員が「民意の尊重」とか「身体の自由」の保障を求めるような発言もしているのを、欺瞞であると決めつけるのも一面的な気がする。また、同章の末尾に紹介した張群への直訴状からは、土豪的勢力に圧迫を受けつつも、これに合法的に抵抗したりしていた人々の姿も浮かび上がってくるのであり、国民党統治下の地方自治の試みを黒一色で塗りつぶすこともできないと思う。確かに、第2篇第7章で見たように、黄一族の団閥支配は1949年まで続いたが、かような土豪劣紳ばかりが中国農村を支配し続けていたとするなら、抗日戦争などを戦えるわけがなく、彼らのような存在が強調されるのは、反面から考えて見ると、むしろ異常なるが故に人々の記憶に残されたからではあるまいか？軍閥亡きあと、郷村で団閥的支配に代わって登場したのが、地方行政や教育のノウ・ハウを身につけた中卒程度以上の学歴を有する人々であった。これらの人々の中には地方官僚と共に行政の私物化を図る者もいたが、第3篇第1章、第2章や第3章で見たように、県長を正義感から告発する者もかなりの数に上ったことも事実である。史料保存の情況が違うからかも知れないが、軍閥支配当時の檔案には、この種の檔案は殆ど見られない。この点で、私は国民党の郷村への勢力浸透の度合いはなお不十分であったとは思うが、抗戦のための国家建設の観点からもとり組まれた学校教育の発展は、四川社会の発展に大きく貢献したと思われる。そして、戦後にもしも国共内戦が避けられたなら、国民党が始めた郷村自治はどのように発展していったろうかという問題は、陳桂棣・春桃『中国農民調査』（2004年、人民文学出版社）のようなルポルタージュや張平の小説・『八面埋伏』（邦訳、新風社）等に描かれている今日の中国農村の問題と二重写しの形で問題の根を共有しているような気がする。

　最後に、社会経済史に関する論攷が全くないのは本書の致命的な欠陥であると思っているが、一言弁解するならば、大陸にしろ台湾にしろ、近代四川経済史の研究はまだ未開拓であり、直接留学でもして諸資料に当たらぬことには、大陸での研究の紹介以上のことは望めないと思うからである。これも、今後の

課題といいたいが、私に残された時間はあまりにも短く、他に考えたい問題もあるので、研究の継続は断念し、後続世代の研究に期待したい。
　以上、はなはだ面目ない文章とはなったが、偽らざるところを述べることをもって、結語としたい。

あとがき

　私の当初の研究プランでは、軍閥の組織、兵士の待遇、財政、行政、私財の情況、地方郷紳・地主との関係・民衆の反軍閥闘争等について調べることにしていた。だが、残念ながら軍閥の個人檔案を見つけることができなかった。昨夏になって、四川省檔案館に劉文輝の檔案2000余点があると聞いたが、もはや時間切れであり、にわか勉強で本書の出版のタイムテーブルを動かすことはできない。断腸の思いである。ともかく、5～6回も四川省檔案館に通いながら宝の山の存在に気づかなかったのは、生来の粗忽な性格の故であり、読者各位には肝心な部分を欠いた状態で私の四川省研究の「成果」を提供せざるを得ないのは、まことに遺憾千万である。高価を問わず本書をお買いあげ下さった読者には、心よりお詫び申し上げる。

　本書には本来訂正して収録すべき既発表の論文が二つある。すなわち、一つは「四川軍閥統治下における租税の構成・分配についての一考察——1934年前後の犍為県を実例に——」(静岡大学人文学部『人文論集』39号、1988年)である。この論文は塩税の所で信じられぬような思い違いをおかし、末尾近くの学校経費についても初歩的な論理の混乱がある。本来ならば訂正して収録すべき所であるが、紙幅や論文としての未熟性を考慮して収録しなかった。ここに同論文の抹殺を宣言しておく。いま一つは、「アヘン生産と四川農村社会の変貌過程について」『近きに在りて』第18号にも、一部重要な思いちがいがあり訂正・発表したかったが、紙幅を考えて思いとどまった。『近きに在りて』の信用を落としてしまったことについて、あらためて、野澤豊先生にこの場を借りてお詫び申し上げる。

　私はいったん発表した以上は数字の誤り以外は手を入れるべきでないと前著では考えて、加筆を敢えてしなかった。しかし、本書ではその後の研究を配慮して加筆したものもある。各章の初出を一覧表にすれば、以下のとおり。

あとがき　653

総序　　　　　　　　　　　　　　　　　　　　　　書き下ろし
第1篇への序論　　　　　　　　　　　　　　　　　書き下ろし
第1篇　　　　　　　　　　　　　　　　　　　　　書き下ろし
第2篇への序論　　　　　　　　　　　　　　　　　書き下ろし
第2篇
　　第1部　第1章　四川軍閥統治下における田賦の「重さ」について
　　　　　　　　　　　　　　　　　　　　『近きに在りて』第11号
　　　　　　第2章　四川軍閥統治下における田賦の「重さ」について（その2）　　　　　　　　『近きに在りて』第16号
　　　　　　第3章　四川軍閥統治下における田賦の「重さ」について（その3）　　　　　　　　　　　　　　　書き下ろし
　　　　　　第4章　近代四川省におけるアヘン生産の史的展開をめぐる一考察　　　　　静岡大学人文学部『人文論集』第41号
　　　　　　　　　　　　　　　　　題名を一部訂正して大幅加筆
　　第2部　第5章　中華民国期の四川省における哥老会の組織・活動の実態について　　静岡大学人文学部『人文論集』第48号の1
　　　　　　　　　　　　　　　　　　　　　　　　　　一部加筆
　　　　　　第6章　いわゆる悪覇についての一考察
　　　　　　　　　　　　静岡大学人文学部『人文論集』第54号の2
　　　　　　　　　　　　　　　　　　　　　　　　　　一部加筆
　　　　　　第7章　四川軍閥統治下における民団組織について
　　　　　　　　　　　　　　　　　　　　『近きに在りて』第46号
　　　　　　　　　　　　　　　　　　　　　　　　　　一部加筆
　　　　　　第8章　ある地方官僚の生涯－その1、劉航琛について
　　　　　　　　　　　　　　　　　　　　　　　　　書き下ろし
　　　　　　第9章　ある地方官僚の生涯－その2、鄧漢祥略伝（仮訳とコメント）　　　　　　　　　　　　　　書き下ろし
　　　　　　第10章　四川軍閥統治下における抗捐闘争についての事例研究
　　　　　　　　第1節　八徳会政権覚え書き　静岡大学人文学部『人文論集』

	第56号の1	
第2節	郭汝棟治下における綦江県・涪陵県の抗捐闘争について	書き下ろし
第3篇 第3篇への序論		書き下ろし
第1章	日中戦争期の四川省における地方行政の実態について	『近きに在りて』第34号
第2章	県長の「犯罪」についての一考察―1943～1945年の犍為県を実例に―	書き下ろし
第3章	日中戦争期の四川省における下級公務員について	静岡大学人文学部『人文論集』第52号の1
補 論：	犍為県田賦糧食管理処に見る人事交代の模様について	書き下ろし
第4章	いわゆる「新県制」下における南渓県について	書き下ろし

　今回、退職を一期に来静以来の作品をまとめるようにと、野澤豊先生から勧められた。私は、かつて、軍閥を中心とした四川研究は失敗であって、もうこの研究テーマからは撤退したいと野澤先生に申し上げたことがあるが、「やめるにもやめ方というものがあるでしょう。論文を書き散らして放置したまま次の研究テーマに移ることには賛成できない」とのお言葉を頂戴した。そこで、わずかばかりの手持ち資料を使って幾篇かの論攷を書き下ろし、これを既発表の論文と混ぜて3篇に構成してみた。当初の計画ではあと4～5本を収録する予定であったが、紙幅および学界のニーズを顧慮し削除して、このような形になった。それでも、無用な論稿を収録して徒に書価を高める結果になったとすれば、遺憾である。

　筆を擱くに当たり、長年にわたり御指導・激励を賜った野澤豊先生の学恩に感謝すると共に、御期待に沿えなかったことをお詫び申し上げる。

　今回も拙い研究に出版の機会を与えて下さった、汲古書院の坂本健彦会長には、心より御礼申し上げる。

また、出版助成金を頂戴した静岡大学にも、厚く感謝申し上げる。

本書の素材となった諸資料の収集過程では、多くの中国人研究者のお世話になった。ここでは、張静如（北京師範大学）、故蔡徳金（北京師範大学）、故楊光彦（西南師範大学）、潘洵（西南師範大学）、李世平（西南師範大学）、侯熊飛（中共成都市委辦公室副処級秘書）、時広東（西南交通大学）、王紅（重慶大学）、劉世龍（四川大学）、徐躍（四川大学）、秦和平（西南民族大学）のお名前を挙げるが、ほかには、彭毅・彭広の姉妹、特に彭広さん（劉世龍夫人）にはひとかたならぬお世話になった。また、92年の留学中に肺炎で寝込んでいたときに成都の華西医科大学（今は四川大学に吸収されて医学部となる）まで連れて行って、入院させてくれた羅堯君さんのお名前も記しておきたい。

また、研究・教育・校務いずれの面でも半人前でしかない私に、29年の長きにわたり研究の場と時間を提供してくれた静岡大学と、この過程でお世話になった教官・職員の皆さんには、なんと御礼申し上げてよいか、言葉を知らぬほどである。

その他、多くの励ましと学恩を受けた、中国現代史研究会発足以来の先輩や後輩の友人や財団法人・日本国際問題研究所の同僚や関連の先生方のお顔が次々と浮かんで来るが、逐一お名前を挙げることは、きりがないので控えさせていただく。

末筆ながら、前著以上に値ばかりが高く内容がそぐわない拙著を、敢えてご購入戴いた読者各位に御礼申し上げて、本書の結びとしたい。

使用並びに参考文献

※このリストには、私が他の拙稿作成時に使用した文献は省いてある。また軍閥に関する英語の研究文献については時期的には多少古くなったが、塚本元氏（94年）の著作に詳しい文献目録が載っていて便利である。しかし、本書では、本書作成に当たり参考とした文献しか掲げていない。

（1）中国語文献（翻訳のあるものも含む）

中国語文献は原則として当用漢字を用い、当用漢字にない文字は正漢字、簡体字を用いた。

Ⅰ）著書

　袁継成・李進修・呉徳華主編『中華民国政治制度史』1991年　湖北人民出版社

　王玉茹『近代中国価格結構研究』1997年　陝西人民出版社

　王采薇『四川禁煙問題之研究（1937—1945年）』1989年　台湾・正中書局

　王純五『袍哥探秘』1993年　巴蜀出版社

　王正華『国民政府之建立與初期成就』1986年　台湾商務印書館

　王　笛『跨出封閉的世界―長江上游区域社会研究（1644—1911）』1993年　中華書局

　欧学芳『四川土地陳報之研究』1977年　民国二十年代中国大陸土地問題資料

　何応欽『何上将抗戦期間軍事報告』中国現代史料叢書　1962年　文星書店

　賈士毅『民国財政史』正編　1917年　商務印書館

　郭華倫『中共史論』第4冊　1971年　中華民国国際関係研究所

　郭雄・夏燕月・李効蓮・李俊臣『抗日戦争時期国民党正面戦場』2005年　四川出版集団・四川人民出版社

　「河北文史資料」編集部編『近代中国幇会内幕』上下　1992年　群衆出版社

　匡珊吉・郭全・劉邦成共著『順瀘起義』1988年　四川大学出版社

匡珊吉・楊光彦共著『四川軍閥史』1991年　四川人民出版社
喬誠・楊続雲共著『劉湘』1987年　華夏出版社
魏光奇『官治与自治―20世紀上半期的中国県制』2004年　商務印書館
金海同『眉山犍為田賦研究』上下冊　1977年　民国二十年代中国大陸土地問題資料
阮毅成『地方自治与新県制』1978年　聯経出版事業公司
胡漢生『四川近代史事三考』1988年　重慶出版社
国民政府全国経済委員会編『四川攷察報告書（1935年）』編訳彙報第二編　1940年　中支建設資料整備委員会
国民政府内政部禁煙総会『禁煙禁毒工作報告書』1938年
胡春恵『民初的地方主義与聯省自治』2001年　中国社会科学出版社
呉雨・梁立・王道智共著『民国黒社会』1988年　江蘇古跡出版社
呉康零編『四川省史』第6冊　1994年　四川大学出版社
　　同上　　　　　　第7冊　　　同上
黄雲鶴『四川財政録』1926年頃　出版社不詳
黄東蘭『近代中国の地方自治と明治日本』2005年　汲古書院
向楚主編『巴県志選注』1989年　重慶出版社
侯徳礎『抗日戦争時期四川及周辺地区的経済与文教』2005年　四川出版集団・四川人民出版社
合江県政府編『合江県県政年刊』1937年
後雲編著『五三十運動在四川』1993年　成都科技大学出版社
四川省政府編『四川省概況』1939年　四川省政府秘書処
四川省檔案館編『抗日戦争時期四川各項情況統計』2005年　西南交通大学
四川省文史研究館編『四川軍閥史料』第1輯　1981年　四川人民出版社
　　同上　　　　　　　　第2輯　1983年　　同上
　　同上　　　　　　　　第3輯　1985年　　同上
　　同上　　　　　　　　第4輯　1987年　　同上
　　同上　　　　　　　　第5輯　1988年　　同上
四川省文史研究館・四川省人民政府参事室編撰『四川国民党史志』1994年

　　　　　四川人民出版社
四川省文史研究館・四川省人民政府参事室編『第一次国内革命戦争時期
　　　四川大事記』1998年　四川人民出版社
四川省文史研究館・四川省人民政府参事室編『第二次国内革命戦争時期四
　　　川大事記』1993年　四川人民出版社
四川省文史研究館・四川省人民政府参事室編撰『四川国民党志』1994年
　　　四川人民出版社
四川省政協文史資料委員会編『四川文史資料集粋』第1巻　1996年　四川
　　　人民出版社
　　　同上　　　　　　　　　　　　　　第2巻　1996年　同上
　　　同上　　　　　　　　　　　　　　第3巻　1996年　同上
　　　同上　　　　　　　　　　　　　　第6巻　1996年　同上
四川省地方志編纂委員会省志人物志編集組編、四川地方史資料叢書『四川
　　　近代人物伝』
　　　第1輯　1985年　四川省社会科学院出版社
　　　第2輯　1986年　　　同
　　　第3輯　1987年　四川人民出版社
　　　第4輯　1987年　四川大学出版社
　　　第5輯　1988年　四川大学出版社
　　　第6輯　1990年　四川大学出版社
四川省地方志編纂委員会省志人物志編集組編『四川省志・人物志』上下冊
　　　2001年　四川人民出版社
四川省中国経済史学会編『中国経済史論叢』1986年　四川大学出版会
人民政協四川省万県市委員会編『万県九五惨案史料匯編』1981年　『万県
　　　日報』社
人民政協重慶市文史資料研究委員会編『重慶「三・三一」惨案記事』1988
　　　年　西南師範大学出版社
蔡少卿『中国近代会党史研究』1987年　中華書局
　　　同　『中国秘密社会』1989年　浙江人民出版社

朱新繁『中国農村経済関係及其特質』1930年　上海新生命書店
朱匯森主編『中華民国農業史料（二）糧政史料』（全4冊）1988年　国史館
周育民・邵雍共著『中国幇会史』1993年　上海人民出版社
周開慶『民国川事紀要（中華民国前一年至二十五年）』1974年　四川文献研究社
同『民国川事紀要（中華民国二十六年至三十九年）』1972年　四川文献月刊社
同『四川与対日抗戦』1971年　台湾・商務印書館
同『四川経済志』1972年　台湾・商務印書館
周富道・馬宣偉共著『熊克武伝』1989年　重慶出版社
周春主編『中国抗日戦争時期物価史』1989年　四川大学出版会
周詢『蜀海叢談』（沈雲龍主編『近代中国史料叢刊第1輯』）1966年　文海出版、1986年の巴蜀出版社版もある
周天豹・凌承学主編『抗日戦争時期西南経済発展概述』1988年　西南師範大学出版社
肖波・馬宣偉共著『四川軍閥混戦（1927年〜1934年）』1984年　四川省社会科学院出版社
蔣光明・楊平共著『中国袍哥大家―范哈儿伝記』1995年　四川人民出版社
蔣旨昂『戦時的郷村社区政治』1944年　商務印書館
章有義編『中国農業史史料』第2緝　1957年　北京・三聯書店
謝俊美『政治制度与近代中国』2000年　上海人民出版社
謝本書・馮祖貽主編『西南軍閥史』第1巻　1991年　貴州人民出版社
　　　同上　　　　　　　　第2巻　1994年　貴州人民出版社
　　　同上　　　　　　　　第3巻　1994年　貴州人民出版社
饒栄春『新県制』1941年　独立出版社
秦孝儀編『蔣総統集』第1冊（第4版）1974年　中華大典編印会
秦和平『四川鴉片問題与禁煙運動』2001年　四川民族出版社
同『雲南鴉片問題与禁煙運動』1998年　四川民族出版社
沈鵬主編『県政実際問題研究』1944年　正中書局
財政科学研究所編『革命根拠地的財政経済』1985年　中国財政経済出版社

徐安琨『哥老会的起源及其発展』1989年　台湾省立博物館
徐秀麗編『中国近代郷村自治法規選編』2004年　中華書局
西南軍閥史研究会編『西南軍閥史研究叢刊』第1輯　1982年　広東人民出版社
　　同上　　　　　　　　　　　　　　　第2輯　1983年
　　同上　　　　　　　　　　　　　　　第3輯　1985年
　　同上　　　　　　　　　　　　　　　第5輯　1986年
西南財政大学『抗日戦争時期国民政府財政経済戦略措置研究』1988年　四川省新華書店
「川陝革命根拠地歴史長編」編写組編『川陝革命根拠地歴史長編』1982年　四川人民出版社
川陝革命根拠地歴史研究会編『川陝革命根拠地歴史文献選編』上冊　1979年　四川人民出版社
　　同上　　　　　　　　　　　　　　　　　　　　　　下冊　1980年　四川人民出版社
冉綿恵・李慧宇共著『民国時期保甲制度研究』2005年　四川大学出版社
蘇智良『中国毒品史』1997年　上海人民出版会
曹余濂編著『民国江蘇権力機関史略』1994年（江蘇文史資料第67号）
粟顕運『新県制的実施』1941年　国民図書出版社
存萃学社編『民国以来四川動乱史料彙報』1977年　大東図書公司
段渝主編『抗戦時期的四川』2005年　四川出版集団巴蜀書社
中央研究院近代史研究所口述歴史叢書22『劉航琛先生訪問録』1990年
中華民国外交問題研究会編『蘆溝橋事変前後的中日問題』1966年
中共重慶市委党史工作委員会『大革命時期的重慶』1984年　内部発行
中共成都市委党史研究室編『搶米事件』1991年　成都出版社
中国文化建設協会編『十年来的中国』1938年　中国文化建設協会
中国民主建国会重慶市委員会・重慶市工商業連合会：文史資料工作委員会編『聚興誠銀行』（重慶工商史料　第6輯）1988年　西南師範大学出版

同上編『重慶 5 家著名銀行』（重慶工商史料　第 7 輯）1989年　西南師範出版社
中国工農紅軍第四方面軍戦史編緝委員会『中国工農紅軍第四方面軍戦史』1991年　解放軍出版社
中国農民銀行、四川農村経済調査委員会編『中国農民銀行四川省経済調査報告』1941年出版、1976年複印版　秦孝儀主編、中華民国史料叢編A32
中国人民解放軍西南服務団研究室編『四川省概況』1949年
中国人民政治協商会議四川重慶市委員会　文史資料研究委員会編『重慶「三・三一」惨案記事』1989年　西南師範大学出版社
中国少数民族歴史資料叢刊、四川省編輯組『四川阿壩州蔵族社会歴史調査』
同　上　　　　　　　　　　　　　　　　『四川省涼山彝族社会歴史調査』
張学君・張莉紅『四川近代工業史』1990年　四川人民出版社
張憲文等著『中華民国史』第 1 冊～第 4 冊　2006年　南京大学出版社
張肖梅編『四川経済参考資料』1939年　中国国民経済研究所
張俊顕『新県制之研究』1988年　正中書局
趙啓祥『犍為経済建設与土地問題之関係』1977年　民国二十年代中国大陸土地問題資料
趙清『袍哥与土匪』1990年　天津人民出版社
趙世瑜『吏与中国伝統社会』1994年　浙江人民出版社
趙文林・謝淑君共著『中国人口史』1988年　人民出版社
趙文林編『旧中国的黒社会』1987年　華夏出版社
陳志譲『軍紳政権—近代中国的軍閥時期』1979年　生活・読書・新知三連書店
丁中江『北洋軍閥史話』第 5 巻　1977年　春秋雑誌社
鄭励俊『四川新地誌』1946年　正中書局
鄭光路『川人大抗戦』2005年　四川人民出版社
鄭秦『清代法律制度研究』2000年　中国政治法大学出版社
内政部禁煙委員会『禁煙禁毒工作報告書』1938年

内政部禁煙委員会『禁煙概要』1940年

南渓県政府統計室編『四川省南渓県県政統計提要』1944年

白眉初編『中華民国省区全誌』第4巻　1926年　北京大学史地学系

馬宣偉・肖波共著『四川軍閥楊森』1983年　四川人民出版社

莫世祥『護法運動史』1991年　広西人民出版社

聞均天『中国保甲制度』1936年　上海商務印書館

平漢鉄路管理局経済調査班編『涪陵経済調査』（邦訳）1940年　生活社

彭迪先主編『劉文輝史話』1990年　四川大学出版会

彭朝貴・王炎主編『清代四川農村社会経済史』2001年　天地出版社

李仕根主編『四川抗戦档案研究』2005年　西南交通大学出版社

陸軍第二十一軍司令部政務処編『施政特刊』1935年

　　　　同上　　　　　　『施政続編』上下冊　1935年

劉航琛審訂・周開慶編著『劉湘先生年譜』1975年　四川文献研究社

劉航琛口述・章君穀筆『戎幕生活』1983年　川康渝文物館

『劉航琛先生訪問記録』1990年　台湾中央研究院近代史研究所

劉師亮『漢留史』出版時不詳　師亮遺作出版社

劉紹唐主編『民国大事日誌』第1冊　1973年　伝記文学出版社

　　　　同上　　　　　第2冊　1979年　伝記文学出版社

劉斌編著『四川現代史』1988年　西南師範大学出版社

林大昭・陳有和・王漢昌共著『中国近代政治制度史』1988年　重慶出版社

魯子健編『清代財政史料』上巻　1984年　四川省社会科学出版社

　　　　同上　　　　　下巻　1988年　四川省社会科学出版社

呂平登編『四川農業経済』1936年　商務印書館

游時敏『四川近代貿易史料』1990年　四川大学出版社

（2）県志

『民国二十一年版　渠県志』中国方志叢書所収

『犍為県志』民国26年版　四川方志28　1967年　台湾学生書局

犍為県政府編纂『犍為県政概況』1943年、重印1997年

四川省犍為県志編纂委員会『犍為県志』1991年　四川人民出版社

『合江県志』1929年

『叙永県志』民国22年（新修方志叢刊、四川方志14）

『崇慶県志』民国15年版　四川方志3　1987年　再版　台湾学生書局

石柱県志編纂委員会編『石柱県志』1994年　四川辞書出版社

『民国南渓県志』中国地方志集成・四川府県輯第31巻、1992年　巴蜀書社

（3）日本語および英語文献

事典

『アジア歴史事典』1962年　平凡社

『支那問題事典』1937年　中央公論社

著書・調査報告

和文

池田　誠編『抗日戦争と中国民衆』1987年　法律文化社

石島紀之・久保　享編『重慶国民政府史の研究』2004年　東京大学出版会

今井　駿『中国革命と対日抗戦―抗日民族統一戦線研究序説―』1997年

尾崎秀実『尾崎秀実著作集』第2巻　1977年　勁草書房（『現代支那批判』『現代支那論』を含む）汲古書院

外務省通商局『支那ニ於ケル阿片及麻薬品』1925年

神田正雄『四川省綜覧』1936年　海外社

倉橋正直『日本のアヘン王―二反長音蔵とその時代』2002年　共栄書房

酒井忠夫『中国民衆と秘密結社』1992年　吉川弘文館

ジェローム・チェン（陳志譲）『軍紳政権』（北村稔ほか訳）1984年　岩波書店

橘　樸『支那社会研究』1936年　日本評論社

同上『中国革命史論』1950年　日本評論社

田中正俊『中国近代経済史序説』1973年　東京大学出版会

田中正俊・野澤豊編『講座・中国近現代史』第2巻　1987年　東京大学出版会

塚本　元『中国における国家建設の試み―湖南1919―1921年』1994年　東京大学出版会

波多野善大『中国近代軍閥の研究』1973年　河出書房

朴　橿『日本の中国侵略とアヘン』1994年　第一書房

山田豪一『満州国の阿片専売―「わが満蒙の特殊権益」の研究』2002年　汲古書院

山田賢『移住民の秩序』1995年　名古屋大学出版会

山田賢『中国の伝統と秘密結社』1998年　講談社

英文

Eastman, Lloyd E., Seeds of Destruction: Nationalist China in War and Revolution, 1937-1949 Stanford University Press, 1984

Kapp, Robert A, Szechuan and the Chinese Republic: Provincial Militarizm and Central Power, 1911-1938, New Haven: Yale University Press, 1973

Kapp, Robert A, "Chunking as a Center of Warlord Power, 1926-1937", in Mark Evlin and William Skinner, eds. The Chinese City Between Two Worlds, Stanford University Press, 1974

Lary. Diana, Warlord Soldiers: Chinese Common Soldiers. 1911-1937, Cambridge University Press, 1985

（4）新聞及び雑誌、その他定期刊行物

『県政』（月刊）

『国聞周報』（週刊）

『国民公報』（日刊）

『国民政府公報』

『国立武漢大学同学会刊』

『四川月報』

『四川経済月刊』

『四川合江県政政府年刊』1936年版

『四川文献』（月刊）

『四川民政』（月刊）

『四川大学学報』

『四川保安月刊』

『新蜀報』（日刊）

『新新新聞』（日刊）

『政治旬刊』

『政治経済月刊』

『政務月刊』

『川康辺務督辦署財務月刊』

『東方雑誌』（週刊）

『巴県県政』（月刊）

『復興月刊』

『文史資料選輯』（中央）

『四川文史資料選輯』（不定期）

重慶市工商連合会工商史料委員会編『重慶工商史料』第1輯～第8輯（一部は単行本として扱い、Ⅰの1欄に収録してある）

重慶、成都、その他四川各市・県の『文史資料選輯』

重慶海関1891年報告　『四川文史資料選輯』第4緝・第6緝

重慶海関1892—1901年十年報告　同上、第9輯

重慶海関1902—1911年十年報告　同上、第11緝

重慶海関1912—1921年十年報告　同上、第12緝

重慶海関1922—1931年十年報告　同上、第13緝

徐雪筠等編訳『上海近代社会発展概況―「海関十年報告」訳編』1985年　上海社会科学出版社

（5）個別論文（但し、著者名の明らかな文章で、電報の類は省く）

于建章「抗日救亡的壮歌―成都事件―」『四川文物』第89巻1号

王永年「論辛亥革命前四川対外貿易的発展」『四川大学学報』1986年第2期

王国璜「建国前永川県経済漫談」『永川文史資料選輯』第4輯

王金香「清代第二次禁煙運動探略」『史学月刊』1990年第2期

何翔泂・肖麗生「劉、鄧"毘河之戦"」『四川軍閥史料』第5輯

王搶楦「劉航琛従政内幕」『重慶文史資料選輯』第22輯

何徳富・黄澤発「解放前隆昌的袍哥組織（一）」『隆昌文史資料選輯』第2輯

　　　　　同上　　「解放前隆昌的袍哥組織（二）」『隆昌文史資料選輯』第5輯

韓宗愈「民国時期綦江的一次武装抗捐闘争」『綦江文史資料選輯』第4輯

宜賓市政協文史辦「宜賓市哥老会始末」『近代中国幇会内幕』下冊

甘典夔（續鏞）「1941年四川田賦改徴実物経過」『四川文史資料選輯』第11輯

甘続鏞「四川防区時代的財政収支」『重慶文史資料選輯』第8輯

匡珊吉「四川軍閥統治下的田賦附加和預徴」『西南軍閥史研究叢刊』第1輯

匡珊吉・羊淑蓉「四川軍閥与鴉片」『西南軍閥史研究叢刊』第3輯

金文鋳「金堂巨匪頼金廷」『四川文史資料集粋』第6集

瞿維祺「民国以来双流県城的袍哥」『双流県文史資料選輯』第2輯

瞿学良「丁家坳的袍家概況」『壁山文史資料選緝』第4輯

刑世同「我所知道的劉航琛」『四川文史資料選輯』第15輯

興隆「六年来二十一軍財政之回顧与今後之展望」『四川経済月刊』第1巻第6期

高新亞「馮玉祥派我勧説劉湘参加抗戦之経過」『成都文史資料選輯』第4輯

伍文昌「解放前栄県的袍哥組織活動」『栄県文史資料選輯』第3輯

呉耀邦「我競選県参議員的経過」『南渓文史資料選輯』第4輯

蔡墩「談哥老会」『大足文史』第1輯

四川省志近百年大事記述編輯組「劉湘、楊森聯合駆袁祖銘経過」『四川文史資料選輯』第7輯

四川省

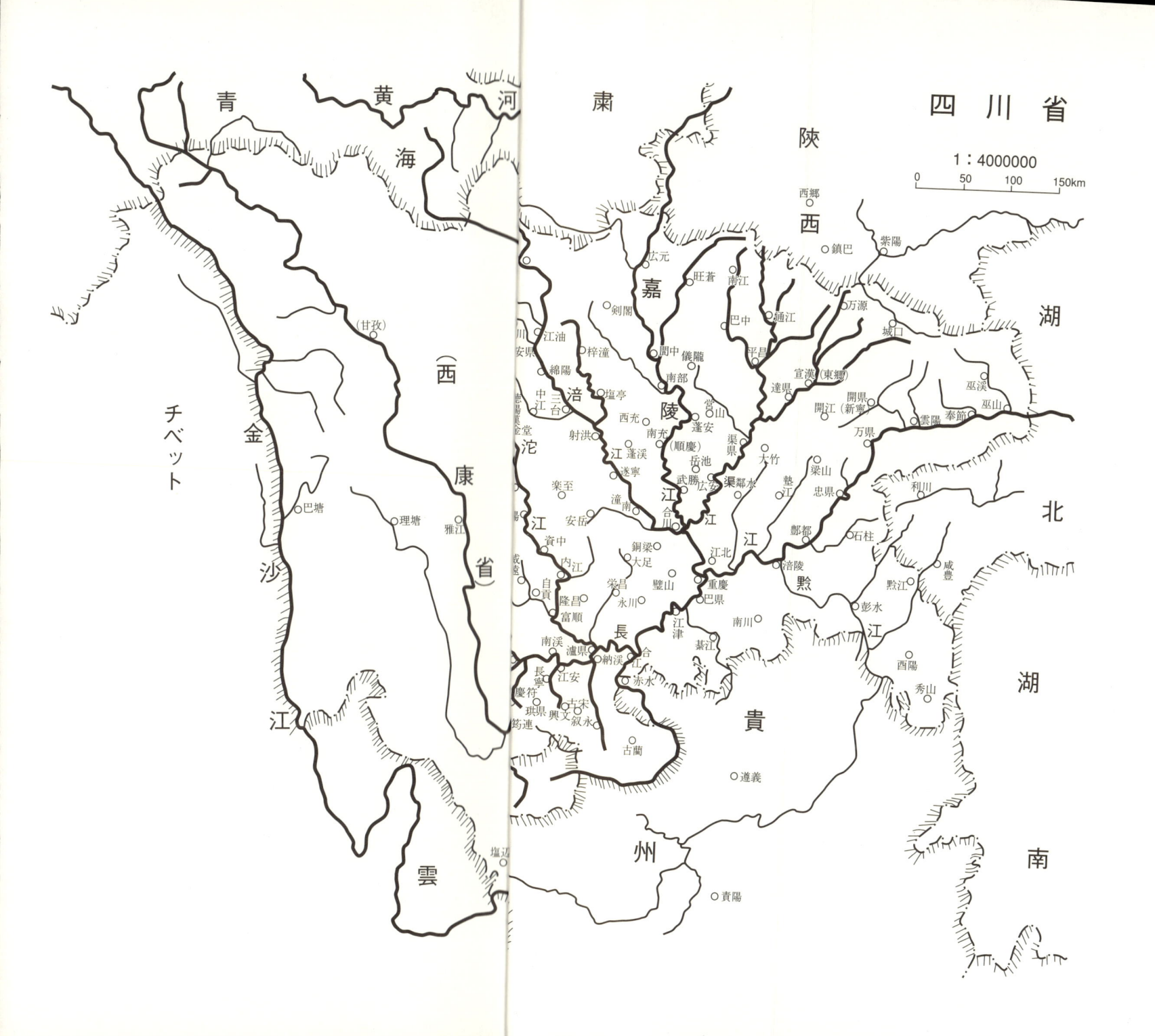

1：4000000
0　50　100　150km

青海　黄河　甘粛　陝西

湖北

チベット

西康省

金沙江

雲南

貴州

黔江

湖南

主要地名：
(甘孜)　巴塘　理塘　雅江　塩辺
広元　旺蒼　南江　鎮巴　紫陽
剣閣　巴中　通江　万源
江油　安県　梓潼　閬中　儀隴　平昌　城口
綿陽　塩亭　南部　宣漢(東郷)　巫渓
中江　三台　西充　営山　達県　開県(新寧)　巫山
射洪　南充　蓬安　渠県　開江　奉節
恵陽真金堂　遂寧　蓬渓　(順慶)　岳池　大竹　雲陽　万県
楽至　安岳　潼南　武勝　広安　鄰水　梁山　忠県　利川
資陽　合川　渠江　墊江
戒陵　資中　銅梁　大足　江北　鄰都　石柱　咸豊
内江　栄昌　璧山　重慶　涪陵　黔江
隆昌　永川　巴県　南川　彭水　西陽　秀山
富順　江津　綦江
南渓　瀘県　納渓　合江　赤水
江安　古藺　遵義
長寧　慶符　古宋　興文　叙永
珙県　筠連　貴陽

四川省文史館「辛亥革命後四川的軍政演変」『四川軍閥史料』第1輯

四川文史研究館資料室「国民党内早期的派系与四川"九人団"和"実業団"」『四川軍閥史料』第2巻

謝藻生「苦憶四川煙禍」『四川文史資料選輯』第10輯

朱偰「四川省田賦附加税及農民其他負担之真相」『東方雑誌』第30巻第14号

周介眉「劉湘、蔣介石在四川的鴉片禁政」『四川文史資料選輯』第19輯

肖宇柱「劉湘財政捜刮」『重慶文史資料選輯』第22輯

肖経林提供材料・羅建文整理「閑話袍哥」『資陽文史資料選輯』第1輯

肖謙・周之鴻「黄覇家族遭戮記」『崇慶文史資料選輯』第1輯

徐忠稷・李　熙「民国時期仁寿的袍哥」『仁寿文史資料選輯』第5輯

蕭華清「"三・三一"惨案的前前後後」『重慶"三・三一"惨案記事』

蘇鉄生「富順哥老会史略」『富順文史資料選緝』第5緝

成都市政協文史資料研究会・成都市民建、工商聯史料委員会・四川人民銀行金融研究所「民国時期成都金融実況概述」『成都文史資料選輯』第8緝

　　同上　　　　第20緝

　　同上　　　　第25緝

沈濤「抗戦時期自貢塩場増産赶運述略」『四川抗戦档案研究』

申有之・梁瑞蘭「湘鄂西革命根拠地的財政問題」『革命根拠地的財政経済』

崇慶県政協社会工作組「川西悪覇崇慶元通場黄匪家族」『四川文史資料選輯』第25緝

張為炯「西康建省及劉文輝的統治」『四川文史資料選輯』第16緝

張寿彭「近代甘粛的鴉片問題」『中国経済史論叢』

張仲雷「四川軍事学堂与川軍派系的形成和演変」『四川文史資料集粋』第1巻

陳雁翬「鄧漢祥在劉湘統治時期的活動」『四川文史資料選輯』第38緝

陳志蘇・張恵昌・陳雁翬・於笙陔「抗戦時期四川的田賦徴実」『四川文史資料集粋』第2巻

陳華清「四川田賦徴収制度之研討」『政治月刊』第1巻第2期
沈柏青「袍哥鈎深探微―由崇慶袍哥組織説来道去―」『崇慶文史資料選輯』第8輯
陳朝棟「豊都哥老会簡叙」『豊都文史資料選輯』第3緝
陳耀倫「解放前経煙禍略憶」『四川文史資料選輯』第3輯
段仲榕「涪陵鴉片問題」『国立武漢大学同学会刊』第1巻
東楽倫「護国之役後四川的動乱局面」『四川軍閥史料』第1輯
湛延挙「民国時期地方武装沿革及治安大事記」『雲陽文史資料選輯』第1輯
鄭性忠「我所知道的"漢留"―"袍哥"」『豊都文史資料選輯』第6輯
鄧漢祥「袁世凱派陳宦図川経過」『四川軍閥史料』第1緝
杜全庄「防区時代籌集軍餉概況」『剣閣文史資料選輯』第6輯
杜凌雲・彭恵中「四川自流井塩税的掠奪戰」『四川軍閥史料』第1緝
唐楷「1947年前後留賓郷的選挙概況」『南渓文史資料選輯』第4緝
唐紹武・李祝三・蔣相臣「解放前重慶的袍哥」『重慶文史資料』第31緝
馬宣偉「熊克武与建国聯軍」『西南軍閥史研究叢刊』第5緝
唐済之「七部聯軍与劉文輝"順慶、永瀘、栄威之戰"」『四川軍閥史料』第5緝
梅心如「四川之貨幣」『東方雑誌』第31巻第14号
潘鴻声「田賦徴実与糧食徴購問題」『中国農政史料』第2巻
樊慕農等五人口述・田学詩整理「栄県哥老会概況」『栄県文史資料選輯』第3輯
傅淵希「川湘援鄂之戰」『四川軍閥史料』第3緝
文世安「民国時期渠県苛捐雑税」『渠県文史資料選輯』第4緝
　　　同上「清朝渠県田賦税」　　　同上
傅友周「解放前的重慶電力公司」『重慶工商史料』第2緝
文史辦公室綜合整理「南渓哥老会概況」『南渓県文史資料選輯』第8緝
米慶雲「蔣政権在川西辺区禁煙的真相」『文史資料選輯』第33緝
米慶雲「中央軍入川記」『民国以来四川動乱史料彙緝』

甫　寸「解放前之涪陵田賦概述」『涪陵文史資料選輯』第１輯
彭恵中整理「自貢地方的哥老会」『自貢文史資料選輯』第12輯
蒲国樹「建国前涪陵的鴉片」『涪陵文史資料選輯』第２緝
頼建侯「胡景伊投靠袁世凱鎮壓"二次革命"」『四川軍閥史料』第１輯
寧芷邨・周季悔・衷玉麟・孫謙牧「川康商業銀行与劉航琛」『四川文史資料選輯』第29輯
寧芷邨・馬紹周・李時存「劉航琛其人」『重慶文史資料選輯』第７輯
李珩「涪陵大柏鎮的鴉片経営」『東方雑誌』第32巻第14期
李穆「袍哥在西充」『西充文史資料選輯』第５輯
凌雲「四川民団現状的攷察」『政務月刊』第２巻第２期
廖仲和「一九一九川東煙案見聞記」『四川文史資料選輯』第７輯
劉伊凡・衷玉麟「和源実業公司与劉航琛」『四川文史資料選輯』第34緝
劉一民「論抗戦日本期四川農民対兵源和後勤」『四川抗戦檔案研究』
劉志愚「抗日戦争中農業政策及措施」『四川抗戦檔案研究』
劉石渠「清末民初川軍沿革」『四川軍閥史料』第１緝
林寿栄・龍岱「四川軍閥与鴉片」『四川大学学報』
劉善述「論改善田賦徴収制度」『中国農業史料』第２巻
楊春其「清代和民国時期的崇慶田賦」『崇慶文史資料選輯』第７緝
楊夢生「綿竹袍哥随記」『綿竹文史資料選輯』第４輯
劉竹賢「論田賦推収之弊端」『中国農業史料』第２巻
雷志華「記1947年我国選挙国大代表内事」『崇慶文史資料選輯』第２輯
林華鈞「劉湘的兵工廠」『四川文史資料選輯』第15輯
黎永万「石柱"八徳会"農民抗暴武装闘争」『四川文史資料選輯』第32緝
冷寅東「滇黔軍入川与"劉羅""羅戴"之戦」『四川軍閥史料』第１緝
黎旭陽「一場特殊的農民起義―八徳会革命始末―」『石柱文史資料選輯』第２緝
呂実強「民初四川的議会」『中央研究院近代史研究所集刊』第16期
熊克武「大革命前四川国民党的内訌及其与南北政府的関係」『文史資料選輯』第30輯

熊倬雲「一九三六年"成都大川飯店事件"内幕」『成都文史資料選輯』第7緝

今井　駿「"神仙"劉従雲と軍閥・劉湘―その「荒唐無稽」な関係についての一考察」静岡大学人文学部『人文論集』第40号

同　　　「中華民国期の四川省巴県鳳凰場第7保の団款等徴収記録冊をめぐる一考察」静岡大学人文学部『人文論集』第47号の1

　　　同上「四川省県政人員訓練所についての一考察」静岡大学人文学部『人文論集』55号の1

同　　　「中華民国期の豊都県における地方行政制度の歴史的変遷について」静岡大学人文学部『人文論集』53号の2

小山正明「賦・役制度の変革」『岩波講座・世界歴史』第12巻　1971年　岩波書店

小島淑男「佃農の税糧負担に関する一考察」『史潮』第112号

酒井忠夫「清末の会党と民衆」『歴史教育』第13巻第12号

笹川裕史「糧食・兵士の戦時徴発と農村の社会変容―四川省の事例を中心に―」『重慶国民政府史の研究』

新村容子「清末四川省におけるアヘンの商品生産」『東洋学報』第60巻第3・4号

田中正俊「十六・十七世紀の江南における農村手工業」『中国近代経済史序説』

西川正夫「辛亥革命と民衆運動―四川保路運動と哥老会」『講座・中国近現代史』第2巻　1978年　東京大学出版会

渡辺　惇「清末哥老会の成立」『近代中国農村社会史研究』

最後に、私は見ることができなかったが、次のような新聞・雑誌が各軍閥の影響の下に発行されていたことを参考までに列挙して、今後の四川軍閥研究・民国期四川の研究に役立てばと思う。但し、例えば28軍の『政治旬刊』や21軍の『革命軍人』などは将校・兵士の啓蒙や部隊の宣伝を目的としたもので、軍の抱える問題点や行財政問題には全く触れるところがない。その意味では、華西日報など、一般紙に拠出した新聞の方が役立つと思う。

21軍系新聞・雑誌一覧　　　　24軍関係新聞・雑誌一覧

　大中華日報　　　　　　　　　四川日報（24年より刊行）

　済川日報　　　　　　　　　　新四川日刊（25年10月より刊行）

　済川公報　　　　　　　　　　新川報（26年より刊行）

　華西日報（34年3月より刊行）　川康日報（29年より刊行）

　革命周報（27年より刊行）　　軍人周報（26年より刊行）

　政務月刊（29年より刊行）　　前線周刊（27年より刊行）

　建設月刊　　　　　　　　　　革命軍（27年11月より刊行）

　新生活旬刊（29年より刊行）　現代之声（29年より刊行）

　革命軍人（周報）（31年より刊行）　二十四軍行政月刊（30年より刊行）

　路灯旬刊（31年より刊行）　　互助周刊（30年より刊行）

　政務月刊（32年より34年まで）

　政治旬刊（21軍第8師刊）

　革命周刊（初刊時不詳、22年か？30年8月まで）

　革命軍人（33年より刊行）

　武徳月刊

20軍系新聞　　　　　　　　　29軍系雑誌

　万州日報　　　　　　　　　　尚志月刊

Sichuan and the Republic of China (1912—1945):

From the World of Warlords to The Great Rear
( ) of the Anti-Japanese War

Table of Contents

General Introduction
PART I:
THE RISE AND FALL OF SICHUANESE WARLORDS (1912—1937):
A SHORT HISTORY

Introduction to Part I

1. The Republic of China and the formation of the 'Fanqu' (防區) system
2. National Revolution and the trends in Sichuanese Politics
3. The decisive battle of the two Liu's.
4. Establishment of the 'Chuan Shan Soviet' (川陝蘇維埃) and the Unification of Sichuan
5. Provincial re-unification and the centralization of Sichuan

PART II:
SICHUAN UNDER THE RULE OF WARLORD

Introduction to Part II

Chapter 1 Reconsideration of the stereotype of 'Sichuanese Warlord'

1. On the 'burden' of 'Tianfu' (田賦) under the Warlord (1)
2. On the 'burden' of 'Tianfu' (田賦) under the Warlord (2)
3. On the 'burden' of 'Tianfu' (田賦) under the Warlord (3)
4. The opium cultivation and trade in Sichuan: a historical view

Chapter 2　Examination of the social organizations under the Warlord

　5. The organization and the activity of 'Gelaohui' (哥老會) in Suchuan during the Republican days.

　6. 'Eba' (惡霸)：the case of Huang family (黃氏) of Chong qing xian (崇慶縣)

　7. Organization and finance of the vigilantes, 'Min tuan' (民團), under the rule of Warlord.

Chapter 3　The collaborators of the Warlords and the anti-Warlord struggle

　8. Career of provincial official (1): the case of Liu Hangchen (劉航琛)

　9. Career of provincial official (2): the case of Tang Hanxian (鄧漢祥)

　10. Heavy taxation and the Anti-Warlord struggles: two case studies

　　ⅰ) Badehui (八德會): a peasant rule in local Shizhu (石柱) prefecture

　　ⅱ) Anti-Warlord struggle in Qijian (綦江) and Fuling (涪陵) prefecture against the Guo Rudong (郭汝棟) unit of 21st Army

Part Ⅲ
SICHUANESE PROVINCIAL ADMINISTRATION AND AN ATTEMPT FOR LOCAL SELF-GOVERNMENT DURING ANTI-JAPANESE WAR

Introduction to Part Ⅲ

　1. Provincial administration during the Anti-Japanese war

　2. The 'Crime' of the Governor of Qianwei (犍爲) Prefecture

　3. Lower ranking officials in Sichuan during the Anti-Japanese War

　4. Administration and autonomy of municipal government under 'Xinxienzhi (新縣制)' in Nanxi (南溪) Prefecture

Conclusion

Postscript

Database

INDEX

索　引

人　名　索　引……677
事　項　索　引……682

人　名　索　引

い

家近頼子……………………19
岩井英一………………………155
尹昌衡……………37,38,41,71

う

惲代英………………………96

え

袁世凱…22,37,42,48,51,52,
　423
閻錫山…111,113,154,317,381
袁祖銘…61,63,64,79,81,86,
　88～91,95,100,424,425,
　427
袁品文……………101,102,104

お

王續緒…28,39,85,86,126,410,
　411,418,438,442
王占元………………………64,72
王兆奎………………………73,74,85
汪兆銘（汪精衛）…83,111,
　112,315,381,424
王笛……………………………7,8,240

王天傑………………………46
王伯群………………………423
王銘章……………………38,40,162
王陵基…37,53,72,103,119,369
　～371,373,387,390,392,
　450,451
尾崎秀実……………………28

か

何応欽…19,156,381,408,425,
　428～430,435,436
何金鰲……………78,85,86,106
郭勲祺………………………103
郭昌明………………………148
郭汝棟…40,84～86,89,106,
　373,452,461～467,469,
　470
何光烈……………38,88,101,102
賀国光…39,143,144,154,259,
　402,431,432,443
夏之時…………………………41
何成濬……………………381,390
何築雲……………………470,471
夏仲実………………………416
夏斗寅………………………104
何北衡…367,369,370,377,413

賀龍………………138,139,165
関吉玉………………145,154,409
甘績鏞………………168,404
甘績鏞（甘典夔）…148,373
神田正雄……………………9
甘典夔………377,416,419,575
顔徳基………55,63,64,67,237
韓復榘………………………154

き

喬毅夫……………………39,86,378
匡珊吉…35,167,168,187,198

く

久保亨………………………30
倉橋正直……………………277

け

嵇祖佑………………………427
奚致和………………………373

こ

黄隠………………38,116,129
曠継勲…458,464,465,468,470,
　472
黄光華…………318,326,328

黄光輝 …………316,329	蔡少卿 …………305	邵力子 …………113
孔祥熙 ……405,407,411,436	酒井忠夫 …………293	徐向前 …………131
康心如…378,401,403,404,408, 419	笹川裕史 …………30	徐世昌 …………66
康澤 ……145,146,148,149	**し**	徐楚 ………325〜328
黄澤栄 …………316,322	ジェローム・チェン…29, 167	秦漢三 …………101,102
黄澤恩 …………312,315	謝持 …………112	岑春煊 ……37,54,68,69,95
黄澤寰…311〜314,318,319, 321,326,328,333	謝藻生…256,259,262,268,273, 286,271	秦伯卿 …………470,472
黄澤溥 ……38,308,314,328	周逸群 …………138	新村容子 …………253
黄澤霖 ………311,316,320	周介眉 …………264	秦和平…254,262,271,273,274, 286
向伝義 ………38,41,63	周化成 …………458	**す**
黄復生 ………55,63,67	周作民 …………383,393	鄒汝百 …………387,414
黄慕顔 …………101,102	周駿………37,41,43,49,53,71	**せ**
顧嘉棠 …………420	周詢 …………212,218	斉燮元 …………424
胡漢民 …………113	周西成 …………425,426	石青陽…55,63,64,67,74,128
呉玉章 ……76,77,96,99,100	周善培 …………393	錫良 …………38,48
胡景伊 ……36,40,41,43,48,423	周道剛…36,45,55,60,61,87, 88,368	冉広儒 ……444,445,447,449
胡光麃…382〜384,393,402, 404,407	朱慶瀾 …………41	冉正済 …………445,449
呉行光 …………86,106	朱徳 …………100,368,408	冉正騰 …………445,450
呉光新 ………60,61,63	朱培徳 …………82	冉正徳 …………445,449
呉康零 …………35	蔣介石…3,19,24,27,82,83,95, 100,102,103,105,107,108, 111,113,116,120,131,133, 142,162,163,272,316,375, 379,380,385,390,399,407, 408,410,411,425,428〜 431,433,434,442	**そ**
小島晋治 ………19,20		曾拡情 …………120,133,393
顧祝同 …………154,408		宋教仁 …………43
呉受彤 ……401,408,409,418		曹錕 ……50,51,53,80,424
呉晋航 …………131		宋子文…381,392,401,405,408, 411
胡宗南 …………143		
胡若愚 …………81		宋哲元 …………154
呉鼎昌 ……143,388,389,393	上官雲相 …………143	孫悟空 …………446
呉佩孚…72,73,79,85,90,100, 106,144,369,424,427	饒国華 …………160	孫震 ……38,133,138,140
	肖楚女 …………96	孫伝芳 …………72,73,424
顧品珍 ………55,56,60	鐘体乾 …………434	孫文(孫中山)…46,54,60, 62,64,69,80,82,93,95,424, 430,443
さ	鐘体道 …………58,61	
蔡鍔 …………48,52,55	蕭耀南 …………72,79	

人名索引

た

戴戡 ……………………56,57
戴季淘（戴伝賢）…77,113,
　128,129
橘樸 ………………24,26,161
譚延闓 ……………………82
段祺瑞…54,55,57,66,82,85,
　112,425,427,430,431,
但懋辛……40,45,64,67,69,72

ち

知識真治 ………………21,26
張為炯 ……………………38
張学良…109,113,155,428,434,
　435
張季鸞 …………………390
張勳 ……………………60
張群…128,143,381,393,410,
　423,429～432,440,442,
　501,508,513
張敬堯 …………………50,51
張公権 …………………379
趙恒惕 ……………72,82,424
張国燾 …………………131
張作霖 …………………424,430
趙爾豊 ……………………41
張肖梅 ………………186,267
張培爵 …………………41,43
張瀾 ………58,64,88,91,136
陳学池 ………………369,371
陳宦 ………………38,48,53,423
陳炯明 …………………80,83
陳光藻 ……………………40
陳洪範…38,49,64,67,70,85,
　313,314

陳鴻文 …………………115
陳国棟 ……………………78
陳三吉 …………………448
陳書農 …………………101
陳誠 …………………19,154
陳済棠 ………………381,433
陳澤霈 ………………37,55,64
陳鼎勳 …………………108
陳独秀 ……………………77
陳風藻 ………465,467,468,469
陳蘭亭 ……40,101,102,104

て

鄭励倹 ……………………7
田頌堯…38,68,79,88,95,110,
　118,120,129,133,135,140,
　144,175

と

唐華…387,391,401,408,419
唐華（東棣之）…………373
鄧漢祥…50～53,142,148,367,
　391,408,423
唐継堯…47,48,51,63,66,81,
　424
鄧国璋 …………………126
唐式遵…28,39,72,79,89,104,
　109,126,410,429
唐生智 ……………91,104,111
鄧錫侯 …………………363
鄧錫侯…28,33,38,68,74,78,
　79,86,87,95,110,114,118,
　120,128～130,175
唐廷牧 …………………38,79
童庸生 …………………96,101
杜月笙…119,410～412,417,

420
杜白乾 ………………101,102

に

西川正夫 …………………293
二反長音蔵 ………………277

ね

寧芷邨 ………369,415,416,418

の

野澤豊 ……………………3

は

白崇禧 ………………109,112,154
白眉初 ……………………10
白朗 ……………………452
波多野善大 ………………20
範衆渠 …………………417
範紹増…40,84,106,119,373,
　410,415,416,417
潘昌猷 …………………174,419
範崇実…367,369,373,391,393,
　412
潘文華…28,33,39,79,89,126,
　174,384,387,403,404,429,
　434

ひ

皮光澤 ………………102,104
費東明 …………………148
平山周 …………………295

ふ

馮玉祥…51,53,82,102,111,112,
　381,424

馮国璋……………………61
傅常 ………………431,434
文焰明 ………………459,460

ほ

彭光烈……………………43
蒲殿俊……………………41
ボロディン………………82

も

毛沢東 ……154,247,305,421

や

山田豪一……………………272
山田辰雄……………………24

ゆ

熊克武…40〜42,44,45,55,57,
　61,63〜65,67,68,74,75,
　80,81,87,424
熊式輝 ……………………440

よ

楊闇公 ……96,100,101,103
楊永泰…143,151,154,385,393,
　405,406,429〜433
楊永泰（楊暢卿）………442
葉開鑫……………………91
楊吉輝 ……………………144
楊光彦 ……………………35,167
楊虎城 ……………154,155,434
楊棨三 ……372,373,386,421
楊春芳 ………40,86,106,370
楊庶堪 ………44,64,65,67,77
楊森…39,68,74,78〜81,83〜
　85,89,90,95,100,101,106,
　108,112,118,130,135,237,
　238,317,369,372,427,428,
　472
楊全宇 ……………………148
葉挺 ………………………104
楊南槐 ………………445,449

ら

頼心輝…71,74,79,80,81,85,
　87,95,426,428,456
楽尚富…………501,502,505
羅澤州…28,40,106,114〜116,
　119,122,130,234,237,372,
　428
羅佩金………………56〜58
羅綸 ……………………41,91
藍文彬…………103,119,410

り

李家鈺…38,40,101,108,110,
　111,114〜116,119,130,
　162,363,372,428
陸栄廷……………………69
陸宗輿……………………95
李宗仁…109,112,154,381,432
李南賓 ………………445,449
龍雲 ………………154,426
劉元彦 ……………………442
劉顕世 ……………48,61,81
劉元塘 ……………………129
劉航琛 …………111,145,148,367
劉子敬 ………………453〜456
劉従雲 ……130,131,137,387,390
劉湘…4,28,39,49,64,67〜69,
　71〜73,85〜88,95,103,
　106,114,116,117,120,121,
　130,131,134,138,142,149,
　155,160,163,175,181,238,
　273,325,367,368,370,371,
　373,377,380,381,387〜
　389,392,406,408,410,427,
　429,431,434,436,440,461
劉升廷 ……………………317
劉師亮 ……………………452
劉神仙……………387〜389
劉成勲 …38,64,67〜70,74,77,
　78,80,87,104,178,316,325,
　363,424
劉存厚…37,42,43,49,50,53,
　55,57,60,64,68,70,75,79,
　88,102,118,134
劉伯承……80,100〜102,104
劉斌 ……………35,38,79,84
劉仏澄 ……………………429
劉文輝…19,33,38,68,79,80,
　84,88,91,95,104,108,110,
　111,113,115,117,119,125,
　316,317,326,363,375,376,
　381,387,429,458,461
劉文彩 …………317〜319,420
梁啓超……………………61
廖仲愷……………………82
呂超 ………………38,64,68
呂平登…5,7,167,176,180,267,
　270,472

れ

冷寅東 ………………38,130
冷開泰 ……………………411
黎元洪 ……54,57,80,144,423
黎子良 ………………459,460

ろ

盧永祥 …………………424
盧作孚…136,370,377,382,413,421
盧師諦…44,58,64,67,254,258
ロバート・A・カップ…33,87,94

わ

渡辺惇 …………………293

事項索引

あ

悪覇…322,325,329～331,366
悪貨の鋳造……………163
アヘン…56,80,181,221,244,
311,314,322,375,401,411,
426,515,516,621
アヘン売り……………514
アヘン屈……………304
アヘン商……………255
アヘン税……………375
アヘン戦争……………255
アヘン中毒者……………376
阿片中毒者施療院委員…489
アヘンの密売……………302
アヘンの流通過程……293
アメリカ……………99
アメリカ金公債………630
安済財団……………415
安川戦役……………131
安川優先……………142
安内攘外……………121,163
安福国会……………66

い

威遠……………66
イギリス……………98,99,119
イギリス商品ボイコット
……………97
イギリス製機関銃……380
一煙一戸……………362

一税制……………397
一年一徴……………124
一年四徴……………396
1畝当りのアヘン生産額
……………274～290
一門一戸……………363
稲穀……………241
怡和汽船（英）……377,382
員……………565
インフレーション…181,244,
246,249,251
癮民捐……………374

う

ヴェトナム……………403
粳米……………240
温江……………128
雲南……………403
雲南アヘン……256,258
雲南護国銀行……………59
雲陽丸……………97,647

え

栄威の大戦……129,131
営業税……………398
栄県……………66,99
衛生院長……………620
永川……………361,550
益世報……………420
益和木材公司……………419
延安……………329

烟窩捐……………398
援鄂軍総司令……………72
煙舘……………514
塩業銀行……………388～390
塩商……………503,504,530
塩場……………580
塩税……88,168,170,174,373
捐税の私物化……………639
煙苗捐……………234,237,375
煙苗罰金……………278
捐輪……………185,333

お

王家沱……………120,155
押金……………177
応召者……………609
汚職……………487
女形……………297,300
汚吏……………533

か

雅安……………131,326
階級闘争……………120,248
階級闘争史観……………26
会計室……………601
会計室主任……………631
開県……………375
開江……………102,255,262
会道門……………327,331
外侮……………125
会兵……………451,452

事項索引 683

会兵の規律 …………………450
会民 …………………………451
窩捐 …………………278,279,375
苛捐雑税…124,151,165,171,
　　180,182,238,373,448
下級官僚 ……………………591
下級機関からの文書 …606
学生 …………………………344
学生救国会 …………………155
拡大県政会 …………………624
岳地 …………………………99
革命軍 ………………………93
学歴 …493,549,565,572,615
嘉慶朝 ………………………260
嘉慶年間 ……………………198
華源織造廠 …………………419
火耗 …………………………185
華興機械廠 …………………402
華康銀行 ……………………420
華西興業公司…382,383,419
華西公司 ………………402,407
科長 …………………………591
各区代表 ……………………530
学校教育の発展 ……………648
学校長 ………………………340
合作室 ………………………601
合作指導室主任 ……………621
合署辦公 ……………………433
過道捐 ………………………398
峨眉山軍官訓練団 ……154
嘉陵江 ………………………140
華聯鋼鉄公司 ………………404
華聯鉄鋼廠 …………………402
哥老会…119,150,183,293,312,
　　314,315,321,331,487,494,
　　648

哥老会員 ……………………303
哥老組織 ………………319,320
為替 …………………………136
為替業務 ……………………174
漢口 ……………………90,375,392
甘粛省 ………………………116
管帯 …………………………334
広東 …………………………85
広東軍政府 …………………381
官逼民反 ……………………456
簡陽 ……………………61,64,68,99
「官吏は商業の兼営をする
　　ことを得ず」 ……………411
官僚階級 ……………………24
官僚資本 ……………………413
官僚資本家 …………………421

き

生糸業 ………………………131
機関銃 ………………………374,376
機関銃弾 ……………………380
綦江…61,99,453,454,456,466
綦江県団練局長 ……………455
貴州省 …………………426,468
宜昌 ………………74,272,375,382
宜賓 ……………………………97,99
客軍 …………………………92,93
9・18事件 ……………………382
旧軍閥 ………………………21,24
救済院長 ……………………510
旧制中学 ……………………553
窮乏革命論（史観）……187,
　　247
旧防区 ………………………353
教育 …………………………497
教育科 …………………600,606,607

教育科長 ………………621,631
教員職 ………………………569
夾金山 ………………………141
共産軍…27,68,331,381,443,
　　455
共産党員 ………………465,470
教職員 ………………………344
郷紳 ……………………340,446,639
郷紳地主 ……………………23
郷紳層 ………………………469
郷政視察団 …………………626
行政督察専員（公署）…144,
　　150,320,328,437,439,501
行政督察専員区 ……………150
行政督察専員兼保安司令
　　………………………………512
兄弟団 ………………………298
郷長 ……………………150,347,508
郷長会議 ……………………501
郷長兼徴収処主任 ……504
郷徴収処 ……………………549
郷鎮 …………………………354
郷鎮訓練所 …………………345
郷鎮長 ……………319,503,514,515
郷鎮民代表 …………………611
郷鎮民代表会議…479,637,
　　639
郷鎮民代表大会 ………625,638
郷鎮レベルの代表 ……615
協同組合 ……………………76
共匪 …………………………468
郷民主席 ……………………510
郷民隊 ………………………447
郷民大会 ……………………624
共和党 …………………………44,57
渠県 …234,238,241,242,247

684　事項索引

吉利汽船（仏）…………377
禁煙運動 ……………286
禁煙査緝処 …………375
禁煙税 ………………397
禁煙政策 …………257,271
禁煙督察処 …………375
銀行 …170,171,313,386,400
銀行理事 ……………528
金城銀行………383,390,409
金銭・財政統一 ………380

く

区 …………………………150
区長…………299,488,489
九人団………………………67
軍艦 …109,121,127,273,380
軍事委員会禁煙委員会総会
　………………………262
軍事委員会重慶行営 …154
軍事委員会秘書長 ……393
軍事科…………600,606,607
軍事科長 …523,621,627,631
軍事政治研究所 ………370
軍－紳政権 …………30,32
軍・政分離 …………482
軍長制の廃止……………78
軍の国家化 …………144
軍閥…19,21,22,24,27,180,247,
　　249,312,317,347,446,449
軍閥混戦 ……………161
軍法室 ………………607
軍民分治 ……………435
軍用職工 ……………448

け

警佐…………620,621,631

警佐室 ………………602
警察 …………………621
警察局 ………………304
警察隊 ………………625
契紙 …………………396
経収処主任 …………620
経収人員 ……………575
契税 …………………396
稽徴員 ………………597
稽徴所 ………………375
経徴人員 ……………575
ケシ栽培………185,233,444
下川東…80,105,107,109,111
下川南 ………………105
県 ……………………150
犍為 …189,193,198,233,375
犍為県 …6,201,334,348,501
犍為県出身者 …………576
犍為県土地陳報辦事処副処
　長 …………………501
剣閣県 ………………347
県銀行 ………………628
黔軍…47,55～57,61,68,91,92,
　　95,98,100,366,139
県国民党（支部・党部）
　…340,519,521,523,530,
　618,640
建国聯軍 …………81,82
建国聯軍各軍前敵総司令
　………………………82
県財政科長 …………620
県財政に占める団費の割合
　………………………353
県財務委員長 …………317
検察官僚 ……………530
県参議員 ……524,528,594

県参議会 ……………510,519
県参議会議員 …………611
県参議会議長 ………316,317
県市〔国民〕党部 ……586
県市参議会 …………586
県市三民主義青年団 …586
原始的蓄積 …………325
県商会 ………………399
県政人員訓練所…149,439,
　　　440,442
県政府 ………………528
建設科 ………………600
建設科長 …………621,631
建設銀行 ……………177
建設晩報 ……………154
県倉庫主任 …………618
県団務委員長 …………454
県知事…336,339,456,461,462
県地方法院 …………508
県長…319,320,322,437,440,
　　481,495,502,618,620,631
県長の学歴 …………481
県長の在任期間の長さ
　………………………481
県民政科長 …………620
県立中学 ……………632
県レベルでの代表 ……615

こ

広安 …………………118
抗捐 …………………455
抗捐軍…248,454,462,465,466
抗捐軍総指揮 …………467
抗捐軍総司令 …………469
抗捐闘争 ……………181
光華大学 ……………438

事項索引　685

合化壇 …………………446
興華保険公司 ……………420
高級小学校 ………………341
高級中学校 ………………632
工業 ………………………497
公共組合の労働者 ………345
紅軍…22,133,134,138,178,248,
　　　431,449,450
広元………………………79
公口 ………………………294
合江 ………………………362
江湖義気 …………………305
公債 ………175,246,385,386
公債庫券 …………………170
公債の割り当て募集 ……630
鉱山 ………………………131
5・30運動 ………………97
公社 ………………………294
広州………………………66
広州軍政府（護法政府）
　　　　　　　…66,80,424
広州国民政府……………82
広州大元帥府……………64
江津 ……………………61,99
豪紳 ………………152,449
工人夜学校………………96
広西軍閥 ………………68,425
公正士紳…335,487～489,493,
　　　495,568,586,587,613
広西派 ……………………111
江浙財閥 …………………410
抗戦 ………………………384
合川 ……………………100,102
江蘇省 ……………………200
紅第1方面軍 ……………140
紅第2軍団 ………………139
紅第2方面軍 ……………141
紅第4方面軍 ……………141
甲長 ……………………611,639
校長 ………………………639
甲長・牌首の選挙…341,342
抗敵家族優待 ……………530
抗敵（日）軍人家族…519,
　　　520,522,523,529
紅灯捐 ……………………375,398
紅灯教 ……………………327
高等中学 …………………553
高等法院 …………………527
抗日 ………………………384
抗日戦争 ………………160,648
抗暴保家 ………………445,447
江北 ………………………99
黄埔軍官学校…144,147,370,
　　　462～464
公民 ………………………530
公民士紳代表 ……………516
公務員・教員食米委員会
　　　　　　　……………634
公務員資格審査委員会
　　　　　　　……………149
洪門（天地会）…………305
公有の銃 ………345,360,362
江陽輪船公司 ……………370
紅四軍 …………130,131,163
公立学校財産 ……………627
高梁 ………………………240,246
抗糧抗捐 ………………445,447
国軍 ………………………56
国術家 ……………………327
国税 ………………………152,154
国防設計委員 ……………390
国民革命 ………100,249,647
国民革命軍 ………371,572
国民革命軍各路総指揮
　　　　　　　……………102
国民革命軍四川同盟軍
　　　　　　　……………108
国民革命軍第29軍司令部
　　　　　　　……………340
国民革命軍第8軍………99
国民学校 …………………622
国民軍 ……………………102
国民公報 …………………462
国民政府 ………100,134,371
国民政府軍事委員会 …121
国民党…27,43,44,47,55,57,
　　　61,67,76,81,82,87,96,306,
　　　322,457,648
国民党一全大会宣言……93
国民党員 ………340,341,640
国民党右派 ………………103
国民党改組派 ………111,112
国民党県党部 …………99,317
国民党5全大会 …………149
国民党左派…99,100,102,104
国民党中央参謀団 ……433
国民党中央政治会議 …108
国民党の改組……………93
国民党部 …………………470
国民党部書記長 …502,628
国民兵団 …………………523
庫券 ………………………385
雇工 ………………………333
護国軍 ………49,51,162,258
護国戦争 ………55,258,312
小作権 ……………………327
小作料 ……………………177
小作料徴収の請け負い

········303
5・30運動·········85
五四運動·········65,369
護商費·········169
戸籍室·········602
戸長会議·········611
五通橋·········375
国家主義者·········103
国共対立·········102
湖南·········72
湖南省省議会·········82
護法運動·········424
護法軍政府·········60
護法戦争·········62
湖北·········381
湖北省政府主席·········433
小麦·········240,244
五老七賢·········53,86
昆明·········49

さ

在郷軍人会·········531
裁軍·········107
裁軍委員会委員長·········108
財政科·········600,607
財政科長·········627,631
財政人員訓練所·········439
財政庁·········398
財政庁長·········402
財政特派員公署·········152
財政部四川財政特派員
·········145
催徴警·········570
裁兵·········124
裁縫業·········296
財務統籌処·········417

砂糖·········478
三・一八事件·········425
参議·········338
参議員·········303,320,502,503,618
参議員の平均年令·········615
三教九流·········296,301,306
3・31事件·········103,371
三台·········118
三農問題·········332
三反五反運動·········421
参謀団（国民政府軍事委員会委員長行営参謀団）
·········143,145,402
三民主義·········96,249,341,647
三民主義青年団·········322
三路囲攻·········134

し

C・C系·········442
私塩の密売·········302
自貢·········61,128,375
四行連合準備庫·········390
私塾·········497
私塾卒·········572
士紳·········335,479,503,504,516,530
士紳代表·········530
四川アヘン·········256,257
四川各界民衆抗日救国大会
·········120
四川禁煙善後督辦·········259
四川軍·········56,160
四川軍官学校·········114
四川軍閥·········26,167
四川軍務善後督辦·········117
四川憲政投票法·········77

四川建設公債·········398
四川絹紡廠·········420
四川綱要16条·········131
四川財政訓練所·········412
四川財政収支の均衡·········402
四川財政庁長·········408
四川糸業公司·········405
四川省自治·········71,72,75,76
四川自治法草案·········76
四川自治論·········70
四川省省議会·········56,59,64,65,67,76,77,88,97,315,321,338
四川商業銀行·········409,415
四川省銀行·········398,400
四川省憲籌備処籌備員·········77
四川省憲法会議組織法·········77
四川省憲法草案·········77
四川省庫券·········398
四川省参議会·········320
四川省自治·········95
四川省主席·········108,410
四川省政府·········180
四川省政府委員会·········110
四川省政府主席·········379,429
四川省善後会議·········88
四川省中央化·········159
四川省長·········64
四川省通省団練章程·········334,335
四川省農民協会·········97
四川省の国民党員数·········99
四川省の人口·········179
四川省の中央化·········140,163,262,442
四川清郷督辦·········80,86
四川靖国軍各軍総司令·········64

事項索引　687

四川青年軍人会 ………101
四川セメント公司…405,407,
　　418
四川セメント廠 …403,419
四川善後公債 ………145
四川善後督辦…80,92,379,
　　386,429
四川善後督辦公署…136,383,
　　384
四川善後督辦財政処長
　　………………373
四川剿匪総司令 …134,390
四川剿匪総部軍事委員会
　　………………137
四川地方銀行…387,391,398
四川地方銀行兌換券 …398
四川統一 ………380,387
四川討賊軍総司令………80
四川党務特派員 ………133
四川督軍 ………64,83
四川督軍公署…………68
四川特派員 …………120
四川都督 ……………64
四川の徴兵壮丁 ………477
四川武備学堂 ……310,316
四川武備学堂速成班……37
四川兵工廠……………66
四川辺防軍 ………78,137
四川保安司令部 ………149
四川陸軍軍官学堂………40
四川陸軍小学 …38,311,316
四川陸軍速成学堂…38,39,
　　146
四川陸軍武備学堂 …37,43
四川旅行社 …………420
自治工作 ………496,497

資中 …………61,66,68
実業局 ………………316
実業団………………67
指導室 ………………602
地主 ………25,248,339
地主・郷紳……………30
地主佃戸制 …………220
地主・富農……………530
師範卒 ………………574
師範伝習所 …………574
士兵の給料 …………361
諮問委員 ……………489
社 ……………294
社会科 ………………601
社会軍訓幹訓班 ………574
社会主義青年団…………96
上海…85,105,119,121,136,162,
　　384,392,428
上海為替………383,384,399
上海銀行 ……………409
上海防衛戦 …………160
集会、結社、世論、出版の
　自由 ……………101
修脚匠 ………………300
重慶…33,64,66,68,69,71,78,
　　81,86,89,92,96,98,99,105,
　　117,136,155,162,171,173,
　　217,255,300,304,329,370,
　　372,399,403
重慶衛戍司令部 ………371
重慶各界反日救国会 …120
重慶行営 ……………143
重慶禁煙総局長 ………401
重慶銀行 ………175,407,420
重慶銀銭業連合金庫 …394
重慶行営 ………432,434

重慶市 ………………303
重慶市総商会 …104,384
重慶市民銀行 …173,391
重慶市民の抗日集会とデモ
　　………………120
重慶証券取引所 …385,386
重慶水道廠 …………391
重慶猪鬃公司 ………420
重慶鎮守使……………61
重慶電力公司…383,384,391,
　　419
重慶電力股份有限公司
　　………………403
重慶電力廠 …………383
重慶銅元局 …………371
重慶爆撃 ……………403
重慶平民銀行 ……409,415
重工業 ………………131
聚興誠銀行…372,373,377,
　　385,386,388,414,420
秀山 …………………139
私有の銃 ……………362
囚人 …………………629
私有財産の保護者 ……249
銃弾 …………………379
就地割餉………………65
就地籌餉………………65
収儲股長 ………504,595,597
12・9運動 ………121,155
私有の銃 ………345,360
十四省討賊軍総司令……90
儒教壇 ………………446
手工業 ………………249
聚興誠銀行………173〜175
出征家族 ……………518
出征軍人家族優待委員

……………489
出征兵士家族の優待工作
　……………638
出川抗日 ……………121
出兵剿共問題 ………121
朱・毛軍 ……………407
遵義 …………………426
潤記営造廠 …………419
順慶（南充）…68,100,102,
　122,125
順慶会議 ……………110
順慶蜂起軍 …………102
濬川源銀行 ……………65
資陽 …………………61,66
商会主席………505,508,510
小学 …………………609
小学校長 …………322,610
小学校教育 …………610
小学校卒 …………572,613
蒸気船修造廠 ………403
上級機関からの文書 …606
商業 ……………497,611
蔣桂戦争 ……………109
小県 …………………333
捷江汽船（米）……377,382
上司 …………………565
省自治…………………93
小銃 …………………376
省税 …………………154
省政府機関 …………576
上川東 ……………110,111
上川南部 ……………233
省長 …………………508
小艇 …………………380
小二百 ………………372
商人の保護 …………303

少年工保護法………97
小農民 ……………452
常備軍 ……………124
娼婦 ………………296
招撫 ………………247
商務日報 …………420
正面戦場軍 ………160
省立中学校長 ……437
蜀軍政府……………41
職権濫用 …………625
食糧 ………………581
食糧備蓄委員 ……489
女子中学 …………632
叙州府（宜賓）…66,79,255
女性 ………………497
職権濫用 …………487
除暴安民 …………328
胥吏 ………248,251,532,589
自流井 ………66,85,126,375
新捐輸 ……………183
辛亥革命…4,35,65,162,178,
　423
新軍閥 ………21,24,27
新県制 ………481,488
人件費 ……………361
新興地主 …………177
仁字号 ……………301
紳士層 ……………299
仁寿 ………………128
紳商 ………………394
新蜀報 ……………462
新津 ………………131
新生活運動 ………148
身体の自由 ……625,648
津貼 ………………185
新寧 ………………255

新文化運動 ……………369
神兵 ……………129,449,450
新編第6師 ……………119
新編23師 …………119,135
申報 …………………395
新防区 ………………353
進歩党 ……………57,58,61
人民解放軍 ………329,330
人民解放闘争史 ……187
新民主主義論 ………421
人民の拘束・逮捕 ……625
新民報 ………………420
紳糧 …………………334
申匯 …………………386

す

水上機 ………………121
綏定府（達県）…102,255,362
水道廠 ………………403
水道水公司 …………419
遂寧 ……………115,125
遂寧会議 ………108,111
崇慶 …128,131,177,234,241,
　247,316,322
鄒票 ………387,393,394,414
ストライキ………………96

せ

西安益世印刷廠 ………420
西安事変 ………155,408,434
税捐総局 ………………397
製塩地帯 ………………189
政学系 …………379,390,442
清郷委員 ………………451
清郷費 …………………237
西康省 ……………180,261

事　項　索　引　689

靖国軍 …………………62,237
靖国の役………………………62
西山会議派 ……………………114
政治の中央化 …………………144
政治部主任 ……………………470
青城山 …………………………329
正紳…338,339,342,366,454,457
清水袍哥 ………………………301
精選壮丁………………343,345,356
青天白日旗 ……………………100
成都…68,73,99,117,118,120,136,155,172,241,304,310,375,399,439
成都会議 ………………………111
成都各軍連合辦事処…74,78
成都軍事善後会議………78
成都巷戦 ………………………127
成都高等師範学校………96
成都の反日救国会 ……120
青年団 …………………………519
税の徴収 ………………………303
成文法 …………………………447
整理四川財政方案…395,396
石炭 ………………………516,581
石柱県 …………………………444
石油 ……………………………131
世代交代 ………………………495
セメント会社 …………………402
専員区税吏訓練班 ……574
川塩銀行…173,175,367,383,386,401,404,408,409,418,419
宣漢 ………………………255,262
川陝ソビエト …………………608

専業袍哥 ………………………302
選挙人 …………………………340
川軍 …………57,89,91,93,94
川軍94将領の治川綱要16条
　……………………122,163
川軍総司令兼四川省長
　…………………………78,368
川軍22軍 ………………………424
川黔公路 ………………………146
川黔国民革命軍総司令…95
川黔聯軍総司令…………86
川康銀行…367,383,388,389,398,404,409,413,414
川康興業公司 …………419
川江航務管理処 ………377
川康殖業銀行 ……173,377,386,415
川康綏靖主任 …………156
川康整軍委員会 ………408
川康整軍会議 ……156,435
川康団務委員会 …334,371
川康団務委員会改訂民団訓練綱要 …………………343
川康平民商業銀行…377,409,410,416
川康辺防軍 ……………152
川康辺務督辦…………85
善後会議………………82
全国財政会議 …………535
善後公債 ………………380,409
川湘公路 ………………………146
川省辺防督辦……………92
川陝公路 ………………………146
川陝ソヴィエト ………201
川陝ソビエト …………………140
川陝ソビエト政府 ……131

川陝辺区剿匪督辦 ……133
銭荘 …170,175,313,386,400
川中各将領会議 ………135
川滇黔靖国聯軍総司令…64
川滇公路 ………………146
川東 ………………………233,373
戦闘機 …………………………121
川東禁煙査輯総処 ……375
川東南団務総監部 ……371
川南 ……………………………131
川寧輪船公司 …………370
宣賓 ……………………………255
川辺鎮守使………………61
川北 …………………102,130,131
専門学校 ………………493,553
全川自治連合会…………76
全川将領会議 …………121
全川統一 ………………………123

そ

剿共 ……………………………279
蒼渓 ……………………………140
剿赤費…………193,279,407
総舵把子 ………………………294
壮丁 ………356,513,518,519
倉丁 ……………………………570
壮丁の売りつけ ………639
壮丁の徴用・護送 ……626
壮丁拉致 ………………………513
剿匪 ……………………………394
造幣廠 …66,73,79,80,83,246
双流 ……………………………128
僧侶 ……………………………295
即時対日宣戦 …………120
速成学堂 ………………………143
速成系 …………………………39,89

690　事項索引

村長・村委員の民選 …331
村落共同体 …………250

た

第1軍 …68,70～72,74,78,79
第一次上海事変 ………384
大華生糸公司 ……417,419
大夏銀行 …………420
大学 …………493,553,609
大学卒 …………572
大学卒業程度 ………610
第9戦区 …………165
大県 …………333
大後方 …………4
大公報 …………390
太古汽船 …………382
太古汽船（英）………377
第3軍 …………78
大川飯店（事件）…155,647
大総統 …………74
大足 …………86
大卒 …………574,613
大竹 …………241,255,262
大中華日報 ……369,371
代徴 …………153
第7戦区司令長官 ……440
第二革命 …………44,93
第2軍 …………68,71,72
対日抗戦 …………144
対日絶交 …………120
大二百 …………372
代表会議 …………496
太平洋保険公司 ………420
大砲 …………109,376
大爺 …………295
大邑 …………67,79,317,318

大陸銀行 ………390,409
他県出身者 …………576
沱江 …………126,127
沱江糖業公司 ………412
達県 …………118,255
打倒軍閥 ………102,449,470
打倒土豪劣紳 …102,470
打倒貪官汚吏 ………102
舵把子 …………299
団款 …………466
弾丸 …………374
団款の公示 …………343
団ゴロ …………618
男女同権 …………76
団正 ………337,341,343,470
団総…248,313,314,320,321,
　335,337,338,347,354,445,
　470
単丁 …………336
団丁 ………313,344,363
団底 …………338
団閥…181,312,333,347,366,
　446,449,450,648
団閥体制 …………451
団費 …………342
団匪 …………465
団保 …………152,153
団防 …………333,445
団務 …………496,497
団務委員選挙会 ………340
団務学校 …………371
団務監督 …………340
団務経費 …………342
団務処師爺 …………347
弾薬 …………376
団練 …………333,462

団練局 ………337,338,354
団練局長…317,335,336,338,
　339
団練総局 ………333,334,335
団練総局局長 ………319
団練大隊長 …………347
団練費 …………234
団練辦事処 …………335

ち

地下党員 …………329
地鈔 …………398,399
地政科 …………601
地丁銀 …………185
チベット …………36,123
地方銀行券 …………394
地方軍 …………56,57
地方軍閥 …………22
地方軍閥軍 …………25
地方公益事業 ………341
地方士紳 ……88,509,519
地方自治 …………640
地方実力者 …………159
地方法院 ………524,525
茶館…299,302～304,313,326,
　489
中央化 …………647
中央銀行 …………400
中央銀行券 …………145
中央銀行重慶分行 ……154
中央軍 …………140
中央軍事委員会 ………181
中央軍嫡系部隊 ………145
中央軍の入川 …………431
中央軍閥 ………19,22,25
中央紅軍 …………141

事 項 索 引　691

中央参謀団 …………181
中央紙幣 ……………399
中央政府……………93
中学校 ……493,584,597,609
中共綦江県委員会…455,458,461
中共軍 ………………161
中共四川省委員会 ……120
中共代表 ……………408
中共党員 ……………154
中共の秘密党員 ………442
中原公司 ……………390,392
中原大戦 ……………428,434
中国共産党（中共）…96,99,101,123,131,133,160,163,245,329,330,456,459
中国銀行 ……………379,390
中国国貨公司 …………420
中国青年党 ……322,323
中国同盟会……………40
忠州（忠県）…………255
中小農民 ……………249
中卒…549,550,569,574,610,613,648
駐屯軍 ………………633,634
中南銀行 ……………390
中復公司 ……………420
中孚輪船公司 …………370
中和銀行 ……………377,378
張群―川越会談 ………155
長江 …………………127
長江上游総司令…………63
趙恒惕 ………………368
長寿 …………………99,262
徴収局 ……152,236,338,573
徴収局長 …………317,437

徴収処の職員 …………550
長征 …………………141
徴税員の資格 …………365
徴税権 ………………299
調停委員 …………489,510
徴兵逃れ…478,515,523,523
直隷派 ………………85,430
鎮・郷長 …………495,496
鎮郷長 ……………497,518,523
鎮郷民代表 ………496,497
鎮長 …………………150
青幇…………119,305,648

つ

通江 …………………130

て

定員以外（員外）………565
帝国主義 ……………22,23
帝国主義の道具…………26
偵察機 ………………121
鉄鉱 …………………131
鉄道 …………………131
滇越鉄道 ……………403
滇軍…50,55～57,61,68,81,92,95,368
佃戸 …………219,220,249
塾江 ……81,255,262,375
天津 …………………112,393
滇川黔聯軍総司令………64
天地会 ………………297
天池会議 ………112,113,429
田地面積の整理 ………396
典当 …………………397
田賦 ……85,177,183,193,241
田賦管理処…517,520,534,536,549,565,575,603
田賦管理処長 …………516
田賦管理処の職員 ……550
田賦管理処副処長 ……618
田賦公債基金 …………193
田賦正税 ……………194,195
田賦徴実 ……………515
田賦の実物徴収 …517,534
田賦の預徴…65,163,170,181,183,185,237,348,453,646
田賦附加税 …………194,195
田畝の清丈 …………376
電力 …………………131

と

唐安総社 ……………319
統一公債 ……………409
東郷 …………………255
糖業 …………………131
統計室 ………………601
銅元局 ………………373
堂口 ………294,300,301,304
党ゴロ ………………618
投資 …………………174
同善社 ………………326,327
同族意識 ……………126
討賊軍 ………………80,81
討賊聯軍副総司令 ……100
潼南…………………99
党派争い ……………528
東防督辦………………78
同盟会 …………44,162,389
同盟軍 ………………111
同盟勝利公債 …………630
玉蜀黍 ………………240,244
桐油…131,221,222,233,390,

692　事　項　索　引

415,478,516
督軍制度 …………………162
特税（アヘン税）………168,375
督徴員 ………………591,595
督辦四川軍務善後事宜…88
徳陽丸 ……………………98
独立師 ……………………157
独立旅 ……………………157
督練長 ……………………346
督連長 ……………456,457,470
督練部 ………………354,356
都江堰 ……………………130
土豪劣紳…19,28,29,249,301,
　　319,453,454,479,493,494,
　　618,639
床屋 ………………………300
屠殺税附加 ………………397
土地革命 …………………248
土地革命戦争 ……………180
土地清丈委員会 …………376
土地陳報 ……………634,155
土地陳報辦事処長 ………530
賭博 ………………………314
賭博場 ……………………303
土匪…26,178,247,248,328,362,
　　434,449,450,455,463,466,
　　468,469,478,487,621

な

内江 …………61,99,126,130
内争停止、一致対外 …120
ナショナリズム ………647
南京…379,392,428,431,434,
　　435
南京国民政府 ……106,112
南渓 ……………………598,611

南充 ……………………241
南昌 ……………………102
南昌行営 ………………144
南昌政府 ………………103
南川 …………99,459,466,468
南北和平会議………………66
南洋煙草公司 …………420

に

21箇条要求 ……………369
21軍…95,119,135,136,152,157,
　　173,270,279,347,375,376,
　　386,417,432
21軍旧防区 ……………361
21軍軍長 ………………138
21軍軍費の比率 ………168
21軍財政処長 …………397
21軍将校 ………………442
21軍総金庫 ……………378
21軍代表 ………………391
21軍の税収 ……………169
21軍防区 ……………201,217
29軍…95,118,133,135,152,270,
　　339,340
20軍…95,107,118,135,152,154,
　　270
23軍 ………118,136,157,363
22軍………………………95
28軍…95,118,130,135,152,317,
　　572
24軍防区 ………………217
24軍…95,117,120,122,126～
　　128,157,270,316,375,417,
　　461
24軍政治学校 ………316,326
二正面作戦 ……………387

日清汽船（日）……377,382
日中軍事協定………………66
日中戦争期 ……………497
日本 …40,97,98,119,155,201
日本軍 …………………156
日本商品 ………………155
日本商品ボイコット……97
日本租界 …112,120,155,647
二劉合作 ………………108
二劉決戦（戦争）…35,117,
　　159,162,178,189,201,217,
　　326,388,417,608,647

の

農業 ……………………497
農業恐慌 ………………180
農業推広所長 …………621
農村の中堅分子 ………494
農民運動 …………………97
農民運動講習所 …………97
農民自衛軍 ……………102
農民自衛隊 ………………97
農民政権 ………………444

は

廃両改元 ………………386
追撃砲 ……………374,379
幕友 ……………………589
巴県 …………………99,255
八一宣言 ………………154
八・一南昌暴動 …102,104
巴中 ……………………138
八徳会 ……………444,472
八徳会の税金政策 ……448
八徳会の敵 ……………449
八徳会の土地政策 ……448

事項索引 693

反革命 …………………249
反共救国軍 ……………329
万県 ………66,100,241,450
万県事件…………………98
半職業袍哥 ……………302
反清復明 ………………306
反対苛捐雑税 …………470
反対帝国主義 …………102
反帝反軍閥 …………96,249
反帝反封建………………85
反動政府打倒 …………449
反劉文輝の大連合 ……121

ひ

毘河 ………………130,131
飛行機…109,119,122,127,133
飛行隊 …………………136
罷市・罷課・罷工 ……120
秘書 …………………627,631
非常国会…………………66
秘書科 …………………600
眉山 ……………………131
匪風 ………………338,339
美豊銀行…173〜175,377,383,
　　386,398,401,403,408,414,
　　420
汶川 ……………………322
貧農層 …………………333

ふ

府院の争い………………57
附加税 ……186,236,237,241
武漢 …72,80,136,164,434,448
武漢政府 …………100,102,103
武器の売買 ……………304
復夏銀行 ………………417

富豪 ……………………520
不識字者 …………609,610
富順 ………………126,128
富商 ………………248,339
武昌 ………………………99
武勝 ……………………119
武昌陸軍中学 …………423
富紳 …344,356,362,366,469
富川銀行 ………………173
武装軍人 ………………528
普通選挙…………………76
普通壮丁 …………343,346
普通中学 …………497,495
普通袍哥 ………………302
復興社 ……………147,442
富滇銀行…………………56
武徳会（武徳励進会）…420
武徳学友会 ……………442
涪陵（涪州）…97,106,255,
　　262,264,279,375,459,462,
　　463,466,468
涪陵抗捐軍 ……………465
武力統一 ………………380
渾水大爺 ………………318
渾水袍哥 …………301,304

へ

兵役 ………………513,638
兵役科 …………………518
兵役忌避 ………………515
平光機器廠 ……………419
兵工廠…73,79,80,83,88,96,
　　379
米穀 ……………………581
米廠 ………………517,523
幣制改革 ………………181

兵船 ……………………380
兵の徴募の情況 ………622
平民銀行 ………………377
米糧 ……………………516
北京政府…56,59,61,62,64,72,
　　80,82,83,87
別動隊 ……………144,146,147
辨事処 …………………447
辺防総司令………………78

ほ

保安処長 ………………143
保安司令部 ……………150
保安司令 ………………150
保安隊 ……………181,436,625
保安団 …………………408
蓬安 ……………………119
法院長 …………………529
袍哥（哥老会）……298,299,
　　317,328,412,514
袍哥大爺 ………………618
防区………………………93
防区制…4,33,65,69,95,150,
　　433
防区制度打破 ……123,402
防区制の解体 …………131
防区体制 …145,153,271,286
蓬渓 ……………………241
封建的 …………………250
懋功 ……………………322
懋功会議 ………………141
方士 ……………………446
彭水 ……………………139
奉節 ……………………139
奉浙戦争…………………90
法団 ………………335,342

694　事　項　索　引

砲弾 ……………………374
包徴 ……………………153
奉直戦争………………82
鄷都……99,255,262,375,376
炮兵連 …………………136
保郷安民 ………………452
北上宣言 ………………82,93
北道 ………114,115,122,128
北伐 ………74,102,144,173
北伐軍……………82,96,103
北洋軍閥…………30,95,162
保甲 …147,150,248,309,329
保甲制……334,376,451,496
保甲長 …………………312,319
補助幣 …………………400
保長 …511,512,515,611,639
保定軍官学校…39,40,63,79,
　　311,312
保定系…105,113,117,119,129
歩兵銃 ……………374,379
保民大会 …479,611,637,638
保路運動 ……………35,38
香港 ……………410,419

ま

先ず安内、後剿匪…134,163
碼頭 ……………………294

み

民意の尊重 ……………648
民権運動…………………97
岷江 ………128,131,580,582
民国24年四川善後公債
　　……………………154
民衆教育館……525,527,528
民衆教育館館長 ………524

民主集中制 ……………161
民主政治 ………………640
民主党……………………44
民政科 …………600,608,607
民生公司 …………370,377,420
民政庁長 ………………529
民族産業 ………………180
民族資本家 ……………421
民団…150,181,248,299,329,
　　333,336,449,454,462,465
民兵制 ……………124,448
民変 ……………………466

む

無線電信 ………………432

め

名山……………………3275
綿花……………………4786

も

蒙疆地域 ………………275
餅米 ……………………240
模範隊 …………………344
模範隊丁 ………………343
模範隊の編成と給与 …354
門戸壮丁 ………335,336,342

や

約法 ………………………63

ゆ

誘拐 ……………………322
友人 ……………………597
優待委員会 ……………520
遊民 ………………255,302

酉陽 ……………66,139,347

よ

好い暴力 …………330,331
擁熊討唐…………………68
預徴の対象 ……………348
4・12クデター ………103
41軍 ……………………158
45軍 ……………………158
47軍 ……………………158
44軍 ……………………157

ら

楽山 ……………………131
拉致 ……178,249,515,523
懶捐 ………259,278,279

り

陸軍新編第23師 ………152
陸軍新編第6師 ………152
利済財団 …………401,413
利済輪船公司 …………420
利子収益 ………………174
里卡 ……………………250
里長 ……………………347
理髪業 …………………296
流寇 ………………449,452
隆昌 …………………61,99
劉湘の情報収集能力…105
劉文輝打倒 ……………120
流民の要素 ……………452
粮監主任幹事 …………530
粮契税券 ………………378
両広事件 …………156,433
糧差 ………………152,153
梁山 ………………255,262

事項索引 695

涼山地区 ……………259
糧食管理局 ……………575
糧食庫券 ……………246
糧食部政務次長 ………412
糧紳 ……………334
糧政 ……………638
糧政科 ………575,601,603
糧政科長 …514,517,523,618
糧税の代徴 ……………311
旅順・大連回収運動……97
臨時参議会副議長 ……502
臨時剿赤費 ……………396
臨時約法 ……………54,55
鄰水 ……………255,262

る

累進課税……………76

れ

レーニン主義 …27,163,164
蓮花池 ……………101,104
連座法 ……………364
聯省自治 ……………72,369
聯省制度 ……………76
練長 ……………338
練丁 ……………333,336〜339
聯保 ……………150
聯保主任…150,320,326,329,364,510
聯保辦公処 ……………364

ろ

閬中 ……………99,140
労働組合法 ……………97
労働時間短縮……………97

労働者……………96
労働者保護……………97
労働民権運動……………97
労農保護……………76
6路囲攻 ………138,142
瀘県（瀘州）…61,66,78,96,99,100,102,128
盧溝橋事件……156,408,436
蘆山会議 ……………163
蘆山訓練団 ……316,317
瀘州蜂起 ……………103

わ

賄選…80,424,502,508,514,640
和源猪鬃公司 …………420
和通銀行 ……………420
悪い暴力 ……………330

著者紹介

1942年3月千葉県市川市に生まれる

1965年4月東京教育大学文学部史学科東洋史学専攻卒業

1967年4月同大学大学院文学研究科修士課程卒業

1970年1月同大学院博士課程退学（単位未修得）、財団法人・日本国際問題研究所入所研究員

1978年4月静岡大学人文学部人文学科助教授

1986年4月同、教授

2007年3月定年により静岡大学を退職

　　主な著作『中国革命と対日抗戦』（1997年、汲古書院）
　　近年の論文「劉文輝の西康省経営と蔣介石」石島紀之・久保亨編『重慶国民政府史の研究』（2004年、東京大学出版会）第5章
　　「日中戦争期における龔徳柏の日本観－『中国必勝論』から『日本の末路』へ」『近きに在りて』34号、35号
　　その他

四川省と近代中国―軍閥割拠から抗日戦の大後方へ―

静岡大学人文学部研究叢書10

2007年3月31日　発行　　　　　　　　定価15,000円＋税

　　　　　著　者　　今　井　　　　駿
　　　　　発行者　　石　坂　叡　志
　　　　　整版印刷　富　士　リ　プ　ロ

　　　　　発行所　汲　古　書　院
　　　　　〒102-0072　東京都千代田区飯田橋2-5-4
　　　　　　　電話 03(3265)9764　FAX 03(3222)1845

Ⓒ2007　ISBN978-4-7629-2570-2　C3322　　汲古叢書71

汲古叢書

1	秦漢財政収入の研究	山田　勝芳著	本体 16505円
2	宋代税政史研究	島居　一康著	12621円
3	中国近代製糸業史の研究	曾田　三郎著	12621円
4	明清華北定期市の研究	山根　幸夫著	7282円
5	明清史論集	中山　八郎著	12621円
6	明朝専制支配の史的構造	檀上　寛著	13592円
7	唐代両税法研究	船越　泰次著	12621円
8	中国小説史研究－水滸伝を中心として－	中鉢　雅量著	8252円
9	唐宋変革期農業社会史研究	大澤　正昭著	8500円
10	中国古代の家と集落	堀　敏一著	14000円
11	元代江南政治社会史研究	植松　正著	13000円
12	明代建文朝史の研究	川越　泰博著	13000円
13	司馬遷の研究	佐藤　武敏著	12000円
14	唐の北方問題と国際秩序	石見　清裕著	14000円
15	宋代兵制史の研究	小岩井弘光著	10000円
16	魏晋南北朝時代の民族問題	川本　芳昭著	14000円
17	秦漢税役体系の研究	重近　啓樹著	8000円
18	清代農業商業化の研究	田尻　利著	9000円
19	明代異国情報の研究	川越　泰博著	5000円
20	明清江南市鎮社会史研究	川勝　守著	15000円
21	漢魏晋史の研究	多田　狷介著	9000円
22	春秋戦国秦漢時代出土文字資料の研究	江村　治樹著	22000円
23	明王朝中央統治機構の研究	阪倉　篤秀著	7000円
24	漢帝国の成立と劉邦集団	李　開元著	9000円
25	宋元仏教文化史研究	竺沙　雅章著	15000円
26	アヘン貿易論争－イギリスと中国－	新村　容子著	8500円
27	明末の流賊反乱と地域社会	吉尾　寛著	10000円
28	宋代の皇帝権力と士大夫政治	王　瑞来著	12000円
29	明代北辺防衛体制の研究	松本　隆晴著	6500円
30	中国工業合作運動史の研究	菊池　一隆著	15000円
31	漢代都市機構の研究	佐原　康夫著	13000円
32	中国近代江南の地主制研究	夏井　春喜著	20000円
33	中国古代の聚落と地方行政	池田　雄一著	15000円
34	周代国制の研究	松井　嘉徳著	9000円
35	清代財政史研究	山本　進著	7000円
36	明代郷村の紛争と秩序	中島　楽章著	10000円

37	明清時代華南地域史研究	松田 吉郎著	15000円
38	明清官僚制の研究	和田 正広著	22000円
39	唐末五代変革期の政治と経済	堀 敏一著	12000円
40	唐史論攷－氏族制と均田制－	池田 温著	近刊
41	清末日中関係史の研究	菅野 正著	8000円
42	宋代中国の法制と社会	高橋 芳郎著	8000円
43	中華民国期農村土地行政史の研究	笹川 裕史著	8000円
44	五四運動在日本	小野 信爾著	8000円
45	清代徽州地域社会史研究	熊 遠報著	8500円
46	明治前期日中学術交流の研究	陳 捷著	16000円
47	明代軍政史研究	奥山 憲夫著	8000円
48	隋唐王言の研究	中村 裕一著	10000円
49	建国大学の研究	山根 幸夫著	8000円
50	魏晋南北朝官僚制研究	窪添 慶文著	14000円
51	「対支文化事業」の研究	阿部 洋著	22000円
52	華中農村経済と近代化	弁納 才一著	9000円
53	元代知識人と地域社会	森田 憲司著	9000円
54	王権の確立と授受	大原 良通著	8500円
55	北京遷都の研究	新宮 学著	12000円
56	唐令逸文の研究	中村 裕一著	17000円
57	近代中国の地方自治と明治日本	黄 東蘭著	11000円
58	徽州商人の研究	臼井 佐知子著	10000円
59	清代中日学術交流の研究	王 宝平著	11000円
60	漢代儒教の史的研究	福井 重雅著	12000円
61	大業雑記の研究	中村 裕一著	14000円
62	中国古代国家と郡県社会	藤田 勝久著	12000円
63	近代中国の農村経済と地主制	小島 淑男著	7000円
64	東アジア世界の形成－中国と周辺国家	堀 敏一著	7000円
65	蒙地奉上－「満州国」の土地政策－	広川 佐保著	8000円
66	西域出土文物の基礎的研究	張 娜麗著	10000円
67	宋代官僚社会史研究	衣川 強著	11000円
68	六朝江南地域史研究	中村 圭爾著	15000円
69	中国古代国家形成史論	太田 幸男著	11000円
70	宋代開封の研究	久保田 和男著	10000円
71	四川省と近代中国	今井 駿著	15000円
72	近代中国の革命と秘密結社	孫 江著	15000円

（表示価格は2007年3月現在の本体価格）